KB263512

개념완성
한국사

교재 내용 문의
교재 내용 문의는
EBS*i* 사이트(www.ebsi.co.kr)의 학습 Q&A 서비스를
활용하시기 바랍니다.

교재 정오표 공지
발행 이후 발견된 정오 사항을
EBS*i* 사이트 정오표 코너에서 알려 드립니다.
교재 → 교재 자료실 → 교재 정오표

교재 정정 신청
공지된 정오 내용 외에 발견된 정오 사항이 있다면
EBS*i* 사이트를 통해 알려 주세요.
교재 → 교재 정정 신청

개념완성

구성과 특징

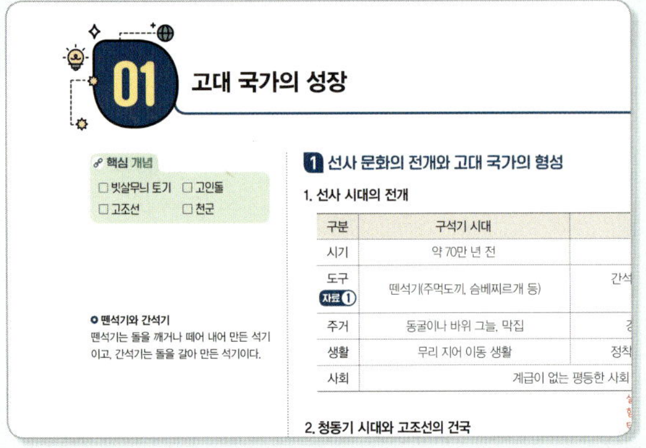

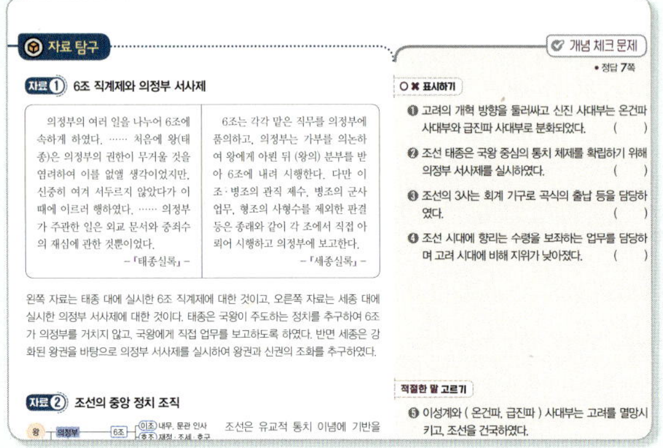

✛ 개념 정리

교과서의 핵심 개념을 이해하기 쉽게 체계적으로 정리하였고, 보충 설명이 필요한 내용은 첨삭을 추가하거나 보조단에 관련 자료를 제공하였습니다.

✛ 자료 탐구

개념 학습에서 중요하고 꼭 알아 두어야 할 자료는 분석 내용과 함께 자료 탐구에 정리하였습니다.

✛ 개념 체크 문제

개념 정리와 자료 탐구에서 학습한 내용을 간단한 확인 문제를 통해 점검할 수 있게 하였습니다.

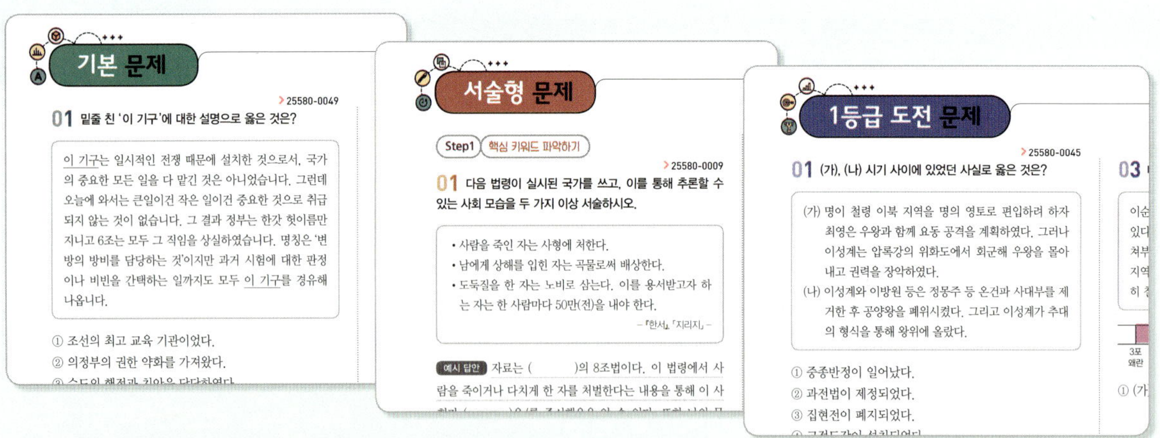

✛ 다양한 유형의 단계별 문제 수록

기본 문제부터 서술형 문제, 1등급 대비 고난도 문제까지 다양한 유형의 단계별 문제를 제공하여 학습한 개념을 다시 한번 다지고 학교 내신에 완벽 대비할 수 있도록 하였습니다.

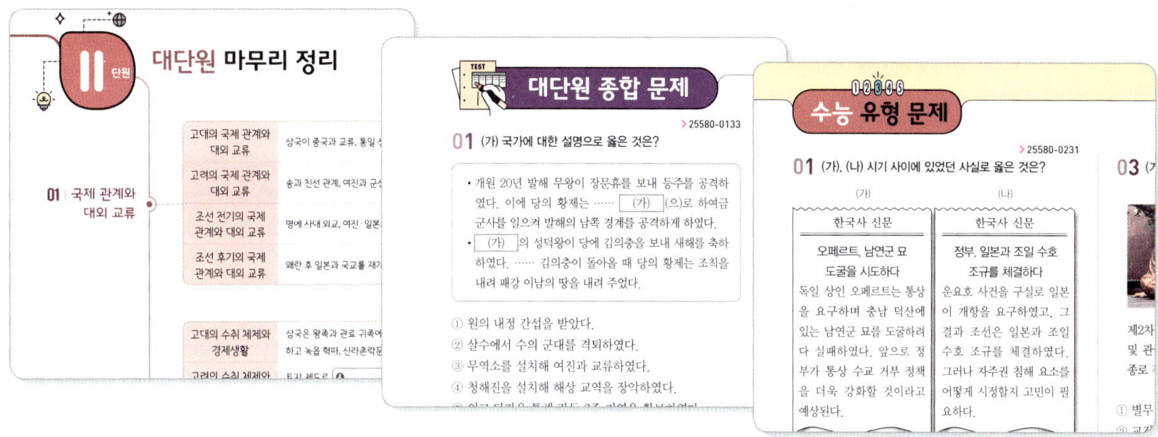

대단원 마무리 정리 & 대단원 종합 문제

앞에서 학습한 내용을 종합하여 정리할 수 있도록 대단원별 마무리 정리를 제공하였습니다. 정리 후 대단원 종합 문제를 풀면서 마무리하세요.

수능 유형 문제

내신뿐만 아니라 수능까지도 대비할 수 있도록 수능 유형 문제를 구성하였습니다.

수행평가

수업에 활용할 수 있도록 수행평가 활동지를 제공하였고, 수행평가와 유사한 상황의 예시 답을 제시하여 답을 찾아갈 수 있도록 도왔습니다.

수행평가 활동지

리베르스쿨	미래엔	비상교육	씨마스	지학사	천재교육	한국학력평가원	해냄에듀
10-21	10-19	8-17	8-21	10-21	10-19	8-24	8-21
22-29	20-31	18-27	22-31	22-33	20-26	25-32	22-33
30-37	32-41	28-35	32-41	34-43	27-34	33-38	34-41
38-47	42-51	36-45	42-53	44-53	35-43	39-47	42-57
50-59	54-63	48-57	56-63	56-67	48-59	50-64	60-67
60-67	64-75	58-65	64-73	68-77	60-71	65-74	78-87
68-77	76-85	66-73	74-81	78-83	72-83	75-82	88-95
78-89	86-99	74-85	82-91	84-97	84-105	83-96	68-77
104-111	102-109	96-105	104-113	110-117	110-116	106-116	108-111
112-131	110-127	106-125	114-131	118-133	117-134	117-138	112-135
132-143	138-151	126-141	132-143	134-145	146-161	139-150	148-155
144-161	128-137	142-155	144-161	146-159	135-145	151-167	136-147

리베르스쿨	미래엔	비상교육	씨마스	지학사	천재교육	한국학력평가원	해냄에듀
10-23	10-19	8-17	8-21	10-23	10-19	8-20	8-9, 20-23, 44-49
24-31		18-27	22-29	24-31	20-29	21-28	
32-53	20-45	28-47	30-47	32-49	30-47	29-54	10-19, 24-35
54-63	46-55	48-61	48-53	50-61	48-62	55-66	36-43
64-73	56-63	62-73	54-63	62-71	63-71	67-77	50-59
76-89	66-77	76-87	66-83	74-87	76-91	80-94	62-73
90-97	78-85	88-95	84-93	88-95	92-99	95-104	74-87
98-113	86-99	96-109	94-107	96-109	100-114	105-118	88-109
114-129	100-111	110-125	108-129	110-129	115-131	119-135	110-117
132-149	114-131	128-141	132-149	132-147	136-148	138-154	120-149
150-163	132-145	142-155	150-161	148-161	149-161	155-168	

I

근대 이전 한국사의 이해

이 단원에서 우리는

선사 시대부터 19세기까지의 정치사를 중심으로 학습한다. 그 과정에서 고조선을 비롯한 고대 국가의 성장과 고려의 통치 체제 및 정치 변동을 파악할 수 있다. 더불어 조선의 성립과 정치 운영의 변화를 파악하고, 조선 후기에 등장한 새로운 변화 양상을 이해할 수 있다.

▲ 고인돌

▲ 호우총 청동 그릇

▲ 서울 북한산 신라
진흥왕 순수비

▲ 태조 왕건상

▲ 「공민왕과 노국 대장 공주 초상화」

▲ 경복궁 근정전

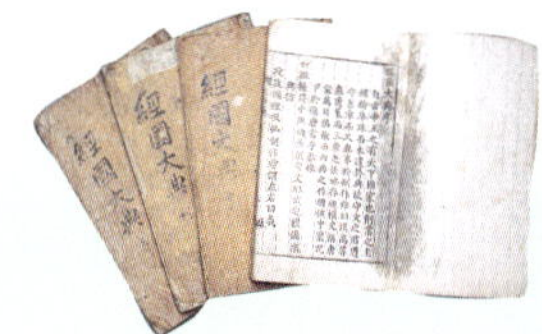

▲ 『경국대전』

▲ 탕평비

▲ 수원 화성

01 고대 국가의 성장

1 선사 문화의 전개와 고대 국가의 형성

1. 선사 시대의 전개

구분	구석기 시대	신석기 시대
시기	약 70만 년 전	약 1만 년 전
도구 **자료 ①**	뗀석기(주먹도끼, 슴베찌르개 등)	간석기, 토기(빗살무늬 토기) 가락바퀴와 뼈바늘
주거	동굴이나 바위 그늘, 막집	강가나 바닷가의 움집
생활	무리 지어 이동 생활	정착 생활(농경과 목축 시작)
사회	계급이 없는 평등한 사회	

> 실을 만드는 도구인 가락바퀴가 뼈바늘과 함께 나타나는 것으로 보아 신석기 시대부터 옷을 만들어 입었음을 알 수 있다.

2. 청동기 시대와 고조선의 건국

(1) 청동기 시대(기원전 2000년~기원전 1500년 무렵 시작)

도구	청동기(비파형 동검, 청동 거울 등), 간석기(반달 돌칼 등)
생활	• 농업 생산력의 발달 → 잉여 생산물 발생 • 계급 발생, 군장 등장(고인돌 축조)

(2) 고조선의 건국과 발전

> 거대한 크기의 돌을 이용한 무덤인 고인돌이 축조된 것으로 보아 당시에 막강한 권한과 경제력을 가진 지배자가 출현했음을 알 수 있다.

건국	청동기 문화를 바탕으로 건국
발전	• 중국의 연과 겨룰 만큼 성장(기원전 4세기경) • 위만 조선: 중국에서 건너온 위만이 준왕을 몰아내고 왕위 차지(기원전 194년) 　→ 철기 문화를 본격적으로 수용하여 주변 정복, 중국의 한과 한반도 여러 나라 사이의 중계 무역 전개 • 특징: 8조법으로 사회 질서 유지 **자료 ②**
멸망	중국의 한이 고조선 침략 → 멸망(기원전 108년)

3. 철기 문화와 여러 나라의 성장

(1) 철기 문화의 수용: 기원전 5세기 무렵, 철제 농기구 및 철제 무기 사용
　→ 농업 생산력 증대, 정복 활동 활발 → 만주와 한반도 지역에 여러 나라가 등장

(2) 여러 나라의 성장 **자료 ③**

> 마한·진한·변한을 통칭하는 말이다.

구분	부여	고구려	옥저	동예	삼한
위치	만주 쑹화강 유역	압록강 중상류	함경도 및 강원도 해안 지역		한반도 남부
정치	왕이 중앙, 여러 가(加)들이 사출도를 다스림	• 5부 연맹체 • 제가 회의(귀족 회의)	왕이 없고 군장(읍군, 삼로)이 다스림		• 군장(신지, 읍차)이 다스림 • 천군(제사장), 소도(신성 지역) 존재

> 부여는 마가·우가·저가·구가 등 가축 이름으로 관직명을 정하였다.

◆ 뗀석기와 간석기
뗀석기는 돌을 깨거나 떼어 내어 만든 석기이고, 간석기는 돌을 갈아 만든 석기이다.

◆ 움집

신석기 시대의 움집은 땅을 파낸 뒤 기둥을 세우고, 중앙에 취사와 난방을 위한 화덕을 두었다.

◆ 반달 돌칼

곡식의 이삭을 따는 데 사용한 간석기로, 모양이 반달처럼 생겨서 반달 돌칼이라 부른다.

◆ 5부 연맹체
고구려는 계루부, 연노부, 절노부 등의 5부가 연합한 연맹체 국가였다. 건국 초에는 연노부가 고구려국을 이끌었으나 태조왕 대부터는 계루부가 왕위를 독점적으로 계승하였다.

자료 **1** 구석기 시대와 신석기 시대의 도구

▲ 주먹도끼

▲ 빗살무늬 토기

왼쪽 자료는 구석기 시대를 대표하는 뗀석기인 주먹도끼이다. 주먹도끼는 동물을 사냥하거나 가죽을 손질하는 등 다양한 용도로 사용되었다. 오른쪽 자료는 신석기 시대를 대표하는 토기인 빗살무늬 토기이다. 토기의 표면을 점과 선 등으로 구성된 기하학적인 문양으로 장식한 것이 특징이며, 곡물을 저장하거나 조리하는 용도로 사용되었다.

○ ✖ 표시하기

❶ 구석기 시대에는 주먹도끼와 슴베찌르개와 같은 뗀석기를 사용하였다. ( )

❷ 빗살무늬 토기는 신석기 시대를 대표하는 토기이다. ( )

❸ 청동기 시대는 계급이 없는 평등한 사회였다. ( )

❹ 고조선은 청동기 문화를 바탕으로 건국된 우리나라 최초의 국가이다. ( )

❺ 고조선은 국가의 중요한 일을 제가 회의를 통해 결정하였다. ( )

❻ 옥저와 동예에는 왕이 없고 읍군, 삼로라 불리는 군장이 다스렸다. ( )

자료 **2** 고조선의 8조법

> • 사람을 죽인 자는 사형에 처한다.
> • 남에게 상해를 입힌 자는 곡물로써 배상한다.
> • 도둑질을 한 자는 노비로 삼는다. 이를 용서받고자 하는 자는 한 사람마다 50만(전)을 내야 한다.
>
> – 『한서』, 「지리지」 –

고조선은 8조법으로 사회 질서를 유지하였으며, 현재 이 중 3개의 조문이 전해지고 있다. 이를 통해 고조선이 개인의 노동력과 재산을 중시하였으며, 농업에 기반한 사회였다는 점, 노비가 존재한 계급 사회였다는 점, 화폐가 사용되었다는 점 등을 알 수 있다.

적절한 말 고르기

❼ 농경과 목축이 시작된 (구석기, 신석기) 시대부터 정착 생활을 시작하였다.

❽ 위만이 고조선의 왕위를 차지한 이후 고조선에 (청동기, 철기) 문화가 본격적으로 수용되었다.

❾ 고조선은 기원전 108년 중국 (연, 한)의 침입을 받아 멸망하였다.

❿ 삼한에는 (천군, 신지)(이)라 불리는 별도의 제사장이 존재하였다.

자료 **3** 부여와 삼한의 정치

> • (부여는) 나라에 왕이 있었다. 여섯 가축 이름으로 관직명을 정하였는데, 마가·우가·저가·구가·대사·대사자·사자였다. …… 여러 가(加)는 별도로 사출도를 다스렸는데, 큰 곳은 수천 집, 작은 곳은 수백 집이었다.
> • 국읍에 각기 한 사람을 세워 천신에 제사 지내는 것을 주관하게 하고 천군이라 한다. 또 여러 나라가 각기 별읍을 두고 소도라 한다. 큰 나무를 세워 방울과 북을 매달고 귀신을 섬겼다.
>
> – 『삼국지』, 「위서」 동이전 –

첫 번째 자료는 부여의 정치 제도에 대한 것이다. 이를 통해 부여에는 왕이 존재하였고, 가축의 이름을 딴 마가·우가·저가·구가 등의 관직이 있었으며, 이들이 사출도라 불리는 지역을 관장하였음을 알 수 있다. 두 번째 자료는 삼한의 사회 모습에 대한 것으로, 정치적 지배자와는 별도로 천군이라 불리는 제사장이 있었다는 점, 별도의 지역으로 소도가 있었다는 점을 알 수 있다.

빈칸 채우기

⓫ 신석기 시대의 도구인 ( )와/과 뼈바늘을 통해 당시 옷을 만들어 입었음을 알 수 있다.

⓬ 청동기 시대에 만들어진 거대한 돌무덤인 ( ) 을/를 통해 당시 강력한 지배자가 있었음을 알 수 있다.

⓭ 중국에서 건너온 ( )은/는 기원전 194년에 고조선의 준왕을 몰아내고 왕위를 차지하였다.

⓮ 부여의 여러 가(加)들은 별도로 ( )을/를 다스렸다.

◎ 삼국의 건국

고구려	부여에서 내려온 주몽 세력이 압록강 유역의 원주민과 건국
백제	고구려계 유이민과 한강 유역의 토착 세력이 건국
신라	진한의 여러 소국 중 하나인 사로국에서 출발

◎ 백제의 천도

백제는 건국 초 한성을 수도로 하였으나, 고구려의 공격을 받아 한성이 함락된 이후 웅진(공주)으로 천도하였다가, 성왕 때 다시 사비(부여)로 수도를 옮겼다.

◎ 집사부

왕명을 받들어 집행하고 국가의 중요 기밀을 다루는 등의 업무를 담당한 신라의 중앙 기구이다. 그 장관을 중시라고 하였는데, 후에 시중으로 명칭이 바뀌었다.

◎ 9주 5소경

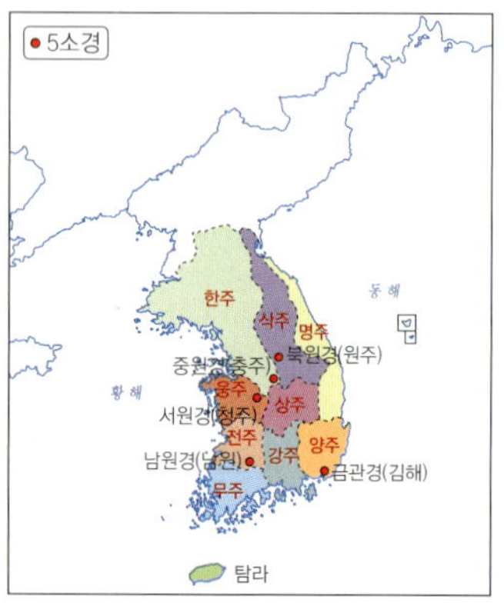

신라는 삼국을 통일한 이후 전국을 9주로 나누었으며, 지방의 요충지에는 5소경을 설치해 수도가 동남쪽에 치우친 점을 보완하고자 하였다.

◎ 발해의 영역

옛 고구려 땅에 건국된 발해가 요동반도 전체를 지배했다는 의견도 있다.

---

2 삼국과 가야의 성장과 경쟁

1. 삼국의 성장과 체제 정비 자료①

고구려	• 고국천왕: 부족적 전통의 5부 → 행정적인 성격으로 개편 • 소수림왕: 불교 수용, 태학 설립, 율령 반포 • 광개토 대왕: 만주 일대 장악, 한강 이북 차지, 신라에 침입한 왜군 격퇴 • 장수왕: 평양 천도, 남진 정책 → 한강 유역 차지
백제	• 근초고왕: 마한 공격, 고구려의 평양성 공격, 중국의 동진 및 왜와 교류 • 무령왕: 지방 22담로에 왕족 파견 • 성왕: 사비 천도, 일시적으로 한강 유역 차지, 관산성 전투에서 전사
신라	• 내물왕: 김씨의 왕위 세습권 확립, 왕의 칭호로 '마립간' 사용 • 지증왕: '국왕' 칭호 사용, 우산국(울릉도) 일대 복속 • 법흥왕: 불교 공인, 율령 반포, 금관가야 복속 • 진흥왕: 화랑도 개편, 한강 유역 전체 차지, 대가야 정복, 순수비 등 건립

신라는 거서간, 차차웅, 이사금, 마립간 등의 고유어로 왕호를 사용하다가, 지증왕 때 중국식의 '국왕'으로 칭호를 바꾸었다.

2. 가야의 성장과 발전

(1) **전기 가야 연맹**: 금관가야가 주도, 신라를 지원한 고구려의 공격을 받아 쇠퇴

(2) **후기 가야 연맹**: 대가야가 주도, 6세기 중엽 신라에 흡수

3. 신라의 삼국 통일

(1) **배경**: 중국을 통일한 수·당의 고구려 공격 → 고구려가 격퇴, 백제의 신라 공격

(2) **전개**: 나당 동맹 결성 → 백제 멸망(660) → 고구려 멸망(668) → 나당 전쟁(매소성 전투, 기벌포 전투) → 신라의 삼국 통일 완성(676)

당의 군사력을 빌리고 대동강 이남 지역에 한정되었다는 한계가 있지만, 삼국의 문화를 융합해 민족 문화 발전의 기틀을 마련했다는 점에서 의의를 가진다.

고구려는 연개소문 사후에 지배층의 분열로 국력이 약해졌고, 결국 나당 연합군의 공격으로 평양성이 함락되며 멸망하였다.

3 통일 신라와 발해의 발전

1. 통일 신라의 발전과 체제 정비

발전	• 신문왕: 김흠돌의 난 진압, 국학 설립, 관료전 지급, 녹읍 폐지 • 신라 말: 진골 귀족 사이의 왕위 쟁탈전(김헌창의 난), 중앙 정부의 지방 통제력 약화 → 지방에서 성장한 호족 세력이 반신라적 6두품 세력과 연합, 농민 봉기(원종과 애노의 봉기 등) • 후삼국의 성립: 후백제(견훤, 900), 후고구려(궁예, 901)
체제 정비	• 중앙 정치 조직: 집사부 중심 • 지방 행정 조직: 9주 5소경 체제 • 군사 조직: 9서당(중앙군), 10정(지방군)

고구려인과 백제인은 물론 말갈인까지 편입하였다.

2. 발해의 건국과 발전

건국	대조영이 동모산 근처에서 발해 건국(698) → 고구려 계승 의식 표방 자료②
발전	• 무왕: 흑수 말갈 제압, 당의 산둥반도 공격 • 문왕: 당과 우호 관계 형성 • 선왕: 고구려의 옛 영토를 거의 회복 → 이후 중국으로부터 해동성국이라 불림
통치 체제	• 중앙 행정 조직: 3성 6부제, 당의 제도를 모방하였으나 운영과 명칭에 독자성 자료③ • 지방 행정 구역: 5경 15부 62주
멸망	거란의 침략으로 멸망(926)

바다 동쪽의 번성한 나라라는 뜻이다.

자료 ① 삼국의 성장과 경쟁

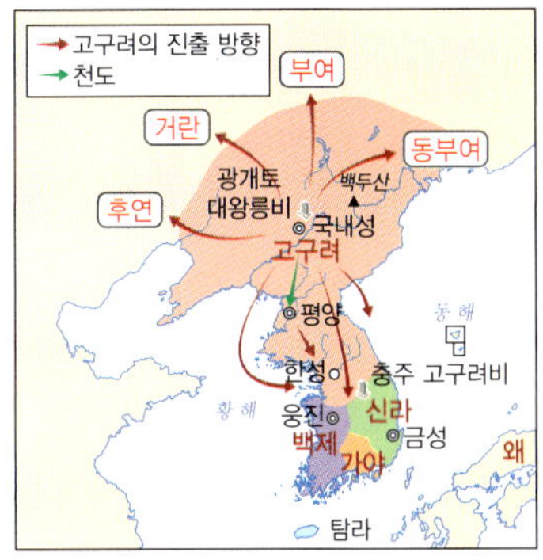

▲ 고구려의 영토 확장(5세기)

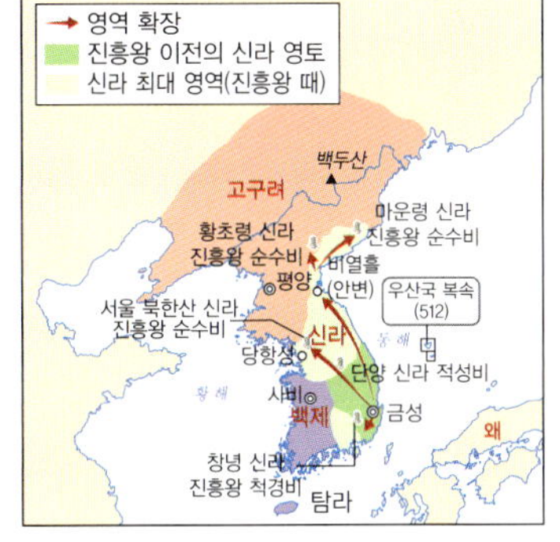

▲ 신라의 영토 확장(6세기)

왼쪽 자료는 5세기경 고구려의 영토 확장을 보여 주는 지도이다. 당시 고구려 장수왕은 적극적인 남진 정책을 펼쳤다. 이에 신라와 백제는 나제 동맹을 맺어 고구려에 맞섰지만, 고구려는 백제의 수도인 한성을 함락하여 한강 유역을 차지하였다. 오른쪽 자료는 6세기경 신라의 영토 확장을 보여 주는 지도이다. 신라 진흥왕은 한강 유역을 확보하였을 뿐 아니라 대가야를 정복하여 낙동강 유역으로 진출하였고, 동해안을 따라 함경도 일대까지 진출하였다.

자료 ② 발해의 고구려 계승 의식 표방

> 고구려는 고려라는 국호를 사용하기도 하였다. 이에 고구려를 계승한 발해는 고려라고 칭해지기도 하였다.

> • 고(구)려 국왕 대흠무(무왕)가 말한다.   – 발해가 일본에 보낸 국서 –
> • (발해) 사신이 왕의 서신을 바쳤다. …… "(나) 무예(무왕)는 큰 나라를 주관하고 여러 번을 거느리며, 고(구)려의 옛 땅을 회복하고 부여의 옛 습속을 지니고 있습니다."   –『속일본기』–
> • 고려(발해)에 파견된 사절이 사명을 완수하고 귀국하였으므로, 덴표호지 2년(758년) 10월 28일에 위계를 두 개 올린다.   – 일본 출토 목간 –

발해는 고구려 출신의 대조영이 고구려 유민과 말갈 집단을 이끌고 건국한 국가이다. 발해 국왕은 일본에 보낸 외교 문서에서 스스로 고구려의 왕임을 언급하였고, 고구려의 옛 영토와 풍습을 잇고 있음을 밝혔다. 또한 일본도 발해를 고구려를 계승한 국가로 여기며 발해를 고려(고구려)로 칭하였다.

자료 ③ 발해의 중앙 행정 조직

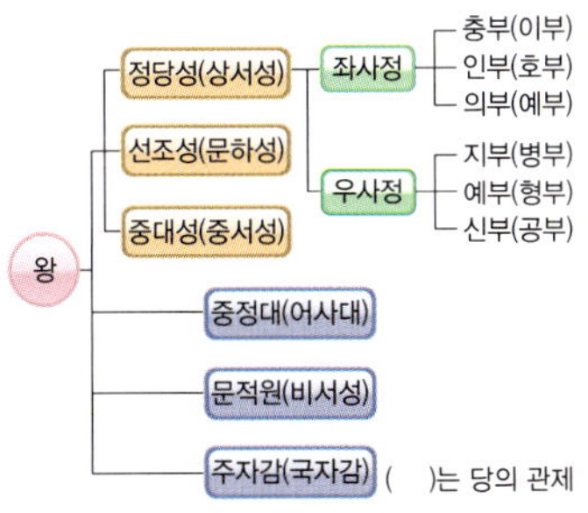

▲ 발해의 중앙 정치 기구

> 충·인·의·지·예·신의 유교적 이념을 반영하였다.

발해는 당의 중앙 관제의 영향을 받아 3성과 6부를 두었다. 그러나 3성 중 정당성을 최고 집행 기구로 하고, 정당성의 장관인 대내상이 국정을 총괄하도록 한 점, 정당성 아래 좌사정, 우사정을 두어 6부를 나누어 관할하도록 한 점, 6부의 명칭에 유교적 이념이 반영되어 있는 점 등 명칭과 운영에서 독자성을 가졌다.

---

❶ 고구려는 소수림왕 때 불교를 수용하여 국가 구성원의 사상적 통합을 꾀하였다.   (   )

❷ 백제 근초고왕은 고구려의 평양성을 공격하여 황해도 지역까지 세력을 넓혔다.   (   )

❸ 신라는 법흥왕 시기에 우산국(울릉도) 일대를 복속하였다.   (   )

적절한 말 고르기

❹ 고구려는 장수왕 때 (국내성, 평양)으로 천도하며 적극적인 남진 정책을 펼쳤다.

❺ 신라 (지증왕, 법흥왕)은 불교를 공인하고 율령을 반포하며 통치 체제를 정비하였다.

❻ 전기 가야 연맹은 (금관가야, 대가야)가 주도하였으나 신라를 지원한 고구려의 공격을 받아 쇠퇴하였다.

❼ 신라 (문무왕, 신문왕)은 김흠돌의 난을 진압하고 녹읍을 폐지하는 등 국왕 중심의 통치 체제를 확립하였다.

<보기>에서 고르기

> **보기**
> ㄱ. 3성 6부　　　　　ㄴ. 9주 5소경
> ㄷ. 9서당 10정　　　ㄹ. 5경 15부 62주

❽ 통일 신라의 군사 조직 (   )

❾ 발해의 지방 행정 조직 (   )

빈칸 채우기

❿ 성왕은 백제의 중흥을 위해 수도를 (   )(으)로 옮겼다.

⓫ (   )은/는 나당 전쟁 중 매소성 전투, 기벌포 전투에서 승리하며 삼국 통일을 완성하였다.

⓬ 발해는 선왕 때 고구려의 옛 영토를 거의 회복하였고, 이후 바다 동쪽의 번성한 나라라는 뜻의 (   )(이)라고 불렸다.

> 25580-0001

01 밑줄 친 '이 시대'의 생활 모습으로 옳은 것은?

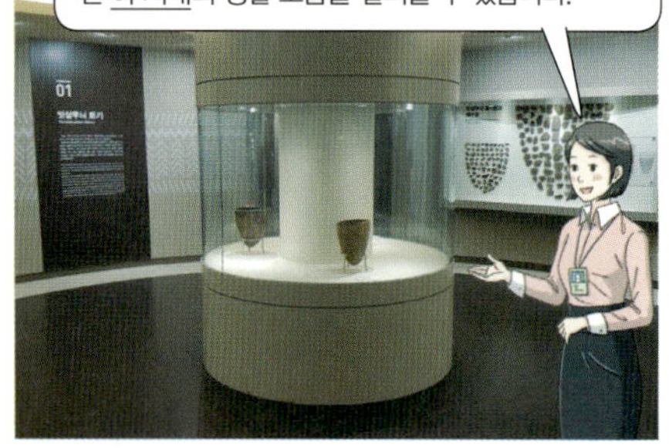

① 고인돌을 축조하였다.

② 철제 농기구로 농사를 지었다.

③ 청동 무기와 제기를 제작하였다.

④ 주먹도끼를 처음으로 사용하였다.

⑤ 강가나 바닷가에 움집을 짓고 살았다.

> 25580-0002

02 (가) 국가에 대한 설명으로 옳은 것은?

> 만주와 한반도 서북부 지역에서 청동기 문화가 발전하는 가운데 우리나라 최초의 국가인 　(가)　이/가 성립하였다. 　(가)　은/는 기원전 4세기경 중국의 연과 겨룰 정도로 성장하였고, 왕 아래 상, 대부, 장군 등의 관직이 있었다.

① 한성에서 웅진으로 천도하였다.

② 마립간을 왕의 칭호로 사용하였다.

③ 8조법으로 사회 질서를 유지하였다.

④ 제가 회의를 통해 중대사를 결정하였다.

⑤ 화랑도를 국가적인 조직으로 개편하였다.

> 25580-0003

03 밑줄 친 '이 나라'의 위치를 지도에서 옳게 고른 것은?

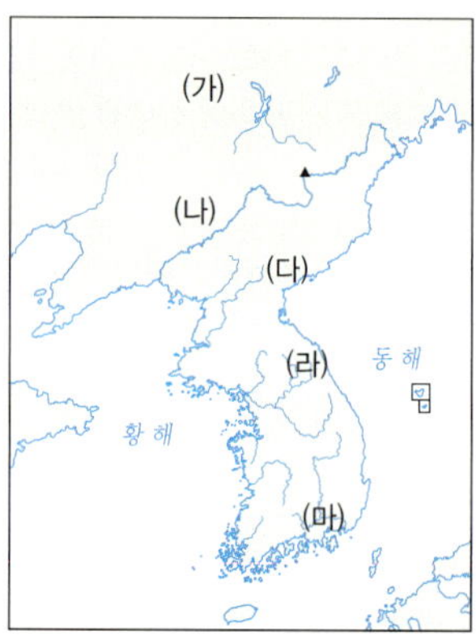

① (가)　　② (나)　　③ (다)　　④ (라)　　⑤ (마)

중요

> 25580-0004

04 (가) 국왕에 대한 설명으로 옳은 것은?

> 고구려의 　(가)　이/가 군대 30,000여 명을 거느리고 백제를 침공하여 백제의 수도인 한성을 함락시켰다. 그리고 백제의 왕 부여경을 죽였으며, 남녀 8,000여 명을 포로로 사로잡아 돌아왔다.

① 우산국을 정복하였다.

② 관산성 전투에서 전사하였다.

③ 국내성에서 평양으로 천도하였다.

④ 태학을 설립하여 인재를 양성하였다.

⑤ 사상 통합을 위해 불교를 수용하였다.

05 다음 자료를 활용한 탐구 활동으로 가장 적절한 것은?
> 25580-0005

> 신라에서 사신을 보내어 왕께 아뢰기를, "왜인이 (신라의) 국경에 가득해 성과 해자를 부수고 노객을 백성으로 삼으려 합니다." …… 왕이 보병과 기병 5만여 명을 보내 가서 신라를 구원하게 하였다.
> – 광개토 대왕릉비 –

① 진흥왕의 영토 확장 과정을 파악한다.
② 금관가야가 쇠퇴하게 된 원인을 조사한다.
③ 22담로에 왕족이 파견된 까닭을 살펴본다.
④ 발해가 산둥반도를 공격한 이유를 알아본다.
⑤ 신라가 불교를 공인하게 된 계기를 찾아본다.

06 (가)에 들어갈 내용으로 가장 적절한 것은?
> 25580-0006

〈신라의 삼국 통일 과정〉

고구려의 수·당 격퇴
↓
나당 동맹 결성
↓
백제·고구려 멸망
↓
(가)
↓
삼국 통일 완성

① 성왕, 사비 천도
② 김헌창의 난 발생
③ 매소성 전투 승리
④ 견훤, 후백제 건국
⑤ 진흥왕, 대가야 정복

07 밑줄 친 '이 국왕'에 대한 설명으로 옳은 것은?
> 25580-0007

① 옥저를 복속하였다.
② 김흠돌의 난을 진압하였다.
③ 고구려의 평양성을 공격하였다.
④ 군주의 호칭을 국왕으로 바꾸었다.
⑤ 김씨의 왕위 세습권을 확립하였다.

08 (가) 국가에 대한 설명으로 옳은 것은?
> 25580-0008

① 마한의 여러 소국을 복속시켰다.
② 중국으로부터 해동성국이라 불렸다.
③ 9주 5소경의 행정 구역을 갖추었다.
④ 집사부를 중심으로 정치를 운영하였다.
⑤ 읍군, 삼로라 불리는 군장이 통치하였다.

서술형 문제

Step1 핵심 키워드 파악하기

> 25580-0009

01 다음 법령이 실시된 국가를 쓰고, 이를 통해 추론할 수 있는 사회 모습을 두 가지 이상 서술하시오.

> • 사람을 죽인 자는 사형에 처한다.
> • 남에게 상해를 입힌 자는 곡물로써 배상한다.
> • 도둑질을 한 자는 노비로 삼는다. 이를 용서받고자 하는 자는 한 사람마다 50만(전)을 내야 한다.
>
> — 『한서』, 「지리지」 —

예시 답안   자료는 (　　　　)의 8조법이다. 이 법령에서 사람을 죽이거나 다치게 한 자를 처벌한다는 내용을 통해 이 사회가 (　　　　)을/를 중시했음을 알 수 있다. 또한 남의 물건을 훔친 자를 노비로 삼는다는 점과 속죄하려면 50만 전을 내야 한다는 내용을 통해 (　　　　)이/가 존재한 계급 사회였다는 것과 (　　　　)을/를 사용하였음을 알 수 있다.

> 25580-0010

02 다음 자료를 바탕으로 발해가 고구려를 계승한 국가임을 두 가지 근거를 들어 서술하시오.

> • 고(구)려 국왕 대흠무(무왕)가 말한다.
>
>   — 발해가 일본에 보낸 국서 —
>
> • (발해) 사신이 왕의 서신을 바쳤다. …… "(나) 무예(무왕)는 열국을 맡아 여러 번을 총괄하며, 고려(고구려)의 옛 땅을 회복하고 부여의 옛 풍속을 지니고 있습니다."
>
>   — 『속일본기』 —
>
> • 고려(발해)에 파견된 사절이 사명을 완수하고 귀국하였으므로, 덴표호지 2년(758년) 10월 28일에 위계를 2개 올린다.
>
>   — 일본 출토 목간 —

예시 답안   발해의 국왕은 일본에 보낸 국서에서 스스로 (　　　　)의 국왕임을 자처하였고, (　　　　)의 옛 땅을 회복하였다고 하였다. 또한 일본에서도 발해에 보낸 사절단을 (　　　　)에 보냈다고 하여, 발해가 고구려를 계승하였다는 사실을 인정하고 있다.

Step2 스스로 답안 작성하기

> 25580-0011

03 다음 글을 읽고 물음에 답하시오.

> 국읍에 각기 한 사람을 세워 천신에 제사 지내는 것을 주관하게 하고, 이를 [　(가)　](이)라 부른다. 또 여러 나라가 각기 별읍을 두고 있으니, 이를 [　(나)　](이)라 부른다. 큰 나무를 세워 방울과 북을 매달고 귀신을 섬겼다.
>
> — 『삼국지』, 「위서」 —

(1) (가), (나)에 들어갈 용어를 쓰시오.

   (가)

   (나)

(2) 자료를 통해 알 수 있는 삼한의 정치적 특징을 서술하시오.

> 25580-0012

04 다음 글을 읽고 물음에 답하시오.

> 국학은 예부에 속하였는데, [　(가)　] 2년에 설치하였다. …… 박사와 조교 1명이 『예기』, 『주역』, 『논어』, 『효경』을 가르치거나, 『춘추좌씨전』, 『모시』, 『논어』, 『효경』을 가르치거나 『상서』, 『논어』, 『효경』, 『문선』을 가르쳤다.
>
> — 『삼국사기』 —

(1) (가) 국왕의 이름을 쓰시오.

(2) (가) 국왕의 주요 업적을 두 가지 이상 서술하시오.

1등급 도전 문제

> 25580-0013

01 (가) 국가에 대한 설명으로 옳은 것만을 〈보기〉에서 고른 것은?

- 위서에 이르기를, "2천 년 전에 단군왕검이 있어 아사달에 도읍을 세우고, 나라를 열어 ___(가)___ (이)라고 부르니, 요 임금과 같은 시기였다."라고 하였다.
- 중국에서 넘어온 위만은 망명자의 무리를 꾀어내어 무리가 점차 많아지자, 사람을 보내 ___(가)___ 의 준왕에게 한나라의 군대가 쳐들어온다고 거짓으로 알렸다. 그리고 마침내 준왕을 공격하였다.

[보기]

ㄱ. 한의 공격을 받아 멸망하였다.
ㄴ. 한성에서 웅진으로 천도하였다.
ㄷ. 8조법으로 사회 질서를 유지하였다.
ㄹ. 읍군, 삼로라 불리는 군장이 다스렸다.

① ㄱ, ㄴ   ② ㄱ, ㄷ   ③ ㄴ, ㄷ
④ ㄴ, ㄹ   ⑤ ㄷ, ㄹ

> 25580-0014

02 다음 자료의 상황이 일어난 시기를 연표에서 옳게 고른 것은?

백제왕이 관산성을 공격해 왔다. 군주(軍主)인 각간 우덕과 이찬 탐지 등이 맞서 싸웠으나 이기지 못하였다. 신주(新州)의 군주인 김무력이 병사를 데리고 달려갔다. 교전이 벌어졌는데 비장인 고간 도도가 백제왕을 공격하여 죽였다. 이에 신라 군대가 승세를 타고 크게 이겼다.

— 『삼국사기』 —

(가)	(나)	(다)	(라)	(마)
백제, 평양성 공격	고구려, 한성 함락	백제, 사비 천도	신라, 삼국 통일	신라, 혜공왕 피살	후백제 건국

① (가)   ② (나)   ③ (다)   ④ (라)   ⑤ (마)

> 25580-0015

03 (가), (나) 시기 사이에 있었던 사실로 옳은 것은?

(가) 소정방이 이끄는 당나라 군사 13만여 명이 백제를 공격하였다. 신라의 김유신도 정예 군사 5만여 명을 거느리고 합세하였다. …… 의자왕과 태자 효가 여러 성과 함께 항복하였다.

(나) 당의 이근행이 군사 20만 명을 거느리고 매소성에 주둔하자, 신라 군사가 이를 쳐서 쫓아버리고 3만여 필의 말과 그 만큼의 무기를 획득하였다.

① 태조왕이 옥저를 복속하였다.
② 고구려의 평양성이 함락되었다.
③ 장수왕이 평양성으로 천도하였다.
④ 고구려가 수의 침입을 격퇴하였다.
⑤ 진흥왕이 한강 유역을 차지하였다.

> 25580-0016

04 밑줄 친 '이 시기'에 볼 수 있는 모습으로 가장 적절한 것은?

[사료로 보는 한국사]

웅천주 도독 헌창은 그의 아버지 주원이 왕이 되지 못한 것을 이유로 반란을 일으켜 나라 이름을 장안이라 하고 …… 여러 군사가 성을 에워싸고 열흘 동안 공격하여 성이 장차 함락되려 하자 헌창은 화를 면할 수 없음을 알고 스스로 목숨을 끊었다.

[해설] 자료는 <u>이 시기</u>에 일어난 김헌창의 난에 대한 것이다. 혜공왕이 피살된 이후 약 150여 년 동안 전개된 <u>이 시기</u>에 신라에서는 20명의 왕이 교체되는 등 치열한 왕위 쟁탈전이 벌어졌다.

① 신분 차별에 불만을 품은 6두품
② 김흠돌의 난에 가담한 진골 귀족
③ 단양 신라 적성비를 만들고 있는 장인
④ 중국 동진에 사절로 파견되는 백제 관리
⑤ 왜의 격퇴를 위해 고구려에 파견된 신라 사신

02 고려의 통치 체제와 정치 변동

○ **사심관 제도**
중앙 고위 관직에 진출한 인물에게 출신 지역의 부호장 이하의 관직 등을 주관하도록 한 제도이다.

○ **기인 제도**
지방 호족의 자제를 볼모로 삼아 수도에 머물게 하고, 출신 지역의 일에 대한 자문에 응하게 한 제도이다.

○ **노비안검법**
본래 양인이었으나 불법적으로 노비가 된 사람을 조사하여 양인 신분을 회복시켜 준 제도이다.

○ **고려의 지방 행정 조직**

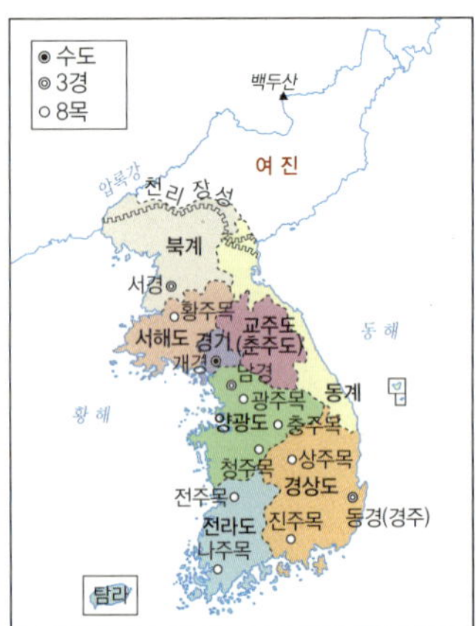

고려는 수도 개경의 인근 지역인 경기를 별도의 행정 구역으로 두었다. 또한 전국을 5도와 양계로 나누고, 그 아래에 군, 현, 진 등을 두었다. 고려의 군현은 지방관이 파견된 주현과 지방관이 파견되지 않은 속현으로 구분되었다.

1 고려 전기의 통치 체제와 지배 세력

1. 고려의 건국과 후삼국 통일

(1) **건국**: 송악(개성)의 호족 출신인 왕건이 고려 건국, 송악(개경)으로 천도

(2) **후삼국의 통일**: 발해 유민 포용, 신라 항복 → 후백제 멸망 → 후삼국 통일(936)

2. 국가 기틀의 확립

> 고려 태조는 발해를 멸망시킨 거란을 적대시하며 고구려 계승 의식을 밝혔다.

태조	• 호족 통합 정책: 혼인 정책, 왕씨 성 하사, 사심관 제도와 기인 제도 실시 • 북진 정책: 평양을 서경으로 삼아 중시, 청천강 유역까지 영토 확장, 거란 적대시 • 훈요 10조 제시: 후대 왕에게 국가 운영의 방향 제시 **자료 ①**
광종 **자료 ②**	• 노비안검법 시행: 공신과 호족 세력의 경제력과 군사력 약화를 목적으로 시행 • 과거제 실시: 유교적 소양을 갖춘 신진 세력 등용 • 공복 제정, 공신 및 호족 세력 숙청 • 스스로 황제를 칭하고, '광덕'·'준풍' 등의 독자적인 연호 사용
성종	• 최승로의 시무 28조 수용(유교 정치 이념에 바탕을 둔 통치 질서 확립) **자료 ③** • 체제 정비: 중앙 관제 정비, 12목에 지방관 파견, 국자감 설치

> 당과 송의 중앙 관제에 영향을 받아 2성 6부제의 중앙 관제를 정비하였다.

3. 통치 체제의 정비

(1) **중앙 정치 조직**

2성 6부	• 중서문하성: 국정을 총괄하는 최고 관서 • 상서성: 6부(실무 행정 부서)를 관리하며 정책 집행
중추원	군사 기밀과 왕명의 출납 담당
삼사	화폐와 곡식의 출납, 회계 담당
대간	• 중서문하성의 낭사와 어사대(감찰 기구)의 관원으로 구성 • 역할: 관리의 부정과 비리 감찰, 왕의 독단적 권력 행사 견제
도병마사	국방 문제 논의
식목도감	법률, 제도 등의 제정·시행 논의

(도병마사·식목도감) • 고려만의 독자적인 회의 기구 • 재신과 추밀의 합의제로 운영

> 중서문하성의 고위 관리를 재신이라고 하며, 중추원의 고위 관리를 추밀이라고 불렀다. 이 둘을 합쳐 재추라 부르기도 하였다.

(2) **지방 행정 제도**

5도	일반 행정 구역, 안찰사 파견, 하위 행정 구역으로 주·군·현 설치
양계	군사 행정 구역, 병마사 파견, 국방 요충지에 진 설치
특징	주현보다 속현이 다수 차지, 특수 행정 구역(향·부곡·소) 존재, 향리가 향촌에서 조세·공물 징수와 역 징발 등 행정 실무 담당

(3) **군사 제도**: 중앙군(2군 6위), 지방군(주현군, 주진군)

> 주현군은 5도 지역을, 주진군은 양계 지역의 수비를 담당하였다.
> 2군은 국왕의 친위 부대이고, 6위는 수도와 궁궐 방어 등을 담당하였다.

(4) **관리 등용 제도**

과거	시험을 통해 관리 선발, 문과, 잡과(기술관 선발), 승과(승려 대상)
음서	• 공신이나 5품 이상 관리의 자손을 과거를 거치지 않고 관리로 등용하는 제도 • 과거의 실시로 음서보다 과거로 관리가 되는 것을 더 높이 평가

자료 ① 고려 태조의 훈요 10조

첫째, 우리나라의 대업은 오로지 여러 부처가 지켜 준 데 힘을 입은 것이다. 그렇기에 선종과 교종 사원을 창건하고 주지(住持)를 파견해 불도를 닦도록 하여 각각 그 업(業)을 다하도록 한 것이다.

넷째, 우리 동방은 예부터 당나라의 풍속을 본받아 문물과 예악이 다 그 제도를 준수하여 왔으나 그 지역이 다르고 인성이 각기 다르니 분별없이 똑같이 할 필요는 없다. 거란은 짐승과 같은 나라인지라 풍속이 같지 않고 말도 다르니 의관 제도를 삼가 본받지 말라.

－『고려사절요』－

> 주지(住持): 불교에서 절을 주관하는 승려를 의미한다.

고려 태조는 후대 왕들이 지켜야 할 것을 당부한 훈요 10조를 남겼다. 여기에는 불교 숭상, 중국 문화의 선택적 수용과 거란 배척, 서경 중시, 연등회와 팔관회 중시 등의 내용이 담겨 있다.

자료 ② 고려 광종의 왕권 강화 정책

• 노비를 상세히 조사하여 옳고 그름을 따져 밝히도록 명령하니 주인을 배반하는 노비들이 이루 다 셀 수가 없을 정도였다. 이로 말미암아 주인을 능멸하는 풍조가 크게 일어나 사람들이 모두 탄식하고 원망하였다. 왕비가 간절하게 간언하였으나, 받아들이지 않았다.　－『고려사절요』－

• 삼국 이전에는 과거 제도가 없었다. 고려 태조 때 처음으로 학교를 세웠으나 과거로 인재를 뽑는 데까지는 이르지 못했다. 광종이 쌍기의 의견을 받아들여 과거로 인재를 뽑게 하였다.　－『고려사』－

고려 광종은 노비안검법을 실시해 불법적으로 노비가 된 자들을 양인으로 환원하여 공신과 호족들의 군사적·경제적 기반을 약화시키고, 양인의 수를 늘려 국가 재정 기반을 강화하고자 하였다. 또한 광종은 후주 출신 쌍기의 건의를 받아들여 과거제를 도입하였다. 이를 통해 광종은 왕에 대한 충성심과 유교적 소양을 갖춘 사람을 관리로 선발하고자 하였다.

자료 ③ 최승로의 시무 28조

7조　왕이 백성을 다스리는 것은 집집마다 직접 가서 날마다 보는 것은 아니므로 수령을 나누어 파견하여 백성들의 이익과 손해를 살피게 하는 것입니다. …… 청컨대 외관(外官)을 두십시오.

20조　불교의 가르침을 행하는 것은 자신을 수양하는 근본이고, 유교의 가르침을 행하는 것은 나라를 다스리는 근원입니다. 수신은 내세를 위한 것이며, 나라를 다스리는 것은 오늘의 급한 일입니다. 오늘은 지극히 가깝고 내세는 먼데, 가까운 것을 버리고 먼 것을 구하는 일은 잘못이 아니겠습니까?

－『고려사절요』－

최승로는 고려 성종에게 고려의 개혁 방안을 담아 시무 28조를 올렸다. 이 글에서 최승로는 유교의 진흥과 지방관의 파견, 과도한 재정 낭비를 가져오는 불교 행사를 억제할 것, 유교를 통치 이념으로 삼을 것 등을 주장하였다. 성종은 이러한 건의를 받아들여 지방관을 파견하고, 유교 정치 이념에 바탕을 둔 통치 질서를 확립하였다.

○✖ 표시하기

❶ 왕건은 신하들의 추대를 받아 궁예를 몰아내고 고려를 건국하였다.　　　　　　　　　(　　)

❷ 고려 태조는 북진 정책을 추진하며 거란과 화친 정책을 펼쳤다.　　　　　　　　　　(　　)

❸ 고려 광종은 스스로 황제를 칭하고, '광덕', '준풍' 등의 독자적인 연호를 사용하였다.　(　　)

❹ 고려는 국왕의 친위 부대인 2군과 수도와 궁궐 방어를 위한 6위를 중앙군으로 삼았다.　(　　)

적절한 말 고르기

❺ 고려 태조는 후손들이 지켜야 할 덕목들을 담아 (훈요 10조, 시무 28조)를 남겼다.

❻ 고려는 후주 출신 쌍기의 건의를 바탕으로 (광종, 성종) 때부터 과거제를 실시하였다.

❼ 고려는 일반 행정 구역인 5도에 (안찰사, 병마사)를 파견하여 해당 지역을 관할하도록 하였다.

<보기>에서 고르기

보기
ㄱ. 중추원　　　ㄴ. 어사대
ㄷ. 도병마사　　ㄹ. 식목도감

❽ 고려의 관리 감찰 기구 (　　)

❾ 국방·외교 문제 논의를 위한 고려의 독자적인 기구 (　　)

빈칸 채우기

❿ 고려는 지방 호족의 자제를 볼모로 삼아 수도에 머물게 하고, 출신 지역의 일에 대해 자문하도록 하는 (　　) 제도를 통해 호족을 견제하였다.

⓫ 고려 광종은 호족들의 경제력과 군사력을 약화시키기 위해 불법적으로 노비가 된 자들을 양인으로 회복시켜 주는 (　　)을/를 실시하였다.

⓬ 고려에서는 공신이나 5품 이상 관리의 자손을 과거를 거치지 않고 관리로 등용하는 (　　) 제도를 운영하였다.

🔑 핵심 개념

- ☐ 묘청
- ☐ 교정도감
- ☐ 정동행성
- ☐ 쌍성총관부

○ 문벌
여러 대에 걸쳐 고위 관리를 배출하며 특권을 누린 가문을 의미한다.

○ 교정도감
최충헌이 자신의 반대 세력을 제거하기 위해 설치한 기구로, 최씨 무신 정권 시기에 국정을 총괄하는 역할을 하였다.

○ 도방
경대승이 자신의 신변 보호를 위해 설치했던 사병 조직이었으나 사후 해체되었다가 최충헌이 다시 설치하며 신변 보호 및 외적 방어 등으로 기능이 확대되었다.

○ 정방
최우가 자신의 집에 설치한 기구로 주로 관리의 인사 행정을 담당하였다.

○ 왕실 용어와 관제 격하

왕실 용어		관제	
이전	원 간섭기	이전	원 간섭기
조(祖), 종(宗)	충○왕 (忠○王)	중서 문하성, 상서성	첨의부로 통합
폐하	전하		
짐	고	중추원	밀직사
태자	세자	6부	4사

원 간섭기에는 고려가 원의 부마국이 되면서 왕실의 용어와 관제가 격하되어 자주성이 손상되었다.

○ 홍건적
원의 지배에 반대하여 일어난 한족 반란군이다.

---

② 지배 세력의 변화와 정치 변동

1. 문벌의 형성과 동요

(1) **문벌의 특징**: 과거와 음서를 통해 관직에 진출하여 관직 독점, 과전과 녹봉을 받고 대토지 소유, 왕실 또는 다른 문벌 가문과 혼인 관계를 통해 권력 유지

(2) **문벌 사회의 동요**

이자겸의 난 (1126)	이자겸이 권력을 독점하고 왕권 위협 → 고려 인종이 이자겸을 제거하고자 함 → 이자겸이 반란을 일으켰으나 진압됨 → 왕의 권위 실추
묘청의 서경 천도 운동 (1135) **자료①**	• 배경: 인종이 서경 세력을 등용하여 개혁 정치 추진 • 전개: 묘청 등 서경 세력이 풍수지리설을 내세워 서경 천도 및 칭제건원과 금 정벌 주장 → 김부식 등 개경 세력의 반대로 무산 → 묘청 등이 서경에서 반란을 일으킴 → 김부식 등이 이끄는 관군에 진압

이자겸은 예종과 인종에게 딸들을 시집보내며 왕을 능가하는 권력을 휘둘렀다.

황제를 칭하고 연호를 제정한다는 의미이다.

2. 무신 정권의 성립과 전개

무신 정변	문신들에 비해 차별받던 무신들이 정변을 일으켜 권력을 장악함(1170) **자료②**
최씨 무신 정권	• 무신 정권 초기 무신들의 권력 다툼 → 최충헌이 권력을 잡으며 안정됨 • 최충헌: 교정도감 설치, 도방 확대 • 최우: 정방 설치
하층민의 봉기	• 배경: 무신 정변 이후 중앙 정부의 지방 통제력 약화, 무신들의 과도한 수탈 • 망이 · 망소이의 봉기(공주 명학소), 만적의 봉기 모의(개경)

사노비였던 만적이 노비의 신분 해방을 목적으로 봉기를 시도하였으나 사전에 발각되어 실패하였다.

3. 원의 내정 간섭과 권문세족의 성장

몽골의 침입	• 13세기 초 여러 차례에 걸쳐 몽골이 고려를 침입 • 고려의 대응: 강화도로 수도를 옮겨 항전 → 무신 정권 몰락 → 개경 환도(1270)
원의 내정 간섭	• 고려 국왕이 원 황실의 사위가 됨(부마국), 왕실 용어와 관제 격하 • 내정 간섭: 일본 원정에 고려 동원, 정동행성 설치 • 물적 · 인적 수탈: 금, 은, 매 등 공물과 공녀 등 수시 요구 • 영토 상실: 쌍성총관부(화주), 동녕부(서경), 탐라총관부(제주)를 설치하여 직접 지배
권문세족	• 기존의 지배 세력, 원 간섭기에 원과 관계를 맺어 성장한 세력 등으로 이루어짐 • 특징: 친원적 성향, 음서로 관직에 진출하여 도평의사사를 장악, 대규모 농장 소유

고려 후기의 최고 정무 기구로 도병마사의 후신이다.

4. 고려 공민왕의 개혁 정치 **자료③**

배경	14세기 중엽 원의 국력 쇠퇴 → 반원 개혁 정책 추진
내용	• 기철 등 친원 세력 제거, 정동행성이문소 폐지, 몽골풍 폐지 • 쌍성총관부 공격 → 철령 이북의 땅 수복, 전민변정도감 설치(신돈 등용), 성균관 정비

5. 신진 사대부와 신흥 무인 세력의 성장

신진 사대부	• 공민왕의 개혁 추진 과정에서 성장, 주로 과거를 통해 관직 진출 • 특징: 성리학을 사상적 기반으로 함, 불교의 폐단 비판, 친명 정책 지지
신흥 무인 세력	홍건적과 왜구의 침입을 격퇴하는 과정에서 성장 → 신진 사대부와 함께 권문세족을 몰아내고 권력 장악

자료 ① 묘청의 서경 천도 운동

'큰 꽃이 피는 것과 같은 형국'이라는 뜻으로 좋은 기운을 가진 명당이라는 뜻이다.

- 묘청 등이 건의하기를, "서경 임원역의 땅은 음양가들이 말하는 대화세(명당)이니 이곳에 궁궐을 세우고 수도를 옮기면 국가의 혼란을 막을 수 있습니다. 또한 금이 공물을 바치고 스스로 항복할 것이며 36개 나라들이 모두 신하가 될 것입니다."라고 하였다.
- 김부식이 아뢰어 말하기를, "올해 여름에 서경 대화궁 30여 곳에 벼락이 쳤습니다. 이곳이 길한 땅이라면 하늘이 반드시 이처럼 하지는 않았을 것이니, 이곳에서 재앙을 피한다는 것은 잘못이 아니겠습니까?"라고 하였다.

고려 인종은 이자겸의 난 이후 문벌의 횡포를 막고 실추된 왕권을 회복하기 위해 묘청과 정지상 등의 서경 세력을 등용하였다. 이들은 풍수지리설을 앞세워 서경 천도와 금국 정벌을 주장하였다. 이에 인종은 서경에 궁궐을 지을 것을 명하였으나 개경 세력의 반대로 인해 서경 천도는 좌절되었다.

자료 ② 무신 정변

주로 손을 이용하여 상대방을 공격하는 전통 무예인 수박을 이용한 놀이다.

왕이 보현원으로 행차하던 중 술자리를 가졌는데, 분위기가 흥겨워지자 무신들에게 오병수박희를 시켰다. …… 대장군 이소응이 다른 사람과 수박희를 하다가 이기지 못하고 달아나자, 한뢰가 갑자기 나서 이소응의 뺨을 때려 섬돌 아래로 떨어지게 하였다. 왕과 여러 신하들이 손뼉을 치며 크게 웃었다. …… 정중부가 날카로운 소리로 한뢰를 꾸짖으며 말하기를, "이소응이 비록 무관이나 벼슬이 3품인데 어찌 이렇게 심한 모욕을 주는가."라고 하니 왕이 정중부의 손을 잡고 달래서 말렸다.
– 『고려사』 –

자료는 보현원으로 행차하던 중 열린 술자리에서 무신들이 문신들로부터 모욕을 당하는 장면을 보여 주고 있다. 당시 무신들은 문신에 비해서 승진과 처우가 좋지 않았고, 오랫동안 차별 대우를 받았다. 또한 하급 군인들은 토지도 제대로 지급받지 못한 채 각종 공사에 동원되어 불만이 많았다. 이러한 상황 속에서 정중부 등 무신들이 정변을 일으켜 권력을 장악하였다.

자료 ③ 고려 공민왕의 개혁 정치

- 기철 등이 권세를 믿고 임금을 능멸하여 방자하게 위세를 부려 백성에게까지 독을 미쳐 끝이 없었다. …… 몰래 반역을 도모하고 사직을 위태롭게 하였다. 다행히 천지와 신령에게 도움을 받아 기철 등을 다 처형하였다.
- 신돈이 왕에게 전민변정도감을 설치할 것을 청하고 스스로 판사가 되어 전국에 알리기를, "스스로 잘못을 알고 고치는 자는 죄를 묻지 않을 것이나, 기한을 넘겨 일이 발각되는 자는 죄를 조사하여 다스릴 것이며 망령되게 소송하는 자는 도리어 처벌하겠다."라고 하였다. 명령이 나가자 권세가 중에 전민을 빼앗은 자들이 본래 주인에게 많이 돌려주니 전국에서 기뻐하였다.
– 『고려사』 –

기철은 누이동생이 원나라의 황후가 되어 태자를 낳자 그 권세를 이용해 다른 사람의 토지를 빼앗는 등 횡포를 부렸다. 이에 공민왕은 즉위 후 기철 등 친원 세력을 제거하고 반원 개혁 정책을 펼쳤다. 전민변정도감은 권세가들이 부당하게 빼앗은 토지를 본래의 소유주에게 돌려주고, 불법적으로 노비가 된 자를 양인으로 해방시키기 위해 공민왕 등이 설치한 기구이다. 이를 통해 공민왕은 권문세족의 경제적 기반을 약화시키고, 국가 재정을 확충하고자 하였다.

⭕❌ 표시하기

① 고려 전기 여러 대에 걸쳐 고위 관리를 배출하며 특권을 누린 가문을 문벌이라고 한다. (　　)

② 최충헌은 자신의 집에 정방을 설치하여 관리들의 인사 행정을 장악하였다. (　　)

③ 원은 일본 원정을 준비하기 위해 고려에 정동행성을 설치한 후 고려의 내정을 간섭하였다. (　　)

④ 고려 말 홍건적과 왜구의 침입을 격퇴하는 과정에서 이성계 등의 신흥 무인 세력이 성장하였다. (　　)

적절한 말 고르기

⑤ 묘청이 주도한 반란은 (이자겸, 김부식)이 이끄는 관군에 의해 진압되었다.

⑥ (호족, 권문세족)은 친원적인 성향을 가졌으며, 음서 등을 통해 관직에 진출하여 도평의사사를 장악하고 국정을 좌우하였다.

⑦ 13세기 초 몽골이 침입하자 최우는 (강화도, 제주도)로 수도를 옮겨 항전하였다.

⑧ 고려 공민왕은 반원 개혁 정책의 일환으로 (쌍성총관부, 탐라총관부)를 공격하여 철령 이북의 땅을 수복하였다.

빈칸 채우기

⑨ 묘청 등 서경 세력은 풍수지리설을 내세워 (　　　　)(으)로 도읍을 옮길 것과 금나라를 정벌할 것 등을 주장하였다.

⑩ 최충헌은 자신의 반대 세력을 제거하고, 국정을 총괄하기 위한 기구로 (　　　　)을/를 설치하였다.

⑪ 고려 공민왕은 신돈을 등용하고 (　　　　)을/를 설치하여 권세가들이 부당하게 빼앗은 토지를 소유주에게 돌려주고, 불법적으로 노비가 된 자들을 양인으로 해방시키려고 하였다.

⑫ 고려 공민왕의 개혁 정치 과정에서 성장한 세력인 (　　　　)은/는 성리학을 사상적 기반으로 하여 불교의 폐단을 비판하였다.

> 25580-0017

01 (가) 국왕에 대한 설명으로 옳은 것은?

① 훈요 10조를 남겼다.

② 대가야를 정복하였다.

③ 김흠돌의 난을 진압하였다.

④ 최승로의 건의를 수용하였다.

⑤ 22담로에 왕족을 파견하였다.

중요

> 25580-0018

02 밑줄 친 '왕'이 시행한 정책으로 옳은 것은?

삼국 이전에는 과거 제도가 없었다. 태조 때 처음으로 학교를 세웠으나 과거로 인재를 뽑는 데까지는 이르지 못했다. 왕이 쌍기의 의견을 받아들여 과거로 인재를 뽑자, 이때부터 학문을 숭상하는 풍습이 일어나기 시작하였다.

– 「고려사」 –

① 우산국을 정복하였다.

② 수도를 평양으로 옮겼다.

③ 노비안검법을 시행하였다.

④ 당의 산둥반도를 공격하였다.

⑤ 화랑도를 국가 조직으로 개편하였다.

> 25580-0019

03 다음 자료에서 설명하는 기구를 옳게 고른 것은?

재신과 추밀이 모여 협의하는 고려만의 독자적인 귀족 합의 기구이다. 본래 병마사를 통제하기 위해 설치되었다가 국방이나 외교에 대한 문제를 논의하는 기구로 변화하였다.

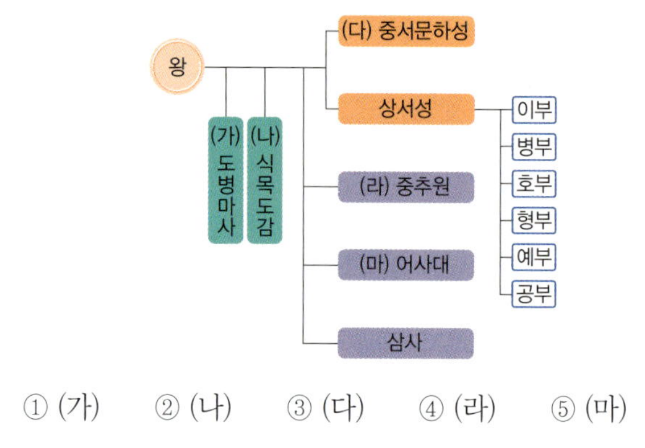

① (가) ② (나) ③ (다) ④ (라) ⑤ (마)

> 25580-0020

04 다음 지도의 행정 구역을 갖춘 나라의 통치 제도에 대한 설명으로 옳지 <u>않은</u> 것은?

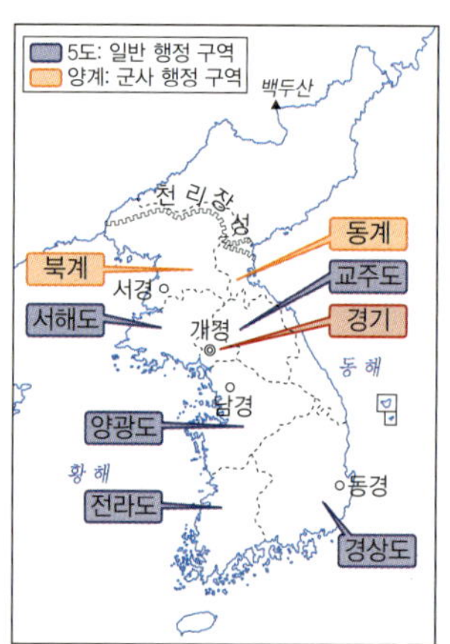

① 5도에 안찰사를 보냈다.

② 주요 도시에 12목을 설치하였다.

③ 국경 지역에 군사 행정 구역을 두었다.

④ 특수 행정 구역인 향·부곡·소가 있었다.

⑤ 지방의 모든 군현에 지방관을 파견하였다.

> 25580-0021

05 (가), (나)에 들어갈 기구의 명칭을 옳게 짝지은 것은?

- 최충헌은 자신의 반대파를 제거하기 위한 기구로 [(가)]을/를 설치하고, 자신이 수장을 맡아 국정을 장악하였다.
- 최우는 자신의 집에 [(나)]을/를 설치하여 관리의 인사 행정 업무를 관할하며 인사권을 장악하였다.

	(가)	(나)
①	정방	삼별초
②	정방	교정도감
③	삼별초	교정도감
④	교정도감	정방
⑤	교정도감	삼별초

> 25580-0022

06 밑줄 친 '당시'의 상황에 대한 설명으로 옳은 것은?

문화유산으로 배우는 한국사

우리나라의 자녀들이 뽑혀서 서쪽으로 가는 것을 거른 해가 없었다. …… 부모와 자식이 한번 이별하면 아득하게 만날 기약이 없었다.

▲ 수령 옹주 묘지명

[해설] 이 묘지명에는 왕족의 부인이었던 수령 옹주가 딸을 원나라에 공녀로 보낼 당시의 상황이 묘사되어 있다. 수령 옹주는 딸을 보낸 이후 그 슬픔으로 병사하였다.

① 무신들이 정변을 일으켰다.
② 진골 귀족들이 왕위 쟁탈전을 벌였다.
③ 권문세족이 도평의사사를 장악하였다.
④ 이자겸이 외척으로 권력을 행사하였다.
⑤ 6두품 지식인들이 사회 개혁을 요구하였다.

> 25580-0023

07 밑줄 친 '왕'에 대한 설명으로 옳은 것은?

신돈이 왕에게 전민변정도감을 설치할 것을 청하고 스스로 판사가 되어 전국에 알리기를, "스스로 잘못을 알고 고치는 자는 죄를 묻지 않을 것이나, 기한을 넘겨 일이 발각되는 자는 죄를 조사하여 다스릴 것이며 망녕되게 소송하는 자는 도리어 처벌하겠다."라고 하였다. 명령이 나가자 권세가 중에 전민을 빼앗은 자들이 본래 주인에게 많이 돌려주니 전국에서 기뻐하였다. — 『고려사』 —

① 후삼국을 통일하였다.
② 금관가야를 복속하였다.
③ 쌍성총관부를 공격하였다.
④ 이자겸의 난을 진압하였다.
⑤ 웅진에서 사비로 천도하였다.

> 25580-0024

08 다음 주장을 펼친 세력에 대한 설명으로 옳은 것은?

① 불교의 폐단을 비판하였다.
② 스스로 성주 또는 장군을 칭하였다.
③ 문신과의 차별 대우에 불만을 가졌다.
④ 홍건적과 왜구를 격퇴하며 성장하였다.
⑤ 원과의 관계를 바탕으로 지배 세력이 되었다.

서술형 문제

Step1 핵심 키워드 파악하기

> 25580-0025

01 (가)에 들어갈 제도의 명칭과 실시 목적을 서술하시오.

국초에 향리의 자제를 뽑아 서울에서 인질을 삼고 또 해당 지방의 일과 그에 대한 고문(顧問)에 대비토록 했는데 이를 [(가)](이)라 하였다.
— 『고려사』 —

예시 답안 (가)에 들어갈 제도는 (　　　) 제도이다. 고려 태조는 호족 세력을 견제하고, 지방 통치를 위한 자문에 활용하기 위해 (　　　)의 자제를 수도에 머물게 하였다.

> 25580-0026

02 다음 주장을 펼친 세력의 특징을 두 가지만 서술하시오.

예시 답안 자료와 같은 주장을 펼친 세력은 묘청 등의 (　　　) 세력이다. 이들은 사상적으로 (　　　)에 기반을 두고 서경 천도를 추진하였고, 대외적으로 (　　　) 정벌을 주장하였다.

Step2 스스로 답안 작성하기

> 25580-0027

03 다음 글을 읽고 물음에 답하시오.

7조 　왕이 백성을 다스리는 것은 집집마다 직접 가서 날마다 보는 것은 아니므로 수령을 나누어 파견하여 백성들의 이익과 손해를 살피게 하는 것입니다. …… 청컨대 외관(外官)을 두십시오.

20조 　불교의 가르침을 행하는 것은 자신을 수양하는 근본이고, 유교의 가르침을 행하는 것은 나라를 다스리는 근원입니다. 수신은 내세를 위한 것이며, 나라를 다스리는 것은 오늘의 급한 일입니다.

(1) 위의 글을 작성한 인물을 쓰시오.

(2) 위의 주장을 수용한 국왕의 주요 정책을 두 가지만 서술하시오.

> 25580-0028

04 다음 글을 읽고 물음에 답하시오.

왕이 평리 인당과 동지밀직사사 강중경을 서북면병마사로, 사윤 신순, 유홍, 전 대호군 최영, 전 부정 최부개를 부사로 임명하여 압록강 건너의 8개의 참(站)을 공격토록 하였다. 또 밀직부사 유인우를 동북면병마사로, 전 대호군 공천보와 전 종부령 김원봉을 그 부사로 임명하여 쌍성 등지를 수복케 하였다.

(1) 밑줄 친 '왕'을 쓰시오.

(2) 위의 왕이 추진한 정책을 두 가지만 서술하시오.

1등급 도전 문제

> 25580-0029

01 다음 자료를 활용한 탐구 활동으로 가장 적절한 것은?

신라 왕 김부(경순왕)가 항복해 오자 신라국을 없애 경주로 삼았다. 김부를 경주의 사심관으로 임명하여 부호장 이하 관직 등에 관한 일을 맡게 하였다. 여러 공신도 이를 본받아 각각 자기 주(州)의 사심관이 되게 하였다.

– 『고려사』 –

① 호족 통합 정책의 사례를 조사한다.
② 훈요 10조를 작성한 목적을 찾아본다.
③ 백제 부흥 운동의 전개 과정을 살펴본다.
④ 무신 정권기 최고 권력 기구의 변화를 파악한다.
⑤ 원이 일본 원정을 위해 고려에 설치한 기구를 알아본다.

> 25580-0030

02 다음 주장이 등장한 시기를 연표에서 옳게 고른 것은?

김부식이 아뢰어 말하기를, "올해 여름에 서경 대화궁 30여 곳에 벼락이 쳤습니다. 이곳이 길한 땅이라면 하늘이 반드시 이처럼 하지는 않았을 것이니, 이곳에서 재앙을 피한다는 것은 잘못이 아니겠습니까?"라고 하였다.

– 『고려사』 –

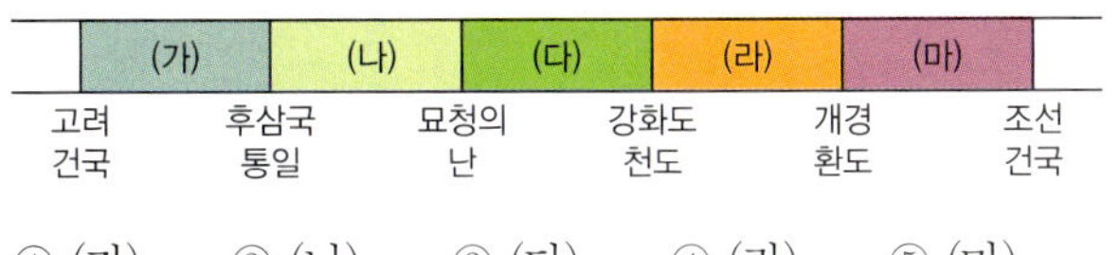

① (가) ② (나) ③ (다) ④ (라) ⑤ (마)

> 25580-0031

03 (가), (나) 시기 사이에 있었던 사실로 옳은 것은?

(가) 십팔자(十八子)가 왕이 된다는 비기가 원인이 되어 이자겸이 왕위를 찬탈하려고 독약을 떡에 넣어 왕에게 드렸던바, 왕비가 은밀히 왕에게 알리고 그 떡을 까마귀에게 던져 주었더니 그 까마귀가 그 자리에서 죽었다.

(나) 임금이 탄 어가가 보현원 가까이 왔을 때 이고가 이의방과 함께 앞서가 거짓 왕명을 꾸며 순검군을 모았다. 왕이 보현원에 들어서고 신하들이 곧 물러나려고 할 때, 이고 등이 한뢰 등을 죽이니 문관, 대소 신료 등이 모두 해를 당하였다.

① 제주에 탐라총관부가 설치되었다.
② 삼별초가 근거지를 옮겨 저항하였다.
③ 왕건이 궁예를 몰아내고 왕위에 올랐다.
④ 명이 철령 이북 영토의 반환을 요구하였다.
⑤ 인종이 정지상 등 서경 세력을 등용하였다.

> 25580-0032

04 밑줄 친 '왕'에 대한 설명으로 옳은 것은?

왕이 기철, 권겸, 노책이 반역을 도모하였다 하여 처단하였다. 고의로 기철, 권겸, 노책의 일당을 놓아주었다는 이유로 원호와 한가귀 및 구영검을 죽이고 그들의 집을 몰수하였다.

① 교정도감을 설치하였다.
② 시무 28조를 수용하였다.
③ 준풍 등의 연호를 사용하였다.
④ 정동행성이문소를 폐지하였다.
⑤ 금과의 사대 관계를 수용하였다.

1 조선의 건국과 통치 체제 정비

1. 위화도 회군과 조선의 건국

(1) **위화도 회군**: 명이 원의 쌍성총관부가 관할하였던 철령 이북 지역 요구 → 우왕과 최영이 요동 정벌 시도 → 이성계가 위화도에서 회군(1388) → 최영 등을 제거하고 권력 장악

(2) **조선의 건국**: 이성계와 신진 사대부가 과전법 시행 등 개혁 실시 → 온건파 사대부와 급진파 사대부로 분화 → 정몽주 등 온건파 사대부 제거 → 이성계(태조) 즉위, 조선 건국(1392)

2. 유교적 통치 체제의 정비

태조	• 국호를 조선으로 정하고 한양으로 천도 • 정도전이 재상 중심의 정치 운영 강조
태종	• 두 차례에 걸친 왕자의 난을 통해 권력 장악 → 사병 혁파 • 6조 직계제 실시, 양전 사업 추진, 호패법 실시 자료①
세종	집현전 설치, 경연 활성화, 의정부 서사제 시행 자료①
세조	• 단종을 몰아내고 즉위 • 6조 직계제 실시, 집현전과 경연 제도 폐지
성종	홍문관 설치, 『경국대전』 완성·반포

조선 건국을 주도한 정도전 등은 재상을 중심으로 한 정치 체제를 추구한 반면, 이방원을 중심으로 한 세력은 국왕이 주도하는 정치 체제를 추구하였다.

조선의 기본 법전으로 조선 세조 때부터 편찬하기 시작하여 성종 때 완성·반포되었다.

3. 중앙 정치 조직 자료②

의정부	국정 총괄, 재상들의 합의로 정책을 심의·결정
6조	국가 정책과 행정을 분야별로 나누어 집행
3사	• 사헌부(관리 감찰), 사간원(간쟁), 홍문관(경연, 자문) • 언론 활동을 통해 권력의 독점과 부정 방지
기타	승정원(국가의 비서 기관), 의금부(국가의 큰 죄인을 다스림)

4. 지방 행정 조직 자료③

8도	• 전국을 8도로 나누어 관찰사 파견, 그 아래에 부·목·군·현 설치 • 모든 군현에 수령 파견
수령	지방의 행정·사법·군사 담당
향리	수령 보좌, 행정 실무 담당 → 고려 시대에 비해 지위가 낮아짐
유향소	지방 사족의 여론을 모아 수령 보좌, 향리 비리 감찰, 풍속 교화 등 담당

5. 관리 등용 제도

법제적으로는 양인이면 누구나 응시가 가능하였으나 사회·경제적인 여건으로 일반 백성들이 과거에 응시하기는 어려웠다.

과거	문과(문관)·무과(무관)·잡과(기술관) 실시, 법적으로 양인이면 누구나 응시 가능
음서	고려에 비해 대상과 범위가 축소

조선 시대에는 고려 시대와 달리 무과가 정기적으로 실시되었다.

○ **과전법**
고려 말 신진 사대부의 경제적 기반 마련을 위해 전·현직 관리에게 경기 지방의 토지에 대한 수조권을 지급한 제도이다.

○ **왕자의 난**
조선 건국 초 왕위 계승을 둘러싸고 벌어진 싸움이다. 1차 왕자의 난은 이방원을 비롯한 왕자와 종친 세력이 정도전 등을 제거한 것이고, 2차 왕자의 난은 실권을 장악한 이방원에 맞서 이성계의 넷째 아들인 이방간이 일으킨 것으로, 이방원이 승리하였다.

○ **호패법**

조선 시대에 16세 이상의 남성에게 일종의 신분증인 호패를 발급하여 지니도록 한 제도이다. 호패는 조세 징수와 군역 부과에 이용하였다.

▲ 호패

○ **경연**
왕과 신하가 모여 유교 경전과 역사를 공부하면서 학문과 정책을 토론하는 제도이다.

자료 ① 6조 직계제와 의정부 서사제

의정부의 여러 일을 나누어 6조에 속하게 하였다. …… 처음에 왕(태종)은 의정부의 권한이 무거울 것을 염려하여 이를 없앨 생각이었지만, 신중히 여겨 서두르지 않았다가 이 때에 이르러 행하였다. …… 의정부가 주관한 일은 외교 문서와 중죄수의 재심에 관한 것뿐이었다.
– 『태종실록』 –

6조는 각각 맡은 직무를 의정부에 품의하고, 의정부는 가부를 의논하여 왕에게 아뢴 뒤 (왕의) 분부를 받아 6조에 내려 시행한다. 다만 이조·병조의 관직 제수, 병조의 군사 업무, 형조의 사형수를 제외한 판결 등은 종래와 같이 각 조에서 직접 아뢰어 시행하고 의정부에 보고한다.
– 『세종실록』 –

왼쪽 자료는 태종 대에 실시한 6조 직계제에 대한 것이고, 오른쪽 자료는 세종 대에 실시한 의정부 서사제에 대한 것이다. 태종은 국왕이 주도하는 정치를 추구하여 6조가 의정부를 거치지 않고, 국왕에게 직접 업무를 보고하도록 하였다. 반면 세종은 강화된 왕권을 바탕으로 의정부 서사제를 실시하여 왕권과 신권의 조화를 추구하였다.

자료 ② 조선의 중앙 정치 조직

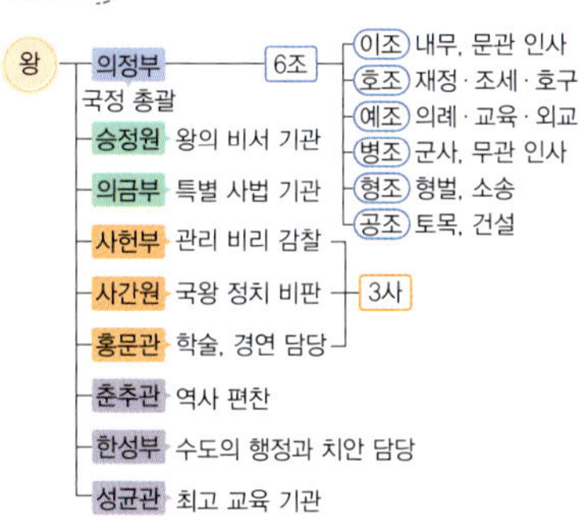

▲ 조선의 중앙 정치 기구

조선은 유교적 통치 이념에 기반을 두고 의정부와 6조를 중심으로 국정을 운영하였다. 중앙 정치의 정점에는 국왕이 있었으며, 영의정, 좌의정, 우의정의 3정승이 모여 주요 정책을 논의하는 의정부가 국정을 총괄하며 국왕을 보좌하였다. 또한 권력의 독점과 부패를 방지하기 위해 언론 기관으로 3사를 두었다. 이 외에도 역사서 편찬을 담당한 춘추관, 수도의 행정과 치안을 담당하는 한성부, 최고 교육 기관인 성균관이 있었다.

자료 ③ 조선의 지방 행정 조직

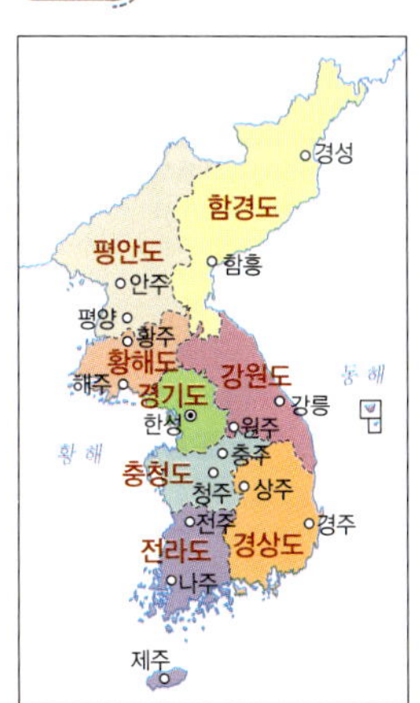

조선은 고려와 달리 지방 행정 조직을 일원화하여 전국을 8도로 나누었다. 지방의 모든 군현에 수령을 파견하여 지방관이 없는 속현이 사라졌다. 이에 향리는 수령에게 직속되어 고려 시대에 비해 지위가 낮아졌다. 한편, 향촌에서는 지방 사족들이 유향소(향청)를 설치하였으며, 이를 통해 수령을 보좌하고, 향리의 부정을 감시하며, 백성을 교화하는 등의 역할을 담당하였다.

○✕ 표시하기

❶ 고려의 개혁 방향을 둘러싸고 신진 사대부는 온건파 사대부와 급진파 사대부로 분화되었다. (　　)

❷ 조선 태종은 국왕 중심의 통치 체제를 확립하기 위해 의정부 서사제를 실시하였다. (　　)

❸ 조선의 3사는 회계 기구로 곡식의 출납 등을 담당하였다. (　　)

❹ 조선 시대에 향리는 수령을 보좌하는 업무를 담당하며 고려 시대에 비해 지위가 낮아졌다. (　　)

적절한 말 고르기

❺ 이성계와 (온건파, 급진파) 사대부는 고려를 멸망시키고, 조선을 건국하였다.

❻ 조선의 기본 법전인 『경국대전』은 (세조, 성종) 때 완성되어 반포되었다.

❼ 조선의 중앙 정치 조직 중 (의정부, 승정원)은/는 국정을 총괄하는 기구로 재상들의 합의로 정책을 심의·결정하였다.

❽ 조선은 전국을 8도로 나누고 그 지역을 관할하는 지방관으로 (관찰사, 안찰사)를 파견하였다.

빈칸 채우기

❾ 우왕과 최영의 요동 정벌 주장에 따라 이성계가 군대를 이끌고 출병하였으나, 이성계는 (　　　)에서 회군하였다.

❿ 조선 태종은 16세 이상의 성인 남성에게 일종의 신분증인 (　　　)을/를 발급하여 지니도록 하였다.

⓫ 조선 성종은 집현전을 계승한 (　　　)을/를 설치하고 경연을 활성화하였다.

⓬ 3사의 하나인 (　　　)은/는 관리의 비리 감찰을 담당하였다.

6. 교육 제도

중앙	성균관(최고 교육 기관), 4부 학당(중등 교육 기관)
지방	향교(관립), 서원과 서당(사립)

② 조선의 정치 운영 변화

1. 훈구와 사림

훈구	세조의 즉위를 도운 공신 세력으로 고위 관직 차지, 대토지 소유
사림	• 정몽주, 길재의 학통을 계승하여 지방에서 학문 연구와 교육에 힘씀 • 도덕과 의리에 바탕을 둔 왕도 정치와 향촌 자치 강조 • 성종이 훈구를 견제하기 위해 사림을 적극적으로 등용 → 주로 3사에 임명되어 훈구의 비리와 부정 비판

조선 건국에 협력하지 않은 온건파 사대부들은 지방에서
성리학 연구와 제자 양성에 힘썼고, 이들의 학문을 이어
받은 이들이 사림으로 성장하였다.

2. 사화의 발생

(1) 연산군 시기

무오사화	김종직이 쓴 「조의제문」을 문제 삼아 사림 세력 공격 **자료 ①**
갑자사화	연산군 친어머니의 폐위와 관련된 훈구와 사림 세력 공격

연산군의 생모이자 성종의 비인 윤씨의 폐비,
사사 사건과 관련하여 일어난 사건이다.

(2) 중종 시기

중종반정	훈구 세력이 연산군을 몰아내고 중종을 즉위시킴
조광조의 개혁	• 중종이 훈구 세력을 견제하기 위해 조광조 등의 사림 세력 등용 • 조광조의 개혁 정치: 현량과 실시, 위훈 삭제 등 **자료 ②**
기묘사화	사림 세력의 급진적 개혁에 반발하여 조광조 등 사림 세력 숙청

(3) 명종 시기: 왕의 외척 세력 간 권력 다툼 속에서 훈구와 사림 세력 피해(을사사화)

(4) 사림의 정치 주도권 장악: 지방의 서원과 향약을 기반으로 꾸준히 세력 확대 → 선조 때 중앙 정계 장악

왕실의 외척인 대윤(윤임 일파)과 소윤(윤원형 일파)의 반목으로
일어나 대윤이 소윤으로부터 정치적인 탄압을 받은 사건이다.

3. 붕당의 형성과 전개

(1) 붕당: 출신 지역, 정치적·학문적 성향 등의 차이에 따라 형성

(2) 붕당의 형성

배경	사림이 척신 정치의 청산과 이조 전랑의 임명 문제를 둘러싸고 대립 **자료 ③**
동인	• 선조 즉위 이후 중앙 정계에 진출한 사림 • 이황과 조식의 학문을 계승한 영남 지역의 사림 중심 • 척신 정치의 청산을 강력히 주장
서인	• 명종 때부터 정치에 참여한 사림 • 대부분 이이와 성혼의 제자들로 경기와 충청 지방의 사림 중심 • 사림에 우호적인 척신 포용 주장

외척 출신의 관리들이 정치를 주도하게 된 것을 의미한다. 명종이
어린 나이로 즉위하여 어머니인 문정 왕후가 수렴청정을 하면서
척신 정치의 폐단이 발생하였다.

(3) 붕당 정치의 전개: 각 붕당이 공론을 내세우며 상호 비판과 견제를 바탕으로 정치 운영

정부 정책 등을 놓고 토론 등을 통해 형성된 사림의 여론을 의미한다.

ⓞ 4부 학당
조선 시대 수도에 설치된 중등 관립 교육 기관으로 동부·서부·남부·중부 학당으로 이루어져 있었다.

ⓞ 왕도 정치
통치자가 덕으로 천하를 다스려야 한다는 유교에서 이상으로 여기는 정치 형태이다.

ⓞ 사화
훈구와 사림의 정치적 대립 과정에서 사림이 여러 차례에 걸쳐 화를 입은 사건을 의미한다.

ⓞ 현량과
학문과 덕행이 뛰어난 인재를 추천받아 관리로 등용하는 제도이다. 사림이 관직에 진출하는 데 도움을 주었다.

ⓞ 위훈
거짓된 공훈이라는 뜻으로, 중종반정의 과정에서 실제로 큰 공적이 없으나 공신으로 책봉된 사람들의 공훈을 의미한다.

ⓞ 향약
양반 사족에 의해 만들어진 향촌의 자치 규약으로, 백성을 유교적으로 교화하고 향촌 사회 질서를 유지하는 역할을 하였다.

ⓞ 이조 전랑
관리의 인사를 담당하던 이조의 정랑과 좌랑을 함께 이르던 말로, 3사 관리를 선발하고 자신의 후임자를 추천하는 권한을 가지고 있었다.

자료 ① 훈구와 사림의 대립

> 김일손이 편찬한 사초에 …… 그 스승 김종직의 「조의제문」을 실었다. …… 세조께서는 그 공과 업이 높고 커서 덕이 여러 왕 중 으뜸이신데, 뜻밖에 김종직이 그 제자들과 높은 덕을 희롱하고 논평하여 김일손에게 모함하여 쓰도록 하였다. …… 형벌을 의논하여 아뢰도록 하라. — 『연산군일기』 —

김종직이 쓴 「조의제문」은 항우가 폐위시킨 초나라의 어린 황제인 의제를 기리는 글이다. 이는 세조가 나이 어린 임금인 단종을 내쫓고 죽인 것을 비난하는 것으로 인식되었다. 당시 연산군과 훈구 세력은 사림 세력을 탄압하고자 하였고 이에 이 글을 사초에 실은 김일손 등의 사림들을 몰아내는 무오사화를 일으켰다.

└─ 사관이 기록하여 둔 초고로 『조선왕조실록』의 원고가 되었던 자료이다.

자료 ② 조광조의 개혁 정치

> "재행(才行)이 있어 임용할 만한 사람을 천거하여, 대궐의 뜰에 모아 놓고 친히 대책(對策)하게 한다면 인물을 많이 얻을 수 있을 것입니다. 이는 …… 중국 한(漢)에서 실시한 현량과의 뜻을 이은 것입니다. 덕행은 여러 사람이 천거하는 바이므로 반드시 헛되거나 그릇되는 것이 없을 것입니다."라고 하였다. — 『중종실록』 —

연산군이 폭정으로 인해 쫓겨나고 훈구 세력에 의해 중종이 왕위에 올랐다. 이로 인해 훈구 세력이 강해지자 중종은 이들을 견제하기 위해 조광조 등의 사림 세력을 등용하였다. 조광조는 성리학적인 이념을 내세우며 개혁을 추진하였고, 현량과를 실시하여 사림 세력을 등용하고자 하였다.

자료 ③ 붕당의 형성

> 김효원이 과거에 장원으로 합격하여 (이조) 전랑의 물망에 올랐으나, 그가 (당시 외척 중 한 명인) 윤원형의 문객이었다 하여 심의겸이 반대하였다. 그 후에 (심의겸의 동생) 심충겸이 장원 급제를 하여 이조 전랑으로 천거되었으나, 외척이라 하여 김효원이 반대하였다. …… 동인, 서인이라는 말이 여기에서 비롯하였다. — 『연려실기술』 —

사림 세력은 사화로 인해 지속적으로 피해를 입었지만, 서원과 향약을 통해 향촌 사회에서 기반을 다지며 세력을 확대하였다. 그 결과 선조 때에는 중앙 정치의 주도권을 장악하였다. 이후 사림 세력은 이조 전랑의 임명 문제 등을 놓고 정치적 이념과 학문적 성향에 따라 동인과 서인으로 나뉘어 붕당을 형성하였다.

○✕ 표시하기

❶ 훈구는 유교 윤리를 바탕으로 하여 향촌 자치를 주장하였다. ( )

❷ 사림 세력은 성종 때 주로 3사에 임명되어 훈구의 비리와 부정을 비판하였다. ( )

❸ 훈구 세력은 연산군을 몰아내고 중종을 즉위시켰다. ( )

❹ 서인 세력은 선조 즉위 이후 중앙 정계에 진출하였으며, 척신 정치의 청산을 강력히 주장하였다. ( )

적절한 말 고르기

❺ 조선 세조의 즉위를 도운 공신 세력인 (훈구, 사림)은/는 고위 관직을 차지하며 권력을 독점하였다.

❻ 김종직이 쓴 「조의제문」을 문제 삼아 연산군과 훈구 세력이 사림 세력을 공격한 사건을 (무오, 갑자)사화라고 한다.

❼ 붕당 중 이황과 조식의 학문을 계승한 영남 지역의 사림을 (동인, 서인)이라고 한다.

빈칸 채우기

❽ 고려 말 온건파 사대부의 학통을 계승하여 조선 시대에 지방에서 성리학 연구와 교육에 힘쓴 세력을 ( )(이)라 한다.

❾ 조선 중종 때 등용된 조광조는 학문과 덕행이 뛰어난 인재를 추천받아 관리로 임용하는 제도인 ( )의 실시를 추진하였다.

❿ 양반 사족에 의해 만들어진 향촌 규약인 ( )은/는 서원과 함께 사림 세력의 성장 기반이 되었다.

⓫ 조선 선조 때 중앙 정계를 장악한 사림은 ( )의 임명 문제를 둘러싸고 대립하여 동인과 서인의 붕당을 형성하였다.

🔗 **핵심 개념**

☐ 임진왜란 ☐ 광해군
☐ 인조반정 ☐ 병자호란

◉ 3포 왜란과 을묘왜변
3포 왜란은 1510년 조선의 3포(부산포, 제포, 염포)에서 무역 활동을 하고 있던 일본인들이 소요를 일으킨 사건이다. 을묘왜변은 1555년 왜구가 전라남도 일대에 침입해 약탈한 사건이다.

◉ 일본의 전국 시대
일본에서 다이묘들이 패권을 두고 100여 년간 상호 다툼을 벌이던 시대이다.

◉ 한산도 대첩(1592. 7.)
임진왜란 당시 이순신이 이끄는 수군이 일본군을 한산도 앞바다로 유인한 뒤 학익진 전법을 사용하여 크게 물리친 전투이다. 이를 계기로 조선의 수군이 서남해안의 해상권을 장악하게 되었다.

◉ 삼전도비

병자호란의 결과 인조가 삼전도에서 항복 의식을 치른 이후 세워진 비석으로, 청 태종의 요구에 따라 청 태종의 공덕을 기록하였다.

---

3 왜란과 호란

1. 임진왜란의 발발과 극복

(1) 임진왜란 이전의 상황

조선	3포 왜란과 을묘왜변 등 발생
일본	도요토미 히데요시가 전국 시대를 통일

(2) 임진왜란의 전개 **자료 ①**

배경	도요토미 히데요시가 내부 세력의 불만 무마와 대륙 진출을 위해 조선 침략
전개	• 초기: 조선군이 일본군에 잇따라 패배 → 수도 한성을 빼앗김 → 선조는 의주로 피란하여 명에 지원 요청 • 수군과 의병의 활약: 이순신이 이끄는 수군의 활약(한산도 대첩 등), 곽재우(의령)·조헌(금산) 등 의병의 활약 • 전란의 극복: 명의 참전 → 조명 연합군이 평양성 탈환 → 권율이 이끄는 관군 등의 행주 대첩 → 명과 일본의 휴전 회담 진행 → 결렬 • 일본군의 재침입(정유재란, 1597): 조명 연합군의 일본군 격퇴, 수군의 활약(명량 대첩)
종결	도요토미 히데요시의 사망 → 일본군 철수

명은 조공국에 대한 보호라는 명분뿐 아니라 랴오둥반도를 보호하기 위한 실질적인 목적 등으로 조선에 지원군을 파병하였다.

권율은 행주에서 일본군에 큰 승리를 거두었다.

(3) 임진왜란의 영향

조선	국토 황폐화, 토지 대장과 호적·문화유산 등 소실
일본	도쿠가와 이에야스가 에도 막부 수립, 성리학과 도자기 기술 발전
중국	명의 국력이 쇠약해진 틈을 타 여진이 성장하여 후금 건국

임진왜란 중 일본은 조선의 성리학자와 도자기 기술자 등을 포로로 잡아갔고, 이들을 통해 일본의 성리학과 도자기 기술이 발전하게 되었다.

2. 광해군의 중립 외교와 인조반정

광해군	• 전후 복구 사업: 토지 개간, 토지 대장과 호적 정비, 성곽과 무기 수리 등 • 대외 정책: 명과 후금 사이에서 중립 외교 **자료 ②**
인조반정	서인 세력이 광해군을 축출 → 인조 즉위

인조와 서인 세력은 광해군이 추진한 중립 외교 외에 왕권의 강화 과정에서 동생인 영창 대군을 죽이고 인목 대비를 폐위한 것을 광해군 폐위의 원인으로 지적하였다.

3. 호란의 발생

(1) 정묘호란

명의 모문룡은 후금과의 전투가 불리해지자 조선으로 후퇴하여 평안도 가도에 머물며 조선의 지원을 받고 있었다.

배경	• 조선의 친명 배금 정책 추진, 명과의 교역 중단에 따른 물자 부족 해결 • 평안도 가도에 주둔하고 있는 명군에 대한 지원 차단
전개	후금의 조선 침략 → 인조의 강화도 피난, 의병과 관군의 활약
결과	후금이 조선과 형제 관계의 화의를 맺고 철수

(2) 병자호란

배경	• 후금이 청으로 국호를 바꾸고 조선에 군신 관계 요구 • 조선에서 주화론과 척화론(주전론)의 대립 → 척화론 우세 → 청의 요구 거부 **자료 ③**
전개	청이 조선을 침략 → 인조가 남한산성으로 피란하여 항전
결과	인조가 삼전도에서 청에 항복, 조선이 청과 군신 관계 체결
영향	청에 당한 치욕을 씻고 명과의 의리를 지키자는 북벌론 주장

자료 탐구

자료 ① 임진왜란의 전개

- 이때 (곽재우가) 말하기를, "적은 이미 가까이 와 있다. 우리들의 부모와 처자는 장차 적의 손에 들어가게 될 것이다. …… 그런데도 가만히 앉아서 죽기를 기다리겠는가."라며 마침내 자기 재산을 풀어 병사를 모집하였다.

  – 『동국전란사』 –

- (이순신은) 수군을 거느리고 진도 벽파정 아래에 주둔하고 있다가 명량으로 들어가는 (울돌)목에서 일본군을 크게 쳐부수었다. 이로 인하여 (일본군은) 해로를 통하여 전라도 지역을 넘보지 못하였고, 그 이듬해에 적은 마침내 완전히 철수하고 말았다.

  – 「해남 명량 대첩비」 –

첫 번째 자료는 임진왜란 당시 의병의 활약에 대한 것이고, 두 번째 자료는 임진왜란 당시 이순신이 이끄는 수군의 활약에 대한 것이다. 임진왜란 초기 일본군의 공격에 조선군은 지속적으로 패하여 수도가 20일 만에 함락되었다. 하지만 수군과 의병의 활약이 있었고, 명의 지원군까지 합세하며 전세를 뒤집을 수 있었다.

자료 ② 광해군의 중립 외교에 대한 반발

우리나라가 중국 조정을 섬겨 온 것이 200여 년이라, 의리로는 곧 군신이며 은혜로는 부자와 같다. 그리고 임진년에 도와준 은혜는 만세토록 잊을 수 없는 것이다. …… 광해는 배은망덕하여 천명을 두려워하지 않고 속으로 다른 뜻을 품고 오랑캐(후금)에 성의를 베풀었으며, 오랑캐를 정벌할 때는 은밀히 장수에게 동태를 보아 행동하게 하여 끝내 전군이 오랑캐에 투항함으로써 추한 소문이 사해에 펼쳐지게 하였다.

– 『인조실록』 –

임진왜란 이후 만주에서 성장한 후금이 명을 위협하는 상황 속에서 명은 조선에 지원군의 파병을 요청하였다. 이에 광해군은 강홍립이 이끄는 지원군을 파병하면서, 상황에 따라 유연하게 대처하도록 하였다. 이에 강홍립이 후금과의 전투에서 패한 이후 항복하자 서인 세력은 명에 대한 의리를 저버리는 일이라며 비판하였다.

자료 ③ 주화론과 척화론(주전론)

- 화친을 맺어 국가를 보존하는 것보다 차라리 의를 지켜 망하는 것이 옳다고 하였으나, 이것은 신하가 절개를 지키는 데 쓰는 말입니다. …… 자기의 힘을 헤아리지 아니하고 경망하게 큰소리를 쳐서 오랑캐들의 노여움을 도발, 마침내는 백성이 도탄에 빠지고 종묘와 사직에 제사 지내지 못하게 된다면 그 허물이 이보다 클 수 있겠습니까?

  – 『지천집』 –

- 화의로 백성과 나라를 망치기가 …… 오늘날과 같이 심한 적이 없었습니다. 중국(명)은 우리나라에 있어서 곧 부모요, 오랑캐(청)는 우리나라에 있어 곧 부모의 원수입니다. 신하된 자로서 부모의 원수와 형제의 의를 맺고 부모의 은혜를 저버릴 수 있습니까? …… 차라리 나라가 없어질지라도 의리는 저버릴 수 없습니다.

  – 『인조실록』 –

첫 번째 자료는 병자호란이 일어날 당시 청과의 화친을 주장한 최명길의 글이고, 두 번째 자료는 청과의 화친에 반대한 윤집의 글이다. 당시 조선에서는 전쟁을 피하기 위해서 청과 화친해야 한다는 주장도 있었지만, 오랑캐에 굴복할 수 없다는 척화론이 우세하여 청의 군신 관계 요구를 거부하였고, 그 결과 병자호란이 일어났다.

개념 체크 문제

• 정답 **7**쪽

○✖ 표시하기

❶ 일본의 전국 시대를 통일한 도요토미 히데요시가 대륙 침략을 도모하기 위해 임진왜란을 일으켰다. ( )

❷ 임진왜란 당시 한성이 위협받자 선조는 부산으로 피란하여 명에 지원을 요청하였다. ( )

❸ 임진왜란의 결과 일본에서는 성리학과 도자기 기술이 발전하였다. ( )

❹ 병자호란 당시 인조는 강화도로 피란하여 청에 항전하였다. ( )

적절한 말 고르기

❺ 광해군을 축출한 인조반정은 (동인, 서인) 세력이 주도하였다.

❻ 평안도 가도에 주둔하고 있는 명군에 대한 지원을 차단하는 것 등을 목적으로 (정묘, 병자)호란이 일어났다.

❼ 정묘호란의 결과 후금과 조선은 (형제, 군신) 관계의 화의를 맺었다.

빈칸 채우기

❽ 1510년 조선의 부산포, 제포, 염포 등에서 무역 활동을 하고 있던 일본인들이 (   )을/를 일으켰다.

❾ 병자호란의 결과 인조는 (   )에서 청에 항복 의식을 치렀다.

❿ 병자호란 이후 청에 당한 치욕을 씻고 명에 의리를 지키자는 (   )이/가 등장하였다.

<보기>에서 고르기

보기
ㄱ. 권율   ㄴ. 조헌
ㄷ. 곽재우   ㄹ. 이순신

⓫ 행주산성에서 왜적을 물리침 (   )

⓬ 한산도 대첩과 명량 대첩을 이끔 (   )

> 25580-0033

01 밑줄 친 '노력'에 해당하는 내용으로 가장 적절한 것은?

① 집현전을 설치하였다.
② 6조 직계제를 시행하였다.
③ 위화도 회군을 단행하였다.
④ 사림 세력을 3사에 등용하였다.
⑤ 기철 등 친원 세력을 제거하였다.

> 25580-0034

02 (가) 국왕에 대한 설명으로 옳은 것은?

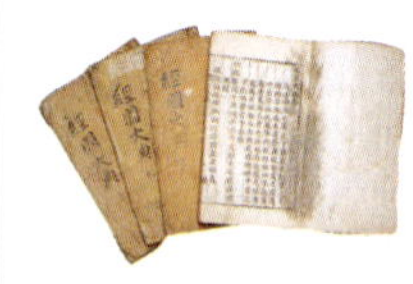

조선의 기본 법전인 『경국대전』은 이·호·예·병·형·공전의 6전으로 구성되어 있었으며,　(가)　때 완성·반포되었다.

① 홍문관을 설치하였다.
② 한양으로 천도하였다.
③ 노비안검법을 실시하였다.
④ 전민변정도감을 설치하였다.
⑤ 단종을 몰아내고 왕위에 올랐다.

> 25580-0035

03 (가), (나)에 들어갈 기구의 명칭을 옳게 짝지은 것은?

중앙 정치 기구 ❤　조선 시대 ❤

한국사 사료 학습방

- 　(가)　은/는 정치를 토론하고, 모든 관리를 감찰하여 살핀다. 풍속을 바로잡고, 원통하고 억울한 일을 풀어 주며, 거짓된 행위를 단속하는 일을 맡는다.
- 　(나)　은/는 왕궁 서고에 보관된 책을 관리하고, 임금의 물음에 응한다.

	(가)	(나)
①	사헌부	사간원
②	사헌부	홍문관
③	사간원	사헌부
④	사간원	홍문관
⑤	홍문관	사헌부

> 25580-0036

04 (가) 기구에 대한 설명으로 옳은 것만을 〈보기〉에서 고른 것은?

조선 시대 각 군현에는 지방 사족의 자치 기구인　(가)　이/가 설치되었다. 조선 정부는　(가)　을/를 활용하여 향촌 자치를 부분적으로 인정하면서 지방 통치의 효율성을 높이고자 하였다.

〈보기〉

ㄱ. 3사에 속하였다.
ㄴ. 향리의 부정을 감시하였다.
ㄷ. 국왕의 비서 역할을 하였다.
ㄹ. 향촌의 풍속 교화를 담당하였다.

① ㄱ, ㄴ　　② ㄱ, ㄷ　　③ ㄴ, ㄷ
④ ㄴ, ㄹ　　⑤ ㄷ, ㄹ

05 (가) 인물에 대한 설명으로 옳은 것은?

> 25580-0037

[사료로 보는 한국사]

> 국가에서 사람을 등용할 때 과거 시험에 합격한 사람을 중요하게 여깁니다. 그러나 현명한 사람이 있다면 꼭 과거 시험에만 국한하여 등용할 수 있겠습니까. …… 한(漢)을 본받아 현량과를 실시하여 덕행이 있는 사람을 천거하여 인재를 찾으십시오.

[해설] 자료는 훈구 세력 견제를 위해 중종이 등용한 (가) 이/가 경연에서 건의한 내용이다. (가) 은/는 현량과 실시, 소격서 폐지 등의 개혁을 추진하다가 훈구 세력 등의 반발로 인해 기묘사화 때 죽임을 당하였다.

① 조의제문을 작성하였다.
② 위훈 삭제를 주장하였다.
③ 시무 28조를 건의하였다.
④ 서경 천도와 금 정벌을 주장하였다.
⑤ 임진왜란 당시 의병장으로 활약하였다.

06 (가)에 들어갈 내용으로 가장 적절한 것은?

> 25580-0038

▶ 단원: 조선 사회의 성립과 발전
▶ 주제: (가)
▶ 수집 자료

> 김효원이 과거에 장원으로 합격하여 (이조) 전랑의 물망에 올랐으나, 그가 (당시 외척 중 한 명인) 윤원형의 문객이었다 하여 심의겸이 반대하였다. 그 후에 (심의겸의 동생) 심충겸이 장원 급제를 하여 이조 전랑으로 천거되었으나, 외척이라 하여 김효원이 반대하였다. …… 동인, 서인이라는 말이 여기에서 비롯하였다.

① 권문세족의 특징
② 지방 호족의 성장
③ 붕당의 형성 배경
④ 문벌 사회의 동요
⑤ 훈구와 사림의 대립

중요

07 밑줄 친 '이 전쟁' 중에 있었던 사실로 옳은 것은?

> 25580-0039

① 3포 왜란이 일어났다.
② 최우가 강화도로 천도하였다.
③ 이순신이 한산도에서 승리하였다.
④ 성왕이 관산성 전투에서 전사하였다.
⑤ 이성계가 위화도 회군을 단행하였다.

08 (가) 전쟁이 끼친 영향으로 옳은 것은?

> 25580-0040

▲ (가) 당시의 침입과 대응

① 쌍성총관부가 설치되었다.
② 여진이 후금을 건국하였다.
③ 조선에서 북벌론이 제기되었다.
④ 일본에서 도자기 기술이 발달하였다.
⑤ 광해군이 축출되고 인조가 즉위하였다.

서술형 문제

Step1 핵심 키워드 파악하기

> 25580-0041

01 (가)에 들어갈 용어와 해당 제도를 실시한 목적을 서술하시오.

조선은 태종 때 16세 이상의 성인 남성에게 (가) 을/를 지급하는 제도를 처음 실시하였다. (가) 에는 해당 인물의 성명과 출생 연도 등을 적었으며, 과거에 합격한 경우 해당 사실도 기록하였다.

예시 답안 (가)는 ( )이다. 조선 태종 때 처음 실시한 ( )은/는 성인 남성의 수를 파악하여 ( )의 징수와 ( )의 부과에 활용하기 위해 실시하였다.

> 25580-0042

02 다음 글이 등장한 배경을 서술하시오.

우리나라가 중국 조정을 섬겨 온 것이 200여 년이라, 의리로는 곧 군신이며 은혜로는 부자와 같다. 그리고 임진년에 도와준 은혜는 만세토록 잊을 수 없는 것이다. …… 광해는 배은망덕하여 천명을 두려워하지 않고 속으로 다른 뜻을 품고 오랑캐에 성의를 베풀었으며, 오랑캐를 정벌할 때는 은밀히 장수에게 동태를 보아 행동하게 하여 끝내 전군이 오랑캐에 투항함으로써 추한 소문이 사해에 펼쳐지게 하였다.

예시 답안 광해군은 명이 후금과 전투를 벌이던 중 조선에 지원군을 요청하자, ( )이/가 이끄는 군대를 파견하면서 상황에 유연하게 대처하도록 하였다. ( ) 세력은 이러한 광해군의 외교 정책을 비판하며 광해군을 몰아내고 ( )을/를 왕으로 세웠다.

Step2 스스로 답안 작성하기

> 25580-0043

03 다음 자료를 보고 물음에 답하시오.

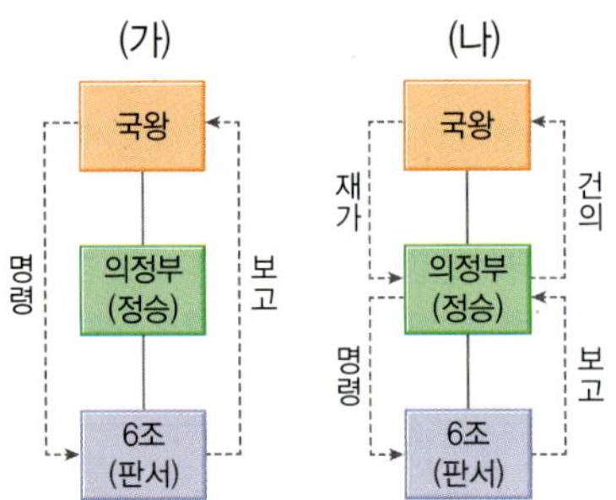

▲ 조선의 국정 운영 체제

(1) (가), (나) 제도의 명칭을 쓰시오.

(가)

(나)

(2) (가) 제도를 실시한 국왕 두 명을 제시하고, 제도의 실시 목적을 서술하시오.

> 25580-0044

04 다음 글을 읽고 물음에 답하시오.

김일손이 편찬한 사초에 …… 그 스승 김종직의 (가) 을/를 실었다. …… 세조께서는 그 공과 업이 높고 커서 덕이 여러 왕 중 으뜸이신데, 뜻밖에 김종직이 그 제자들과 높은 덕을 희롱하고 논평하여 김일손에게 모함하여 쓰도록 하였다. …… 형벌을 의논하여 아뢰도록 하라.

(1) (가)에 들어갈 글의 제목을 쓰시오.

(2) (가) 글의 내용을 바탕으로 이 글이 사화의 배경이 된 이유를 서술하시오.

1등급 도전 문제

> 25580-0045

01 (가), (나) 시기 사이에 있었던 사실로 옳은 것은?

> (가) 명이 철령 이북 지역을 명의 영토로 편입하려 하자 최영은 우왕과 함께 요동 공격을 계획하였다. 그러나 이성계는 압록강의 위화도에서 회군해 우왕을 몰아내고 권력을 장악하였다.
>
> (나) 이성계와 이방원 등은 정몽주 등 온건파 사대부를 제거한 후 공양왕을 폐위시켰다. 그리고 이성계가 추대의 형식을 통해 왕위에 올랐다.

① 중종반정이 일어났다.
② 과전법이 제정되었다.
③ 집현전이 폐지되었다.
④ 교정도감이 설치되었다.
⑤ 한양으로의 천도가 이루어졌다.

> 25580-0046

02 (가) 인물에 대한 설명으로 옳은 것은?

> 조선 건국에 큰 공헌을 했던   (가)   은/는 점차 권력에서 소외되자 정도전 세력을 습격하여 살해하였다. 당시 세자였던 이방석 또한 폐위하여 귀양 보내고 도중에 살해하였다. 이후 태조는 둘째였던 이방과를 세자로 책봉하고 왕위를 물려주었다. 하지만 권력의 실세는   (가)   이었으며, 그는 2년 뒤 선위를 받아 조선의 제3대 국왕으로 즉위하였다.

① 집현전을 설치하였다.
② 경국대전을 편찬하였다.
③ 인조반정으로 축출되었다.
④ 6조 직계제를 실시하였다.
⑤ 남한산성에서 청에 항전하였다.

> 25580-0047

03 다음 상황이 나타난 시기를 연표에서 옳게 고른 것은?

> 이순신은 수군을 거느리고 진도 벽파정 아래에 주둔하고 있다가 명량으로 들어가는 (울돌)목에서 일본군을 크게 쳐부수었다. 이로 인하여 일본군은 해로를 통하여 전라도 지역을 넘보지 못하였고, 그 이듬해에 적은 마침내 완전히 철수하고 말았다.

(가)	(나)	(다)	(라)	(마)
3포 왜란	을묘 왜변	임진왜란 발발	평양성 탈환	광해군 즉위	정묘호란 발발

① (가)　　② (나)　　③ (다)　　④ (라)　　⑤ (마)

> 25580-0048

04 다음 상소가 제기된 배경으로 가장 적절한 것은?

> 부교리 윤집이 상소하기를, "화의로 백성과 나라를 망치기가 …… 오늘날과 같이 심한 적이 없었습니다. 중국은 우리나라에 있어서 곧 부모요, 오랑캐는 우리나라에 있어 곧 부모의 원수입니다. 신하된 자로서 부모의 원수와 형제의 의를 맺고 부모의 은혜를 저버릴 수 있겠습니까? …… 차라리 나라가 없어질지라도 의리는 저버릴 수 없습니다."라고 하였다.

① 조선에서 북벌론이 대두되었다.
② 명과 일본의 휴전 협상이 결렬되었다.
③ 청이 조선에 군신 관계를 요구하였다.
④ 일본군의 공격으로 한성이 점령되었다.
⑤ 인조가 삼전도에서 패배 의식을 치렀다.

04 조선 후기의 새로운 흐름

● 훈련도감
급료를 받는 직업 군인으로 조총을 사용하는 포수, 활을 쏘는 사수, 칼 등으로 무장한 살수 등 삼수병으로 구성되었다.

● 산림
관직은 없으나 학식과 덕망을 갖추고 각 붕당에서 공론의 주재자로 인식되었던 재야의 세력이다.

● 탕평비

영조가 자신의 탕평 의지를 밝히고자 성균관 입구에 세운 비석이다.

● 규장각
일종의 왕실 도서관 기능을 담당하는 곳이었으나 정조가 각종 정책을 뒷받침하는 기구로 육성하였다.

● 초계문신제
젊고 재능 있는 관리들을 규장각에 소속시켜 재교육하는 제도이다.

● 장용영
국왕의 친위 부대로 왕권을 뒷받침하는 군사적 기반 역할을 하였다.

1 양 난 이후 통치 체제의 변화와 붕당 정치

1. 비변사의 기능 강화 자료①

양 난 이전	16세기 초 여진과 왜구의 침입에 대비하기 위한 임시 기구로 설치
양 난 이후	군사뿐만 아니라 외교, 재정, 인사 등 모든 행정 업무를 총괄하는 기구로 격상

비변사는 명종 때 상설 기구화되었고, 임진왜란을 거치면서 3정승을 비롯한 고위 관리로 구성원이 확대되면서 국가 정책을 논의하는 최고 기구가 되었다.

2. 군사 제도의 변화

중앙군	임진왜란 중 훈련도감 창설 → 5군영 체제(어영청, 총융청, 수어청, 금위영 추가)
지방군	속오군으로 정비(양반~노비까지 모든 신분으로 편성)

평상시에는 생업에 종사하다가 적이 침입하면 전투에 동원되었다.

3. 붕당 정치의 전개와 변질 자료②

선조	동인과 서인으로 나뉘어 붕당 형성 → 동인이 북인과 남인으로 분화
광해군	북인이 정국의 주도권 장악
인조~효종	• 인조반정으로 북인이 몰락하고 서인이 권력 장악 • 서인이 국정을 주도하면서 남인의 정치 참여 허용 　→ 상호 간의 학문적 입장을 존중하고 상대방의 정책을 비판, 견제
현종	효종과 효종비의 장례에서 왕실의 상복 입는 기간을 둘러싼 대립 발생(예송) → 서인과 남인 간의 대립 격화
숙종	• 집권 붕당이 교체되는 환국이 여러 차례 발생 → 상대 붕당에 가혹한 보복과 탄압 → 서인이 남인에 대한 대응 문제를 놓고 노론과 소론으로 분열 • 붕당의 공존 원리 붕괴, 3사의 언론 활동도 자기 붕당의 이해관계를 대변하는 형태로 변질

조선 숙종은 붕당 간의 대립을 이용하여 왕권을 강화하고자 하였으나, 붕당 정치의 폐단이 심화되며 탕평책의 필요성이 대두되었다.

효종과 효종비의 사후 효종의 계모인 자의 대비의 상복 입는 기간을 두고 발생하였다. 이는 둘째 아들로 왕위에 오른 효종의 왕위 정통성에 대한 논쟁이기도 하였다. 서인 세력은 국왕을 일반 사대부와 동일하게 보아야 한다고 주장한 반면, 남인 세력은 국왕은 일반 사대부와 예법이 다르다고 주장하였다.

4. 탕평 정치의 전개

(1) 영조의 탕평 정치 자료③

특징	노론과 소론의 온건파를 등용하여 탕평파를 육성하고 국정을 운영
정책	• 서원 대폭 정리, 산림의 존재를 인정하지 않음, 탕평비 건립 • 이조 전랑의 권한 약화(3사 관리와 자신의 후임자 추천권 폐지) • 균역법 실시, 신문고 부활

군역에 따른 군포의 납부를 1년에 1필로 줄인 제도이다.

(2) 정조의 탕평 정치

특징	노론, 소론, 남인을 골고루 등용하는 적극적인 탕평
정책	• 규장각을 설치하고 서얼 출신을 규장각 검서관에 기용, 초계문신제 실시 • 장용영 설치, 수원 화성 건설, 『대전통편』 편찬 • 시전 상인의 특권 축소(통공 정책)

자료 ① 비변사의 기능 강화

> 임시로 비변사를 설치했는데, …… 이것은 일시적인 전쟁 때문에 설치한 것으로서, 국가의 중요한 모든 일을 다 맡긴 것은 아니었습니다. 그런데 오늘에 와서는 큰일이건 작은 일이건 중요한 것으로 취급되지 않는 것이 없습니다. 그 결과 정부는 한갓 헛이름만 지니고 6조는 모두 그 직임을 상실하였습니다. 명칭은 '변방의 방비를 담당하는 것'이지만 과거 시험에 대한 판정이나 비빈을 간택하는 일까지도 모두 여기를 경유해 나옵니다. – 『효종실록』 –

자료는 비변사의 권한 강화를 비판하는 사료이다. 비변사는 본래 변방의 일에 대비하기 위한 임시 기구로 설치되었으나 왜구의 침입을 격퇴하는 과정에서 상설 기구가 되고, 임진왜란을 거치며 그 기능과 권한이 확대되었다. 전쟁이 끝난 이후에도 비변사의 위상은 그대로 유지되었으며, 이에 따라 기존의 의정부와 6조 중심의 행정 체계가 제구실을 하지 못하였다.

⭕❌ 표시하기

❶ 비변사는 본래 외적의 침입에 대비하기 위한 임시 기구로 설치되었다. (　　)

❷ 조선 후기에는 중앙군으로 훈련도감, 어영청 등 5군영 체제를 마련하였다. (　　)

❸ 조선 인조의 집권기에는 북인이 정국의 주도권을 장악하였다. (　　)

❹ 조선 영조는 이조 전랑의 권한을 약화시키고자 이조 전랑이 3사 관리와 자신의 후임자를 추천하던 관행을 없앴다. (　　)

자료 ② 붕당 정치의 변질

> 전하께서 왕위에 오르신 이후로 사람의 현명함과 우매함은 묻지도 않고서, 한쪽 사람을 임용하면 한쪽만 모두 등용시키고, 한쪽 사람을 물리치면 한쪽만 모두 물리치게 합니다. 등용시키고 물리치는 사이에 그 당화(黨禍)만 증가시키게 되니 그것이 국맥(國脈)을 손상시킴을 어떻게 하겠습니까? – 『숙종실록』 –

붕당은 본래 정치적 이념과 학문적 경향에 따라 나뉘었고, 붕당 정치는 서로의 학문적 견해를 존중하고 상대방의 정책을 견제·비판하는 방식으로 전개되었다. 그러나 숙종 때 환국이 단행되는 과정에서 특정 붕당이 권력을 독점하는 경향이 나타났고, 자기 붕당의 이익을 위해 상대 붕당을 비난하는 형태로 변질되었다.

적절한 말 고르기

❺ 조선 후기 지방군은 양반부터 노비까지 포함된 (속오군, 금위영)으로 편성되었다.

❻ 조선 숙종 시기에 붕당 간의 대립이 격화되는 과정에서 (서인, 남인)이 노론과 소론으로 분열하였다.

❼ 조선 (영조, 정조)는 노론과 소론의 온건파를 등용하여 탕평파를 육성하는 탕평책을 추진하였다.

❽ 조선 정조는 일종의 왕실 도서관 기능을 담당하던 (규장각, 장용영)을 자신의 개혁 정책을 뒷받침하는 기구로 육성하였다.

자료 ③ 영조의 탕평 교서

> 붕당의 폐단이 요즈음보다 심한 적이 없었다. 처음에는 유학 내에서 시비가 일어나더니 지금은 다른 편의 사람을 모조리 역당으로 몰고 있다. …… 아! 임금과 신하는 부자(父子)와 같으니, 아들들이 서로 시기하고 의심한다면 임금의 마음은 편안하겠는가, 불안하겠는가? …… 한 조정 가운데서 공격을 일삼고 한집안에서 싸움만을 서로 계속하고 있으니, 이러면 나라가 장차 어떻게 되겠는가? …… 저 귀양을 간 사람들은 그 경중을 참작하여 대신과 더불어 다시 살피도록 하고, 관리의 임용을 담당한 부서에서는 탕평하게 거두어 쓰도록 하라. – 『영조실록』 –

영조는 붕당의 폐단을 해소하기 위해 국왕이 중심에 서서 붕당 간의 세력 균형을 유지하려는 탕평책을 펼쳤다. 자료는 영조가 내린 탕평 교서로 인재를 등용함에 있어 고르게 등용하라는 내용을 담고 있다. 영조는 붕당을 없애자는 자신의 주장에 동의하는 탕평파를 육성하고, 이들을 중심으로 정국을 운영하고자 하였다.

빈칸 채우기

❾ 양 난 이후 (　　　)은/는 군사뿐만 아니라 외교, 재정, 인사 등 모든 행정 업무를 총괄하는 기구로 격상되었다.

❿ 조선 현종 때에는 효종과 효종비의 장례에서 자의 대비가 상복 입는 기간을 둘러싼 대립인 (　　　)이/가 일어나며 붕당 간의 대립이 격화되었다.

⓫ 조선 숙종 때에는 집권 붕당이 급격하게 교체되는 (　　　)이/가 여러 차례 발생하였다.

⓬ 조선 정조는 젊고 재능 있는 관리들을 규장각에 소속시켜 재교육하는 제도인 (　　　)을/를 실시하여 개혁 세력을 육성하고자 하였다.

🔗 핵심 개념

- □ 세도 정치
- □ 경복궁 중건
- □ 홍경래의 난
- □ 호포제

● **삼정**
국가의 주요 재정 수입원인 전정(토지세), 군정(군포 징수), 일종의 농민 구제책인 환정(환곡)을 말한다.

● **삼정이정청**
삼정의 문란을 해소하기 위해 정부에서 설치한 기구였으나 실질적인 효과는 미미하였다.

● **『대전회통』**
정조 때 편찬된 『대전통편』 이후의 법령들을 정비하여 편찬한 법전이다.

● **당백전**

실질적인 가치는 당시 통용되던 상평통보의 5~6배에 지나지 않았지만, 명목상 가치는 상평통보 1문(文)의 100배에 달하였다. 당백전의 남발은 물가가 폭등하는 원인이 되었다.

● **사창제**
마을 단위로 곡식을 저장해 두었다가 어려운 백성들에게 대여해 주는 사창을 설치하고 운영한 제도이다.

2 세도 정치와 흥선 대원군의 통치

1. 세도 정치의 전개
순조, 헌종, 철종 3대 60여 년간 나이 어린 임금이 잇달아 즉위하면서 안동 김씨, 풍양 조씨 등 일부 외척이 권력을 장악한 정치 형태이다.

특징	세도 가문이 비변사 등의 주요 관직 독점, 훈련도감 등 5군영의 지휘권 장악
영향	• 정치 기강의 문란으로 과거 시험의 부정행위, 관직의 매관매직이 성행함 • 삼정의 문란으로 농민에 대한 수탈이 심해짐 **자료①**

뇌물을 주고 관직을 산 관리들이 백성을 수탈하여 이를 보상 받으려고 하면서 삼정의 문란이 극심해졌다.

2. 하층민의 봉기

(1) 홍경래의 난(1811) **자료②**

배경	정부의 평안도 지역에 대한 차별과 세도 정치기 지배층의 수탈
전개	홍경래를 중심으로 평안도 지역의 몰락 양반, 신흥 상공업 세력 등 다양한 세력이 참여 → 곽산, 정주 등 청천강 지역 장악 → 정주성 전투에서 관군에 패배

(2) 임술 농민 봉기(1862)
1862년에 일어난 단성 농민 봉기와 진주 농민 봉기가 계기가 되어 북으로는 함흥, 남으로는 제주에 이르기까지 농민 봉기가 확산되었다.

배경	삼정의 문란으로 인한 지방관의 과도한 수탈
전개	경상 우병사 백낙신의 부정부패에 대한 항의로 진주 농민 봉기 발생 → 전국 확산
대응	암행어사 파견, 삼정이정청 설치 → 큰 성과를 거두지 못함

임술 농민 봉기는 농민이 조세 제도의 폐단에 직접 저항하였다는 점과 농민의 사회의식 성장에 기여했다는 점에서 의의를 가진다.

3. 흥선 대원군의 개혁 정치

(1) 통치 체제의 재정비

집권	철종 사후 고종의 즉위 → 나이 어린 고종을 대신하여 흥선 대원군이 실권 장악
체제 정비	• 안동 김씨 등 세도 가문 축출, 당파와 관계없이 고른 인재 등용 • 비변사 축소·폐지 → 의정부와 삼군부의 기능 부활 • 『대전회통』, 『육전조례』 편찬

세도 가문의 핵심 권력 기구였던 비변사의 권한을 축소하고, 조선 초에 해당 업무를 담당하던 의정부와 삼군부의 기능을 부활시켰다.

(2) 경복궁 중건

목적	임진왜란 때 불에 타 소실된 경복궁 중건 → 왕실의 권위 회복
전개	• 자금 마련을 위해 원납전 징수, 당백전 발행, 도성문 통행세 부과 • 토목 공사에 백성 동원, 목재가 부족하자 양반의 묘지림을 벌목
영향	양반과 상민 모두의 불만을 삼

(3) 서원 철폐

배경	서원이 면세와 면역 특권을 누림, 제사 비용 등을 명목으로 농민 수탈
전개	전국의 서원 중 47개소만 남기고 철폐
영향	백성들의 생활 안정과 국가 재정 확충에 기여, 양반 유생들의 반발 초래

(4) 수취 체제의 개편

전정	양전 사업 실시 → 누락된 토지(은결) 색출
군정	호포제 실시 → 양반에게도 군포 징수 **자료③**
환곡	사창제 실시

자료 ① 세도 정치기 삼정의 문란

당당한 수십 가문이 / 대대로 국록을 먹어 왔는데
그중에서 패가 서로 갈리어 / 엎치락뒤치락 서로 죽이며
약자의 살을 강자가 먹고는 / 대여섯 집 남아 거드름 떠는데
경상(卿相: 재상)도 그들이 다 하고 / 악목(岳牧: 지방관)도 그들이 다하며
후설(喉舌: 승지) 맡은 자도 그자들이고/ 이목(耳目: 간관)도 그들이 다하며
모든 관직도 그들이 다 해 먹고 / 그들이 나서서 옥사도 살핀다네

– 『여유당전서』 –

세도 정치기에는 안동 김씨와 풍양 조씨 등 일부 가문이 비변사 등 주요 관직을 독점하였고, 관직을 돈으로 사고파는 매관매직이 극심하였다. 정치 기강이 문란해지자 각종 부정행위가 심해졌고, 지방관들의 백성에 대한 수탈이 극심하였다.

○ ✖ 표시하기

❶ 순조, 헌종, 철종의 3대 60여 년간 특정 가문이 권력을 장악한 시기를 세도 정치기라고 부른다. (　　)

❷ 임술 농민 봉기는 평안도 지역에 대한 차별 대우에 항의하며 일어났다. (　　)

❸ 흥선 대원군은 『대전회통』, 『육전조례』를 편찬하여 통치 체제의 재정비를 꾀하였다. (　　)

❹ 왕실의 권위 회복을 위해 추진한 경복궁 중건 사업은 양반과 상민 모두에게 불만을 샀다. (　　)

자료 ② 홍경래의 난

　　평서대원수는 급히 격문을 띄우노라. …… 그러나 조정에서는 서쪽 땅을 버림이 더러운 흙과 다름없이 하였다. 심지어 권세 있는 가문의 노비들도 서쪽 사람들을 보면 반드시 '평안도 놈'이라 일컫는다. 서쪽 땅에 있는 자로서 어찌 억울하고 원통하지 않겠는가. …… 보건대 지금 나이 어린 임금이 위에 있어서 권세 있는 간신배가 그 세를 날로 떨치고 김조순과 박종경 같은 무리들이 국가의 권력을 갖고 노니 어진 하늘이 재앙을 내린다. – 『패림』 –

자료는 홍경래의 난 당시 제기되었던 격문이다. 1811년 몰락 양반인 홍경래 등이 중심이 되어 일어난 홍경래의 난은 한때 청천강 지역의 대부분을 장악하기도 하였다. 정주성 전투에서 패배하며 관군에 의해 진압되었지만, 이후 일어나는 농민 봉기에 많은 영향을 주었다.

적절한 말 고르기

❺ 경상 우병사 (백낙신, 홍경래)의 부정부패에 대한 항의로 1862년에 진주 농민 봉기가 발생하였다.

❻ 흥선 대원군은 군정의 문란을 바로잡기 위해 가호를 기준으로 군포를 부과하는 (균역법, 호포제)을/를 실시하였다.

❼ 경복궁 중건을 위한 비용 마련을 위해 명목상 가치가 상평통보의 100배에 달하는 (당백전, 원납전)이 발행되었다.

자료 ③ 호포제

　　근래에 각 고을 군정의 폐단이 매우 심하다고 한다. 작년부터 흥선 대원군의 분부가 있었기 때문에 양반 호는 노비의 이름으로 포를 내게 하였고 …… 지금은 죽은 사람과 어린아이에게도 군포를 징수하는 원성이 없으니, 이것은 상서롭고 화기로운 기운을 이끌어 오는 일이다. 각 도에 알려 길고 오랜 법식으로 삼는 것이 좋겠다. – 『고종실록』 –

본래 군포는 성인 남성에게만 부과되는 것이었으나 군정이 문란한 시기에는 어린아이나 노인, 심지어 죽은 자에게까지 군포를 부과하여 원한이 많았다. 이에 흥선 대원군은 군포를 징수하는 기준을 가호로 바꾸는 호포제를 실시하였고, 이를 통해 양반에게도 군포를 징수하였다.

빈칸 채우기

❽ 임술 농민 봉기가 발생하자 정부는 삼정의 문란을 해결하기 위한 방책으로 (　　　　)을/를 설치하였으나 큰 성과를 거두지 못하였다.

❾ 철종 사후 나이 어린 고종이 즉위하면서 그의 아버지인 (　　　　)이/가 정치적 실권을 장악하였다.

❿ 흥선 대원군은 면세와 면역 특권을 가지고, 농민을 수탈하던 (　　　　)을/를 전국의 47개소만 남기고 철폐하였다.

기본 문제

> 25580-0049

01 밑줄 친 '이 기구'에 대한 설명으로 옳은 것은?

이 기구는 일시적인 전쟁 때문에 설치한 것으로서, 국가의 중요한 모든 일을 다 맡긴 것은 아니었습니다. 그런데 오늘에 와서는 큰일이건 작은 일이건 중요한 것으로 취급되지 않는 것이 없습니다. 그 결과 정부는 한갓 헛이름만 지니고 6조는 모두 그 직임을 상실하였습니다. 명칭은 '변방의 방비를 담당하는 것'이지만 과거 시험에 대한 판정이나 비빈을 간택하는 일까지도 모두 이 기구를 경유해 나옵니다.

① 조선의 최고 교육 기관이었다.
② 의정부의 권한 약화를 가져왔다.
③ 수도의 행정과 치안을 담당하였다.
④ 행정 실무를 담당하는 6조의 하나였다.
⑤ 권력의 독점과 부정을 방지하는 역할을 하였다.

> 25580-0050

02 밑줄 친 '이 부대'에 대한 설명으로 옳은 것은?

임진왜란 중에 설치된 이 부대는 기존과 달리 급료를 받는 중앙군이었다. 이 부대는 일본군의 조총 부대에 맞서 조총으로 무장한 포수, 활로 무장한 사수, 칼이나 창으로 무장한 살수 등 삼수병으로 구성되었다.

① 5군영 중 하나였다.
② 개경 환도에 반대하며 항전하였다.
③ 매소성·기벌포 전투에 참여하였다.
④ 지방 향촌 사회의 방어를 담당하였다.
⑤ 최씨 무신 정권의 권력 기반이 되었다.

> 25580-0051

03 (가)에 대한 설명으로 옳은 것만을 〈보기〉에서 고른 것은?

붕당 정치는 선조 때 사림이 분화되면서 시작되었다. 당시 국정을 주도하고 있던 동인은 ____(가)____ 와/과 경쟁하는 과정에서 북인과 남인으로 분화되었다. 북인은 광해군 때 국정의 주도권을 장악하였으나, ____(가)____ 이/가 주도한 인조반정으로 몰락하였다.

보기

ㄱ. 세조의 즉위를 도운 공신 세력이다.
ㄴ. 숙종 때 노론과 소론으로 분화되었다.
ㄷ. 후금과 명 사이의 중립 외교를 지지하였다.
ㄹ. 남인과 왕실의 상복 입는 기간을 둘러싸고 대립하였다.

① ㄱ, ㄴ　　② ㄱ, ㄷ　　③ ㄴ, ㄷ
④ ㄴ, ㄹ　　⑤ ㄷ, ㄹ

> 25580-0052

04 (가) 국왕이 추진한 정책으로 옳은 것은?

이 비는 ____(가)____ 이/가 자신의 탕평 의지를 알리기 위해 성균관 앞에 세운 탕평비이다. 이 비에는 '두루 원만하고 편향되지 않음은 군자의 마음이요, 편향되고 두루 원만하지 못함은 소인의 마음이다.'라는 글이 새겨져 있다. 이를 통해 당시 붕당의 대립을 완화시키고자 하는 ____(가)____ 의 의지를 알 수 있다.

① 홍문관을 설치하였다.
② 당백전을 발행하였다.
③ 정동행성이문소를 폐지하였다.
④ 이조 전랑의 권한을 약화시켰다.
⑤ 서얼 출신을 규장각 검서관에 등용하였다.

중요

> 25580-0053

05 (가) 국왕에 대한 설명으로 옳은 것은?

① 서원을 철폐하였다.
② 훈요 10조를 남겼다.
③ 집현전을 폐지하였다.
④ 규장각을 설치하였다.
⑤ 경국대전을 반포하였다.

> 25580-0055

07 (가) 인물에 대한 설명으로 옳은 것은?

① 장용영을 설치하였다.
② 대전통편을 편찬하였다.
③ 현량과의 실시를 주장하였다.
④ 경복궁 중건 사업을 추진하였다.
⑤ 시전 상인들이 가진 특권을 폐지하였다.

> 25580-0054

06 밑줄 친 '소동'에 대한 정부의 대응으로 옳은 것은?

> 금번 진주의 난민들이 <u>소동</u>을 일으킨 것은 오로지 전 우병사 백낙신이 탐욕을 부려 수탈했기 때문입니다. …… 6만 냥의 돈을 가호에 배정하여 명목에 없는 세금을 거두려 했기 때문에 …… 여러 사람의 노여움이 일제히 폭발하여 전에 듣지 못하던 변란이 일어난 것이었습니다.
>
> ― 『철종실록』 ―

① 삼정이정청을 설치하였다.
② 향·부곡·소를 군현으로 승격시켰다.
③ 관료전을 지급하고 녹읍을 폐지하였다.
④ 12목을 설치하여 지방관을 파견하였다.
⑤ 기인 제도와 사심관 제도를 실시하였다.

> 25580-0056

08 밑줄 친 '분부'에 대한 설명으로 옳은 것은?

> 고종이 전교하기를 "작년부터 대원군의 <u>분부</u>가 있었기 때문에 양반 호는 노비의 이름으로 포를 내게 하였고 지금은 죽은 사람과 어린아이에게도 군포를 징수하는 원성이 없으니, 이것은 상서롭고 화기로운 기운을 이끌어 오는 일이다. 각 도에 알려 길고 오랜 법식으로 삼는 것이 좋겠다."라고 하였다.

① 양반층의 반발을 가져왔다.
② 마을 단위의 사창 설치가 이루어졌다.
③ 토지 대장에 누락된 땅을 찾게 되었다.
④ 환곡의 폐단을 시정하기 위한 것이었다.
⑤ 군포의 부담을 1년에 1필로 줄인 것이다.

서술형 문제

Step1 핵심 키워드 파악하기

> 25580-0057

01 다음 격문을 발표한 사건의 배경을 서술하시오.

> 평서대원수는 급히 격문을 띄우노라. …… 조정에서는 서쪽 땅을 버림이 더러운 흙과 다름없이 하였다. 심지어 권세 있는 가문의 노비들도 서쪽 사람들을 보면 반드시 '평안도 놈'이라 일컫는다. 서쪽 땅에 있는 자로서 어찌 억울하고 원통하지 않겠는가. …… 보건대 지금 나이 어린 임금이 위에 있어서 권세 있는 간신배가 그 세를 날로 떨치고 김조순과 박종경 같은 무리들이 국가의 권력을 갖고 노니 어진 하늘이 재앙을 내린다.

예시 답안 자료는 (　　　　) 당시에 발표된 격문으로 (　　　　) 지역에 대한 차별 대우와 (　　　　) 시기에 이루어진 지배층의 수탈에 반발하여 일어났다.

> 25580-0058

02 다음 화폐를 발행한 목적을 서술하시오.

홍선 대원군의 집권 시기에 발행된 이 화폐는 실질적으로는 상평통보의 5~6배 가치를 가지고 있었지만, 명목상 가치는 상평통보 1문(文)의 100배에 달하여 물가 상승의 원인이 되었다.

예시 답안 자료에 나타난 화폐는 (　　　　)(으)로 홍선 대원군이 왕실의 권위 회복을 위해 (　　　　) 사업을 추진하는 과정에서 필요한 자금을 마련하기 위해 발행하였다.

Step2 스스로 답안 작성하기

> 25580-0059

03 다음 글을 읽고 물음에 답하시오.

> 임인년에 <u>국왕</u>께서 명하여 무예 출신과 무예 별감으로 장교를 지낸 사람 30명을 가려서 순서를 정해 명정전 남쪽 회랑에 당직을 서게 하였다. 그리고 을사년에 장용위라 호칭하고 20명을 늘리니, 이것이 장용영이 설치된 시초이다. 이때부터 해마다 인원을 늘려 왔다. …… 대신 중에서 당시 호위대장을 겸임한 사람이 겸직하도록 하고, 호위청을 장용영에 통합하였다.

(1) 밑줄 친 '국왕'을 쓰시오.

(2) 위 국왕이 추진한 주요 정책을 두 가지만 서술하시오.

> 25580-0060

04 다음 글을 읽고 물음에 답하시오.

> 대원군이 크게 노해 "진실로 백성에게 해 되는 것이 있으면 비록 공자가 다시 살아난다 하더라도 나는 용서하지 않겠다. 하물며 ┌(가)┐은/는 우리나라 선현께 제사하는 곳인데 ㉠<u>지금은 도둑의 소굴이 되지 않았더냐.</u>"라고 말하였다.
> － 『근세조선정감』 －

(1) (가)에 들어갈 용어를 쓰시오.

(2) 밑줄 친 ㉠과 같이 말한 이유를 서술하시오.

1등급 도전 문제

> 25580-0061

01 (가), (나) 시기 사이에 있었던 사실로 옳은 것은?

(가) 국정을 주도하고 있던 동인 세력은 정여립의 모반 사건에 대한 처리 문제를 둘러싸고 북인과 남인으로 분화되었다.

(나) 정치적 실권을 장악하고 있던 서인 세력은 남인 세력에 대한 처리 문제를 둘러싸고 노론과 소론으로 분화되었다.

① 인조반정이 일어났다.
② 무오사화가 발생하였다.
③ 흥선 대원군이 집권하였다.
④ 성균관에 탕평비가 건립되었다.
⑤ 조광조가 개혁 정치를 추진하였다.

> 25580-0062

02 다음 주장이 제기된 시기를 연표에서 옳게 고른 것은?

대신들 뜻이 모두 국가의 예법에 자식을 위하여 3년복을 입는 제도는 없고, 옛 예법을 보더라도 명백하게 밝혀 놓지 않았습니다. 따라서 혹시 후일 후회스러운 일이 있을지 모르니 차라리 전례를 그대로 따르는 것이 좋다고 하였습니다. 그리하여 신(臣)도 다른 소견 없이 상복을 1년만 입는 것으로 정했던 것입니다.

(가)	(나)	(다)	(라)	(마)
선조 즉위	임진왜란 발발	삼전도의 굴욕	숙종 즉위	탕평비 건립	고종 즉위

① (가)　　② (나)　　③ (다)　　④ (라)　　⑤ (마)

> 25580-0063

03 (가)에 들어갈 내용으로 가장 적절한 것은?

〈한국사 탐구 활동지〉

• 단원명: 세도 정치의 폐단과 농민 봉기
• 활동 주제: ＿＿＿＿(가)＿＿＿＿
• 수집 자료

> 빌려주고 빌리는 건 양쪽 다 원해야지
> 억지로 시행하면 불편한 것이다.
> 　　　　……
> 봄철에 좀먹은 쌀 한 말 받고서
> 가을에는 온전한 쌀 두 말 바치고
> 게다가 좀먹은 쌀값 돈으로 내라 하니
> 온전한 쌀 판 돈을 낼 수밖에
> 　　　　……
> － 『여유당전서』 －

① 삼정의 문란 양상
② 녹읍 폐지의 목적
③ 호포제가 끼친 영향
④ 균역법의 실시 배경
⑤ 노비안검법의 시행 원인

> 25580-0064

04 다음 상황이 나타난 당시에 볼 수 있는 모습으로 가장 적절한 것은?

재정이 부족해 일을 할 수 없게 되자 8도의 부자 명단을 만들어 돈을 거두었는데 파산자가 잇따랐다. 이때 거둔 돈을 원납전이라 하였다. 백성들이 입을 비쭉거리면서 원납전(願納錢: 원해서 내는 돈)이 아니라 원납전(怨納錢: 원망하면서 내는 돈)이다."라고 하였다. － 『매천야록』 －

① 수원 화성 건설에 동원된 인부
② 백낙신의 횡포에 분노한 진주 농민
③ 숭례문을 통과하며 통행세를 내는 상인
④ 정주성에서 봉기 세력을 진압하는 관군
⑤ 집현전에서 정책을 연구하고 있는 관리

대단원 마무리 정리

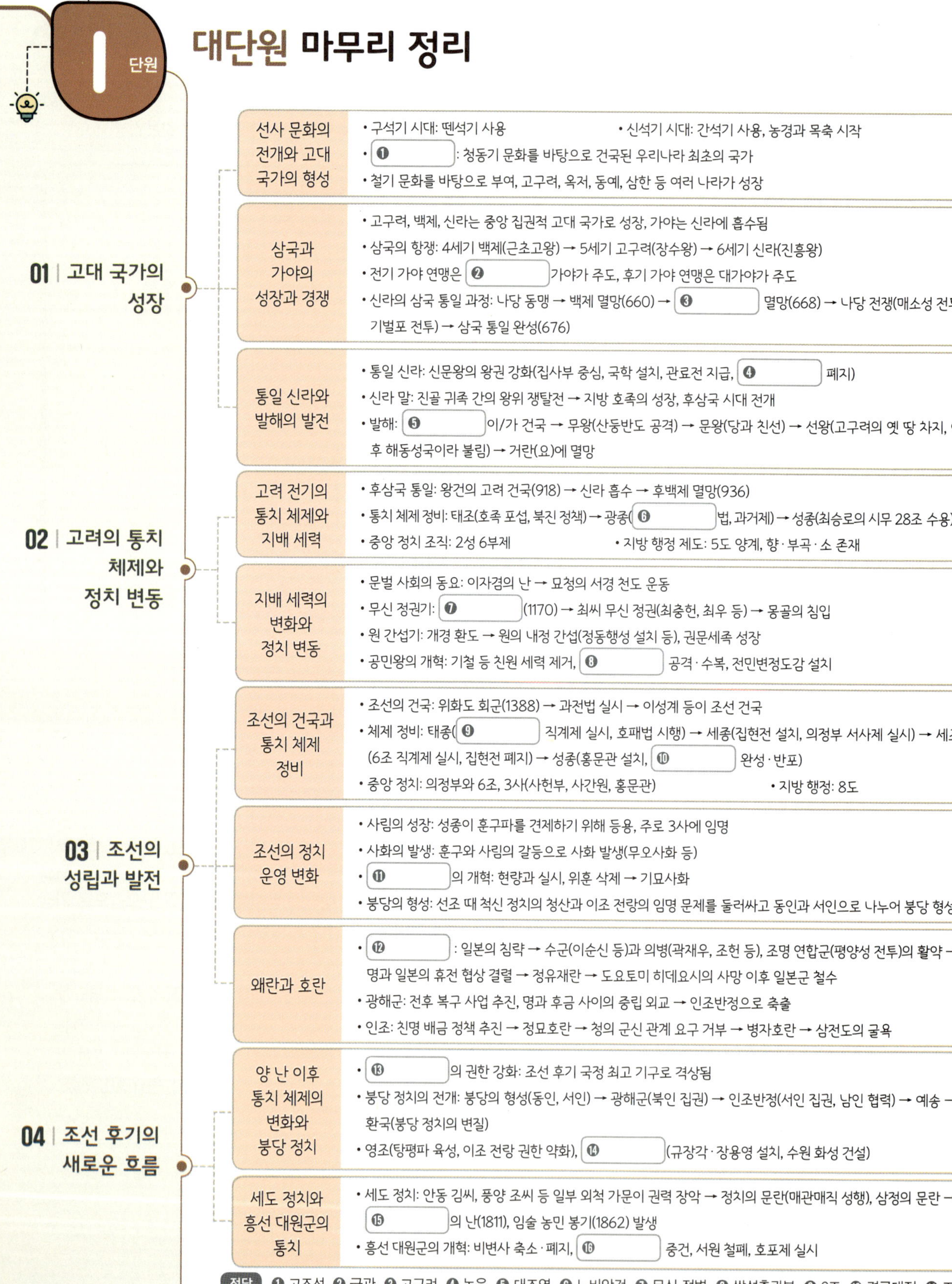

01 | 고대 국가의 성장

선사 문화의 전개와 고대 국가의 형성
- 구석기 시대: 뗀석기 사용 · 신석기 시대: 간석기 사용, 농경과 목축 시작
- ❶ [　　　]: 청동기 문화를 바탕으로 건국된 우리나라 최초의 국가
- 철기 문화를 바탕으로 부여, 고구려, 옥저, 동예, 삼한 등 여러 나라가 성장

삼국과 가야의 성장과 경쟁
- 고구려, 백제, 신라는 중앙 집권적 고대 국가로 성장, 가야는 신라에 흡수됨
- 삼국의 항쟁: 4세기 백제(근초고왕) → 5세기 고구려(장수왕) → 6세기 신라(진흥왕)
- 전기 가야 연맹은 ❷ [　　　] 가야가 주도, 후기 가야 연맹은 대가야가 주도
- 신라의 삼국 통일 과정: 나당 동맹 → 백제 멸망(660) → ❸ [　　　] 멸망(668) → 나당 전쟁(매소성 전투, 기벌포 전투) → 삼국 통일 완성(676)

통일 신라와 발해의 발전
- 통일 신라: 신문왕의 왕권 강화(집사부 중심, 국학 설치, 관료전 지급, ❹ [　　　] 폐지)
- 신라 말: 진골 귀족 간의 왕위 쟁탈전 → 지방 호족의 성장, 후삼국 시대 전개
- 발해: ❺ [　　　]이/가 건국 → 무왕(산둥반도 공격) → 문왕(당과 친선) → 선왕(고구려의 옛 땅 차지, 이후 해동성국이라 불림) → 거란(요)에 멸망

02 | 고려의 통치 체제와 정치 변동

고려 전기의 통치 체제와 지배 세력
- 후삼국 통일: 왕건의 고려 건국(918) → 신라 흡수 → 후백제 멸망(936)
- 통치 체제 정비: 태조(호족 포섭, 북진 정책) → 광종(❻ [　　　]법, 과거제) → 성종(최승로의 시무 28조 수용)
- 중앙 정치 조직: 2성 6부제 · 지방 행정 제도: 5도 양계, 향·부곡·소 존재

지배 세력의 변화와 정치 변동
- 문벌 사회의 동요: 이자겸의 난 → 묘청의 서경 천도 운동
- 무신 정권기: ❼ [　　　](1170) → 최씨 무신 정권(최충헌, 최우 등) → 몽골의 침입
- 원 간섭기: 개경 환도 → 원의 내정 간섭(정동행성 설치 등), 권문세족 성장
- 공민왕의 개혁: 기철 등 친원 세력 제거, ❽ [　　　] 공격·수복, 전민변정도감 설치

03 | 조선의 성립과 발전

조선의 건국과 통치 체제 정비
- 조선의 건국: 위화도 회군(1388) → 과전법 실시 → 이성계 등이 조선 건국
- 체제 정비: 태종(❾ [　　　] 직계제 실시, 호패법 시행) → 세종(집현전 설치, 의정부 서사제 실시) → 세조(6조 직계제 실시, 집현전 폐지) → 성종(홍문관 설치, ❿ [　　　] 완성·반포)
- 중앙 정치: 의정부와 6조, 3사(사헌부, 사간원, 홍문관) · 지방 행정: 8도

조선의 정치 운영 변화
- 사림의 성장: 성종이 훈구파를 견제하기 위해 등용, 주로 3사에 임명
- 사화의 발생: 훈구와 사림의 갈등으로 사화 발생(무오사화 등)
- ⓫ [　　　]의 개혁: 현량과 실시, 위훈 삭제 → 기묘사화
- 붕당의 형성: 선조 때 척신 정치의 청산과 이조 전랑의 임명 문제를 둘러싸고 동인과 서인으로 나누어 붕당 형성

왜란과 호란
- ⓬ [　　　]: 일본의 침략 → 수군(이순신 등)과 의병(곽재우, 조헌 등), 조명 연합군(평양성 전투)의 활약 → 명과 일본의 휴전 협상 결렬 → 정유재란 → 도요토미 히데요시의 사망 이후 일본군 철수
- 광해군: 전후 복구 사업 추진, 명과 후금 사이의 중립 외교 → 인조반정으로 축출
- 인조: 친명 배금 정책 추진 → 정묘호란 → 청의 군신 관계 요구 거부 → 병자호란 → 삼전도의 굴욕

04 | 조선 후기의 새로운 흐름

양 난 이후 통치 체제의 변화와 붕당 정치
- ⓭ [　　　]의 권한 강화: 조선 후기 국정 최고 기구로 격상됨
- 붕당 정치의 전개: 붕당의 형성(동인, 서인) → 광해군(북인 집권) → 인조반정(서인 집권, 남인 협력) → 예송 → 환국(붕당 정치의 변질)
- 영조(탕평파 육성, 이조 전랑 권한 약화), ⓮ [　　　](규장각·장용영 설치, 수원 화성 건설)

세도 정치와 흥선 대원군의 통치
- 세도 정치: 안동 김씨, 풍양 조씨 등 일부 외척 가문이 권력 장악 → 정치의 문란(매관매직 성행), 삼정의 문란 → ⓯ [　　　]의 난(1811), 임술 농민 봉기(1862) 발생
- 흥선 대원군의 개혁: 비변사 축소·폐지, ⓰ [　　　] 중건, 서원 철폐, 호포제 실시

정답 ❶ 고조선 ❷ 금관 ❸ 고구려 ❹ 녹읍 ❺ 대조영 ❻ 노비안검 ❼ 무신 정변 ❽ 쌍성총관부 ❾ 6조 ❿ 경국대전 ⓫ 조광조 ⓬ 임진왜란 ⓭ 비변사 ⓮ 정조 ⓯ 홍경래 ⓰ 경복궁

대단원 종합 문제

한국사 1
Ⅰ 단원

> 25580-0065

01 밑줄 친 '이 시대'의 사회 모습으로 옳은 것은?

① 불교를 수용하였다.
② 비파형 동검을 제작하였다.
③ 농경과 목축을 시작하였다.
④ 철제 농기구로 농사를 지었다.
⑤ 주로 동굴과 막집에 거주하였다.

> 25580-0066

02 다음 지도의 형세가 이루어진 시기의 사실로 옳은 것은?

① 진흥왕이 순수비를 세웠다.
② 장수왕이 평양으로 천도하였다.
③ 미천왕이 낙랑군을 축출하였다.
④ 근초고왕이 마한 지역을 정복하였다.
⑤ 신라에서 마립간의 칭호를 사용하였다.

> 25580-0067

03 밑줄 친 '과인'에 대한 설명으로 옳은 것은?

과인이 위로는 하늘과 땅의 도움을 받고 아래로는 조상의 신령스러운 돌보심 덕분에 김흠돌 등의 악이 쌓이고 죄가 가득 차서 그 음모가 탄로 나고 말았다. 이는 곧 사람과 신이 함께 배척하는 바요, 하늘과 땅 사이에 용납될 수 없는 바이니, 도의를 범하고 풍속을 훼손함에 있어 이보다 더 심한 것은 없을 것이다. 이 때문에 병사들을 끌어모아 배은망덕한 자들을 제거하고자 하였더니, 혹은 산골짜기로 도망쳐 숨고 혹은 대궐 뜰에 와서 항복하였다.

① 금관가야를 복속시켰다.
② 관산성 전투에서 전사하였다.
③ 고구려의 평양성을 공격하였다.
④ 관료전을 지급하고 녹읍을 폐지하였다.
⑤ 화랑도를 개편하여 국가 조직으로 만들었다.

> 25580-0068

서술형

04 다음 자료를 읽고, 밑줄 친 '독자성'의 내용을 두 가지만 서술하시오.

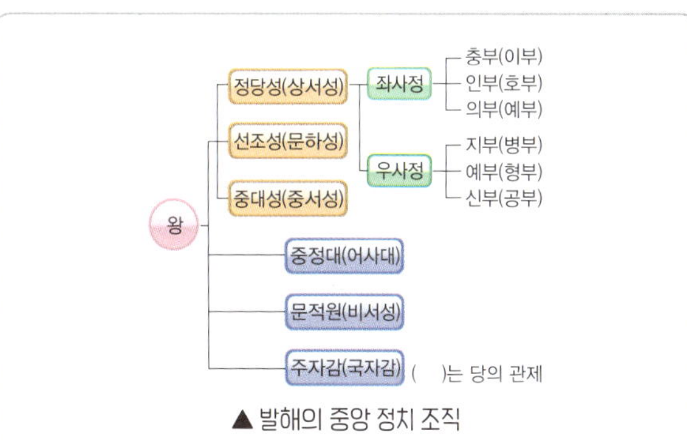

▲ 발해의 중앙 정치 조직

위의 자료는 발해의 중앙 정치 조직을 나타낸 것이다. 발해는 당의 3성 6부 체제를 모방하였지만 운영 등에 있어서는 당과 달리 독자성을 보여 주었다.

> 25580-0069

05 다음 자료의 국왕에 대한 설명으로 옳은 것은?

① 과거제를 시행하였다.

② 쌍성총관부를 공격하였다.

③ 사심관 제도를 실시하였다.

④ 위화도 회군을 단행하였다.

⑤ 지방에 12목을 설치하였다.

> 25580-0070

06 다음 자료의 상황이 전개된 시기를 연표에서 옳게 고른 것은?

사노비 만적 등이 북산에 나무하러 갔다가 노비들을 모아 놓고 말하길, "경인년과 계사년 이래로 천한 신분에서 높은 관리가 많이 나왔다. 장수와 재상이 될 수 있는 사람이 어찌 따로 있겠는가. 때를 만나면 될 수 있다. 어찌 우리만 채찍 아래에서 고생하겠는가?"라고 하였다. 이에 여러 노비가 듣고 모두 옳다고 여겼다.

(가)	(나)	(다)	(라)	(마)
고려 건국	후삼국 통일	이자겸의 난	무신 정변	개경 환도	조선 건국

① (가) ② (나) ③ (다) ④ (라) ⑤ (마)

> 25580-0071

07 다음 지도의 지방 행정 조직을 운영한 국가에 대한 설명으로 옳은 것은?

① 각 도에 안찰사를 두었다.

② 22담로에 왕족을 파견하였다.

③ 소도라는 신성 구역이 존재하였다.

④ 지방의 요충지에 5소경을 설치하였다.

⑤ 수령이 행정권·군사권·사법권을 행사하였다.

> 25580-0072

08 (가) 세력에 대한 설명으로 옳은 것만을 〈보기〉에서 고른 것은?

고려 말, 조선 건국에 협력하지 않았던 온건파 사대부들은 지방에서 성리학 연구와 제자 양성에 힘썼다. 이후 이들의 학문을 이어받은 인사들이 왕도 정치를 주장하며 □(가)□ (으)로 성장하였다. 이들은 훈구 세력과 대립하며 사화로 피해를 입었으나, 서원과 향약을 기반으로 꾸준히 지방에서 세력을 확대하였다.

보기

ㄱ. 성종 때 주로 3사에 등용되었다.

ㄴ. 선조 때 동인과 서인으로 나뉘었다.

ㄷ. 세조의 즉위를 도운 공신 세력이다.

ㄹ. 친원적인 성향을 가진 지배층이었다.

① ㄱ, ㄴ   ② ㄱ, ㄷ   ③ ㄴ, ㄷ

④ ㄴ, ㄹ   ⑤ ㄷ, ㄹ

> 25580-0073

09 다음 자료에 나타난 전쟁 중에 있었던 사실로 옳은 것은?

> • 모든 지역에서 의병이 일어났다. …… 관군에 징발된 사람들은 적을 만나기만 하면 모두 패하여 달아났다. 그러다가 유생 등이 조정의 명을 받들어 창의하여 일어나자 듣는 사람들이 격동하여 모여들었다. …… 호남의 고경명, 김천일, 영남의 곽재우, 정인홍 등이 가장 먼저 의병을 일으켰다.
> • 전라도 순찰사 권율이 적병을 행주에서 격파하였다. 당시 경성에는 적들이 연합하여 주둔하고 있었기 때문에 그 기세가 등등하였는데 권율은 명나라 군사와 연대하여 경성을 탈환하려고 군사를 주둔시키고 있었다.

① 최우가 강화도로 천도하였다.
② 최명길이 주화론을 주장하였다.
③ 인조가 남한산성에서 항전하였다.
④ 조명 연합군이 평양성을 탈환하였다.
⑤ 망이 · 망소이가 공주 명학소에서 봉기하였다.

[서술형]

> 25580-0074

10 밑줄 친 '국왕'이 누구인지 쓰고, 해당 국왕이 자료와 같은 지시를 내린 이유를 서술하시오.

> 국왕이 도원수 강홍립에게 지시하기를, "원정군 가운데 1만은 조선의 정예병만을 선발하여 훈련하였다. …… 그대는 명군 장수들의 명령을 그대로 따르지 말고 신중하게 처신하여 오직 패하지 않는 전투가 되게 하라."라고 하였다.

> 25580-0075

11 다음 자료의 상황이 전개된 당시에 볼 수 있는 모습으로 가장 적절한 것은?

> 임술년 2월 19일, 진주 사람 수만 명이 머리에 흰 수건을 두르고 손에 몽둥이를 들고 무리를 지어 진주 읍내에 모였다. 이방과 하급 관리들의 집 수십 호를 태우니, 행동거지가 가볍지 않았다. 병마절도사가 해산하려고 시장에 갔다. 흰 수건을 두른 백성들이 길 위에 빙 둘러 백성들의 재산을 함부로 거둔 것과 아전이 세금을 빼돌리고 강제로 거둔 것들을 보는 앞에서 거듭 질책하는데 업신여기고 위협함이 조금도 거리낌이 없었다.
> — 『임술록』 —

① 후금군에 맞서 싸우는 군인
② 뇌물을 주고 관직을 산 관리
③ 무오사화로 인해 처형되는 사림
④ 수원 화성을 건설하고 있는 장인
⑤ 노비의 이름으로 군포를 내는 양반

> 25580-0076

12 (가) 인물에 대한 설명으로 옳은 것은?

> 이 인물은 고종의 아버지로 대원위 대감, 대원위 합하 등의 호칭으로 불렸던 (가) 이다. 그는 고종이 즉위하자 왕의 교서 대신 '대원위 분부'라는 형식의 문서를 하달하여 서원 철폐 등의 각종 정책을 추진하였다.

① 균역법을 제정하였다.
② 장용영을 설치하였다.
③ 인조반정으로 축출되었다.
④ 경복궁 중건을 추진하였다.
⑤ 현량과 실시를 주장하였다.

01 밑줄 친 '이 시대'의 사회 모습으로 옳은 것은?

> 25580-0077

• 유적지명: 서울 암사동(유적)

1925년 대홍수로 인해 지표에서 최초로 토기 조각이 확인되었다. 이후 1960년대부터 발굴 조사가 시작되어, 이 시대를 대표하는 빗살무늬 토기, 갈돌 등의 유물들이 발굴되었다. 이 발굴을 통해 정착 생활이 시작된 이 시대의 생활상을 더 자세히 알 수 있게 되었다.

① 고인돌을 축조하였다.
② 비파형 동검을 사용하였다.
③ 농경과 목축이 시작되었다.
④ 철제 농기구로 농사를 지었다.
⑤ 주로 동굴과 막집에 거주하였다.

02 밑줄 친 '이 왕'에 대한 설명으로 옳은 것은?

> 25580-0078

① 녹읍을 폐지하였다.
② 삼국 통일을 완성하였다.
③ 국내성에서 평양으로 천도하였다.
④ 지방 22담로에 왕족을 파견하였다.
⑤ 화랑도를 국가 조직으로 개편하였다.

03 (가) 국가에 대한 설명으로 옳은 것은?

> 25580-0079

• 고구려와 백제가 멸망한 이후 (가) 이/가 다시 고구려의 옛 영토를 계승하여 신라와 더불어 200여 년간 남북국을 이루었다. — 『대동지지』 —
• 『신라고기』에 이르길, 고구려의 옛 장수 조영은 성이 대씨인데 남은 병사를 모아 태백산 남쪽에 나라를 세워 국호를 (가) (이)라고 하였다. — 『삼국유사』 —

① 사비를 수도로 삼았다.
② 한의 공격을 받아 멸망하였다.
③ 당과 함께 고구려를 정복하였다.
④ 여러 가(加)들이 사출도를 다스렸다.
⑤ 주변국으로부터 해동성국으로 불렸다.

04 (가) 국왕에 대한 설명으로 옳은 것은?

> 25580-0080

경기도 안성의 망이산성에서 출토된 이 기와에는 (가) 의 재위 당시에 사용된 '준풍'이라는 연호가 새겨져 있다. 이를 통해 당시 고려가 독자적인 연호를 사용한 사실을 확인할 수 있다.

① 후삼국을 통일하였다.
② 시무 28조를 수용하였다.
③ 노비안검법을 시행하였다.
④ 위화도 회군을 단행하였다.
⑤ 전민변정도감을 설치하였다.

05 밑줄 친 '이 기구'에 대한 설명으로 옳은 것은?

> 25580-0081

① 3사를 구성하는 기관 중 하나이다.
② 고려만의 독자적인 행정 기구였다.
③ 선조성, 중대성과 함께 3성을 이루었다.
④ 최씨 무신 정권 시기 최고 권력 기구였다.
⑤ 외적의 침입에 대비하여 임시로 설치되었다.

06 밑줄 친 '이 전쟁'의 결과로 옳은 것은?

> 25580-0082

충렬사지는 홍명구와 유림을 기리던 사당이 있던 터입니다. 홍명구는 이 전쟁 당시 청군이 남한산성을 포위하였다는 소식을 듣고 국왕을 구하러 가다 김화에 이르러 청군과 싸우다 전사하였습니다.

① 북벌론이 대두되었다.
② 쌍성총관부가 설치되었다.
③ 강화도에서 개경으로 환도하였다.
④ 일본에서 도자기 기술이 발달하였다.
⑤ 조선이 적과 형제 관계의 화의를 맺었다.

07 (가) 국왕의 재위 기간에 있었던 사실로 옳은 것은?

> 25580-0083

■ 문화유산 카드

• 명칭: 『화성성역의궤』
• 간행 연도: 1801년
• 설명: (가) 이/가 건설한 성곽 도시인 화성의 축성 과정을 상세히 기록한 책이다. 이 책을 기반으로 무너진 화성을 옛 모습대로 복원하여 화성이 유네스코 세계 유산에 등재될 수 있었다.

① 장용영이 설치되었다.
② 기묘사화가 발생하였다.
③ 홍경래의 난이 일어났다.
④ 성균관에 탕평비가 건립되었다.
⑤ 경복궁 중건 사업이 추진되었다.

08 (가)에 들어갈 내용으로 가장 적절한 것은?

> 25580-0084

〈역사 인물 다큐멘터리 기획안〉

세도 정치의 폐단을 개혁하고자 한, ○○ ○○○

1. 기획 의도
   안동 김씨 등 세도 가문이 정치를 좌우하던 시기, 고종의 아버지로 권력을 장악한 ○○ ○○○. 그가 세도 정치기의 폐단을 극복하기 위해 추진한 정책을 살펴본다.
2. 장면
   #1. 소외된 정치 세력과 종친을 등용하다
   #2. (가)
   #3. 환곡의 폐단을 극복하기 위해 사창제를 실시하다

① 군정의 개혁을 위해 균역법을 제정하다
② 삼수병으로 구성된 훈련도감을 설치하다
③ 명과 후금 사이에서 중립 외교를 추진하다
④ 개혁 정책의 추진을 위해 규장각을 육성하다
⑤ 비변사를 폐지하고 의정부의 기능을 부활시키다

Ⅱ

근대 이전 한국사의 탐구

이 단원에서 우리는

근대 이전 시기의 대외 관계와 경제생활, 사회 구조, 사상과 문화 등을 중심으로 학습한다. 이를 통해 시대별로 다양한 형태의 외교적 갈등과 대립, 대외 교류 등이 이루어졌고, 수취 제도의 운영이 삶에 미친 영향을 이해할 수 있다. 또한 신분제에 기반한 사회 구조와 사상·문화의 성격을 국제적인 문화 교류의 관점에서 파악할 수 있다.

▲ 완도 청해진 유적

▲ 「척경입비도」

▲ 「조선 통신사 내조도」

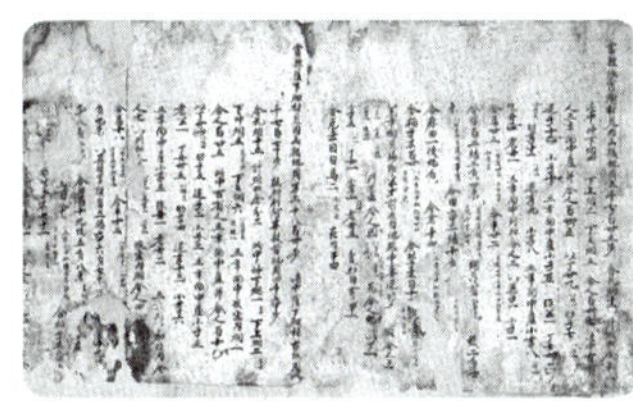

▲ 신라촌락문서

▲ 「담배썰기」

▲ 상평통보

▲ 고구려 무용총 「접객도」

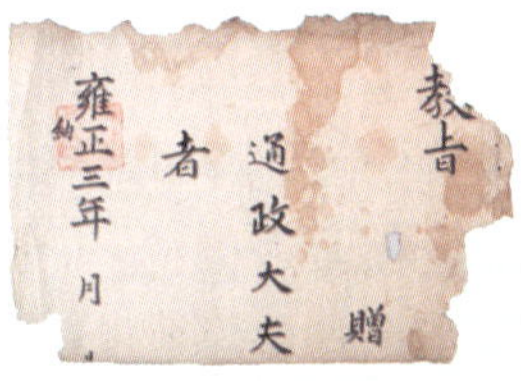

▲ 공명첩

▲ 「자리짜기」

▲ 백제 금동 대향로

▲ 석굴암 본존불

핵심 개념

- [ ] 신라방   [ ] 청해진
- [ ] 조공·책봉 관계
- [ ] 삼별초의 항쟁

● 청해진
통일 신라 시대에 장보고가 지금의 완도에 설치한 해군 기지이자 무역 거점이다. 청해진은 신라와 당, 일본을 잇는 해상 교통의 요지에 위치하였다.

● 조공·책봉 관계
전근대 동아시아의 외교 형식이다. 조공은 주변국이 중국 왕조 등에 예물을 바치며 존중을 표명한 것이고, 책봉은 중국 왕조 등이 주변국의 군주에게 그 지배권을 확인해 준 것이다.

● 천리장성
고려가 거란의 침입을 격퇴한 후, 거란과 여진 등 북방 민족의 침입에 대비하기 위해 압록강 입구에서 도련포에 이르는 국경 지역에 쌓은 성이다. 한편 고구려도 당의 침략에 대비해 국경 지역에 천리장성을 쌓았다.

● 별무반
윤관의 건의에 따라 여진에 대항하고자 신기군, 신보군, 항마군 등으로 편성한 특수 부대이다.

● 홍건적
중국 원에 저항한 한족 농민 반란 세력이다. 붉은 두건을 둘렀다고 하여 홍건적이라고 한다. 이들 중 일부가 원의 공격을 피해 고려에 침입하기도 하였다.

1 고대의 국제 관계와 대외 교류

1. 삼국과 가야의 대외 교류

(1) **고구려**: 4세기 주로 중국 북조와 교류 → 5세기 남북조와 교류 → 6세기 말 이후 수·당의 침략 격퇴(살수 대첩, 안시성 전투) **자료 ①**

> 중국으로 침입한 북방 민족이 화북 지역에 세운 왕조와 화북 지역을 빼앗긴 한족이 강남 지역에 세운 왕조를 의미한다.

(2) **백제**: 주로 남조와 교류, 근초고왕 때 동진·왜와 교류

(3) **신라**: 초기에는 고구려·백제의 도움으로 중국에 사신 파견 → 한강 유역 차지 이후 중국과 직접 교류

(4) **가야**: 왜에 철기와 토기 제작 기술 전달

2. 통일 신라와 발해의 대외 교류

(1) **통일 신라**: 나당 전쟁 이후 당과 교류 활발(신라방, 신라소, 신라원 설치), 9세기 장보고의 활약(청해진 설치)

(2) **발해**: 무왕 때 당과 대립 → 문왕 이후 당과 친선 관계 **자료 ②**, 당이 산둥반도에 발해관 설치, 신라도를 통해 신라와 교류

> 발해와 당의 교류가 활발해지면서 산둥반도에 설치된 발해 사신이 머물던 숙소이다.

2 고려의 국제 관계와 대외 교류

1. 고려 전기의 국제 관계와 대외 교류

(1) **국제 관계**: 다원적 국제 질서를 형성해 안정과 실리 추구

송과의 관계	친선 관계(조공·책봉 관계)
거란과의 관계	• 고려 침입: 1차 침입(서희의 외교 담판) → 2차 침입(양규의 활약) → 3차 침입(강감찬의 귀주 대첩) **자료 ③** • 국경 지역에 천리장성 축조
여진과의 관계	윤관이 별무반을 이끌고 여진 정벌 후 동북 9성 축조 → 1년 뒤 여진에 반환, 여진의 금 건국(1115) 이후 이자겸 등의 주장으로 군신 관계 수용

(2) **대외 교류**: 벽란도가 국제 무역항으로 번성, 송·거란·여진·일본 등과 무역

> 고려의 수도인 개경과 가까운 예성강 하구에 위치해 있어 대외 교류에 유리하였다.

2. 고려 후기의 국제 관계와 대외 교류

(1) **몽골과의 침략과 항전**

배경	몽골 사신 피살 등을 구실로 침입
전개	몽골과 강화 → 강화도로 천도하여 장기전 대비, 처인성 전투(김윤후가 살리타 사살), 충주성 전투에서 몽골군 격퇴
영향	몽골군에 의해 초조대장경판과 황룡사 9층 목탑 등 소실, 무신 정권 붕괴
삼별초의 항쟁	개경 환도에 반대하며 삼별초가 강화도에서 봉기 → 진도와 제주도로 옮겨 항쟁, 고려·몽골 연합군에 의해 진압

(2) **원과의 교류**: 고려에서 몽골풍, 원에서 고려양 유행

(3) **원·명 교체기의 국제 관계**: 홍건적과 왜구의 침입, 고려는 명과 외교 관계 수립

자료 ① 고구려와 당의 전쟁

▲ 고구려와 당의 전쟁

수의 뒤를 이어 중원을 차지한 당이 고구려를 압박하자, 고구려는 국경 지역에 천리장성을 쌓아 당의 침입에 대비하는 등 당에 강경한 태도를 보였다. 이에 당 태종이 직접 군사를 이끌고 고구려를 침입하였다. 그러나 고구려는 안시성에서 당군을 크게 물리쳤다(안시성 전투, 645).

자료 ② 발해와 당의 관계 변화

- 개원 20년(732) 발해 무예(무왕)가 대장 장문휴를 보내 등주를 공격하였다. 당의 황제는 …… 신라로 하여금 군사를 일으켜 발해의 남쪽 경계를 공격하게 하였다.
- 보응 원년(762)에 당 대종은 조서를 내려 발해를 국(國)으로 삼고 흠무(문왕)를 그 왕으로 책봉하였으며, 검교 태위로 직급을 올렸다.

— 『신당서』 —

발해는 건국 초기 당과 대립하였다. 8세기 전반 무왕 때에는 장문휴로 하여금 당의 등주를 선제공격하기도 하였다. 그러나 8세기 후반 문왕이 즉위한 후 발해는 당과 친선 관계를 펼치며 선진 문물을 수용하였다.

자료 ③ 거란의 침입

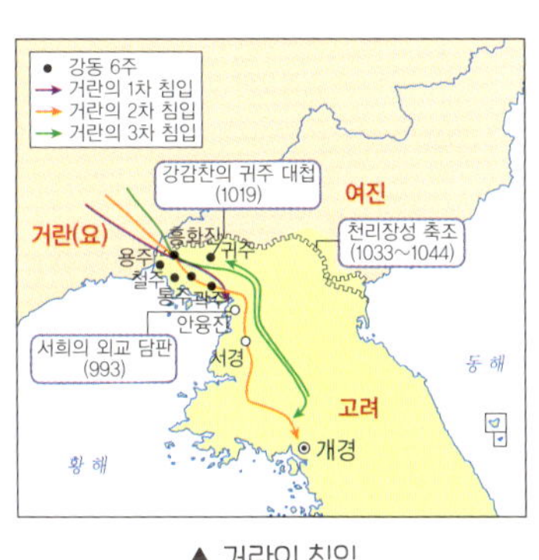

▲ 거란의 침입

- 소손녕이 말하기를, "고려는 신라 땅에서 일어났으니 고구려 땅은 우리 거란의 것이오. …… 또 고려는 우리 거란과 국경을 접하고 있으면서 바다 건너 송을 섬기고 있소. ……"라고 하였다. 서희가 말하기를, "고구려의 옛 땅이 곧 고려의 땅이오. 그래서 나라 이름도 고려라 하였소."라고 하였다.
- 거란군이 귀주를 통과하자 강감찬 등이 동쪽에서 맞아 싸웠다. …… 거란군을 추격하여 석천을 건너 반령에 이르렀는데, 거란군 중에서 살아서 돌아간 자가 겨우 수천 명이었다.

— 『고려사』 —

고려가 거란을 배척하자 거란이 고려를 침략해 왔다. 1차 침략 당시에는 서희가 외교 담판을 벌여 송과 관계를 끊기로 약속하고 그 대가로 강동 6주 지역을 확보하였다. 3차 침략 때에는 강감찬이 귀주에서 거란군을 크게 격파하였다. 이후 고려는 거란과 여진의 침입에 대비하기 위해 국경 지역에 천리장성을 쌓아 국방력을 강화하였다.

● 정답 **15**쪽

○✖ 표시하기

❶ 백제는 근초고왕 때 동진, 왜와 교류하였다. (　　)

❷ 신라는 초기에 고구려와 백제의 도움으로 중국에 사신을 파견하였다. (　　)

❸ 고려는 거란을 정벌하고 동북 9성을 축조하였다. (　　)

❹ 고려는 송과 조공·책봉 관계를 맺었다. (　　)

적절한 말 고르기

❺ 고구려는 수의 침략을 (살수, 안시성)에서 격퇴하였다.

❻ 발해는 8세기 후반 문왕 이후 (수, 당)와/과 친선 관계를 유지하였다.

❼ 거란의 1차 침입 당시 (서희, 양규)가 외교 담판을 벌여 강동 6주 지역을 확보하였다.

❽ 원과의 교류가 활발해지면서 원의 복식과 언어가 고려에서 유행하였는데, 이를 (몽골풍, 고려양)이라고 한다.

빈칸 채우기

❾ 통일 신라의 장보고는 지금의 완도에 (　　　)을/를 설치하고 해상 무역을 장악하였다.

❿ 발해와 당의 교류가 활발해지면서 산둥반도에 발해 사신을 위한 숙소인 (　　　)이/가 설치되었다.

⓫ 고려는 거란의 침입을 격퇴한 후 거란과 여진의 침입에 대비하기 위해 국경 지역에 (　　　)을/를 축조하였다.

⓬ (　　　)은/는 개경 환도에 반대하며 강화도에서 봉기하였다.

● 계해약조

1443년 조선 세종 때 쓰시마 도주와 맺은 조약으로, 무역선의 수와 체류 기간 등을 규정하였다.

● 막부

일왕을 대신하여 통치를 담당했던 무사 정권을 말한다. 막부의 최고 수장은 쇼군이라 불렀다.

● 기유약조

1609년 조선 광해군 때 쓰시마 도주와 맺은 조약이다. 이 조약에서 조선과 일본의 교역 장소가 부산포로 한정되었다.

● 북벌 운동

병자호란 이후 오랑캐에 당한 치욕을 씻고 명에 대한 의리를 지키기 위해 청을 정벌하자는 운동이다. 청에 볼모로 잡혀갔다 돌아와 왕위에 오른 효종 때 추진되었다.

● 백두산정계비

'서쪽으로는 압록강, 동쪽으로는 토문강을 조선과 청의 경계로 삼는다.'라는 내용이 기록되어 있다.

● 「곤여만국전도」

중국에서 활동하던 선교사 마테오 리치가 제작한 세계 지도가 조선에 전래된 후, 조선에서 그대로 따라 그린 것이다. 「곤여만국전도」는 중화적 세계관을 갖고 있던 당시 조선 지식인들에게 큰 충격을 주었다.

---

3 조선 전기의 국제 관계와 대외 교류

1. 조선의 대외 교류

(1) **새로운 국제 질서 수립**: 명과 동아시아 각국 사이에 조공·책봉 체제를 바탕으로 한 사대 외교가 보편적 외교 형태로 정립

(2) 조선은 사대교린의 원칙을 바탕으로 주변국과 교류

└─ 큰 나라를 섬기고, 이웃 나라와 서로 사귄다는 의미이다.

2. 명과의 사대 외교

(1) **초기**: 명과의 갈등으로 태조가 요동 정벌 추진

(2) **태종 이후**: 명과 친선 관계 회복 → 사대 관계 확립, 명에 정기적으로 사신 파견, 활발한 교류로 선진 문물 수용

3. 주변국과의 교린 관계

(1) **여진과의 관계** 자료①

① **회유책**: 국경 지역에 무역소 설치 → 제한된 교류 허용, 여진족 귀순 장려(귀화한 여진족에게 관직 수여, 토지 지급)

② **강경책**: 세종 때 여진을 정벌하고 4군 6진 지역 개척, 개척된 지역에 남부 지방의 주민을 이주시키는 사민 정책 추진

(2) **일본과의 관계**

① **강경책**: 왜구의 약탈 지속 → 세종 때 이종무가 쓰시마섬(대마도) 토벌

② **회유책**: 일본의 무역 요청 → 3포를 개방하고 왜관 설치, 쓰시마 도주와 계해약조 체결(제한된 범위의 교역 허용)

(3) **동남아시아와의 관계**: 자와, 류큐, 시암 등과 교류

└─ 자와는 현재 인도네시아의 자와섬, 류큐는 현재 일본의 오키나와, 시암은 현재의 태국에 해당한다.

4 조선 후기의 국제 관계와 대외 교류

1. 왜란 이후 일본과의 관계

(1) **국교 재개**: 에도 막부의 국교 재개 요청 → 조선이 수용해 국교 재개(1607)

(2) **제한된 교역 허용**: 부산포에 왜관 설치, 기유약조 체결(1609)

(3) **통신사 파견**: 에도 막부의 요청으로 파견 → 일본 문화 발전에 기여 자료②

2. 호란 이후 청과의 관계

(1) **군신 관계 성립**: 병자호란 패배 후 조선은 청과 군신 관계를 체결하고 평화 유지 → 청에 정기적으로 연행사 파견

└─ 청의 수도인 북경을 '연경'이라고 불렀기 때문에, 청에 파견된 사신을 연행사라고 한다.

(2) **북벌 운동과 북학론의 제기** 자료③

북벌 운동	효종이 송시열 등을 등용하여 청 정벌 추진, 조선 중화주의 대두
북학론	청의 발전된 문물을 수용하자는 주장. 18세기에 일부 실학자를 중심으로 제기

(3) **백두산정계비 건립**: 조선과 청의 국경 분쟁 → 조선과 청이 관리를 파견해 백두산 일대를 답사하고 건립(1712)

3. 서양 문물의 전래: 마테오 리치의 「곤여만국전도」, 자명종, 천리경 등 수용 → 중국 중심 세계관 극복에 영향

자료 ① 여진과의 관계

경성·경원 지방에 여진족이 출입하는 것을 금하지 아니하면 떼 지어 몰려들 우려가 있고, 일절 끊고 금하면 …… 변경에 불상사가 생길까 합니다. 원하건대, 두 고을에 무역소를 설치하여 저들로 하여금 와서 물물 교역을 하게 하소서.　－『태종실록』－

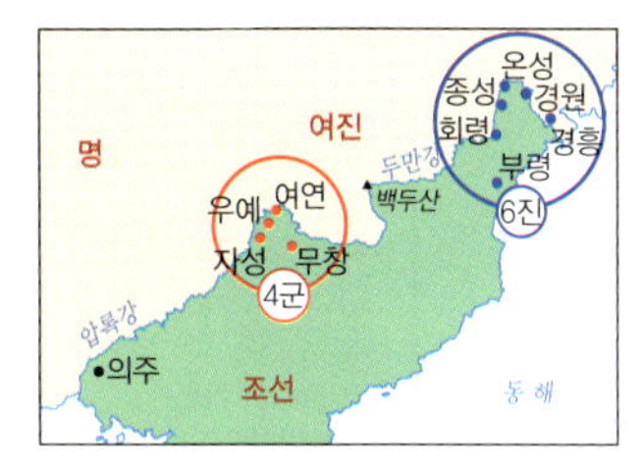

▲ 4군 6진

조선은 영토를 확보하고 국경 지방을 안정시키기 위해 여진에 대한 교린 정책을 폈다. 경성과 경원에 무역소를 설치하여 국경 무역을 허용하는 회유책과 함께 여진이 국경을 침탈하면 군대를 동원해 토벌에 나서기도 하였다. 세종 때 최윤덕과 김종서는 여진을 몰아내고 4군 6진 지역을 개척하였다.

자료 ② 통신사 파견

▲ 「조선 통신사 내조도」

조선 시대에 일본과 주고받은 공식적인 외교 문서를 의미한다.

정말로 도쿠가와 이에야스가 선왕의 능을 파헤친 도적을 잡아 보내면서 먼저 서계를 보내담면 우리로서는 마땅히 통신사를 보내야 할 것이다. 어찌 거절만 하고 종사(宗社)와 백성을 위하는 계책을 세우지 않을 수 있겠는가.　－『선조실록』－

종묘와 사직을 가리키는 말로 나라를 의미한다.

통신사는 조선이 일본에 보낸 외교 사절로 19세기 초까지 여러 차례 파견되었다. 통신사는 조선의 문물을 전파해 일본 문화 발전에 기여하였다.

자료 ③ 북벌론과 북학론

[북벌론]
　정예한 포병 10만을 길러 결사적으로 싸우는 용감한 병사로 만든 다음, 기회를 봐서 저들이 예기치 못할 때 곧장 산하이관으로 쳐들어갈 계획이오. 그러면 중원의 의사와 호걸 가운데 어찌 호응하는 자가 없겠소.　－『송서습유』－

[북학론]
　혹자는 "지금의 중국을 차지하고 있는 주인은 오랑캐들이다."라고 하면서 배우기를 부끄러워하며, 중국의 옛 법마저도 다 함께 얕잡아 무시해 버린다. …… 진실로 법이 훌륭하고 제도가 아름답다면 오랑캐에게라도 나아가 배워야 하는 법이다.　－『연암집』－

병자호란 직후 조선은 오랑캐에 당한 치욕을 씻고 명에 대한 의리를 지키자며 북벌 운동을 벌였다. 그러나 청이 서양 문물까지 받아들여 문화가 크게 융성해지자, 18세기에 일부 실학자는 청을 무조건 배척할 것이 아니라 앞선 문물을 수용해 국가 발전을 이루어야 한다는 북학론을 제기하였다.

○✖ 표시하기

❶ 조선은 사대교린을 원칙으로 주변국과 교류하였다.
(　　)

❷ 조선의 태종은 명과의 갈등으로 요동 정벌을 추진하였다.
(　　)

❸ 왜란 이후 조선은 에도 막부의 요청으로 일본과 국교를 재개하였다.
(　　)

❹ 효종은 송시열 등을 등용하여 북벌을 추진하였다.
(　　)

적절한 말 고르기

❺ 조선은 국경 지역에 (무역소, 왜관)을/를 설치하여 여진과의 제한된 교역을 허용하였다.

❻ 조선은 3포를 개방한 후 쓰시마 도주와 (계해약조, 기유약조)를 체결하여 3포에서 제한된 범위 안에서만 교역을 할 수 있도록 허용하였다.

❼ 조선이 일본에 파견한 외교 사절을 (연행사, 통신사)라고 한다.

❽ 18세기 일부 실학자를 중심으로 (명, 청)의 발전된 문물을 수용하자는 북학론이 제기되었다.

빈칸 채우기

❾ 세종 때 여진을 정벌하여 (　　) 지역을 개척하고, 개척된 지역에 남부 지방의 주민을 이주시키는 (　　) 정책을 추진하였다.

❿ 병자호란 이후 오랑캐에 당한 치욕을 씻고 (　　)에 대한 의리를 지키기 위해 (　　)을/를 정벌하자는 북벌 운동이 일어났다.

⓫ 조선과 청은 관리를 파견해 백두산 일대를 답사하고 (　　)을/를 건립하였다.

⓬ 서양 선교사인 마테오 리치가 제작한 세계 지도인 (　　)은/는 중국 중심 세계관 극복에 영향을 끼쳤다.

01 (가) 국가에 대한 설명으로 옳은 것은?

> 25580-0085

> 수의 군대가 살수를 반쯤 건너자 [(가)]의 을지문덕은 군사를 보내 후미를 공격하였다. 이에 수의 장군 신세웅이 죽고 군사는 흩어져 당해낼 수가 없었다. 처음 요하를 건넜을 때 군사가 35만 5,000여 명이었는데, 요동성에 살아 돌아간 자는 단지 2,700여 명이었다. — 『삼국사기』 —

① 한의 침략으로 멸망하였다.
② 안시성에서 당군을 격퇴하였다.
③ 홍건적과 왜구의 침입을 물리쳤다.
④ 신라도를 이용해 발해와 교류하였다.
⑤ 여진의 군신 관계 요구를 수용하였다.

02 다음 자료를 활용한 탐구 활동으로 가장 적절한 것은?

> 25580-0086

▲ 완도 청해진 유적

청해진은 신라 흥덕왕 때 설치된 해군 기지이자 무역 기지로, 전라남도 완도 앞바다의 작은 섬인 장도에 설치되었다. 당시 이곳은 신라와 당, 일본을 잇는 해상 무역의 중요한 길목이었다.

① 장보고의 활약상을 찾아본다.
② 가야와 왜의 교류 양상을 조사한다.
③ 천리장성이 축조된 배경을 살펴본다.
④ 나당 전쟁이 일어난 이유를 알아본다.
⑤ 강동 6주 지역이 확보된 계기를 파악한다.

03 (가)에 들어갈 내용으로 가장 적절한 것은?

> 25580-0087

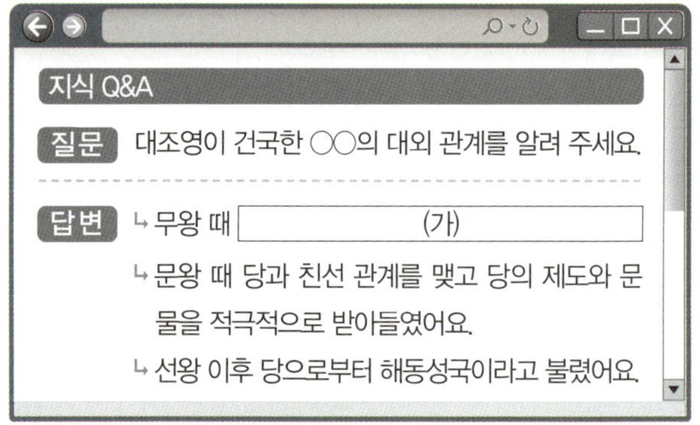

① 신라와 동맹을 체결하였어요.
② 송과 조공·책봉 관계를 맺었어요.
③ 장문휴가 당의 등주를 공격하였어요.
④ 한성을 점령하고 한강 유역을 장악하였어요.
⑤ 백제의 도움을 받아 중국에 사신을 파견하였어요.

04 (가), (나) 시기 사이에 있었던 사실로 옳은 것은?

> 25580-0088

> (가) 거란군이 고려를 침입하자, 서희는 적장 소손녕과 담판을 벌였다. 그 결과 고려가 거란에 사대하는 것을 전제로 강화를 맺었다.
> (나) 여진이 고려의 국경을 여러 차례 침입하자, 고려의 윤관은 별무반을 이끌고 여진을 정벌하였다.

① 무신 정변이 일어났다.
② 고려가 강화도로 천도하였다.
③ 고려와 명이 외교 관계를 맺었다.
④ 강감찬이 귀주에서 적에 대승을 거두었다.
⑤ 이자겸이 금의 군신 관계 요구를 수용하였다.

05 다음 전투가 벌어진 전쟁 중에 있었던 사실로 옳은 것은?

> 25580-0089

처음 충주 부사 우종주가 매번 문서를 처리하는 과정에서 판관 유홍익과 틈이 있었는데, 몽골병이 장차 쳐들어온다는 말을 듣고 성 지킬 일을 의논하였다. 그런데 의견 차이가 있어 우종주는 양반 별초(別抄)를 거느리고, 유홍익은 노비군과 잡류 별초를 거느리고 서로 시기하였다. 몽골병이 오자, 우종주와 유홍익은 양반 별초 등과 함께 성을 버리고 다 도주하고, 오직 노비군과 잡류 별초만이 힘을 합하여 이를 격퇴하였다.

－「고려사」 －

① 계해약조가 체결되었다.
② 조명 연합군이 활약하였다.
③ 황룡사 9층 목탑이 소실되었다.
④ 산둥반도에 발해관이 설치되었다.
⑤ 국왕이 남한산성으로 피란하였다.

06 다음 지도의 (가), (나) 지역을 개척한 국왕의 재위 시기에 볼 수 있는 모습으로 가장 적절한 것은?

> 25580-0090

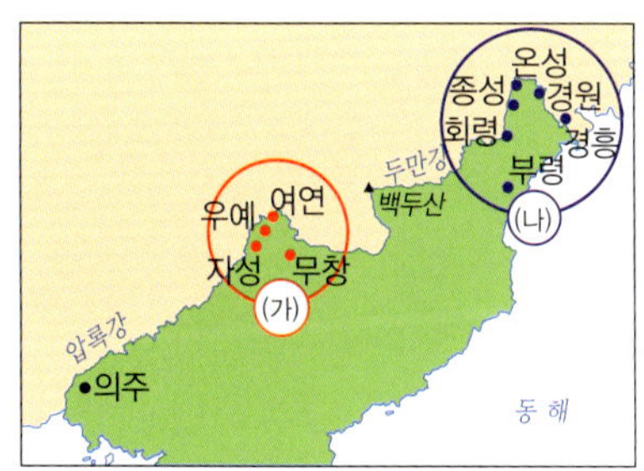

① 쓰시마섬을 토벌하는 군인
② 대동법 실시를 환영하는 농민
③ 주자감에서 유학을 공부하는 학생
④ 위화도에서 회군을 단행하는 장수
⑤ 몽골풍을 금지하는 명령을 내린 국왕

07 밑줄 친 '사절단'에 대한 설명으로 옳은 것은?

> 25580-0091

🔍 **그림으로 배우는 한국사**

[해설] 그림은 일본에 도착한 사절단의 모습을 그린 것이다. 왜란 이후 일본과의 국교를 회복한 조선은 대규모 외교 사절단을 일본에 파견하였다.

① 연행사라 불렸다.
② 북학론을 주장하였다.
③ 백두산정계비를 건립하였다.
④ 일본에 불교를 처음 전하였다.
⑤ 에도 막부의 요청으로 파견되었다.

08 다음 주장이 제기된 배경으로 가장 적절한 것은?

> 25580-0092

정예한 포병 10만을 길러 결사적으로 싸우는 용감한 병사로 만든 다음, 기회를 봐서 저들이 예기치 못할 때 곧장 산하이관으로 쳐들어갈 계획이오. 그러면 중원의 의사와 호걸 가운데 어찌 호응하는 자가 없겠소.

－ 송시열, 「송서습유」 －

① 홍경래가 봉기하였다.
② 기유약조가 체결되었다.
③ 명이 철령위 설치를 통고하였다.
④ 조선이 청과 군신 관계를 맺었다.
⑤ 묘청의 서경 천도 운동이 전개되었다.

서술형 문제

Step1 핵심 키워드 파악하기

> 25580-0093

01 (가), (나) 국가를 제시하고, (나) 국가에 대한 (가) 국가의 대외 관계 변천을 서술하시오.

> 개원 20년 [(가)]의 무예(무왕)가 대장 장문휴를 보내 [(나)]의 등주를 공격하였다. [(나)]의 황제는 …… 신라로 하여금 군사를 일으켜 [(가)]의 남쪽 경계를 공격하게 하였다.

예시 답안 자료의 (가)는 (　　　　)이고, (나)는 (　　　　)이다. 대조영이 건국한 (　　　　)은/는 8세기 전반 무왕 때 (　　　　)와/과 대립하였으나 8세기 후반 문왕 때부터 친선 관계를 유지하였다.

> 25580-0094

02 (가)에 대한 조선의 외교 정책을 서술하시오.

> 경성·경원 지방에 [(가)]이/가 출입하는 것을 금하지 아니하면 떼 지어 몰려들 우려가 있고, 일절 끊고 금하면 …… 변경에 불상사가 생길까 합니다. 원하건대, 두 고을에 무역소를 설치하여 저들로 하여금 와서 물물 교역을 하게 하소서.

예시 답안 조선은 (　　　　)에 대해 회유책과 강경책을 함께 사용하는 (　　　　) 정책을 폈다. 국경 지역에 무역소를 설치하여 제한된 교류를 허용하였지만, 세종 때에는 (　　　　)을/를 정벌하고 (　　　　) 지역을 개척하기도 하였다.

Step2 스스로 답안 작성하기

> 25580-0095

03 다음 글을 읽고 물음에 답하시오.

> [(가)]의 군사가 귀주를 통과하자 강감찬 등이 동쪽에서 맞아 싸웠다. …… [(가)]의 군사를 추격하여 석천을 건너 반령에 이르렀는데, 시체가 들을 덮었고 사로잡은 포로, 노획한 말과 낙타, 갑옷, 병장기를 다 셀 수 없을 지경이었다. 살아서 돌아간 자가 겨우 수천 명이었다.

(1) (가)에 해당하는 국가를 쓰시오.

(2) 수차례 고려를 침입한 (가)를 고려가 어떻게 격퇴하였는지 그 과정을 서술하시오.

> 25580-0096

04 다음 글을 읽고 물음에 답하시오.

> 혹자는 "지금의 중국을 차지하고 있는 주인은 ㉠오랑캐들이다."라고 하면서 배우기를 부끄러워하며, 중국의 옛 법마저도 다 함께 얕잡아 무시해 버린다. …… 진실로 법이 훌륭하고 제도가 아름답다면 ㉠오랑캐에게라도 나아가 배워야 하는 법이다.
> – 박지원, 『연암집』 –

(1) 밑줄 친 ㉠에 해당하는 국가를 쓰시오.

(2) 위 주장이 제기된 배경을 서술하시오.

1등급 도전 문제

> 25580-0097

01 (가)~(라) 국가의 관계에 대해 옳게 발표한 학생만을 〈보기〉에서 고른 것은?

보기

갑. (가)–(나)의 통치 체제 정비에 영향을 주었어요.
을. (나)–신라도를 통해 (다)와 교류하였어요.
병. (다)–(가)의 등주를 선제공격하였어요.
정. (라)–벽란도를 통해 (다)와 교류하였어요.

① 갑, 을
② 갑, 병
③ 을, 병
④ 을, 정
⑤ 병, 정

> 25580-0098

02 다음 상황이 전개된 시기를 연표에서 옳게 고른 것은?

왕은 윤관을 도원수로, 오연총을 부원수로 삼아 17만 대군을 거느리고 여진족을 소탕하게 하였다. …… 윤관은 승리를 보고하는 한편, 점령한 지역의 웅주, 영주, 복주, 길주, 숭녕진 등에 9성을 쌓았다.

(가)	(나)	(다)	(라)	(마)
고려 건국	강동 6주 확보	무신 정변	강화도 천도	삼별초의 봉기	고려 멸망

① (가)
② (나)
③ (다)
④ (라)
⑤ (마)

> 25580-0099

03 밑줄 친 '국왕' 재위 시기의 국제 정세에 대한 설명으로 옳은 것은?

국교 수립 이후에도 왜구의 약탈이 끊이지 않자, <u>국왕</u>은 이종무가 이끄는 군대를 파견하여 왜구의 본거지인 쓰시마섬을 토벌하였다. 이후 일본이 평화적 교역을 요청해 오자 부산포, 제포, 염포 등 3포를 개항하고 제한된 범위 안에서만 교역할 수 있도록 허용하였다.

① 왜구가 을묘왜변을 일으켰다.
② 명이 철령위 설치를 통고하였다.
③ 조선이 4군 6진 지역을 개척하였다.
④ 고려가 강동 6주 지역을 확보하였다.
⑤ 청이 조선에 군신 관계를 강요하였다.

> 25580-0100

04 다음 자료를 활용한 탐구 활동으로 가장 적절한 것은?

오라총관 목극등이 황제의 명을 받들어 국경을 조사하기 위해 여기에 이르러 살펴보니, 서쪽은 압록이며, 동쪽은 토문(土門)이다. 분수령 위에다 돌에 새겨 기록한다.

① 독도의 역사를 알아본다.
② 장보고의 활동을 파악한다.
③ 서희의 외교 담판 결과를 찾아본다.
④ 조선과 청의 국경 분쟁을 조사한다.
⑤ 고구려가 천리장성을 축조한 이유를 분석한다.

◉ 식읍과 녹읍
식읍은 왕족이나 공신에게 지급하였고, 녹읍은 관료 귀족에게 지급하였다. 식읍과 녹읍을 지급받은 이들은 조세는 물론 노동력까지 징발하였다.

◉ 진대법
먹을 것이 부족한 봄에 백성에게 곡식을 빌려주고 가을에 갚도록 한 제도로, 고구려 고국천왕이 실시한 빈민 구제 제도이다.

◉ 우경
소를 부려 논밭을 가는 것으로, 노동력이 절감되고 땅을 깊이 갈 수 있어서 지력을 빨리 회복하는 데 도움이 되었다.

◉ 시비법
논밭에 거름을 주는 방법을 말한다. 시비법의 발달로 휴경지가 감소하고 매년 농사를 짓는 토지가 증가하였다.

◉ 목화 재배
고려 후기에 문익점이 원에서 목화를 들여온 후 점차 재배가 확대되었다. 목화 재배로 의생활이 개선되었다.

◉ 관영 수공업
공장(기술자)을 중앙이나 지방의 관청에 소속시켜 왕실이나 관청의 물품, 무기 등을 생산하는 방식이다.

1 고대의 수취 체제와 경제생활

1. 삼국의 경제 정책

(1) **토지 제도**: 왕족이나 관료 귀족에게 식읍과 녹읍 지급

(2) **수취 체제**: 조세(재산의 정도에 따라 호를 나누어 징수), 공물(지역 토산물을 징수), 역(각종 공사나 전쟁 등에 노동력 징발) **자료 ①**

(3) **빈민 구제 제도**: 고구려의 진대법이 대표적

(4) **농업**: 철제 농기구 보급, 우경 장려

2. 남북국의 수취 체제와 경제생활

(1) **통일 신라**

① **토지 제도**: 관료전 지급과 녹읍 폐지(신문왕), 백성에게 정전 지급(성덕왕) — 관리에게 조세만 거둘 수 있는 권한을 부여하였다.

② **수취 제도**: 조세(생산량의 1/10 정도 수취), 공물, 역 — 15세 이상, 60세 미만의 남성에게 부과하였다.

③ **신라촌락문서**: 조세 징수와 노동력 징발 목적으로 3년마다 작성 **자료 ②**

(2) **발해**: 농업(밭농사 중심), 목축과 수렵

2 고려의 수취 체제와 경제생활

1. 토지 제도

(1) **역분전**: 태조가 후삼국 통일 과정에서 공을 세운 사람에게 지급

(2) **전시과 제도** **자료 ③** — 전지는 곡식을 거둘 수 있는 논밭, 시지는 땔감을 얻을 수 있는 임야를 의미한다.

원칙	문무 관리로부터 군인·한인에 이르기까지 18등급으로 구분, 전지와 시지 지급, 수조권만 지급, 원칙적으로 세습 불가 — 토지에서 조세를 거둘 수 있는 권리이다.
변천	• 시정 전시과: 인품과 공품 등 기준, 전현직 관리에게 지급 • 개정 전시과: 관직 기준, 전현직 관리에게 지급 • 경정 전시과: 관직 기준, 현직 관리에게 지급

2. 수취 체제

(1) **운영**: 양안(토지 대장)과 호적을 작성하고, 이를 기준으로 부과

(2) **종류**

조세	토지를 비옥도에 따라 3등급으로 나눠 생산량의 1/10 징수
공납	군현 단위로 할당 → 호(戶)를 단위로 부과, 각 지역의 토산물 징수
역	16세 이상 60세 미만 양인 남자에게 부과, 군역과 요역

(3) **조운 제도**: 지방에서 거둔 조세와 공물을 배를 이용해 개경으로 운반

3. 경제생활

(1) **농업**: 깊이갈이 일반화, 시비법 발달 → 매년 경작할 수 있는 토지 증가, 밭농사에서 2년 3작 보급, 남부 일부 지방에 모내기법 보급, 목화 재배

(2) **수공업**: 관영 수공업, 소 수공업, 민영 수공업, 사원 수공업 등 발달

(3) **상업**: 개경에 시전 설치, 활구(은병) 등 화폐 발행

자료 ❶ 삼국의 수취 체제

└ 성인이 된 모든 사람에게 동일하게 매기는 세금을 의미한다.

> • (고구려) 인두세가 베 5필에 곡식 5석이다. 조세는 상등호는 1석의 세금을 내며, 그보다 못한 가구는 7말을, 가난한 집은 5말을 낸다.
> – 『수서』, 동이열전 –
> • (백제) 부세는 포목, 비단실과 삼, 쌀을 냈는데 풍흉에 따라 차등을 두어 바치게 하였다.
> – 『주서』, 백제전 –
> • (신라) 하슬라 사람 중 15세 이상인 자를 징발하여 니하(남한강 상류로 추정)에 성을 쌓았다.
> – 『삼국사기』 –

삼국은 중앙 집권적 고대 국가로 성장하는 과정에서 수취 체제를 정비하였다. 세금은 재산 규모에 따라 등급을 나누어 곡식이나 옷감. 토산물 등을 거두었다. 또한 15세 이상 남성의 노동력을 징발하였다.

자료 ❷ 신라촌락문서

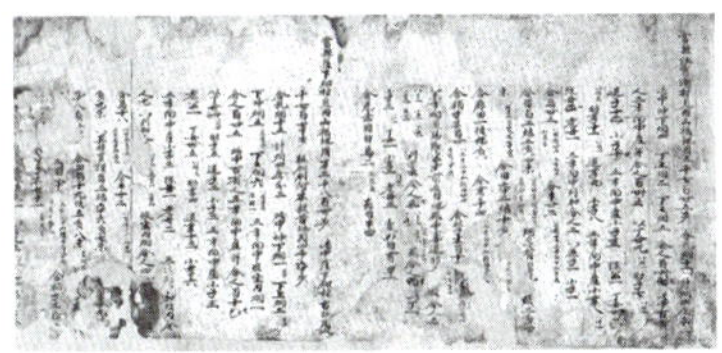

논 102결, 밭 62결

말 25마리, 소 22마리

노비 포함 147명. 남녀를 연령별로 6등급으로 구분하여 기록

뽕나무 1,004그루, 잣나무 120그루. 가래나무 112그루

▲ 신라촌락문서(일본 도다이사 쇼소인)

▲ 사해점촌에 관한 기록

신라촌락문서는 서원경에 속한 촌을 비롯한 4개 촌락에 대한 기록으로, 당시 신라 촌락의 경제 상황과 수취 제도의 운영을 보여 준다. 토지의 종류 및 면적, 인구수, 가축 및 나무의 종류와 수 등을 조사하여 3년마다 기록하였다.

자료 ❸ 전시과 제도의 시행

> 고려의 토지 제도는 대개 당의 그것과 비슷하였다. 개간된 토지의 수효를 총괄하고 기름지거나 메마른 토지를 구분하여 문무백관으로부터 부병(군인), 한인에까지 일정한 과(科)에 따라 모두 토지를 주고, 또 등급에 따라 땔나무를 베어낼 땅을 주었다. 이를 전시과라고 한다. 죽은 다음에는 모두 나라에 반납하였다. 군인은 나이 20세가 되면 비로소 땅을 받고 60세가 되면 반환하였다. 자손이나 친척이 있으면 땅을 물려받게 하고, 없으면 감문위에 소속되었다. 70세 이후에는 구분전을 지급하고 나머지 땅은 반환하였다. 죽은 다음에 후계자가 없는 자와 전사한 자의 아내에게도 모두 구분전을 지급하였다.
> – 『고려사』 –

고려를 건국한 태조는 후삼국 통일 과정에 공을 세운 공신들에게 역분전을 지급하였다. 이후 중앙 집권 체제가 안정되어 가면서 전시과 제도가 마련되었다. 전시과 제도는 운영 과정에서 새로운 관리에게 지급할 토지가 부족해지자, 지급 기준을 합리화하고 지급 대상을 축소하는 방향으로 개편되었다.

○ ✖ 표시하기

❶ 삼국은 재산의 정도에 따라 호를 나누어 조세를 징수하였다. (　　)

❷ 통일 신라 신문왕은 모든 백성에게 정전을 지급하였다. (　　)

❸ 고려 태조는 후삼국 통일 과정에서 공을 세운 사람들에게 과전을 지급하였다. (　　)

❹ 고려는 양안과 호적을 작성하고, 이를 기준으로 조세를 부과하였다. (　　)

적절한 말 고르기

❺ 국가가 각종 공사나 전쟁 등에 노동력을 징발하는 수취 체제를 (공물, 역)이라고 한다.

❻ 통일 신라 (신문왕, 성덕왕)은 관료전을 지급하고 녹읍을 혁파하였다.

❼ (개정 전시과, 경정 전시과)는 관직만을 기준으로 현직 관리에게만 토지를 지급하였다.

❽ 공장(기술자)을 중앙이나 지방의 관청에 소속시켜 왕실이나 관청의 물품, 무기 등을 생산하는 방식을 (관영 수공업, 소 수공업)이라고 한다.

빈칸 채우기

❾ 고구려 고국천왕은 빈민을 구제하기 위해 (　　　) 을/를 실시하였다.

❿ 통일 신라는 조세 징수와 노동력 징발을 목적으로 3년마다 (　　　)을/를 작성하였다.

⓫ 고려 시대에는 16세 이상 60세 미만의 양인 남자에게 (　　　)을/를 부과하였다.

⓬ 고려는 지방에서 거둔 조세와 공물을 배를 이용해 개경으로 운반하는 (　　　) 제도를 운영하였다.

❸ 조선의 과전법 체제와 경제생활

1. 토지 제도 `자료 ①`

과전법	경기 지역 토지의 수조권을 전현직 관리에게 지급, 원칙적으로 세습 불가
직전법	수신전과 휼양전 등 세습 토지 증가 → 세조가 현직 관리에게만 수조권 지급
관수 관급제	수조권 남용 문제 → 성종이 관청에서 징수해 관리에게 지급하도록 개선
직전법 폐지	16세기에 폐지 → 관리에게 녹봉만 지급

2. 수취 체제

조세	수확량의 1/10 징수 → 세종 때 공법 시행(전분6등법, 연분9등법) `자료 ②`
공납	토산물을 현물로 징수 → 16세기 방납의 폐단 발생
역	16세 이상 정남에게 부과, 군역·요역 → 16세기 대립·방군수포 성행

3. 경제생활

(1) **농업**: 『농사직설』 보급, 밭농사에서 2년 3작 확대

(2) **수공업**: 관영 수공업 중심(관청에 소속된 장인을 동원하여 물품 제작)

(3) **상업**: 시전 중심, 지방에 장시 등장(15세기 후반)

❹ 수취 체제의 개편과 상품 화폐 경제의 발달

1. 수취 체제의 개편

영정법	인조 때 실시, 풍흉에 관계없이 토지 1결당 쌀 4~6두 징수
대동법	광해군 때 경기도에 처음 실시, 공물을 토지 결수에 따라 쌀(1결당 12두)·무명이나 베·동전 등으로 징수 → 농민 부담 감소, 공인 성장 `자료 ③`
균역법	영조 때 실시, 농민의 군포 부담을 1필로 축소, 줄어든 군포 수입 보충을 위해 결작(1결당 2두)과 선무군관포 징수 → 군포 부담 일시 감소

┗ 부유한 사람에게 선무군관이라는 벼슬을 주고 매년 군포 1필을 징수하였다.

2. 농업 생산력의 증대

(1) **모내기법의 확대**: 생산력 증대·노동력 절감, 벼와 보리의 이모작 확대

(2) **농업 경영**: 광작 유행, 상품 작물 재배 확대(쌀의 상품화 활발)

(3) **농민층의 분화**: 일부 농민이 부농으로 성장, 다수 농민은 빈농으로 전락

┗ 일부 농민의 1인당 경작지 면적이 확대되는 것이다.

3. 수공업과 광업의 발달

수공업	도시 인구 증가, 대동법 시행에 따른 제품 수요 증대 → 민영 수공업 발달, 선대제 수공업 성행
광업	민영 광산 확대

4. 상품 화폐 경제의 발달

조선 후기에 특정 상품을 대량으로 거래하던 독점적인 도매상인을 의미한다.

(1) **사상 성장**: 통공 정책으로 자유로운 활동 확대 → 일부는 도고로 성장

(2) **장시**: 18세기 말 이후 일부가 상설 시장화, 보부상의 활동 활발

(3) **화폐 유통**: 상평통보의 전국적 유통

(4) **대외 무역**: 개시 무역(공무역)과 후시 무역(사무역) 발달

• 정답 **18**쪽

자료 ① 과전법 체제의 개편

[과전법의 시행]
　경기는 사방의 근원이니 마땅히 과전을 설치하여 사대부를 우대한다. 무릇 경성에 살며 왕실을 시위하는 자는 현직 여부에 상관없이 직위에 따라 과전을 받는다. ── 도읍의 성을 말한다.
　　　　　　　　　　　　　　　　　　　　　　　　　　　── 『고려사』 ──

[관수 관급제 시행]
　이전에 과전은 아비가 죽고 자식이 받은 것은 휼양전이라 칭하고, 남편이 죽고 아내가 전해 받은 것은 수신전이라 칭하여 대대로 그 조세를 거두었습니다. 지금은 고쳐 직전으로 만들었는데, 그 세를 거두는 자가 혹 지나치게 받아 원망을 사는 자가 있으니, 만일 관으로 하여금 거두어서 주게 하면 백성이 수납하는 괴로움을 면하고 지나치게 거두는 폐단도 없어질 것입니다.
　　　　　　　　　　　　　　　　　　　　　　　　　　　── 『성종실록』 ──

위화도 회군으로 정치적 실권을 장악한 이성계와 신진 사대부는 고려 말 권세가가 가지고 있던 토지를 몰수하고 관리와 국가 기관에 수조권을 나누어 주는 과전법을 마련하였다. 과전법은 조선 건국 이후에도 지속되었는데, 세조 때 직전법으로 개편되었다. 이후 수조권 남용 문제가 대두하자, 성종은 관수 관급제를 시행하였다.

자료 ② 공법

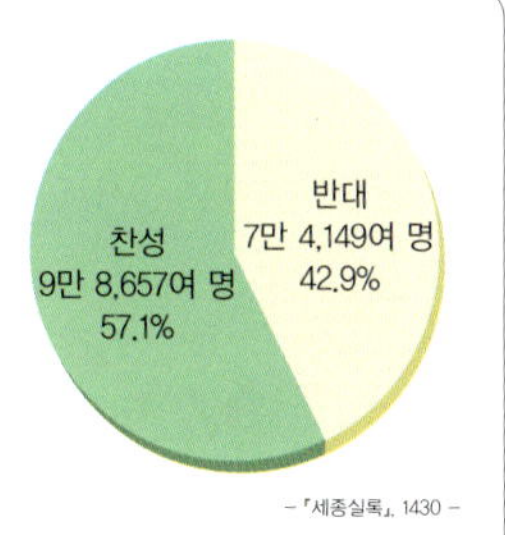

　세종 12년, 정부와 각 지방의 관리들은 물론, 일반 백성에 이르기까지 (공법에 대한) 찬성과 반대 의견을 물어서 아뢸 것을 명하였다.
　　　　　　　　　　　　　　　── 『세종실록』 ──

세종은 보다 합리적인 수취 체제를 마련하기 위해 새로운 조세 제도를 마련하고 백성의 여론을 조사하였다. 그 결과 예상 밖에 반대 의견이 많다는 이유로 세종은 시행을 보류하고 충분한 시간을 가지고 제도를 보완한 후 전분6등법, 연분9등법을 시행하였다.

자료 ③ 대동법의 시행

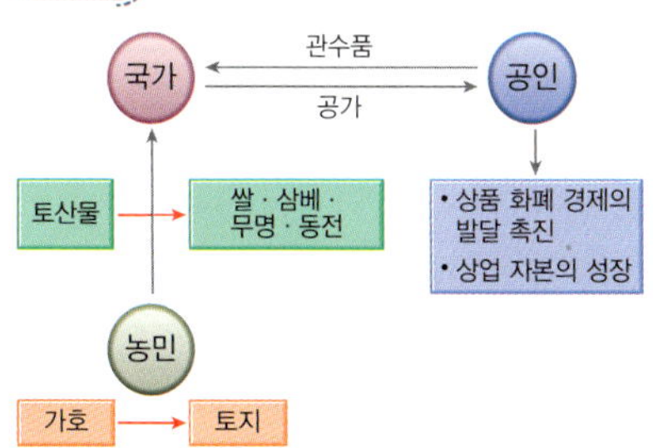

왜란 이후 광해군은 국가 재정을 확충하고 농민의 부담을 줄여 주기 위해 경기도에 대동법을 처음 시행하였다. 그러나 부담이 늘어난 양반 지주의 반대로 전국으로 확대 시행되는 데 어려움을 겪었다.

개념 체크 문제

○ ✖ 표시하기

❶ 조선 세종은 합리적으로 조세를 징수하기 위해 전분6등법, 연분9등법을 시행하였다. (　　)

❷ 조선 성종은 수조권 남용을 방지하기 위해 관수 관급제를 시행하였다. (　　)

❸ 조선 인조는 풍흉에 관계없이 토지 1결당 쌀 4~6두를 징수하는 균역법을 실시하였다. (　　)

❹ 조선 후기에 모내기법이 확대 보급되면서 벼와 보리의 이모작이 확대되었다. (　　)

적절한 말 고르기

❺ 조선 세조는 현직 관리에게만 수조권을 지급하는 (과전법, 직전법)을 시행하였다.

❻ 광해군은 경기도에 처음으로 (대동법, 영정법)을 실시하였다.

❼ 조선 정조 때 (통공, 사민) 정책으로 자유로운 상업 활동이 확대되면서 일부 사상이 도고로 성장하였다.

❽ 조선 후기에는 일종의 공무역인 (개시 무역, 후시 무역)이 발달하였다.

빈칸 채우기

❾ 조선 세종은 농민의 경험을 모아 우리 실정에 맞는 농사법을 정리한 (　　　　)을/를 간행해 보급하였다.

❿ 조선 후기에는 모내기법으로 노동력을 절감한 농민들이 경작지를 확대하는 (　　　　)이/가 유행하였다.

⓫ 조선 후기에는 수공업자가 공인이나 사상에게 물품의 주문과 함께 자금과 원료를 미리 받아 제품을 생산하는 (　　　　) 수공업이 발달하였다.

⓬ 조선 후기에 상업이 발달하면서 동전인 (　　　　)이/가 전국적으로 유통되었다.

기본 문제

> 25580-0101

01 밑줄 친 '이 문서'를 작성한 국가에 대한 설명으로 옳은 것은?

① 통공 정책을 시행하였다.
② 개경에 시전을 설치하였다.
③ 활구(은병) 등을 화폐로 사용하였다.
④ 문무 관료에게 관료전을 지급하였다.
⑤ 빈민 구제를 위해 진대법을 실시하였다.

> 25580-0102

02 (가)에 들어갈 내용으로 가장 적절한 것은?

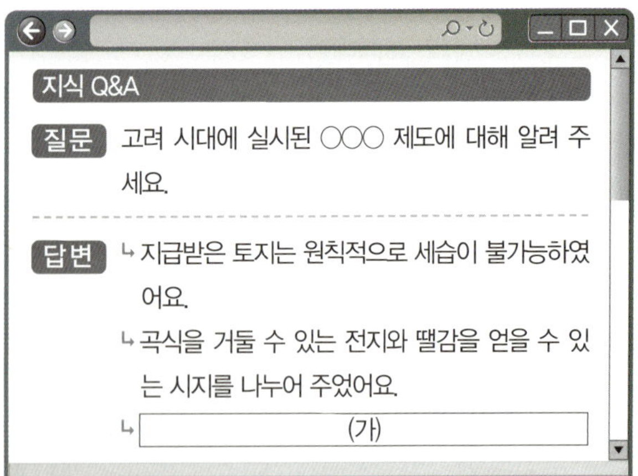

① 백성에게는 정전을 지급하였어요.
② 신진 사대부에 의해 실시되었어요.
③ 지급 대상이 경기 지역의 토지로 한정되었어요.
④ 지급받은 토지에서 노동력 징발이 가능하였어요.
⑤ 처음에는 인품과 관품 등을 기준으로 수조권을 지급하였어요.

> 25580-0103

중요

03 (가) 농법 보급의 영향으로 가장 적절한 것은?

> [!NOTE]
> (가) 을/를 하는 것은 세 가지 이유가 있다.
> 김매기의 노력을 더는 것이 첫째요,
> 두 땅의 힘으로 하나의 모를 기르는 것이 둘째요,
> 좋지 않은 것은 솎아 내고 튼튼한 것을 고를 수 있는 것이 셋째이다.
> – 『임원경제지』 –

① 우경이 시작되었다.
② 목화가 도입되었다.
③ 소 수공업이 발달하였다.
④ 관수 관급제가 시행되었다.
⑤ 벼와 보리의 이모작이 확대되었다.

> 25580-0104

04 밑줄 친 '이 법'에 대한 설명으로 옳은 것은?

① 영조 때 처음 도입되었다.
② 양반 지주의 반발을 가져왔다.
③ 소작농의 세금 부담을 증가시켰다.
④ 토지 1결당 쌀 4~6두를 징수하였다.
⑤ 16세 이상 양인 남자에게 부과되었다.

서술형 문제

Step1 핵심 키워드 파악하기

> 25580-0105

01 다음 제도를 실시한 목적을 서술하시오.

> • 왕 7년 5월에 교서를 내려 문무 관료들에게 토지를 차등 있게 하사하였다.
> • 왕 9년 봄 정월에 중앙과 지방 관리들의 녹읍을 폐지하고 해마다 조를 차등 있게 주고 이를 일정한 법으로 삼았다.

예시 답안 통일 신라 (   )은/는 귀족의 경제적 기반을 약화시키고 국가의 지배력을 강화하기 위해 관료들에게 조세만을 거둘 수 있는 (   )을/를 지급하고 노동력 징발이 가능한 토지인 녹읍을 혁파하였다.

Step2 스스로 답안 작성하기

> 25580-0106

02 다음 글을 읽고 물음에 답하시오.

> 이전에 과전은 아비가 죽고 자식이 받은 것은 휼양전이라 칭하고, 남편이 죽고 아내가 전해 받은 것은 [(가)](이)라 칭하여 대대로 그 조세를 거두었습니다. 지금은 고쳐 직전으로 만들었는데, ㉠그 세를 거두는 자가 혹 지나치게 받아 원망을 사는 자가 많습니다.

(1) (가)에 들어갈 토지의 종류를 쓰시오.

(2) 밑줄 친 ㉠의 문제를 해결하기 위해 시행한 제도의 명칭을 제시하고 그 내용을 서술하시오.

1등급 도전 문제

> 25580-0107

01 다음 토지 제도가 시행되던 시기에 볼 수 있는 모습으로 가장 적절한 것은?

> 12월에 문무 양반과 군인들의 전시과를 개정하였다. 제1과 전 100결, 시 70결, 내사령, 시중, 제2과 전 95결, 시 65결, 내사 문하시랑 평장사, 치사시중 …… 제18과 전 20결 …… 여기에 들지 못한 자에게는 모두 전 17결을 주기로 하였고 이것을 항구적으로 지켜야 할 법식으로 제정하였다.

① 목화를 재배하는 농민
② 농사직설을 편찬하는 학자
③ 정전 지급을 명령하는 국왕
④ 관청에 소속되어 물품을 생산하는 장인
⑤ 공법에 대한 찬반 여론을 조사하는 관리

> 25580-0108

02 밑줄 친 ㉠에 해당하는 방법으로 옳은 것만을 〈보기〉에서 고른 것은?

> 양역을 절반으로 줄이라고 명하였다. 왕이 명정전에 나아가 여러 신하들을 불러 양역의 변통에 대한 대책을 물었다. 왕은 "…… 호포나 결포나 모두 문제점이 있다. 이제는 1필로 줄이는 것으로 온전히 돌아갈 것이니, 경들은 1필을 줄였을 때 생기는 ㉠세입 감소분을 보충할 방법을 강구하라."라고 하였다.

보기

ㄱ. 역분전을 지급하였다.
ㄴ. 통공 정책을 실시하였다.
ㄷ. 선무군관포를 징수하였다.
ㄹ. 지주에게 결작을 부과하였다.

① ㄱ, ㄴ   ② ㄱ, ㄷ   ③ ㄴ, ㄷ
④ ㄴ, ㄹ   ⑤ ㄷ, ㄹ

03 신분제와 사회 구조

- □ 골품제　□ 6두품
- □ 양천제　□ 백정
- □ 향·부곡·소 거주민

◎ 노비
삼국 시대에는 주로 전쟁 포로나 죄인, 귀족에게 진 빚을 갚지 못한 사람 등이 노비가 되었다. 삼국 통일 이후에는 귀족에게 진 빚을 갚지 못해 노비가 되는 경우가 많았다.

◎ 향·부곡·소
향·부곡의 주민은 대부분 농업에 종사하였고, 소의 주민은 수공업 등에 종사하였다. 향·부곡·소의 주민은 거주지 이전에 제한을 받았고, 과거 응시에도 제한이 있었다.

◎ 정호
향리, 하급 장교 등 특정한 역(役)을 담당하는 사람을 가리킨다. 이들은 직역 수행의 대가로 국가로부터 토지를 받았다.

◎ 고려 시대 노비 분류

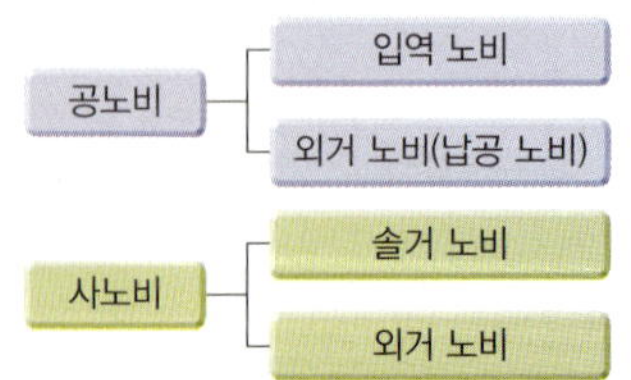

관청이나 주인에게 직접 노동력을 제공하지 않는 외거 노비는 국가와 주인에게 매년 일종의 몸값인 신공을 납부하였다.

1 고대의 신분제와 사회 구조

1. 계급 발생: 청동기 시대에 발생 → 신분제로 발전

2. 삼국 시대의 신분제

귀족 및 관인층	• 정치권력을 독점하고 사회적·경제적 특권을 누림 • 지배층을 대상으로 한 별도의 신분제 마련 → 신라 골품제가 대표적
평민	대부분 농민으로 생산 활동에 종사, 조세와 공물을 납부하고 노동력 제공
천민	대부분 노비로 왕실·관청·귀족에게 예속되어 재산으로 간주

3. 통일 신라의 신분제

(1) **신분 구조:** 지배층인 귀족 및 관인층, 피지배층인 평민, 천민으로 구분

(2) **골품제:** 개인의 정치 활동과 사회 활동의 범위 제한 **자료 ①**

변화	신라 골품제에서 최고위 신분으로, 진덕 여왕을 끝으로 소멸되었다. 통일 무렵 성골 소멸, 3~1두품은 평민과 동등하게 간주
진골	통일 이후 최고 신분층, 나라의 중요한 일을 결정하며 특권을 누림
6두품	신라 말 골품제 사회 비판(반신라적 태도)

4. 발해의 신분제: 지배층인 귀족 및 관인층과 피지배층인 평민, 천민으로 구분

2 고려의 신분제와 사회 구조

1. 신분제

(1) **특징:** 법제적으로 양천제, 양인은 지배층과 중간 계층, 피지배층으로 구분

(2) **신분 구조**

지배층	양인이 담당하는 관직이나 군역과 같은 국가 공공 업무를 가리키는 말이다. 왕족과 문무 고위 관리 등으로 구성, 과거와 음서 등을 이용하여 관직 진출, 일부는 여러 대에 걸쳐 재상을 배출 → 문벌 형성
중간 계층	• 서리, 남반, 향리, 하급 장교 등 　서리는 중앙 관청의 하급 관리, 남반은 궁중의 하급 관리, 향리는 지방의 하급 관리를 의미한다. • 직역의 대가로 국가로부터 토지를 받음, 직역을 자손에게 세습
양인 피지배층	• 농민과 상인, 수공업자, 향·부곡·소 등 특수 행정 구역의 주민 등 • 백정: 직역이 없는 양인 농민, 조세·공물·역 부담, 법적으로 과거 응시 가능 • 향·부곡·소 거주민: 일반 군현민보다 많은 세금 부담, 거주지 이전 제한, 과거 응시 제한
천인	노비가 대부분 차지, 노비는 재산으로 간주, 부모 중 한 명이 노비이면 자녀도 노비, 공노비(국가 기관 소유), 사노비(개인 소유) **자료 ②**

2. 신분 변동: 제한적이지만 신분 상승 가능 **자료 ③**

백정	직역을 수행할 정호의 수가 부족해지면 백정에서 선발
향리	상층 향리의 자제 중 문과에 합격하여 중앙 관리로 진출
군인	군공을 세워 무관으로 승진
노비	재산을 모아 주인에게 몸값을 치르고 양인으로 신분 상승

자료 1 신라의 골품제

관등		골품				복색
등급	관등명	진골	6두품	5두품	4두품	
1	이벌찬					자색
2	이 찬					
3	잡 찬					
4	파진찬					
5	대아찬					
6	아 찬					비색
7	일길찬					
8	사 찬					
9	급벌찬					
10	대나마					청색
11	나 마					
12	대 사					황색
13	사 지					
14	길 사					
15	대 오					
16	소 오					
17	조 위					

설계두가 말하였다. "신라에서는 사람을 등용하는 데 골품을 따진다. 그 족속이 아니면 큰 재주와 뛰어난 공이 있어도 (신분을) 넘을 수가 없다. 나는 서쪽 중국으로 가서 뛰어난 지략으로 큰 공을 세워 내 힘으로 영광스러운 관직에 오를 것이다." — 『삼국사기』 —

신라의 골품제는 관등제와 밀접하게 연관되어 있어서 진골은 대아찬 이상까지 오를 수 있었지만, 6두품은 아찬, 5두품은 대나마, 4두품은 대사까지만 승진할 수 있었다. 또한 골품에 따라 집의 크기나 장식, 마구간의 규모 등에 제한을 두는 등 일상생활까지 규제하였다.

자료 2 고려 시대의 노비

노비가 아무리 천하다고 해도 역시 사람인데 보통 재물과 같이 취급하여 공공연히 이를 사고판다. 혹은 말과 소와 교환하기도 하는데, 말 한 필에 노비 2, 3명씩 주고도 오히려 말 값에 모자라니, 이는 말과 소를 사람의 생명보다도 중하게 여기는 것이다. — 『고려사』 —

고려 시대의 노비는 재산으로 간주되어 매매, 상속, 증여의 대상이 되었다. 그런데 노비의 매매 가격은 말과 소에 비해서도 낮았다. 이것은 노비가 말과 소보다도 천시될 정도로 인간다운 삶을 보장받지 못하였음을 보여 준다.

자료 3 고려 시대 신분 변동

• 이영의 자는 대년이니 안성군 사람이다. 아버지 이중선은 안성군 호장으로 있었다. …… 숙종 때 을과에 급제하고 직사관으로 임명되었다.

• 백임지는 남포현 사람으로 농사를 짓고 살았다. 날래고 용맹하여 군인으로 선발되었는데, …… 정중부의 변란으로 무인들이 세력을 얻자 드디어 높은 지위에 오르게 되었다.

• (하급 장교 출신인) 조인규는 성장하여 공부를 하면서 글을 깨쳤다. 국가에서 뛰어난 자를 뽑아 몽골어를 익히게 하는 데 선발되었다. …… (몽골어 공부를) 게을리하지 않아 …… 여러 관직을 거쳐 장군이 되었다. — 『고려사』 —

고려는 신분제 사회였지만 제한적으로 신분 간의 이동이 가능하였다. 상층 향리의 자제는 문과에 합격해 문관직에 오를 수 있었고, 군공을 세워 신분을 상승시키는 경우도 있었다. 이러한 사실은 고려 사회가 신라의 골품제 사회보다 개방적이었음을 보여 준다.

○ ✖ 표시하기

❶ 삼국 시대 평민은 대부분 자유민으로 생산 활동에 종사하며 조세와 공물을 납부하였다. ( )

❷ 신라의 성골은 통일 무렵 소멸되었다. ( )

❸ 발해는 지배층인 귀족 및 관인층과 피지배층인 평민, 천민으로 구분되는 신분제가 운영되었다. ( )

❹ 고려 시대 상층 향리의 자제는 문과에 합격하면 중앙 관리가 될 수 있었다. ( )

❺ 고려 시대 향·부곡·소의 거주민은 천인에 속하였다. ( )

적절한 말 고르기

❻ (진골, 6두품)은 신라 말 골품제 사회를 비판하였다.

❼ 고려 시대 서리와 남반 등은 (중간 계층, 천인)에 속하였다.

❽ 고려 시대 백정은 (양인, 천인)으로 분류되었다.

❾ 고려 시대 국가 소유의 노비를 (공노비, 사노비)라고 한다.

빈칸 채우기

❿ ( ) 시대에 발생한 계급은 신분제로 발전하였다.

⓫ ( )에서는 골품제를 운영하였는데, 골품에 따라 개인의 정치 활동과 사회 활동에 제한을 받았다.

⓬ 고려의 신분제는 법적으로 모든 사회 구성원을 양인과 천인으로 구분하는 ( )(으)로 운영되었다.

⓭ 고려에서는 고위 관리 중 일부가 여러 대에 걸쳐 재상을 배출하여 ( )을/를 형성하였다.

◐ 서얼
양반의 양인 첩에게서 태어난 서자와 천민 출신 첩에게서 태어난 얼자를 함께 부르는 말이다.

◐ 신량역천
신분은 양인이지만 천한 일을 하는 계층으로 수군, 조례(관청의 잡역 담당), 나장(형사 업무 담당), 일수(지방 고을 잡역 담당), 봉수군(봉수 업무 담당), 역졸(역에 근무), 조졸(조운 업무 담당) 등을 말한다.

◐ 백정
고려와 달리 조선 시대에는 도살업에 종사하는 계층을 가리키는 말로 천민으로 간주되었다.

◐ 공명첩

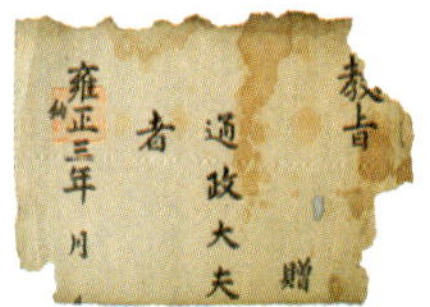

이름을 적는 곳이 비어 있는 관직 임명장이다. 임진왜란 이후 재정 부족 문제를 해결하기 위해 조선 정부가 발급하였다.

◐ 납속
국가의 재정 부족을 해결하기 위해 곡식을 바치게 하고, 그 대가로 일정한 혜택을 주던 정책이다.

3 조선 전기의 신분제와 사회 구조

1. 양천제의 법제화: 사회 구성원을 자유민인 양인과 비자유민인 천인으로 구분

(1) **양인:** 과거 응시와 관직 진출 가능, 조세와 국역 부담

(2) **천인:** 천역 담당, 과거 응시와 관직 진출 불가능

(3) 반상제의 일반화 → 4신분제 정착

2. 신분 구조

양반	• 문반과 무반 관리를 함께 부르는 명칭 → 그 가족까지 포함하는 신분 호칭으로 발전 • 과거를 통해 관직 진출, 주요 관직 차지, 각종 특권 보장, 국역 면제
중인	• 넓은 의미는 양반과 상민의 중간 신분, 좁은 의미는 잡과 출신 기술관 • 향리, 서리, 역관 등으로 구성 → 직역 세습, 같은 신분끼리 혼인 • 서얼: 양반 첩의 자손, 중인과 비슷한 대우, 문과 응시 금지 **자료❶**
상민	• 생산 활동에 종사, 조세와 공납·역의 의무 부담, 법적으로 과거 응시 가능 • 농민, 수공업자, 상인 등으로 구성 ┐ 중농 정책으로 농민보다 낮은 대우를 받았다. • 신량역천: 수군, 역졸 등 천한 일을 담당하는 계층
천민	• 대부분이 노비, 백정·광대·무당 등도 천민으로 간주 • 노비: 재산으로 취급, 부모 중 한쪽이 노비면 그 자녀도 노비, 공노비와 사노비로 구성

4 조선 후기의 사회 변화

1. 신분제의 변화

(1) **배경:** 양 난 이후 상품 화폐 경제의 발달

(2) 부를 축적한 상민 → 공명첩 매입, 납속, 족보의 매입이나 위조 등을 통해 신분 상승

(3) 붕당 정치의 변질 → 양반층이 권반, 향반, 잔반으로 분화

권반은 중앙 관직을 차지하고 권력을 유지하던 양반, 향반은 정권에서 밀려났지만 향촌에서 위세를 유지하던 양반, 잔반은 경제적으로도 몰락하여 일반 농민과 다를 바 없는 양반을 말한다.

2. 신분 상승 움직임 자료❷

중인	• 기술직 중인: 대규모 소청 운동 전개 → 좌절 • 서얼: 주요 관직 등용을 요구하는 집단 상소 운동 전개 → 일부 서얼이 정조 때 규장각 검서관에 등용
노비	• 군공과 납속 등으로 신분 상승 • 노비종모법 실시(영조): 노비의 수를 줄이고 상민의 수를 늘려 국가 재정 확보 목적 • 공노비 해방(순조): 중앙 관청에 소속된 공노비 6만여 명 해방

노비의 신분 세습은 어머니의 신분에 따라 결정되는 것으로, 아버지가 노비이고 어머니가 양인인 경우 그 자녀는 양인이 되었다.

3. 향촌 지배 질서의 변화

(1) **향전 발생:** 신향의 향촌 지배권 도전 → 구향인 사족층과 향촌 주도권 다툼 발생 → 사족의 향촌 지배권 약화, 수령과 향리의 권한 강화 **자료❸**

(2) **향회의 성격 변화:** 사족의 이익 대변 → 수령의 세금 부과 자문 기구로 변질

🔶 자료 탐구

자료 ① 서얼의 지위

> 서얼의 자손들이 과거에 응시하고 벼슬에 진출하지 못하게 하는 것은 우리나라의 옛 법이 아니다. …… 태종 때 서찬 등이 "서얼의 자손은 현직에 등용하지 말고 적서를 분명히 구별하소서."라고 하였으니, 이것은 그 이전에는 현직에 등용되었음을 보여 준다. …… 그런데 경국대전을 편찬하면서 벼슬하지 못하게 하였으니 아직 백 년도 되지 않았다. …… 더구나 향리와 수군은 아주 낮은 신분인데도 오히려 과거에 응시할 수 있다.　－『패관잡기』－
>
> └ 적자와 서얼을 의미한다.

조선 시대 서얼은 중인과 비슷한 처우를 받았다. 고려 시대까지는 서얼에 대한 차별이 없었으나 『경국대전』에 서얼의 문과 응시가 금지되면서 능력 있는 서얼의 관직 진출이 제한을 받았다.

❶ 조선 시대에 천인은 원칙적으로 과거 응시가 가능하였다.　（　　）

❷ 중인은 넓은 의미로는 양반과 상민의 중간 신분, 좁은 의미로는 잡과 출신 기술관을 말한다.　（　　）

❸ 조선 시대의 백정은 직역이 없는 양인 농민을 가리킨다.　（　　）

❹ 조선 후기에 기술직 중인이 대규모 소청 운동을 전개하였으나 좌절되었다.　（　　）

자료 ② 신분 상승 움직임

> 근래 세상의 도리가 점차 썩어, 돈 많고 힘 있는 백성들이 군역을 피하고자 한다. 간사한 아전, 임장(호적 담당 임시직)과 한통속이 되어 뇌물을 쓰고 호적을 위조하여 '유학'이라고 거짓으로 올리고 면역하거나 다른 고을로 옮겨 가서 스스로 양반 행세를 한다. 호적이 밝지 못하고 명분이 문란함이 지금보다 심한 적은 없었다.　－『일성록』－
>
> └ 조선 시대 관직에 오르지 못하고 유학을 공부하던 유생을 의미한다.

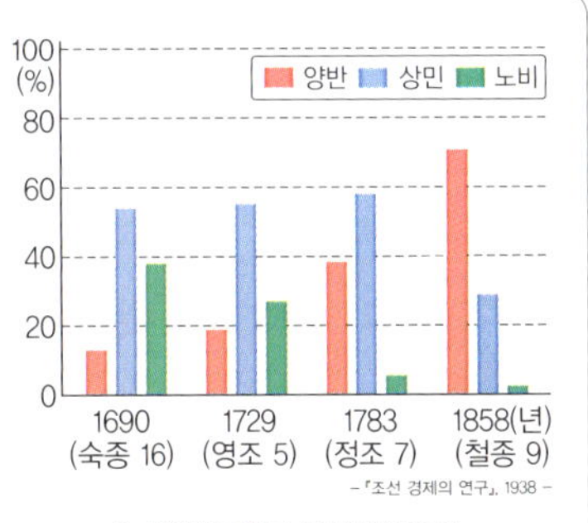

▲ 직역별 호구 구성비(대구)

조선 후기에는 상품 화폐 경제의 발달을 배경으로 부를 축적한 하층민이 다양한 방법으로 신분을 상승시켰다. 그 결과 양반층이 급격히 증가하였고 상민과 노비 인구는 크게 감소하였다.

❺ 조선에서는 (양천제, 반상제)가 일반화되면서 4신분제가 정착되었다.

❻ 서얼은 양반 첩의 자손으로 (중인, 천민)과 비슷한 대우를 받았다.

❼ 조선 후기 양반층이 분화되면서 일부 양반은 경제력을 잃고 일반 농민과 다를 바 없는 (향반, 잔반)으로 몰락하기도 하였다.

자료 ③ 향전

> 영덕의 오래된 가문은 모두 남인이며, 이른바 신향(新鄕)은 모두 서리와 품관의 자손으로, 자칭 서인이라고 하는 자들이다. 근래에 신향이 향교를 주관하면서 구향(舊鄕)과 마찰을 빚었다. 주자의 영정이 비에 손상되자 신향배들은 구향이 죄를 물을까 걱정하여, 남인에게 죄를 전가할 계획을 세우고는 주자와 송시열의 초상을 숨기고, "남인이 송시열의 영정을 봉안하는 것을 꺼려야음을 틈타 영정을 훔쳐 갔다."라고 하였다.　－『승정원일기』－

기존에 향촌 지배권을 가지고 있던 구향은 사회적·경제적으로 급성장한 신향의 도전을 받았다. 구향과 신향 사이에서 향촌 지배권을 둘러싸고 벌어진 다툼을 향전이라고 한다.

❽ 조선 시대 수군 등 신분은 양인이지만 천한 일을 하는 계층을 가리켜 （　　　）(이)라고 한다.

❾ 왜란 이후 조선 정부는 재정 부족 문제를 해결하기 위해 이름을 적는 곳이 비어 있는 관직 임명장인 （　　　）을/를 발급하였다.

❿ 영조는 노비의 수를 줄여 상민의 수를 늘리기 위해 （　　　）을/를 실시하였다.

⓫ 구향과 신향 사이에서 향촌 지배권을 둘러싸고 벌어진 다툼을 （　　　）(이)라고 한다.

> 25580-0109

01 (가)에 들어갈 내용으로 가장 적절한 것은?

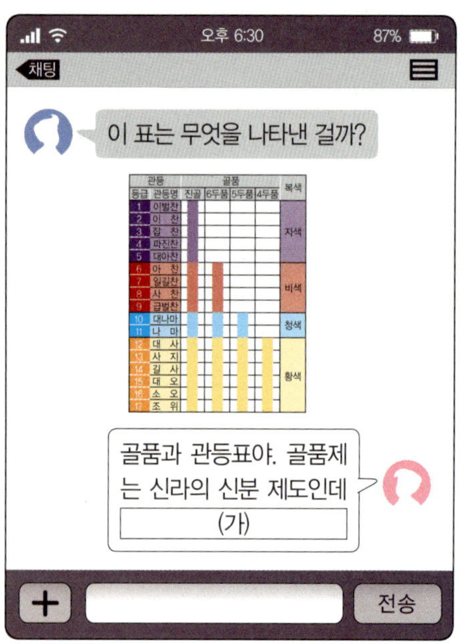

① 노비에게도 적용되었어.

② 거주지 이전을 제한하였어.

③ 혈연보다 능력을 중시하는 제도였어.

④ 개인의 정치 활동 범위를 규제하였어.

⑤ 신분 간의 자유로운 이동을 보장하였어.

> 25580-0110

02 (가)에 들어갈 내용으로 가장 적절한 것은?

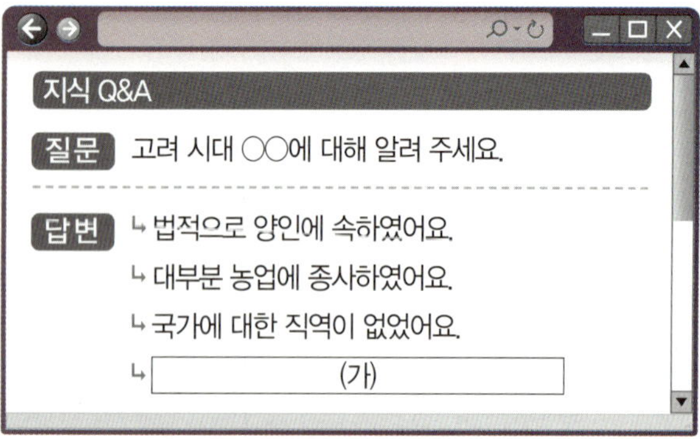

① 관청에 신공을 바쳤어요.

② 신향과 향전을 벌였어요.

③ 과거 응시가 불가능하였어요.

④ 음서를 통해 관직에 진출하였어요.

⑤ 대부분 일반 군현에 거주하였어요.

> 25580-0111

03 밑줄 친 '이들'에 대한 설명으로 옳은 것만을 〈보기〉에서 고른 것은?

이들에게 과거와 벼슬을 못하게 한 것은 우리나라의 옛 법이 아니다. …… 이들은 높은 관직을 가진 자의 아들이지만, 오직 외가가 하찮아서 대대로 벼슬길이 막혀, 비록 뛰어난 재주와 쓸 만한 그릇을 가지고 있으면서도 끝내 남에게 머리를 숙이고 향리나 수군만도 못하니 불쌍하도다.

– 『패관잡기』 –

보기

ㄱ. 향·부곡·소에 거주하였다.

ㄴ. 중인과 비슷한 대우를 받았다.

ㄷ. 신분은 양인이지만 천한 일을 담당하였다.

ㄹ. 주요 관직 등용을 요구하는 상소 운동을 벌였다.

① ㄱ, ㄴ　　② ㄱ, ㄷ　　③ ㄴ, ㄷ
④ ㄴ, ㄹ　　⑤ ㄷ, ㄹ

> 25580-0112

04 다음 자료의 문서가 발급되던 시기에 볼 수 있는 모습으로 가장 적절한 것은?

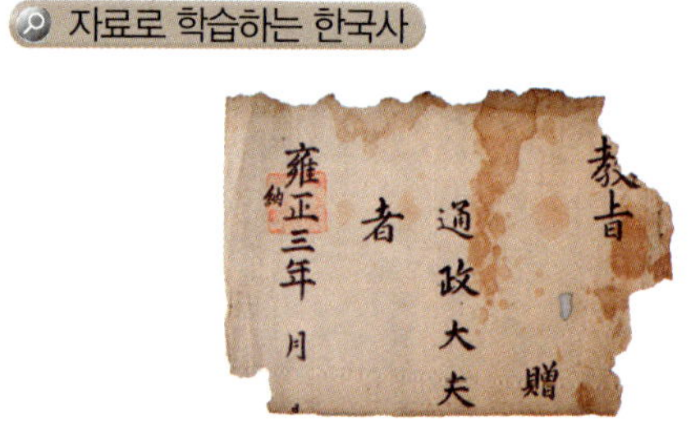

[해설] 이 문서는 이름 적는 곳이 비어 있는 관직 임명장이다. 정부가 재정 부족 문제를 해결하기 위해 발급하였다.

① 상품 작물을 재배하는 농민

② 국자감에서 유학을 공부하는 학생

③ 교정도감을 통해 권력을 행사하는 무관

④ 반신라적 태도를 보이는 6두품 출신 학자

⑤ 활구(은병)를 이용해 상품을 거래하는 상인

서술형 문제

Step1 핵심 키워드 파악하기

> 25580-0113

01 다음 자료에 나타난 신분 제도의 특징을 서술하시오.

> 진골 가옥의 방은 길이와 너비가 24척을 넘을 수 없고, 6두품은 21척을 넘을 수 없다. …… 4두품과 백성 가옥의 방은 길이와 너비가 15척을 넘지 못한다. – 『삼국사기』 –

예시 답안 자료에 나타난 신분 제도는 (   )이다. 이 제도는 (   )의 지배층을 세분하기 위해 만들어진 것으로, 관등과 관직 승진 등의 정치 활동은 물론 집이나 수레, 의복 등 일상생활까지 제한하였다.

Step2 스스로 답안 작성하기

> 25580-0114

02 다음 자료를 보고 물음에 답하시오.

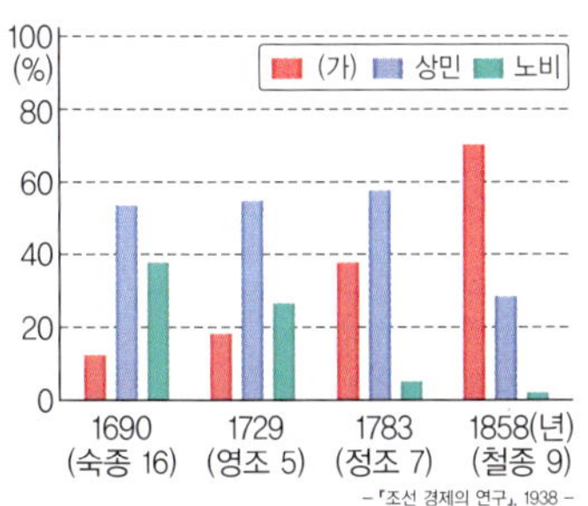

▲ 직역별 호구 구성비(대구)

(1) (가)에 해당하는 신분을 쓰시오.

(2) 그래프에서 노비 인구가 급격히 감소하게 된 이유를 세 가지만 서술하시오.

1등급 도전 문제

> 25580-0115

01 밑줄 친 '명학소' 거주민에 대한 설명으로 옳은 것은?

> 공주 명학소 사람 망이, 망소이 등이 무리를 불러 모아 산행병마사라 스스로 일컫고 공주를 공격하여 무너뜨렸다. 정부는 지후 채원부와 낭장 박강수 등을 보내 도적들을 달래었으나 따르지 않았다. – 『고려사』 –

① 천민층에 해당한다.
② 반신라적 성향을 보였다.
③ 농사에 종사하며 신공을 바쳤다.
④ 공명첩을 매입해 신분을 상승시켰다.
⑤ 거주지 이전이 원칙적으로 금지되었다.

> 25580-0116

02 밑줄 친 '길동'이 속한 신분층에 대한 학생의 발표로 가장 적절한 것은?

> "소인은 대감의 정기를 타고나 당당한 남자로 태어났으니 이만 즐거운 일이 없습니다. 평생 서럽기를 아비를 아비라 부르지 못하옵고, 형을 형이라 부르지 못하여 상하노복이 다 천하게 보고, 친척 고두도 손으로 가리키며 아무 개의 천한 소생이라 이르오니 이런 원통한 일이 어디에 있습니까." 길동이 대성통곡하니, 대감이 마음에 측은하게 여기시나 만일 그 마음을 위로하면 조금이라도 방자할까 하여 꾸짖어 말하였다. "재상의 천비 소생이 너뿐만이 아니다. 자못 방자한 마음을 두지 말라. 이후에 다시 그런 말을 하면 눈앞에 용납하지 않으리라."하시니 길동은 한갓 눈물을 흘릴 뿐이었다.

① 신량역천에 속하였어요.
② 화백 회의에 참석하였어요.
③ 지방의 실질적인 지배층이었어요.
④ 음서를 통해 관직에 진출하였어요.
⑤ 규장각 검서관에 등용되기도 하였어요.

핵심 개념

- [ ] 불교
- [ ] 원효
- [ ] 의상
- [ ] 유교
- [ ] 도교
- [ ] 풍수지리설

○ 화순 쌍봉사 철감선사탑

신라 말에 선종이 유행하면서 승려의 사리 등을 안치하는 승탑 건립이 유행하였다.

○ 임신서기석

신라의 두 청년이 유교 경전을 열심히 익힐 것을 약속한 내용이 기록되어 있어, 신라에도 유교가 보급되었음을 확인할 수 있다.

○ 독서삼품과

신라 원성왕 때 유교 경전의 이해 수준을 평가하여 관리 선발에 참고하고자 실시하였다.

○ 하쿠호 문화

7세기 후반~8세기 초에 발달한 일본의 고대 문화이다. 당시 일본은 당과의 관계가 원만하지 못해 주로 신라를 통해 유교와 불교 등 선진 문물을 받아들였다.

1 고대의 사상과 문화 교류

1. 불교의 수용과 발달

(1) **삼국 시대의 불교**: 왕실을 중심으로 수용 → 왕권 강화에 이용

고구려	4세기 후반 소수림왕 때 수용
백제	4세기 후반 침류왕 때 수용
신라	• 고구려로부터 전래 → 6세기 법흥왕 때 이차돈의 순교를 계기로 공인 • 불교식 왕명 사용(법흥왕~진덕 여왕), 왕즉불 사상 → 왕실의 권위를 높임

└─ 왕이 곧 부처라는 믿음을 의미한다.

(2) **통일 신라 시기 불교**

① **불교의 대중화** 〈자료 ①〉

원효	일심 사상 주장, 아미타 신앙 전파
의상	화엄 사상 정립, 관음 신앙 전파

② **신라 말 선종 유행**: 참선 수행 및 개인의 깨달음 중시, 호족의 후원, 9산 선문 성립, 승탑과 탑비 조성(화순 쌍봉사 철감선사탑 등)

(3) **발해의 불교**: 왕족과 귀족을 중심으로 성행

(4) **대규모 사찰과 불상 조성**

신라	황룡사와 황룡사 9층 목탑, 경주 불국사, 석굴암 등 건립, 석굴암 본존불 조성
발해	이불병좌상 제작

2. 유학의 발달

(1) **삼국 시대의 유학 교육**

고구려	중앙에 태학, 지방에 경당 설치
백제	오경박사 설치 ── 유교의 다섯 가지 경전인 오경에 능통한 사람에게 준 관직이다.
신라	임신서기석(유교 경전 공부)

(2) **통일 신라의 유학**: 국학 설치(신문왕), 독서삼품과 실시(원성왕) 〈자료 ②〉

(3) **발해의 유학**: 주자감 설치

3. 도교

(1) **특징**: 불로장생과 신선이 되기를 추구, 귀족을 중심으로 유행

(2) **영향**: 고구려 고분의 사신도, 백제의 산수무늬 벽돌, 백제 금동 대향로 등 〈자료 ③〉

└─ 사신은 도교에서 동서남북을 수호하는 상상의 동물로 청룡(동), 백호(서), 주작(남), 현무(북)를 의미한다.

4. 풍수지리설

(1) **개념**: 산이나 물·땅의 모양 등을 살펴 도읍, 주거지, 묘지 등을 정하는 이론

(2) **영향**: 금성(경주) 중심의 국토관에 변화 초래(지방의 중요성 부각)

5. 고대의 문화 교류

(1) **삼국과 가야 문화**: 일본 아스카 문화 발전에 기여

(2) **통일 신라의 문화**: 일본 하쿠호 문화 발전에 영향

자료 1 불교의 대중화

> 원효가 계율을 어겨 설총을 낳은 뒤로 속인의 옷으로 갈아입고 스스로 소성 거사라 불렀다. …… 방방곡곡을 돌아다니며 노래와 춤을 통해 부처의 가르침을 전하였다. 이로 말미암아 가난하고 무지몽매한 사람들까지도 부처의 이름을 알게 되었고 '나무(아미타불)'를 외게 되었으니, 그의 교화가 자못 크다.
> └ 극락 세계를 관장하는 아미타불에 귀의한다는 의미이다. — 『삼국유사』 —

통일 신라의 원효는 누구나 '나무아미타불'을 외우면 내세에 서방 정토에 태어날 수 있다고 하여 불교 대중화에 기여하였다. 또한 모든 것이 한마음에서 나온다는 일심 사상을 바탕으로 불교 종파 간의 대립을 완화하고자 노력하였다.

적절한 말 고르기

❶ 고구려는 (소수림왕, 침류왕) 때 중국의 전진으로부터 불교를 수용하였다.

❷ (원효, 의상)은/는 일심 사상을 주장하고 아미타 신앙을 전파하여 불교 대중화에 기여하였다.

❸ 고구려 고분의 사신도는 (불교, 도교)에서 동서남북을 수호하는 상상의 동물을 그린 것이다.

❹ 통일 신라의 문화는 일본의 (아스카, 하쿠호) 문화 발전에 기여하였다.

자료 2 독서삼품과 실시

> 원성왕 4년(788) 봄에 처음으로 독서삼품을 정하여 출사(出仕)케 하였다.
> └ 관직에 나아가는 것을 말한다.
> 『춘추좌씨전』이나 혹은 『예기』, 『문선』을 읽고 그 뜻에 능통하며 『논어』와 『효경』에 모두 밝은 자를 상품(上品)으로, 『곡례』와 『논어』, 『효경』을 읽은 자를 중품(中品)으로, 『곡례』와 『효경』을 읽은 자를 하품(下品)으로 삼았다. 혹 오경(五經), 삼사(三史), 제자백가의 글을 널리 통달한 자는 등급을 뛰어넘어 발탁 등용하였다. 예전에는 오직 궁술로써만 사람을 선발하였으나, 이때에 이르러 이를 개정하였다.
> └ 중국 춘추 전국 시대에 활동했던 여러 학자 및 학파를 가리키는 말이다. — 『삼국사기』 —

통일 신라 원성왕 때 실시된 독서삼품과는 유교 경전을 시험하여 관리 선발에 활용하는 제도이다. 유교 경전의 이해 수준을 상품, 중품, 하품의 3품으로 구분하여 평가하고 이를 참고로 관리를 선발하되, 특별히 우수한 자는 특채할 수 있도록 하였다. 독서삼품과는 골품제라는 엄격한 신분제 안에서 실력 있는 인물을 등용하려 했다는 점에서 의미가 있다. 하지만 골품제의 한계로 제대로 시행되지 못하였다.

빈칸 채우기

❺ 신라는 6세기 법흥왕 때 (　　　)의 순교를 계기로 불교를 공인하였다.

❻ 신라 말에는 참선 수행 및 개인의 깨달음을 중시하는 (　　　)이/가 유행하였다.

❼ 통일 신라 원성왕은 유교 경전의 이해 수준을 평가하여 관리 선발에 참고하기 위해 (　　　)을/를 시행하였다.

❽ 신라 말 유행한 (　　　)은/는 금성(경주) 중심의 국토관에 변화를 초래하였다.

자료 3 도교의 영향을 받은 문화유산

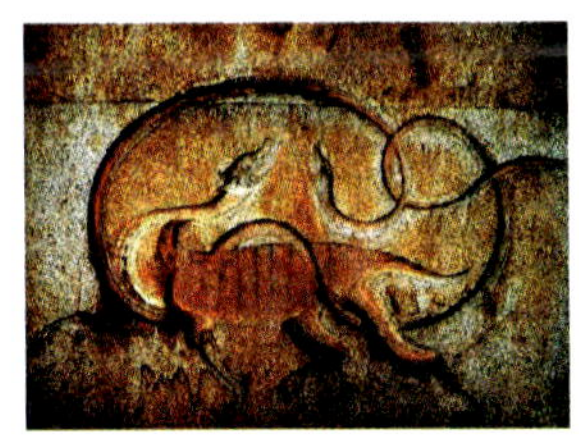

▲ 고구려의 강서 고분 사신도 중 현무도

▲ 백제의 산수무늬 벽돌

▲ 백제 금동 대향로

삼국 시대에 도교가 지배층 사이에서 유행하면서 도교적 요소가 담긴 다양한 문화유산이 제작되었다. 도교의 방위신인 사신도가 그려져 있는 고구려 고분 벽화, 백제의 산수무늬 벽돌과 백제 금동 대향로 등이 대표적이다.

서로 관련된 내용 연결하기

다음 국가와 관련 있는 내용을 옳게 연결하시오.

❾ 고구려 •　　　　　• ㄱ. 경당

❿ 백제 •　　　　　• ㄴ. 주자감

⓫ 신라 •　　　　　• ㄷ. 임신서기석

⓬ 발해 •　　　　　• ㄹ. 금동 대향로

○ 성리학
인간의 심성과 우주의 원리 문제를 철학적으로 탐구하는 신유학이다.

○ 기전체
역사를 본기(제왕), 세가(제후), 열전(인물), 지(주제), 표(연표) 등의 항목으로 나누어 서술하는 방식이다.

○ 「삼국유사」
일연이 원 간섭기에 편찬한 것으로, 고조선부터 후삼국 시대까지의 역사와 함께 불교, 설화 등의 내용을 담고 있다.

○ 교관겸수
교종이 중시하는 교와 선종이 중시하는 수행법인 관을 같이 수행해야 한다는 주장이다.

○ 돈오점수, 정혜쌍수
돈오점수는 마음이 곧 부처임을 단번에 깨우치되, 깨달음 후에도 꾸준히 수행해야 온전한 경지에 이를 수 있다는 주장이고, 정혜쌍수는 마음을 한곳에 집중하는 선정(禪定)과 사물을 있는 그대로 보고 판단하여 일체의 분별 작용을 없애는 지혜(智慧)를 함께 닦아야 한다는 주장이다.

2 고려의 사상과 문화 교류

1. 유학의 발달

(1) **초기**

① **성격**: 성종 때 통치 이념으로 확립

② **유학 교육 강화**: 과거제 시행(광종), 국자감(중앙)과 향교(지방) 설치

(2) **중기**: 사학 융성(최충의 9재 학당 등) ── 최충이 세운 사립 학교로, 문헌공도라고도 한다.

(3) **후기**: 안향이 성리학을 본격적으로 소개, 성균관 정비, 신진 사대부가 성리학을 개혁 사상으로 수용 → 불교의 폐단 비판

2. 역사서의 편찬 【자료①】

전기	김부식이 왕명을 받아 『삼국사기』 편찬(유교적 합리주의 사관 반영, 기전체 형식)
후기	• 이규보의 「동명왕편」: 고구려 계승 의식 • 일연의 『삼국유사』, 이승휴의 『제왕운기』: 우리 역사의 시작을 단군으로 인식

3. 불교의 발달 【자료②】

(1) **숭불 정책**: 왕실의 지원으로 연등회와 팔관회 등 불교 행사 거행, 승과 제도 시행, 국사와 왕사 제도 실시 ── 불교와 전통 신앙이 어우러진 행사이다.

(2) **고려 전기**: 의천이 해동 천태종 창시, 교관겸수 제창, 교종 중심으로 선종 통합 시도 → 의천 사후 교단이 다시 분열

(3) **무신 정권 시기**

① **지눌**: 수선사 결사(정혜결사)를 조직하고 독경과 참선·노동에 고루 힘써야 한다는 개혁 운동 전개, 돈오점수·정혜쌍수 강조, 선종 중심으로 불교 통합 노력

② **요세**: 백련결사 조직 → 참회와 수행 강조

4. 도교와 풍수지리설의 발달

── 국가와 왕실의 안녕을 기원하기 위해 거행한 제사이다.

도교	불로장생과 복을 기원, 초제 거행
풍수지리설	도참사상과 결합, 묘청의 서경 천도 운동과 남경 설치에 영향

5. 고려의 다양한 문화유산 【자료③】

(1) **인쇄술의 발달**: 팔만대장경(목판 인쇄술), 『직지심체요절』(금속 활자 인쇄술)

(2) **불교 예술**: 논산 관촉사 석조미륵보살입상, 개성 경천사지 10층석탑, 「수월관음도」(불화)

(3) **자기 공예**: 청자, 상감 청자 제작

3 조선 전기의 사상과 문화 교류

1. 성리학의 발달

(1) **성리학에 대한 연구 심화**: 인간의 심성 문제 등 다양한 철학적 논의 전개

(2) **이황**: 『성학십도』 저술, 일본 성리학 발달에 기여

(3) **이이**: 현실 사회 문제 개혁에 관심

── 국왕인 선조가 성리학의 원리를 쉽게 이해할 수 있도록 그림과 함께 설명한 것이다.

자료 ① 역사서의 편찬

> 성상 폐하께서는 "오늘날의 학자들이 중국의 경전과 역사에는 능통하나, 우리나라 역사는 잘 알지 못하니 걱정스러운 일이다. …… 중국 역사서에 삼국의 기록이 있으나 자세하지 않고, 예부터 전해 오던 고기(古記)의 내용은 빠진 것이 많아 후대에 교훈을 주기 어렵다. 이에 일관된 역사를 완성하여 후대에 물려주어야 하겠다."라고 말씀하셨습니다.
>
> – 『동문선』, 「진삼국사기표」 –

『삼국사기』 편찬을 마친 김부식이 인종에게 바친 글의 일부이다. 묘청의 서경 천도 운동을 진압한 후 흩어진 민심을 수습하고 국왕 중심의 정치 체제를 강화하려 한 인종의 명을 받아 김부식은 유교적 합리주의 사관을 바탕으로 기전체의 서술 방식에 따라 『삼국사기』를 편찬하였다.

자료 ② 불교의 발달

> • 교리를 배우는 이는 마음을 버리고 외적인 것을 구하는 일이 많고, 참선하는 사람은 밖의 인연을 잊고 내적으로 밝히기를 좋아한다. 이는 다 편벽된 집착이고 양극단에 치우친 것이다.   – 『대각 국사 문집』 –
> • 하루는 같이 공부하는 열 명과 함께 다음과 같이 약속하였다. "마땅히 명예와 이익을 버리고 산림에 은둔하여 같은 모임을 맺자. 항상 선을 익히고 지혜를 고르는 데 힘쓰고, 예불하고 경전을 읽으며 힘들여 일하는 것에 이르기까지 각자 맡은 바 임무에 따라 경영한다."   – 『권수정혜결사문』 –

고려 전기에 활동했던 대각 국사 의천은 불교의 분열을 극복하기 위해 해동 천태종을 창시하여 교종의 입장에서 선종을 통합하려 하였다. 하지만 의천 사후에 불교는 다시 분열되었다. 한편 무신 집권기에 활동했던 보조 국사 지눌은 독경과 참선, 노동에 고루 힘써야 한다는 개혁 운동을 벌여 수선사 결사를 조직하고, 선종을 중심으로 교종을 포용하는 선·교 일치의 사상 체계를 정립하였다.

자료 ③ 고려의 문화유산

▲ 논산 관촉사 석조 미륵보살입상

▲ 개성 경천사지 10층석탑

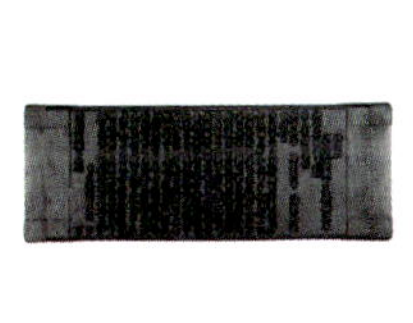

▲ 팔만대장경판

▲ 청자 참외 모양 병

고려 시대에는 국가 차원에서 불교를 숭상하면서 탑과 불상 등이 조성되는 등 다양한 불교문화가 발달하였다. 또한 외세의 침입 등 국가적 위기에 처했을 때 부처의 힘으로 이를 극복하려는 염원을 담아 대장경이 간행되었다. 한편 고려는 송의 기술을 받아들여 고려청자를 만들었다.

◯ ✖ 표시하기

❶ 고려는 유교를 통치 이념으로 확립하였다. ( )

❷ 무신 정권기에 의천이 수선사 결사를 조직하여 선종을 중심으로 불교를 통합하고자 하였다. ( )

❸ 풍수지리설의 영향을 받아 묘청 등이 서경 천도 운동을 전개하였다. ( )

❹ 『성학십도』를 저술한 이이의 사상은 일본 성리학 발달에 기여하였다. ( )

빈칸 채우기

❺ 고려 후기에 안향에 의해 본격적으로 소개된 ( )은/는 신진 사대부에 의해 개혁 사상으로 수용되었다.

❻ 고려 중기에는 최충이 ( )을/를 설립하는 등 사학이 융성하였다.

❼ ( )은/는 독경과 참선, 노동에 고루 힘써야 한다는 개혁 운동을 전개하면서 돈오점수와 정혜쌍수를 강조하였다.

❽ 고려 시대에는 금속 활자 인쇄술이 발달하여 현존하는 세계에서 가장 오래된 금속 활자본인 ( )이/가 간행되었다.

서로 관련된 내용 연결하기

다음 인물의 저서를 옳게 연결하시오.

❾ 김부식 •   • ㄱ. 동명왕편

❿ 이규보 •   • ㄴ. 삼국사기

⓫ 일연 •   • ㄷ. 삼국유사

⓬ 이승휴 •   • ㄹ. 제왕운기

○「삼강행실도」
중국과 우리나라의 효자, 충신, 열녀의 사례를 그림과 글로 표현한 윤리서이다.

○「국조오례의」
제사 의식인 길례, 관례와 혼례 등의 가례, 사신 접대 의례인 빈례, 군사 의식인 군례, 상례 의식인 흉례 등 국가와 왕실의 다섯 가지 의례를 정리한 책이다.

○「천상열차분야지도」
조선 태조 때 고구려의 천문도를 바탕으로 별자리를 돌에 새긴 천문도이다.

○「칠정산」
원의 수시력과 아라비아의 회회력을 참고하여 천체의 위치를 계산하는 방법을 서술한 역법서이다.

○「대동여지도」
목판으로 찍은 지도를 이어 붙이면 전체 크기가 가로 약 4m, 세로 약 7m이다. 그러나 각 첩을 접으면 책 한 권의 크기로 줄어들었기 때문에 휴대가 편리하였다.

○ 판소리
소리꾼이 고수(북치는 사람)의 북장단에 맞추어 창과 사설로 엮어 나가는 공연으로, 솔직한 표현 등으로 서민층은 물론 양반에게도 큰 인기를 끌었다.

---

2. 유교 윤리의 보급

(1) **유교 윤리서와 의례서의 보급**

① 정부: 조선 세종 때 『삼강행실도』 편찬 **자료①**, 조선 성종 때 『국조오례의』 간행

② 양반: 『소학』과 『주자가례』를 백성에게 보급

(2) **서원과 향약 보급**

서원	• 훌륭한 유학자 제사, 성리학을 연구하고 인재 양성, 사족의 여론을 수렴하고 학문적 기반을 강화하는 데 기여 • 주세붕이 백운동 서원 건립 → 소수 서원으로 사액
향약	지방 사족의 주도로 마련된 향촌 자치 규약, 풍속 교화와 향촌 질서 유지에 기여

3. 조선 전기의 문화유산

(1) **훈민정음 창제**: 세종이 창제하여 반포 → 유교 윤리 보급, 행정 실무에 사용

(2) **과학 기술의 발달**: 앙부일구 · 자격루(시간 측정), 측우기(강우량 측정), 「천상열차분야지도」(조선 태조, 천문도), 『칠정산』 편찬(조선 세종, 한양 기준의 역법서)

4 조선 후기의 사상과 문화 교류

1. 실학의 발달: 현실 사회의 문제를 해결하려는 과정에서 실학 등장 **자료②**

농업 중심의 개혁론	자영농 육성을 목적으로 토지 제도 개혁 주장, 유형원의 균전론, 이익의 한전론, 정약용의 여전론 등
상공업 중심의 개혁론	상공업 진흥과 청의 선진 문물 수용 주장(북학파), 유수원, 홍대용, 박지원, 박제가 등

2. 국학의 발달 ─ 민족의 역사, 지리, 언어 등을 연구하는 학문으로, 실학자들에 의해 활발히 연구되었다.

역사	안정복의 『동사강목』, 유득공의 『발해고』 등
지리지 · 지도	이중환의 『택리지』, 김정호의 「대동여지도」 등

3. 천주교(서학)의 수용과 동학 창시 **자료③**

천주교	• 청을 왕래하던 사신이 서학으로 소개 → 남인 계열의 실학자가 신앙으로 수용 • 인간 평등 등을 내세워 민간에 확산 → 유교 제사 의식 거부로 정부의 탄압
동학	최제우가 창시(1860), 시천주 · 인간 평등을 내세우며 확산 → 정부가 사교로 규정해 최제우 처형 → 최시형이 교단 정비

사회에 해를 끼치는 그릇된 종교를 말한다.

└ 모든 사람의 마음속에 한울님[天]을 모시고 있다는 사상이다.

4. 서민 문화의 발달

(1) **배경**: 서민의 경제력 향상, 서당 교육의 확대

(2) **문예 활동**

문학	한글 소설(『홍길동전』, 『춘향전』 등)과 사설시조 유행
공연	판소리와 탈춤 성행
그림	• 풍속화: 김홍도와 신윤복 등 → 백성들의 일상적인 생활 모습 묘사 • 민화: 무명 작가의 그림, 복을 기원하는 소박한 소망 표현

자료 ① 『삼강행실도』의 편찬

> 우리 주상 전하께서 …… 집현전 부제학 설순에게 명하여 편찬하는 일을 맡도록 하였다. 그리하여 중국으로부터 우리 동방에 이르기까지 모든 서적에 있는 것들을 찾아서 효자·충신·열녀로 뚜렷이 기록할 만한 사람 각각 110명을 뽑아서 앞면에는 그림을 그리고 뒷면에는 그 사실을 기록했으며, 아울러 시(詩)까지 써 놓았다. …… 편찬이 끝나자 '삼강행실도'라는 이름을 내리고 주자소로 하여금 발간해서 영구히 전하게 하였다.   – 『삼강행실도』 서문 –

└─ 조선 시대에 활자의 주조와 인쇄 업무를 담당하는 관청이다.

『삼강행실도』는 모범이 될 만한 충신과 효자, 열녀들을 뽑아 그 행적을 그림으로 그리고 설명을 덧붙인 것으로, 조선 성종 때에는 한글 번역이 추가되어 간행되기도 하였다. 『삼강행실도』는 백성을 교화하는 기본 지침서로 널리 보급되었다.

자료 ② 실학의 발달

> • 여(閭: 마을)에는 여장을 두고 1여의 농토를 그곳에 사는 사람들이 함께 농사짓는데, 내 땅 네 땅의 구별이 없다. 사람들이 하는 일을 여장이 장부에 매일 기록한다. …… (추수가 끝나면) 나라에 바치는 세금을 먼저 떼어 놓고 여장의 봉급을 준 뒤, 장부의 기록을 기준으로 나머지를 분배한다.
> – 『여유당전서』 –
>
> • 비유컨대, 재물은 대체로 우물과 같다. 퍼내면 차고, 버려두면 말라 버린다. 그러므로 비단옷을 입지 않아 나라에 비단 짜는 사람이 없으면 여공이 쇠퇴하고, …… 장인의 일이 없어지면 그 기술과 재주는 사라지게 된다.
> – 『북학의』 –

첫 번째 자료는 정약용이 제시한 여전론 중 일부이다. 정약용은 농민의 어려운 생활이 토지 소유의 불균형에서 비롯되었다고 보고, 토지를 공동으로 경작한 뒤 노동량에 따라 생산물을 분배하는 여전론을 주장하였다. 두 번째 자료는 생산 활동을 자극하기 위해 적절한 소비가 필요하다는 박제가의 주장이다. 박제가는 도시 인구 증가와 상품 화폐 경제의 발전 등 변화하는 현실에 주목하고, 상공업 진흥과 기술 혁신을 강조하였다.

자료 ③ 천주교와 동학

> • 죽은 사람 앞에 술과 음식을 차려 놓는 것은 천주교에서 금하는 바입니다. 살아 있을 동안에도 영혼은 술과 밥을 받아먹을 수 없거늘, 하물며 죽은 뒤에 영혼이 어떻게 하겠습니까?   – 『상재상서』 –
>
> • 사람이 곧 하늘이라. 그러므로 사람은 평등하며 차별이 없나니 사람이 마음대로 귀천을 나눔은 하늘을 거스르는 것이다. 우리 도인은 모든 차별을 없애고 선사의 뜻을 받들어 생활하기를 바라노라.   – 최시형의 최초 설법 –

청을 왕래하던 사신에 의해 서양 문물의 하나로 소개된 천주교(서학)는 18세기 후반 남인 계열의 실학자에 의해 신앙으로 받아들여졌다. 하지만 천주교가 유교의 제사 의식을 거부하자 정부의 탄압을 받았다. 한편, 서학에 맞서 창시된 동학은 조상에 대한 제사 의식을 거부하는 천주교를 비판하였지만, 천주교와 마찬가지로 인간 평등을 주장하였다.

O ✘ 표시하기

❶ 조선 성종은 국가와 왕실의 각종 행사를 유교 예법에 맞게 정리한 『국조오례의』를 편찬하였다.   (   )

❷ 조선 전기에는 지방 사족의 주도로 향촌 자치 규약인 서원이 보급되었다.   (   )

❸ 조선 태조 때에 독자적인 역법서인 천상열차분야지도가 제작되었다.   (   )

❹ 청을 왕래하던 사신이 천주교를 서학으로 소개하였고, 남인 계열의 일부 실학자가 신앙으로 받아들였다.   (   )

적절한 말 고르기

❺ 조선 전기에는 강우량을 측정하기 위해 (앙부일구, 측우기)가 제작되었다.

❻ 정약용은 토지 제도 개혁론으로 (한전론, 여전론)을 제시하였다.

❼ 안정복은 민족의 독자적 정통성을 내세운 (동사강목, 발해고)을/를 저술하였다.

❽ 19세기 중엽 최제우는 시천주와 인간 평등을 내세운 (동학, 서학)을 창시하였다.

빈칸 채우기

❾ 조선 세종 때 중국과 우리나라의 효자, 충신, 열녀의 사례를 그림과 글로 표현한 윤리서인 (   )을/를 편찬하여 보급하였다.

❿ 16세기 이후 지방 사족의 주도로 마련된 향촌 자치 규약인 (   )이/가 보급되었다.

⓫ 상공업 중심의 개혁론을 주장한 박지원, 박제가 등은 청의 선진 문물을 수용하자고 주장하여 (   )(이)라고 불렸다.

⓬ (   )의 「대동여지도」는 산맥, 하천, 포구, 도로망 등을 자세히 표시하고, 목판에 새겨 대량으로 제작하려 한 점이 특징이다.

⓭ 조선 후기에는 김홍도와 신윤복 등이 백성의 일상생활 모습을 그린 (   )이/가 유행하였다.

> 25580-0117

01 (가) 사상에 대한 설명으로 옳은 것은?

① 주자가례 보급을 강조하였다.
② 국학이 설치되는 배경이 되었다.
③ 원효 등의 활동으로 대중화되었다.
④ 신진 사대부의 개혁을 뒷받침하였다.
⑤ 지방에 향교가 설립되는 데 영향을 주었다.

중요

> 25580-0118

02 다음에서 설명하는 사상이 반영된 문화유산으로 옳은 것은?

• 불로장생과 신선이 되기를 추구하였다.
• 삼국에 전래되어 귀족을 중심으로 널리 유행하였다.
• 고려 시대에는 국가 차원에서 초제 등의 행사를 자주 열었다.

① ▲ 백제 금동 대향로
② ▲ 화순 쌍봉사 철감선사탑
③ ▲ 측우기
④ ▲ 이불병좌상
⑤ ▲ 앙부일구

> 25580-0119

03 다음 글이 작성된 시기에 볼 수 있는 모습으로 가장 적절한 것은?

신 김부식은 아뢰옵니다. …… 성상 폐하께서는 "오늘날의 학자들이 중국의 경전과 역사에는 능통하나, 우리나라 역사는 잘 알지 못하니 걱정스러운 일이다. …… 중국 역사서에 삼국의 기록이 있으나 자세하지 않고, 예부터 전해 오던 고기(古記)의 내용은 빠진 것이 많아 후대에 교훈을 주기 어렵다. 이에 일관된 역사를 완성하여 후대에 물려주어야 하겠다."라고 말씀하셨습니다.

① 측우기를 제작하는 장인
② 몽골군에 맞서 싸우는 군인
③ 국조오례의를 편찬하는 학자
④ 과거에 합격해 기뻐하는 문벌 자제
⑤ 성균관에서 성리학을 공부하는 학생

> 25580-0120

04 다음 승려에 대한 설명으로 옳은 것은?

① 임신서기석을 남겼다.
② 칠정산을 편찬하였다.
③ 9재 학당을 설립하였다.
④ 수선사 결사를 이끌었다.
⑤ 해동 천태종을 창시하였다.

> 25580-0121

05 다음 주장에 담겨 있는 사상에 대한 설명으로 옳은 것은?

신 등이 볼 때, 서경 임원역의 땅은 음양가들이 말하는 대화세라. 만약 이곳에 궁궐을 세워 옮기시면 가히 천하를 합칠 수 있습니다. 또한 금이 폐백을 바치고 스스로 항복할 것이며, 주변 36개국이 모두 신하가 될 것입니다.

– 『고려사』 –

① 의상에 의해 정립되었다.
② 일본 성리학 발달에 영향을 주었다.
③ 고려 성종에 의해 통치 이념으로 확립되었다.
④ 신라 말 경주 중심의 국토관에 변화를 가져왔다.
⑤ 남인 계열의 일부 실학자가 신앙으로 받아들였다.

> 25580-0122

06 (가) 시설을 세운 목적으로 가장 적절한 것은?

① 서학의 보급
② 과학 기술의 발달
③ 왕오천축국전의 저술
④ 연등회와 팔관회 주관
⑤ 성리학 연구 및 인재 양성

중요

> 25580-0123

07 다음 자료에 나타난 종교에 대한 설명으로 옳은 것은?

사람이 곧 하늘이라. 그러므로 사람은 평등하며 차별이 없나니 사람이 마음대로 귀천을 나눔은 하늘을 거스르는 것이다. 우리 도인은 모든 차별을 없애고 선사의 뜻을 받들어 생활하기를 바라노라.

① 최제우가 창시하였다.
② 팔만대장경을 남겼다.
③ 무신 정권의 후원을 받았다.
④ 유교의 제사 의식을 거부하였다.
⑤ 일본 아스카 문화 발전에 기여하였다.

> 25580-0124

08 다음 그림이 그려진 시기의 사실로 옳은 것은?

🔍 그림으로 배우는 한국사

[해설] 이 그림은 민화인 「호랑이와 까치」와 김홍도의 풍속화인 「씨름도」이다. 민화는 서민의 소박한 소망과 기원을 표현하였고, 풍속화는 당시 사람들의 일상생활 모습을 그렸다.

① 실학이 발달하였다.
② 훈민정음이 창제되었다.
③ 백련결사가 조직되었다.
④ 독서삼품과가 실시되었다.
⑤ 경주 불국사가 건립되었다.

서술형 문제

Step1 핵심 키워드 파악하기

> 25580-0125

01 다음 제도가 갖고 있는 의미를 서술하시오.

> 『춘추좌씨전』이나 혹은 『예기』, 『문선』을 읽고 그 뜻에 능통하며 『논어』와 『효경』에 모두 밝은 자를 상품(上品)으로, 『곡례』와 『논어』, 『효경』을 읽은 자를 중품(中品)으로, 『곡례』와 『효경』을 읽은 자를 하품(下品)으로 삼았다. 혹 오경(五經), 삼사(三史), 제자백가의 글을 널리 통달한 자는 등급을 뛰어넘어 발탁 등용하였다.

예시 답안 자료에 나타난 제도는 (　　　　)(으)로, 통일 신라 원성왕이 (　　　　)(이)라는 엄격한 신분제 안에서 실력 있는 인물을 등용하려 했다는 점에서 의미가 있다.

> 25580-0126

02 (가) 서적을 편찬한 목적을 서술하시오.

> 우리 주상 전하께서 …… 집현전 부제학 설순에게 명하여 편찬하는 일을 맡도록 하였다. 중국으로부터 우리 동방에 이르기까지 모든 서적에 있는 것들을 찾아서 효자·충신·열녀로 뚜렷이 기록할 만한 사람 각각 110명을 뽑아서 앞면에는 그림으로 그리고 뒷면에는 그 사실을 기록했으며, 아울러 시(詩)까지 써 놓았다. …… 편찬이 끝나자 (가) (이)라는 이름을 내리고 주자소로 하여금 발간해서 영구히 전하게 하였다.

예시 답안 (가) 서적은 (　　　　)(으)로, 세종이 백성에게 (　　　) 윤리를 보급하기 위해 편찬하였다.

Step2 스스로 답안 작성하기

> 25580-0127

03 다음 글을 읽고 물음에 답하시오.

> 교리를 배우는 이는 마음을 버리고 외적인 것을 구하는 일이 많고, 참선하는 사람은 밖의 인연을 잊고 내적으로 밝히기를 좋아한다. 이는 다 편벽된 집착이고 양극단에 치우친 것이다.
> － 『대각 국사 문집』 －

(1) 위의 주장을 제시한 승려를 쓰시오.

(2) 위의 주장을 제기한 승려의 활동을 서술하시오.

> 25580-0128

04 다음 글을 읽고 물음에 답하시오.

> 여(閭: 마을)에는 여장을 두고 1여의 농토를 그곳에 사는 사람들이 함께 농사짓는데, 내 땅 네 땅의 구별이 없다. 사람들이 하는 일을 여장이 장부에 매일 기록한다. …… (추수가 끝나면) 나라에 바치는 세금을 먼저 떼어 놓고 여장의 봉급을 준 뒤, 장부의 기록을 기준으로 나머지를 분배한다.

(1) 위 글을 작성한 인물을 쓰시오.

(2) 위의 주장이 제기된 배경과 목적을 서술하시오.

1등급 도전 문제

> 25580-0129

01 다음 문화유산을 남긴 국가에서 있었던 사실로 옳은 것은?

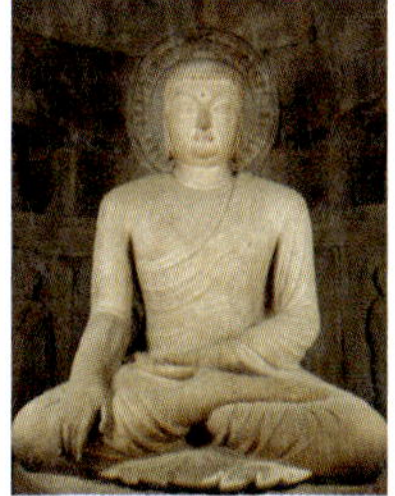

문화유산으로 배우는 한국사

석굴암 본존불

자연석을 다듬어 만든 인공 석굴인 석굴암 석굴의 중심에 위치하고 있는 불상이다. 석굴암은 예술성을 인정받아 1995년 유네스코 세계 유산으로 등재되었다.

① 향약이 보급되었다.
② 훈민정음이 창제되었다.
③ 삼국유사가 편찬되었다.
④ 독서삼품과가 실시되었다.
⑤ 팔만대장경이 조판되었다.

> 25580-0130

02 (가), (나) 사상에 대한 설명으로 옳은 것은?

신 최승로가 아뢰옵니다. …… (가) 을/를 행하는 것은 몸을 닦는 근본이며, (나) 을/를 행하는 것은 나라를 다스리는 근원이니, 몸을 닦는 것은 내생(來生)을 위한 것이며, 나라를 다스리는 것은 곧 오늘의 일입니다. 오늘은 지극히 가깝고 내생은 지극히 먼 것이니, 가까운 것을 버리고 먼 것을 구하는 일이 또한 그릇된 일이 아니겠습니까.

① (가)-국자감에서 교육이 이루어졌다.
② (가)-안향에 의해 본격적으로 소개되었다.
③ (나)-삼국사기 편찬에 영향을 주었다.
④ (나)-왕사 제도가 시행되는 근거가 되었다.
⑤ (가)와 (나)-8조법에 반영되었다.

> 25580-0131

03 (가)에 들어갈 내용으로 가장 적절한 것은?

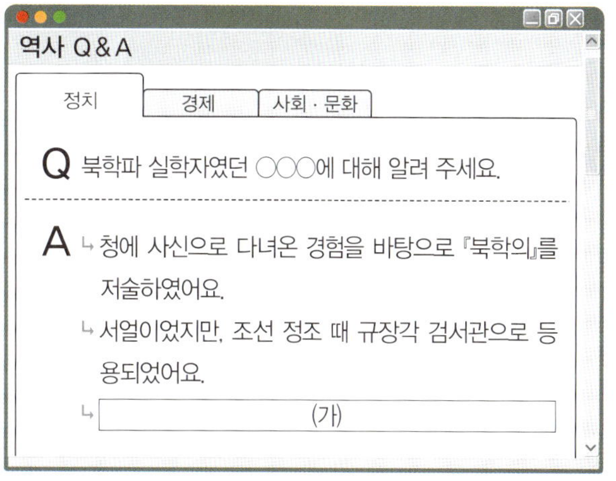

역사 Q & A

| 정치 | 경제 | 사회 · 문화 |

Q 북학파 실학자였던 ○○○에 대해 알려 주세요.

A ↳ 청에 사신으로 다녀온 경험을 바탕으로 『북학의』를 저술하였어요.
↳ 서얼이었지만, 조선 정조 때 규장각 검서관으로 등용되었어요.
↳ (가)

① 9재 학당을 설립하였어요.
② 수선사 결사를 조직하였어요.
③ 상공업 진흥을 주장하였어요.
④ 백운동 서원을 건립하였어요.
⑤ 토지 제도 개혁론으로 여전론을 제시하였어요.

> 25580-0132

04 (가) 종교에 대한 설명으로 옳은 것만을 〈보기〉에서 고른 것은?

죽은 사람 앞에 술과 음식을 차려 놓는 것은 (가) 에서 금하는 바입니다. 살아 있을 동안에도 영혼은 술과 밥을 받아먹을 수 없거늘, 하물며 죽은 뒤에 영혼이 어떻게 하겠습니까? …… 사람의 자식이 되어 어찌 허위와 가식의 예로써 돌아가신 부모님을 섬기겠습니까?

– 『상재상서』 –

〔 보기 〕

ㄱ. 최제우에 의해 창시되었다.
ㄴ. 인간 평등을 내세워 민간에 확산되었다.
ㄷ. 서양 세력의 침략에 비판적 태도를 보였다.
ㄹ. 청을 왕래하던 사신에 의해 서학으로 소개되었다.

① ㄱ, ㄴ ② ㄱ, ㄷ ③ ㄴ, ㄷ
④ ㄴ, ㄹ ⑤ ㄷ, ㄹ

대단원 마무리 정리

01 | 국제 관계와 대외 교류	고대의 국제 관계와 대외 교류	삼국이 중국과 교류, 통일 신라는 9세기에 청해진 설치, 발해는 ❶ [　　　] 이후 당과 친선 관계 유지
	고려의 국제 관계와 대외 교류	송과 친선 관계, 여진과 군신 관계, 몽골과 강화 이후 원의 내정 간섭, 고려 말 명과 외교 관계 수립
	조선 전기의 국제 관계와 대외 교류	명에 사대 외교, 여진·일본과 ❷ [　　　] 관계
	조선 후기의 국제 관계와 대외 교류	왜란 후 일본과 국교를 재개하고 ❸ [　　　] 파견, 호란 이후 청과 군신 관계를 맺고 연행사 파견

02 | 수취 체제와 경제생활	고대의 수취 체제와 경제생활	삼국은 왕족과 관료 귀족에게 식읍과 녹읍 지급, 백성에게 조세·공물·역 징수, 통일 신라는 관료전을 지급하고 녹읍 혁파, 신라촌락문서 작성
	고려의 수취 체제와 경제생활	토지 제도로 ❹ [　　　] 체제 마련(관리를 18등급으로 구분하여 수조권 지급), 양안과 호적 작성, 조세·공물·역 징수
	조선의 과전법 체제와 경제생활	과전법 → ❺ [　　　] 체제, 조세·공물·역 징수, 『농사직설』 보급
	수취 체제의 개편과 상품 화폐 경제의 발달	영정법·대동법·균역법 실시, 모내기법 확대, 상품 작물 재배, 민영 수공업 발달, 공인과 사상의 활동으로 상품 화폐 경제 발달

03 | 신분제와 사회 구조	고대의 신분제와 사회 구조	귀족 및 관인층·평민·천민의 신분제 운영, 신라의 ❻ [　　　] 은/는 정치 활동과 일상생활 규제
	고려의 신분제와 사회 구조	• 양천제 원칙 → 양인은 지배층과 중간 계층, 피지배층 양인, 천인은 노비 등으로 구성 • 신라보다 개방적인 사회
	조선 시대 신분제와 사회 변동	• 조선 전기: ❼ [　　　] 법제화, 반상제 일반화 → 양반, 중인, 상민, 천민으로 구성 • 조선 후기: 양반층 분화, 하층민의 신분 상승 운동 → 양반 인구 급증, 상민과 노비 인구 감소

04 | 다양한 사상과 문화 교류	고대의 사상과 문화 교류	삼국은 왕실을 중심으로 ❽ [　　　] 수용, 통일 신라 시대 원효·의상의 활약으로 불교 대중화, 유학 수용, 도교·풍수지리설 유행
	고려의 사상과 문화 교류	❾ [　　　] 이/가 정치 이념으로 자리 잡음, 불교 발달(의천·지눌의 활동), 도교·풍수지리설 유행
	조선 시대의 사상과 문화 교류	• 조선 전기: ❿ [　　　] 의 발달(이황과 이이의 활동), 유교 윤리 보급(『삼강행실도』, 『국조오례의』 편찬, 『소학』과 『주자가례』 보급, 서원과 향약 보급) • 조선 후기: 실학 등장, 국학 발달, 서학(천주교) 수용, 동학 창시, 서민 문화 발달

정답 ❶ 문왕 ❷ 교린 ❸ 통신사 ❹ 전시과 ❺ 직전법 ❻ 골품제 ❼ 양천제 ❽ 불교 ❾ 유교 ❿ 성리학

대단원 종합 문제

> 25580-0133

01 (가) 국가에 대한 설명으로 옳은 것은?

• 개원 20년 발해 무왕이 장문휴를 보내 등주를 공격하였다. 이에 당의 황제는 …… (가) (으)로 하여금 군사를 일으켜 발해의 남쪽 경계를 공격하게 하였다.
• (가) 의 성덕왕이 당에 김의충을 보내 새해를 축하하였다. …… 김의충이 돌아올 때 당의 황제는 조칙을 내려 패강 이남의 땅을 내려 주었다.

① 원의 내정 간섭을 받았다.
② 살수에서 수의 군대를 격퇴하였다.
③ 무역소를 설치해 여진과 교류하였다.
④ 청해진을 설치해 해상 교역을 장악하였다.
⑤ 외교 담판을 통해 강동 6주 지역을 확보하였다.

> 25580-0134

02 (가)에 대한 설명으로 옳은 것은?

그림으로 배우는 한국사

[해설] 고려 예종 2년에 윤관이 별무반을 이끌고 (가) 을/를 몰아낸 뒤 '고려지경(高麗之境: 고려의 국경)'이라고 새겨진 비석을 세우는 장면을 상상하여 조선 후기에 그린「척경입비도」이다.

① 발해를 멸망시켰다.
② 삼별초의 봉기를 초래하였다.
③ 조선과 계해약조를 체결하였다.
④ 고려에 군신 관계를 요구하였다.
⑤ 철령위 설치를 고려에 통고하였다.

> 25580-0135

03 다음 주장을 폈던 인물에 대한 설명으로 옳은 것은?

혹자는 "지금의 중국을 차지하고 있는 주인은 오랑캐들이다."라고 하면서 배우기를 부끄러워하며, 중국의 옛 법마저도 다 함께 얕잡아 무시해 버린다. …… 진실로 법이 훌륭하고 제도가 아름답다면 오랑캐에게라도 나아가 배워야 하는 법이다.
– 「연암집」 –

① 삼국유사를 편찬하였다.
② 백운동 서원을 건립하였다.
③ 귀주에서 적군을 격퇴하였다.
④ 국가로부터 녹읍을 지급받았다.
⑤ 상공업 중심의 개혁론을 주장하였다.

> 25580-0136

04 (가), (나) 시기 사이에 있었던 사실로 옳은 것은?

(가) 이해에 처음으로 역분전 제도를 마련하였다. 조정의 관료와 군사에게 그 관계의 높고 낮음을 따지지 않고, 그 사람의 성품과 행동의 선악(善惡)과 공로의 크고 작음을 참작하여 차등 있게 주었다.
(나) 문무 양반과 군인들의 전시과를 개정하였다. 제1과 전 100결, 시 70결, …… 제18과 전 20결 …… 여기에 들지 못한 자에게는 모두 전 17결을 주기로 하였고 이것을 항구적으로 지켜야 할 법식으로 제정하였다.

① 진대법이 실시되었다.
② 과거제가 도입되었다.
③ 통신사가 파견되었다.
④ 노비종모법이 시행되었다.
⑤ 쓰시마섬 토벌이 단행되었다.

> 25580-0137

05 (가)에 들어갈 내용으로 가장 적절한 것은?

① 선대제 수공업이 성행하였어요.
② 개시와 후시 무역이 이루어졌어요.
③ 일부 상인이 도고로 성장하였어요.
④ 관영 수공업과 소 수공업이 발달하였어요.
⑤ 담배, 인삼 등 상품 작물 재배가 확대되었어요.

> 25580-0138

06 (가)에 들어갈 내용으로 가장 적절한 것은?

현직 관리에게만 토지를 지급하는 직전법이 시행되었지만, 수조권을 남용하여 조세를 과다하게 거두는 문제가 계속되었다. 이에 성종은 문제를 해결하기 위해 (가)

① 녹읍을 폐지하였다.
② 과전법을 제정하였다.
③ 통공 정책을 단행하였다.
④ 관수 관급제를 시행하였다.
⑤ 백성의 군포 부담을 경감하였다.

> 25580-0139

07 밑줄 친 '이 법'이 시행되던 시기에 볼 수 있는 모습으로 가장 적절한 것은?

신이 이 법을 팔도에 널리 시행할 것을 주장하는 것은 공물을 쌀과 베, 동전으로 거두게 되어 여러 가지 토산물을 부과하지 않아도 되기 때문입니다. …… 이제 호서 지역에 실시한 지 20년이 되었는데 백성들은 모두 편리하다고 합니다.

① 과전을 지급받은 관리
② 정전 지급을 환영하는 농민
③ 관청에 물품을 납품하는 공인
④ 경국대전 반포를 명령하는 국왕
⑤ 3포 개방을 환영하는 일본 상인

서술형

> 25580-0140

08 밑줄 친 '이것'의 명칭을 제시하고, 그 특징을 두 가지만 서술하시오.

신라에서는 사람을 등용하는 데 신분제인 이것을 따진다. 그 족속이 아니면 큰 재주와 뛰어난 공이 있어도 신분을 넘을 수가 없다. 나는 서쪽 중국으로 가서 뛰어난 지략으로 큰 공을 세워 내 힘으로 영광스러운 관직에 오를 것이다.

— 「삼국사기」 —

> 25580-0141

09 밑줄 친 '이들'에 대한 설명으로 옳은 것은?

이들은 고려 시대에 중앙 관청 실무를 맡은 서리, 지방 행정 실무를 맡은 향리, 하급 장교 등으로 구성되었다. 특히 향리는 지방의 토착 세력으로 각 지역을 실질적으로 운영하였으며, 일부 향리는 과거를 통해 중앙 관직에 진출하였다.

① 백정이라고 불렸다.
② 신량역천에 해당한다.
③ 과거 응시에 제한을 받았다.
④ 음서를 통해 관직에 진출하였다.
⑤ 직역의 대가로 토지를 지급받았다.

서술형

> 25580-0142

10 다음 문서를 발급한 목적과 그 영향을 서술하시오.

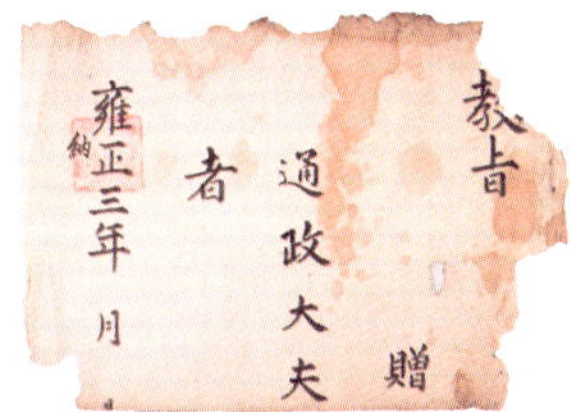

> 25580-0143

11 (가) 역사서가 편찬된 시기를 연표에서 옳게 고른 것은?

[사료로 학습하는 한국사]

환인에게 서자가 있었는데, 환웅이라고 하였다. …… 아이를 낳아 이름을 단군이라 하였다. 단군은 조선 지역에 자리 잡고 왕이 되었다.

[해설] 이승휴가 쓴 ⌈ (가) ⌋ 에 실려 있는 단군에 대한 기록으로, 단군을 우리 민족의 시조로 내세웠다.

(가)	(나)	(다)	(라)	(마)

| 후삼국 통일 | 동북 9성 개척 | 무신 정변 | 강화도 천도 | 조선 건국 | 집현전 설치 |

① (가) ② (나) ③ (다) ④ (라) ⑤ (마)

> 25580-0144

12 밑줄 친 '이 사상'의 영향으로 가장 적절한 것은?

통일 신라 말부터 유행한 <u>이 사상</u>은 도참사상과 결합하여 널리 퍼졌다. <u>이 사상</u>은 주택의 입지뿐만 아니라 수도와 궁궐의 입지를 정하는 데에도 영향을 주었다.

① 사림이 향약을 보급하였다.
② 소수림왕이 태학을 건립하였다.
③ 의천이 교관겸수를 강조하였다.
④ 의상이 화엄 사상을 정립하였다.
⑤ 묘청이 서경 천도 운동을 전개하였다.

> 25580-0145

13 다음 대회에 응모할 작품의 제목으로 가장 적절한 것은?

〈한국사 동영상 발표 대회〉
• 주제: ○○ 왕조의 유교 문화
• 목적: 주세붕이 안향을 기리기 위해 세운 백운동 서원을 비롯하여 이 왕조가 남긴 유교 문화를 널리 알리기 위함
• 응모 기간: 20△△년 △월 △일~△월 △일
• 작품 형식: 이 왕조의 유교 문화를 대표하는 인물 및 문화유산을 소재로 한 동영상

① 9재 학당을 설립한 최충
② 수선사 결사를 조직한 지눌
③ 일본 성리학에 영향을 준 이황
④ 두 청년의 맹세를 담은 임신서기석
⑤ 목판 인쇄술의 발달을 보여 준 팔만대장경

> 25580-0146

14 (가)에 들어갈 내용으로 가장 적절한 것은?

한국사 퀴즈 대회

문제: 다음 힌트를 통해 알 수 있는 종교는 무엇일까요?
힌트 1. 청을 왕래하던 사신에 의해 소개되었습니다.
힌트 2. 남인 계열의 일부 실학자가 신앙으로 수용하였습니다.
힌트 3. ⌈ (가) ⌋

정답은 ○○○입니다.

① 최제우에 의해 창시되었습니다.
② 원효의 활동으로 대중화되었습니다.
③ 유교의 제사 의식을 거부하였습니다.
④ 신진 사대부가 개혁 이념으로 수용하였습니다.
⑤ 국가의 안녕을 기원하는 초제를 거행하였습니다.

한국사 1 / Ⅱ단원

01 (가) 지역에 대한 탐구 주제로 가장 적절한 것은?　▶25580-0147

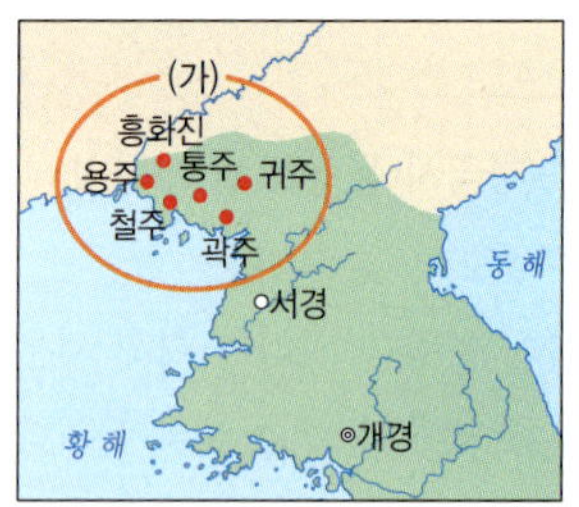

① 4군 6진의 개척
② 서희의 외교 활동
③ 삼별초의 대몽 항쟁
④ 을지문덕의 살수 대첩
⑤ 윤관과 별무반의 활약

02 다음 외교 사절이 파견되던 시기에 볼 수 있는 모습으로 가장 적절한 것은?　▶25580-0148

① 모내기를 하는 농민
② 녹읍을 지급받는 관리
③ 청해진에서 근무하는 군인
④ 3포 개방을 환영하는 일본 상인
⑤ 석굴암 본존불을 제작하는 장인

03 (가), (나) 토지 제도에 대한 설명으로 옳은 것은?　▶25580-0149

> (가) 고려 경종 원년 11월에 처음으로 직관(職官)과 산관(散官) 각 품의 전시과를 제정하였다.
> (나) 고려 공양왕 3년 5월에 도평의사사가 글을 올려 과전을 주는 법을 정하자고 청하니 왕이 이를 따랐다.

① (가)-관품만을 기준으로 토지를 지급하였다.
② (가)-노동력 징발이 가능한 토지를 지급하였다.
③ (나)-전지와 시지를 함께 지급하였다.
④ (나)-모든 백성에게 토지를 지급하였다.
⑤ (가)와 (나)-관리에게 수조권을 지급하였다.

04 밑줄 친 '국왕' 재위 시기에 있었던 사실로 옳은 것은?　▶25580-0150

> 농사는 천하의 근본이다. …… 국왕께서 여러 도의 감사에게 각 지역의 나이 든 농부를 방문하여 그 지역에 알맞은 농업 기술을 묻고 보고하게 하셨다. …… 그중 중요한 것을 엮어 『농사직설』이라고 하셨다.

① 강감찬이 거란군을 격퇴하였다.
② 최충이 9재 학당을 설립하였다.
③ 이종무가 쓰시마섬을 토벌하였다.
④ 안정복이 동사강목을 저술하였다.
⑤ 주세붕이 백운동 서원을 건립하였다.

> 25580-0151

05 밑줄 친 '이 제도'에 대한 학생의 발표로 적절한 것만을 〈보기〉에서 고른 것은?

┤ 보기 ├

갑. 피지배층에도 적용되었어요.
을. 6두품 세력의 불만을 샀어요.
병. 집의 크기 등 일상생활을 규제하였어요.
정. 상민 인구를 늘리기 위해 마련되었어요.

① 갑, 을 　② 갑, 병 　③ 을, 병
④ 을, 정 　⑤ 병, 정

> 25580-0152

06 밑줄 친 '우리'에 대한 설명으로 옳은 것은?

우리는 본래 사대부였는데 혹은 의(醫)에 들어가고 혹은 역(譯)에 들어가 7, 8대 또는 10여 대를 대대로 세습하니 사람들이 중촌고족(中村古族)이라 일컫게 되었다. …… 우리와 서얼을 가로막는 것은 우리나라의 편벽된 일로 이제 몇백 년이 되었다. …… 이제 바야흐로 의논을 모아 글을 써서 원통함을 호소하고자 먼저 통문을 띄우노니 이달 29일 마동에 있는 홍현보의 집에 모여 상의코자 한다.

– 『상원과방』 –

① 양반 첩의 자손이었다.
② 신분은 양인이지만 천역을 담당하였다.
③ 경제적으로 몰락한 잔반이 대부분이었다.
④ 정조 때 규장각 검서관에 등용되기도 하였다.
⑤ 청요직 진출을 요구하며 소청 운동을 전개하였다.

> 25580-0153

07 (가) 국가에 대한 설명으로 옳은 것은?

🔍 그림으로 배우는 한국사

[해설] 이 그림은 　(가)　의 강서 고분 사신도 중 현무도이다. 사신도는 도교의 방위신을 그린 그림이다.

① 상평통보를 주조하였다.
② 노비종모법을 시행하였다.
③ 독서삼품과를 실시하였다.
④ 당의 등주를 선제공격하였다.
⑤ 유학 교육을 위해 태학을 설립하였다.

> 25580-0154

08 다음 주장이 제기된 시기의 문화에 대한 탐구 활동으로 가장 적절한 것은?

비유컨대, 재물은 대체로 우물과 같다. 퍼내면 차고, 버려두면 말라 버린다. 그러므로 비단옷을 입지 않아 나라에 비단 짜는 사람이 없으면 여공이 쇠퇴하고, …… 장인의 일이 없어지면 그 기술과 재주는 사라지게 된다.

– 『북학의』 –

① 원효의 활동 사례를 수집한다.
② 승탑 건립이 시작된 배경을 파악한다.
③ 서민 문화가 발달한 배경을 살펴본다.
④ 국사와 왕사 제도가 실시된 목적을 조사한다.
⑤ 일본 아스카 문화의 발전에 영향을 준 요소를 분석한다.

근대 국가 수립의 노력

이 단원에서 우리는

조선의 개항부터 일제의 국권 침탈에 맞선 국권 수호 운동까지 내용을 중심으로 학습한다. 그 과정에서 여러 세력이 추진한 근대 국가 수립을 위한 다양한 노력과 개항 이후 사회·경제적 변화를 이해할 수 있다. 또한 일제의 국권 침탈 과정과 이에 맞서 우리 민족이 전개한 국권 수호 운동의 흐름을 파악할 수 있다.

▲ 수(帥)자기

▲ 척화비

▲ 연무당 옛터
(강화도 조약이 체결된 장소)

▲ 우정총국

▲ 독립문

▲ 황궁우와 환구단

▲ 동양 척식 주식회사

▲ 덕수궁 중명전

▲ 전차

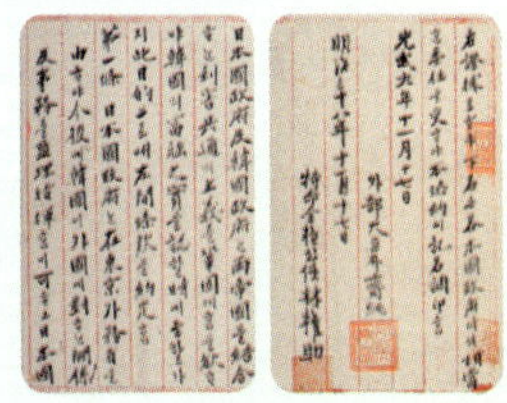

▲ 을사늑약

▲ 정미의병

▲ 대성 학교

▲ 국채 보상 운동 기념비

1 흥선 대원군의 통상 수교 거부 정책과 양요

1. 흥선 대원군의 천주교 박해

(1) **배경**: 러시아의 연해주 획득과 통상 요구 → 흥선 대원군의 프랑스를 이용한 러시아 견제 시도와 실패 → 천주교 금지 여론 고조

(2) **과정**: 프랑스 선교사를 비롯한 천주교 신자 처형(병인박해)

(3) **영향**: 병인양요의 구실
　　└ 수많은 천주교 신자와 9명의 프랑스 선교사를 처형하였다.

2. 제너럴 셔먼호 사건(1866)

(1) **배경**: 미국인 소유의 상선 제너럴 셔먼호가 대동강을 거슬러 올라와 통상 요구 → 평양 관민과 충돌
　　└ 평안도 관찰사 박규수가 통상 거절 의사를 밝혔음에도 제너럴 셔먼호 선원들은 무력을 동원해 횡포를 부렸다.

(2) **과정**: 평안도 관찰사 박규수의 주도로 제너럴 셔먼호를 불태워 침몰시킴.

(3) **영향**: 신미양요의 구실

3. 병인양요(1866)

배경	흥선 대원군의 천주교 박해(병인박해) **자료 ❶**
전개	프랑스 함대가 강화도 침략 → 문수산성에서 한성근 부대, 정족산성에서 양헌수 부대가 항전
결과	프랑스군이 의궤 등 외규장각 도서를 비롯해 각종 문화유산을 약탈하고 철수
영향	흥선 대원군의 통상 수교 거부 정책 강화, 천주교 탄압 심화

└ 규장각의 부속 도서관이다. 1782년 정조가 왕실 관련 서적을 보관할 목적으로 강화도에 설치하였다.

4. 오페르트의 남연군 묘 도굴 시도(1868) **자료 ❷**

(1) **배경**: 독일 상인 오페르트의 통상 요구, 조선 정부의 거절

(2) **과정**: 오페르트 일행이 흥선 대원군의 아버지인 남연군의 무덤을 도굴하려다 주민들의 저항 등으로 실패

(3) **영향**: 서양인에 대한 거부감 확산, 흥선 대원군의 통상 수교 거부 의지 강화

5. 신미양요(1871)

배경	제너럴 셔먼호 사건(1866)을 구실로 미국이 배상금 지불과 통상 요구 → 조선 정부의 거부 → 무력 해결 시도
전개	미국 함대의 강화도 침략 → 미군이 초지진에 상륙, 초지진과 덕진진 점령, 광성보 공격 → 어재연이 이끄는 조선 수비대의 항전
결과	미국은 군사적 압박을 통한 조선과의 통상 수교에 실패 → 강화도에서 군대 철수, 수(帥)자기를 전리품으로 약탈
영향	신미양요 이후 흥선 대원군의 명으로 전국 각지에 척화비 건립, 서양과의 통상 수교 거부 의지 널리 표명 **자료 ❸**

6. 통상 수교 거부 정책의 의의와 한계

(1) **의의**: 중국 · 일본과 달리 서구 열강의 무력 침략 저지

(2) **한계**: 국제 정세의 변화에 능동적으로 대처하지 못함, 근대화 지연

◦ 양요

서양 세력이 일으킨 소동이라는 뜻이다. '난'이 아니라 '요'라고 부른 까닭은 나라 전체가 아니라 일부 지역에서 일어난 시끄러운 사태였기 때문이다.

◦ 의궤

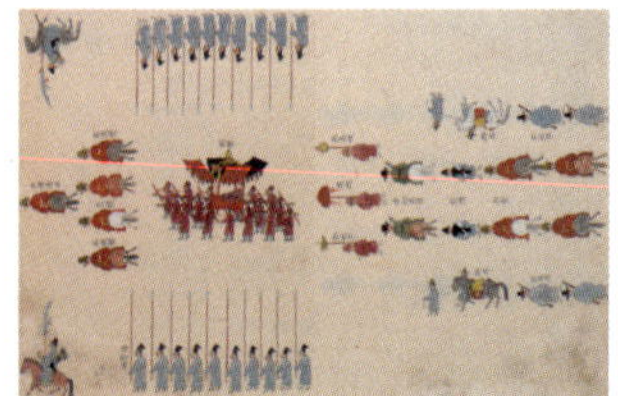

의궤는 조선 시대에 왕실이나 국가에 큰 행사가 있을 때 후세에 참고할 수 있도록 관련 사실을 그림과 문자로 기록한 책이다. 위 그림은 『영조 정순왕후 가례도감 의궤』이다.

◦ 수(帥)자기

수(帥)자기를 군함에 걸어 놓은 미군들의 모습이다. 수자기는 대장이 있는 곳을 표시하는 깃발이다.

자료 ① 병인양요의 배경

> — 병인박해를 가리킨다.
> 조선 국왕이 프랑스 신부를 잔인하게 살해한 날이 곧 조선 국왕의 통치 마지막 날이었다. 수일 내로 조선 정복을 위해 출정할 것이다. …… 이후부터 본국과 조선 간에 전쟁이 있더라도 간섭하지 않기를 바란다.
> — 『사료 고종 시대사』, 1866 —

자료는 베이징 주재 프랑스 공사 벨로네가 청 정부에 보낸 서한으로 병인양요를 앞두고 작성되었다. 자료에서 프랑스 신부 살해, 조선 원정 등을 통해 병인박해 및 병인양요와 관련된 내용임을 알 수 있다.

자료 ② 오페르트의 통상 요구에 대한 조선 정부의 답

> 오페르트의 남연군 묘 도굴 시도를 가리킨다. —
> 너희 나라와 우리나라 사이에는 원래 왕래도 없었고 또 서로 은혜를 입거나 원수진 일도 없었다. 그런데 이번 덕산 묘소에서 저지른 사건은 어찌 인간으로서 차마 할 수 있는 일이겠는가? …… 이런 지경에 이르렀기 때문에 우리나라 신하와 백성들은 단지 힘을 다하여 한마음으로 귀국과는 한 하늘을 이고 살 수 없다는 것을 다짐할 따름이다.
> — 『고종실록』, 1868 —

독일 상인 오페르트는 두 차례나 조선에 들어와 통상을 요구했으나 모두 거절당하였다. 그러자 미국인 자본가의 지원을 받아 무장한 선원들을 데리고 흥선 대원군의 아버지 남연군의 무덤을 도굴하려 했으나 실패하였다.

자료 ③ 두 차례 양요와 척화비 건립

▲ 병인양요와 신미양요의 전개   ▲ 척화비

강화도는 조선의 수도인 한성으로 들어가는 길목에 위치하여 프랑스, 미국 등 서구 열강의 침략을 받았다. 병인양요와 신미양요 이후 흥선 대원군은 서양의 통상 수교 요구에 단호히 대응한다는 내용을 담은 척화비를 전국 각지에 세워 통상 수교 거부 의지를 널리 알리고자 하였다.

○ ✖ 표시하기

❶ 미국은 병인박해를 구실로 강화도를 침략하였다.
(   )

❷ 통상을 요구하던 오페르트는 흥선 대원군의 아버지인 남연군의 무덤을 도굴하려 하였다.
(   )

❸ 프랑스 상선 제너럴 셔먼호는 강화도에 와서 통상을 요구하였다.
(   )

적절한 말 고르기

❹ 1866년 (박규수 / 양헌수)가 이끈 조선군은 강화도에 침입한 프랑스군을 격파하였다.

❺ 강화도에 침입한 (미군 / 프랑스군)은 외규장각의 도서와 많은 문화유산을 약탈해 갔다.

❻ 신미양요는 (병인박해 / 제너럴 셔먼호 사건)을/를 배경으로 일어났다.

빈칸 채우기

❼ 프랑스는 천주교 박해 사건인 (   )을/를 구실로 병인양요를 일으켰다.

❽ 신미양요 당시 (   )이/가 이끄는 조선 수비대가 광성보에서 항전하였으나 결국 광성보가 함락되었다.

❾ 흥선 대원군은 두 차례의 양요 이후 통상 수교 거부 정책을 널리 알리기 위해 전국 각지에 (   )을/를 세웠다.

〈보기〉에서 고르기

> ┤ 보기 ├
> ㄱ. 독일   ㄴ. 미국
> ㄷ. 러시아   ㄹ. 프랑스

❿ 흥선 대원군은 (   )의 남하를 견제하기 위해 프랑스를 끌어들이려 하였으나 실패하였다.

⓫ (   ) 상인 오페르트는 흥선 대원군 아버지 남연군의 묘를 도굴하려다 실패하였다.

⓬ (   )은/는 제너럴 셔먼호 사건을 구실로 조선에 배상금 지불과 통상을 요구하였으나 거절당하자 군함을 이끌고 와서 신미양요를 일으켰다.

● 영사 재판권(치외 법권)
영사가 주재국에 거주하는 자국민을 주재국의 법이 아니라 본국의 법에 따라 재판하는 권한이다. 즉, 외국인이 현재 거주하는 국가의 법률을 적용받지 않는 특권을 말한다.

● 거류지
조약에 의해 특정 영토에서의 일부 주권을 외국에 양도하고 외국인의 거주와 영업을 허용한 곳이다. 중국에서는 조계라 불렀다.

● 거중 조정
조약을 맺은 두 나라 중 한 나라가 제3국과 분쟁이 있을 경우, 다른 한 나라가 중간에서 조정하고 해결을 주선하는 것이다.

● 최혜국 대우
조약을 맺은 한 나라가 제3국에 부여한 가장 유리한 대우를 조약 상대국에도 부여하는 것이다.

② 강화도 조약의 체결

1. 통상 개화론 대두

(1) **일본의 정세**: 메이지 유신 이후 조선과 외교 문제 발생(조선이 격식에 맞지 않는 일본의 외교 문서 접수 거부), 정한론 대두

(2) **조선의 정세**: 통상 개화론의 대두(← 북학파 실학사상)

① **인물**: 박규수(고위 관료), 오경석(역관), 유홍기
[청에 왕래하며 서양 기술의 우수성을 경험한 박규수는 서양과 통상해야 한다고 주장하였다.]
[조선 후기 북학파 실학자 박지원의 손자이다.]

② **문호 개방 필요성 공감**: 청에 왕래하면서 세계정세 인식, 오경석이 청에서 『해국도지』, 『영환지략』 등의 서적을 조선에 들여옴
[청의 학자인 위원이 저술한 책으로 각국의 정치, 경제, 인구, 종교, 지리 등을 설명한 지리서이다.]

③ **개화파 형성**: 박규수 등의 영향을 받은 양반 자제(김옥균, 박영효, 홍영식 등)가 정부의 개화 정책 추진 당시 관료로 활동
[청의 지방관이었던 서계여가 지은 세계 지리 관련 책이다.]

2. 조선의 정세 변화와 운요호 사건(1875)

(1) **대외 정책 변화**: 흥선 대원군 하야, 고종의 친정 → 통상 수교 거부 정책 완화

(2) **운요호 사건(1875)**

① **일본의 의도**: 일본이 군함 운요호를 강화도 연해에 파견하여 조선 측의 발포 유도

② **일본의 포함 외교**: 강화도 접근, 조선 수비대가 포격을 가하자 운요호가 초지진과 영종도를 공격 → 이후 일본은 대규모 군대를 보내 조선에 개항 요구
[군함의 무력시위로 상대국의 개항과 수교를 끌어내는 제국주의 열강의 외교 방식이다.]

3. 강화도 조약(조일 수호 조규, 1876) [자료 ①]

(1) **주요 내용과 의미**

조항	주요 내용	의미
제1관	조선의 자주국 규정	청의 종주권 부인, 일본의 영향력 강화 의도
제4관	부산 외 2개 항구 개항	경제·군사·정치적 거점 확보 의도(부산 개항 이후 원산, 인천 개항)
제7관	해안 측량권 인정	주권 침해, 일본의 침략 의도
제10관	영사 재판권(치외 법권) 인정	주권 침해

(2) **성격**: 최초의 근대적 조약(문호 개방의 계기)이자 불평등 조약(일본의 침략 의도 내포)

4. 강화도 조약의 부속 조약 체결
조일 수호 조규 부록(개항장 내 일본인 거류지 설정, 일본 화폐 유통 허용), 조일 무역 규칙(일본 상인의 양곡 수출입 허용, 사실상 무관세 허용) 체결 [자료 ②]

5. 서양 열강과의 수교

(1) **조미 수호 통상 조약(1882)** [자료 ③]
[저자인 청의 외교관 황준헌은 조선이 러시아를 막으려면 청과 친하고, 일본과 관계를 맺고, 미국과 연합해야 한다고 제안하였다.]

배경	• 청의 알선: 러시아와 일본을 견제하기 위해 조선에 미국과 수교할 것을 권함 · 『조선책략』 유포: 제2차 수신사로 일본에 갔던 김홍집이 들여옴
내용	거중 조정, 관세 부과 등을 규정, 영사 재판권(치외 법권)과 최혜국 대우 인정
성격	서양과 맺은 최초의 조약이자 불평등 조약

(2) **기타**: 영국, 독일, 러시아 등과 최혜국 대우 조항이 포함된 불평등 조약 체결

자료 **1** 강화도 조약(조일 수호 조규, 1876. 2.)

경기, 충청, 전라, 경상, 함경 5도 연해 가운데 통상에 편리한 항구 2개를 추가로 개항한다는 내용이다.

제1관	조선은 자주국이며 일본과 평등한 권리를 갖는다.
제4관	조선국 정부는 제5관에 제시한 두 곳의 항구를 별도로 개항하여 일본 인민이 왕래하면서 통상하도록 허가한다.
제7관	조선국 연해의 도서와 암초를 조사하지 않아 매우 위험하므로 일본국 항해자가 자유로이 해안을 측량하도록 허가한다.
제10관	일본 인민이 조선국이 지정한 각 항구에서 죄를 범하였을 경우 모두 일본국이 심리하여 판결한다.

강화도 조약은 12개 조항으로 되어 있다. 제1관은 일본이 조선에 대한 청의 간섭을 배제하려는 의도가 반영된 것이고, 제4관은 부산 이외에 원산과 인천을 개항하는 근거가 되었다. 제7관은 해안 측량권, 제10관은 영사 재판권(치외 법권)을 인정한 것이다.

자료 **2** 강화도 조약의 부속 조약

[조일 수호 조규 부록(1876. 7.)]
제4관 부산항에서 일본인이 통행할 수 있는 도로의 거리는 부두에서 동서남북 각 직경 10리(조선의 거리 단위)로 정한다.
제7관 일본국 인민은 본국에서 사용하는 여러 화폐로 조선국 인민이 보유하고 있는 물자와 교환할 수 있다.

약 4km에 해당한다.

[조일 무역 규칙(1876. 7.)]
제6칙 조선국 항구에 거주하는 일본인은 쌀과 잡곡을 수출, 수입할 수 있다.
제7칙 상선을 제외한 일본국 정부에 소속된 모든 선박은 항세를 납부하지 않는다.

강화도 조약(조일 수호 조규)의 제11관에 따라 부속 조약을 체결하였다. 조일 수호 조규 부록에서는 일본인의 거류지 설정과 개항장에서 일본 화폐의 유통을 인정하였다. 조일 무역 규칙에는 일본 상인의 양곡 수출입 허용, 사실상 무관세 교역의 내용을 포함하였다.

자료 **3** 조미 수호 통상 조약(1882)

제1관	조선국 군주와 미국 대통령 및 그 인민들은 …… 만약 제3국이 불공평하고 경멸하는 일을 일으켰을 때는 일단 확인하고 서로 도와주며, 중간에서 잘 조정하여 두터운 우의를 보여 준다.
제5관	미국 상인과 상선이 조선에 와서 무역할 때 입출항하는 화물은 모두 세금(관세)을 바쳐야 하며, 그 세금을 징수하는 권리는 조선이 자주적으로 가진다.
제14관	조선이 어느 때든지 어느 국가에 항해, 통상, 기타 어떤 것을 막론하고 본 조약에 부여되지 않은 어떤 권리 또는 특혜를 허가할 때에는 이와 같은 권리, 특권 및 특혜는 미국의 관민 상인에게도 무조건 균점된다.

조미 수호 통상 조약은 조선이 서양 국가와 맺은 최초의 조약이었다. 이 조약은 강화도 조약과 달리 제1관에 거중 조정의 내용을 담고 있었으며, 또한 제5관에 관세 부과 조항을 포함하였다. 그러나 영사 재판권을 인정하는 조항이 담겨 있으며, 제14관에 규정한 것처럼 최초로 최혜국 대우를 인정한 불평등 조약이었다.

❶ 일본은 운요호 사건을 구실로 조선에 개항을 요구하였다. ( )

❷ 강화도 조약에는 관세 조항과 거중 조정 조항이 포함되어 있다. ( )

❸ 『조선책략』에서는 러시아와 일본을 견제하기 위해 조선에 미국과 연합할 것을 권하였다. ( )

❹ 조미 수호 통상 조약에는 해안 측량권과 영사 재판권 허용 등이 들어 있다. ( )

❺ 19세기 조선에서 (박규수, 유형원)을/를 비롯해 오경석, 유홍기 등은 통상 개화론을 주장하였다.

❻ 조선이 외국과 체결한 최초의 근대적 조약은 (강화도 조약, 조미 수호 통상 조약)이다.

❼ (조일 수호 조규 부록, 조일 무역 규칙)으로 일본 상품에 대한 사실상의 무관세가 규정되었다.

❽ 조선은 조미 수호 통상 조약에서 최초로 (치외 법권, 최혜국 대우)을/를 규정하였다.

❾ 일본의 군함 ( )이/가 강화도를 침략한 사건을 계기로, 조선은 다음 해인 1876년 일본과 강화도 조약을 체결하게 되었다.

❿ 조선이 1876년에 일본과 체결한 강화도 조약에 따라 ( ), 원산, 인천이 차례로 개항되었다.

⓫ 제2차 수신사로 일본에 갔던 김홍집은 황준헌이 쓴 ( )을/를 국내에 가지고 왔다.

⓬ 조선이 서양과 맺은 최초의 조약인 ( )은/는 미국에 최혜국 대우, 영사 재판권(치외 법권)을 인정한 불평등 조약이었다.

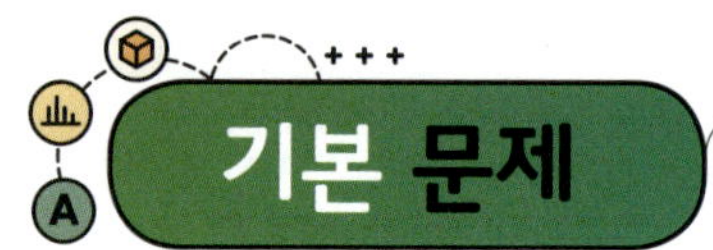

기본 문제

> 25580-0155

01 밑줄 친 '전쟁' 중에 있었던 사실로 옳은 것은?

중국 정부에 우리의 뜻을 알린다. 조선 국왕이 프랑스 신부를 잔인하게 살해한 날이 곧 조선 국왕의 통치 마지막 날이었다. 수일 내로 조선 정복을 위해 출정할 것이다. …… 이에 본관은 중국이 조선 문제에 간섭하지 않는다고 믿으며, 이후부터 본국과 조선 간에 <u>전쟁</u>이 있더라도 간섭하지 않기를 바란다.

① 미군이 광성보를 점령하였다.
② 곽재우가 의병장으로 활약하였다.
③ 인조가 남한산성으로 피란을 갔다.
④ 공민왕이 쌍성총관부를 공격하였다.
⑤ 양헌수 부대가 정족산성에서 항전하였다.

> 25580-0156

02 (가) 사건의 배경으로 가장 적절한 것은?

① 병인박해가 일어났다.
② 인조반정이 단행되었다.
③ 북벌 운동이 추진되었다.
④ 제너럴 셔먼호 사건이 발생하였다.
⑤ 오페르트가 남연군의 묘를 도굴하려 하였다.

> 25580-0157

03 다음 비석이 건립된 배경으로 옳은 것은?

① 신미양요가 일어났다.
② 강화도 천도가 단행되었다.
③ 임술 농민 봉기가 발생하였다.
④ 진흥왕이 한강 유역을 장악하였다.
⑤ 조미 수호 통상 조약이 체결되었다.

> 25580-0158

04 (가) 조약에 대한 설명으로 옳은 것은?

① 최혜국 대우의 내용을 포함하였다.
② 병인양요가 일어나는 배경이 되었다.
③ 통공 정책이 시행되는 결과를 낳았다.
④ 해안 측량권과 영사 재판권을 인정하였다.
⑤ 조선책략의 유포에 영향을 받아 체결되었다.

서술형 문제

Step1 핵심 키워드 파악하기

> 25580-0159

01 밑줄 친 '이 사건'이 발생한 배경을 서술하시오.

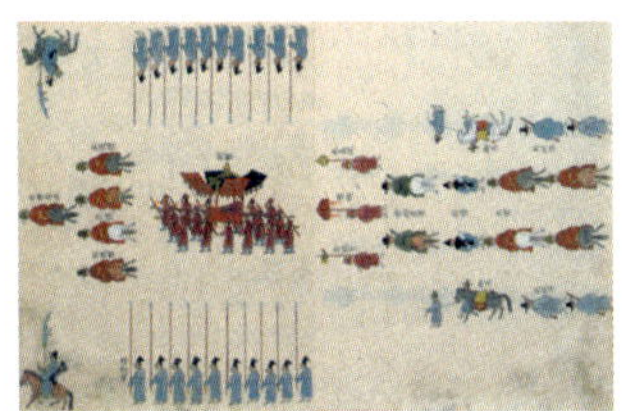

제시된 자료는 <u>이 사건</u> 당시 프랑스군이 약탈해 갔던 외규장각 의궤이다. 이후 프랑스 국립 도서관에 보관되어 있다가 2011년에 영구 대여 형식으로 총 297책의 외규장각 의궤가 국내로 돌아왔다.

예시 답안 1866년 흥선 대원군이 (   ) 신부를 비롯해 천주교도를 처형한 (   )이/가 발생하였다.

Step2 스스로 답안 작성하기

> 25580-0160

02 다음 글을 읽고 물음에 답하시오.

제1관　조선은 자주국이며 일본과 평등한 권리를 갖는다.
제4관　조선국 정부는 제5관에 제시한 두 곳의 항구를 별도로 개항하여 일본국 인민이 왕래하면서 통상하도록 허가한다.
제7관　조선국 연해의 도서와 암초를 조사하지 않아 매우 위험하므로 일본국 항해자가 자유로이 해안을 측량하도록 허가한다.
제10관　일본국 인민이 조선국이 지정한 각 항구에서 죄를 범하였을 경우 모두 일본국이 심리하여 판결한다.

(1) 위 조약의 명칭을 쓰시오.

(2) 위 조약이 불평등 조약이라고 평가받는 이유를 두 가지 서술하시오.

1등급 도전 문제

> 25580-0161

01 (가), (나) 시기 사이에 있었던 사실로 옳은 것은?

(가) 프랑스군은 퇴각하면서 강화도의 주요 시설을 파괴하였으며, 외규장각에 보관되어 있던 의궤를 비롯한 각종 문화유산을 약탈해 갔다.
(나) 미국은 제너럴 셔먼호 사건을 구실로 군함과 병력을 동원하여 강화도를 공격하였다. 로저스 제독이 이끄는 미국의 함대는 초지진과 덕진진을 점령하고 광성보를 공격하였다.

① 고종이 즉위하였다.
② 삼정이정청이 설치되었다.
③ 홍경래의 난이 발생하였다.
④ 조일 수호 조규 부록이 체결되었다.
⑤ 오페르트의 남연군 묘 도굴 미수 사건이 일어났다.

> 25580-0162

02 다음 조약에 대한 탐구 활동으로 가장 적절한 것은?

제1관　조선국 군주와 미국 대통령 및 그 인민들은 …… 만약 제3국이 불공평하고 경멸하는 일을 일으켰을 때는 일단 확인하고 서로 도와주며, 중간에서 잘 조정하여 두터운 우의를 보여 준다.
제5관　미국 상인과 상선이 조선에 와서 무역할 때 입출항하는 화물은 모두 세금(관세)를 바쳐야 하며, 그 세금을 징수하는 권리는 조선이 자주적으로 가진다.
제14관　조선이 어느 때든지 어느 국가에 항해, 통상, 기타 어떤 것을 막론하고 본 조약에 부여되지 않은 어떤 권리 또는 특혜를 허가할 때에는 이와 같은 권리, 특권 및 특혜는 미국의 관민 상인에게도 무조건 균점된다.

① 병인박해가 일어난 원인을 분석한다.
② 운요호 사건의 전개 과정을 파악한다.
③ 팔만대장경판이 제작된 계기를 찾아본다.
④ 조선책략의 유포가 끼친 영향을 살펴본다.
⑤ 광해군 집권 시기 대외 정책의 내용을 조사한다.

1 개화 정책의 추진과 반발

1. 개화파의 형성: 통상 개화론의 영향을 받은 김옥균, 박영효 등이 개화파로 성장하여 개화 정책 추진에 참여

2. 정부의 개화 정책 추진

(1) **통리기무아문 설치(1880)**: 개화 정책 총괄 기구, 아래 12개 부서가 업무 담당

(2) **군사 제도 개편**: 신식 군대인 별기군 창설(1881), 5군영을 2영(무위영, 장어영)으로 개편

> 정식 이름은 '교련병대'이다. 일본인 교관의 훈련을 받는 신식 군대였다.

(3) **외교 사절과 시찰단 파견**

> 귀국할 때 『조선책략』을 들여왔다.

일본	수신사	• 강화도 조약 체결 후 공식적으로 파견된 외교 사절 • 제1차 수신사 김기수(1876), 제2차 수신사 김홍집(1880) **자료 ①**
	조사 시찰단	• 국내의 개화 반대 여론 때문에 비밀리에 파견(1881) • 근대 제도 운영과 개화 정책에 관한 정보 수집 목적
청	영선사	김윤식이 유학생과 기술자 인솔(1881), 청의 근대 무기 제작 기술 습득 → 귀국 후 근대식 무기 제조 공장인 기기창 설치(1883) 주도
미국	보빙사	미국과 수교 이후 미국 공사의 조선 부임에 대한 답례로 파견(1883)

> 1883년에 민영익을 단장으로 하여 10여 명으로 구성된 미국 사절단이다. 미국 대통령을 만나고 박람회, 병원, 신문사, 육군 사관 학교 등 각종 근대 시설을 시찰하였다.

> 한성에 세워진 우리나라 최초의 근대식 무기 제조 공장이다. 청의 기술자와 함께 무기를 제조하였다.

3. 개화 정책에 대한 반발

(1) **위정척사 운동의 전개** **자료 ②**

1860년대	서구 열강의 통상 요구 → 통상 반대 운동 전개, 척화주전론 주장(이항로 등)
1870년대	강화도 조약 체결 과정에서 일본의 문호 개방 요구 → 개항 반대 운동 전개, 왜양일체론 주장(최익현 등)
1880년대	정부의 개화 정책 추진, 『조선책략』 유포 → 개화 정책 반대 운동 전개, 미국과의 수교에 반대(영남 만인소, 이만손·홍재학 등)
1890년대 이후	항일 의병 운동 전개(유인석, 이소응 등)

(2) **임오군란(1882)**

배경	• 개항 후 일본으로 곡물 유출 심화 → 쌀값 폭등으로 도시 하층민의 생활 악화 • 구식 군인의 불만: 별기군과의 차별 대우에 대한 불만, 밀린 급료로 겨와 모래가 섞여 있는 쌀이 지급됨 → 분노 폭발, 봉기
전개	분노한 군인들이 민씨 세력 살해 및 일본 공사관 습격, 도시 하층민 가담 → 흥선 대원군 재집권(개화 정책 중단) → 청군의 개입(흥선 대원군을 청으로 납치, 군란 진압) → 민씨 세력의 재집권
결과 및 영향	• 청의 내정 간섭 심화: 조선에 청군 주둔, 청이 마건상(마젠창)과 묄렌도르프를 고문으로 파견하여 조선의 내정을 간섭 • 제물포 조약 체결(1882): 일본에 배상금 지불, 공사관 경비를 위한 일본군의 주둔 허용 **자료 ③** • 조청 상민 수륙 무역 장정 체결(1882): 청 상인의 특권 보장

○ 위정척사
바른 것[正], 즉 성리학과 성리학적 사회 질서를 지키고 성리학 이외의 사상은 옳지 않은 것[邪]으로 보아 배척한다는 뜻이다.

○ 왜양일체론
일본과 서양은 다를 바가 없다는 논리로, 강화도 조약 체결을 반대하기 위해 최익현 등 위정척사 세력이 주장하였다.

○ 묄렌도르프
청에 있던 독일 영사관에서 근무하다 이홍장의 추천으로 조선에 온 독일인이다. 조선의 집권 세력을 도와 러시아와의 밀약 추진에 협조하였다가 청에 의해 해임되었다.

○ 조청 상민 수륙 무역 장정
1882년 조선과 청 사이에 체결된 장정이다. 조선을 청의 속국으로 규정하고, 허가를 받은 청 상인의 조선 내륙 진출을 가능하게 하였다.

자료① 조선책략

> 러시아가 영토를 넓히려고 한다면 반드시 조선이 첫 번째 대상이 될 것이다. …… 러시아를 막는 조선의 책략은 무엇인가? 중국과 친하고[親中國], 일본과 맺고[結日本], 미국과 이어짐[聯美國]으로써 자강을 도모할 뿐이다.
> – 황준헌, 1880 –

『조선책략』은 청의 외교관이었던 황준헌이 지은 것으로 러시아의 남하를 저지하기 위해 조선이 중국, 일본, 미국과 우호 관계를 맺어야 한다는 주장을 담고 있다. 제2차 수신사였던 김홍집이 일본에서 책을 가져와 그 내용을 고종에게 보고하여 미국과의 수교 주장을 뒷받침하였다.

자료② 위정척사 운동

> (가) 일단 강화를 맺고 나면 저들의 욕심은 물화를 교역하는 데 있습니다. …… 저들이 비록 왜인이라고 하나 실은 서양 도적이옵니다. 강화가 한번 이루어지면 사학(邪學)의 서적과 천주의 초상화가 교역하는 속에서 들어올 것입니다. 그렇게 되면 얼마 안 가서 선교사와 신자 간의 전수를 거쳐 사학이 온 나라 안에 퍼질 것입니다.   –『면암집』–
>
> (나) 미국을 끌어들일 경우 그들이 재물을 요구하고 우리의 약점을 알아차려 어려운 청을 하거나 과도한 비용을 떠맡긴다면 응하지 않을 도리가 없습니다. 러시아는 우리와 혐의가 없는바, 공연히 남의 말만 들어 틈이 생기게 된다면 우리의 위신이 손상될 뿐만 아니라 만약 이를 구실로 침략해 온다면 구제할 길이 없습니다.   – 영남 만인소, 『일성록』 –

조미 수호 통상 조약의 체결을 우려하고 있다.

황준헌이 『조선책략』을 통해 조선이 미국과 수교해야 한다고 말한 것을 가리킨다.

(가)는 강화도 조약 체결 무렵 왜양일체론을 바탕으로 제기된 개항 반대 주장이고, (나)는 『조선책략』 유포에 반발하여 이만손을 중심으로 영남 유생이 올린 만인소이다. 위정척사 운동은 1860년대에는 외국과의 통상 반대 운동, 1870년대에는 개항 반대 운동, 1880년대에는 개화 정책 반대 운동으로 전개되었다.

자료③ 제물포 조약

> 제1조 금일부터 20일 안에 조선국은 흉도를 체포하고 그 괴수를 엄중히 취조하여 중죄에 처한다. …… 만일 그 기일 안에 체포하지 못할 때는 응당 일본국이 처리한다.
>
> 제5조 일본 공사관에 군인 약간을 두어 경비한다. 병영을 설치하거나 수리하는 일은 조선국이 부담한다.

임오군란으로 일본 공사관이 습격당하고 일본인 교관이 살해되자, 일본은 피해 보상과 거류민 보호를 내세우며 조선에 사후 처리를 위한 협상을 요구하였다. 그 결과 제물포 조약이 체결되었다. 조약의 제5조에는 공사관 경비를 위해 약간의 병력을 주둔시킨다고 하였지만, 실제로 일본은 많은 병력을 주둔시켰다. 일본군의 한성 주둔으로 조선을 둘러싼 청·일의 무력 충돌 위험이 커지게 되었다.

⭕❌ 표시하기

❶ 조선 정부는 개항 이후 개화 정책 총괄 기구로 통리기무아문을 설치하였다.   (   )

❷ 조선 정부는 김윤식이 이끄는 유학생과 기술자를 청에 조사 시찰단으로 파견하였다.   (   )

❸ 1870년대에 최익현은 일본과 서양이 같다는 왜양일체론을 주장하여 개항에 반대하였다.   (   )

❹ 임오군란을 진압한 청은 마건상과 묄렌도르프를 조선에 고문으로 파견하여 조선의 내정을 간섭하였다.   (   )

빈칸 채우기

❺ 조선 정부는 1881년에 신식 군대인 (   )을/를 창설하고, 종래의 5군영을 2영으로 개편하였다.

❻ 이만손 등 영남 지방의 유생들은 『조선책략』의 유포와 (   )와/과의 수교 움직임을 반대하며 만인소를 올렸다.

❼ 1882년 구식 군인들이 일으킨 임오군란으로 (   )이/가 일시적으로 재집권하였으나 청에 납치되었다.

❽ 구식 군인 등이 일으킨 임오군란의 결과 조선은 (   )와/과 제물포 조약을 체결하였다.

〈보기〉에서 고르기

> ┃ 보기 ┃
> ㄱ. 보빙사　　　ㄴ. 수신사
> ㄷ. 영선사　　　ㄹ. 조사 시찰단

❾ 1차로 김기수, 2차로 김홍집을 파견하였다. (   )

❿ 일본에 비밀리에 파견되었다. (   )

⓫ 청의 근대식 무기 제조법을 습득하였다. (   )

⓬ 미국의 공사 파견에 대한 답례 형식으로 파견되었다.   (   )

핵심 개념

- ☐ 급진 개화파 ☐ 갑신정변
- ☐ 거문도 사건 ☐ 조선 중립화론

● **동도서기론**
조선의 전통적 유교 질서는 유지하면서 서양의 근대적 과학 기술을 수용하자는 주장이다.

● **거문도 사건**
러시아의 남하를 견제하던 영국은 전략적 요충지인 거문도를 일방적으로 점거하고 포대와 병영 등을 건설하였다. 이후 러시아와 긴장 상태가 완화되자 영국은 거문도에서 군대를 철수하였다.

● **조선을 둘러싼 열강의 대립**

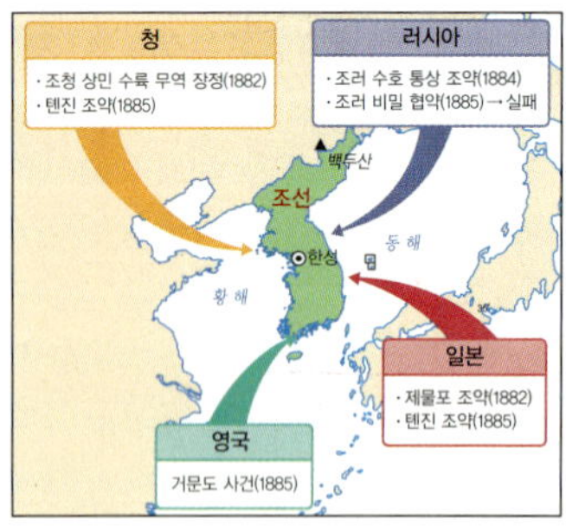

갑신정변 전후 조선을 둘러싼 청과 일본, 러시아와 영국의 갈등이 고조되었다.

● **조선 중립화론**
갑신정변 이후 한반도를 둘러싼 열강의 대립이 심화되자 조선을 중립국으로 만들어야 한다는 주장이 대두되었다.

---

2 갑신정변과 열강의 각축

1. 개화파의 분화: 청에 대한 입장과 개화 추진 방법 등을 둘러싸고 분화

> 19세기 후반 청에서 전개된 근대화 운동으로 서양의 과학 기술을 수용하여 부국강병을 이루고자 하였다.

분류	온건 개화파	급진 개화파
중심인물	김홍집, 김윤식, 어윤중 등	김옥균, 박영효, 홍영식, 서광범 등
개화 모델	청의 양무운동	일본의 메이지 유신
청과의 관계	전통적 외교 관계(사대 관계) 중시	사대 관계 청산, 청의 내정 간섭 탈피 추구
개화 방법	동도서기론 입장, 점진적 개혁 추구 → 유교적 질서는 유지, 서양의 과학 기술만 수용	문명개화론 입장, 적극적인 근대화 추구 → 서양의 기술과 함께 사상과 제도 수용

> 서양의 사상, 문물, 기술을 적극적으로 받아들이자는 주장이다.

2. 갑신정변(1884)

(1) **배경**

① 김옥균이 일본으로부터 차관을 도입하려 하였으나 실패 → 급진 개화파의 입지 약화

② 청이 베트남 문제로 프랑스와 대립하면서 조선에 주둔한 청군의 절반을 철수

③ 일본 공사의 군사 지원 약속

(2) **전개와 결과**

> 우편 업무를 맡아보던 관청으로 1884년 3월에 설치되었다가 갑신정변으로 그해 10월에 폐지되었다.

발발	급진 개화파가 우정총국 개국 축하연을 기회로 민씨 일파를 제거하고 정권 장악
전개	• 개화당 정부 수립: 개혁 정강 발표(청과 종속 관계 청산, 인민 평등권 확립, 내각 제도 실시 등) **자료 ①** • 정변 실패: 청군 출동과 일본군 후퇴 → 3일 만에 진압, 김옥균·박영효 등 일본으로 망명 **자료 ②**
결과 및 영향	• 청의 내정 간섭 심화 • 한성 조약 체결: 조선이 일본에 배상금 지불 및 공사관 신축 비용을 부담할 것 등 규정 • 톈진 조약 체결: 조선에서 청·일 양국 군대 철수, 향후 조선에 파병 시 상대국에 미리 알리도록 규정
의의 와 한계	• 의의: 자주적 근대 국가 건설을 목표로 한 최초의 정치 개혁 운동, 근대적 정치·사회 체제 구축 추진, 이후 갑오개혁과 독립 협회의 활동에 영향을 줌 • 한계: 소수 지식인 중심의 위로부터의 근대화 운동, 일본의 군사적 지원에 의존, 민중의 지지 부족

3. 갑신정변 이후 국내외 정세

> 고종은 청의 지나친 내정 간섭에서 벗어나고자 러시아와 우호적인 관계를 강화하기 위한 비밀 협약을 추진하였다. 이 협약에 러시아가 영흥만을 조차하는 대가로 조선에 군사 교관을 파견한다는 내용이 포함되었다.

(1) **거문도 사건**: 청의 내정 간섭 심화, 고종은 러시아와 교섭(조러 비밀 협약) 추진 → 영국이 러시아 견제를 구실로 거문도 불법 점령(1885~1887)

(2) **조선 중립화론 대두** **자료 ③**

① 부들러: 한반도를 둘러싼 열강의 충돌을 막기 위해 조선 중립화 방안 건의

② 유길준: 열강으로부터 조선의 중립을 보장받는 중립화론 주장

(3) **고종의 자주적 개혁 추진**: 내무부 설치, 박문국 재설치, 육영 공원(근대적 관립 학교) 등 설립 → 친청파 관료들의 비판과 청의 간섭으로 성과 미흡

> 군사, 재정, 외교 등의 업무를 담당하였다.

자료 ① 갑신정변 당시 발표된 개혁 정강

- 흥선 대원군을 빨리 귀국시키고 종래 청에 대해 행하던 조공의 허례를 폐지한다.
- 문벌을 폐지하고 인민 평등의 권리를 제정하여 능력에 따라 관리를 임명한다.
- 국내 재정은 모두 호조가 관할하고, 그 외의 모든 재무 관청은 폐지한다.
- 대신과 참찬은 합문 안의 의정소에 모여 정령을 의결하고 반포한다.
- 의정부와 6조 이외에 불필요한 관청은 모두 혁파하고, 대신과 참찬이 협의하여 정책을 결정한다.

└ 재정을 일원화하여 호조에서 전담하게 하였다.

– 『갑신일록』 –

김옥균, 박영효를 비롯한 급진 개화파는 청의 내정 간섭과 청에 의존하려는 정부 정책에 반대하여 갑신정변을 일으킨 뒤 청과의 사대 관계 청산, 인민 평등권 확립, 능력에 따른 인재 등용, 내각 중심의 정치 실시 등을 주장하였다.

○✖ 표시하기

❶ 김홍집, 김윤식 등 온건 개화파는 문명개화론의 입장에서 점진적 개혁을 추구하였다. (　　　)

❷ 김옥균, 박영효 등은 우정총국 개국 축하연을 계기로 갑신정변을 일으켰다. (　　　)

❸ 조선은 일본과 한성 조약을 체결하여 배상금 지불과 공사관 경비 병력의 주둔을 허용하였다. (　　　)

❹ 영국은 러시아의 남하를 견제한다는 구실로 거문도를 불법 점령하였다. (　　　)

자료 ② 갑신정변의 실패

　임금을 위협한 것은 순리를 따르지 아니하고 거스르는 것이니 실패할 첫째 이유이다. 외세를 믿고 의지하였으니 반드시 오래가지 못할 것이 실패할 둘째 이유이다. 백성이 따르지 아니하여 변란이 안에서부터 일어날 것이니 실패할 셋째 이유이다. …… 숫자가 적은 일본군이 어찌 많은 청군을 대적할 수 있겠는가? – 『윤치호 일기』 –

윤치호의 부친이자 무관이었던 윤웅렬이 갑신정변의 실패를 예상하고 한 말이다. 급진 개화파는 우정총국 개국 축하연을 이용해 정변을 일으켜 정권을 장악하고 개혁 정강을 발표하였다. 그러나 청군이 출동하자 일본군이 약속과 달리 철수하면서 정변은 3일 만에 실패하였다.

적절한 말 고르기

❺ 온건 개화파는 (양무운동, 메이지 유신)을 개화 모델로 삼았다.

❻ 급진 개화파는 1884년 (임오군란, 갑신정변)을 일으켰으나 청군의 개입으로 실패하였다.

❼ 갑신정변의 결과 조선은 일본과 (한성 조약, 제물포 조약)을 체결하였다.

❽ 갑신정변 이후 조선에 대한 열강들의 각축이 심화되는 상황에서 (박영효, 유길준)은/는 조선 중립화론을 구상하였다.

자료 ③ 유길준의 조선 중립화론

　우리나라가 아시아의 중립국이 된다면 러시아를 방어하는 큰 틀이 될 것이고, 또 아시아의 여러 대국이 서로 보존하는 대책도 될 것이다. …… 오직 중립 한 가지만이 진실로 우리나라를 지키는 방책이지만, 이를 우리가 먼저 제창할 수 없으니 중국이 이를 맡아서 처리해 주도록 청하는 것이 좋을 것이다. – 「중립론」 –

갑신정변 이후 조선을 둘러싸고 열강들이 각축을 벌이는 상황에서 조선 주재 독일 부영사 부들러는 조선을 중립국으로 만들자는 조선 중립화안을 건의하였다. 유길준도 중국을 중심으로 열강이 조선의 중립을 보장하여 독립을 보존해야 한다는 중립화론을 구상하였다.

빈칸 채우기

❾ 김옥균 등 급진 개화파는 (　　　)의 메이지 유신을 모델로 서양의 사상과 제도까지 받아들이자는 급진적 개혁을 주장하였다.

❿ (　　　)은/는 갑신정변 이후 청과 일본이 맺은 조약으로 청·일 양국 군대의 동시 철수, 조선에 파병 시 상호 통보할 것 등의 내용이 담겨 있다.

⓫ 갑신정변 이후 한반도를 둘러싼 열강의 대립이 심화되자 조선에 주재하던 독일의 외교관 (　　　)은/는 조선 중립화 방안을 제안하였다.

○ 교조 신원 운동
교조 최제우의 억울함을 풀어 주고(신원) 포교의 자유를 요구하는 동학교도의 운동을 말한다.

○ 보국안민과 제폭구민
보국안민은 나라를 돕고 백성을 편안하게 한다는 뜻이고, 제폭구민은 폭압을 제거하고 백성을 구한다는 의미이다.

○ 동학 농민 운동의 전개 과정

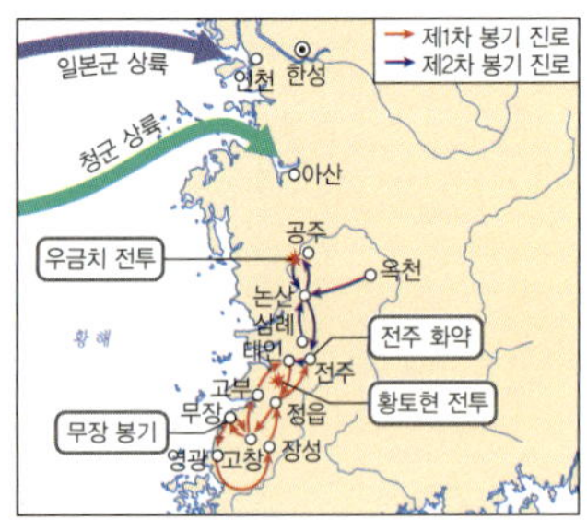

○ 집강소
전주 화약 이후 동학 농민군이 정부와 협의하여 전라도 각 고을에 설치한 농민군 자치 기구로, 행정과 치안을 담당하였다.

---

3 동학 농민 운동

1. 개항 이후 농촌 사회의 동요

(1) **외세의 경제 침탈**: 일본 상인의 곡물 유출로 곡물 가격 폭등, 외국산 면직물 유입으로 면직물 수공업 타격 등 농촌 경제의 악화

(2) **정부의 무능과 수탈**: 배상금 지불 및 개화 정책 추진으로 국가 재정 지출 증가, 농민의 조세 부담 증가, 지방관의 수탈로 전국 각지에서 농민 봉기 발생

2. 교조 신원 운동

(1) **배경**: 정부의 탄압으로 교조 최제우 처형 → 제2대 교주 최시형이 교단(포접제) 정비

> 전국을 포와 접으로 나누어 관리한 동학의 조직망이다. 마을이나 군 단위로 접을 조직하고 수십 개의 접을 포로 묶어 포교의 기초 조직으로 삼았다.

(2) **목적**: 정부에 교조 최제우의 신원과 포교의 자유를 요구

(3) **전개**: 삼례 집회(1892), 보은 집회(1893) 등을 거치면서 종교 운동에서 점차 정치·사회 운동으로 발전

3. 동학 농민 운동의 전개

(1) **고부 농민 봉기**

배경	고부 군수 조병갑이 만석보를 쌓게 하고 수세(물세)를 강제로 징수하는 등 비리와 수탈 자행
과정	전봉준 등이 사발통문을 돌려 봉기 모의 → 농민들이 고부 관아 습격, 만석보 파괴 → 새로운 군수의 회유로 농민군 자진 해산

> 호소문이나 격문을 쓰고 나서, 주모자가 드러나지 않게 사발 모양으로 둥글게 이름을 돌려 가며 적은 글이다.

(2) **제1차 봉기와 집강소 활동**

> 지방에서 발생하는 농민 봉기 등을 수습하기 위해 파견한 임시 관리이다.

① **배경**: 안핵사 이용태가 고부 농민 봉기 관련자를 가혹하게 탄압

② **전개**: 무장에서 동학 농민군 봉기, 고부 다시 점령 → 백산에서 4대 강령, 보국안민과 제폭구민을 담은 격문 발표 → 황토현 전투·황룡촌 전투에서 농민군 승리 → 전주성 점령

③ **전주 화약 체결**: 정부가 청에 지원병 요청 → 청군에 이어 일본군 출병 → 전주 화약 체결(정부의 폐정 개혁 약속과 동학 농민군의 자진 해산)

④ **집강소 활동**: 농민군이 전라도 각지에 집강소 설치하고 폐정 개혁 추진 [자료 ①]

(3) **제2차 봉기** [자료 ②]

배경	전주 화약 체결 후 조선 정부가 청·일 양군에 철병 요구 → 일본이 군대 철수 요구를 거부하고 경복궁 기습 점령, 조선 정부에 내정 개혁 요구, 청일 전쟁을 일으킴
과정	동학 농민군의 재봉기 → 전봉준이 이끄는 남접과 손병희의 북접 부대가 논산에서 합류, 북상 → 공주 우금치 전투에서 일본군과 관군의 연합 부대에 농민군 패배
결과	전봉준 등 지도부 체포, 농민군 잔여 세력 진압 [자료 ③]

(4) **동학 농민 운동의 성격과 영향**

성격	• 반봉건 운동: 양반 중심의 신분 질서 타파와 정치·사회 개혁 추구 • 반침략 운동: 외세의 침략과 내정 간섭에 저항
영향	• 동학 농민군의 개혁 요구가 갑오개혁에 일부 반영 • 동학 농민군의 잔여 세력이 항일 의병에 가담

자료 ❶ **동학 농민군의 폐정 개혁안**

- 전운소를 혁파할 것 _{세곡 운송 담당 기관인데, 선박 구입 등 운영 비용을 백성에게 떠넘기는 등 폐단이 많았다.}
- 세금을 징수할 토지를 확대하지 말 것
- 거두어 간 환곡을 또 내라고 하지 말 것
- 탐관오리를 모두 몰아낼 것
- 임금의 총명을 가리고 관직을 팔고 국권을 농락하는 무리들을 모두 몰아낼 것
- 전세를 전례에 따를 것 _{이전 사례를 말한다.}
- 민간인을 잡역에 동원하는 일을 줄일 것 – 전봉준 판결문 –

동학 농민 운동은 무능하고 부패한 양반 지배 체제 타도를 주장한 운동으로, 반봉건·반외세의 성격을 띤 우리 역사상 최대 규모의 농민 운동이었다. 이 동학 농민군의 개혁 요구는 일정 부분 갑오개혁에 반영되었다.

자료 ❷ **동학 농민군의 제2차 봉기**

일본 오랑캐가 구실을 만들어 군대를 동원하여 우리 임금을 핍박하고 우리 백성을 근심케 하니 어찌 그대로 참을 수 있겠습니까. …… 지금 조정의 대신들을 보건대 망령되이 자기의 안전만을 생각하여 위로는 임금을 위협하고 아래로는 백성을 속여서 일본 오랑캐와 손을 잡아 남쪽의 백성에게 원한을 펴서 망령되이 임금의 군사를 동원하여 선왕의 백성을 해치려 하니 참으로 무슨 뜻이며 끝내 무엇을 하려는 것입니까.   – 「선유방문병동도상서소지등서」 –

청일 전쟁에서 전세가 유리해지자, 일본은 조선에 대한 내정 간섭을 강화하면서 관군과 함께 동학 농민군을 토벌하려 하였다. 이에 동학 농민군은 일본의 침략을 물리치기 위해 다시 봉기하였다.

자료 ❸ **전봉준의 공초(재판 기록) 중 일부**

재판관: 작년(1894) 3월 고부 등지에서 민중을 크게 모았다고 하는데, 무슨 사연으로 그리하였는가?
전봉준: 그때 고부 군수가 정해진 액수 이외에 가혹하게 거두어들인 것이 수만 냥인 이유로 민심이 억울하고 한스러워 거사를 강행하였다.
……
재판관: 1894년 9월에 다시 봉기한 것은 무슨 이유인가?
전봉준: 일본이 개화라 칭하며 군대를 거느리고 우리 서울에 들어와 밤중에 왕궁을 공격해 임금을 놀라게 했다. 이에 초야의 선비와 백성들이 충군애국하는 마음으로 의병을 규합하고 일본인과 접전해 그 책임을 묻고자 함이었다.   – 『전봉준 공초』, 1895 –

전봉준 공초는 동학 농민 운동을 주도하다 체포된 전봉준에 대한 법정 심문 기록이다. 동학 농민군은 고부 농민 봉기와 제1차 봉기, 전주 화약 체결 이후 자진 해산하였으나, 일본군이 병력을 철수하지 않고 경복궁을 점령하면서 재봉기하게 되었다(제2차 봉기). 그러나 공주 우금치 전투에서 패배하고 지도부가 체포되면서 동학 농민 운동은 실패로 끝났다.

⭕❌ **표시하기**

❶ 동학교도들은 교조 신원 운동을 전개하여 최제우의 억울함 해소와 동학에 대한 탄압 중지를 호소하였다.
(   )

❷ 동학 농민 운동 당시 청이 조선에 군대를 파견하자 한성 조약을 구실로 일본도 조선에 군대를 파견하였다.
(   )

❸ 일본이 경복궁을 침범한 뒤 조선의 내정에 간섭하자 해산하였던 동학 농민군은 이에 반발하여 다시 봉기하였다.
(   )

❹ 동학 농민 운동의 제2차 봉기 당시 농민군은 황토현 전투에서 관군을 물리쳤다.
(   )

적절한 말 고르기

❺ (고부, 임술) 농민 봉기는 군수 조병갑의 비리와 수탈이 원인이 되어 발생하였다.

❻ 안핵사 (이용태, 김홍집)이/가 고부 농민 봉기 관련자를 가혹하게 탄압한 것이 원인이 되어 동학 농민군이 제1차 봉기를 일으켰다.

❼ 동학 농민군은 청군과 일본군이 조선에 출병하자 정부와 (전주 화약, 강화도 조약)을 체결하고 자진 해산하였다.

❽ 제2차 봉기 당시 북접군과 남접군은 한성으로 진격하기 위해 (논산, 전주)에서 합류하였다.

빈칸 채우기

❾ 전주 화약 체결 이후 해산한 동학 농민군은 전라도 각지에 자치적 개혁 기구인 (   )을/를 설치하였다.

❿ 일본군이 (   )을/를 기습 점령한 후 조선 정부에 내정 개혁을 강요하자 동학 농민군은 제2차 봉기를 일으켰다.

⓫ 동학 농민군은 공주 (   ) 전투에서 일본군과 관군의 연합 부대에 패하였다.

4 갑오개혁과 을미개혁

1. 배경

(1) **청·일 양국군의 출병**: 청군 아산만 상륙, 일본군 인천 상륙 → 전주 화약 체결 이후 조선 정부의 청·일 양국군 철수 요구 → 일본의 거부

(2) **일본군의 경복궁 침범**: 일본군이 경복궁을 기습 점령하고 조선에 내정 개혁 요구, 김홍집을 중심으로 정부 구성

(3) **청일 전쟁 발발**: 경복궁 침범 이후 일본군의 청군 공격으로 시작

2. 제1차 갑오개혁

(1) **배경**: 전주 화약 체결 이후 정부는 교정청을 설치하여 개혁 추진 노력

(2) **전개**: 경복궁을 점령한 일본이 조선 정부에 개혁 강요 → 김홍집을 중심으로 내각 수립, 군국기무처 설치하고 개혁 추진

(3) **주요 개혁** 자료 ❶

> 이성계가 조선을 건국한 1392년을 기준으로 햇수를 세는 방법으로, 1894년은 개국 503년이다.

정치	청의 연호를 폐지하고 개국 기년 사용, 궁내부를 신설하여 왕실 사무와 국정 사무 분리, 과거제 폐지, 경무청 설치(경찰 제도 실시)
경제	국가 재정을 탁지아문으로 일원화, 은 본위 화폐 제도 채택
사회	공·사노비제를 혁파하고 신분제 폐지, 조혼 금지, 과부의 재가 허용, 연좌제 폐지

3. 제2차 갑오개혁

(1) **배경**: 청일 전쟁에서 승기를 잡은 일본이 조선 내정에 본격 개입

(2) **전개**: 흥선 대원군 축출, 김홍집·박영효 연립 내각 수립, 군국기무처 폐지 → 고종이 국정 개혁의 기본 강령인 홍범 14조 반포 자료 ❷

(3) **주요 개혁**

정치	의정부를 내각으로 개편, 8도를 23부로 개편
사회	재판소 설치, 지방관의 사법권 폐지
교육	교육입국 조서 반포, 한성 사범 학교 관제 등 마련

> 정부 기관마다 행사하던 재판권을 재판소로 단일화하여 지방 재판소, 한성 재판소, 고등 재판소, 특별 법원 등을 설치하였다.

4. 을미개혁

배경	• 일본이 청일 전쟁 승리, 시모노세키 조약 체결, 랴오둥반도 차지 → 러시아가 프랑스, 독일과 함께 삼국 간섭 → 일본은 랴오둥반도 반환 • 고종과 명성 황후의 친러 정책 추진: 러시아를 이용하여 일본 견제 시도 • 일본이 명성 황후 시해(을미사변) → 김홍집 내각 수립 및 개혁 추진
내용	'건양' 연호 제정, 태양력 사용, 단발령 공포, 종두법 확대 시행 자료 ❸
결과	아관 파천(1896) 이후 개혁 중단

> 천연두를 예방하기 위해 정기적으로 백신을 접종하는 방법이다.

> 을미개혁으로 태양력이 사용되면서 1895년 음력 11월 17일이 1896년 양력 1월 1일이 되었다.

5. 의의와 한계

(1) **의의**: 갑신정변과 동학 농민 운동 때 제기된 개혁 내용이 일부 반영

(2) **한계**: 일본의 간섭으로 추진, 민중의 지지 결여, 국방력 강화에 소홀

🔗 **핵심 개념**

- ☐ 제1차 갑오개혁
- ☐ 군국기무처
- ☐ 제2차 갑오개혁
- ☐ 을미개혁

○ **교정청**
전주 화약 체결 이후 정부가 개혁을 추진하기 위해 설치한 임시 기구이다. 군국기무처가 설치되면서 곧 폐지되었다.

○ **군국기무처**

군국기무처의 회의 모습이다. 군국기무처는 제1차 갑오개혁을 추진하기 위해 설치한 총괄 기구로, 3개월 동안 약 200건이 넘는 개혁안을 처리하였다.

○ **홍범 14조**
제2차 갑오개혁 당시 발표된 강령이다. 고종은 이를 통해 청과의 관계 단절과 자주독립을 대내외적으로 선언하고, 근대적 개혁 추진의 의지를 천명하였다.

○ **시모노세키 조약**
청일 전쟁의 결과 청과 일본이 체결한 조약이다. 이 조약으로 청은 조선이 자주 독립 국가임을 인정하고 일본에 막대한 배상금을 지불하였다. 또한 일본에 타이완과 랴오둥반도를 할양하였다.

○ **아관 파천**
을미사변 이후 신변의 위협을 느낀 고종이 러시아 공사관(아관)으로 피신한 사건을 말한다.

자료 ① 제1차 갑오개혁의 주요 내용

- 현재 이후 국내외의 공사 문서에는 개국 기년을 사용할 것
- 문벌과 양반·상민 등의 계급을 타파하여 귀천에 구애됨이 없이 인재를 뽑아 쓸 것
- 죄인 자신 이외 일체의 연좌율을 폐지할 것
- 남녀 간의 조혼(早婚)을 속히 엄금하며 남자는 20세, 여자는 16세 이상이라야 비로소 혼인을 허락할 것
- 과부의 재혼은 귀천을 막론하고 자유에 맡길 것
- 공·사노비법을 혁파하고 인신의 판매를 금할 것

– 『경장의정존안』 –

제1차 갑오개혁 때 군국기무처에서 의결한 200여 건의 개혁안 가운데 약 190건의 의결 사항을 정리한 『경장의정존안』의 주요 내용이다. 군국기무처에서는 청국의 간섭을 배제한 자주 외교, 신분 타파와 인재 등용, 적서 차별과 조혼 및 과부 재가 문제 등에 대한 개혁을 다루었다.

○✖ 표시하기

❶ 일본의 강요로 구성된 김홍집 내각은 군국기무처를 설치하여 제1차 갑오개혁을 추진하였다. ( )

❷ 제2차 갑오개혁에서는 궁내부 설치, 공·사노비제 폐지, 중국 연호 폐지, 독자적인 연호 사용 등이 이루어졌다. ( )

❸ 고종은 제2차 갑오개혁 시기에 부국강병을 위해 교육을 강조한 교육입국 조서를 반포하였다. ( )

❹ 삼국 간섭 이후 조선이 친러 정책으로 일본을 견제하자 일본은 명성 황후를 시해하는 갑신정변을 일으켰다. ( )

자료 ② 홍범 14조

1. 청국에 의탁하는 생각을 끊어 버리고 자주독립하는 기초를 확고히 세울 것
4. 왕실 사무와 국정 사무를 모름지기 나누어 서로 혼합하지 아니할 것
7. 조세를 부과하고 거두는 것과 경비의 지출은 모두 탁지아문이 관할할 것
14. 사람을 쓰는 데 문벌에 구애받지 아니하고 선비를 두루 구하여 인재 등용의 길을 넓힐 것

– 『고종실록』, 1894. 12. –

제2차 갑오개혁이 시작된 직후 고종은 홍범 14조를 반포하였다. 홍범 14조는 국정 개혁의 기본 강령으로 청의 종주권 부인, 왕실과 국정 사무의 분리, 탁지아문으로 재정 일원화, 문벌 폐지와 능력에 따른 인재 등용 등의 내용을 담고 있다.

빈칸 채우기

❺ 조선은 제1차 갑오개혁을 통해 국가 재정을 ( )에서 모두 관할하게 하였다.

❻ 제2차 갑오개혁 당시 고종은 국정 개혁의 기본 강령이라고 할 수 있는 ( )을/를 반포하였다.

❼ 명성 황후가 살해된 이후 을미개혁이 추진되면서 ( )(이)라는 새로운 연호가 사용되었다.

❽ 을미개혁은 고종이 러시아 공사관으로 처소를 옮긴 ( ) 직후 중단되었다.

자료 ③ 을미개혁 당시 단발령

단발령이 내려지자 통곡 소리가 하늘을 진동하고, 사람마다 분노하여 목숨을 끊으려 하였다. 형세가 격변하자 왜인들은 군대를 빈틈없이 대기시켰다. 경무사 허진이 순검들을 동원해 칼을 들고 길을 막았다가 사람만 만나면 갑자기 머리를 깎았다.

– 『매천야록』 –

1895년 일본은 삼국 간섭으로 위축된 세력을 만회하고자 을미사변을 일으켜 명성 황후를 시해하고, 일제의 간섭을 받는 친일 내각을 세웠다. 김홍집 내각은 단발령을 단행하는 등 을미개혁을 실시하였다. 이에 전국 각지의 유생들이 중심이 되어 본격적인 항일 의병 투쟁을 전개하였다.

<보기>에서 고르기

┌ 보기 ┐
ㄱ. 단발령 실시 ㄴ. 태양력 사용
ㄷ. 궁내부 설치 ㄹ. 과거제 폐지
ㅁ. 8도를 23부로 개편 ㅂ. 교육입국 조서 반포

❾ 제1차 갑오개혁의 내용 ( )

❿ 제2차 갑오개혁의 내용 ( )

⓫ 을미개혁의 내용 ( )

5 독립 협회

1. 아관 파천 직후의 상황: 러시아의 영향력 확대, 서구 열강의 이권 침탈 가속화

2. 창립: 미국에서 귀국한 서재필이 정부의 지원을 받아 독립신문 발간 → 독립 협회 창립 주도(1896)

3. 활동

자주 국권 운동	독립문 건립, '구국 운동 상소문' 작성, 만민 공동회 개최(러시아의 내정 간섭과 이권 요구 규탄) → 러시아의 재정 고문 철수, 절영도 조차 요구 철회
자유 민권 운동	신체의 자유 및 재산권 보호와 언론 · 출판 · 집회 · 결사의 자유 요구, 국민 참정권 운동 전개, 기관지 『대조선 독립 협회 회보』 간행, 강연회와 토론회 개최
자강 개혁 운동	• 의회 설립 운동 • 관민 공동회 개최 → 헌의 6조 결의 → 고종의 재가 → 새로운 중추원 관제 반포(중추원을 의회 형태로 개편) **자료①**

> 비용을 지불하기로 하고 빌리는 것을 말한다.

> 독립 협회는 중추원을 의회 형태로 개편하여 입헌 군주정 체제를 수립하고자 하였다.

4. 해산: 위기의식을 느낀 보수 세력이 독립 협회가 공화정을 실시하려 한다고 모함 → 고종은 황국 협회와의 충돌을 구실로 군대를 동원하여 독립 협회 강제 해산

> 보수 관료 세력의 주도로 조직된 단체로, 수천 명의 보부상을 회원으로 받아들여 규모가 확대되었다.

5. 의의와 한계

(1) **의의**: 열강의 침략으로부터 국권 수호 노력, 민중이 직접 개혁 운동에 참여

(2) **한계**: 주로 러시아를 대상으로만 외세 배척 운동, 그 밖의 외세 침략 의도를 제대로 파악하지 못함

6 대한 제국과 광무개혁

1. 대한 제국의 수립(1897)

배경	환궁 요구 여론에 따라 고종이 경운궁(덕수궁)으로 환궁(1897)
내용	• 연호 '광무' 제정 → 환구단에서 황제로 즉위, 대한 제국 수립 선포 **자료②** • 대한국 국제 반포(1899): 독립 협회 해산 후 반포 → 대한 제국이 자주독립 국가임을 선언하고, 전제 정치 실시를 명문화함 **자료③**

2. 광무개혁의 추진

(1) **개혁 내용**

> 입법 · 행정 · 사법에 걸친 절대권을 황제에게 부여하였다.

방향	전제 군주제 기반, 자주적 근대화 목표, 구본신참에 따른 점진적 개혁
내용	• 황제권 강화: 원수부(황제 직속의 군 통수 기관) 설치, 친위대 증강, 시위대와 진위대 확대 · 개편, 무관 학교 설치, 징병제 시행 준비 등 • 양전 사업 실시: 재정 수입 증대 목적으로 토지 측량 및 소유자 조사, 근대적 토지 소유 증명 문서인 지계 발급 • 식산흥업 정책: 공장과 회사 설립 지원, 유학생 파견, 실업 학교 설립 • 근대 시설 도입: 전화 가설, 우편 제도 정비, 전차 부설

> 생산을 늘리고 산업을 일으키기 위한 정책이다.

(2) **의의와 한계**

① **의의**: 자주독립과 근대화 지향, 외세의 간섭을 배제하고자 한 자주적 개혁

② **한계**: 황제권 강화에 초점을 두어 민권 보장 개혁에 소홀함

◉ **독립문**

준공 직후의 모습이다. 청 사신을 맞이하던 영은문이 헐린 자리 부근에 건립되었다.

◉ **만민 공동회**
다양한 계층이 참여할 수 있는 근대적 대중 집회로, 1898년 3월에 처음 개최된 후 여러 차례 열렸다. 열강의 이권 침탈을 규탄하고, 민권 신장 등을 요구하였다.

◉ **관민 공동회**
일부 정부 대신과 학생, 시민이 함께 참석하여 개최한 집회로, 국정 개혁의 기본 방향인 헌의 6조를 결의하였다.

◉ **구본신참**
옛것을 근본으로 하고 새로운 것을 참고한다는 뜻으로 광무개혁의 기본 방향이 되었다.

◉ **지계**

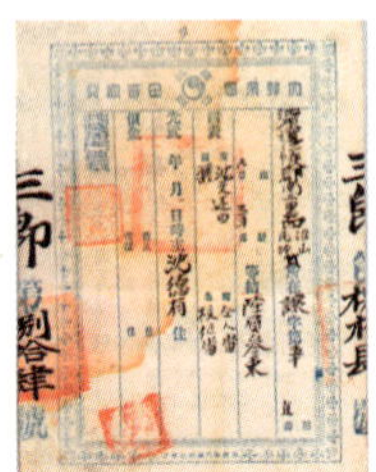

대한 제국 정부가 토지 소유권을 법적으로 증명하기 위해 발급한 문서이다.

자료 ① 헌의 6조

1. 외국인에게 의존하지 않고 관민이 합심하여 전제 황권을 견고하게 할 것
2. 외국과의 이권에 관한 계약과 조약은 각부 대신 및 중추원 의장이 합동 날인하여 시행할 것 ← 황제권의 제약을 의미한다.
3. 국가 재정은 모두 탁지부가 관리하며, 예산·결산을 인민에게 공포할 것
4. 모든 중범죄는 따로 공개 재판하되 피고에게 철저히 설명하여 죄를 자복하게 한 후 시행할 것 ← 황제의 재정 팽창을 제한하고자 하였다.
5. 칙임관은 황제가 정부에 자문하여 그 과반수의 의견에 따라 임명할 것
6. 갑오개혁 이후 공포된 법령을 실천할 것 ← 황제의 인사권을 제한하고자 하였다.

관민 공동회에서 결의된 헌의 6조에는 국권 수호, 황제권 제약, 민권 보장, 국정 개혁의 내용이 담겨 있다. 고종 황제는 헌의 6조의 이행을 약속하였고, 중추원을 근대식 의회로 개편하는 내용을 재가하였다. 그 결과 새로운 중추원 관제가 마련되었으며, 중추원 의원의 반수는 독립 협회에서 선출하도록 하여 국민의 의사가 정치에 반영될 수 있도록 하였다.

자료 ② 황궁우와 환구단

황궁우는 태조와 천지신명의 위패를 모신 곳이고, 환구단은 황제가 하늘에 제사를 지내는 곳이다. 1897년 10월 고종은 환구단에서 황제 즉위식을 거행한 뒤 대한 제국의 수립을 선포하였다.

자료 ③ 대한국 국제 ← 황제가 군 통수권, 입법권, 사법권, 행정권 등 모든 권한을 갖는다고 규정하였다.

제1조 대한국은 세계 만국이 공인한 자주독립 제국이다.
제2조 대한 제국의 정치는 만세불변의 전제 정치이다.
제3조 대한국 대황제는 무한한 군권(군주권)을 지니고 있다.
제4조 대한국 신민이 군권을 침해하는 행위가 있으면 신민의 도리를 잃은 자로 인정한다.
제6조 대한국 대황제는 법률을 제정하여 반포와 집행을 명하고 대사, 특사, 감형, 복권을 명한다.
제9조 대한국 대황제는 각 조약국에 사신을 파견하고 선전 포고, 강화 및 관련 약조를 체결한다.

1899년에 반포된 대한국 국제에는 대한 제국이 전제 군주정임을 규정하고 있으며, 육해군 통수권, 입법권, 사법권, 행정권, 관리 임면권, 조약 체결권, 외교권 등의 모든 권한을 황제에게 집중시키는 내용이 담겨 있다.

○✗ 표시하기

❶ 서재필은 정부의 지원을 받아 독립신문을 창간하였다. ( )

❷ 관민 공동회에서 독립 협회와 정부 대신들은 홍범 14조를 채택하였다. ( )

❸ 독립 협회는 중추원을 근대식 의회 형태로 개편하려 하였다. ( )

❹ 고종은 환구단에서 황제로 즉위한 후 연호를 '건양'으로 정하였다. ( )

적절한 말 고르기

❺ 독립 협회는 (만민 공동회, 관민 공동회)를 열어 헌의 6조를 결의하고 황제의 재가를 얻었다.

❻ 독립 협회는 이권 수호 운동을 펼쳐 (미국, 러시아)의 절영도 조차 요구를 저지하였다.

❼ 대한 제국의 보수 세력은 독립 협회가 (공화정, 입헌 군주정)을 시행하려 한다고 모함하였고, 이에 고종은 독립 협회의 해산을 명하였다.

❽ 대한 제국은 광무개혁의 기본 방향으로 '옛것을 기본으로 하고 새로운 것을 참작한다.'라는 의미의 (구본신참, 문명개화)을/를 내세웠다.

빈칸 채우기

❾ 조선 정부는 보부상을 중심으로 조직된 ( )을/를 이용하여 만민 공동회를 탄압하였다.

❿ 고종은 대한 제국이 자주 독립국이며 황제가 전제 정치를 실시한다는 내용의 ( )을/를 반포하였다.

⓫ 대한 제국은 황제 직속의 군 통수 기관인 ( ) 을/를 설치하였다.

⓬ 대한 제국은 양전 사업을 실시하고 ( )(이)라는 근대적 토지 소유 증명 문서를 발급하였다.

> 25580-0163

01 밑줄 친 '이들'에 대한 설명으로 옳은 것은?

화면 속 건물은 이들이 머물던 미국 워싱턴 알링턴 호텔의 별채입니다. 이들은 서양과 최초로 맺은 조약의 결과 미국 공사의 조선 부임에 대한 답례로 파견되었는데, 미국에 40여 일 동안 머물렀습니다.

① 보빙사라고 불렸다.

② 영남 만인소를 작성하였다.

③ 사화로 인해 피해를 입었다.

④ 정부와 전주 화약을 체결하였다.

⑤ 만국 평화 회의에 특사로 파견되었다.

> 25580-0164

02 다음 주장이 제기된 배경으로 가장 적절한 것은?

미국을 끌어들일 경우 그들이 재물을 요구하고 우리의 약점을 알아차려 어려운 청을 하거나 과도한 경우를 떠맡긴다면 응하지 않을 도리가 없습니다. 러시아는 우리와 혐의가 없는 바, 공연히 남의 말만 들어 틈이 생기게 된다면 우리의 위신이 손상될 뿐만 아니라 만약 이를 구실로 침략해 온다면 구제할 길이 없습니다.

— 「일성록」 —

① 조선책략이 유포되었다.

② 아관 파천이 단행되었다.

③ 왜양일체론이 제기되었다.

④ 조러 비밀 협약이 추진되었다.

⑤ 청과 일본이 톈진 조약을 체결하였다.

> 25580-0165

03 (가)에 들어갈 내용으로 가장 적절한 것은?

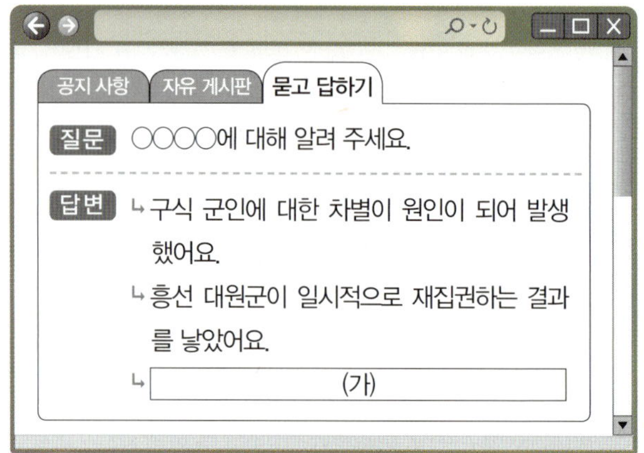

① 청군의 개입으로 실패하였어요.

② 척화비 건립에 영향을 주었어요.

③ 교정도감이 설치되는 계기가 되었어요.

④ 서경 천도와 금나라 정벌을 주장하였어요.

⑤ 고려와 몽골의 연합군에 의해 진압되었어요.

> 25580-0166

04 다음 조약이 체결된 배경으로 가장 적절한 것은?

제1조   금일부터 20일 안에 조선국은 흉도를 체포하고 그 괴수를 엄중히 취조하여 중죄에 처한다. …… 만일 그 기일 안에 체포하지 못할 때는 응당 일본국이 처리한다.

제5조   일본 공사관에 군인 약간을 두어 경비한다. 그 비용은 조선국이 부담한다.

① 을미사변이 일어났다.

② 임오군란이 발생하였다.

③ 조일 수호 조규가 체결되었다.

④ 제1차 갑오개혁이 추진되었다.

⑤ 영국이 거문도를 불법 점령하였다.

> 25580-0167

05 (가), (나) 세력에 대한 설명으로 옳지 <u>않은</u> 것은?

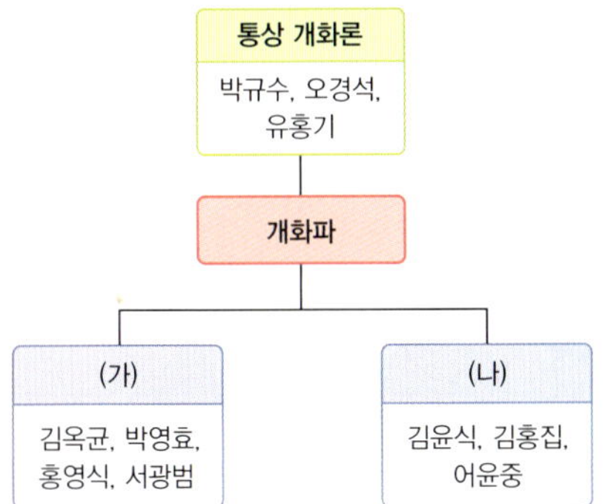

① (가) – 청의 내정 간섭에서 벗어나고자 하였다.
② (가) – 일본의 메이지 유신을 본받고자 하였다.
③ (나) – 동도서기론을 주장하였다.
④ (나) – 청의 양무운동을 본받고자 하였다.
⑤ (가)와 (나) – 위정척사 운동을 전개하였다.

> 25580-0168

06 다음 지도를 활용한 수업 주제로 가장 적절한 것은?

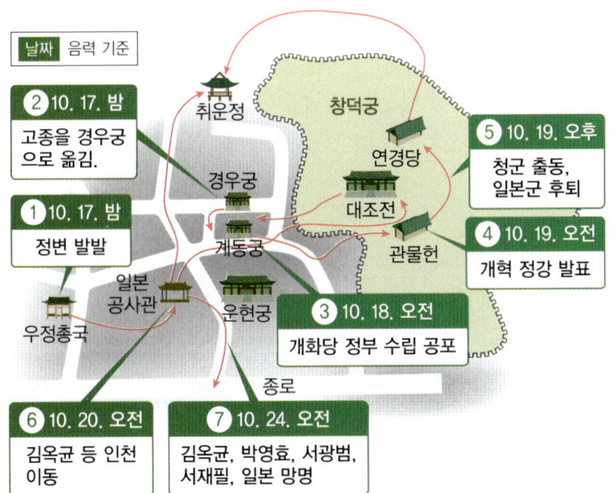

① 갑신정변의 전개
② 대한 제국의 수립
③ 임술 농민 봉기의 배경
④ 효종의 북벌 운동 추진
⑤ 훈구 세력과 사림 세력의 대립

> 25580-0169

07 밑줄 친 '이 조약'이 체결된 배경으로 가장 적절한 것은?

일본은 일본 공사관이 불타고 일본인 사상자가 생기자 그 책임을 물어 조선 정부와 <u>이 조약</u>을 맺고 배상금과 공사관 신축비를 받아 냈다. 몇 달 후 일본은 청과 톈진 조약을 체결하여 조선에서 양국 군대를 철수하되, 앞으로 조선에 군대를 보낼 때 상대국에 미리 알리도록 규정하였다.

① 교조 신원 운동이 전개되었다.
② 급진 개화파가 정변을 일으켰다.
③ 신식 군대인 별기군이 창설되었다.
④ 청일 전쟁에서 일본이 승리하였다.
⑤ 고종이 교육입국 조서를 반포하였다.

> 25580-0170

08 (가) 운동 중에 있었던 사실로 옳은 것은?

🔍 **노래로 살펴보는 우리 역사**

새야 새야 파랑새야 녹두밭에 앉지 마라
녹두꽃이 떨어지면 청포 장수 울고 간다
새야 새야 파랑새야 전주 고부 녹두새야
댓잎 솔잎 푸르다고 하절인 줄 알았더니
백설이 펄펄 엄동설한 되었구나

[작품 해설]
이 노래는 [(가)]을/를 이끌다 처형당한 전봉준을 그리는 구전 민요이다. 전봉준은 몸집이 작아 '녹두 장군'이라는 별칭을 얻었는데, 노랫말 속 '파랑새'는 일본군, '녹두밭'은 전봉준이 이끄는 농민군, '청포 장수'는 백성을 의미하는 것으로 알려져 있다.

① 신미양요가 일어났다.
② 집강소가 설치되었다.
③ 탕평비가 건립되었다.
④ 운요호 사건이 발생하였다.
⑤ 통리기무아문이 마련되었다.

중요

> 25580-0171

09 밑줄 친 '이 기구'가 운영된 시기에 볼 수 있는 모습으로 가장 적절한 것은?

국정 전반에 걸쳐 개혁을 수행하기 위해 이 기구가 조직되었다. 이틀 후 이 기구는 반상의 신분 차별 제도를 철폐하고 귀천에 구별 없이 인재를 등용할 것을 의결하였다. 또한 과부의 재가는 귀천을 논하지 말고 자유에 맡길 것과 공·사노비 제도를 일체 혁파하고 사람을 판매하는 일을 일절 금할 것을 의결하였다.

① 과거제 폐지 소식에 실망하는 유생
② 서희와 외교 담판을 벌이는 거란 장수
③ 나당 연합군에 맞서 싸우는 백제 병사
④ 곽재우가 이끈 의병의 공격을 받는 일본군
⑤ 별무반의 공격을 받아 달아나는 여진 병사

> 25580-0172

10 다음 사건이 일어난 시기를 연표에서 옳게 고른 것은?

고종과 명성 황후는 러시아 세력을 끌어들여 일본의 압력에서 벗어나고자 하였다. 이러한 상황에 위기의식을 느낀 일본은 군인 출신인 미우라 고로를 조선에 공사로 파견하였다. 미우라 고로는 일본군 수비대와 일본인 낭인, 해산당한 훈련대 무관 등을 경복궁에 침입시켜 명성 황후를 살해하였다.

(가)	(나)	(다)	(라)	(마)
교정청 설치	제1차 갑오개혁 시작	홍범 14조 반포	삼국 간섭	을미 개혁	아관 파천

① (가) ② (나) ③ (다) ④ (라) ⑤ (마)

> 25580-0173

11 (가) 단체에 대한 설명으로 옳은 것은?

① 대한국 국제를 반포하였다.
② 정부와 전주 화약을 체결하였다.
③ 미국에 답례 사절단으로 파견되었다.
④ 러시아의 절영도 조차 요구를 철회시켰다.
⑤ 개혁 추진을 위해 군국기무처를 설치하였다.

> 25580-0174

12 (가)에 들어갈 내용으로 가장 적절한 것은?

※ 동아리 '역사 사랑'에서 설문 조사를 실시합니다. 여러분의 적극적인 참여를 바랍니다.

대한 제국의 첫 번째 황제인 ○○이 추진한 광무개혁 중에서 가장 먼저 떠오르는 정책에 스티커를 붙여 주세요.

대한국 국제를 반포하였어요.

원수부를 설치하였어요.

(가)

① 지계를 발급하였어요.
② 초계문신제를 시행하였어요.
③ 백두산정계비를 건립하였어요.
④ 정동행성이문소를 폐지하였어요.
⑤ 전국을 9주 5소경으로 정비하였어요.

서술형 문제

| Step1 | 핵심 키워드 파악하기 |

> 25580-0175

01 다음 상소문이 작성된 배경을 서술하시오.

수신사 김홍집이 가지고 와서 유포한 황준헌의 사사로운 책자를 보노라면 어느새 털끝이 일어서고 쓸개가 떨리며 울음이 북받치고 눈물이 흐릅니다. …… 러시아는 본래 우리와 혐의가 없는 나라입니다. 공연히 남의 말만 들어 틈이 생기게 된다면 우리의 위신이 손상될 뿐만 아니라 만약 이를 구실로 침략해 온다면 장차 이를 어떻게 막을 것입니까? 지금 조정에는 어찌 백해무익한 일을 하여 러시아가 없는 마음을 먹게 하고, 미국의 의도하지 않았던 일을 만들어 오랑캐를 끌어들이려 하십니까?

예시 답안 1880년대에 정부가 개화 정책을 추진하였고, (   )이/가 유포되고 있었다.

> 25580-0176

02 밑줄 친 '군란'이 일어난 원인을 서술하시오.

난병들은 흥선 대원군에게 도움을 요청하고 정부 고관의 집을 공격하였다. 또한 일본인 교관을 죽이고 일본 공사관을 공격하였다. 여기에 한성 주변의 도시 하층민까지 합세하면서 군란의 규모는 더욱 커졌다. 군란 세력은 창덕궁까지 쳐들어가 민씨 일파를 처단하고 민씨 일파의 배후 인물로 지목된 왕비를 찾았으나 왕비는 이미 피신한 상황이었다. 고종이 흥선 대원군에게 군란의 수습을 맡기면서 흥선 대원군이 권력을 장악하였고, 개화 정책은 중단되었다.

예시 답안 조선 정부가 (   ) 군대인 별기군에 비해 (   ) 군인들을 차별 대우하였다.

| Step2 | 스스로 답안 작성하기 |

> 25580-0177

03 다음 글을 읽고 물음에 답하시오.

- 흥선 대원군을 가까운 시일 안에 돌아오게 하고 종래 청에 대해 행하던 조공의 허례를 폐지한다.
- 문벌을 폐지하고 인민 평등의 권리를 제정하여 능력에 따라 관리를 임명한다.
- 대신과 참찬은 합문 안의 의정소에서 회의 결정하고 정령을 의결하고 반포한다.
- 의정부와 6조 이외에 불필요한 관청은 모두 혁파하고, 대신과 참찬이 협의하여 정책을 결정한다.

(1) 위 개혁안이 발표된 사건을 쓰시오.

(2) (1)의 사건이 갖는 역사적 의의를 서술하시오.

> 25580-0178

04 다음 글을 읽고 물음에 답하시오.

1. 외국인에게 의존하지 않고 관민이 합심하여 전제 황권을 견고하게 할 것
2. 외국과의 이권에 관한 계약과 조약은 각부 대신 및 중추원 의장이 합동 날인하여 시행할 것
3. 국가 재정은 모두 탁지부가 관리하며, 예산 · 결산을 인민에게 공포할 것
4. 모든 중범죄는 따로 공개 재판하되 피고에게 철저히 설명하여 죄를 자복하게 한 후 시행할 것
5. 칙임관은 황제가 정부에 자문하여 그 과반수의 의견에 따라 임명할 것
6. 갑오개혁 이후 공포된 법령을 실천할 것

(1) 위 건의문이 채택된 집회의 명칭을 쓰시오.

(2) 위 건의문 채택을 주도한 단체가 추구한 정치 형태의 특징을 5항을 참고하여 서술하시오.

> 25580-0179

01 (가)에 들어갈 내용으로 가장 적절한 것은?

질문 있는 교실 수업

학습 주제: ○○○○ 운동의 전개

모둠별 토의 질문

1모둠: 서양 열강의 통상 요구에 반대한 이유는 무엇인가?

2모둠: 최익현이 주장한 왜양일체론의 의미는 무엇인가?

3모둠: (가)

4모둠: 유생들이 항일 의병 운동을 전개한 배경은 무엇인가?

이것은 여러분이 미리 공부해 온 학습 주제에 대해 모둠별로 만든 토의 질문입니다. 주제에 맞게 잘 만들었네요.

① 팔만대장경판이 제작된 배경은 무엇인가?

② 영남 만인소 사건이 일어난 계기는 무엇인가?

③ 홍경래의 난 당시 제기된 주장은 무엇이었을까?

④ 조광조가 건의한 현량과의 주요 내용은 무엇인가?

⑤ 신진 사대부가 과전법을 마련한 목적은 무엇인가?

> 25580-0180

02 밑줄 친 '영향'으로 가장 적절한 것은?

🔍 **사료로 보는 한국사**

러시아가 영토를 넓히려고 한다면 반드시 조선이 첫 번째 대상이 될 것이다. …… 러시아를 막는 책략은 무엇인가? 중국과 친하고, 일본과 맺고, 미국과 이어짐으로써 자강을 도모할 뿐이다.

[해설] 위 내용이 서술된 책은 주일 중국 외교관 황준헌이 조선이 당면한 국제적 지위를 논하고 외교 방책을 제시한 서적으로, 1880년 김홍집이 일본에 수신사로 다녀오면서 가져온 것이다. 이 책의 유포는 조선 사회에 많은 <u>영향</u>을 끼쳤다.

① 최제우가 동학을 창시하였다.

② 만적이 신분 해방을 주장하였다.

③ 척화비가 전국 각지에 세워졌다.

④ 부산 외 2개 항구를 개항하였다.

⑤ 조미 수호 통상 조약이 체결되었다.

> 25580-0181

03 (가) 사건에 대한 설명으로 옳은 것은?

▲   (가)   의 전개 과정

① 청군의 개입으로 진압되었다.

② 급진 개화파의 주도로 일어났다.

③ 삼정이정청이 설치되는 결과를 가져왔다.

④ 조일 수호 조규가 체결되는 계기가 되었다.

⑤ 제너럴 셔먼호 사건이 일어나는 배경이 되었다.

> 25580-0182

04 (가)에 들어갈 내용으로 가장 적절한 것은?

〈역사 드라마 제작 기획안〉

• 제목: 3일 천하로 끝난 ○○○○

• 제작 의도: 근대 국가 수립을 위해 급진 개화파가 추진한 정치 · 사회 개혁 운동을 조명한다.

• 장면 구성

#1. 조선에 주둔한 청군 일부가 철수하다

#2. 우정총국 개국 축하연이 열리다

#3.   (가)

#4. 개화당 정부가 개혁 정강을 발표하다

#5. 청군이 개입한 후 일본군이 철수하다

#6. 조선과 일본이 한성 조약을 체결하다

① 고종이 대한국 국제를 반포하다

② 박제가가 상공업 진흥을 주장하다

③ 흥선 대원군이 경복궁을 중건하다

④ 이성계가 위화도 회군을 단행하다

⑤ 김옥균, 박영효 등이 정변을 일으키다

> 25580-0183

05 (가), (나) 시기 사이에 있었던 사실로 옳은 것은?

> (가) 농민군이 관아로 쳐들어갔을 때 조병갑은 이미 도망치고 없었다. …… 전봉준은 들어가 이방 등 조병갑의 악정에 조력한 자들을 소환하거나, 잡아들여 매일 이들을 심문하였다.
>
> (나) 농민군이 전주성을 점령하였다. …… 전봉준은 힘을 다하여 전주성의 질서 유지를 위하여 노력하였다.

① 운요호 사건이 일어났다.

② 교육입국 조서가 반포되었다.

③ 농민군이 황토현 전투에서 승리하였다.

④ 독립 협회가 관민 공동회를 개최하였다.

⑤ 단발령에 반발하여 농민들이 의병에 가담하였다.

> 25580-0184

06 (가) 기구에서 추진한 개혁으로 옳은 것은?

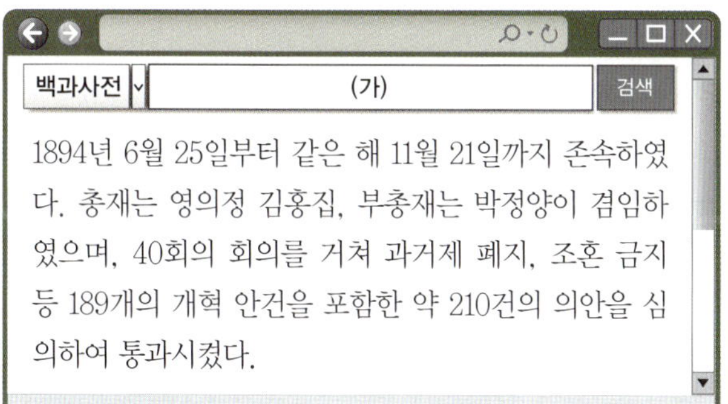

① 장용영을 설치하였다.

② 태양력을 도입하였다.

③ 신분제를 폐지하였다.

④ 한성순보를 발행하였다.

⑤ 전민변정도감을 설치하였다.

> 25580-0185

07 다음 관제가 발표된 배경을 알아보기 위한 탐구 활동으로 가장 적절한 것은?

> 제1조　중추원은 다음의 사항을 심사 의정하는 처소로 할 사.
> ① 법률과 칙령의 제정 · 폐지 혹은 개정에 관한 사항
> 　　　　……
> 제2조　중추원은 다음의 직원으로 합성할 사.
> 　　　　의장　　1인　　부의장 1인　　의관 50인
> 　　　　참서관　2인　　주 사　4인
> 　　　　……
> 제3조　…… 의관의 반수는 정부에서 공로가 일찍이 있는 자로 회의하여 추천하고 반수는 인민 협회 중에서 27세 이상인 자 중에서 정치, 법률, 학식에 도달한 자로 투표 선거할 것

① 집강소의 활동을 찾아본다.

② 교정청이 설치된 배경을 알아본다.

③ 조사 시찰단의 파견 이유를 살펴본다.

④ 제물포 조약이 체결된 계기를 조사한다.

⑤ 관민 공동회에서 논의된 내용을 파악한다.

> 25580-0186

08 다음 규정을 발표한 정부의 정책으로 옳은 것은?

> 제1조　지계아문은 한성부와 13도 각 부와 군의 산림, 토지, 전답, 가옥의 지계를 정리하기 위하여 임시로 설치한다.
>
> 제11조　산림, 토지, 전답, 가옥의 소유주가 관계(官契)를 발급받지 않았다가 적발되었을 때는 그 가격의 10분의 4에 해당하는 벌금을 물리고 관계를 발급한다.
>
> 제22조　토지 매매 증권을 인출하여 절반을 나눠 오른쪽 편은 토지 주인에게 주고, 왼쪽 편은 해당 지방 관청에서 보존한다.　－「지계아문 직원 급 처무 규정」－

① 탕평비를 건립하였다.

② 원수부를 설치하였다.

③ 영정법을 마련하였다.

④ 을미개혁을 추진하였다.

⑤ 노비안검법을 실시하였다.

🔑 핵심 개념

- ☐ 조청 상민 수륙 무역 장정
- ☐ 조일 통상 장정
- ☐ 화폐 정리 사업
- ☐ 방곡령

1 열강의 경제 침탈

1. 개항과 일본 상인의 무역 활동

(1) **일본 상인의 특권**: 강화도 조약과 부속 조약을 통해 각종 특권(영사 재판권, 일본 화폐 사용 등)이 일본 상인에게 부여

(2) **일본 상인의 활동 범위 제한**: 개항장 10리 이내에서 거류지 무역 전개(→ 일본 상인은 객주, 여각, 보부상 등 조선 상인의 중개로 무역)
┗ 개항장에서 외국인의 거주와 무역권을 인정한 지역으로, 치외 법권 지역이었다.

2. 청과 일본 상인의 경제 침탈

배경	임오군란 이후 청의 영향력 강화
내용	• 조청 상민 수륙 무역 장정 체결(1882): 청 상인의 특권 보장(양화진과 한성에 상점 개설 허용, 영사 재판권 인정, 허가를 받은 청 상인의 내지 통상 허용 등) → 청 상인의 본격 진출 **자료①** • 조일 통상 장정 체결(1883): 일본과의 무역 상품에 관세 부과, 일본에 대한 최혜국 대우 규정 **자료②**
결과	청 · 일본 상인 간 상권 경쟁 심화, 조선 상인에게 타격

3. 열강의 이권 침탈

(1) 아관 파천을 전후하여 자원 · 산업 부문에서 최혜국 대우 규정을 내세운 열강의 이권 침탈 심각

(2) **일본의 금융 · 재정 장악**

차관 제공	개혁과 시설 개선 등의 명목으로 차관 제공 → 대한 제국 재정의 일본 예속 심화
화폐 정리 사업	일본인 재정 고문 메가타가 주도, 백동화 등 구화폐를 일본 제일 은행권으로 교환 → 한국인이 설립한 은행과 한국인 상공업자에게 큰 타격 **자료③**

(3) **일본의 토지 약탈**: 철도 부지와 군용지 확보를 구실로 대규모 토지 차지, 동양 척식 주식회사 설립
┗ 1908년에 일본이 한국의 토지와 자원을 약탈하고 관리하기 위한 목적으로 서울에 설립한 독점적 국책 회사로, 관리한 토지를 일본인에게 헐값으로 넘겼다.

2 경제 주권 수호 운동

1. 상권 수호 운동

배경	외국 상인의 내륙 진출 본격화
전개	상회사 설립(대동 상회, 장통 상회 등), 시전 상인의 활동(철시 투쟁 전개, 황국 중앙 총상회 조직)

┗ 시전 상인들이 1898년에 조직하였다.
┗ 시장, 가게 등이 문을 닫고 영업하지 않는 것을 의미한다.

2. 방곡령 실시

배경	일본 상인에 의한 지나친 곡물 유출, 흉년 → 곡물 가격 폭등
전개	조일 통상 장정에 따라 함경도와 황해도 등지의 지방관이 방곡령 선포(1889, 1890) → 일본이 '1개월 전 통지' 규정 위반을 내세우며 방곡령 철회 요구 → 방곡령을 철회하고 배상금 지급

○ 백동화

급증하는 재정 수요를 충당하기 위해 1892년부터 전환국에서 주조한 화폐이다.

○ 일본 제일 은행권

일본 제일 은행이 한국의 재정을 장악할 목적으로 발행한 지폐이다.

○ 대동 상회

1883년 평안도 상인 20명이 자금을 출자해 설립한 유통 회사이다. 전국 곳곳에 직원을 보내 쌀이나 쇠가죽을 사고팔았으며, 해외 무역에도 관여하였다.

○ 방곡령

가뭄, 수해 등의 자연재해나 병란 등으로 식량 결핍이 우려될 때 지방관이 그 지방에서 생산된 곡식이 다른 지방이나 다른 나라로 유출되는 것을 금지한 조치이다.

자료 ① 조청 상민 수륙 무역 장정(1882)

> 제4관 조선 상인은 베이징에서, 청의 상인은 양화진과 한성에 들어가 영업소를 개설할 수 있도록 허락하는 경우를 제외하고 화물을 내륙에 운반하여 점포를 차리는 것을 금지한다. 양국 상인이 내지로 들어가 토산물을 구입하려고 할 경우 각각 자기 측 상무위원에게 제기해야 하고, 상무위원은 …… 허가증을 발급해 준다. — 『고종실록』 —

임오군란 직후에 체결된 조청 상민 수륙 무역 장정에 따라 청 상인은 지방관의 서명을 받아 허가증을 갖추면 개항장을 벗어나 조선 내륙까지 진출할 수 있게 되었다. 이에 따라 개항 이후 일본이 독점하고 있던 조선에 대한 무역이 청과 일본의 경쟁 구도로 변화하게 되어 청일 전쟁 직전에 이르러서는 청과 일본의 조선에 대한 수출액이 거의 대등할 정도가 되었다.

○ ✕ 표시하기

❶ 개항 초기에는 거류지 무역으로 인해 객주, 여각 등 조선 중개 상인들이 부를 축적하기도 하였다. (   )

❷ 갑신정변 이후 체결된 톈진 조약에 의해 청과 일본 상인들이 조선의 내륙에 진출하였다. (   )

❸ 외국 상인의 내지 통상이 허용되면서 객주, 여각 등의 활동이 위축되었다. (   )

❹ 청일 전쟁 이후 청의 영향력이 강화된 상황에서 조청 상민 수륙 무역 장정이 체결되었다. (   )

자료 ② 조일 통상 장정(1883)

> 조선은 1876년에 체결한 조일 무역 규칙의 불합리한 내용을 시정하기 위해 노력하였고, 그 결과 1883년에 조일 통상 장정을 체결하여 관세 부과, 방곡령 등을 규정하였다.

> 제9관 입항하거나 출항하는 각 화물이 세관을 통과할 때는 응당 본 조약 세칙에 따라 관세를 납부해야 한다.
>
> 제37관 조선에서 가뭄, 수해, 병란 등의 일로 국내에 양식이 부족할 것을 우려하여 일시 쌀 수출을 금지하려고 할 때에는 1개월 전에 지방관이 일본 영사관에 통지하여 미리 그 기간을 항구에 있는 일본 상인들에게 전달하고 일률적으로 준수하는 데 편리하게 한다.
>
> 제42관 현재나 앞으로 조선 정부에서 어떠한 권리와 특전 및 혜택과 우대를 다른 나라 관리와 백성에게 베풀 때에는 일본국 관리와 백성에게도 일체 그것을 균등하게 적용한다.
>
> — 『고종실록』 —

자료는 1883년 조선이 일본과 체결한 조일 통상 장정이다. 이 장정을 통해 조선은 관세권을 설정하여 무관세 무역의 문제를 해결하고자 하였고, 자연재해 등으로 인한 상황에서 곡식의 수출을 금지할 수 있도록 하였다. 하지만 제42관에는 일본의 요구로 최혜국 대우 규정이 포함되었다.

적절한 말 고르기

❺ 아관 파천을 전후하여 열강은 (최혜국 대우, 영사 재판권) 규정을 내세우며 우리나라의 각종 이권을 약탈하였다.

❻ 화폐 정리 사업은 제1차 한일 협약에 따라 대한 제국의 재정 고문이 된 (메가타, 스티븐스)에 의해 진행되었다.

❼ 외국 상인의 내륙 진출에 대해 객주, 보부상 등은 (상회사, 동양 척식 주식회사)를 설립하여 대응하였다.

❽ 시전 상인들이 외국 상인의 내륙 상업 활동을 막기 위해 (황국 협회, 황국 중앙 총상회)를 조직하였다.

자료 ③ 화폐 정리 사업

> 구 백동화의 품질, 무게, 인상(印象), 모양이 정화(正貨)로 인정받을 만한 것(갑종)은 1개당 2전 5리의 가격으로 신화폐로 교환해 준다. 이 기준에 합당하지 않은 부정 백동화(을종)는 1개당 1전의 가격으로 정부에서 매수한다. …… 단, 형태나 품질이 조악한 백동화(병종)는 매수하지 않는다.
>
> — 『관보』, 1905. 6. 24. —

제1차 한일 협약(1904)에 따라 재정 고문으로 부임한 메가타는 대한 제국의 화폐 제도가 문란하다는 명분으로 화폐 정리 사업을 추진하였다. 기존에 사용하던 백동화를 갑·을·병종으로 나누어 일본 제일 은행권으로 교환하였는데 2/3 가량이 병종으로 판정되어 폐기되었다. 이에 따라 병종 백동화를 많이 보유하고 있던 한국 상인들이 큰 피해를 입었고, 통화량이 급격하게 감소하여 전황이 발생하였다.

빈칸 채우기

❾ 조선은 (   )의 체결로 허가를 받은 청 상인의 내지 통상을 허용하였다.

❿ 일본 상인들의 곡물 반출과 흉년으로 인한 곡물 가격 폭등을 막기 위해 지방관이 (   )을/를 선포하였다.

⓫ 함경도와 황해도 등지의 지방관이 방곡령을 선포하였으나 일본은 (   )의 '1개월 전 통지' 규정 위반을 내세워 방곡령 철회를 요구하였다.

🔗 핵심 개념

- ☐ 대종교
- ☐ 교육입국 조서
- ☐ 대한매일신보
- ☐ 독사신론

○ 광혜원
갑신정변 당시 중상을 입은 민영익을 선교사 알렌이 치료한 것을 계기로 설립된 최초의 서양식 관립 병원이었다. 건물은 홍영식의 집(지금의 헌법 재판소 자리)을 사용하도록 하였고, 광혜원이라는 명칭은 제중원으로 변경되었다.

○ 원산 학사
근대적 학문과 외국어를 교육한 최초의 근대식 학교로 함경도 덕원에 설립되었다.

○ 한성순보
정부가 발행한 최초의 근대적 신문으로 박문국에서 발행하였으며, 순 한문으로 되어 있었다.

○ 독립신문
서재필 등이 정부의 지원을 받아 순 한글과 영문으로 간행한 것으로 최초로 발행된 순 한글 신문이다.

○ 신문지법
신문 창간의 허가제 실시, 발행 전 관할 기관에 사전 제출 등 언론 활동을 통제·검열하는 내용을 담고 있어 일제의 한국 신문 탄압에 이용되었다.

○ 국문 연구소
학부 안에 설치된 한글 연구 기관으로 국문 연구 의정안을 작성하였다.

○ 여권통문
서울 북촌의 여성들이 여성 교육과 여성의 사회 진출을 요구하며 발표한 글이다.

---

3 서구 문물의 도입과 사회·문화 변화

1. 근대 시설의 도입

교통, 통신	전신(국내 및 청, 일본과 연결), 우편(우정총국), 전차(서대문~청량리 구간 등), 철도(경인선, 경부선, 경의선) 등 도입
전기	경복궁에 전등 설치, 한성 전기 회사 설립
의료 시설	광혜원(제중원), 대한 의원 등 설립
건축	독립문, 명동 성당, 덕수궁 석조전 건립
의의와 한계	일상생활의 편리, 근대적 시간관념 등 근대 의식의 확산, 외세 침략에 이용

2. 의식주 생활의 변화: 커피 등 서양 음식, 양복·양장, 서양식 건축물 등 보급

3. 종교계의 변화

유교	박은식의 「유교 구신론」 제기
불교	한용운의 『조선불교유신론』 저술, 조선 불교의 자주성 수호 운동 전개
동학	손병희가 천도교로 개칭, 민족의식 고취 노력(학교 설립, 기관지 『만세보』 발행)
대종교	나철, 오기호 등이 단군 신앙을 기반으로 창시(1909) → 만주로 포교 확대
천주교	소학교·고아원·양로원 등 설립, 경향신문 발행
개신교	병원 설립, 학교 설립(이화 학당, 배재 학당 등), 여성 교육과 사회봉사 활동 전개

유교의 문제점을 세 가지로 지적하고 실천적인 유교 정신을 강조하는 등 개혁 방향을 제시한 논문이다.

국권 피탈 이후 만주에서 중광단을 결성하여 무장 독립 전쟁을 전개하였다.

4 국민 의식과 민권 의식의 확산

1. 근대 교육 기관의 설립

1880년대	원산 학사, 동문학(외국어 강습소), 육영 공원(근대적 관립 학교), 배재 학당·이화 학당 등 개신교 선교사들이 설립한 사립 학교가 근대 학문을 교육
1890년대	교육입국 조서 반포(1895), 한성 사범 학교·소학교·외국어 학교 등 설립 자료❶
1900년대 이후	• 광무개혁으로 각종 기술 교육 기관 설립 • 애국 계몽 운동으로 오산 학교, 대성 학교 등 수많은 학교와 각종 학회가 설립되어 민족 교육 강조 → 일제가 사립 학교령을 통해 탄압

미국인 강사를 초빙하여 상류층 자제에게 영어를 비롯한 수학, 지리학 등을 가르쳤다.

제2차 갑오개혁 때 고종이 교육을 통한 입국(立國)의 의지를 천명한 교육에 관한 특별 조서로, 이후 근대적인 학제가 마련되었다.

2. 언론 기관의 발달

종류	한성순보, 독립신문, 제국신문, 황성신문, 대한매일신보(양기탁, 베델 등이 운영, 국채 보상 운동 확산에 기여)
역할	민중 계몽과 민족의식 고취 노력
탄압	일제가 신문지법(1907)을 통해 언론 활동 탄압

3. 국학 연구

국어	국문 연구소 설립(1907), 주시경의 『국어 문법』 등
역사	• 근대 계몽 사학을 통해 애국심 고취, 민중 계몽 • 신채호: 『이순신전』, 『을지문덕전』, 「독사신론」 발표(→ 민족주의 사학의 방향 제시) 자료❷

민족을 역사 서술의 주체로 강조하며 민족주의 역사 서술의 기본 틀을 제시하였다.

4. 민권 의식의 성장: 갑오개혁 때 신분제 철폐·재판 제도 개혁, 독립 협회의 활동으로 민권 의식 성장, 여권 성장(1898년 「여권통문」 발표, 여성 학교 설립) 자료❸

자료 탐구

개념 체크 문제
• 정답 **35**쪽

자료 ① 교육입국 조서

> 아, 백성을 가르치지 않으면 국가를 굳건히 하기가 매우 어렵다. 세상 형편을 돌아보건대 부유하고 강하여 우뚝 독립한 국가들은 모두 그 나라 백성의 지식이 개명하다. 지식이 개명함은 교육이 잘되었기 때문인즉 교육이 국가를 보존하는 근본이다.
> — 『고종실록』, 1895. 2. 2. —

교육입국 조서는 1895년 제2차 갑오개혁 때 고종이 발표한 교육에 관한 특별 조서로, 교육이 국가 보존의 근본임을 밝히고 덕(德), 체(體), 지(知)의 육성을 강조하였다. 이후 근대 학교 법규를 제정함에 따라 소학교가 세워지고, 한성 중학교, 한성 사범 학교, 각종 외국어 학교 등 많은 관립 학교가 세워졌다.

O ✖ 표시하기

❶ 한성순보는 우리나라 최초의 신문이며, 순 한문으로 발행되었다. ( )

❷ 독립신문은 국채 보상 운동을 적극 후원하여 전국적인 모금 운동으로 확산시켰다. ( )

❸ 황성신문은 영국인 베델이 발행인으로 참여하였으며, 강력한 항일 논조로 많은 독자층을 확보하였다. ( )

❹ 지석영, 주시경 등은 1907년에 설립된 국문 연구소에서 국문을 정리하고 연구하였다. ( )

자료 ② 독사신론

> 성하고 쇠퇴함을 의미한다(발전하고 쇠퇴함).

> 국가의 역사는 민족의 소장성쇠(消長盛衰)를 서술해야 한다. 민족을 버리면 역사가 없고, 역사를 버리면 민족의 국가 관념이 크지 않을 것이다. …… 역사를 집필하는 자는 반드시 그 국가의 주인 종족을 골라 이를 주제로 삼은 후 그 정치는 어떻게 번영하고 어떻게 쇠퇴하였는지, 산업은 어떻게 융성하고 쇠퇴하였는지, 무공은 어떻게 나아가고 물러갔으며, 그 문화는 어떻게 변화하였으며, 다른 민족과의 관계는 어떠하였는지를 서술해야 역사라 말할 수 있을 것이다. 그렇지 않으면 정신 빠진 역사라. 정신 빠진 역사는 …… 정신 빠진 국가를 만들 것이니.
> — 대한매일신보, 1908. 8. 27. —

신채호는 1908년 대한매일신보에 「독사신론」을 연재하였다. 그는 중국 중심의 역사 인식과 일본에 의한 고대사 왜곡을 강력히 비판하고, 역사 서술의 주체를 민족으로 설정하여 민족주의 사학의 연구 방향을 제시하였다.

적절한 말 고르기

❺ (박은식, 한용운)은 「유교 구신론」을 제시하여 실천적인 유교 정신의 중요성을 강조하였다.

❻ 나철, 오기호 등은 전통적인 단군 신앙을 기반으로 (대종교, 천도교)를 창시하였다.

❼ 1880년대 개화파 관료와 함경도 덕원 주민들은 최초의 근대식 학교인 (원산 학사, 한성 사범 학교)를 세웠다.

❽ (신채호, 한용운)은/는 독사신론을 발표하여 민족주의 사학 연구의 방향을 제시하였다.

자료 ③ 민권 의식의 성장

> 관민 공동회에서 연설한 백정 출신 박성춘을 가리킨다.

> 이 사람은 바로 대한에서 가장 천한 사람이고 매우 무식합니다. 그러나 임금께 충성하고 나라를 사랑하는 뜻은 대강 알고 있습니다. 이제 나라를 이롭게 하고 백성을 편리하게 하려면 관리와 백성이 마음을 합해야 한다고 생각합니다. 저 천막에 비유하면, 한 개의 장대로 받치자면 힘이 부족하지만 만일 많은 장대로 힘을 합친다면 그 힘은 매우 튼튼한 것과 같습니다. 삼가 원하건대, 관리와 백성이 마음을 합하여 우리 대황제의 훌륭한 덕에 보답하고 국운이 영원토록 무궁하게 합시다!
> — 『대한계년사』 —

백정 출신인 박성춘이 관민 공동회에서 연설한 내용이다. 많은 시민과 정부 관료가 모인 자리에서 가장 낮은 신분으로 여겨졌던 백정 출신이 연사로 나선 점은 당시 민권 의식이 함양되고 평등 사회로 나아가고 있음을 보여 준다.

<보기>에서 고르기

> **보기**
> ㄱ. 광혜원   ㄴ. 동문학
> ㄷ. 우정총국   ㄹ. 육영 공원

❾ 우편 업무 담당 ( )

❿ 외국어 강습소 ( )

⓫ 근대식 관립 학교 ( )

⓬ 최초의 서양식 관립 병원 ( )

> 25580-0187

01 다음 조항이 적용된 시기의 경제 상황만을 〈보기〉에서 고른 것은?

> 제4관 부산항에서 일본인이 통행할 수 있는 도로의 거리는 부두에서 동서남북 각 직경 10리(조선의 이법)로 정한다.

보기

ㄱ. 화폐 정리 사업으로 조선 상인들이 피해를 입었다.
ㄴ. 일본 상인들이 개항장에서 일본 화폐를 사용하였다.
ㄷ. 일본 상인들은 영국산 면제품을 조선에 판매하였다.
ㄹ. 조선은 일본 상인이 가져온 물품에 관세를 부과하였다.

① ㄱ, ㄴ   ② ㄱ, ㄷ   ③ ㄴ, ㄷ
④ ㄴ, ㄹ   ⑤ ㄷ, ㄹ

> 25580-0188

02 교사의 질문에 대한 학생들의 답변으로 가장 적절한 것은?

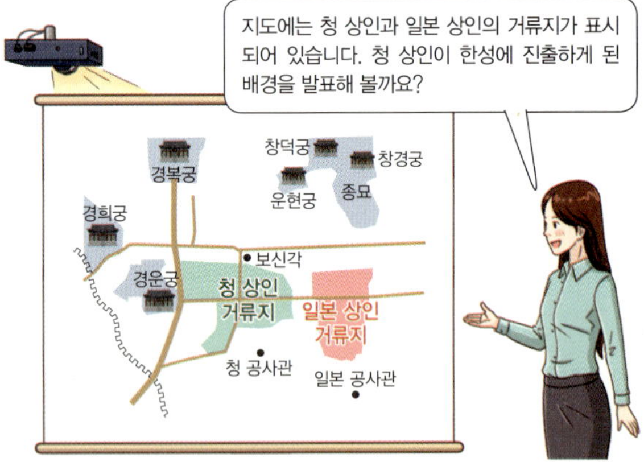

① 청해진이 설치되었습니다.
② 청일 전쟁이 발발하였습니다.
③ 정조가 통공 정책을 단행하였습니다.
④ 벽란도가 국제 무역항으로 번성하였습니다.
⑤ 조청 상민 수륙 무역 장정이 체결되었습니다.

> 25580-0189

03 (가) 단체에 대한 설명으로 옳은 것은?

> **역사 용어 카드**
>
> (가)
>
> • 설립: 1898년
> • 유형: 단체
> • 내용: 한성부의 각 시전 상인들을 회원으로 설립된 단체이다. 독립 협회와 연대하여 철시 운동을 전개했으며, 민족의 권익을 지키면서 시전 상인의 독점적 이익을 유지하는 활동을 전개하였다.

① 상권 수호 운동을 전개하였다.
② 국채 보상 운동을 주도하였다.
③ 대동법 실시를 계기로 성장하였다.
④ 집강소에서 폐정 개혁을 추진하였다.
⑤ 모금 운동을 통해 독립문을 건립하였다.

중요

> 25580-0190

04 밑줄 친 '이 사업'에 대한 설명으로 옳은 것은?

> 일본은 대한 제국에서 사용되던 상평통보와 백동화 등을 일본 제일 은행권으로 교환하는 이 사업을 추진하였다. 그러나 교환 과정에서 백동화의 가치가 제대로 인정되지 않아 많은 농민과 상인, 자본가가 피해를 입었다.

▲ 상평통보　　▲ 백동화　　▲ 일본 제일 은행권(견본)

① 아관 파천 시기에 전개되었다.
② 재정 고문 메가타의 주도로 시행되었다.
③ 청군의 개입으로 3일 만에 실패로 끝났다.
④ 조일 통상 장정의 규정에 근거하여 실시되었다.
⑤ 경복궁 중건을 위한 재정을 마련하고자 추진되었다.

> 25580-0191

05 밑줄 친 '이 종교'에 대한 설명으로 옳은 것은?

① 천도교로 개칭하였다.
② 단군 숭배를 내세웠다.
③ 서경 길지설의 근거가 되었다.
④ 신진 사대부에 의해 비판받았다.
⑤ 제사 의식을 거부하여 탄압받았다.

> 25580-0193

07 (가)에 들어갈 내용으로 가장 적절한 것은?

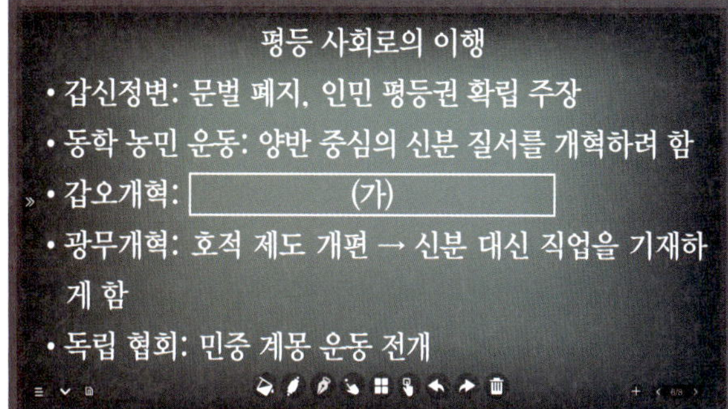

① 집강소 설치
② 여권통문 발표
③ 헌의 6조 결의
④ 대한국 국제 반포
⑤ 공·사노비제 폐지

> 25580-0192

06 다음 상소문이 끼친 영향으로 옳은 것은?

덕원 부사 정현석이 장계를 올립니다. 신이 다스리는 읍은 해안의 요충지에 있고 아울러 개항지가 되어 소중함이 다른 곳에 비할 바가 못됩니다. 개항지를 빈틈없이 운영해 나가는 방도는 인재를 선발하여 쓰는 데 달려 있고, 인재 선발의 요체는 교육에 있습니다. 그러므로 학교를 설립하여 연소하고 총명한 자를 뽑아 교육하고자 합니다.

– 『덕원부계록』 –

① 동문학이 영어 통역관을 길러냈다.
② 원산 학사에서 근대 학문을 교육하였다.
③ 한성 사범 학교에서 교원을 양성하였다.
④ 배재 학당에서 선교사가 수학을 가르쳤다.
⑤ 육영 공원에서 미국인 교사가 영어를 가르쳤다.

> 25580-0194

08 (가)에 해당하는 신문으로 옳은 것은?

한국사 인물 카드

어니스트 토머스 베델

• 약력
– 1872년 11월 3일 영국 브리스틀 태생
– 1888~1904년 일본 거주
– 1904~1908년 한국으로 건너와 양기탁 등과 함께 (가) 창간 및 운영
– 1909년 37세의 나이로 사망

① 독립신문
② 제국신문
③ 황성신문
④ 한성순보
⑤ 대한매일신보

서술형 문제

Step1 핵심 키워드 파악하기

> 25580-0195

01 다음 조약이 끼친 영향을 서술하시오.

> 제4관 조선 상인은 베이징에서, 청의 상인은 양화진과
> 한성에 들어가 영업소를 개설할 수 있도록 허락
> 하는 경우를 제외하고 화물을 내륙에 운반하여
> 점포를 차리는 것을 금지한다. 만일 필요한 경우
> 각각 자기 측 상무위원에게 제기해야 하고, 상무
> 위원은 …… 증명서를 발급해 준다.

예시 답안 (　　　　) 상인이 허가를 받으면 조선의 개항장
밖의 (　　　　)에서 통상하는 것이 가능해졌다.

> 25580-0196

02 다음 지도에 나타난 이권 침탈이 일어난 배경을 서술하시오.

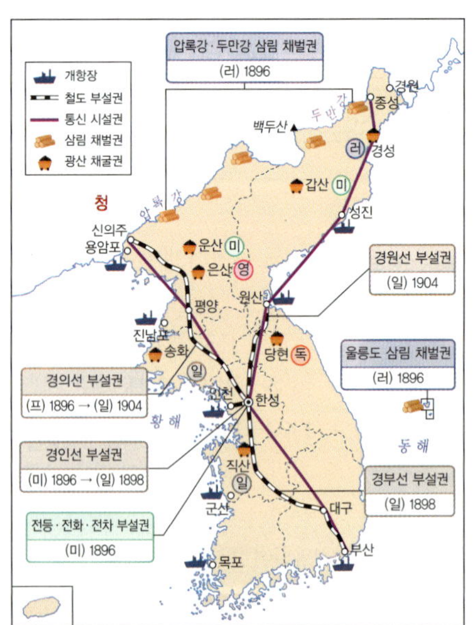

예시 답안 (　　　　) 이후 러시아를 비롯한 열강들은
(　　　　) 규정을 내세우며 대한 제국의 이권을 침탈하였다.

Step2 스스로 답안 작성하기

> 25580-0197

03 다음 글을 읽고 물음에 답하시오.

> 구 백동화의 품질, 무게, 인상(印象), 모양이 정화(正貨)로
> 인정받을 만한 것(갑종)은 1개당 2전 5리의 가격으로 신
> 화폐로 교환해 준다. 이 기준에 합당하지 않은 부정 백동
> 화(을종)는 1개당 1전의 가격으로 정부에서 매수한다.
> …… 단, 형태나 품질이 조악한 백동화(병종)는 매수하지
> 않는다.　　　　　　　　　　　－「관보」, 1905. 6. 24. －

(1) 위 자료에 나타난 정책의 명칭을 쓰시오.

(2) (1)에 나타난 정책의 내용과 영향을 각각 서술하시오.

> 25580-0198

04 다음 글을 읽고 물음에 답하시오.

> 아, 백성을 가르치지 않으면 국가를 굳건히 하기가 매우
> 어렵다. 세상 형편을 돌아보건대 부유하고 강하여 우뚝
> 독립한 국가들은 모두 그 나라 백성의 지식이 개명하다.
> 지식이 개명함은 교육이 잘되었기 때문인즉 교육이 국가
> 를 보존하는 근본이다.　　　　　－「고종실록」, 1895. 2. 2. －

(1) 위 조서의 명칭을 쓰시오.

(2) 위 조서가 끼친 영향을 학교 설립과 관련하여 서술하시오.

1등급 도전 문제

> 25580-0199

01 (가) 장정에 대한 학생들의 발표 내용으로 가장 적절한 것은?

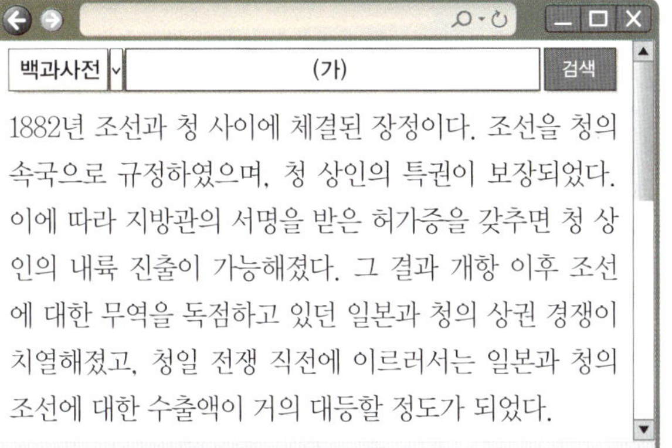

① 러일 전쟁 중에 강요되었습니다.
② 최혜국 대우를 처음 규정하였습니다.
③ 운요호 사건을 계기로 맺어졌습니다.
④ 임오군란을 배경으로 체결되었습니다.
⑤ 강화도 조약의 부속 조약으로 체결되었습니다.

> 25580-0200

02 다음 자료를 활용한 탐구 활동으로 가장 적절한 것은?

제9관	입항하거나 출항하는 각 화물이 세관을 통과할 때는 응당 본 조약 세칙에 따라 관세를 납부해야 한다.
제37관	조선에서 일시 쌀 수출을 금지하려고 할 때에는 1개월 전에 지방관이 일본 영사관에 통지하여 미리 그 기간을 항구에 있는 일본 상인들에게 전달하고 일률적으로 준수하는 데 편리하게 한다.
제42관	현재나 앞으로 조선 정부에서 어떠한 권리와 특전 및 혜택과 우대를 다른 나라 관리와 백성에게 베풀 때에는 일본국 관리와 백성에게도 일체 그것을 균등하게 적용한다.

① 방곡령 사건이 발생한 이유를 살펴본다.
② 부산, 원산, 인천이 개항된 배경을 파악한다.
③ 정부의 보빙사 파견이 이루어진 과정을 알아본다.
④ 청 상인에게 내지 통상권이 허용된 근거를 조사한다.
⑤ 일본이 랴오둥반도를 청에 반환하게 된 원인을 분석한다.

> 25580-0201

03 다음 주장을 펼친 인물에 대한 설명으로 옳은 것은?

> 국가의 역사는 민족의 소장성쇠(消長盛衰)를 서술해야 한다. 민족을 버리면 역사가 없고, 역사를 버리면 민족의 국가 관념이 크지 않을 것이다. …… 역사를 집필하는 자는 반드시 그 국가의 주인 종족을 골라 이를 주제로 삼은 후 그 정치는 어떻게 번영하고 어떻게 쇠퇴하였는지, 산업은 어떻게 융성하고 쇠퇴하였는지, 무공은 어떻게 나아가고 물러갔으며, 그 문화는 어떻게 변화하였으며, 다른 민족과의 관계는 어떠하였는지를 서술해야 역사라 말할 수 있을 것이다. 그렇지 않으면 정신 빠진 역사라. 정신 빠진 역사는 …… 정신 빠진 국가를 만들 것이니. — 「독사신론」 —

① 동학을 창시하였다.
② 육영 공원을 설립하였다.
③ 이순신전 등 구국 위인전을 저술하였다.
④ 조선불교유신론을 통해 불교 개혁을 강조하였다.
⑤ 유교 구신론을 내세워 유교의 개혁을 주장하였다.

> 25580-0202

04 밑줄 친 '이 신문'에 대한 설명으로 옳은 것은?

사진은 서울 양화진 외국인 선교사 묘원에 있는 ○○의 무덤과 묘비이다. 그는 러일 전쟁이 일어나자 이를 취재하기 위해 대한 제국에 왔으며, 그해 7월 양기탁과 함께 이 신문을 창간하였다. 그는 이 신문을 통해 을사늑약의 무효를 주장하고, 고종의 친서를 게재하는 등 나라 안팎에 일본의 침략 행위를 폭로하였다.

① 박문국에서 발행하였다.
② 최초의 순 한글 신문이었다.
③ 삼정이정청 설치에 영향을 끼쳤다.
④ 국채 보상 운동의 확산에 기여하였다.
⑤ 독립문 건립을 위한 모금 활동을 하였다.

04 국권 침탈과 국권 수호 운동

1 일제의 침략과 국권 피탈

1. 러일 전쟁과 일본의 침략

(1) **러일 전쟁의 발발(1904. 2.):** 한반도와 만주를 둘러싼 러시아와 일본의 대립 격화 → 대한 제국의 국외 중립 선언, 일본이 러시아를 기습 공격하면서 전쟁 시작

(2) **한일 의정서(1904. 2.):** 일본이 한반도 내에서 군사적 요충지 사용권 확보

(3) **제1차 한일 협약(1904. 8. 재정 · 외교 고문 용빙에 관한 협정서):** 일본이 대한 제국에 외교 고문(스티븐스)과 재정 고문(메가타) 추천 → 대한 제국의 외교와 재정 간섭(고문 정치)

└ 1908년 장인환, 전명운에 의해 제거되었다.

└ 화폐 정리 사업을 추진하였다.

(4) **일본의 한국 지배에 대한 열강의 인정**

가쓰라 · 태프트 밀약(1905. 7.)	미국의 필리핀 지배, 일본의 한국 지배를 양국이 서로 인정
제2차 영일 동맹(1905. 8.)	영국의 인도 지배, 일본의 한국 지배를 양국이 서로 인정

(5) **러일 전쟁의 종결:** 포츠머스 조약 체결(1905. 9.) → 일본이 한국에 대한 독점적 지배권 확보

2. 일제의 국권 침탈

(1) **을사늑약(1905. 11.)** 자료①

과정	러일 전쟁 종결 후 일본이 대한 제국 황제와 관리를 무력으로 위협, 강제 체결(공식적인 조약 명칭이 없고 고종의 비준 절차를 거치지 않았기 때문에 무효)
결과 및 대응	일본이 대한 제국의 외교권을 박탈하고 통감부 설치, 초대 통감으로 부임한 이토 히로부미가 내정 간섭 → 고종은 조약의 무효 선언, 헤이그 특사 파견(1907)

(2) **한일 신협약(정미 7조약, 1907. 7.)** 자료②

과정	헤이그 특사 파견을 구실로 고종을 강제로 퇴위시킨 후 일본의 강요로 체결
결과	비밀 각서(부수 각서)에 따라 행정 각 부에 일본인 차관 임명 및 대한 제국의 군대 해산

(3) **한국 병합 조약(1910. 8.):** 일제가 대한 제국의 국권 강탈 → 조선 총독부 설치

└ 초대 총독으로 제3대 통감 데라우치가 부임하였다.

2 간도와 독도

1. 간도 자료③

└ 1712년 건립되었으며 청과 조선의 국경을 서쪽은 압록강, 동쪽은 토문강으로 결정한다고 기록되었다.

귀속 분쟁	백두산정계비문의 토문강 해석을 두고 조선과 청 사이에 영유권 분쟁 발생
대한 제국의 정책	이범윤을 간도 관리사로 임명하여 간도 주민들을 직접 관할
간도 협약(1909)	일제가 남만주 철도 부설권 등을 획득하는 대가로 간도를 청의 영토로 인정

2. 독도

대한 제국 칙령 제41호 (1900)	대한 제국이 울릉도를 울도군으로 승격시키고, 독도를 관할하게 하여 독도가 우리 영토임을 확인
일제의 강탈	러일 전쟁 중 일본이 시마네현 고시를 통해 독도를 불법적으로 일본 영토에 편입(1905)

◎ 통감부

대한 제국의 외교 업무를 대행한다는 명분으로 설치한 기구이다. 1907년 한일 신협약 체결 이후에는 내정 전반을 장악하였다.

◎ 헤이그 특사

1907년 네덜란드 헤이그에서 열린 만국 평화 회의에 고종이 을사늑약이 무효임을 알리기 위해 파견한 특사(이상설, 이준, 이위종)이다. 이들은 일본 등의 방해로 회의에 참여하지는 못하였으나 회의장 밖에서 각국 대표에게 보내는 탄원서를 발표하는 등의 활동을 전개하였다.

◎ 대한 제국 칙령 제41호(1900)

제2조 군청 위치는 태하동으로 정하고 구역은 울릉 전도와 죽도, 석도(독도)를 관할할 것

대한 제국은 1900년에 칙령 제41호를 관보에 게재하여 울릉도의 관할 구역으로 독도를 명시하고, 독도가 명백한 우리 땅임을 선포하였다.

자료 ① 을사늑약

> 제2조 …… 한국 정부는 지금부터 일본국 정부의 중개를 거치지 않고서는 국제적 성질을 가진 어떠한 조약이나 약속도 맺지 않을 것을 서로 약속한다. └ 일본이 대한 제국의 외교권을 빼앗은 내용이다.
>
> 제3조 일본국 정부는 그 대표자로 한국 황제 폐하 밑에 1명의 통감을 두되 통감은 오로지 외교에 관한 사항을 관리하기 위해 경성에 주재하고 직접 한국 황제 폐하를 만날 수 있는 권리를 가진다.
>
> — 『고종실록』 —

러일 전쟁을 치르면서 미국, 영국, 러시아로부터 한반도에 대한 독점적 지배권을 인정받은 일본은 군대를 동원하고, 고종과 대신들을 위협하여 을사늑약을 강요하였다. 을사늑약에 따라 일본은 통감부를 설치하고 대한 제국의 외교 업무를 대행하였으며 내정에도 간섭하기 시작하였다.

◯✖ 표시하기

❶ 일본은 러일 전쟁 발발 직후 한일 의정서를 체결하여 한국의 군사적 요충지를 장악하였다. ( )

❷ 일본은 제1차 한일 협약을 통해 대한 제국에 재정 고문 메가타와 외교 고문 스티븐스를 고용하게 하였다. ( )

❸ 영국은 가쓰라·태프트 밀약을 통해 일본의 대한 제국 지배를 인정하였다. ( )

❹ 일본은 독도를 '무주지'로 규정하고 청일 전쟁 중에 자국 영토로 불법 편입하였다. ( )

자료 ② 한일 신협약과 부수 각서(1907. 7.)

> 제1조 한국 정부는 시정 개선에 관해 통감의 지도를 받을 것
> 제4조 한국 고등 관리의 임면은 통감의 동의로써 행할 것
> (부수 각서) 제3조 다음 방법에 의하여 군비를 정리함.
> 1. 육군 1대대를 존치하여 황궁 수위를 담당하게 하고 기타 부대를 해산할 것 └ 대한 제국의 군대를 해산한다는 의미이다.
> 제5조 중앙 정부 및 지방청에 다음과 같이 일본인을 한국 관리로 임명함.
> 1. 각 부 차관 └ 대한 제국의 행정 각부에 일본인 차관을 임명한다는 내용이다.
>
> — 일본 외교 문서 —

1907년 일제는 헤이그 특사 파견을 구실로 고종을 퇴위시키고, 한일 신협약(정미 7조약)을 강제로 체결하였다. 이에 따라 통감이 내정 전권을 장악하였으며, 부수 각서에 따라 대한 제국의 군대를 해산하고 대한 제국의 행정 각부에 일본인 차관이 임명되었다.

적절한 말 고르기

❺ 일본은 (포츠머스 조약, 시모노세키 조약)을 통해 러시아로부터 한반도에서의 우월적 지위를 인정받았다.

❻ 을사늑약의 결과 초대 통감으로 (이토 히로부미, 데라우치)가 부임하였다.

❼ 고종은 (을미사변, 을사늑약)의 불법성을 알리고자 1907년 네덜란드 헤이그에서 열린 만국 평화 회의에 특사를 파견하였다.

❽ 일본은 남만주 철도 부설권 등을 획득하는 대가로 (간도, 독도)를 청의 영토로 인정하였다.

자료 ③ 간도 협약(1909. 9.)

> 제1조 청과 일본 두 나라 정부는 토문강을 청과 한국의 국경으로 하고 강 원천지에 있는 정계비를 기점으로 하여 석을수(石乙水)를 두 나라의 경계로 한다.
>
> 제3조 청 정부는 이전과 같이 토문강 이북의 개간지에 한국 국민이 거주하는 것을 승인한다.
>
> — 『순종실록』 —

을사늑약으로 대한 제국의 외교권을 강탈한 일본은 1909년 청과 간도 협약을 체결하였다. 이로써 일본은 남만주 철도 부설권과 푸순 탄광 채굴권 등 만주 진출을 위한 이권을 얻는 대신 간도의 영유권을 청에 넘겨주었다.

빈칸 채우기

❾ 일본은 을사늑약으로 ( )을/를 설치하여 한국의 외교와 내정에 간섭하였다.

❿ 일본은 1907년 헤이그 특사 파견을 구실로 ( )을/를 강제로 퇴위시켰다.

⓫ 한일 신협약의 비밀 각서(부수 각서)에 따라 대한 제국의 ( )이/가 해산되었다.

⓬ 대한 제국은 1900년에 칙령 ( )을/를 관보에 게재하여 울릉도의 관할 구역으로 독도를 명시하였다.

○ **정미의병 당시 직업별 분포**

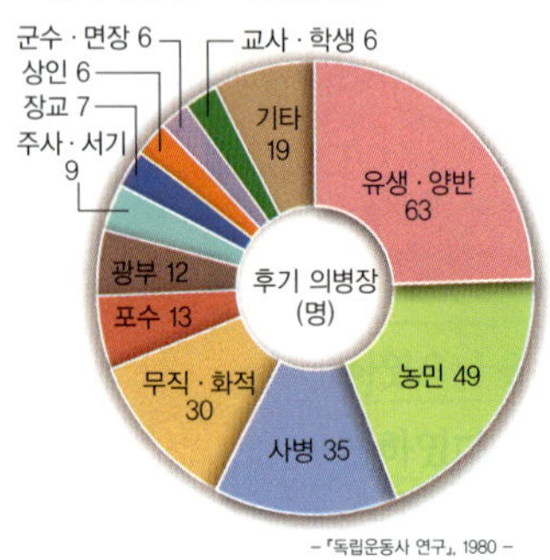

– 『독립운동사 연구』, 1980 –

초기 의병 투쟁은 양반의 주도로 이루어졌으나, 점차 다양한 신분·직업의 사람들이 참여하는 형태로 발전하였다.

○ **13도 창의군**

1907년에 조직된 의병 연합 부대이다. 총 병력이 약 1만 명에 이르렀고, 총대장에 이인영, 군사장에 허위가 추대되었다. 이들은 각국 영사관에 의병을 국제법상의 교전 단체로 인정해 줄 것을 요청하고, 재외 동포에게 격문을 보내기도 하였다.

○ **스티븐스**

대한 제국의 외교 고문이었던 스티븐스는 1908년 3월 미국에서 기자 회견을 통해 일본의 한국 지배는 한국에 유익하다며 일제의 한국 침략을 정당화하는 발언을 하여 한국인들의 분노를 샀다.

○ **105인 사건**

데라우치 총독의 암살을 모의하였다고 일제가 조작한 사건이다. 일제는 이를 빌미로 수백 명의 애국지사를 검거하고 그중 105명에게 1심에서 유죄 판결을 내렸다. 이 과정에서 비밀 조직인 신민회가 드러나 와해되고 말았다.

③ 항일 의병 운동과 의열 투쟁 전개

1. 항일 의병 운동의 전개 자료 ①

을미 의병	• 배경: 명성 황후 시해(을미사변), 단발령 실시(1895) • 특징: 유인석·이소응 등 유생 주도, 농민·동학 농민군의 잔여 세력과 함께 지방 관청 공격, 개화파 관리 처단, 일본군 공격 → 단발령 철회와 고종의 권유에 따라 해산
을사 의병	• 배경: 러일 전쟁 이후 일본의 침략 본격화, 을사늑약 체결(1905) • 특징: 전직 관료 출신 의병장 중심(민종식, 최익현 등), 평민 출신 의병장 등장(신돌석)
정미 의병	• 배경: 고종의 강제 퇴위, 군대 해산(1907) • 특징: 해산 군인의 참여로 전투력 강화, 다양한 계층 참여 • 13도 연합 부대(13도 창의군) 결성: 서울 진공 작전 전개(1908) → 일본군에 패배 • 진압: 일제의 '남한 대토벌' 작전(1909)으로 의병 활동 위축 → 일부 의병이 국외로 이동

└ 일본군이 호남 지역에서 의병 부대의 근거지가 될 만한 촌락과 가옥을 불태우고 양민을 학살한 사건이다.

2. 을사늑약에 대한 항거: 민영환 등 자결, 나철 등의 을사오적 암살 시도, 장인환과 전명운의 스티븐스 저격, 안중근의 이토 히로부미 처단(1909)

└ 을사늑약 체결에 가담한 외부대신 박제순, 내부대신 이지용, 군부대신 이근택, 학부대신 이완용, 농상공부대신 권중현을 가리킨다.

④ 애국 계몽 운동

1. 특징: 을사늑약을 전후하여 관료, 지식인 등이 사회 진화론의 관점에서 실력 양성을 통한 국권 수호 모색

2. 주요 애국 계몽 운동 단체의 활동

보안회	일제의 황무지 개간권 요구에 대한 반대 운동 전개 → 일제의 요구 철회시킴
헌정 연구회	입헌 정체 수립 추구 → 일제의 탄압으로 활동 중단
대한 자강회	전국에 지회 설치, 월보 간행, 고종의 강제 퇴위 반대 운동 전개 → 일제의 탄압으로 강제 해산
신민회 자료 ②	• 결성: 안창호, 양기탁 등을 중심으로 비밀 결사 형태로 조직 • 목표: 국권 회복과 공화 정체의 근대 국가 건설 지향, 실력 양성 운동을 추진하면서 무장 독립 전쟁 준비 • 활동: 오산 학교와 대성 학교 설립, 태극 서관과 자기 회사 운영, 무장 투쟁 준비를 위한 국외 독립운동 기지 건설(남만주 삼원보에 신흥 강습소 설립) • 해체: 일제가 날조한 105인 사건으로 와해(1911)

└ 이승훈, 안태국 등이 평양 등지에 설립한 서점이다. 신민회의 산하 기관 역할을 하였으며, 신민회 회원들의 연락 장소와 집회 장소로 활용되었다.

3. 국채 보상 운동 자료 ③

배경	일본의 차관 도입 강요 → 일본에 대한 경제적 예속 심화
전개	대구에서 서상돈 등이 금연을 통한 국채 보상 운동 제창 → 서울에서 국채 보상 기성회 조직(1907) → 대한매일신보 등 언론 기관 및 애국 계몽 운동 단체의 호응 → 국채 보상을 위한 모금 운동이 전국으로 확산(금주, 금연, 가락지 모으기 등)
결과	통감부의 탄압과 방해로 실패

자료 ① 을미의병과 을사의병의 격문

┌ 을미사변을 가리킨다.
• 국모의 원수를 생각하며 이미 이를 갈았는데, 참혹함이 더욱 심해져 ……
우리 부모로부터 받은 머리카락을 풀 베듯이 깎았으니 이 무슨 변괴인가.
…… 이에 감히 먼저 의병을 일으키고서 마침내 사람들에게 이를 포고하노
라. └ 단발령에 따라 나타난 사실을 가리킨다.   — 『의암집』 —

• 오호라, 작년 10월에 저들이 한 행위는 만고에 일찍이 없던 일로서, 억압으
로 한 조각의 종이에 조인하여 5백 년 전해 오던 종묘사직이 드디어 하룻밤
에 망했으니 …… 나라가 이와 같이 망해 갈진대 어찌 한번 싸우지 않을 수
있는가. └ 을사늑약 체결을 가리킨다.   — 『면암집』 —

유인석은 을미사변과 단발령(을미개혁)에 반발하여 을미의병을 일으켰고, 최익현은
을사늑약에 반발하여 을사의병을 일으켰다. 이들은 위정척사 사상에 기반을 두고 의
병 활동을 주도하였으며 이들의 항일 운동은 일제 강점기 무장 독립 투쟁으로 이어
졌다.

◯ ✖ 표시하기

❶ 명성 황후 시해와 단발령에 반발하여 유생들을 중심
으로 을사의병을 일으켰다.   (   )

❷ 서울 진공 작전 당시 13도 창의군은 각국 영사관에 의
병을 국제법상 교전 단체로 인정할 것을 요구하였다.
(   )

❸ 헌정 연구회는 고종이 강제 퇴위되자 이에 반대하는
운동을 전개하다 일제에 의해 강제 해산되었다.
(   )

❹ 1907년 안창호, 양기탁 등이 중심이 되어 비밀 결사로
독립 협회가 결성되었다.   (   )

자료 ② 신민회

…… 남만주로 집단 이주하려고 기도하고, 조선 본토에서 상당한 재력이 있
는 사람들을 그곳에 이주시켜 토지를 사들이고 촌락을 세워 새 영토로 삼고,
다수의 청년 동지들을 모집, 파견하여 한인 단체를 일으키고, 학교를 세워 민
족 교육을 실시하고, 나아가 무관 학교를 설립하여 문무를 겸하는 교육을 실
시하면서, 기회를 엿보아 독립 전쟁을 일으켜 구한국의 국권을 회복하고자 하
였다.   — 105인 사건 판결문, 1911 —

신민회는 대한 제국 시기에 결성된 비밀 결사로, 국권 회복과 공화 정체의 근대 국민
국가 건설을 목표로 활동하였다. 문화적 · 경제적 실력 양성 운동을 전개하였으며, 다
른 애국 계몽 운동 단체들과는 달리 남만주(서간도) 삼원보에 독립운동 기지를 건설
하는 등 무장 독립 투쟁을 준비하였다. 그러나 일제가 조작한 105인 사건으로 인해
사실상 와해되었다.

적절한 말 고르기

❺ 을사의병 당시 평민 출신 의병장인 (신돌석, 최익현)
이 활약하였다.

❻ 정미의병은 (을미사변, 고종 강제 퇴위)에 항거하여
일어났다.

❼ 을사늑약 체결 이후 장인환과 전명운은 대한 제국의
외교 고문인 (스티븐스, 묄렌도르프)를 처단하였다.

❽ (보안회, 대한 자강회)는 일제가 황무지 개간권을 요
구하자 이에 반대하는 운동을 전개하여 저지하였다.

자료 ③ 국채 보상 운동

┌ 대한 제국의 1년 예산과 맞먹는 금액이었다.
국채 1,300만 원은 대한 제국의 존망에 직결된 것이라. 국채를 갚으면 나라
가 존재하고, 갚지 못하면 나라가 망할 것은 필연적인 사실이나, 현재 국고로
는 보상하기가 어렵다. 그러므로 삼천리 강토는 장차 우리나라가 아니게 될
것이다. …… 국채를 갚는 방법으로는 2천만 인이 3개월 동안 금연하고, 그
대금으로 한 사람이 매달 20전씩 모은다면 1,300만 원을 모을 수 있을 것
이다.   — 대한매일신보, 1907 —

국채를 빌미로 일본의 간섭이 심해지자 1907년에는 국민의 힘으로 나라의 빚을 갚아
국권을 지키자는 국채 보상 운동이 일어났다. 이 운동은 대구에서 시작되었고, 서울
에서 조직된 국채 보상 기성회를 중심으로 전국으로 확산되었다. 남성들은 금연 운동
을 전개하였으며, 여성들은 가락지, 비녀를 성금으로 내어 동참하였다.

빈칸 채우기

❾ 정미의병 때 의병 연합 부대인 (   )이/가 결성되
어 서울 진공 작전을 전개하였다.

❿ 1909년 (   )은/는 중국 하얼빈에서 초대 통감 이
토 히로부미를 처단하였다.

⓫ 애국 계몽 운동 단체인 (   )은/는 국외 독립운동
기지 건설을 추진하여 만주에 신흥 강습소를 설립하
였다.

⓬ 1907년 서상돈 등의 주도로 대한 제국의 빚을 갚기 위
한 (   ) 운동이 전개되었다.

기본 문제

> 25580-0203

01 밑줄 친 '협정'이 체결된 시기에 볼 수 있는 모습으로 가장 적절한 것은?

> 발신: 일본 정부
> 수신: 주한 일본 공사
> 내용
> 이번에 체결할 <u>협정</u>의 제1조에서 대한 제국 정부는 우리 정부의 조언과 조력을 받아 시정 개선을 도모할 것을 명시하고, 제일 마지막에 다음 내용을 신청해야 함. 즉, 우리 정부가 군사 전략상 필요한 지점을 점유할 수 있다는 내용을 포함하기 바람.

① 거문도를 불법 점령하는 영국군
② 강화도를 침략하는 프랑스 병사
③ 남연군 묘 도굴을 시도하는 독일 상인
④ 만주 지역에서 러시아군과 전쟁 중인 일본군
⑤ 러시아 공사관으로 거처를 옮기는 조선 국왕

> 25580-0204

02 (가), (나) 조약이 체결된 시기 사이에 있었던 사실로 옳은 것은?

> (가) 제2조 일본국 정부는 한국과 타국 간에 현존하는 조약의 실행을 완수하는 임무를 담당하고, 한국 정부는 지금부터 일본국 정부의 중개를 거치지 않고서는 국제적 성질을 가진 어떠한 조약이나 약속도 맺지 않을 것을 서로 약속한다.
> (나) 제1조 한국 황제 폐하는 한국 전부에 관한 일체 통치권을 완전히 또 영구히 일본 황제 폐하에게 양여한다.
> 　　　제2조 일본국 황제 폐하는 제1조에 게재한 양여를 수락하고, 또 완전히 한국을 일본 제국에 병합하는 것을 승낙한다.

① 순종이 즉위하였다.
② 인조반정이 일어났다.
③ 대한국 국제가 반포되었다.
④ 삼별초가 대몽 항쟁을 전개하였다.
⑤ 제너럴 셔먼호 사건이 발생하였다.

> 25580-0205

03 (가)의 체결에 따라 나타난 사실로 옳은 것은?

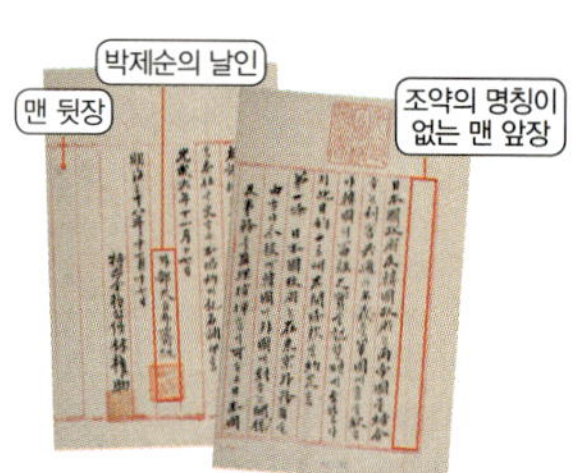

[해설] (가) 의 맨 앞장에는 조약의 명칭을 쓰는 칸이 비어 있다. 맨 뒷장에는 이토 히로부미의 강요를 받은 외부대신 박제순이 찍은 도장이 있지만 당시 박제순은 고종의 위임을 받지 않았다. 이 조약이 효력을 가지려면 황제의 비준을 받아야 하는데, 고종은 이를 끝까지 거부하였다. 따라서 황제의 비준 없이 체결된 (가) 은/는 국제법상으로 무효이다.

① 부산 외 2개 항구가 개항되었다.
② 대한 제국이 외교권을 빼앗겼다.
③ 김홍집이 수신사로 일본에 파견되었다.
④ 독립 협회가 관민 공동회를 개최하였다.
⑤ 조선이 일본 공사관의 신축 비용을 부담하였다.

> 중요
> 25580-0206

04 (가)에 들어갈 내용으로 가장 적절한 것은?

왼쪽 사진의 인물들은 고종이 네덜란드 헤이그에서 열린 만국 평화 회의에 파견한 특사로, 왼쪽부터 이준, 이상설, 이위종이다. 당시 헤이그 특사 파견은 일본 등의 방해로 성과를 거두지 못하였고, 일본은 이를 빌미로 (가)

① 을미사변을 일으켰다.
② 고종을 강제 퇴위시켰다.
③ 조일 통상 장정을 체결하였다.
④ 한일 의정서 체결을 강요하였다.
⑤ 메가타를 대한 제국의 재정 고문으로 임명하였다.

> 25580-0207

05 (가), (나) 시기 사이에 있었던 사실로 옳은 것은?

> (가) 고종은 비로소 머리를 깎고 내외 신민에게 명하여 모두 머리를 깎도록 하였다. …… 곡성이 하늘을 진동하고 사람들은 분하고 노해서 목숨을 끊으려 하였다.
> (나) 7월 이후로 황제의 자리까지 빼앗아 이를 선위라 거짓으로 말하고, 안으로 10부의 대신과 밖으로 8도 수령을 일진회로 메워 임용하였다.

① 통감부가 설치되었다.
② 홍경래의 난이 일어났다.
③ 통리기무아문이 설치되었다.
④ 묘청의 서경 천도 운동이 추진되었다.
⑤ 이른바 남한 대토벌 작전이 전개되었다.

> 25580-0208

06 다음 격문이 발표된 배경으로 옳은 것은?

> 오호라, 작년 10월에 저들이 한 행위는 만고에 일찍이 없던 일로서, 억압으로 한 조각의 종이에 조인하여 5백 년 전해 오던 종묘 사직이 …… 천지신명도 놀라고 조종의 영혼도 슬퍼하였다. 나라를 들어 적국에 넘겨준 이지용 등은 실로 우리나라 만대의 변할 수 없는 원수요 …… 다른 나라 임금까지 침범한 이토 히로부미는 마땅히 세계 여러 나라가 함께 토벌해야 할 역적이다.
> ― 『면암집』 ―

① 조선책략이 유포되었다.
② 을사늑약이 체결되었다.
③ 청군이 임오군란을 진압하였다.
④ 대한 제국의 군대가 해산되었다.
⑤ 전국 각지에 척화비가 건립되었다.

> 25580-0209

07 중요 밑줄 친 '이 단체'에 대한 설명으로 옳은 것은?

사진은 이 단체가 평양에 세운 대성 학교의 제1회 졸업식 모습이다. 이 단체는 국권 회복과 신국가 건설을 목표로 대성 학교는 물론 오산 학교 등을 설립해 인재를 양성하였다. 또한 태극 서관과 자기 회사를 운영하여 민족 산업을 육성하는 데 힘썼다.

① 독립문을 건립하였다.
② 영남 만인소를 올렸다.
③ 단발령의 철회를 요구하였다.
④ 삼원보에 신흥 강습소를 설립하였다.
⑤ 일본의 황무지 개간권 요구를 좌절시켰다.

> 25580-0210

08 (가)에 들어갈 내용으로 옳은 것은?

① 홍경래의 난
② 교조 신원 운동
③ 임술 농민 봉기
④ 동학 농민 운동
⑤ 국채 보상 운동

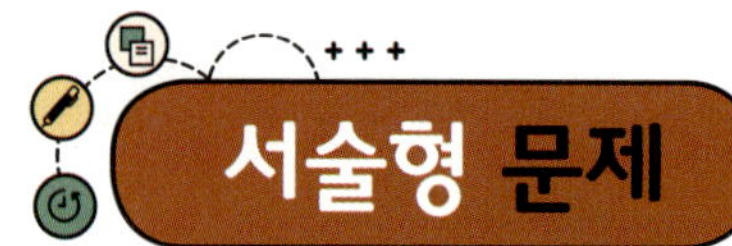

서술형 문제

Step1 핵심 키워드 파악하기

> 25580-0211

01 다음 격문을 발표한 의병이 봉기한 배경을 두 가지 서술하시오.

> 국모(國母)의 원수를 생각하며 이미 이를 갈았는데, 참혹함이 더욱 심해져 임금께서 머리를 깎이시고 의관을 찢기는 지경에 이른 데다가 또 이런 망극한 화를 당하였으니, 천지가 뒤집어져 우리가 각기 하늘에서 부여받은 본성을 보전할 길이 없게 되었다. 우리 부모로부터 받은 몸을 금수로 만드니 이 무슨 일인가. 우리 부모로부터 받은 머리카락을 깎았으니 이 무슨 변괴인가.

예시 답안 일본이 명성 황후를 시해하는 (　　　　)을/를 일으켰다. 친일 내각이 을미개혁을 통해 (　　　　)을/를 실시하였다.

> 25580-0212

02 다음 지도에 나타난 일행이 헤이그에 파견된 목적을 서술하시오.

예시 답안 고종은 일제의 강요로 체결된 (　　　　)의 부당함을 국제 사회에 알리기 위해 이상설, 이준, 이위종을 네덜란드 헤이그에서 개최된 만국 평화 회의에 특사로 파견하였다.

Step2 스스로 답안 작성하기

> 25580-0213

03 다음 자료를 보고 물음에 답하시오.

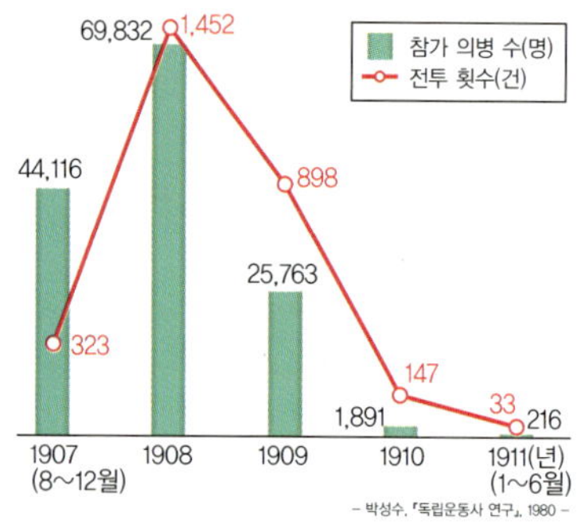

(1) 위 그래프에서 1908년의 참가 의병 수가 최대인 이유를 정미의병의 구체적인 활동을 중심으로 서술하시오.

(2) 위 그래프에서 1909년 이후 참가 의병 수가 급감한 이유를 서술하시오.

> 25580-0214

04 다음 글을 읽고 물음에 답하시오.

> ＿(가)＿은/는 처음에 애국 단체로 교육 및 실업을 발달시키는 것을 목적으로 하였는데 …… ＿(가)＿의 목적으로 서간도에 무관 학교를 설립하여 청년 자제를 교양하고, 일본과 청나라, 일본과 미국 등이 전쟁이 있으면 기회를 틈타 한국의 독립 전쟁을 일으키기 위해 그곳에 다수의 이주민을 보내어 그 준비를 하고, 장래 기회를 보아 국권 회복을 하게 하는 것으로 하였다. — 105인 사건 판결문 —

(1) (가)에 해당하는 단체의 명칭을 쓰시오.

(2) (가) 단체가 국외에서 전개한 활동을 지역명을 포함하여 서술하시오.

1등급 도전 문제

한국사 1
Ⅲ 단원

> 25580-0215

01 (가)에 따라 이루어진 사실로 옳은 것은?

① 일본에 통신사가 파견되었다.
② 영남 유생들이 만인소를 올렸다.
③ 일본인의 영사 재판권이 인정되었다.
④ 메가타가 재정 고문으로 파견되었다.
⑤ 대한 제국이 일본에 외교권을 빼앗겼다.

> 25580-0216

02 (가), (나) 조약이 체결된 시기 사이에 있었던 사실로 옳은 것은?

> (가) 제3국의 침해 또는 내란으로 인하여 대한 제국 황실의 안녕과 영토의 보전에 위험이 있을 경우에 대일본 제국 정부는 곧 필요한 조치를 취할 것이며, 대한 제국 정부는 대일본 제국 정부의 행동이 용이하도록 충분히 편의를 제공할 것
>
> (나) 제2조 한국 정부는 법령의 제정 및 중요한 행정상의 처분은 미리 통감의 승인을 거친다.
> 제5조 한국 정부는 통감이 추천하는 일본인을 한국 관리로 임명한다.

① 독립문이 건립되었다.
② 병인양요가 발생하였다.
③ 군국기무처가 설치되었다.
④ 헤이그에 특사가 파견되었다.
⑤ 안중근이 이토 히로부미를 처단하였다.

> 25580-0217

03 다음 자료를 활용한 탐구 활동으로 가장 적절한 것은?

> 제1조 청과 일본 두 나라 정부는 토문강을 청과 한국의 국경으로 하고 강 원천지에 있는 정계비를 기점으로 하여 석을수(石乙水)를 두 나라의 경계로 한다.
> 제3조 청 정부는 이전과 같이 토문강 이북의 개간지에 한국 국민이 거주하는 것을 승인한다.
> — 『순종실록』 —

① 을사늑약이 끼친 영향을 살펴본다.
② 신미양요의 발생 원인을 알아본다.
③ 거문도 사건의 전개 과정을 파악한다.
④ 강화도 조약에 따라 개항된 곳을 조사한다.
⑤ 안용복의 영토 수호 활동이 이루어진 지역을 찾아본다.

> 25580-0218

04 밑줄 친 '이 단체'에 대한 설명으로 옳은 것은?

> 이 단체의 목적은 한국의 부패한 사상과 습관을 혁신하여 국민을 유신케 하며, 쇠퇴한 발육과 산업을 개량하여 사업을 유신케 하며, 유신한 국민이 통일 연합하여 유신한 자유 문명국을 성립케 한다고 말하는 것으로서, 그 깊은 뜻은 열국 보호 하에 공화 정체의 독립국으로 함에 목적이 있다고 함.
> — 통감부 문서 —

① 관민 공동회를 개최하였다.
② 집강소를 통해 개혁을 추진하였다.
③ 태극 서관과 자기 회사를 운영하였다.
④ 고종 강제 퇴위 반대 운동을 주도하였다.
⑤ 일본의 황무지 개간권 요구를 철회시켰다.

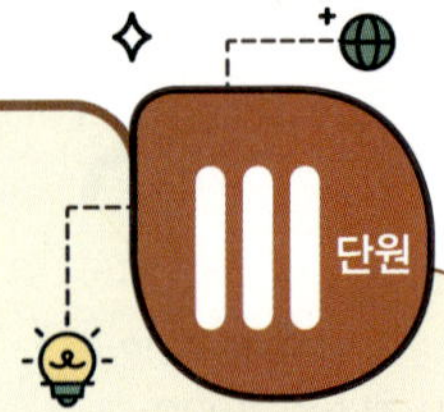

대단원 마무리 정리

01 | 국제 질서의 변동과 개항

개항과 불평등 조약 체제

- 외세의 침략: 병인박해 → 제너럴 셔먼호 사건 → 병인양요 → 오페르트의 남연군 묘 도굴 미수 사건 → 신미양요 발발
- **❶**　　　　(조일 수호 조규) 체결: 최초의 근대적 조약, 불평등 조약(일본에 해안 측량권, 영사 재판권 허용)
- 조미 수호 통상 조약 체결: 『조선책략』 유포의 영향, 거중 조정·관세 자주권·미국에 최혜국 대우 조항 포함
- 거류지 무역 → **❷**　　　　(청의 영사 재판권 허용, 청 상인의 내지 통상 허용) 체결 → 조일 통상 장정 체결

02 | 근대 국가 수립을 위한 노력

개화 정책의 추진과 반발
- 개화 정책 추진: 통리기무아문 설치, 별기군 창설, 사절단 파견
- 위정척사 운동: 양반 유생의 통상·개항·개화 반대 운동
- 임오군란 발발: 개화 정책에 반발하여 구식 군인이 봉기

갑신정변
- 전개: **❸**　　　　이/가 우정총국 개국 축하연을 계기로 정변 → 개화당 정부 수립 → 개혁 정강 발표 → 청군의 개입으로 3일 만에 실패
- 결과: 한성 조약 체결(조선-일본), 톈진 조약 체결(청-일본)

동학 농민 운동
고부 농민 봉기 → 제1차 봉기 → 황토현 전투 → **❹**　　　　체결 → 집강소 설치, 폐정 개혁 추진 → 일본군의 경복궁 점령 → 제2차 봉기 → 우금치 전투

갑오·을미개혁
- 제1차 갑오개혁: 군국기무처 설치, 8아문 설치, 과거제·노비제·연좌제 폐지
- 제2차 갑오개혁: 홍범 14조 반포, 재판소 설치
- 을미개혁: 태양력, '건양' 연호 사용, 단발령 공포

독립 협회
자주 국권·자유 민권 운동 전개, **❺**　　　　개최하여 헌의 6조 결의

대한 제국
- 수립: '광무' 연호 제정, 황제 즉위, 대한국 국제 발표
- 근대적 개혁 추진: 양전 사업 실시, 지계 발급, 식산흥업 정책 추진

03 | 개항 이후 사회·경제의 변화와 문화 변동

경제 변화
- 일본의 경제 침탈: 화폐 정리 사업 추진, 동양 척식 주식회사 설립
- 경제 주권 수호 운동: 상권 수호 운동(상회사 설립, 황국 중앙 총상회 조직), 방곡령 선포

사회·문화 변동
서구 문물 수용, 근대 교육과 학교 설립, 민권과 여권의 성장, 국학의 발달

04 | 국권 침탈과 국권 수호 운동

일제의 국권 침탈
한일 의정서 → 제1차 한일 협약 → **❻**　　　　(외교권 박탈, 통감부 설치) → 한일 신협약(정미7조약) → 한국 병합 조약

국권 수호 운동
- 항일 의병 운동, 의열 투쟁 전개
- 애국 계몽 운동, 국채 보상 운동 전개

정답 ❶ 강화도 조약　❷ 조청 상민 수륙 무역 장정　❸ 급진 개화파　❹ 전주 화약　❺ 관민 공동회　❻ 을사늑약

대단원 종합 문제

> 25580-0219

01 밑줄 친 '침략'에 대한 설명으로 옳은 것은?

① 고종이 강제 퇴위되는 배경이 되었다.
② 강화도 천도가 단행되는 계기가 되었다.
③ 외규장각 도서가 약탈되는 결과를 가져왔다.
④ 제너럴 셔먼호 사건이 원인이 되어 발생하였다.
⑤ 효종 때 북벌 운동이 추진되는 데 영향을 주었다.

> 25580-0220

02 다음 조약에 대한 탐구 활동으로 가장 적절한 것은?

제7관 　조선국 연해의 도서와 암초를 조사하지 않아 매우 위험하므로 일본국 항해자가 자유로이 해안을 측량하도록 허가한다.
제10관 　일본 인민이 조선국이 지정한 각 항구에서 죄를 범하였을 경우 모두 일본국이 심리하여 판결한다.

① 홍범 14조의 주요 내용을 분석한다.
② 운요호 사건이 끼친 영향을 알아본다.
③ 조선책략 유포가 가져온 결과를 조사한다.
④ 청일 전쟁의 결과 체결된 조약을 살펴본다.
⑤ 영국이 거문도를 불법 점령한 배경을 찾아본다.

> 25580-0221

03 (가) 사건에 대한 학생들의 발표 내용으로 가장 적절한 것은?

〈역사 동영상 제작 계획안〉

구식 군인, 난을 일으키다

● 기획 의도
정부의 차별에 저항한 　(가)　 을/를 다큐멘터리 형식의 동영상으로 제작하여 역사적 의미를 살펴본다.
● 장면별 구성 내용
－ 별기군 창설 등으로 구식 군인들이 실직하는 장면
－ 구식 군인들이 겨와 모래가 섞인 쌀을 받고 폭동을 일으키는 장면
－ 구식 군인들이 일본인 교관을 살해하고 일본 공사관을 습격하는 장면

① 삼정이정청의 설치로 이어졌습니다.
② 청이 군대를 파견하여 진압하였습니다.
③ 명성 황후가 시해되는 결과를 낳았습니다.
④ 이성계가 권력을 장악하는 계기가 되었습니다.
⑤ 전개 과정에서 13도 창의군이 결성되었습니다.

> 25580-0222

04 밑줄 친 '개혁 정강'의 내용으로 옳은 것은?

〈3일 천하로 끝난 ○○○○〉

첫째 날	둘째 날	셋째 날
김옥균 등 급진 개화파가 우정총국 개국 축하연을 기회로 정변을 일으킴. 왕과 왕비가 경우궁으로 처소를 옮김.	급진 개화파가 개화당 정부를 수립한 이후 해당 사실을 각국 공사관에 알림. 왕과 왕비가 창덕궁으로 돌아옴.	개화당 정부가 개혁 정강을 발표함. 청군이 창덕궁으로 침입하여 정변을 진압함. 김옥균 등은 일본 공사관으로 피신함.

① 대한 제국의 군대를 해산한다.
② 대한국 대황제는 국내의 육해군을 통솔한다.
③ 문벌을 폐지하여 인민 평등의 권리를 세운다.
④ 한국 고등 관리의 임면은 통감의 동의로써 행한다.
⑤ 조세의 부과와 징수 등은 모두 탁지아문이 관할한다.

> 25580-0223

05 다음 글을 읽고 물음에 답하시오.

> 조선이라는 땅덩어리는 실로 아시아의 요충을 차지하고 있어 그 형세가 반드시 다툼을 불러올 것이다. 조선이 위태로우면 즉 동아시아의 형세가 날로 위급해질 것이다. 따라서 [(가)]이/가 강토를 공략하려 한다면 반드시 조선이 첫 번째 대상이 될 것이다. …… [(가)]을/를 막을 수 있는 조선의 책략은 무엇인가? 오직 중국과 친하고 일본과 맺고 미국과 연합함으로써 자강을 도모하는 길뿐이다.

(1) (가)에 해당하는 국가를 쓰시오.

(2) 위 내용을 담은 서적이 국내에 유포되면서 나타난 영향을 두 가지 서술하시오.

> 25580-0224

06 (가) 운동에 대한 설명으로 옳은 것은?

제△△호　　○○신문　　○○○○년 ○○월 ○○일

5월 11일, 정부 기념일로 지정되다

문화 체육부는 19일 오전 정부 서울 청사에서 국무총리 주재로 국무 회의를 열어 [(가)]을/를 기리기 위해 5월 11일을 정부 기념일로 지정하였다. 5월 11일은 농민군이 황토현 전투에서 승리한 날로, 이날을 정부가 주관하는 기념일로 지정하여 반봉건과 반외세를 외쳤던 [(가)]의 의미를 되새기려는 것이다.

① 서경 천도를 주장하였다.
② 갑오개혁에 영향을 주었다.
③ 통감부의 방해로 실패하였다.
④ 구식 군인들의 주도로 전개되었다.
⑤ 우정총국 개국 축하연을 계기로 발생하였다.

> 25580-0225

07 (가), (나) 시기 사이에 있었던 사실로 옳은 것은?

> (가) 새로 구성된 김홍집·박영효 연립 내각은 8아문을 7부로 개편하였으며, 전국의 8도를 23부로 재편하였다. 또한 정부 기관마다 행사하던 재판권을 재판소로 단일화하였다.
>
> (나) 김홍집, 유길준 등으로 구성된 내각은 태양력을 사용하고 단발령을 시행하였으며, 종두법을 전국으로 확대 실시하였다. 또한 한성에 친위대, 지방에 진위대를 두었다.

① 명성 황후가 시해되었다.
② 김옥균 등이 정변을 일으켰다.
③ 안창호 등이 결성한 신민회가 와해되었다.
④ 양기탁, 베델이 대한매일신보를 발행하였다.
⑤ 개화 정책 기구인 통리기무아문이 설치되었다.

> 25580-0226

08 다음 주장에 대한 탐구 활동으로 가장 적절한 것은?

> 일단 강화를 맺고 나면 저들의 욕심은 물화를 교역하는 데 있습니다. …… 저들이 비록 왜인이라고 하나 실은 서양의 도적이옵니다. 강화가 한번 이루어지면 사학의 서적과 천주의 초상화가 교역하는 속에서 들어올 것입니다. 그렇게 되면 얼마 안 가서 선교사와 신자 간의 전수를 거쳐 사학이 온 나라 안에 퍼질 것입니다.

① 영선사의 주요 활동을 조사한다.
② 강화도 조약의 체결 과정을 살펴본다.
③ 한일 의정서의 주요 내용을 분석한다.
④ 백두산정계비의 건립 배경을 찾아본다.
⑤ 조선 중립화론을 제기한 인물을 알아본다.

> 25580-0227

09 다음 상황이 끼친 영향으로 가장 적절한 것은?

지난밤 이상설, 이준, 이위종으로 구성된 대한 제국 대표 사절단이 국제주의 재단에서 많은 유명인과 신사 숙녀들이 참가한 가운데 연설을 하였다. 그들은 만국 평화 회의에서는 연설할 수 없었으나, 지난밤 유력한 인사들은 그들의 연설을 듣기를 위해 기다렸다. 각국의 유력한 인사들은 일본이 대한 제국의 주권을 폭력적으로 파괴했다는 그들의 주장을 들었다.

        – 헤그쉐 쿠란트 –

① 척화비가 건립되었다.
② 독립 협회가 창립되었다.
③ 고종이 강제 퇴위되었다.
④ 교육입국 조서가 반포되었다.
⑤ 임술 농민 봉기가 발생하였다.

> 25580-0228

10 (가) 단체에 대한 설명으로 옳은 것은?

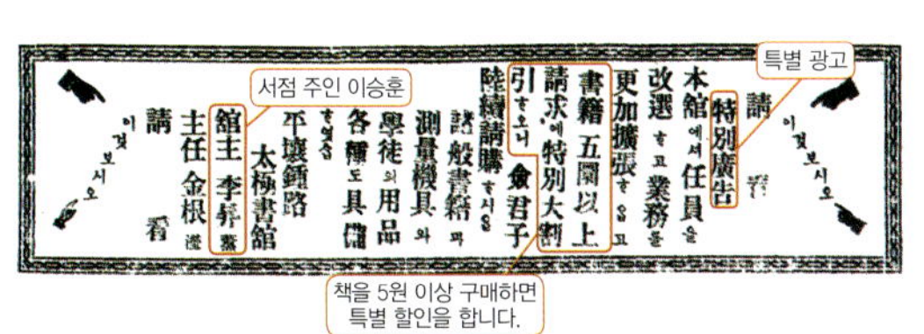

위 자료는 대한매일신보에 실린 태극 서관 광고이다. 태극 서관은 평양, 서울, 대구 등지에 설립·운영되었는데, 비밀 결사로 운영된   (가)   의 연락 기관으로도 활용되었다. 이외에도   (가)   은/는 자기 회사를 세워 민족 산업 육성에 힘썼다.

① 집강소를 설치하였다.
② 만민 공동회를 개최하였다.
③ 교조 신원 운동을 전개하였다.
④ 오산 학교와 대성 학교를 설립하였다.
⑤ 일제의 황무지 개간권 요구를 반대하였다.

> 25580-0229

11 밑줄 친 '이 신문'에 대한 설명으로 옳은 것은?

우리가 이 신문을 출판하는 것은 이익을 보려 하는 것이 아니므로 가격을 저렴하게 했고 모두 한글로 써서 남녀 상하 귀천이 모두 보게 했으며, 또 구절을 띄어 써서 알아보기 쉽도록 하였다. …… 우리는 조선 대군주 폐하와 조선 정부와 조선 인민을 위하는 사람들이므로 편파적인 의논이나 한쪽의 의견만을 게재하지 않을 것이다. 또 한쪽에 영문으로 기록하는 것은 외국의 인민이 조선 사정을 자세히 모르므로 혹 편파적인 말만 듣고 조선을 잘못 생각할까 봐 실제 사정을 알게 하고자 영문으로 조금 기록한 것이다.

① 박문국에서 발행하였다.
② 서재필 등의 주도로 창간되었다.
③ 신문지법에 의해 탄압을 받았다.
④ 을사늑약의 불법성을 비판하였다.
⑤ 영국인 베델이 발행인으로 참여하였다.

서술형

> 25580-0230

12 다음 글을 읽고 물음에 답하시오.

뜻있는 이들이 술과 담배를 끊는다, 밥을 줄인다하여 여러 가지로 나랏빚 갚을 길을 연구하니 기쁘고도 기쁘다. 나랏빚 1,300만 원이 얼마나 많은지 모르나, 빚 갚을 방침이 우리 동포들 마음속에 있으니 기쁘기 한량없다. …… 여보시오 여보시오 우리 여자 동포님들! 한마음 한뜻으로 때를 잃지 말고 반지 한번 벗게 되면 1천만 명이 손가락을 속박한 것을 벗음으로 외국인의 수모를 씻어 내고 자유 국권 되찾아 독립 기초 이루리라!

        – 반지 빼기 모임 취지문 –

(1) 위 취지문이 발표된 민족 운동의 명칭을 쓰시오.

(2) (1)의 민족 운동이 전개된 배경을 서술하시오.

> 25580-0231

01 (가), (나) 시기 사이에 있었던 사실로 옳은 것은?

(가)	(나)
한국사 신문	한국사 신문
오페르트, 남연군 묘 도굴을 시도하다	정부, 일본과 조일 수호 조규를 체결하다
독일 상인 오페르트는 통상을 요구하며 충남 덕산에 있는 남연군 묘를 도굴하려다 실패하였다. 앞으로 정부가 통상 수교 거부 정책을 더욱 강화할 것이라고 예상된다.	운요호 사건을 구실로 일본이 개항을 요구하였고, 그 결과 조선은 일본과 조일 수호 조규를 체결하였다. 그러나 자주권 침해 요소를 어떻게 시정할지 고민이 필요하다.

① 통리기무아문이 설치되었다.
② 임술 농민 봉기가 발생하였다.
③ 서울 진공 작전이 전개되었다.
④ 제너럴 셔먼호 사건이 발생하였다.
⑤ 어재연 부대가 미군에 맞서 항전하였다.

> 25580-0232

02 밑줄 친 '이 기구'에서 실시한 개혁으로 옳은 것은?

[그림으로 살펴보는 한국사 한 장면]

그림은 개혁을 추진하기 위해 설치된 이 기구의 회의 모습을 그린 것이다. 그림을 보면 국왕의 모습이 보이지 않고 신하들끼리만 모여서 논의하고 있음을 알 수 있다.
이 기구는 이러한 회의를 거듭하며 공·사노비제 혁파, 조혼 금지, 과부의 재가 허용, 연좌제 폐지를 비롯해 국왕의 권한을 약화시키는 내용 등을 담은 약 210건의 개혁안을 처리하였다.

① 과거제를 도입하였다.
② 궁내부를 설치하였다.
③ 8도를 23부로 개편하였다.
④ 정동행성이문소를 철폐하였다.
⑤ 건양이라는 연호를 제정하였다.

> 25580-0233

03 (가) 인물에 대한 설명으로 옳은 것은?

농민군의 지도자인 ⎡ (가) ⎤의 동상이 서울 종로 종각역 옆 옛 전옥서 터에 세워졌다. ⎡ (가) ⎤은/는 고부 군수 조병갑의 학정에 저항하여 고부 농민 봉기를 일으켰다. 이후 제1차 봉기에 이어 제2차 봉기 때에는 농민군을 이끌고 우금치에서 일본군 및 관군과 전투를 벌였으나 패배하였고, 결국 체포되어 종로 전옥서에서 순국하였다.

① 별무반을 편성하였다.
② 교정도감을 설치하였다.
③ 초계문신제를 마련하였다.
④ 국채 보상 운동을 주도하였다.
⑤ 황토현 전투를 승리로 이끌었다.

> 25580-0234

04 (가) 단체에 대한 설명으로 옳은 것은?

질문 있는 교실 수업

학습 주제: ⎡ (가) ⎤의 활동과 해산

모둠별 토의 질문
• 1모둠: 독립문의 건립이 의미하는 것은 무엇일까?
• 2모둠: 러시아가 절영도 조차를 철회한 배경은 무엇일까?
• 3모둠: 황국 협회의 만민 공동회 습격은 어떤 결과를 가져왔을까?

① 갑신정변을 일으켰다.
② 신흥 강습소를 설립하였다.
③ 의회 설립 운동을 추진하였다.
④ 평안도 지역에 대한 차별을 비판하였다.
⑤ 일제의 황무지 개간권 요구를 철회시켰다.

> 25580-0235

05 (가) 황제에 대한 설명으로 옳은 것은?

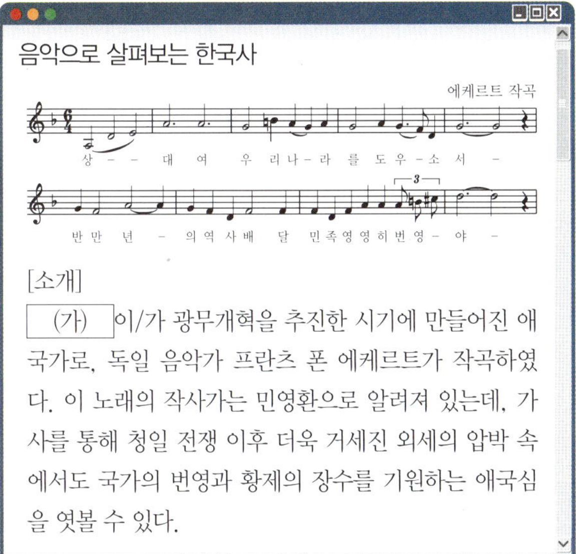

① 원수부를 설치하였다.
② 탕평비를 건립하였다.
③ 통공 정책을 시행하였다.
④ 삼정이정청을 설치하였다.
⑤ 쌍성총관부를 공격하였다.

> 25580-0236

06 (가) 국가에 대한 탐구 활동으로 가장 적절한 것은?

미국은 우리가 본래 모르던 나라입니다. …… [(가)]은/는 본래 우리와 혐의가 없는 나라입니다. 남의 말만 듣고 틈이 생기게 된다면 우리의 위신이 손상될 뿐만 아니라, 만약 이를 구실로 침략해 온다면 장차 이를 어떻게 막을 것입니까? …… [(가)], 미국, 일본은 같은 오랑캐입니다. 그들 사이에 누구는 후하게 대하고 누구는 박하게 대하기는 어려운 일입니다.

– 『조선책략』을 비판한 영남만인소 –

① 임오군란의 진압 과정을 알아본다.
② 아관 파천의 단행 배경을 살펴본다.
③ 병인박해가 가져온 결과를 파악한다.
④ 북벌 운동이 추진된 배경을 찾아본다.
⑤ 최혜국 대우가 처음 규정된 조약을 조사한다.

> 25580-0237

07 (가), (나) 시기 사이에 있었던 사실로 옳은 것은?

(가) 명성 황후가 시해되고 단발령이 실시되자 지방 유생층을 중심으로 전국 각지에서 의병이 일어났다. 유인석, 이소응, 김도화 등 유생들은 조선 왕조의 보호를 궁극적인 목표로 봉기하였다.

(나) 고종 강제 퇴위와 대한 제국의 군대 해산을 계기로 의병 투쟁이 전국적으로 확산되었다. 해산된 군인들이 의병에 합류하면서 의병의 전투력이 크게 강화되었고, 의병 투쟁도 더욱 치열하게 전개되었다.

① 을사늑약에 따라 통감부가 설치되었다.
② 최익현이 개항 반대 운동을 전개하였다.
③ 조선과 일본이 한성 조약을 체결하였다.
④ 일본이 이른바 남한 대토벌 작전을 전개하였다.
⑤ 안중근이 중국 하얼빈에서 이토 히로부미를 처단하였다.

> 25580-0238

08 (가) 운동에 대한 설명으로 옳은 것은?

유네스코 세계 기록 유산

[(가)] **기록물**

• 국가: 대한민국
• 등재 연도: 2017년
• 본문: 기록물은 국가가 진 빚을 국민이 갚기 위해 1907년부터 시작된 [(가)]의 전 과정을 보여 주는 기록물이다. …… 한국의 남성은 술과 담배를 끊고, 여성은 반지와 비녀를 내어놓았고, 기생과 걸인, 심지어 도적까지도 의연금을 내는 등 전 국민의 약 25%가 이 운동에 자발적으로 참여하였다. 한국 사람들은 전 국민적 기부 운동을 통해 국가가 진 외채를 갚음으로써 국민으로서의 책임을 다하려 하였다.

① 서울 진공 작전을 전개하였다.
② 육영 공원이 설립되는 배경이 되었다.
③ 군국기무처를 통해 개혁을 추진하였다.
④ 대한매일신보 등 언론의 지원을 받았다.
⑤ 대한국 국제가 반포되는 결과를 낳았다.

일제 식민 통치와 민족 운동

이 단원에서 우리는

일제의 식민 통치 정책을 이해하고, 이 시기 경제생활 및 사회·문화의 변화를 파악할 수 있다. 더불어 일제 강점기 민족 운동의 전개와 분화 과정을 이해하고, 독립 국가 건설을 위한 노력을 이해할 수 있다.

▲ 조선 총독부

▲ 칼을 찬 교사

▲ 내선일체 홍보 자료

▲ 토지 조사 사업

▲ 공출

▲ 강제 징용 노동자상

▲ 임시 정부 및 임시 의정원
신년 축하식

▲ 윤봉길 선서

▲ 브나로드 운동
포스터

▲ 광주 학생 항일 운동 기념탑

▲ 경성 혼마치

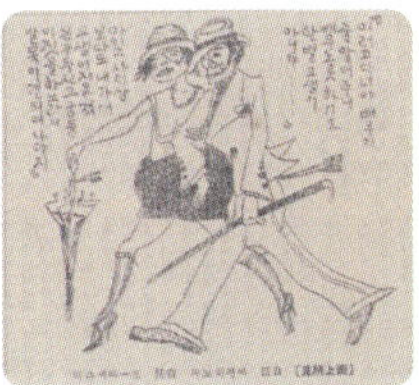

▲ 모던 걸과 모던 보이

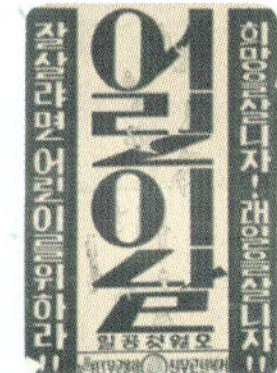

▲ 어린이날 포스터

▲ 『우리말(조선말) 큰사전』

▲ 조선 의용대 창립 기념

▲ 한국광복군 인면전구 공작대

01 제국주의 질서와 일제의 식민 통치 정책

□ 조선 총독부　□ 무단 통치
□ 조선 태형령

● 베르사유 체제
제1차 세계 대전 이후 연합국이 패전국과 맺은 강화 조약을 바탕으로 형성된 국제 질서이다.

● 조선 총독부

일제 식민 통치의 최고 기구였다. 통감부 건물을 청사로 사용하다가 행정 조직이 확대되자 경복궁 근정전 앞에 새로 지었다 (1926).

● 중추원
조선 총독부의 자문 기구로 한국인을 정치에 참여시킨다는 명분을 내세웠으나, 형식적인 자문 기구에 불과하였다.

● 범죄 즉결례
정식 재판을 거치지 않고 즉결 심판할 수 있는 요건, 절차 등에 대해 규정한 법령이다. 구류, 과료 등에 해당하는 범죄, 3개월 이하의 징역, 100원 이하의 벌금에 해당하는 범죄 또는 행정 법규 위반 등이 적용 대상이었다.

1 20세기 전반의 세계

1. 제1차 세계 대전(1914~1918)과 베르사유 체제의 성립

배경	제국주의 국가의 식민지 쟁탈전, 3국 동맹과 3국 협상의 대립
전개	사라예보 사건 → 동맹국과 협상국의 참전(일본이 협상국으로 참전) → 미국 참전, 러시아는 혁명으로 전쟁 이탈 → 독일 항복
전후 국제 질서	• 파리 강화 회의에서 미국 대통령 윌슨의 14개조 원칙(민족 자결주의 등) 채택 자료 ① • 베르사유 조약 체결(독일이 해외 식민지 상실, 배상금 부담 등) • 전쟁 방지와 평화 유지 목적으로 국제 연맹 창설

피지배 민족이 자신의 정치적 미래를 스스로 결정할 수 있어야 한다는 주장이다.

2. 러시아 혁명과 사회주의의 확산

(1) **러시아 혁명**: 제1차 세계 대전 중 제정이 붕괴되고 레닌의 혁명 정부 수립, 사회주의 개혁 단행 → 소비에트 사회주의 공화국 연방(소련) 수립(1922)

(2) **사회주의 확산**: 식민지 민족의 독립운동 지원 약속

2 1910년대 무단 통치

1. 식민 통치 기구의 설치

조선 총독부	• 식민 통치 최고 기구로 식민 통치에 필요한 행정권, 입법권, 사법권, 군 통수권 행사 • 현역 육해군 대장 가운데 조선 총독 임명 → 총독은 일왕에 직속되어 일본 의회와 내각의 통제를 거의 받지 않음
중추원	조선 총독의 형식적인 자문 기구, 이완용, 송병준 등 친일적 인사들로 구성

2. 무단 통치의 실시

(1) **헌병 경찰 제도**

① 헌병이 경찰 지휘, 일반 경찰 업무와 행정 업무에 간여

② 헌병과 경찰이 즉결 심판권 행사(범죄 즉결례, 경찰범 처벌 규칙 이용) 자료 ②

조선에 주둔한 헌병대 사령관이 치안을 담당하는 경무총장을 겸임하여 경찰 업무를 관할하게 하였다.

(2) **공포 분위기 조성**

① 태형 실시[조선 태형령 제정(1912) → 한국인에게만 적용] 자료 ③

② 관리와 교원에게 제복을 입고 칼을 차게 함

(3) **한국인의 기본권 박탈**: 언론·출판·집회·결사의 자유 등 기본권을 제한 또는 박탈

3. 식민지 교육 정책(제1차 조선 교육령 공포)

(1) **식민 통치에 순응하는 인간 육성**: 한국인을 일본인으로 동화시키기 위한 교육 실시 → 일본 국왕에 대한 충성 강요, 일본어 교육 강화

(2) **우민화 교육**: 한국인에게는 주로 보통 교육과 실업 교육 실시

(3) **민족 교육 기관 탄압**: 사립 학교와 서당 탄압

일본인이 6년제의 소학교를 다닌 반면, 한국인은 4년제의 보통학교를 다녔다.

자료 ① 민족 자결주의

> 5. 식민지의 주권 문제를 결정할 때는 관련된 주민의 이익과, 권리를 가진 정부의 정당한 요구를 동등한 비중으로 다루어야 한다. 이러한 원칙 아래 모든 식민지의 요구는 자유롭고, 편견 없고, 절대적으로 공평하게 조정되어야 한다.

민족 자결주의는 미국 대통령 윌슨이 제시한 14개조 평화 원칙 중 하나이다. 제1차 세계 대전의 전후 처리를 논의하기 위해 열린 파리 강화 회의에서는 민족 자결주의를 세계 평화의 방안 중 하나로 수용하였다.

⭕❌ 표시하기

❶ 러시아 혁명을 계기로 제1차 세계 대전이 발발하였다. (   )

❷ 1910년대 무단 통치 기간 동안 헌병이 일반 경찰 업무와 행정 업무에 간여하였다. (   )

❸ 일제가 제정한 조선 태형령은 한국인에게만 적용되었다. (   )

❹ 일제는 우민화 교육의 일환으로 한국인에게는 주로 보통 교육과 실업 교육을 실시하였다. (   )

자료 ② 무단 통치 시기 일제의 한국인 처벌 법령

> [범죄 즉결례(1910)]
> 제1조 경찰서장 또는 그 직무를 취급하는 자는 그 관할 구역 안에서 일어난 다음 각호의 범죄를 즉결할 수 있다.
> 1. 구류 또는 과료형에 해당하는 죄 ─ 범인으로부터 일정액의 금액을 징수하는 형벌로, 벌금보다 비교적 가벼운 죄에 대해서 물린다.
> 2. 3개월 이하의 징역 또는 100원 이하의 벌금이나 과료형에 처하여야 하는 도박죄 및 구류 또는 과료형에 처하여야 하는 형법 제208조의 죄
> [경찰범 처벌 규칙(1912)]
> 제1조 다음 각호에 해당하는 자는 구류 또는 과료에 처한다. ─ 일정 기간 동안 교도소나 경찰서 유치장에 가두는 형벌이다.
> 19. 함부로 대중을 모아 관공서에 청원 또는 진정을 한 자
> 32. 경찰 관서에서 특별히 지시 또는 명령한 사항을 위반한 자
> 50. 석전(石戰) 등 위험한 놀이를 하거나 시키는 자, 또는 길거리에서 공기총류나 활을 가지고 놀거나 놀게 시키는 자

헌병과 경찰이 범죄 즉결례에 따라 경찰범 처벌 규칙과 형법 등의 법률에서 정한 범죄 중 일부를 즉결 심판할 수 있었다.

적절한 말 고르기

❺ 제1차 세계 대전 당시 일본은 (동맹국, 협상국)의 일원으로 전쟁에 참여하였다.

❻ 파리 강화 회의는 (미국, 러시아) 대통령 윌슨이 제안한 14개조 평화 원칙에 따라 진행되었다.

❼ 일제는 한국을 강제 병합하고 식민 통치 기구로 (통감부, 조선 총독부)를 설치하였다.

❽ 한국인을 일본인으로 동화시키는 것을 목적으로 일왕에 대한 충성을 강조하는 (제1차 조선 교육령, 경찰범 처벌 규칙)을 제정하였다.

자료 ③ 조선 태형령

> 제1조   3개월 이하의 징역 또는 구류에 처하여야 하는 자는 그 사정에 따라 태형에 처할 수 있다.
> 제11조   태형은 감옥 또는 즉결 관서에서 비밀리에 행한다.
> 제13조   본령은 조선인에 한하여 적용한다.
> 시행 규칙 제11조   태는 길이 1척 8촌, 두께 2푼 5리, 너비는 태의 머리를 7푼, 태의 손잡이를 4푼 5리로 하며 대나무 조각으로 만든다.

태형은 갑오개혁 때 폐지되었으나 일제는 1912년에 조선 태형령을 제정하였다. 태형은 조선인에 한하여 적용되었으며, 헌병과 경찰은 재판 없이도 즉결 심판에 의해 태형을 가할 수 있었다. 조선 태형령은 3·1 운동 이후인 1920년에 폐지되었다.

빈칸 채우기

❾ 제1차 세계 대전에서 패한 독일은 (   ) 조약의 체결로 해외 모든 식민지를 상실하였다.

❿ (   )은/는 조선 총독의 자문 기구로 이완용, 송병준 등 친일적 인사로 구성되었다.

⓫ 무단 통치기 일제가 제정한 (   )은/는 즉결 심판의 요건, 절차 등에 대해 규정한 법령이다.

⓬ 한국에 거주하는 일본인이 6년제의 소학교를 다닌 반면, 한국인은 4년제의 (   )을/를 다녔다.

◐ 치안 유지법
일제가 국가 통치 체제나 사유 재산 제도를 부정하는 사상을 통제하고 탄압하기 위해 제정한 법률이다. 일제는 이를 통해 사회주의 운동뿐만 아니라 농민·노동 운동, 항일 민족 운동을 탄압하였다.

◐ 인구 1만 명당 학생 수(1925)

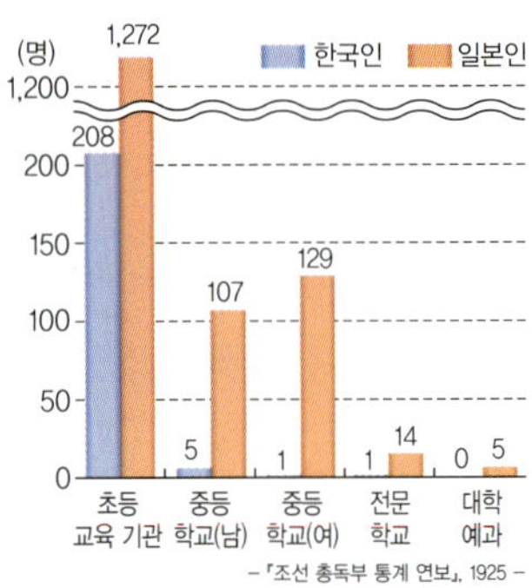

「조선 총독부 통계 연보」, 1925 —

일제는 한국인과 일본인을 동등하게 교육하겠다고 하였지만, 한국인이 주로 다니는 보통학교의 수는 여전히 부족하여 한국인의 취학률은 일본인보다 매우 낮았다.

◐ 일제의 검열로 기사가 삭제된 신문(중외일보, 1926. 12. 18.)

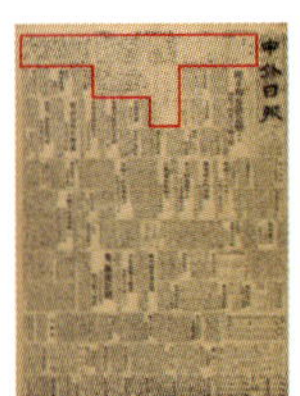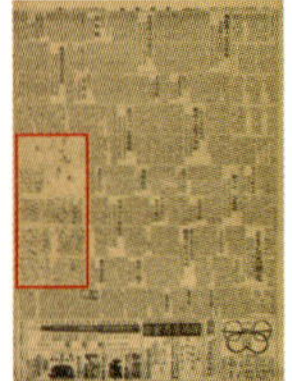

일제는 한국인이 발행한 신문들을 검열하여 기사를 삭제하는 경우가 많았고, 압수·정간하기도 하였다.

◐ 궁성 요배
아침마다 일왕의 거처가 있는 동쪽을 향해 허리 숙여 절을 하는 것이다.

◐ 신사 참배
신사는 일본의 민간 종교인 신도(神道)의 사원이다. 일제는 천황 이데올로기를 주입하기 위해 곳곳에 신사를 세우고 한국인에게 강제로 참배하게 하였다.

---

3 민족 분열 통치

1. 배경: 3·1 운동(1919) 이후 일제가 무단 통치의 한계 인식, 국제 여론 악화

2. 목적: 이른바 문화 정치를 통해 한국인의 저항 무마, 친일 세력 양성을 통한 민족 분열 도모 자료①

3. '문화 정치'의 내용과 본질

구분	내용(표방)	본질(실상)
총독 임명	문관도 임명 가능	실제로 임명된 문관 총독은 없음
통치 방식	• 헌병 경찰제를 보통 경찰제로 전환 • 조선 태형령 폐지 • 관리와 교원의 제복 착용 폐지	• 경찰력 강화 • 치안 유지법 제정(1925) 자료②
교육 정책	제2차 조선 교육령 제정 → 보통학교 수업 연한을 6년으로 연장, 대학 설립이 가능하도록 개정 주로 한국인 학생들이 다니던 학교이다.	• 학교 부족 • 유상 교육으로 한국인의 보통학교 취학률 저조
기본권	• 언론·출판·집회·결사의 자유를 부분적으로 인정 • 한국인이 발행하는 신문 발간 허용	• 식민 통치를 인정하는 범위 내에서 허용 • 언론 검열 강화
참정권	도 평의회, 부·면 협의회 운영	• 일본인과 친일 인사만 참여 • 의결권 없는 자문 기구에 불과

└ 일제가 한국인이 발행하는 신문 발간을 허용함에 따라 조선일보와 동아일보가 창간되었다.

4 민족 말살 통치

1941년 일본이 하와이 진주만의 미 해군 기지를 기습 공격하면서 본격화되었다.

1. 배경: 일제의 침략 전쟁 확대(만주 사변 → 중일 전쟁 → 아시아·태평양 전쟁)

2. 목적: 전시 상황에서 한반도의 인적 자원을 효율적으로 동원하기 위해 일선 동조론, 내선일체 등을 내세우며 일왕에 대한 충성을 강요 → 황국 신민화 정책 실시
일(일본)과 선(조선)의 조상이 하나라는 주장이다.

3. 내용

(1) **황국 신민 서사 암송, 궁성 요배:** 일왕에 대한 충성 강요 자료③

(2) **신사 참배 강요:** 전국 각지에 신사 건설 후 참배 강요

(3) **일본식 성명 강요:** 한국인의 성과 이름을 일본식으로 바꾸도록 법령 제정(창씨개명) → 일본식 성명을 사용하지 않으면 각종 불이익을 당함

(4) **우리말 사용 금지:** 조선어 학회 탄압

(5) **언론 탄압:** 조선일보, 동아일보 폐간(1940)

(6) **감시와 탄압 강화:** 조선 사상범 예방 구금령(1941) 제정 → 독립운동 세력을 탄압하고 사상 통제

(7) **교육 정책의 변화:** 제3·4차 조선 교육령 개정을 통해 황국 신민 양성 추진, 국민학교령(1941)을 통해 초등 교육부터 황국 신민화 추구, 수신(도덕) 교과 강화
└ 일제는 1941년에 초등 교육 기관의 명칭을 소학교에서 국민학교로 바꾸었다.

자료 ❶ '문화 정치'의 목적

1. 친일 단체 조직 필요
　중심적 친일 인물을 찾아 그 인물에게 귀족, 양반, 유생, 부호, 실업가, 교육가, 종교가 등 각기 계급 및 사정에 따라 각종 친일 단체를 조직하게 한다.
1. 인재 양성
　조선 문제 해결의 핵심은 친일 인물을 많이 얻는 데 있다. …… 수재 교육이란 이름으로 친일 인물을 양성하는 것이 가장 필요한 일이라고 믿는다. 이상의 방법에 따라 친일파와 배일파를 변별하여 배일파에는 직접·간접으로 그 행동을 구속하는 방책을 취하되, 친일파에는 사정이 허락하는 한 편의와 원조를 줄 필요가 있다.

－ 사이토 마코토, 『조선 민족 운동에 대한 대책』 －

일제는 3·1 운동을 계기로 무단 통치의 한계를 인식하고 '문화 정치'를 시정 방침으로 발표하였다. 하지만 '문화 정치'는 실제로는 민족 분열을 획책하여 민족 운동 세력을 약화시키려는 데 목적이 있었다. 이를 위해 친일 인사를 적극 양성하여 한국인들 간에 반목과 대립을 조장하였다.

○✗ 표시하기

❶ 만주 사변 이후 일제가 무단 통치의 한계를 인식하고 무단 통치에서 이른바 문화 정치로 통치 방식을 바꾸었다. 　　　　　　　　　　　（　　　）

❷ 이른바 문화 정치 기간 일제는 공포 분위기를 조성하기 위해 관리와 교사에게 제복을 입고 칼을 차게 하였다. 　　　　　　　　　　　　（　　　）

❸ 일제는 해방을 맞이할 때까지 문관 총독을 단 한 명도 임명하지 않았다. 　　　　　　　（　　　）

❹ 이른바 문화 정치를 실시하면서 일제는 부·면 협의회를 설치하였다. 　　　　　　　（　　　）

자료 ❷ '문화 정치'의 실상

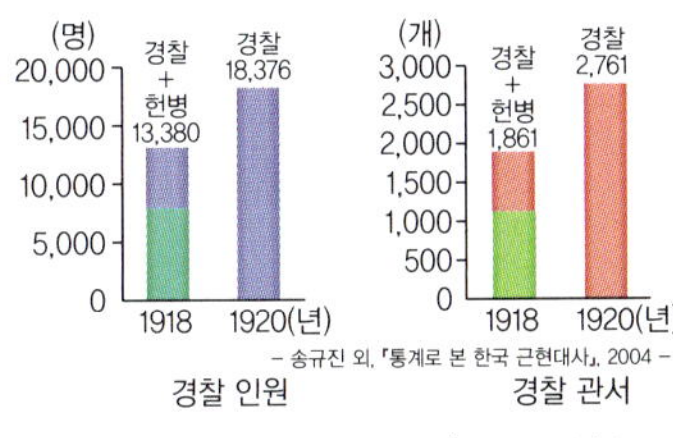

▲ 1918년과 1920년 경찰력의 변화

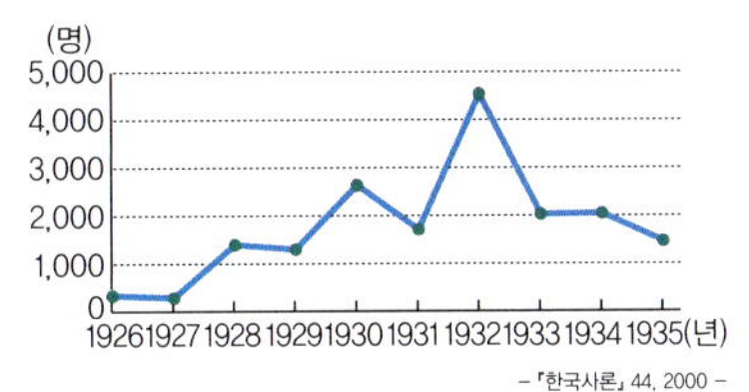

▲ 치안 유지법 위반 구속자

일제는 '문화 정치'의 일환으로 헌병 경찰제를 보통 경찰제로 바꾸었다. 하지만 경찰과 경찰 기관 수를 크게 늘리고 치안 유지법을 제정하여(1925) 사회주의 운동과 민족 운동을 억압하는 등 한국인에 대한 감시와 탄압을 더욱 강화하였다.

적절한 말 고르기

❺ 일제는 이른바 문화 정치를 표방하면서 (무관, 문관) 총독의 임명이 가능할 수 있도록 규정을 바꾸었다.

❻ 1925년 일제는 (보안법, 치안 유지법)을 제정하여 사상과 표현의 자유를 억압하고 민족 운동에 대한 탄압을 강화하였다.

자료 ❸ 민족 말살 통치기의 모습

▲ 내선일체 홍보 자료

황국 신민 서사(아동용)
1. 우리는 대일본 제국의 신민입니다.
2. 우리는 마음을 합하여 천황 폐하에게 충의를 다합니다.
3. 우리는 인고 단련하여 훌륭하고 강한 국민이 되겠습니다.

－ 조선 총독부, 『시정30년사』 －

빈칸 채우기

❼ 일제는 이른바 문화 정치를 표방하며 헌병 경찰제를 폐지하고 (　　　)을/를 시행하였다.

❽ 일제는 (　　　)을/를 공포해 보통학교의 교육 연한을 4년에서 6년으로 늘릴 수 있게 하였다.

❾ 군국주의 체제를 강화한 일본은 (　　　) 진주만의 미 해군 기지를 기습 공격하며 아시아·태평양 전쟁을 일으켰다.

❿ 일제는 1940년 성과 이름을 일본식으로 바꾸는 (　　　)을/를 강요하였고 이를 따르지 않으면 불이익을 주었다.

일제는 한국인을 침략 전쟁에 본격적으로 동원하고자 민족 말살 통치를 시행하였다. 이에 '일본과 조선이 하나(내선일체)'라고 주장하고, 황국 신민 서사를 암송하게 하는 등 한국인을 일본인으로 동화시키려고 하였다.

기본 문제

> 25580-0239

01 다음 법령이 제정된 시기의 상황으로 옳은 것은?

> 제1조　3개월 이하의 징역 또는 구류에 처하여야 하는
> 　　　　자는 그 사정에 따라 태형에 처할 수 있다.
> 제11조　태형은 감옥 또는 즉결 관서에서 비밀리에 행한다.
> 제13조　본령은 조선인에 한하여 적용한다.
> 시행 규칙
> 태는 길이 1척 8촌, 두께 2푼 5리, 너비는 태의 머리를 7푼,
> 태의 손잡이를 4푼 5리로 하며 대나무 조각으로 만든다.

① 부·면 협의회가 설치되었다.
② 동양 척식 주식회사가 설립되었다.
③ 교사가 제복을 입고 수업을 진행하였다.
④ 조선 사상범 예방 구금령이 제정되었다.
⑤ 보통학교의 수업 연한이 6년으로 연장되었다.

> 25580-0241

03 다음 자료를 활용한 탐구 주제로 가장 적절한 것은?

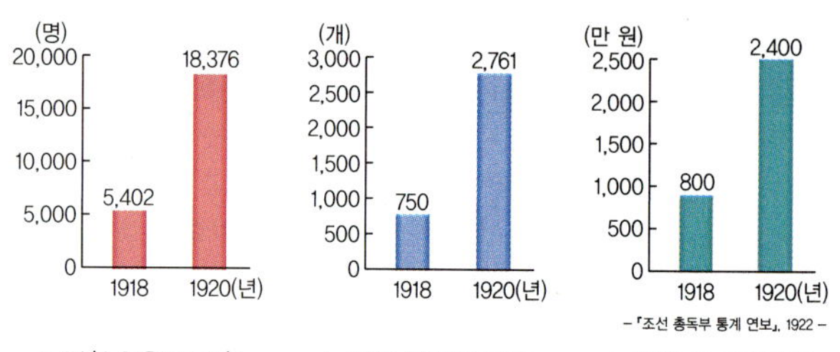

① 중추원 설치의 목적
② '문화 정치'의 기만성
③ 헌병 경찰의 주요 권한
④ 민족 말살 통치의 실상
⑤ 국가 총동원법의 주요 내용

> 25580-0240

02 다음 통치 방침이 제기된 배경으로 가장 적절한 것은?

> 한일 병합의 본뜻에 기초해 일시동인(一視同仁)해 ……
> 시정의 편리함을 도모하는 데 있다. 즉, 총독은 문무관 누
> 구라도 임용할 수 있는 길을 열고 나아가 헌병에 의한 경
> 찰 제도 대신 보통 경찰에 의한 경찰 제도로 바꾸었다.
> …… 정치·사회상의 대우에서 일본인과 동일하게 취급
> 하려는 궁극적 목적을 달성하고자 한다. …… 시기를 보
> 아 지방 자치 제도를 시행할 목적으로 신속히 그 조사 연
> 구에 착수하고자 한다.

① 통감부가 설치되었다.
② 조선일보가 창간되었다.
③ 3·1 운동이 발생하였다.
④ 중일 전쟁이 발발하였다.
⑤ 아관 파천이 단행되었다.

중요

> 25580-0242

04 다음 일기가 쓰였을 당시 볼 수 있는 모습으로 가장 적절한 것은?

> 10월 6일
> 2교시에 강당에 모여 교장 선생님이 "황국 신민의
> 서사가 신문지상에 발표되었으니, 우리는 오늘 애
> 국일을 맞아 애국 자녀 단원으로, 본교 학생으로서
> 의 마음가짐을 굳세게 하고 황국 봉사 사업 실천에
> 가장 힘을 쓰자."라고 하셨다.

① 만주 사변에 참여하는 일본 군인
② 육영 공원에서 외국어를 공부하는 학생
③ 일왕이 사는 궁성을 향해 절을 하는 농민
④ 의병 기사를 작성하는 대한매일신보 기자
⑤ 치안 유지법의 제정 사실을 알리는 총독부 관리

서술형 문제

Step1 핵심 키워드 파악하기

> 25580-0243

01 다음 법령을 활용한 일제의 통치 방식을 쓰시오.

> 제1조 경찰서장 또는 그 직무를 취급하는 자는 그 관할
> 구역 안에서 일어난 다음 각호의 범죄를 즉결할 수
> 있다.
> 1. 구류 또는 과료형에 해당하는 죄
> 2. 3개월 이하의 징역 또는 100원 이하의 벌금이나 과료
> 형에 처하여야 하는 도박죄 및 구류 또는 과료형에 처
> 하여야 하는 형법 제208조의 죄

예시 답안 자료에 나타난 법령은 무단 통치기 제정된
(   )이다. 헌병 경찰은 이 법과 (   )에 따라 정
식 재판도 없이 한국인에게 벌금, 구류 처분을 내릴 수 있었다.

Step2 스스로 답안 작성하기

> 25580-0244

02 다음 글을 읽고 물음에 답하시오.

> 일제는 한국인을 침략 전쟁에 본격적으로 동원하고자
> ⃞ (가) ⃞ 을/를 시행하였다. 이에 '일본과 조선이 하나(내
> 선일체)'라고 하거나 '일본인과 한국인의 조상은 같다(일
> 선 동조론)'라고 주장하는 등 ㉠한국인을 일본인으로 동
> 화시키려고 하였다.

(1) (가)에 들어갈 통치 방식의 명칭을 쓰시오.

(2) ㉠의 구체적인 사례를 두 가지 서술하시오.

1등급 도전 문제

> 25580-0245

01 밑줄 친 '이 시기'에 있었던 사실로 옳은 것은?

① 애국반이 조직되었다.
② 신사 참배가 강요되었다.
③ 도 평의회가 설치되었다.
④ 치안 유지법이 제정되었다.
⑤ 교사가 제복과 칼을 착용하였다.

> 25580-0246

02 밑줄 친 '그 당시'에 볼 수 있는 모습으로 가장 적절한 것은?

① 황국 신민 서사를 암송하는 학생
② 통감부 건물 공사에 참여한 인부
③ 고종의 황제 즉위식에 참여한 관리
④ 국채 보상 운동에 성금을 내는 부녀자
⑤ 동아일보 창간호에 실을 기사를 작성하는 기자

02 경제 구조의 변화와 경제생활

1 1910년대 식민지 경제 정책

1. 토지 조사 사업

명분	근대적 토지 소유권 확립
목적	토지 대장에 누락된 토지 조사 → 식민 통치에 필요한 재정(지세) 확보
방법	• 임시 토지 조사국 설치(1910), 토지 조사령 공포(1912) **자료 ❶** • 소유권을 주장하는 토지 소유자가 필요한 서류를 갖춰 정해진 기한 내 신고
결과	• 왕실과 공공 기관의 토지 및 주인이 불분명한 토지 약탈 → 조선 총독부 차지 • 조선 총독부의 지세 수입 증가, 일본인의 소유지 증가 • 지주의 소유권 강화: 소작농이 경작을 이어 갈 수 있었던 관행 부정 → 기한부 계약에 의한 소작농 증가 • 몰락 농민 증가 → 화전민이 되거나 간도·연해주 등으로 이주

1910년에 공포된 토지 조사법을 대체한 것으로, 토지 조사 사업의 절차 등을 규정한 법이다.

2. 회사령 시행 **자료 ❷**

목적	한국인의 기업 설립 억제, 일본 기업의 한국 진출 선별적 지원
내용	회사 설립 시 조선 총독 허가 필요, 조선 총독이 회사 해산 가능
결과	주요 산업은 일본인 기업이 장악

3. 산업의 통제 및 기간 시설 정비

(1) **어업령·삼림령·조선 광업령 제정**: 한국인의 경제 활동을 허가제로 전환

(2) **전매제 실시**: 인삼, 소금, 담배 등의 전매 사업 실시

(3) **기간 시설 정비**: 철도, 도로, 항만 등 정비 → 일제의 식민지 수탈 기반 마련

2 1920년대 식민지 경제 정책

1. 산미 증식 계획 실시(1920~1934)

배경	일본의 산업화 진전에 따른 쌀 부족 현상 심화로 일본 내 쌀값 폭등 → 쌀 소동 발생
목적	한국에서 쌀 생산을 늘려 일본의 쌀 부족 현상 해소 **자료 ❸**
내용	쌀 재배 면적 확대, 수리 시설 및 수리 조합 확충, 품종 개량 등을 통한 증산 추진
결과	증산량은 목표에 미달했으나 증산량 이상의 쌀을 일본으로 반출 → 한국의 식량 사정 악화, 쌀 증산 비용을 농민에게 전가 → 많은 수의 농민 몰락

1918년 일본의 쌀값 폭등에 불만을 품은 시민들이 항의하여 일어난 사건이다.

빚을 갚지 못해 땅을 팔고 소작농으로 전락하는 자작농이 증가하였다.

2. 일본의 자본 침투

(1) **배경**: 제1차 세계 대전 이후 자본을 축적한 일본 기업의 한국 진출 모색 증가

(2) **회사령 폐지(1920)**: 회사 설립을 허가제에서 신고제로 변경

목적	일본인 기업의 한국 진출 지원
결과	일본 기업의 한국 진출 증가, 한국인이 설립한 회사 증가

규모나 자본이 영세한 경우가 대부분이었다.

(3) **일본 상품 대부분에 대한 관세 폐지(1923)**: 값싼 일본 상품 유입 증가로 한국인 회사의 피해 증가

🔹 삼림령

제16조 조선 총독은 삼림의 소유자 또는 점유자, …… 현지 주민에게 삼림의 보호 또는 조림 사업을 명령할 수 있다.

일제는 삼림령을 제정하여 관습적인 삼림 이용을 제한하였다.

🔸 쌀 생산량과 일본 반출량

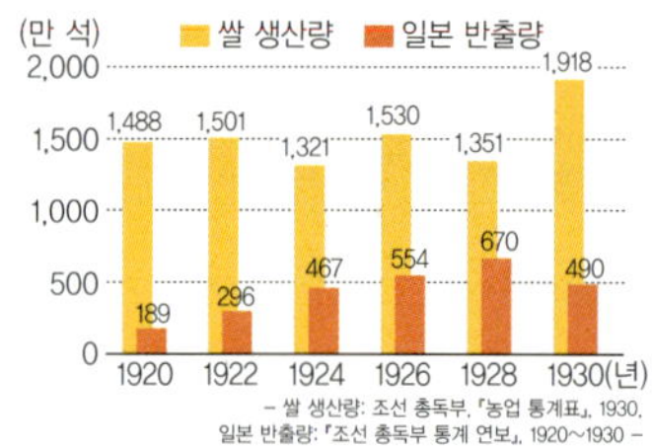

쌀 생산량이 계획한 대로 늘지는 않았지만, 일본으로의 쌀 반출은 예정대로 진행되었다. 그 결과 한국인 1인당 쌀 소비량은 줄어들었다.

🔸 회사령 폐지의 결과

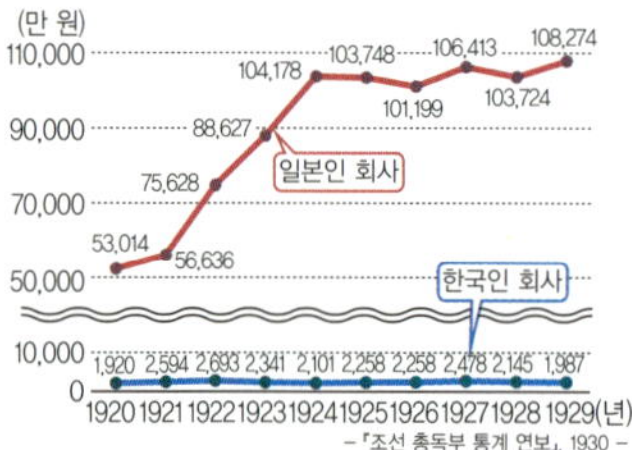

자료는 한국 내 한국인 회사와 일본인 회사의 자본금을 나타낸 것이다. 회사령 폐지 이후 일본인 회사의 자본금이 대폭 증가하였음을 알 수 있다.

자료 ① 토지 조사령(1912)

제1조 토지의 조사 및 측량은 본령에 의한다.
제4조 토지 소유자는 조선 총독이 정하는 기간 내에 주소, 성명 또는 명칭 및 소유지의 소재, 지목, 자번호(땅의 번호), 사표(토지의 동서남북에 위치한 지형지물을 기록한 표시), 등급, 지적, 결수를 임시 토지 조사 국장에게 신고해야 한다. 단, 국유지는 보관 관청이 임시 토지 조사 국장에게 통지해야 한다.

– 『조선 총독부 관보』, 1912. 8. 13. –

토지 조사 사업은 토지의 소유권을 확정하고, 농민이 토지를 이용해 경작을 이어 갈 수 있었던 관행 등은 인정하지 않았다. 조선 총독부는 많은 토지를 차지하였는데, 그 과정에서 수많은 소유권 분쟁이 일어나기도 하였다. 조선 총독부 소유로 편입된 토지 중 일부는 동양 척식 주식회사에 팔렸다.

자료 ② 회사령

1. 회사의 설립은 조선 총독의 허가를 받아야 한다.
2. 조선 외에서 설립한 회사가 조선에 본점이나 지점을 설치하고자 하는 때에는 조선 총독의 허가를 받아야 한다.
5. 회사가 이 영 또는 이 영에 의한 명령과 허가의 조건을 위반하거나 공공질서 및 선량한 풍속에 반하는 행위를 한 때에는 조선 총독은 사업의 정지·금지, 지점의 폐쇄 또는 회사의 해산을 명할 수 있다.

일제는 회사령을 제정하여 회사를 설립할 때는 조선 총독의 허가를 받도록 하였다. 또한 조선 총독이 사업의 정지 및 회사의 해산을 명령할 수 있도록 하였다.

자료 ③ 산미 증식 계획의 목적

일본 인구는 해마다 70만 명씩 늘어나고, 국민 생활이 향상되면 1인당 소비량도 점차 늘어나게 될 것이므로 앞으로 쌀이 계속 모자랄 것이다. 따라서 지금 쌀 증산 계획을 수립하여 일본 제국의 식량 문제를 해결하는 데 도움을 주는 것이 진실로 급한 국가 정책이라고 믿는다.

– 조선 총독부, 『산미 증식 계획 요강』 –

일본에서는 인구가 늘어나고 경제가 빠르게 성장하면서 쌀 소비량이 늘어났다. 이 과정에서 많은 농민이 일자리를 찾아 도시로 떠나 농촌의 노동력이 감소하고 쌀 생산도 줄어들었다. 이에 쌀값이 폭등하여 일본 각지에서 폭동이 일어나는 등 사회가 불안해졌다. 일제는 자국의 부족한 식량을 한국에서 확보하기 위해 1920년부터 산미 증식 계획을 실시하였다.

✔ 개념 체크 문제

• 정답 **47**쪽

○✗ 표시하기

❶ 일제는 무단 통치 기간 동안 토지 조사 사업을 실시하였다. ( )

❷ 조선 총독부가 차지한 토지를 관리하기 위해 동양 척식 주식회사가 설립되었다. ( )

❸ 일제는 일본 기업의 한국 진출을 지원하기 위해 1910년 회사령을 폐지하고 회사 설립을 허가제에서 신고제로 바꾸었다. ( )

❹ 1920년대 쌀 생산량이 증가하면서 한국인 1인당 쌀 소비량은 크게 증가하였다. ( )

적절한 말 고르기

❺ 토지 조사 사업으로 (지주, 소작농)은/는 경작을 이어갈 수 있었던 관행을 인정받지 못하였다.

❻ 일제는 1912년 (토지 조사령, 삼림령)을 공포하고 토지 소유자가 정해진 기간 내에 신고서를 직접 제출하도록 하였다.

❼ 1923년 일부 일본 상품에 대한 (관세, 회사령)의 폐지로 값싼 일본 상품 유입이 증가하여 한국인 회사의 피해가 증가하였다.

빈칸 채우기

❽ 토지 소유자가 토지 조사령에 따라 신고서를 내면 ( )에서 확인 과정을 거쳐 소유권을 인정해 주었다.

❾ 일제는 ( )을/를 공포하여 광업권에 대한 허가제를 실시하였다.

❿ 일제는 쌀 증산에 필요한 저수지와 제방 등의 수리 시설을 만들기 위해 전국 각지에 ( )을/를 설립하게 하였다.

⓫ ( ) 계획 과정에서 증산량 이상의 쌀이 일본으로 반출되면서 한국의 식량 사정이 악화되었다.

● **농촌 진흥 운동**
일제는 춘궁 퇴치, 부채 근절 등을 목표로
내세우며 가마니 짜기 등을 권장하였다.

● **일본군 '위안부'**
일제는 1930년대부터 일본군이 주둔한 지
역에 군 위안소를 설치하고, 식민지와 점령
지의 젊은 여성을 강제로 연행하여 성노예
생활을 강요하였다.

● **공출**
일제가 전쟁 수행에 필요한 곡물이나 금속
등을 강제로 걷었던 정책을 의미한다.

● **한국 내 쌀 생산량과 공출량**

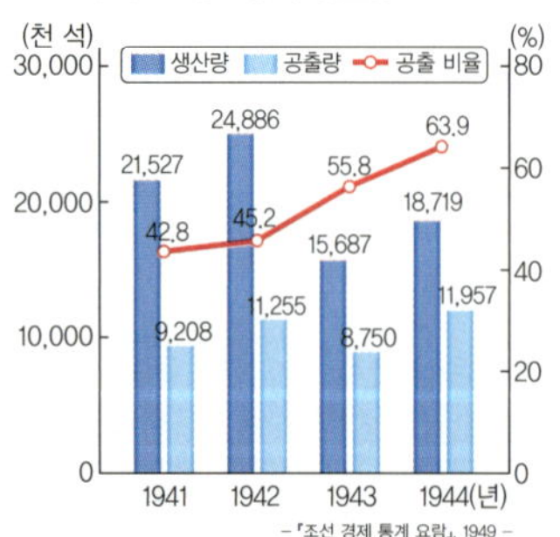

일제는 침략 전쟁으로 식량이 부족해지자
미곡 등의 공출제를 실시하였다.

3 일제의 침략 전쟁 확대와 병참 기지화 정책

1. 일제의 침략 전쟁 확대

(1) **일본의 중국 침략**: 대공황 극복을 빌미로 만주 사변(1931) 도발, 만주국 수립
(1932) → 중일 전쟁 발발(1937), 난징 대학살 자행, 대동아 공영권 내세움 →
미국과 대립

(2) **아시아·태평양 전쟁**: 일본의 진주만 기습 공격으로 아시아·태평양 전쟁 발발
(1941) → 미드웨이 해전에서 미국 승리 → 미국의 원폭 투하와 소련군의 대일
전 참전 → 일본 항복

2. 일제의 병참 기지화 정책

(1) **조선 공업화 정책**

① 일제가 만주 사변 전후로 한반도 북부 지역에 중화학 공업 지대 건설

② 일본 방직 공업 원료 조달을 위해 남면북양 정책 추진

(2) **병참 기지화 정책** 자료①

① 내용: 한반도를 침략 전쟁 물자와 인력을 공급하는 병참 기지로 만들어 감 →
중일 전쟁 이후 더욱 가속화

② 결과: 소비재 공업 위축, 군수 산업 중심의 중화학 공업 확대

(3) **농촌 진흥 운동**: 대공황 이후 농촌 경제가 어려워지고 농민 운동이 확산되자
농촌 진흥 운동 실시 ┈ 농민의 근면과 절약 등만 강조하면서 구조적 개혁은 외면하여
별다른 성과를 거두지 못하였다.

3. 일제의 전시 동원 체제

(1) **배경**: 중일 전쟁의 장기화로 인한 물자 부족 현상 심화

(2) **국가 총동원법 제정(1938)**: 본격적으로 한반도의 인력과 물자 수탈 전개 자료②

인적 수탈 자료③	• 지원병제(1938): 한국인을 군인으로서 침략 전쟁에 직접 동원하기 시작 • 국민 징용령(1939): 전쟁에 필요한 노동력 강제 동원 → 탄광, 군수 공장 등에 투입 • 학도 지원병제(1943): 아시아·태평양 전쟁으로 전선이 확대되자 학생들까지 전쟁에 동원 • 징병제(1944): 아시아·태평양 전쟁 막바지에 수많은 청년을 전쟁터로 끌고 감 • 여자 정신 근로령(1944): 여성들도 군수 물자 생산에 동원 • 일본군 '위안부': 여성들을 조직적, 강제적으로 동원하여 성노예 생활을 강요
물적 수탈	• 곡식 유통 통제: 농가마다 목표량을 정해 미곡 공출제와 식량 배급제 실시 • 산미 증식 계획 재개: 전쟁 확대에 따른 군량미 조달 • 금속 공출: 가정의 놋그릇, 수저, 농기구 등 무기 제조에 필요한 각종 금속 공출

┈ 농가마다 목표량을 정하여
강제로 쌀을 내놓게 하였다.

4 국외 이주 동포의 삶

만주	일제의 적극적인 이민 정책, 대부분 소작농으로 힘든 생활
연해주	• 신한촌 등 한인 마을 형성, 독립운동 단체 조직 • 중앙아시아 강제 이주(1937) → 황무지 개척, 집단 농장 운영
일본	관동 대지진 때 한국인 대량 학살(1923)

┈ 신한촌의 한인들은 권업회라는 자치 단체를 조직하고, 독립 전쟁 수행을 위해 대한 광복군 정부를 수립하였다.

자료 ① 조선 총독의 대륙 병참 기지에 관한 훈시

> 이번 사변(중일 전쟁)에서 우리 조선은 상당량의 군수 물자를 공출하여 어느 정도 효과를 올렸다. …… 그러나 아직 불충분하며 중국 대륙 작전군에 대해 일본으로부터의 해상 수송이 차단당하는 경우가 있더라도, 조선의 힘만으로 보충할 수 있도록 조선 산업 분야를 다각화하며 특히 군수 공업의 육성에 역점을 두어야 한다.
> – 동아일보, 1938. 9. 1. –

중일 전쟁 이후 병참 기지화 정책이 본격적으로 추진되면서 한국의 산업 구조는 군수 산업 중심으로 개편되고 소비재 산업은 위축되었다. 또한 군수 물자 생산을 위한 중화학 공업 시설이 북부 지방으로 편중되면서 지역 간 산업 불균형이 심화되었다.

❶ 중일 전쟁 이후 산미 증식 계획이 처음 실시되었다. (   )

❷ 일제는 1944년 징병제를 시행하여 수많은 청년을 전쟁터로 끌고 갔다. (   )

❸ 일제는 중일 전쟁 이후 식량 배급제를 실시하여 시장에서 쌀을 자유롭게 매매할 수 없게 하였다. (   )

❹ 연해주의 한인들은 1937년 중앙아시아로 강제 이주당하였다. (   )

자료 ② 국가 총동원법(1938)

> 제1조 국가 총동원이란 전시에 국방 목적을 달성하기 위해 국가의 전력을 가장 유효하게 발휘하도록 인적·물적 자원을 통제·운용하는 것을 말한다.
> 제4조 정부는 전시에 국가 총동원상 필요할 때에는 칙령이 정하는 바에 따라 제국 신민을 징용해 총동원 업무에 종사하게 할 수 있다.
> 제8조 정부는 전시에 국가 총동원상 필요할 때에는 칙령이 정하는 바에 따라 물자의 생산·수리·배급·양도 및 기타의 처분, 사용·소비·소지 및 이동에 관해 필요한 명령을 내릴 수 있다.
> –『조선 총독부 관보』, 1938. 5. 10. –

1937년 중일 전쟁을 일으킨 일제는 이듬해 전쟁에 필요한 자원을 효율적으로 조달하고자 국가 총동원법을 제정하고, 한국에도 적용하였다. 이 법에 따라 일제는 전쟁 수행에 필요하다고 여겨지는 물자와 인적 자원을 마음대로 동원할 수 있게 되었다.

❺ 일제는 일본 방직업자에게 원료를 공급하기 위해 한반도 (북부, 남부) 지방에서 면화를 재배하는 정책을 실시하였다.

❻ 전쟁이 확대되면서 늘어난 군수 물자를 생산하기 위해 일제는 금속 제품을 강제로 (공출, 매입)하였다.

❼ 일제는 1944년 (헌병 경찰제, 징병제)를 실시하여 아시아·태평양 전쟁에 수많은 청년을 전쟁터로 끌고 갔다.

❽ 연해주에서는 (신한촌, 삼원보) 등 한인 마을이 형성되었다.

자료 ③ 민족 말살 통치 시기 동원된 한국인들

> • 내 나이 17살 되던 해 일본 홋카이도에 있는 탄광에 가서 일하게 되었어요. 그때 읍에서 징용장이 나왔던 것으로 기억합니다. 당시 읍사무소의 직원들이 사람들을 잡으러 마을 이곳저곳을 돌아다녔습니다.
> • 지사장, 면장, 이 사람들이 와서 기왕 군인을 갈 바에야 일찍 가야 하지 않냐고 그렇게 해서 내 가족 형편상 못 가게 생겼음에도 불구하고 강제로 그냥 들어간 것이죠. 안 가면 안 되더라고. 지원하게끔 하죠.
> – 일제강제동원피해자지원재단 누리집 –

일제는 군인뿐 아니라 전쟁에 필요한 노동력도 강제로 동원하였다. 1939년에 국민 징용령을 실시하여 한국인들을 끌고 가 공장, 탄광 등에서 강제로 일하게 하였으며, 1944년에는 여자 정신 근로령을 발표하여 여성의 노동력도 수탈하였다.

❾ 중일 전쟁 발발 이후 일제는 식민지 조선을 침략 전쟁에 필요한 군수 물자를 생산하는 곳으로 만드는 (   ) 정책을 추진하였다.

❿ 1930년대 조선 총독부는 농촌 경제의 몰락을 막는다는 명분으로 (   )을/를 전개하였다.

⓫ 일제는 1938년 (   )을/를 제정하여 전쟁에 필요한 물자와 인력을 수탈하고자 하였다.

⓬ 1923년 일어난 (   ) 대지진 때 한국인에 대한 대량 학살이 이루어졌다.

기본 문제

중요

> 25580-0247

01 (가) 정책에 대한 설명으로 옳지 <u>않은</u> 것은?

구술로 보는 일제 강점기

• 구술자: ○○○

강제 병합 이후 일본 제국주의자들은 (가) 을/를 진행해서 토지의 소유권을 조사했어요. 그런데 소유권을 주장하는 사람이 없는 토지는 대부분 일본인들 차지가 됐어요. 그들은 고만고만한 땅덩이에는 신경도 쓰지 않았고 비옥한 농경지를 차지하였지요.

자료는 ○○○이 일제가 시행한 (가) 에 관해 묘사하는 글입니다. (가) 의 시행 결과 조선 총독부의 소유지가 늘어났습니다. 조선 총독부는 소유한 토지의 일부를 동양 척식 주식회사나 일본인 지주 등에게 헐값으로 넘겼습니다.

① 중일 전쟁 이후 재개되었다.
② 기한부 신고제로 운영되었다.
③ 농민의 경작권 관행을 부정하였다.
④ 지주의 소유권을 강화하는 계기가 되었다.
⑤ 식민지 통치 자금 마련을 위해 시행되었다.

> 25580-0248

02 다음 법령이 제정된 시기에 볼 수 있는 모습으로 가장 적절한 것은?

○○령

제1조 어구를 설치하거나, 수면을 구획하여 어업을 하는 권리를 얻고자 하는 사람은 조선 총독의 면허를 받아야 한다.

△△령

제16조 조선 총독은 삼림의 소유자 또는 점유자, …… 현지 주민에게 삼림의 보호 또는 조림 사업을 명령할 수 있다.

① 기사를 작성하는 동아일보 기자
② 경성 제국 대학에서 수업을 듣는 학생
③ 회사 설립 허가를 요청하는 일본인 기업가
④ 남면북양 정책 방침을 발표하는 총독부 관리
⑤ 동양 척식 주식회사 창립식에 참여하는 직원

> 25580-0249

03 다음 그래프를 활용한 탐구 활동으로 가장 적절한 것은?

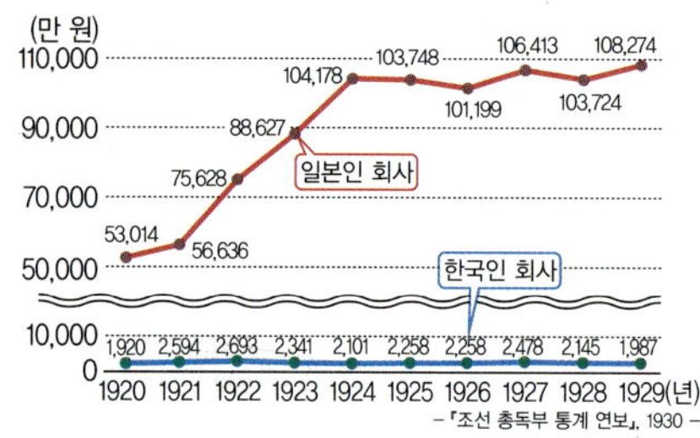

▲ 한국 내 한국인 회사와 일본인 회사의 자본금

① 보안회의 민족 운동
② 통감부의 경제 정책
③ 회사령 폐지의 영향
④ 농촌 진흥 운동의 주요 내용
⑤ 임시 토지 조사국의 설립 목적

중요

> 25580-0250

04 다음 법령이 적용되던 시기에 있었던 사실로 옳은 것은?

제1조 국가 총동원이란 전시에 국방 목적을 달성하기 위해 국가의 전력을 가장 유효하게 발휘하도록 인적 · 물적 자원을 통제 · 운용하는 것을 말한다.

제8조 정부는 전시에 국가 총동원상 필요할 때에는 칙령이 정하는 바에 따라 물자의 생산 · 수리 · 배급 · 양도 및 기타의 처분, 사용 · 소비 · 소지 및 이동에 관해 필요한 명령을 내릴 수 있다.

① 미곡 공출제가 시행되었다.
② 화폐 정리 사업이 추진되었다.
③ 지계아문에서 지계를 발급하였다.
④ 서대문과 청량리를 잇는 전차가 개통되었다.
⑤ 황국 중앙 총상회가 이권 수호 운동을 전개하였다.

서술형 문제

Step1 핵심 키워드 파악하기

> 25580-0251

01 일제가 다음 법령을 제정한 목적을 쓰시오.

> 제1조 회사의 설립은 조선 총독의 허가를 받아야 한다.
> 제5조 회사가 본령 또는 본령에 의한 명령과 허가의 조건에 위반하거나 공공질서 및 선량한 풍속에 반하는 행위를 한 경우에는 조선 총독은 사업의 정지·금지, 지점의 폐쇄 또는 회사의 해산을 명령할 수 있다.

예시 답안 일제는 (　　　　)인의 기업 활동을 제한하고 (　　　　) 기업의 한국 진출을 선별적으로 지원하기 위해 1910년 (　　　　)을/를 제정하였다.

Step2 스스로 답안 작성하기

> 25580-0252

02 다음 글을 읽고 물음에 답하시오.

> 1937년 중일 전쟁이 일어난 이후 일제는 한국을 대륙 침략에 필요한 물자와 인력을 공급하는 기지로 만들려는 정책을 시행하였다. 일본의 대기업들은 이에 호응하여 한반도에 발전소를 세우고, 군수 산업과 관련된 화학·금속·기계 공업에 투자하였다.

(1) 밑줄 친 '정책'의 명칭을 쓰시오.

(2) 밑줄 친 '정책'이 초래한 문제점 두 가지를 서술하시오.

1등급 도전 문제

> 25580-0253

01 다음 법령의 시행 결과로 옳은 것만을 〈보기〉에서 고른 것은?

> 제1조 토지의 조사 및 측량은 본령에 의한다.
> 제4조 토지 소유자는 조선 총독이 정하는 기간 내에 주소, 성명·명칭 및 소유지의 소재, 지목, 자번호, 사표, 등급, 지적, 결수를 임시 토지 조사 국장에게 신고해야 한다. 단, 국유지는 보관 관청이 임시 토지 조사 국장에게 통지해야 한다.
> 제17조 임시 토지 조사국은 토지 대장 및 지도를 작성하고 토지의 조사 및 측량에 대한 사정으로 확정한 사항 또는 재결을 거친 사항을 이에 등록한다.

【 보기 】
ㄱ. 지주의 소유권이 강화되었다.
ㄴ. 일본에서 쌀 소동이 발생하였다.
ㄷ. 만주에서의 잡곡 수입량이 늘어났다.
ㄹ. 조선 총독부의 지세 수입이 증가하였다.

① ㄱ, ㄴ　　　② ㄱ, ㄷ　　　③ ㄱ, ㄹ
④ ㄴ, ㄹ　　　⑤ ㄷ, ㄹ

> 25580-0254

02 다음 상황을 극복하기 위해 일제가 시행한 정책으로 옳은 것은?

> 호주(오스트레일리아)도 양모 수출 금지령을 단행하면서 일본은 원료 기근 상태를 겪게 되어 업계가 큰 혼란에 빠졌다. 특히 일반 소비자층의 곤란도 곤란이지만, 전시 원료 공급이 단절되어 군부가 곤경을 겪었다.　　― 조선일보 ―

① 동양 척식 주식회사를 설립하였다.
② 총독부 자문 기구로 중추원을 두었다.
③ 한반도 남부에 면화 재배를 강요하였다.
④ 미곡 및 금속제 그릇을 강제 공출하였다.
⑤ 도 평의회와 부·면 협의회를 설치하였다.

03 민족 운동의 전개와 분화

1 1910년대 국내외 민족 운동

1. 국내 비밀 결사 조직과 활동

독립 의군부 (1912)	• 조직: 임병찬 등이 고종의 밀명을 받아 조직 • 목표: 국권을 회복하고 고종을 황제로 복위(복벽주의 표방) • 활동: 전국적인 의병 봉기 계획, 일제에 국권 반환 요구서 제출 추진 → 일제에 발각되어 해체됨
대한 광복회 (1915) 자료 ❶	• 조직: 박상진을 총사령으로 하여 결성, 군대식 조직 • 목표: 공화정 형태의 국민 국가 수립 • 활동: 만주에 군관 학교 설립 추진, 군자금 모금, 친일 부호 처단 등

┗ 나라를 되찾고 왕을 다시 세우자는 주장이다.

○ **대한 광복군 정부**
권업회를 기반으로 결성되었으며, 독립 전쟁을 위해 군대를 양성하였다.

2. 국외 민족 운동

북간도	중광단 결성, 명동 학교·서전서숙 설립 등
서간도	• 삼원보 중심 • 경학사(자치 기구), 신흥 강습소(이후 신흥 무관 학교로 개편) 설립
상하이	신한청년당(1918): 김규식을 파리 강화 회의에 대표로 파견
연해주	• 블라디보스토크에 신한촌 형성 • 권업회(자치 기구) 조직, 대한 광복군 정부 수립(1914)
미주	• 대한인 국민회(1910): 미주 지역 최대 규모의 독립운동 단체로 성장 • 대조선 국민 군단: 박용만이 하와이에서 결성 → 군사 훈련 실시

┗ 1919년에 신흥 무관 학교로 개편되었다. 이 학교의 졸업생들은 청산리 대첩에 참여하는 등 항일 무장 투쟁에서 중요한 역할을 하였다.

○ **민족 자결주의**
미국 대통령 윌슨이 제시한 평화 원칙 중 하나로 자기 민족의 정치적 운명은 민족 스스로 결정할 권리가 있다는 주장이다.

○ **2·8 독립 선언**
윌슨의 민족 자결주의에 영향을 받은 한국인 유학생들이 도쿄에 모여 발표한 독립 선언이다.

2 3·1 운동(1919)

배경	• 국외: 민족 자결주의 대두, 레닌의 약소민족 해방 운동 지원 선언, 일본 도쿄에서 한국인 유학생들이 2·8 독립 선언 발표 • 국내: 고종의 서거 → 종교계와 학생들을 중심으로 대규모 시위 계획
전개	• 독립 선언 및 만세 시위: 민족 대표들이 태화관에서 독립 선언서 낭독, 학생과 시민들이 탑골 공원에서 독립 선언식 거행 → 만세 시위 전개 자료 ❷ • 확산: 농촌 및 산간벽지, 국외 한인 사회로 확산
탄압	제암리 학살 사건 발생, 유관순의 순국 등 자료 ❸
의의 및 영향	• 일제 강점기 최대 규모의 항일 운동 • 대한민국 임시 정부 수립에 영향 • 독립군의 무장 투쟁 등 다양한 민족 운동 활성화 • 일제 통치 방식이 무단 통치에서 '문화 정치'로 전환 • 중국의 5·4 운동에 영향

┗ 1919년 중국에서 일어난 반군벌, 반제국주의 투쟁이다.

○ **민족 대표**
3·1 운동 당시 발표된 독립 선언서에 민족을 대표해 서명한 민족 대표 33인을 말한다. 천도교에서 손병희를 비롯한 15명, 기독교에서 이승훈을 비롯한 16명, 불교에서 한용운을 비롯한 2명 등 모두 종교 지도자로 구성되었다.

○ **제암리 학살 사건**
3·1 운동이 전국적으로 확산되는 가운데 화성 제암리에서 만세 운동이 일어났다. 당시 일본 군인과 경찰은 제암리 주민을 교회에 모이게 한 뒤 총을 쏘고 불을 지르는 등 잔혹한 만행을 저질렀다.

● 정답 **49**쪽

자료① 대한 광복회 강령

> 1. 일반 부호로부터 의연금을 받는 한편, 일본인이 불법 징수한 세금을 압수하여 무장을 준비한다. └ 사회적 공익이나 자선을 위하여 내는 성금을 의미한다.
> 2. 남북 만주에 사관 학교를 설치하고 인재를 양성하여 사관(士官)으로 채용한다.
> 3. 종래의 의병 및 해산 군인과 만주 이주민을 소집하여 훈련한다.
> 7. 무력이 완비되는 대로 일본인 섬멸전을 단행하여 최후의 목적을 이룬다.

대한 광복회는 1910년대 국내에서 활동한 대표적 비밀 결사이다. 1915년 결성된 대한 광복회는 독립 전쟁을 통해 국권을 회복하여 공화정을 수립하려는 것을 목표로 삼고, 독립군 양성에 필요한 군자금 모금 활동을 전개하였다.

자료② 민족 대표 33인의 3·1 독립 선언서(기미 독립 선언서)

> 　우리들은 지금 우리 조선이 독립한 나라이고 조선 사람이 자주적인 국민이라는 것을 선언하노라. 이러한 사실을 세계 여러 나라에 알려 인류 평등이라고 하는, 사람이라면 마땅히 지켜야 할 도리를 분명히 밝힌다. …… 오늘날 우리가 맡은 임무는 다만 자기의 건설에 있을 뿐이지 결코 남을 파괴하는 데 있지 않다. …… 낡은 사상과 과거 세력에 얽매여 있는 일본 정치가들의 공명심의 희생물이 된 부자연스럽고 불합리한 잘못된 상태를 개선하고 바로잡고자 하는 것이다.　　　　　– 조선 민족 대표, 「3·1 독립 선언서」, 1919. 3. –

공을 세워 자기의 이름을 널리 드러내려는 마음을 의미한다.

국외의 움직임에 고무된 국내의 독립운동가들도 독립 선언을 준비하였다. 종교 지도자들과 학생들은 고종의 장례식에 즈음해 3월 1일 만세 시위를 계획하고, 만세 시위에서 발표할 독립 선언서를 작성해 전국에 배포하였다.

자료③ 3·1 운동의 탄압

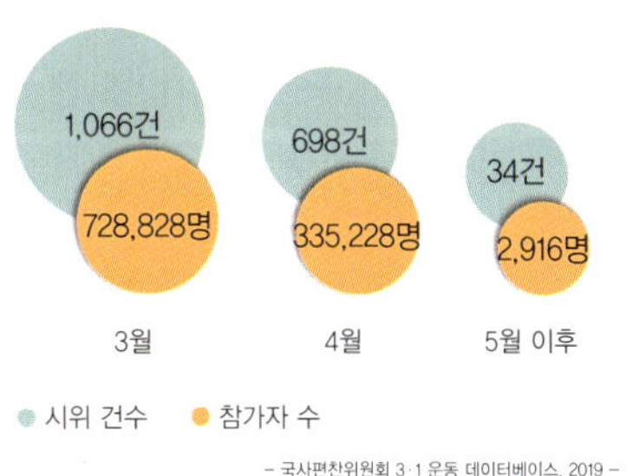

– 국사편찬위원회 3·1 운동 데이터베이스, 2019 –

▲ 시위 건수, 참가자 수

– 이지원, 「3·1 운동」, 『한국사 15』, 1995 –

▲ 3·1 운동 당시 투옥자의 직업 분포

시위가 격렬해지자 일제는 헌병 경찰, 군대 등을 동원하여 무력으로 만세 시위를 진압하고 시위에 참여한 사람들을 체포하였다. 또한 일본군은 무자비한 학살을 자행하였는데, 제암리 학살 사건이 대표적이다.

〇✖ 표시하기

❶ 1910년대 국내의 독립운동 세력은 일제의 이른바 문화 정치에 맞서 의병 운동을 일으켰다. 　　(　　)

❷ 1915년에 박상진을 총사령으로 하여 결성된 대한 광복회는 군대식 조직을 갖추었다. 　(　　)

❸ 남만주(서간도) 지역에서는 이회영, 이상룡 등이 대한 광복군 정부를 수립하였다. 　(　　)

❹ 일본 유학생들은 조선 청년 독립단의 이름으로 2·8 독립 선언을 발표하였다. 　(　　)

적절한 말 고르기

❺ 북간도 지역에서는 (대종교, 천도교)가 중광단을 결성하고 사관 양성소 등을 세워 항일 무장 투쟁을 준비하였다.

❻ 하와이에서는 박용만이 (대한인 국민회, 대조선 국민군단)을/를 조직하여 군사 훈련을 하였다.

❼ (고종, 순종)의 장례일에 즈음하여 탑골 공원에서는 수많은 학생과 시민이 모여 독립 선언식을 거행하고 만세 시위를 벌였다.

빈칸 채우기

❽ 고종의 밀지를 받아 의병장 출신 임병찬 등이 조직한 독립 의군부는 고종을 다시 왕위에 올리려는 (　　) 을/를 추구하였다.

❾ 삼원보에 정착한 신민회 회원들은 독립군 양성을 위해 (　　)을/를 설립하였다.

❿ 일제는 만세 시위가 확산되자 이를 폭력적으로 진압하였고 화성 (　　) 등에서 무자비한 학살을 저지르기도 하였다.

⓫ 3·1 운동의 영향으로 중국에서는 베이징 대학교의 학생들을 중심으로 (　　) 운동이 일어났다.

③ 대한민국 임시 정부의 수립

1. 배경: 3·1 운동 전후 독립운동을 이끌 통합된 지도부의 필요성 대두

2. 국내외 임시 정부 수립

대한 국민 의회	• 연해주의 블라디보스토크에서 전로 한족회 중앙 총회를 정부 형태로 확대 개편 • 대통령 손병희 추대
한성 정부	• 서울에서 13도 대표들이 국민 대회 개최 → 정부 수립 선포 • 집정관 총재로 이승만 추대
대한민국 임시 정부	• 중국 상하이에서 신한청년당을 중심으로 여러 세력이 임시 의정원 구성 → 정부 수립 • 국무총리 이승만 추대

3. 임시 정부의 통합(1919. 9.) 자료①

통합을 논의하는 과정에서 임시 청부를 무장 독립 투쟁에 유리한 연해주에 두어야 한다는 주장과 외교 활동에 유리한 상하이에 두어야 한다는 주장이 맞서기도 하였다.

(1) **방법**: 한성 정부의 법통을 계승하고 대한 국민 의회 흡수

(2) **정부 위치**: 서양 열강의 외교 공관이 많아 외교 활동에 유리한 상하이로 결정

(3) **정부 명칭**: 대한민국 임시 정부

(4) **정부 형태**: 대통령제(대통령 이승만, 국무총리 이동휘), 삼권 분립(임시 의정원, 국무원, 법원)에 입각한 공화제 정부

대한 국민 의회를 해산하고 대한민국 임시 정부에 합류하였다.

4. 대한민국 임시 정부의 활동

(1) **국내 연락망**: 연통제(국내외를 연결하는 비밀 행정 조직), 교통국(비밀 통신 기관)

(2) **자금 모금**: 독립 공채 발행, 국민 의연금 모금

(3) **군사 활동**: 국무원 산하에 군무원 설치, 직할 군단(광복군 총영 등) 편성

(4) **외교 활동**: 파리 강화 회의에 독립 청원서 제출, 미국에 구미 위원부 설치

(5) **기타**: 『한일 관계 사료집』 간행, 기관지로 독립신문 발간

5. 대한민국 임시 정부의 위기

(1) **배경**: 일제에 의해 연통제·교통국 조직 붕괴, 외교 활동의 성과 미흡 → 신채호 등이 이승만의 국제 연맹 위임 통치 청원 문제 등을 비판하며 국민 대표 회의 소집 요구 자료②

이승만이 국제 연맹에 일본을 대신해 한반도를 통치해달라고 청원한 사건을 의미한다.

(2) **국민 대표 회의 개최(1923)** 자료③

목적	대한민국 임시 정부의 새로운 노선 및 활로 모색
경과	창조파(새로운 정부 수립 주장)와 개조파(임시 정부의 조직 개편 주장) 대립
결과	회의 결렬로 다수의 독립운동가 이탈 → 대한민국 임시 정부의 활동 침체
변화	• 지도부 개편: 이승만 탄핵 → 박은식을 제2대 대통령으로 선출 • 체제 개편: 국무령 중심 내각 책임제로 개편(1925)

○ 임시 의정원
1919년 4월 상하이의 프랑스 조계에서 상하이, 국내, 연해주 등 각 지역의 대표자 29인이 모여 구성하였다.

○ 연통제
대한민국 임시 정부의 국내 비밀 행정 조직이다. 도에는 독판, 부 또는 군에는 부장 또는 군감, 면에는 면감을 두었다.

○ 교통국
대한민국 임시 정부의 통신 기관으로 국내외 정보를 수집·분석하고 연락하는 업무를 맡았다. 만주의 이륭양행과 부산의 백산 상회 등이 교통국이 있었던 곳이다.

○ 독립 공채
대한민국 임시 정부가 중국과 미주 지역에서 각각 원화와 달러화로 발행한 채권이다. 발행 당시 독립 후 5~30년 내에 원리금을 갚기로 하였으나 1983년에 이르러 독립 공채 상환에 관한 특별 조치법이 제정되었다.

○ 창조파와 개조파
신채호 등의 창조파는 새로운 임시 정부를 만주나 연해주에 설립하자고 주장하였다. 반면 안창호 등의 개조파는 상하이의 대한민국 임시 정부의 체제나 조직을 개편하여 유지하자고 주장하였다.

자료① 대한민국 임시 정부 수립

[대한민국 임시 헌장(1919. 4.)]
제1조 대한민국은 민주 공화제로 함.
제2조 대한민국은 임시 정부가 임시 의정원의 결의에 의해 통치함.
제3조 대한민국의 인민은 남녀 귀천, 빈부의 계급이 없고 일체 평등함.
[대한민국 임시 헌법(1919. 9.)]
제1조 대한민국은 대한 인민으로 조직함.
제2조 대한민국의 주권은 대한 인민 전체에 있음.
제4조 대한민국의 인민은 일체 평등함.
제5조 대한민국의 입법권은 의정원이, 행정권은 국무원이, 사법권은 법원이 행사함.

> 민주정과 공화정이 결합된 정치 체제를 의미한다.
> 공화정은 주권이 국민에게 있는 정치 체제이다.

1919년 4월 상하이에서 수립된 대한민국 임시 정부의 임시 의정원은 대한민국 임시 헌장을 제정하였다. 같은 해 9월, 여러 임시 정부가 통합해 수립된 대한민국 임시 정부는 임시 헌장을 기본으로 대한민국 임시 헌법을 발표하였다.

자료② 위임 통치 청원서(1919)

우리는 당신에게 청원서를 평화 회의에 제출할 것과 그리고 그 회의에 참석한 연합국들이 한국을 현재의 일본 지배로부터 자유롭게 해 주고 장래 한국의 완전 독립을 보장하면서 국제 연맹의 위임 통치하에 두어 줄 그러한 조치를 취하도록 평화 회의 석상에서 우리의 자유에 대한 청원을 내놓아 줄 것을 간절히 청원합니다.

이승만은 미국의 윌슨 대통령에게 한국에 대한 국제 연맹의 위임 통치를 요청하는 청원서를 제출하여 미국 여론의 시선을 끌고자 하였다. 그러나 이 계획은 성공하지 못하였으며, 후일 이승만이 대한민국 임시 정부 대통령직에서 탄핵당하는 배경이 되었다.

> 대통령 · 법관 등 고위 공무원을 국회에서 소추하여
> 파면하거나 처벌하는 행위 혹은 제도를 뜻한다.

자료③ 국민 대표 회의 선언서(1923)

본 국민 대표 회의는 2천만 민중의 공의를 체(體)한 국민적 대회합으로, 최고의 권위를 지녀 국민의 완전한 통일을 견고하게 하며 광복 대업의 근본 방침을 수립하여 이로써 우리 민족의 자유를 만회하며 독립을 완성하기를 기도하고 이에 선언하노라. …… 본 대표 등은 국민이 위탁한 사명을 받들어 국민적 대단결에 힘쓰며, 독립운동이 나아갈 방향을 확립하여 통일적 기관 아래에서 대업을 완성하고자 하노라.

1923년 국내외 민족 운동 단체 대표 130여 명은 상하이에 모여 침체된 대한민국 임시 정부의 재편과 독립운동의 방법을 모색하기 위해 국민 대표 회의를 개최하였다. 하지만 회의 과정에서 창조파와 개조파가 대립하면서 회의는 성과 없이 끝났다.

○✖ 표시하기

❶ 3·1 운동으로 조직적 항일 운동의 필요성이 제기된 가운데 임시 정부 수립 움직임이 나타났다. (   )

❷ 대한민국 임시 정부는 독립운동 자금 마련을 위해 독립 공채를 발행하였다. (   )

❸ 대한민국 임시 정부는 임시 사료 편찬 위원회를 설치하여 한일 관계 사료집을 편찬하였다. (   )

❹ 개조파는 대한민국 임시 정부를 해체하고 새로운 조직을 만들자고 주장하였다. (   )

적절한 말 고르기

❺ 3·1 운동 이후 국내에서도 13도 대표들이 모여 국민 대회를 열고 (대한 국민 의회, 한성 정부)의 수립을 선포하였다.

❻ 외교 활동에 유리하고 일제의 탄압을 피할 수 있는 (상하이, 연해주)에 대한민국 임시 정부가 수립되었다.

❼ 임시 정부는 외교 활동에도 많은 노력을 기울여 미국에 (연통제, 구미 위원부)를 설치하여 외교 활동을 펼쳤다.

❽ 국민 대표 회의 결렬 이후 제2대 대통령으로 선출된 (이승만, 박은식)은 임시 정부를 국무령 중심의 내각 책임제로 개편하였다.

빈칸 채우기

❾ 대한민국 임시 정부는 삼권 분립 원칙에 따라 (   ), 국무원, 법원으로 구성되었다.

❿ 신채호 등은 이승만이 미국 대통령에게 보낸 (   )을/를 문제 삼아 임시 정부의 해산을 요구하였다.

⓫ 독립운동가들 사이에 독립운동의 방향을 두고 갈등이 지속되면서 1923년 (   )이/가 소집되었지만, 창조파와 개조파의 대립으로 뚜렷한 성과를 거두지 못하였다.

◎ 미쓰야 협정
조선 총독부 경무국장 미쓰야와 중국 펑톈성 경무처장 위전 사이에 체결된 협정이다. 중국 관리들이 만주에 거주하는 한국인의 무장을 해제하고 조선 총독부가 지명한 한국인을 체포하여 조선 총독부에 인도한다는 내용 등이 규정되었다.

◎ 3부의 통합

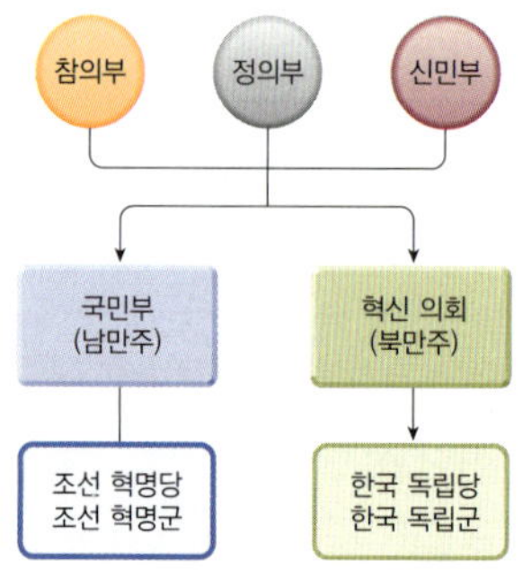

미쓰야 협정 체결 이후 만주 지역의 독립운동이 크게 위축된 상황에서, 중국의 제1차 국공 합작 등의 영향을 받아 3부 통합 운동이 전개되었다. 하지만 내부의 갈등으로 3부는 남만주의 국민부와 북만주의 혁신 의회로 재편되었다.

◎ 황푸 군관 학교
중국 국민당이 군 지휘관 양성을 목적으로 세운 학교이다. 의열단의 김원봉을 비롯한 많은 한국인 청년이 이곳에서 군사 훈련을 받았다.

4 1920년대 무장 독립 전쟁

1. 봉오동 전투와 청산리 대첩 [자료 ❶]

(1) 봉오동 전투

배경	독립군의 국내 진입 → 일본군 추격 부대가 봉오동으로 진격
경과	홍범도의 대한 독립군 등 독립군 연합 부대가 일본군을 봉오동에서 격퇴

(2) 청산리 대첩(1920. 10.)

일제가 만주에 군대를 투입할 구실을 만들기 위해 마적을 매수하여 훈춘의 일본 영사관과 일본인을 공격하게 한 사건이다.

배경	봉오동 전투에서 패한 일제가 훈춘 사건 조작 → 일본인의 안전을 도모한다는 구실로 대규모 일본군을 만주에 파견
경과	북로 군정서(김좌진), 대한 독립군(홍범도) 등의 독립군 연합 부대가 추격해 온 일본군을 6일간의 전투에서 크게 격파

2. 독립군의 시련

간도 참변	일본군이 독립군 기지 파괴 목적으로 간도 지역의 한인촌 습격 [자료 ❷]
독립군 이동	여러 독립군이 일본군의 공세를 피해 자유시(스보보드니)로 이동
자유시 참변	자유시에서 독립군 부대의 지휘권 분쟁과 러시아 적군의 개입으로 수백 명의 희생자 발생 → 일부 독립군이 만주로 귀환
3부의 성립	만주 지역에 민정 기관과 군정 기관을 갖춘 참의부, 정의부, 신민부 성립

3. 3부 통합 운동

배경	미쓰야 협정으로 독립군의 활동 위축 → 독립군 단체의 통합 필요성 대두
결과	• 북만주: 혁신 의회 성립 → 해체 후 한국 독립당과 한국 독립군 조직 • 남만주: 국민부 성립 → 조선 혁명당과 조선 혁명군 조직

5 의열 투쟁의 전개

1. 의열단의 활동

김원봉의 제안으로 신채호가 작성한 「조선 혁명 선언」에는 폭력 투쟁으로 민중의 직접 혁명을 달성하려는 의열단의 정신이 나타나 있다.

조직	김원봉 등이 중심이 되어 만주 지린에서 조직(1919)
목적	일제의 주요 인물 처단, 식민 통치 기관 파괴 등을 통한 일제 타도 → 신채호가 작성한 「조선 혁명 선언」을 활동 지침으로 삼음 [자료 ❸]
활동	조선 총독부에 폭탄 투척(1921, 김익상), 종로 경찰서에 폭탄 투척(1923, 김상옥), 조선 식산 은행과 동양 척식 주식회사에 폭탄 투척(1926, 나석주) 등
변화	1920년대 후반 개별적인 의거 활동의 한계 인식 → 조직적인 무장 투쟁 노선으로 전환 (핵심 단원들의 황푸 군관 학교 입학, 조선 혁명 간부 학교 설립)

2. 한인 애국단

(1) **조직**: 국민 대표 회의 결렬 이후 침체된 대한민국 임시 정부의 활로 모색을 위해 김구가 상하이에서 결성

(2) **주요 활동**: 이봉창이 도쿄에서 일왕이 탄 마차를 향해 폭탄 투척(1932), 윤봉길이 상하이 훙커우 공원에서 열린 상하이 사변 전승식장에 폭탄 투척(1932)

(3) **영향**: 중국 국민당 정부가 대한민국 임시 정부를 적극적으로 지원하는 계기

자료 ① 1920년대 초 무장 투쟁

▲ 1920년대 초 주요 독립군

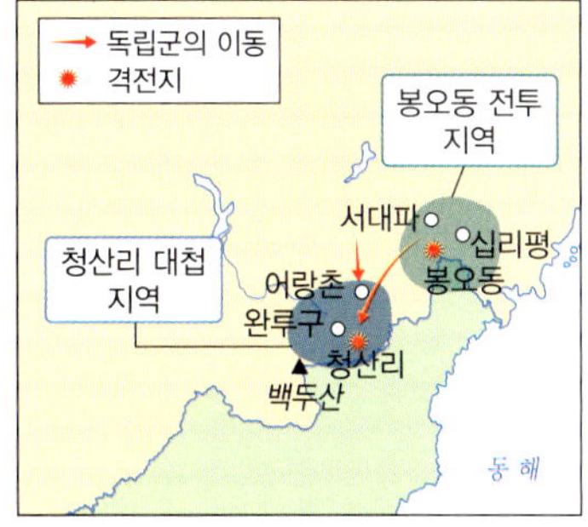

▲ 봉오동 전투와 청산리 대첩

3·1 운동을 전후하여 만주와 연해주 일대에서는 여러 항일 무장 단체의 활동이 활발해졌다. 독립군 부대들은 1920년부터 본격적으로 국내에 진입하여 관공서를 습격하고, 일본 군경과 전투를 벌이는 등 많은 전과를 올렸다. 이에 일본군이 만주에 출병하여 독립군을 공격하자 봉오동과 청산리 등지에서 독립군이 큰 승리를 거두었다.

O✘ 표시하기

❶ 1920년대 들어와 독립군 부대들이 압록강과 두만강을 건너 국내 진입을 시도하였다. (   )

❷ 청산리 대첩 이후 일본군의 공세를 피해 북만주로 퇴각한 독립군은 자유시로 이동하였다. (   )

❸ 대한민국 임시 정부의 수립에 영향을 받아 3부 통합 운동이 전개되었다. (   )

❹ 만주 지역의 독립군 부대는 1929년 이후 남만주의 혁신 의회, 북만주의 국민부로 재편되었다. (   )

자료 ② 간도 참변을 세계에 알린 서양 선교사 마틴의 글

> 1920년 10월 31일 연기가 자욱하게 낀 찬랍파위 마을에 가 보았다. 사흘 전 새벽에 무장한 1개 대대가 이 기독교 마을을 포위하고 남자라면 늙은이, 어린이를 가리지 않고 끌어내어 때려죽이고, 그렇지 않으면 불붙는 집과 곡식더미에 던져 버렸다. …… 반만 탄 19채의 집 주위를 차례로 돌아보니 할머니와 딸들이 잿더미 속에서 타다 남은 살덩어리와 부서진 뼈를 줍고 있었다.

간도 지역에서 의료 선교 중이던 마틴은 간도 참변의 참혹한 광경을 사진으로 남겼으며, 이를 캐나다 교회 본부에 보고하였다. 캐나다 신문인 토론토그로브는 마틴의 보고문을 바탕으로 간도 참변을 다룬 기사를 실었다. 이를 통해 일제의 만행이 세계에 알려졌다.

적절한 말 고르기

❺ 홍범도가 이끄는 (대한 독립군, 서로 군정서)은/는 봉오동으로 일본군을 유인해 큰 승리를 거두었다.

❻ 청산리 일대에서 (김좌진, 지청천)의 북로 군정서를 비롯한 독립군 연합 부대는 추격해 온 일본군에 맞서 큰 승리를 거두었다.

❼ 혁신 의회 해산 이후 지청천 등을 중심으로 하는 (조선 혁명당, 한국 독립당)이 조직되었다.

❽ 의열단의 (김익상, 김상옥)은 조선 총독부에 폭탄을 투척하였다.

자료 ③ 조선 혁명 선언

> 강도 일본을 쫓아내려면 오직 혁명으로만 가능하며, 혁명이 아니고는 강도 일본을 쫓아낼 방법이 없는 바이다. …… 민중은 우리 혁명의 대본영(大本營)이다. 폭력은 우리 혁명의 유일한 무기이다. 우리는 민중 속으로 가서 민중과 손을 맞잡아 끊임없는 폭력, 암살, 파괴, 폭동으로써 강도 일본의 통치를 타도하고 우리 생활에 불합리한 일체의 제도를 개조해 인류로써 인류를 압박하지 못하며, 사회로써 사회를 박탈하지 못하는 이상적 조선을 건설할지니라.

김원봉의 요청으로 신채호가 작성한 「조선 혁명 선언」에는 폭력 투쟁으로 민중의 직접 혁명을 달성하려는 의열단의 정신이 나타나 있다. 그들의 활동은 동포들에게 항일 의식과 독립에 대한 희망을 심어 주었다.

빈칸 채우기

❾ 봉오동 전투에서 패배한 일본군은 1920년 (   )을/를 조작해 대규모 병력을 다시 만주에 파견하였다.

❿ 일제는 독립군에 대한 보복으로 간도 지역의 한인들을 학살하고 건물을 불태우는 (   )을/를 일으켰다.

⓫ 지휘권을 둘러싼 내분을 겪고 있던 상황에서 독립군에 대해 러시아 적군이 강제로 무장 해제를 단행하자 수많은 독립군이 희생되는 (   )이/가 일어났다.

6 민족주의 진영의 실력 양성 운동

1. 실력 양성론의 대두
(1) **배경**: 3·1 운동 이후 즉각적인 독립의 어려움 인식 → 민족주의 계열에서 독립을 위한 실력 양성 주장
(2) **내용**: 교육을 통한 인재 양성, 민족 자본의 형성, 근대 문화 수용 등

2. 물산 장려 운동

배경	회사령 폐지를 계기로 한국인의 회사 설립 증가 → 일제가 일부 일본 상품에 대한 관세 철폐 움직임 → 한국인 자본가의 위기감 고조
목적	민족 기업과 자본을 보호·육성 → 경제적 자립 도모
전개	• 1920년대 평양에서 조만식 등이 조선 물산 장려회 설립(1920) → 서울에서 조선 물산 장려회 결성(1923) → 전국으로 확산 **자료①** • 일본 상품 배격, 토산품 애용, 금주·금연, 생활 개선 등 추진 → '내 살림 내 것으로', '조선 사람 조선 것' 등 구호 제시
결과	일제의 탄압과 방해로 큰 성과를 거두지 못함. 일부 기업가와 상인에 의한 토산품 가격 상승 → 사회주의자들의 비판 초래

└ 물산 장려 운동이 기업가의 이익만을 대변한다고 비판하였다.

○ **경성 제국 대학**
조선 총독부가 한국인의 고등 교육 열기를 무마하고, 한국에 거주하는 일본인의 고등 교육 여건 마련과 친일 관리를 양성하려는 의도로 1924년에 설립하였다.

3. 민립 대학 설립 운동

배경	• 일제가 한국인에게 보통 교육과 실업 교육만 강요 → 고등 교육의 필요성 대두 • 제2차 조선 교육령 제정(1922)으로 대학 설립 가능 • 민족 지도자들이 조선 교육회를 조직해 조선인 본위의 교육 요구
목적	대학 설립으로 고등 교육 실현 추진
전개	이상재 등이 조선 민립 대학 기성회 조직(1920년대 초) → 민립 대학 설립에 필요한 1천만 원을 모으기 위해 전국적인 모금 운동 실시 **자료②**
결과	• 가뭄과 수해 등 자연재해로 모금 운동의 성과 저조 • 일제의 탄압, 경성 제국 대학을 설립해 한국인의 불만 무마

└ 1920년대 중반 수해와 가뭄이 계속되면서 민립 대학 설립을 위한 기부가 위축되었다.

○ **브나로드 운동 포스터**

동아일보에서 추진한 브나로드 운동을 알리는 포스터이다. 브나로드는 러시아어로 '민중 속으로'라는 의미이다.

4. 문맹 퇴치 운동(농촌 계몽 운동)
(1) **목적**: 민중에 문자 보급 → 민중 계몽, 생활 개선 도모
(2) **문자 보급 운동**: 조선일보사 주도, '아는 것이 힘, 배워야 산다.' 구호 제시
(3) **브나로드 운동**: 동아일보사 주도, '배우자, 가르치자, 다 함께 브나로드' 구호 제시
(4) **조선 총독부의 탄압**: 1935년 이후 농촌 계몽 운동 전면 금지

5. 실력 양성 운동의 의의와 한계
(1) **의의**: 근대적 발전과 민족 독립의 토대 마련
(2) **한계**: 일제가 허용하는 범위 안에서 전개 → 일부 인사들이 자치 운동과 참정권 운동 주장 **자료③**

○ **자치 운동**
일부 인사들이 한국의 독립이 불가능하다고 판단하고, 일제의 식민 지배를 받아들이고 조선 총독부와 협력해 자치 정부 또는 자치 의회를 구성하려고 한 운동이다.

자료 ① 조선 물산 장려회 취지서(서울)

부자와 가난한 자를 막론하고 우리가 우리 손에 산업의 권리, 생활의 제1 조건을 장악하지 아니하면, 우리는 생명, 인격, 사회의 발전을 기대하지 못할 것이다. 우리는 이 같은 입장에서 우리 조선 사람의 물산을 장려하기 위하여 조선 사람은 조선 사람이 지은 것을 사 쓰고, 조선 사람은 단결하여 그 쓰는 물건을 스스로 제작하여 공급하는 것을 목적으로 한다.

└ 그 지방에서 생산되는 물품을 의미한다.

조만식 등 민족주의 계열 인사들은 1920년에 평양에서 조선 물산 장려회를 조직하고 토산품 애용 운동을 펼쳤다. 1923년에는 서울에서도 조선 물산 장려회가 조직되는 등 물산 장려 운동은 전국으로 확산되었다. 하지만 일부 사회주의자를 중심으로 물산 장려 운동이 자본가의 이익만을 위한 것이라는 비판도 제기되었다.

○✖ 표시하기

❶ 사회주의 진영은 민족 산업의 육성과 교육을 통한 인재 양성을 강조하는 실력 양성 운동을 전개하였다.
(　　)

❷ 1920년대 평양에서 이상재를 중심으로 조선 물산 장려회가 조직되었다.
(　　)

❸ 사회주의 진영은 물산 장려 운동에 적극적으로 참여하였다.
(　　)

❹ 조선 물산 장려회는 '내 살림 내 것으로'라는 구호를 내걸고 토산품 애용 등을 강조하였다.
(　　)

자료 ② 조선 민립 대학 기성회 발기 취지서

우리의 운명을 어떻게 개척할까? 정치냐, 외교냐, 산업이냐? 물론 이와 같은 일이 모두 필요하도다. 그러나 그 기초가 되고 요건이 되며, 가장 급한 일이 되고, 가장 먼저 해결해야 할 필요가 있으며, 가장 힘 있고 가장 필요한 수단은 교육이 아니면 아니 된다. …… 민중의 보편적인 지식은 보통 교육으로 가능하지만, 심오한 지식과 학문은 고등 교육이 아니면 불가하여, …… 대학의 설립이 아니고는 다른 방도가 없다.

조선 민립 대학 기성회가 중심이 되어 한국인의 힘으로 고등 교육 기관을 설립하자는 민립 대학 설립 운동을 시작하였다. 이들은 민립 대학 설립에 필요한 1천만 원을 모으기 위해 국내외에서 모금 운동을 벌였다.

적절한 말 고르기

❺ 1920년 평양에서 (조만식, 이상재) 등이 조선 물산 장려회를 조직하였다.

❻ (조선일보, 동아일보)는 1931년부터 농촌 계몽을 위한 브나로드 운동을 전개하였다.

자료 ③ 자치 운동을 주장한 이광수의 「민족적 경륜」

왜 지금의 조선 민족에게는 정치적 생활이 없나? 그 대답은 간단하다. 일본이 한국을 병합한 이래로 조선인에게 모든 정치적 활동이 금지된 것이 제1의 원인이요, 병합 이래로 조선인은 일본의 통치권을 승인하는 조건 밑에서 하는 모든 정치적 활동, 즉 참정권, 자치권 운동 같은 것은 물론, 일본 정부를 상대로 하는 독립운동조차도 원치 아니하는 강렬한 절개 의식이 있었던 것이 제2의 원인이다. …… 우리는 조선 내에서 (일본이) 허용하는 범위 내에서 일대 정치적 결사를 조직해야 한다.

└ 여러 사람이 공동의 목적을 이루기 위하여 단체를 조직하는 행위, 혹은 그렇게 조직된 단체를 의미한다.

이광수, 김성수, 최린 등 일부 민족주의 세력은 법률이 허락하는 한도 내에서 합법적인 정치 운동을 전개하자는 자치 운동을 벌였다. 이들은 독립이 당장은 불가능하다고 판단하고, 일제의 지배를 받아들인 채 조선 총독부와 협력해 자치 정부 또는 자치 의회를 구성하고자 하였다.

빈칸 채우기

❼ 3·1 운동 이후 (　　　) 계열에서 즉각적인 독립의 어려움을 인식하고 독립을 위한 실력 양성을 주장하였다.

❽ 1922년 제2차 (　　　)의 제정으로 대학 설립이 가능해졌다.

❾ (　　　)이/가 중심이 되어 한국인의 힘으로 고등 교육 기관을 설립하자는 민립 대학 설립 운동을 시작하였다.

❿ 일본은 한국인의 불만을 무마하기 위해 고등 교육을 담당하는 (　　　) 대학을 설립하였다.

⓫ 1930년대 초 (　　　)사는 '아는 것이 힘, 배워야 산다.'라는 구호로 문자 보급 운동을 전개하였다.

7 학생 운동의 확산과 민족 유일당 운동

1. 사회주의 사상의 확산과 영향

(1) **사회주의 사상 수용**: 연해주와 일본 등지의 한인과 유학생이 수용

(2) **확산**: 3·1 운동 이후 청년·지식인층을 중심으로 확산 → 조선 공산당 결성 (1925)

(3) **영향**: 민족 운동 세력이 민족주의 계열과 사회주의 계열로 분화, 일제가 치안 유지법을 제정하여 사회주의 운동 탄압

2. 6·10 만세 운동(1926)

배경	사회주의 세력의 성장, 일제의 수탈과 식민지 교육에 대한 반발, 순종의 서거
준비	사회주의 계열, 천도교 계열, 학생 단체가 만세 시위 계획 → 일제 경찰에 발각되어 지도부(사회주의 계열과 천도교 계열) 사전 검거
전개	순종의 국장일에 조선 학생 과학 연구회를 비롯한 학생 단체를 중심으로 만세 시위 전개 → 시민들의 합세로 확대
의의	학생 운동 세력이 민족 운동의 중심으로 부상, 민족주의 계열과 사회주의 계열 간의 연대 계기

3. 신간회의 창립과 활동

배경	비타협적 민족주의 세력과 사회주의 세력의 연대 필요성 공감, 중국에서 제1차 국공 합작 성립
창립 **자료 ①**	6·10 만세 운동 이후 이념을 초월한 민족 운동 세력의 연대 모색 → 정우회 선언(1926) → 비타협적 민족주의 세력과 사회주의 세력의 연합으로 창립(1927, 회장 이상재)
발전	일제 강점기 국내 최대 규모의 단체로 발전(전국에 지회 설치)
강령	정치적·경제적 각성 촉진, 민족의 단결을 공고히 함, 기회주의 일체 부인
활동	전국 순회 강연회·연설회 개최, 농민·노동·여성·형평 운동 지원, 광주 학생 항일 운동을 지원하기 위해 진상 조사단 파견 → 대규모 민중 대회 계획
해소 **자료 ②**	• 민중 대회 계획 중 일제에 의해 간부들 대거 체포 → 새 지도부가 타협적 민족주의 세력과 협력하려는 태도를 보이면서 내부 갈등 발생 • 국제 공산주의 운동 노선의 변화 → 사회주의 세력의 해소 주장 제기 → 전체 대회에서 해소 결정

회장에는 민족주의 계열의 이상재가, 부회장에는 사회주의 계열의 홍명희가 추대되었다.

최대 회원 수 4만여 명에 달하는 대규모 민족 운동 단체로 성장하였다.

코민테른은 계급 투쟁을 강조하고 민족주의와의 연대를 부정하는 방향으로 노선을 변화하였다.

4. 광주 학생 항일 운동(1929) **자료 ③**

(1) **배경**: 일제의 식민지 차별 교육, 6·10 만세 운동 이후 학생 운동 조직 확대

(2) **발단**: 나주역에서 한·일 학생 간의 충돌 발생

(3) **전개**: 경찰 등이 일본인 학생에게 유리하게 사건 처리 → 광주 지역 학생 총궐기 → 전국적인 규모의 항일 운동으로 확산

(4) **의의**: 3·1 운동 이후 최대 규모의 항일 민족 운동

○ **조선 공산당**
1925년 결성된 조선 공산당은 일제가 치안 유지법을 제정하고 탄압하면서 활동이 위축되었다.

○ **사회주의 운동**
사회주의 운동은 농민, 노동자를 단결시켜 일제를 타도함과 아울러 사유 재산 제도에 바탕을 둔 자본주의 체제도 무너뜨리고자 하였다. 이 때문에 지주, 자본가 중심의 민족주의 운동과 갈등을 빚기도 하였다.

○ **제1차 국공 합작**
1924년 중국의 국민당과 공산당이 군벌과 제국주의 열강에 대항하기 위해 서로 손을 잡은 것이다.

○ **정우회 선언**
치안 유지법으로 탄압받던 사회주의자들은 정우회 선언을 발표하여 비타협적 민족주의 세력과 적극적인 제휴를 선언하였다.

○ **신간회 해소론**
'해소'는 단순히 해체하자는 것이 아니라 다른 운동 형태로 발전한다는 의미로 쓰였다. 사회주의자들은 신간회를 해소하고 노동자와 농민이 중심이 되는 계급 투쟁을 적극적으로 전개할 것을 주장하였다.

자료 ① 정우회 선언

> 우리 정우회는 <u>무의미한 분열을 멈추고 사상 단체들을 통일할 것을 주장합니다.</u> …… 민족주의적 세력에 대해서는 그 <u>부르주아 민주주의적</u> 성질을 명백하게 인식하는 동시에 우리와 과정적 동맹을 맺을 수 있음을 충분히 인정하여, 그것이 타락한 형태로 나타나지 않는 것을 전제로 해서 적극적으로 제휴해야 합니다. 대중의 개량적인 이익을 위해서도 이전의 소극적인 태도를 버리고 분연히 싸워야 할 것입니다.

— 1926년 사회주의 계열에서 결성한 단체이다.
— 사회주의 계열에서 자본가 계급을 지칭하는 용어이다.

국내의 비타협적 민족주의 세력은 자치 운동을 경계하며 사회주의 세력과의 연대를 도모하였다. 6·10 만세 운동으로 민족적 연대를 경험한 사회주의 세력 역시 정우회 선언을 발표해 비타협적 민족주의 세력과의 연합을 주장하였다. 정우회 선언은 신간회 결성에 중요한 계기가 되었다.

자료 ② 신간회 해소론

> 신간회의 유일 생명이요 표방하는 것은 민족의 총역량을 집중한다는 것이다. 그러나 …… 조선에서 유력한 단체와 인물을 다 망라하지 못하였을 뿐 아니라 실제에 있어서 하등의 투쟁이 없고 다만 종이로 미지근한 선전이나 하고 …… 차라리 하루라도 조속히 해소하여 농민층은 농민 운동, 노동자층은 노동 운동, 기타 각 부분은 부분 운동으로 적극적 진출을 하고, 이후 각 운동 단체가 다시 협동 전술을 취하여 …… 우리의 최고 이상과 최대 목적을 도달하게 하는 것이 조선의 정세에서 당연하다고 생각한다.

민중 대회 준비 중 신간회 간부들이 대거 체포된 이후, 새롭게 구성된 신간회 집행부가 타협적인 합법 운동을 모색하자 전국의 각 지회는 이에 반발하였다. 또한 사회주의 세력은 코민테른이 계급 투쟁을 강조하고 민족주의와의 연대를 부정하는 노선으로 변화함에 따라 신간회 해소를 주장하였다. 결국 전체 대회에서 해소가 결정되면서 신간회는 사실상 해체되었다(1931).

자료 ③ 광주 학생 항일 운동 당시 격문

> 위대한 학생 대중이여! 끝까지 우리의 슬로건을 지지하라! 그리고 궐기하라! 투쟁하라, 힘차게 투쟁하라!
> - 검거자를 즉시 석방하라!
> - 교내에 경찰권 침범을 절대 방지하라!
> - 언론·집회·결사·출판의 자유를 쟁취하라!
> - 조선인 중심의 교육 제도를 확립하라!
> - 식민지 노예 교육 제도를 철폐하라!

1929년 10월 나주역에서 한국과 일본 학생 간에 충돌이 일어났다. 경찰은 일방적으로 일본인 학생 편을 들면서 한국인 학생들을 탄압하였다. 이에 분노한 광주 지역 한국인 학생들은 11월 3일 민족 차별 철폐와 식민지 교육 반대를 주장하며 대규모 시위를 일으켰다.

O ✖ 표시하기

❶ 1926년 고종이 사망하자 민족주의 세력과 사회주의 세력이 연대해 만세 시위를 계획하였다. (　　)

❷ 6·10 만세 운동은 학생들의 노력으로 전국으로 확산되었다. (　　)

❸ 신간회는 대중의 지지를 받아 최대 회원 수 4만여 명에 달하는 대규모 민족 운동 단체로 성장하였다. (　　)

❹ 1929년 나주역에서 한국과 일본 학생 간의 충돌이 원인이 되어 광주 학생 항일 운동이 일어났다. (　　)

적절한 말 고르기

❺ 1920년대 민족주의 진영 내에 법률이 허락하는 한도 내에서 정치 운동을 전개하자는 (타협적 민족주의, 비타협적 민족주의) 세력이 등장하였다.

❻ 코민테른의 민족 협동 전선 강조, (제1차, 제2차) 국공 합작 등의 영향을 받아 국내에서도 민족 유일당을 결성하려는 흐름이 나타났다.

❼ 국내 민족 유일당 운동의 결과 1927년 신간회가 창립되었고 회장에는 (이상재, 홍명희)가 선출되었다.

빈칸 채우기

❽ 6·10 만세 운동으로 민족적 연대를 경험한 사회주의 세력 역시 (　　　)을/를 발표해 연합을 주장하였다.

❾ 1929년 (　　　)이/가 일어나자 신간회는 현지에 진상 조사단을 파견하였다.

❿ 코민테른의 노선 변화와 지도부의 우경화 등이 원인이 되어 사회주의 세력은 신간회 (　　　)을/를 주장하였다.

> 25580-0255

01 밑줄 친 ㉠의 사례로 적절한 것만을 〈보기〉에서 고른 것은?

일제는 대한 제국의 국권을 빼앗은 뒤 가혹한 무단 통치를 펼쳤고, 이 시기 동안 105인 사건 등을 조작하여 독립 운동을 탄압하였다. 하지만 ㉠국내에서는 의병 운동이나 비밀 결사의 형태로 독립운동이 계속되었다.

〈보기〉

ㄱ. 대종교에서 중광단을 창설하였다.
ㄴ. 박상진이 대한 광복회를 조직하였다.
ㄷ. 임병찬 등이 독립 의군부를 결성하였다.
ㄹ. 안창호의 주도로 대한인 국민회가 만들어졌다.

① ㄱ, ㄴ ② ㄱ, ㄷ ③ ㄴ, ㄷ
④ ㄴ, ㄹ ⑤ ㄷ, ㄹ

> 25580-0256

02 (가)에 들어갈 내용으로 적절한 것은?

▲ 1910년대 주요 독립운동 기지

① 신한청년당 조직
② 대한 광복군 정부 결성
③ 신흥 강습소에서 독립군 양성
④ 명동 학교에서 민족 교육 실시
⑤ 대조선 국민 군단이 군사 훈련 실시

중요 > 25580-0257

03 (가) 민족 운동에 대한 설명으로 옳은 것은?

사진은 폐허가 된 제암리의 모습을 촬영한 것이다. 일본군은 ___(가)___ 당시 제암리 주민들을 교회에 모이게 한 뒤, 밖에서 문을 잠근 채 무차별 사격을 가하였고 교회에 불을 지르는 등의 만행을 저질렀다.

① 2·8 독립 선언의 영향을 받았다.
② 제2차 세계 대전 중에 전개되었다.
③ 13도 창의군의 결성으로 이어졌다.
④ 고종의 황제 복위를 목표로 하였다.
⑤ 조선 학생 과학 연구회가 참여하였다.

중요 > 25580-0258

04 다음 법령을 제정한 정부의 정책으로 옳지 <u>않은</u> 것은?

제1조 대한민국은 대한 인민으로 조직함.
제2조 대한민국의 주권은 대한 인민 전체에 있음.
제4조 대한민국 인민은 일체 평등함.
제5조 대한민국의 입법권은 의정원이, 행정권은 국무원이, 사법권은 법원이 행사함.

① 독립 공채를 발행하였다.
② 한일 관계 사료집을 편찬하였다.
③ 기관지로 독립신문을 발간하였다.
④ 비밀 행정 조직으로 연통제를 두었다.
⑤ 지방 자치 기구로 도 평의회를 두었다.

> 25580-0259

05 다음 자료가 발표된 시기를 연표에서 옳게 고른 것은?

> 미국 대통령 각하, …… 우리는 자유를 사랑하는 2천만의 이름으로 각하에게 청원합니다. 각하도 평화 회의에서 우리의 자유를 강력하게 주장하여 참석한 열강들과 함께 한국을 일본의 학정으로부터 벗어나게 하여 주십시오. 장래 완전한 독립을 보증하고 당분간은 한국을 국제 연맹 통치 밑에 두게 할 것을 바랍니다.

(가)	(나)	(다)	(라)	(마)
제1차 세계 대전 발발	국민 대표 회의 개최	윤봉길 의거	조선 의용대 창설	한국 광복군 조직	8·15 광복

① (가)　　② (나)　　③ (다)　　④ (라)　　⑤ (마)

> 25580-0261

07 다음 선언을 활동 지침으로 삼았던 단체에 대한 설명으로 옳은 것은?

> 민중은 우리 혁명의 대본영(大本營)이다. 폭력은 우리 혁명의 유일한 무기이다. 우리는 민중 속으로 가서 민중과 손을 맞잡아 끊임없는 폭력, 암살, 파괴, 폭동으로써 강도 일본의 통치를 타도하고 우리 생활에 불합리한 일체의 제도를 개조해 인류로써 인류를 압박하지 못하며, 사회로써 사회를 박탈하지 못하는 이상적 조선을 건설할지니라.

① 단원으로 이봉창을 두었다.
② 이토 히로부미를 사살하였다.
③ 평양에 대성 학교를 설립하였다.
④ 을사오적에 대한 암살을 시도하였다.
⑤ 김원봉의 주도로 만주에서 결성되었다.

중요

> 25580-0260

06 (가), (나) 시기 사이에 있었던 사실로 옳은 것은?

> (가) 독립군과의 전투에서 패배한 일본군은 독립군의 근거지를 없애기 위해 간도 지역의 한인들을 학살하고 마을들을 불태웠다.
> (나) 만주로 돌아온 독립군은 전열을 재정비하려고 노력하였다. 그 결과 남만주 지역에서 참의부가 성립하였다.

① 자유시 참변이 일어났다.
② 조선 혁명군이 조직되었다.
③ 미쓰야 협정이 체결되었다.
④ 북만주 일대에 혁신 의회가 설립되었다.
⑤ 홍범도의 부대가 봉오동에서 승리하였다.

> 25580-0262

08 다음 취지서에 나타난 민족 운동에 대한 설명으로 옳은 것은?

> 우리의 운명을 어떻게 개척할까? …… 가장 급한 일이 되고, 가장 먼저 해결해야 할 필요가 있으며, 가장 힘 있고 가장 필요한 수단은 교육이 아니면 아니 된다. …… 민중의 보편적 지식은 보통 교육으로써 가능하지만, 심오한 지식과 학문은 고등 교육이 아니면 불가하여, …… 대학의 설립이 아니고는 다른 방도가 없다.
>
> － 동아일보, 1923. 3. 30. －

① 통감부의 탄압을 받았다.
② 이상재 등의 주도로 전개되었다.
③ 대한매일신보 등의 지원을 받았다.
④ 교육입국 조서를 근거로 추진되었다.
⑤ 제1차 조선 교육령 제정의 배경이 되었다.

한국사 2
I 단원

기본 문제

> 25580-0263

09 (가)에 들어갈 내용으로 적절한 것은?

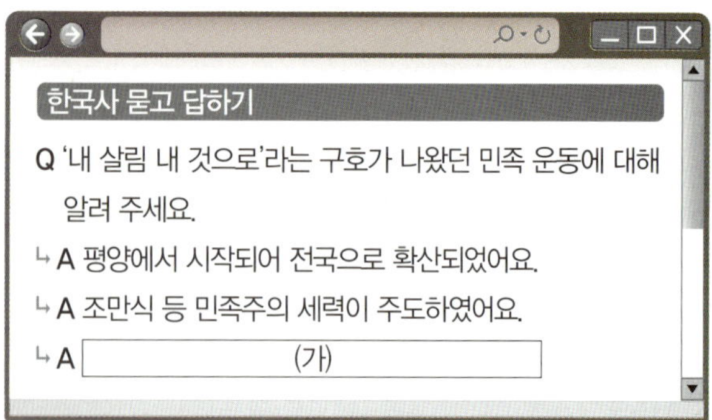

① 사회주의 세력의 비판을 받았어요.
② 조선일보 등 언론사가 주도하였어요.
③ 전국적인 모금 운동 방식으로 전개되었어요.
④ 농촌 주민을 대상으로 한 계몽 운동이었어요.
⑤ 조선 학생 과학 연구회 결성에 영향을 주었어요.

> 25580-0264

10 다음 선언을 활용한 탐구 활동으로 가장 적절한 것은?

> 우리 정우회는 무의미한 분열을 멈추고 사상 단체들을 통일할 것을 주장합니다. …… 민족주의적 세력에 대해서는 그 부르주아 민주주의적 성질을 명백하게 인식하는 동시에 우리와 과정적 동맹을 맺을 수 있음을 충분히 인정하여, 그것이 타락한 형태로 나타나지 않는 것을 전제로 해서 적극적으로 제휴해야 합니다. 대중의 개량적인 이익을 위해서도 이전의 소극적인 태도를 버리고 분연히 싸워야 할 것입니다.

① 창조파와 개조파의 주장을 비교한다.
② 급진 개화파의 개혁 정강을 찾아본다.
③ 민족 대표들의 독립 선언서를 분석한다.
④ 민족 유일당 운동의 전개 과정을 알아본다.
⑤ 대한민국 임시 정부의 정치 체제를 파악한다.

> 25580-0265

11 (가) 단체에 대한 설명으로 옳은 것은?

> [(가)]의 근본정신인 비타협주의를 무시하고, 멋대로 합법 운동으로 방향을 바꾸려는 민족적 개량주의자의 시도는 매우 유감이다. …… 우리는 이같이 불순한 길을 걷고 있는 본회를 억지로 용납할 수 없다. 보다 첨예한 계급 단체를 조직하고 본회를 해소하는 것이 당연하다고 생각한다.

① 독립신문을 발간하였다.
② 브나로드 운동을 주도하였다.
③ 6·10 만세 운동을 주도하였다.
④ 국권 반환 요구서를 보내려고 계획하였다.
⑤ 광주 학생 항일 운동에 조사단을 파견하였다.

> 25580-0266

12 다음 격문에 나타난 민족 운동에 대한 설명으로 옳은 것은?

> 위대한 학생 대중이여! 끝까지 우리의 슬로건을 지지하라! 그리고 궐기하라! 투쟁하라, 힘차게 투쟁하라!
> • 검거자를 즉시 석방하라!
> • 교내에 경찰권 침범을 절대 방지하라!
> • 언론·집회·결사·출판의 자유를 쟁취하라!
> • 조선인 중심의 교육 제도를 확립하라!
> • 식민지 노예 교육 제도를 철폐하라!

① 수해와 가뭄이 계속되면서 중단되었다.
② 실력 양성 운동의 일환으로 전개되었다.
③ 농촌 계몽과 문맹 퇴치를 목표로 하였다.
④ 광주에서 시작되어 전국으로 확산되었다.
⑤ 대한민국 임시 정부가 수립되는 결과를 낳았다.

서술형 문제

| Step1 | 핵심 키워드 파악하기 |

> 25580-0267

01 다음 자료에 나타난 민족 운동의 한계를 서술하시오.

> 부자와 가난한 자를 막론하고 우리가 우리의 손에 산업
> 권리 생활의 제일 조건을 장악하지 아니하면 도저히 우리
> 의 생명 인격 사회의 발전을 기대하지 못할지니 …… 조
> 선 사람은 조선 사람이 지은 것을 사서 쓰고, 조선 사람은
> 단결하여 그가 쓰는 물건을 스스로 제작하여 공급하기를
> 목적하노라.

예시 답안 토산품의 수요에 비해 공급이 부족하여 상품 가
격이 폭등하는 문제가 나타났고, (   ) 계열에서는
(   ) 계급의 이익만을 도모하는 이기적인 운동이라고
비판하였다.

> 25580-0268

02 (가) 단체의 명칭을 쓰고 ㉠의 이유를 서술하시오.

> 현재의 (가) 은/는 무산 계급의 투쟁 욕구에 장애가
> 되고 있다. 노동자 투쟁과 농민 투쟁을 강력하게 펼치기
> 위해서는 (가) 을/를 ㉠해소하고 노동자는 노동조합
> 으로, 농민은 농민 조합으로 돌아가야 한다.

예시 답안 (가)에 들어갈 단체는 (   )이다. 국제 사회
주의 조직인 (   )의 노선 변화와 제1차 국공 합작의 결
렬 등의 영향을 받아 사회주의 세력에서 단체의 해소를 제기
하였다.

| Step2 | 스스로 답안 작성하기 |

> 25580-0269

03 다음 글을 읽고 물음에 답하시오.

> 1. 한국인이 무기를 가지고 다니거나 한국으로 침입하는
>   것을 엄금하며, 위반자는 검거하여 조선 총독부 관리
>   에게 인도한다.
> 2. 만주에 있는 한인 단체를 해산하고, 총기를 수색하여
>   몰수하고 무장을 해제한다.
> 3. 조선 총독부가 지명한 한국인 단체 지도자를 체포하여
>   인도한다.

(1) 위 협정의 명칭을 쓰시오.

(2) 위 협정 체결의 배경과 협정 체결이 만주 지역 독립군에
미친 영향을 서술하시오.

> 25580-0270

04 다음 자료를 보고 물음에 답하시오.

(1) 자료에 나타난 민족 운동의 명칭을 쓰시오.

(2) 위 민족 운동이 지니는 의의를 두 가지 서술하시오.

> 25580-0271

01 밑줄 친 '이 단체'에 대한 설명으로 옳은 것은?

[사료로 보는 한국사]

1. 부호에게 기부금을 걷고 일본인이 불법으로 징수한 세금을 압수하여 무장을 준비한다.
2. 만주에 사관 학교를 설치하여 독립 전사를 양성한다.

[해설] 사료는 박상진이 비밀리에 결성한 이 단체의 강령이다. 이 강령을 통해 이 단체가 독립군 양성을 위해 부호들로부터 의연금을 걷어 사관 학교를 세우려고 했음을 알 수 있다.

① 독립문 건립을 주도하였다.
② 연해주 지역에서 결성되었다.
③ 공화정 수립을 목표로 하였다.
④ 파리 강화 회의에 대표를 파견하였다.
⑤ 고종의 강제 퇴위 반대 운동을 전개하였다.

> 25580-0272

02 다음 자료에 나타난 민족 운동에 대한 설명으로 옳은 것은?

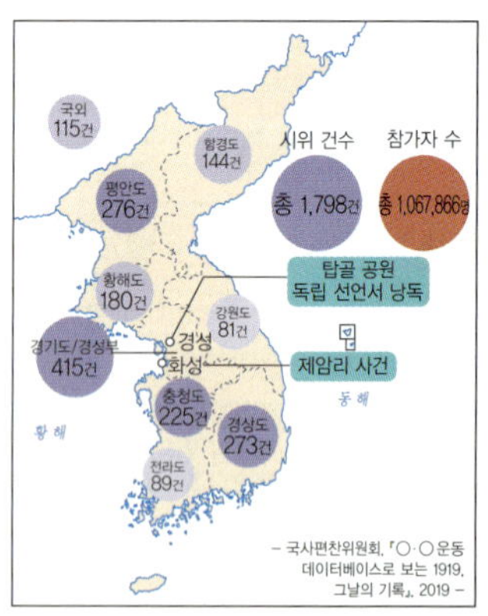

▲ 지도와 숫자로 보는 ○·○ 운동

① 순종의 장례일을 기해 일어났다.
② 사회주의 세력의 주도로 전개되었다.
③ 대한인 국민회 결성의 계기가 되었다.
④ 대한매일신보의 지원을 받아 확산되었다.
⑤ 일본 유학생들의 2·8 독립 선언의 영향을 받았다.

> 25580-0273

03 (가)에 대한 설명으로 옳은 것은?

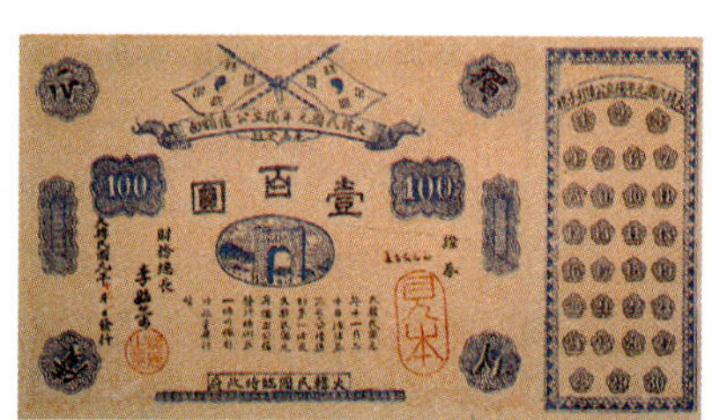

자료는 (가) 에서 독립운동에 필요한 자금을 마련할 목적으로 중국에서 발행한 독립 공채이다. 독립 공채의 이름은 '대한민국 원년 독립 공채'로, 공채를 산 이들에게는 증권을 주어 이를 증명하였다. 그리고 장차 대한민국이 독립하여 국제적으로 승인을 받으면 이를 대한민국 정부 공채와 교환하거나 현금으로 수령할 수 있도록 하였다.

① 미쓰야 협정을 체결하였다.
② 만민 공동회를 주도하였다.
③ 조선 혁명 선언을 지침으로 삼았다.
④ 제1차 국공 합작의 영향을 받아 조직되었다.
⑤ 삼권 분립에 기초한 민주 공화제를 채택하였다.

> 25580-0274

04 다음 논의가 이루어진 회의의 개최 배경으로 가장 적절한 것은?

① 연해주에 대한 국민 의회가 조직되었다.
② 민족 대표가 독립 선언식 거행 뒤 체포되었다.
③ 박은식이 임시 정부의 대통령으로 추대되었다.
④ 외교 활동에서 뚜렷한 성과를 거두지 못하였다.
⑤ 신한청년당이 파리 강화 회의에 특사를 파견하였다.

> 25580-0275

05 다음 사건이 있었던 시기를 연표에서 옳게 고른 것은?

방화한 지 36시간이 지났는데도 시체 타는 냄새가 났다. 각기 어린애를 업고 자기 가족의 무덤 앞에 앉아 우는 소리가 너무나 처량해 차마 볼 수가 없었다. …… 우리는 돌아다니며 이 참경을 사진 찍다가, 살아남은 할아버지와 며느리가 통곡하면서 잿더미 속에서 …… 아직 타지 않은 것을 줍고 있는 것을 보았다. …… 내가 알고 있는 간도 지역의 36개 촌락에서만 140여 명이 학살되었다.

(가)	(나)	(다)	(라)	(마)
3·1 운동	봉오동 전투	자유시 참변	참의부 성립	미쓰야 협정	혁신 의회 결성

① (가)　② (나)　③ (다)　④ (라)　⑤ (마)

> 25580-0276

06 다음과 같은 비판을 받았던 민족 운동에 대한 설명으로 옳은 것은?

실상을 말하면 노동자에게는 이제 새삼스럽게 우리 것을 쓰자고 말할 필요가 없는 것이다. …… 그들은 자본가 중간 계급이 양복이나 비단옷을 입는 대신 무명과 베옷을 입었고, 저들 자본가가 위스키나 브랜디나 정종을 마시는 대신 소주나 막걸리를 먹지 않았는가?

① 전국적인 모금의 방식으로 전개되었다.
② 조만식 등 민족주의 세력이 주도하였다.
③ 성금을 모아 나라의 빚을 갚으려고 하였다.
④ 신민회가 전개한 실력 양성 운동의 일환이었다.
⑤ 농민들을 대상으로 한 계몽 운동의 성격을 띠었다.

> 25580-0277

07 (가) 민족 운동에 대한 설명으로 옳은 것은?

① 신간회가 진상 조사단을 파견하였다.
② 천도교 등 종교 지도자들이 주도하였다.
③ 타협적 민족주의가 등장하는 배경이 되었다.
④ 조선 학생 과학 연구회의 결성으로 이어졌다.
⑤ 일본이 '문화 정치'를 실시하는 계기가 되었다.

> 25580-0278

08 다음 자료를 활용한 탐구 활동으로 가장 적절한 것은?

전 인구의 1,000분의 20밖에 문자를 이해하지 못하고, 학령기 아동의 30%밖에 취학할 수 없는 현재 조선의 상황에서 간단하고 쉬운 문자 보급은 민족 최대의 긴급한 일이라고 하겠다. 농민, 노동자, 부인, 미취학 청소년들에게는 시간도 없고 선생님도 없고 교실도 없다. 각 지역의 뜻있는 분들의 찬조와 학생들의 정성스러운 마음으로써만 온전히 그 성과를 나타낼 수 있다.
― 조선일보 ―

① 육영 공원의 설립 목적을 찾아본다.
② 제1차 조선 교육령의 내용을 분석한다.
③ 교육입국 조서가 발표된 배경을 파악한다.
④ 언론사가 전개한 문맹 퇴치 운동을 알아본다.
⑤ 소학교의 명칭이 국민학교로 바뀐 이유를 조사한다.

핵심 개념

☐ 도시화 ☐ 농민 운동
☐ 노동 운동

◉ 화전민
불을 질러 밭을 일구는 농민을 뜻하는 화전민은 빈농 중에서도 가장 빈곤한 계층이었다.

◉ 문화 주택
일제 강점기에 서양식 주택의 공간 구조와 외관을 본떠 지어진 주택을 가리킨다.

◉ 암태도 소작 쟁의
전라남도 신안군 암태도에서 소작인들이 일으킨 쟁의이다. 소작인들은 과도한 소작료를 징수하던 지주에 맞서 투쟁을 이어 나갔으며 소작료 인하를 이루었다.

◉ 소작 쟁의 건수와 참가 인원의 변화

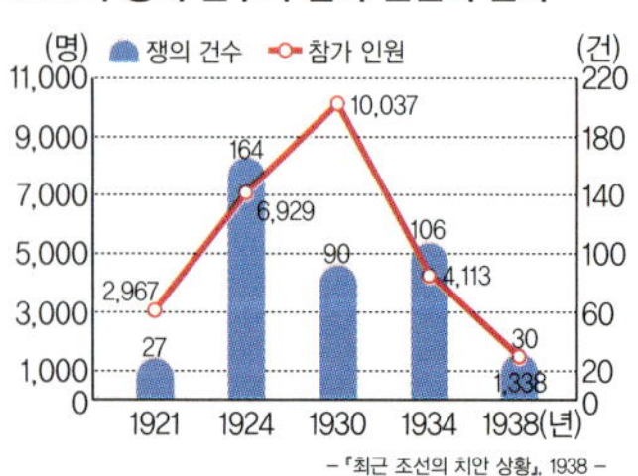

– 『최근 조선의 치안 상황』, 1938 –

1920년대 들어 꾸준히 증가하던 소작 쟁의가 1930년대 들어 급감함을 알 수 있다.

---

1 사회 모습과 생활의 변화

1. 교통의 발달과 도시와 농촌의 변화

(1) **교통의 발달**: X자형 간선 철도망 구축 → 철도 교통의 중심지에 새로운 도시가 발달, 일제의 대륙 침략 전쟁 확대에 활용

(2) **도시화의 진전**

배경	교통의 발달과 산업화로 도시화 진전
특징 자료 ①	• 대부분의 도시는 일본인과 한국인의 거주지 분리(서울은 청계천을 중심으로 한국인 거주지인 북촌과, 일본인 거주지인 남촌으로 분리) ⎯ 남촌 일대에는 도로 시설과 은행, 백화점, 상가 등 근대 시설이 들어섰다. • 시가지 중심은 일본인들이 차지, 도시 변두리에는 수많은 빈민이 토막집을 짓고 거주

(3) **농촌의 변화**: 일제의 식민지 수탈 경제 정책으로 소작농 급증 → 화전민이나 도시 빈민으로 몰락, 해외 이주 농민 증가

2. 생활 양식의 변화
양복, 양장의 보급 → '모던 걸'과 '모던 보이' 등장, 일본식 가옥 확산, 문화 주택 등장 등
⎯ 서양식 옷차림과 쇼핑, 외식을 즐기는 사람들을 뜻한다.

2 다양한 대중 운동의 전개

1. 농민 운동과 노동 운동의 전개

항일 투쟁의 성격이 강하였다.

구분	1920년대	1930년대
농민 운동	• 배경: 토지 조사 사업과 산미 증식 계획으로 식민지 지주제 강화 → 소작농 증가, 소작료와 세금 부담 증가 • 내용: 소작인 조합·농민 조합 결성, 지주와 일본에 저항[암태도 소작 쟁의(1923~1924) 등] 자료 ②	비합법적(혁명적) 조합 중심의 투쟁 전개
노동 운동	• 배경: 낮은 임금과 가혹한 노동 조건, 사회주의 확산으로 노동자 의식 향상 • 내용: 노동조합 결성, 노동 쟁의 전개[원산 총파업(1929) 등] 자료 ③	

2. 농민·노동 단체 결성
조선 노농 총동맹(1924) → 조선 농민 총동맹과 조선 노동 총동맹으로 분리(1927)

3. 여러 계층의 사회 운동 전개

청년 운동	조선 청년 총동맹(1924) 조직
여성 운동	여성들의 사회적 인식 확대, 차별과 억압에 저항 → 여성 단체 결성, 계몽 활동 전개 → 민족주의 계열과 사회주의 계열의 여성 단체 통합, 근우회 창립(1927), 기관지 『근우』 발행
소년 운동	방정환 주도로 천도교 소년회를 조직하고 어린이를 독립된 인격체로 존중하고 보호하려는 활동 전개 → 어린이날 제정, 잡지 『어린이』 발행
형평 운동	일제 강점기에도 백정에 대한 사회적 차별 여전히 존재 → 진주에서 조선 형평사 조직(1923), 백정의 차별 철폐·권리 보장 주장

⎯ 형평 운동의 결과 호적에서 백정의 신분 표시가 삭제되는 등 백정에 대한 차별이 완화되기도 하였다.

자료 ❶ 도시 빈민의 처지

언덕 비탈을 의지하여 오막살이들이 생선 비늘같이 들어박힌 개복동, 그중에서도 상상꼭대기에 올라앉은 납작한 토담집. 방이라야 안방 하나, 건넌방 하나, 단 두 개뿐인 것을 명님이네가 도통 오 원에 집주인한테서 세를 얻어가지고, 건넌방은 따로 먹굼보네한테 이 원씩 받고 세를 내주었다. 대지가 일곱 평 네 홉이니, 안방 세 식구, 건넌방 세 식구, 도합 여섯 사람에 일곱 평 네 홉인 것이다. …… 방 안은 불을 처질러 놓아서, 퀴퀴한 빈취(貧臭)가 더운 기운에 섞여 물큰 치닫는다.
– 『탁류』 –

일제 강점기에 도시 변두리에는 도시 빈민층인 토막민이 증가하였다. 이들은 초라한 움막을 짓고 살았고, 지게 품팔이와 넝마주이를 하면서 힘든 삶을 이어 갔다.

자료 ❷ 암태도 소작 쟁의의 결과 지주와 소작인회 대표가 맺은 화해 조서

1. 소작료를 4할로 하고, 1할은 농업 장려금으로 할 것
2. 농업 장려금은 소작회에서 관리할 것
3. 소작회에 지주도 참여할 것
4. 미납한 소작료는 삼 개년을 기한으로 분납할 것
6. 현재 진행 중인 형사 피고 사건은 양방에서 취하할 것
7. 지주가 소작인 간에 기본금 2천 원을 기증할 것
– 매일신보, 1924. 9. 2. –

일제의 식민지 경제 수탈로 농민들은 생존권을 위협받았다. 이에 농민들은 소작료 인하, 소작권 이동 반대, 각종 공과금의 지주 부담 등을 요구하며 소작 쟁의를 벌였다. 전라남도 신안 암태도에서는 높은 비율의 소작료를 견디다 못한 농민들이 소작 쟁의를 일으켜 소작료 인하에 성공하였다(암태도 소작 쟁의).

자료 ❸ 원산 총파업

원산 총파업의 이유를 생각해 보면, …… 작년(1928) 8월부터 진행된 노동 쟁의의 연속이다. 그러나 그때에는 단순하게 임금을 인상하는 것을 요구하였다. …… 임금 인상은 되었으나 공장주 측은 노동 시간을 연장하였다. 노동자 측에서는 최저 임금제, 해고 수당 제정, 사상자에 대한 위자료 지급을 요구하였다. 그러나 공장주 측에서는 이를 거부하였고, 결국 쟁의가 되고 말았다.
– 조선일보, 1929. 1. 23. –

> 고용주가 피고용인을 해고할 때 주는 급여 이외의 보수를 의미한다.

> 국가가 낮은 임금의 노동자를 보호하기 위하여 법으로 임금의 최저액을 정하여 노동자의 생활을 보장하는 제도이다.

원산 인근의 한 석유 회사에서 일본인 감독이 한국인 노동자를 구타한 사건을 계기로 원산 총파업이 시작되었다. 이는 원산에서 시작해 국내외의 지지를 받은 일제 식민지 시기 최대의 노동 운동이다.

○✖ 표시하기

❶ 일제는 한반도에 X자형 간선 철도망을 구축하였다.
( )

❷ 전차 노선을 따라 시가지가 확장되면서 도시화가 진전되었다.
( )

❸ 일제의 수탈로 몰락한 농민들은 도시로 이동하여 도시 빈민이 되는 경우가 많았다.
( )

❹ 1923년 평양에서 조선 형평사가 조직되어 백정의 차별 철폐와 권리 보장을 위한 운동을 전개하였다.
( )

적절한 말 고르기

❺ 1920년대 (토지 조사 사업, 산미 증식 계획)으로 한반도가 일본의 식량 공급지가 되면서 농민들의 삶은 매우 어려워졌다.

❻ 1930년대 농민 운동과 노동 운동은 (생존권, 항일) 투쟁의 성격이 강하였다.

❼ 1927년 (조선 노농 총동맹, 조선 노동 총동맹)이 결성되어 각 지방의 노동 쟁의를 이끌면서 노동 운동이 활성화되었다.

❽ 1927년 민족 유일당 운동의 일환으로 민족주의와 사회주의 계열이 모두 참여한 여성 단체인 (신간회, 근우회)가 설립되었다.

빈칸 채우기

❾ 경성의 경우 청계천을 기준으로 일본인이 주로 거주하는 (   )와/과 한국인이 주로 거주하는 (   )(으)로 생활 공간이 나뉘었다.

❿ 1923년부터 시작된 전라남도 신안의 (   ) 소작 쟁의의 결과 이 지역의 소작료가 인하되었다.

⓫ 방정환 등은 (   ) 소년회를 조직하고, 어린이를 지키고 바르게 키우려는 활동을 전개하였다.

3 민족 문화 수호 운동

1. 한글 연구

조선어 연구회는 『세종실록』의 기록을 근거로 음력 9월 29일을 가갸날로 정하였다. 광복 이후 양력 10월 9일로 변경되었다.

(1) **조선어 연구회**: 가갸날 제정, 잡지 『한글』 발행 등 **자료 ①**

(2) **조선어 학회**: 조선어 연구회 확대 개편, 계몽 운동, 한글 맞춤법 통일안 제정, 『우리말(조선말) 큰사전』 편찬 시도 → 조선어 학회 사건으로 위기

2. 한국사 연구

한국 역사는 중국, 일본 등 주변 나라의 지배와 간섭에 따라 이루어져 왔으므로 주체성이 없다는 논리이다.

배경	일제의 한국사 왜곡: 조선사 편수회가 식민 사관(타율성론, 정체성론, 당파성론) 강조 → 식민 사관에 대항하기 위해 다양한 한국사 연구 등장
민족주의 사학	• 특징: 한국사의 주체적 발전과 민족의 자주성 강조 • 박은식: 조선 국혼 강조, 『한국통사』, 『한국독립운동지혈사』 저술 **자료 ②** • 신채호: 고대사 연구 주력, 『조선사연구초』, 『조선상고사』 저술 • 정인보, 안재홍, 문일평 등: 조선학 운동 전개
사회 경제 사학	• 유물 사관의 입장에서 한국사 연구 • 백남운: 일제의 정체성론에 맞서 한국사가 세계사의 보편적 발전 법칙에 따라 발전하였음을 강조, 『조선사회경제사』 저술 **자료 ③**
실증 사학	• 문헌 고증을 통한 객관적 사실 강조 • 이병도, 손진태 등: 진단 학회 조직, 『진단 학보』 발행

3. 종교계의 활동

대종교	나철·오기호 중심, 국권 피탈 후 만주에서 중광단 조직
천도교	『개벽』, 『신여성』 발간, 청년·여성 운동 등 대중 운동 전개
불교	한용운 등 중심, 불교계 혁신 노력, 일본의 불교 통제에 저항
개신교	교육·의료 사업 실시, 신사 참배 거부 운동 전개
천주교	고아원·양로원 건립 등 사회 복지 사업 확대
원불교	박중빈 창시(1916), 허례허식 폐지·저축 운동 등 새 생활 운동 전개

4. 문화·예술 활동

(1) **문학**: 3·1 운동 이후 낭만주의, 사실주의, 신경향파 등 다양한 문예 사조 출현, 저항 작가(이육사, 윤동주 등) 활동

(2) **음악**: 1920년대 이후 가곡·동요 창작(홍난파, 윤극영 등)

(3) **미술**: 전통 회화 계승, 서양화 발전

(4) **연극·영화**: 도쿄 유학생들이 토월회 조직, 1920년대 이후 영화가 대중문화로 성장(나운규의 「아리랑」 등), 1930년대 극예술 연구회 등 활동

(5) **예술 활동의 변질**: 일제가 자국의 침략 미화에 예술가들 동원·강요 → 친일적 예술 활동 증가

조선어 학회 사건

▲ 조선어 학회 회원들

1942년 일제가 『우리말(조선말) 큰사전』 편찬 작업을 준비하던 조선어 학회 회원들을 치안 유지법 위반으로 대거 검거한 사건이다.

정체성론

일본은 봉건제를 거쳐 자본주의 사회로 발전한 반면, 한국은 고대 노예제 사회에 정체되어 있다는 주장이다.

조선학 운동

우리 민족의 전통 사상과 문화 속에서 민족의 고유한 특색을 찾아내 민족의 주체성을 유지하려는 운동이다.

유물 사관

사회주의 사상에 기반한 역사관으로, 역사 발전의 원동력을 물질적인 생산력과 생산 관계의 변화로 파악한다.

자료 ① 가갸날 제정

> 이날은 지금으로부터 480년 전인 세종 29년에 세계에 자랑될 만한 훈민정음을 처음 제정하고 발표한 아름다운 날이다. 조선어 연구회는 종래 한문에 눌려 언문이라고까지 멸시받은 한글에 대한 옹호 사상을 고취하고, 농촌의 문맹 타파를 목적으로 가갸문 강습회를 개최하는 등 적극적 활동을 통해 귀중한 훈민정음의 부활을 꾀하고자 한다. 이날(음력 9월 29일)은 영원히 가갸날로 정해 기념케 하리라 한다더라.
> – 동아일보, 1926 –

1921년 주시경의 제자들을 중심으로 조선어 연구회가 조직되었다. 조선어 연구회는 한글날의 시초가 된 가갸날을 제정하고, 잡지 『한글』을 발행해 한글 대중화에 힘썼다. 또한 강습회와 강연회 등을 열어 한글 보급 운동을 전개하였다.

자료 ② 박은식의 『한국통사』

> 옛사람이 이르기를, 나라는 없어질 수 있으나 역사는 없어질 수 없다고 하였으니, 그것은 나라는 형체이고 역사는 정신이기 때문이다. 이제 나라의 형체는 허물어졌으나, 정신만이라도 오로지 남아 있을 수 없단 말인가. 이것이 내가 역사를 쓰는 까닭이다. 정신이 살아서 없어지지 않으면 형체도 부활할 때가 있을 것이다.

일제의 한국사 왜곡에 대항하기 위한 한국사 연구가 다양하게 전개되었다. 박은식은 『한국통사』와 『한국독립운동지혈사』에서 역사를 통해 국혼을 간직해야 독립을 이룰 수 있다고 주장하였다.

자료 ③ 백남운의 『조선사회경제사』

> 우리 조선의 역사적 발전의 전 과정은 가령 지리적 조건, 인종학적 골상, 문화 형태의 외형적 특징 등 다소의 차이는 인정되더라도, 외관적인 소위 특수성은 다른 문화 민족의 역사적 발전 법칙과 구별되어야 하는 독자적인 것이 아니며, 세계사적·일원론적인 역사 법칙에 의하여 다른 제 민족과 거의 동일한 발전 과정을 거쳐 온 것이다. 그 발전 과정의 빠름과 느림, 각 문화의 특수한 모습의 짙고 옅음은 결코 본질적인 특수성이 아니다.
> └ 하나의 원리로써 전체를 설명하려는 태도나 사고방식을 뜻한다.

사회 경제 사학자 백남운은 한국사가 고대 노예제 사회, 중세 봉건제 사회, 근대 자본주의 사회의 단계를 거쳐 발전해 왔다고 주장하였다. 이는 일제가 내세운 정체성론을 극복하는 근거를 제공하였다.

• 정답 **54**쪽

○✖ 표시하기

❶ 조선어 연구회는 한글 맞춤법 통일안을 발표하고 표준어를 제정하였다. (　　)

❷ 백남운은 조선학 운동을 전개하며 역사에서 민족의 정신을 강조하였다. (　　)

❸ 박은식은 한국독립운동지혈사를 저술하였다. (　　)

❹ 원불교는 허례허식 폐지·저축 운동 등 새 생활 운동을 전개하였다. (　　)

적절한 말 고르기

❺ (조선어 연구회, 조선어 학회)는 한글 기념일인 '가갸날'을 제정하였으며, 잡지 한글을 간행하였다.

❻ 일본은 한국이 중세 봉건 사회로 발전하지 못한 채 고대 사회 수준에 머물렀다는 (타율성론, 정체성론)을 주장하였다.

❼ (이병도, 백남운)은/는 한국사가 세계사의 보편적인 발전 법칙에 따라 발전하였다고 주장하였다.

빈칸 채우기

❽ 조선어 학회는 (　　　　)의 편찬을 시도하였으나, 1942년 일제가 일으킨 조선어 학회 사건으로 많은 학자들이 투옥되는 등 큰 타격을 입었다.

❾ 1930년대 들어 민족주의 사학은 정인보, 안재홍, 문일평 등으로 계승되었고, 이들은 (　　　　) 운동을 주도하였다.

❿ (　　　　)은/는 단군을 숭배하는 종교로 만주에서 중광단을 결성하여 적극적인 항일 무장 투쟁을 벌였다.

> 25580-0279

01 (가) 도시에 대한 설명으로 옳은 것은?

> [(가)] 전체의 상가를 보면 청계천을 중심으로 남북의 양촌으로 그 경계선이 분명하게 된 지 오랜 일이다. …… 일본 사람이 진을 치고 있는 상가의 구역이 한 조선인 상점의 집합처로 확대되어 간다는 말이다. …… 따라서 조선 사람들의 상점은 점차 외곽으로 밀리며 그 수가 줄어들 뿐이라는 결과를 나타내고 있다.

① 강화도 조약으로 개항하였다.
② 물산 장려 운동이 시작되었다.
③ 남촌 일대에 백화점이 들어섰다.
④ 항만을 중심으로 근대 도시로 성장하였다.
⑤ 식민지 공업화에 따라 신흥 공업 도시로 성장하였다.

> 25580-0280

02 (가)에 들어갈 내용으로 적절하지 <u>않은</u> 것은?

> 일제 강점기 농촌에서는 토지가 점차 일본 토지 회사나 소수의 대지주에게 집중되었다. 지주의 권한은 강화되어 갔고, 이에 따라 지주의 땅을 빌려 농사짓는 소작농이 증가하였다. 소작농을 비롯한 농민들은 고율의 소작료와 늘어나는 농가 부채 등으로 큰 어려움을 겪었다. 경제적 처지가 어려워진 농민들은 [(가)]

① 형평 운동을 주도하였다.
② 만주로 건너가 소작을 하였다.
③ 도시의 저임금 노동자가 되었다.
④ 산으로 들어가 화전민이 되었다.
⑤ 도시로 이주해 토막민이 되었다.

> 25580-0281

03 다음 상황이 나타나게 된 배경으로 적절한 것만을 〈보기〉에서 고른 것은?

> 이곳 농민들은 첫가을부터 당장 먹을 것이 없게 되어 나무 열매와 풀뿌리를 캐어 먹으면서 간신히 연명해 오던 중 그것조차 다하게 되어 먹다 굶다 하는 궁민(窮民)이 만여 명에 달한다. 그중 1,800~1,900명은 닥쳐오는 춘궁을 지낼 도리가 없어 주린 배와 쓰린 가슴을 안고 늙은 부모와 어린 자식들 데리고 울며불며 고향을 떠나 유리걸식의 길을 떠났다고 한다.
> – 조선일보 –

| 보기 |
ㄱ. 토지 소유자에게 지계가 발급되었다.
ㄴ. 일제가 황무지에 대한 개간권을 요구하였다.
ㄷ. 산미 증식 계획으로 쌀의 반출량이 증가하였다.
ㄹ. 토지 조사 사업으로 식민지 지주제가 강화되었다.

① ㄱ, ㄴ   ② ㄱ, ㄷ   ③ ㄴ, ㄷ
④ ㄴ, ㄹ   ⑤ ㄷ, ㄹ

> 25580-0282

04 다음 자료를 활용한 탐구 활동으로 가장 적절한 것은?

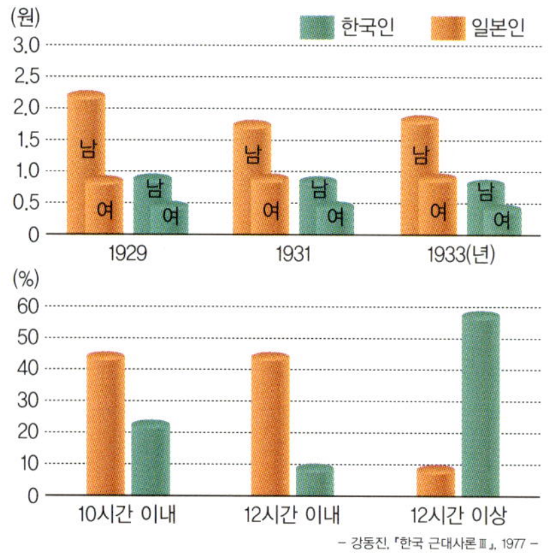

▲ 한국인과 일본인의 임금(위) 및 노동 시간 비교(아래)

① 6·10 만세 운동의 배경을 알아본다.
② 암태도 소작 쟁의의 결과를 조사한다.
③ 물산 장려 운동 당시의 구호를 분석한다.
④ 원산 총파업 당시 제기된 구호를 찾아본다.
⑤ 조선 농민 총동맹이 결성되는 계기를 파악한다.

> 25580-0283

05 (가)에 들어갈 내용으로 적절한 것은?

① 근우회를 창립하였어요.
② 찬양회를 조직하였어요.
③ 이화 학당을 만들었어요.
④ 여권통문을 발표하였어요.
⑤ 대성 학교를 설립하였어요.

> 25580-0284

06 다음 자료에 나타난 대중 운동을 전개했던 단체에 대한 설명으로 옳은 것은?

우리는 어린이를 위한 부모의 도움이 더욱 두터워지기를 바라는 마음에서 오늘을 기회로 삼아 '어린이의 날'이라고 이름하고 "항상 10년 후의 조선을 생각하십시오."라고 쓴 네 가지의 인쇄물을 시내에 배포하며 소년 회원이 거리마다 늘어서서 취지를 선전하였다. 이러한 일은 처음이라 할 수 있으며, 다른 사회에서도 많이 응원하여 '조선 사람의 10년 후의 일'을 위하여 노력하기를 바란다.

① 새 생활 운동을 펼쳤다.
② 천도교에서 조직하였다.
③ 조선 형평사가 주도하였다.
④ 신사 참배 거부 운동을 벌였다.
⑤ 주시경의 제자들이 결성하였다.

> 25580-0285

07 (가) 단체에 대한 설명으로 옳은 것은?

(가) 은/는 서울말을 기준으로, 널리 쓰이는 지방 방언들을 모아 한글 보급과 표준어 확립을 위한 『우리말(조선말) 큰사전』 편찬 작업을 진행하였다. 그러나 일제의 탄압으로 『우리말(조선말) 큰사전』 편찬이 중단되고 원고가 일제에 압수되면서 이후 행방을 알 수 없었다. 하지만 광복 후 사라졌던 원고 가방이 서울역 창고 한 켠에서 발견되면서 1957년 10월 9일, 『우리말(조선말) 큰사전』이 28년 만에 완간될 수 있었다.

① 가갸날을 제정하였다.
② 브나로드 운동을 주도하였다.
③ 잡지 한글을 처음 간행하였다.
④ 주시경, 지석영 등이 활동하였다.
⑤ 한글 맞춤법 통일안을 제정하였다.

> 25580-0286

08 다음과 같이 주장한 인물에 대한 설명으로 옳은 것은?

① 독사신론을 저술하였다.
② 진단 학회를 조직하였다.
③ 조선학 운동을 전개하였다.
④ 한국 독립운동의 역사를 정리하였다.
⑤ 유물 사관에 기초해 역사를 서술하였다.

서술형 문제

Step1 핵심 키워드 파악하기

> 25580-0287

01 다음 대중 운동이 일어난 배경을 서술하시오.

공평은 사회의 근본이고 애정은 인류의 본량이다. 우리는 계급을 타파하고 모욕적 칭호를 폐지하여 교육을 장려하며, 우리도 참다운 인간이 되는 것을 기대하는 것이 본사(本社)의 취지이다. 지금까지 백정은 어떠한 지위와 어떠한 압박을 받아 왔던가? …… 지위와 조건 문제 등을 제기할 여유도 없이 일전의 압박에 대해 절규하는 것이 우리의 실정이다. 이 문제를 선결하는 것이야말로 우리의 급무이다.

예시 답안 (   )(으)로 신분제는 폐지되었으나 백정에 대한 사회적 차별이 여전하였다. 이에 경상남도 진주의 백정 등은 (   )을/를 조직해 (   ) 운동을 전개하였다.

> 25580-0288

02 다음과 같은 주장이 제기된 배경을 서술하시오.

조선의 역사 발전은 …… 다른 민족의 역사 발전 법칙과 구별되어야 하는 독자적인 것이 아니며, 세계사적이고 일원론적 역사 법칙에 따라 다른 여러 민족과 거의 동일한 발전 과정을 거쳐 왔다.

예시 답안 일본이 한국은 발전 없이 고대 사회에 머물러 있었다는 (   )을/를 주장하자, (   )은/는 『조선사회경제사』를 저술하여 한국사 역시 세계사의 보편적인 발전 법칙을 따라 발전해 왔다고 주장하였다.

Step2 스스로 답안 작성하기

> 25580-0289

03 다음 글을 읽고 물음에 답하시오.

노동자들은 임금 인상, 노동 시간 단축, 민족 차별 철폐 등을 주장하며 노동 운동을 벌였다. 한 석유 회사에서 일본인 감독이 한국인 노동자를 구타한 사건을 계기로 1929년 시작된 ___(가)___ 이/가 대표적인데, 이는 국내외의 지지를 받은 일제 식민지 시기 최대의 노동 운동이다. 이후의 1930년대 노동 운동은 사회주의 세력과 연계해 ㉠새로운 성격으로 변화하였다.

(1) (가)에 들어갈 사건의 명칭을 쓰시오.

(2) 밑줄 친 ㉠의 구체적인 내용을 서술하시오.

> 25580-0290

04 다음 글을 읽고 물음에 답하시오.

___(가)___ 은/는 최현배, 이윤재 등을 중심으로 한 조선어 학회로 확대 개편되었다. 조선어 학회는 언론과 협조해 한글을 연구하고 한글 보급 운동을 이어 갔다. 또한 한글 맞춤법 통일안과 표준어 및 외래어 표기법 통일안을 제정해 이를 기반으로 『우리말(조선말) 큰사전』 편찬에 들어갔다. 하지만 ㉠일제의 탄압으로 결국 학회는 해산되었다.

(1) (가)에 들어갈 단체의 명칭을 쓰시오.

(2) 밑줄 친 ㉠의 내용을 구체적으로 서술하시오.

1등급 도전 문제

> 25580-0291

01 (가)에 들어갈 내용으로 적절하지 <u>않은</u> 것은?

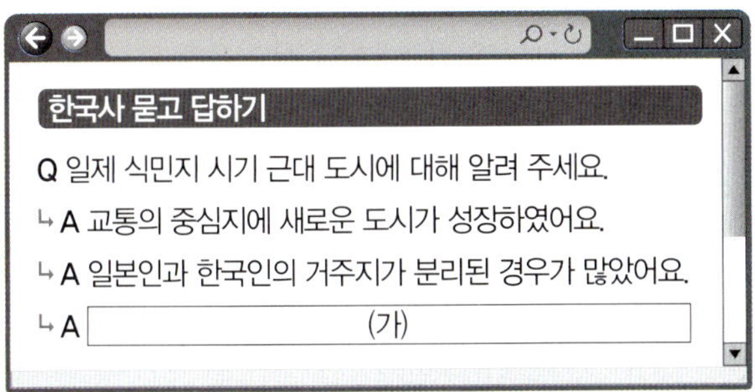

① 도시 외곽에 토막민이 살기도 하였어요.
② 군산과 목포가 항구 도시로 성장하였어요.
③ 경성의 남촌 일대에는 백화점이 들어섰어요.
④ 서대문과 청량리를 잇는 전차가 도입되었어요.
⑤ 간선 철도망을 따라 새로운 도시가 발달하였어요.

> 25580-0292

02 다음 자료를 활용한 탐구 활동으로 가장 적절한 것은?

① '문화 정치'의 실상을 정리한다.
② 산미 증식 계획의 영향을 알아본다.
③ 미곡 공출제를 시행한 목적을 파악한다.
④ 보안회가 전개한 민족 운동을 찾아본다.
⑤ 양전과 지계 발급 사업의 목적을 조사한다.

> 25580-0293

03 밑줄 친 '운동'의 영향으로 옳은 것은?

운동이 일어나자 오랫동안 계급 생활에 희생되었던 백정 계급이 일제히 이에 호응해 운동이 전개되고 있다. 그런데 일부 농민 중 반대하는 자들이 있어 지난 7월 12일에는 백정 약 4~5명이 모 주점에서 술을 마시고 있었는데, 이를 본 농민 몇 명이 "백정이 주점에서 음주한다."해 그들을 무조건 구타하는 일이 있었다.

① 고율의 소작료가 인하되었다.
② 원산에서 총파업이 전개되었다.
③ 조선 노농 총동맹이 결성되었다.
④ 민족 유일당 운동이 전개되었다.
⑤ 호적에서 직업을 드러내는 표시가 지워졌다.

> 25580-0294

04 밑줄 친 '활동'의 사례로 적절하지 <u>않은</u> 것은?

일제 강점기에 어린이의 지위는 매우 열악하였다. 어린이를 독립된 인격체가 아니라 어른에게 예속된 존재로 여기는 사회적 인식이 강하였다. 또한 학교의 수가 절대적으로 부족하여 입학을 포기하고 농사일을 거들거나 공장에 취업하는 경우도 많았다. 이에 천도교는 "어린아이를 때리지 말라. 한울님을 때리는 것이니라."라고 강조한 2대 교주 최시형의 뜻을 이어받아 어린아이를 위한 다양한 활동을 전개하였다.

① 잡지 어린이를 발간하였다.
② 천도교 소년회가 조직되었다.
③ 문자 보급 운동을 전개하였다.
④ 어린이라는 용어를 보급하였다.
⑤ 5월 1일을 어린이날로 제정하였다.

05 독립 국가 건설 노력

1 1930년대 국외 민족 운동

1. 만주에서의 항일 투쟁

(1) 한중 연합 작전 자료①

> 일본은 대공황 등 경제 위기를 극복하기 위해 침략 전쟁을 확대하면서 1931년 만주 사변을 일으켜 만주의 주요 지역을 장악하였다.

배경	만주 사변 발발 → 중국 내 항일 감정 고조 → 항일 연합 전선 형성
중국군과 연합	• 지청천이 이끄는 한국 독립군(북만주): 쌍성보·대전자령 전투 등에서 승리 • 양세봉이 이끄는 조선 혁명군(남만주): 영릉가·흥경성 전투 등에서 승리

(2) 항일 유격 투쟁

① **동북 항일 연군**: 한인 사회주의자들이 참여하여 항일 유격 투쟁 전개
> 동북 인민 혁명군이 개편된 부대이다.

② **조국 광복회**: 동북 항일 연군 내의 한인들이 결성

2. 중국 관내의 항일 투쟁

(1) 민족 혁명당
> 1937년 이후에는 조선 민족 혁명당이라는 명칭을 사용하였다.

① 난징에서 김원봉 등의 주도로 민족주의 계열과 사회주의 계열의 단체들이 통합된 중국 관내 통일 전선 정당으로 조직(1935)

② 대한민국 임시 정부 유지를 주장한 김구 세력은 불참

③ 김원봉이 이끄는 의열단 계열이 당을 주도하자 조소앙, 지청천 등 민족주의 계열의 독립운동가들 이탈

(2) 중일 전쟁 발발 이후 변화

① **한국 광복 운동 단체 연합회**: 김구가 이끄는 한국 국민당이 조소앙, 지청천 세력과 연합하여 결성

② **조선 민족 전선 연맹**: 김원봉이 이끄는 민족 혁명당이 중도 좌파 단체들과 함께 난징에서 결성

(3) 조선 의용대

창설(1938)	• 중일 전쟁 발발 이후 김원봉 등이 중국 국민당 정부의 지원으로 창설 • 조선 민족 전선 연맹 산하의 무장 조직
활동	정보 수집과 포로 심문 등 후방 공작 활동
분화	• 화북 이동 세력: 조선 의용대 화북 지대 → 조선 의용군으로 개편 • 잔류 세력: 김원봉의 지휘로 한국광복군에 합류(1942)

2 건국을 위한 노력

1. 대한민국 임시 정부의 재정비

(1) **체제 정비**: 김구, 지청천, 조소앙 등이 한국 독립당 결성(1940)

(2) **조직 개편**: 충칭에 정착(1940), 주석제 마련(김구를 주석으로 선출)

(3) **대한민국 건국 강령 발표(1941)**: 삼균주의 반영, 민주 공화국 지향, 보통 선거·토지 국유화·무상 교육 등 주장 자료②

(4) **대일 선전 포고**: 아시아·태평양 전쟁 발발 직후 대일 선전 성명서 발표 자료③

◉ 중국 관내
만리장성 동쪽 관문인 산하이관 이남의 중국 본토를 의미한다.

◉ 조선 의용대의 분화
조선 의용대는 주로 중국 군대를 도와 포로 심문, 후방 교란, 선전 활동 등 첩보 임무를 담당하였다. 이후 조선 의용대원 일부는 적극적인 항일 투쟁을 하기 위하여 화북 지방으로 이동하여 조선 의용대 화북 지대로 편제되었다. 김원봉을 비롯한 잔류 세력은 한국광복군에 합류하였다.

◉ 삼균주의
삼균주의는 정치, 경제, 교육의 균등을 확립하고, 개인과 개인, 민족과 민족, 국가와 국가 간의 호혜 평등을 실현하여 민주 국가를 건설하려는 이념이다. 대한민국 임시 정부 국무 위원인 조소앙이 독립 국가 수립을 위한 기본 정책으로 내세웠다.

◉ 대일 선전 성명서
일제가 1941년 12월 아시아·태평양 전쟁을 일으키자, 대한민국 임시 정부는 연합국의 대일 선전 포고를 지지하고, 반침략 전선에 참가한다는 등의 내용을 담은 대일 선전 성명서를 발표하였다.

자료 ① 한국 독립군과 중국군의 합의

한·중 군대의 연합에 관한 구체적인 조건을 협의하였다. 당시 양쪽 합의로 맺어진 협약의 주요 내용은 다음과 같다.

첫째, 한·중 양군은 아무리 열악한 환경 속에서도 공동으로 장기적인 항일 전쟁을 진행할 것을 서약한다. 둘째, 중동 철도를 경계로 서부 전선은 중국군의 전투 지역으로, 동부는 한국군의 전투 지역으로 구분한다. 셋째, 전쟁 시 한·중 군대의 후방 교육은 한국군 장교가 담당하며, 한국군이 필요로 하는 모든 물자는 중국군이 공급한다.　– 한국광복군 사령부, 『광복』 2 –

└ 만주 지역에 있는 철도이다.

일제가 만주 사변을 일으키고 만주국을 수립한 이후, 중국 내 항일 감정이 고조되면서 중국인과 한국인의 항일 연합 전선이 형성되었다. 북만주에서 지청천이 이끄는 한국 독립군은 한중 연합 작전을 전개하여 쌍성보 전투(1932), 사도하자·대전자령 전투(1933) 등에서 승리하였다.

O ✖ 표시하기

❶ 한국 독립군은 영릉가 전투에서 승리하였다. (　　)

❷ 한인 사회주의자들은 동북 항일 연군에 참여하여 항일 유격 투쟁을 전개하였다.　(　　)

❸ 난징에서 김구의 주도로 민족 혁명당이 조직되었다.
　(　　)

❹ 조선 의용대는 정보 수집과 포로 심문 등 후방 공작 활동을 하였다.　(　　)

자료 ② 대한민국 임시 정부의 건국 강령

제3장 건국
2. 삼균 제도를 골자로 한 헌법을 실시하여 정치와 경제와 교육의 민주적 시설로 실제상 균형을 도모하며 전국의 토지와 대생산 기관의 국유가 완성되고 전국 학령 아동의 전체가 고급 교육의 무료 수학이 완성되고 보통 선거 제도가 구속 없이 완전히 실시되어 …… 자치 조직과 행정 조직과 민중 단체와 민중 조직이 완비되어 삼균 제도와 알맞게 실시되고 경향 각층의 극빈 계급의 물질과 정신상 생활 정도와 문화 수준이 제고 보장되는 과정을 건국의 제2기라 함.　–『대한민국 임시 정부 자료집』–

대한민국 임시 정부가 발표한 건국 강령은 총강·복국·건국의 3장 24개 항으로 구성되어 있다. 이 중 제3장 건국에는 광복 후 건설할 국가의 정체가 민주 공화국이고, 균등 사회를 실현한다는 전제하에 이를 위한 구체적이고 세부적인 방안들을 정리하였다. 내용은 크게 정치·경제·교육의 세 분야로 요약할 수 있다.

적절한 말 고르기

❺ (지청천, 양세봉)이 이끄는 조선 혁명군은 흥경성 전투에서 승리하였다.

❻ 대한민국 임시 정부의 유지를 주장한 (김구, 김원봉) 세력은 민족 혁명당 조직에 불참하였다.

❼ 조선 의용대의 일부 세력은 김원봉의 지휘로 (한국광복군, 동북 항일 연군)에 합류하였다.

❽ 대한민국 임시 정부는 주석제를 마련하고 (김구, 지청천)을/를 주석으로 선출하였다.

자료 ③ 대한민국 임시 정부 대일 선전 성명서

┌ 대한민국 임시 정부이다.
우리는 3천만 한인과 정부를 대표하여 삼가 중국·영국·미국·네덜란드·캐나다·오스트레일리아 및 기타 여러 나라가 일본에 대해 전쟁을 선포한 것이 일본을 격패(擊敗)시키고 동아시아를 재건하는 가장 유효한 수단이 되므로 이를 축하하면서, 다음과 같이 성명한다.
1. 한국 전체 인민은 현재 이미 반침략 전선에 참가해 오고 있으며, 이제 하나의 전투 단위로서 축심국(軸心國)에 전쟁을 선언한다.
2. 1910년 합병 조약과 일체의 불평등 조약이 무효임을 …… 거듭 선포한다.
　–『대한민국 임시 정부 자료집』–

└ 제2차 세계 대전 당시 동맹을 맺고 있던 독일, 이탈리아, 일본을 의미한다.

대한민국 임시 정부는 아시아·태평양 전쟁 발발 직후 대일 선전 성명서를 발표하였다. 이 성명서에는 대한민국 임시 정부가 연합국의 일원으로 참전하여 승리함으로써 조국의 독립을 달성하려 했던 의지가 잘 담겨 있다.

빈칸 채우기

❾ 1931년 (　　　)이/가 발발하자 중국 내에서 항일 감정이 고조되며 항일 연합 전선이 형성되었다.

❿ 북만주에서 (　　　)은/는 쌍성보 전투, 대전자령 전투 등에서 승리하였다.

⓫ 중일 전쟁 발발 이후 김구가 이끄는 한국 국민당은 조소앙, 지청천 세력과 연합하여 (　　　)을/를 결성하였다.

⓬ 중일 전쟁 발발 이후 김원봉 등은 중국 국민당 정부의 지원을 받아 (　　　)을/를 창설하였다.

⓭ 대한민국 임시 정부는 아시아·태평양 전쟁이 발발하자 (　　　)을/를 발표하였다.

(5) 한국광복군

창설(1940)	충칭에서 중국 국민당 정부의 지원을 받아 창설, 총사령관 지청천 **자료①**
전력 강화	김원봉이 이끄는 조선 의용대 일부 세력 합류
활동	• 연합 작전: 미얀마·인도 전선에 투입 → 영국군과 연합하여 선전 활동 및 포로 심문 등 전개 └ 영국군의 요청으로 파견되었다. • 국내 진공 작전 추진: 미국 전략 정보국[OSS]과 협력하여 국내 정진군 훈련 → 일제의 패망으로 실행하지 못함

2. 조선 독립 동맹

(1) 김두봉의 주도로 화북 지역의 사회주의자들을 중심으로 결성(1942)

(2) **조선 의용군**: 조선 의용대 화북 지대가 개편, 중국 공산당의 팔로군과 연합하여 항일 무장 투쟁 전개

(3) 민주 공화국 건설, 토지 분배 및 의무 교육 등의 내용이 담긴 강령 발표 **자료②**

3. 조선 건국 동맹

(1) 여운형의 주도로 국내에서 사회주의자와 민족주의자가 연합하여 비밀리에 결성(1944)

(2) 대한민국 임시 정부, 조선 독립 동맹 등 해외 독립운동 세력과 연계 모색

(3) 일제 타도를 위한 대동단결, 민주주의 원칙에 의한 국가 건설 등을 목표로 하는 강령 발표

4. 재미 한족 연합 위원회 ┌ 미국을 대상으로 적극적인 외교 활동을 펼쳤다.

(1) 미주 지역에서 대한인 국민회 등 한국인 단체들이 연합하여 결성(1941)

(2) 독립운동 자금을 모아 대한민국 임시 정부 지원

(3) 무장 투쟁을 위한 한인 국방 경위대 조직

3 국제 사회의 한국 독립 약속

1. 카이로 회담(1943) **자료③**

참여	미국, 영국, 중국 대표
주요 내용	적당한 시기에 한국을 독립시킬 것을 최초로 약속

2. 얄타 회담(1945)

참여	미국, 영국, 소련 대표
주요 내용	소련이 일본과의 전쟁에 참여할 것을 결의

3. 포츠담 선언(1945) ┌ 독일이 항복한 뒤 전후 처리 문제를 논의하기 위해 독일의 포츠담에서 열린 회담에서 발표되었다.

참여	미국, 영국, 중국 대표(소련은 8월에 동의)
주요 내용	일본에 무조건 항복 요구, 한국의 독립 재확인

● 광복 직전 주요 독립운동 단체

● 한인 국방 경위대
아시아·태평양 전쟁이 시작된 후 1942년 미국 로스앤젤레스에서 한인들로 구성된 군사 조직이다. 맹호군이라고도 불렸다.

● 얄타 회담
1945년 소련 흑해 연안의 얄타에서 미국·영국·소련의 대표들이 가진 회담이다. 이들은 미국·영국·프랑스·소련이 독일을 분할 점령하고, 독일이 항복한 후 3개월 이내에 소련이 아시아·태평양 전쟁에 참전하기로 합의하였다.

자료 ❶ 한국광복군 선언문

> 대한민국 임시 정부가 수립된 1919년을 원년으로 하여, 대한민국 22년은 1940년을 의미한다.
>
> 　대한민국 임시 정부는 대한민국 원년에 정부가 공포한 군사 조직법에 의거하여 중화민국 총통의 특별 허락으로 중화민국 영토 내에서 광복군을 조직하고 대한민국 22년 9월 17일 한국광복군 총사령부를 창설함을 선언한다.
> 　한국광복군은 중화민국 국민과 합작하여 우리 두 나라의 독립을 회복하고자 공동의 적인 일본 제국주의자들을 타도하기 위하여 연합군의 일원으로 항전을 계속한다.
>
> 1937년 중일 전쟁 발발을 기점으로 4개년이라 표현하였다.
>
> 　과거 삼십 년간 일본이 우리 조국을 병합 통치하는 동안 우리 민족의 확고한 독립정신은 불명예스러운 노예 생활에서 벗어나기 위하여 무자비한 압박자에 대한 영웅적 항전을 계속하여 왔다. 영광스러운 중화민국의 항전이 4개년에 도달한 이때 우리는 큰 희망을 가지고 우리 조국의 독립을 위하여 우리의 전투력을 강화할 시기가 왔다고 확신한다.
> 　　　　　　　　　　　　　　　　　－『대한민국 임시 정부 자료집』－

대한민국 임시 정부는 항일 무장 투쟁을 본격적으로 전개하기 위해 1940년 충칭에서 한국광복군을 창설하였다. 한국광복군은 중국에서 활동하고 있던 미국 전략 정보국[OSS]과 연합하여 국내 진공 작전을 계획하는 등 독립을 이루기 위한 다양한 활동을 전개하였다.

자료 ❷ 조선 독립 동맹 강령

> 　본 동맹은 일본 제국주의의 조선 통치를 종식시킨 뒤 독립 자유의 조선 민주 공화국 건립을 목적으로 한다. 우리는 아래의 임무를 실현하기 위해 분투할 것이다.
>
> 선거인의 자격에 재산·신분·교육 정도 따위의 제한을 두지 아니하고, 일정 기준 연령에 도달하면 누구에게나 선거권이 주어지는 선거 방식이다.
>
> 1. 전 국민의 보통 선거에 의한 민주 정권을 건립한다.
> 4. 법률상. 사회생활상 남녀평등을 실현한다.
> 9. 국민 의무 교육제를 실시하고, 그 경비는 국가가 부담한다.
> 　　　　　　　　　　　　　　　　　－『대한민국 임시 정부 자료집』－

중국 화북 지방에서 활동하던 조선 독립 동맹은 일제 패망에 대비하여 강령을 발표하였다. 여기에는 민주 공화국 수립, 의무 교육 제도 실시 등의 내용이 담겨 있다.

자료 ❸ 카이로 선언

> 　3국(미국, 영국, 중국)은 일본에 대한 장래의 군사 행동을 합의하였다. …… 연합국의 목적은 일본이 1914년 제1차 세계 대전 이후 탈취 또는 점령한 태평양의 도서 일체를 박탈할 것과 만주·타이완 및 펑후 제도와 같이 일본이 중국으로부터 빼앗은 일체의 지역을 중화민국에 반환함에 있다. 또한 일본은 폭력과 탐욕으로 약탈한 다른 일체의 지역으로부터 축출될 것이다. 세 연합국은 한국 인민의 노예 상태에 유의하여, 한국이 적당한 시기에 자유롭고 독립한 상태가 될 것을 결의한다.

제2차 세계 대전에서 연합국의 전세가 유리해지자. 연합국의 대표인 영국의 처칠, 미국의 루스벨트, 중국의 장제스는 카이로 회담에 참여하여 상호 협력과 전후 처리 문제를 논의하였다. 이 회담에서 처음으로 일제가 패망한 이후 '적당한 시기'에 한국을 독립시킨다고 약속하였다.

⭕❌ 표시하기

❶ 한국광복군은 중국 국민당 정부의 지원을 받아 창설되었다. 　　　　　　　　　　　(　)

❷ 화북 지역의 사회주의자들을 중심으로 조선 건국 동맹이 결성되었다. 　　　　　　　(　)

❸ 조선 독립 동맹은 민주 공화국 건설 등의 내용이 담긴 강령을 발표하였다. 　　　　　(　)

❹ 연합국은 얄타 회담에서 적당한 시기에 한국을 독립시킬 것을 최초로 약속하였다. 　　(　)

적절한 말 고르기

❺ 한국광복군은 1940년 (난징, 충칭)에서 창설되었다.

❻ (한국광복군, 조선 의용군)은 미국 전략 정보국[OSS]과 협력하여 국내 정진군을 훈련하였다.

❼ (김두봉, 여운형)의 주도로 비밀리에 조선 건국 동맹이 결성되었다.

❽ 미주 지역에서 (대한인 국민회, 조선 독립 동맹) 등 한국인 단체들이 연합하여 재미 한족 연합 위원회가 결성되었다.

❾ 1945년 열린 (얄타, 카이로) 회담에서 소련이 일본과의 전쟁에 참여할 것이 결의되었다.

빈칸 채우기

❿ 아시아·태평양 전쟁 시기 영국군의 요청에 따라 (　　)은/는 미얀마·인도 전선에 투입되어 영국군과 연합 작전을 전개하였다.

⓫ (　　)은/는 대한민국 임시 정부, 조선 독립 동맹 등 해외 독립운동 세력과의 연계를 모색하며 비밀리에 국내에서 건국을 준비하였다.

⓬ 재미 한족 연합 위원회는 무장 투쟁을 위해 (　　)을/를 조직하였다.

⓭ 연합국은 1945년 (　　) 선언을 통해 한국의 독립을 재확인하였다.

> 25580-0295

01 (가) 군사 조직에 대한 설명으로 옳은 것은?

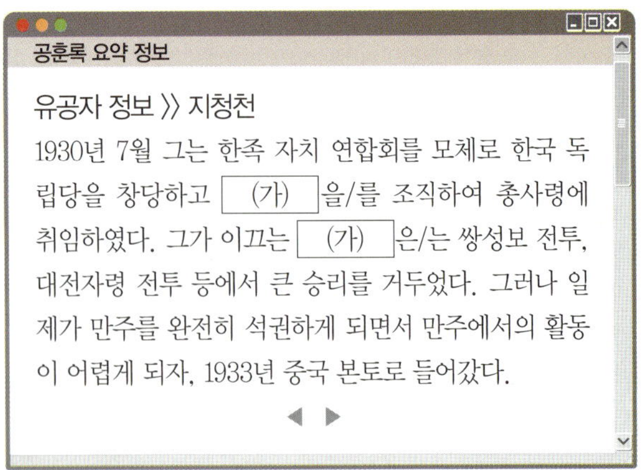

① 이토 히로부미를 처단하였다.
② 한중 연합 작전을 전개하였다.
③ 서울 진공 작전을 추진하였다.
④ 만세보를 기관지로 편찬하였다.
⑤ 상하이 홍커우 공원 의거를 일으켰다.

> 25580-0296

02 (가)에 들어갈 내용으로 가장 적절한 것은?

① 정미의병에 가담하였습니다.
② 문수산성에서 항전하였습니다.
③ 신흥 강습소를 설립하였습니다.
④ 영릉가 전투에서 일본군을 크게 물리쳤습니다.
⑤ 일제에 국권 반환 요구서 제출을 추진하였습니다.

> 25580-0297

03 (가) 군사 조직이 창설된 시기를 연표에서 옳게 고른 것은?

민족 혁명당의 김원봉 세력은 다른 한인 단체와 연합하여
조선 민족 전선 연맹을 결성하였다. …… 중국 군사 위원
회 정치부 비서장 등 황푸 군관 학교 출신들의 지지를 바
탕으로 김원봉은 10월 10일 한커우에서 [(가)]을/를
창설하였다.

(가)	(나)	(다)	(라)	(마)
을사늑약 체결	국권 피탈	3·1 운동 발생	만주 사변 발발	중일 전쟁 발발 · 8·15 광복

① (가)　② (나)　③ (다)　④ (라)　⑤ (마)

> 25580-0298

04 (가), (나) 시기 사이 밑줄 친 '우리 정부'의 활동으로 옳은 것은?

(가) 상하이 홍커우 공원 의거 이후 더 이상 상하이에 머
무르는 것이 어려워진 우리 정부는 중일 전쟁이 일어
나기 전까지 항저우와 전장 등지에 머물러 있었다.
(나) 아시아·태평양 전쟁이 일어나자 우리 정부는 연합
국의 대일 선전 포고를 지지하고, 반침략 전선에 참
가한다는 등의 내용을 담은 대일 선전 성명서를 발표
하였다.

① 대한국 국제를 반포하였다.
② 한인 애국단을 조직하였다.
③ 교조 신원 운동을 전개하였다.
④ 집강소를 설치하여 개혁을 실천하였다.
⑤ 충칭에 정착하여 주석제로 조직을 개편하였다.

05 밑줄 친 '이 부대'에 대한 설명으로 옳은 것은?

> 25580-0299

[노랫말로 학습하는 한국사]

> 나가! 나가! 압록강 건너 백두산 너머 가자
> 진주 우리나란 지옥이 되어 모두 도탄에서 헤매고 있다
> 동포는 기다린다 어서 가자 고국에
> 등잔 밑에 우는 형제가 있다 원수한테 밟힌 꽃 포기 있다

[해설] 이 노랫말은 <u>이 부대</u>의 제2 지대 선전 위원회가 발간한 군가집에 실려 있는 '압록강 행진곡'의 일부이다. 압록강 행진곡은 1940년 충칭에서 창설된 <u>이 부대</u>의 제2 지대를 중심으로 불리다가 군 전체에 확산되었다. <u>이 부대</u>가 압록강을 건너고 백두산을 넘어서 동포들이 기다리는 고국으로 간다는 내용을 담고 있다.

① 미얀마·인도 전선에 투입되었다.
② 황룡촌 전투에서 승리를 거두었다.
③ 조선 독립 동맹의 군사 기반이었다.
④ 조선 혁명 선언을 활동 지침으로 삼았다.
⑤ 홍범도의 지휘하에 일본군과 전투를 벌였다.

06 다음 자료를 활용한 탐구 활동으로 가장 적절한 것은?

> 25580-0300

사진은 김구 주석과 미국 전략 정보국[OSS] 총책임자 도노반이 회담을 마치고 나오는 모습을 담고 있다. 대한민국 임시 정부 산하 부대와 미국 전략 정보국의 합동 훈련이 완료되자 김구와 도노반은 회담을 열어 국내 정진군을 국내로 침투시키는 비밀 작전을 본격적으로 시작하는 데 합의하였다.

① 신미양요의 전개 과정을 알아본다.
② 훈련도감의 조직과 구성을 파악한다.
③ 13도 창의군의 결성 시기를 살펴본다.
④ 별무반의 창설 배경과 활동을 조사한다.
⑤ 한국광복군의 대일 항전 내용을 찾아본다.

07 밑줄 친 '이 동맹'에 대한 설명으로 옳은 것은?

> 25580-0301

① 권업신문을 발행하였다.
② 미국에 구미 위원부를 설치하였다.
③ 파리 강화 회의에 대표를 파견하였다.
④ 비밀리에 광복 이후 건국을 준비하였다.
⑤ 독립문 건립을 위한 모금 활동을 하였다.

08 밑줄 친 '이 단체'에 대한 설명으로 옳은 것은?

> 25580-0302

독립금 예약서

하나. 한인은 다 독립군이라 나는 대일 출전 대신에 번 돈에서 매달 100원씩 영락없이 내서 독립전비에 보용함을 서약함.

하나. …… 조선이 독립할 때까지 예약한 독립금을 계속하여 바치기로 이에 서약함.

자료는 <u>이 단체</u>에서 발행한 독립금 예약서의 내용 중 일부이다. 독립이 실현될 때까지 독립금을 매달 예약하고 납부하겠다는 내용이 담겨 있다. 미주 지역에서 대한인 국민회 등 한국인 단체들이 연합하여 결성된 <u>이 단체</u>는 독립운동 자금을 모아 대한민국 임시 정부를 지원하였다.

① 헌의 6조를 결의하였다.
② 한인 국방 경위대를 조직하였다.
③ 광주 학생 항일 운동을 후원하였다.
④ 고종 강제 퇴위 반대 운동을 펼쳤다.
⑤ 오산 학교와 대성 학교를 설립하였다.

서술형 문제

Step1 핵심 키워드 파악하기

> 25580-0303

01 (가) 군사 조직의 명칭과 그 활동을 서술하시오.

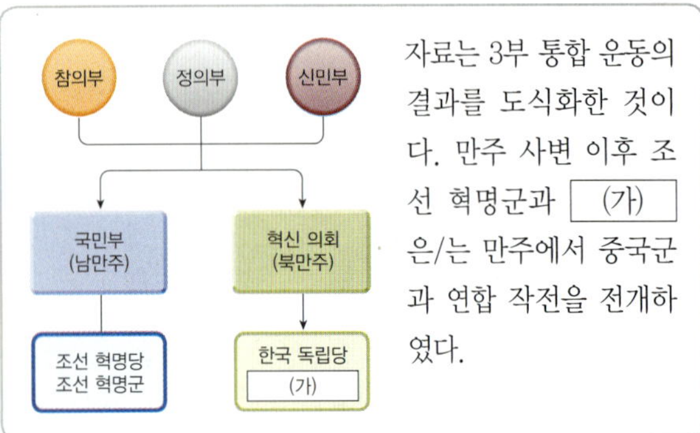

자료는 3부 통합 운동의 결과를 도식화한 것이다. 만주 사변 이후 조선 혁명군과 (가) 은/는 만주에서 중국군과 연합 작전을 전개하였다.

예시 답안 (가) 군사 조직은 (   )(으)로 중국군과 연합하여 (   ) 등에서 일본군에 승리하였다.

> 25580-0304

02 다음 강령을 발표한 단체의 명칭과 강령의 핵심 내용을 두 가지 서술하시오.

본 동맹은 일본 제국주의의 조선 통치를 종식시킨 뒤 독립 자유의 조선 민주 공화국 건립을 목적으로 한다. 우리는 아래의 임무를 실현하기 위해 분투할 것이다.
1. 전 국민의 보통 선거에 의한 민주 정권을 건립한다.
4. 법률상, 사회생활상 남녀평등을 실현한다.
9. 국민 의무 교육제를 실시하고, 그 경비는 국가가 부담한다.

예시 답안 자료의 강령을 발표한 단체는 (   )(으)로 (   ) 등의 내용이 담긴 강령을 발표하여 일제의 패망 이후 새로운 국가의 모습을 밝혔다.

Step2 스스로 답안 작성하기

> 25580-0305

03 다음 글을 읽고 물음에 답하시오.

우리는 3천만 한인과 정부를 대표하여 삼가 중국 · 영국 · 미국 · 네덜란드 · 캐나다 · 오스트레일리아 및 기타 여러 나라가 일본에 대해 전쟁을 선포한 것이 일본을 격패(擊敗)시키고 동아시아를 재건하는 가장 유효한 수단이 되므로 이를 축하하면서, 다음과 같이 성명한다.
1. 한국 전체 인민은 현재 이미 반침략 전선에 참가해 오고 있으며, 이제 하나의 전투 단위로서 축심국(軸心國)에 전쟁을 선언한다.
2. 1910년 합병 조약과 일체의 불평등 조약이 무효임을 …… 거듭 선포한다.

(1) 자료의 성명을 발표한 정부를 쓰시오.

(2) (1)의 정부가 1940년대 전개한 활동을 세 가지 서술하시오.

> 25580-0306

04 다음 글을 읽고 물음에 답하시오.

대한민국 임시 정부는 대한민국 원년에 정부가 공포한 군사 조직법에 의거하여 중화민국 총통의 특별 허락으로 중화민국 영토 내에서 (가) 을/를 조직하고 대한민국 22년 9월 17일 (가) 총사령부를 창설함을 선언한다. (가) 은/는 중화민국 국민과 합작하여 우리 두 나라의 독립을 회복하고자 공동의 적인 일본 제국주의자들을 타도하기 위하여 연합군의 일원으로 항전을 계속한다.

(1) (가)에 해당하는 군사 조직을 쓰시오.

(2) (가)의 활동을 세 가지 서술하시오.

1등급 도전 문제

> 25580-0307

01 밑줄 친 '이 부대'에 대한 설명으로 옳은 것은?

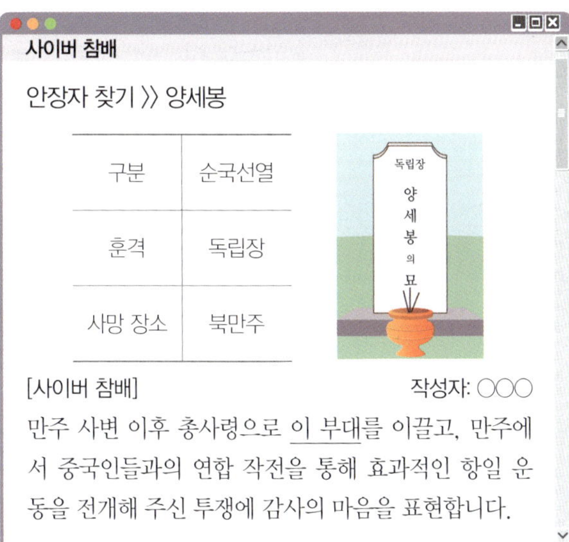

① 평양성을 탈환하였다.
② 문수산성에 항전하였다.
③ 위화도 회군을 단행하였다.
④ 황토현 전투에서 관군을 격파하였다.
⑤ 흥경성 전투에서 일본군에 승리하였다.

> 25580-0308

02 교사의 질문에 대한 학생의 답변으로 가장 적절한 것은?

① 신흥 강습소를 설립하였어요.
② 조선 의용대를 창설하였어요.
③ 대조선 국민 군단을 지휘하였어요.
④ 영남 만인소 작성을 주도하였어요.
⑤ 쌍성보 전투를 승리로 이끌었어요.

> 25580-0309

03 밑줄 친 ⊙에 대한 탐구 활동으로 가장 적절한 것은?

[회고록으로 학습하는 한국사]

전면적인 항일 전쟁이 개시되면서 …… 중국 정부의 한국 원조는 공개적으로 진행되었다. …… 국민당 정부가 충칭으로 수도를 옮긴 직후 장제스 위원장은 김구와 김원봉 두 사람을 따로 불러 ⊙쌍방이 한국의 독립을 쟁취할 수 있도록 진정으로 합작하고 함께 대일 항전에 전력을 다해 줄 것을 권하였다.

[해설] 자료는 대한민국 임시 정부의 고문을 역임하였던 중국인이 쓴 회고록의 일부이다. 회고록을 통해 당시 대한민국 임시 정부의 활동 모습을 확인할 수 있다.

① 우금치 전투의 전개 과정을 정리한다.
② 정족산성에서 항전한 부대를 알아본다.
③ 한국광복군의 전력이 강화되는 계기를 파악한다.
④ 정미의병에 해산 군인이 가담한 원인을 분석한다.
⑤ 임오군란 당시 도시 하층민이 동참한 이유를 찾아본다.

> 25580-0310

04 (가) 단체에 대한 설명으로 옳은 것은?

① 만민 공동회를 개최하였다.
② 원산 총파업을 지원하였다.
③ 미국에 구미 위원부를 설치하였다.
④ 민립 대학 설립 운동을 주도하였다.
⑤ 민주 공화국 수립을 목표로 하였다.

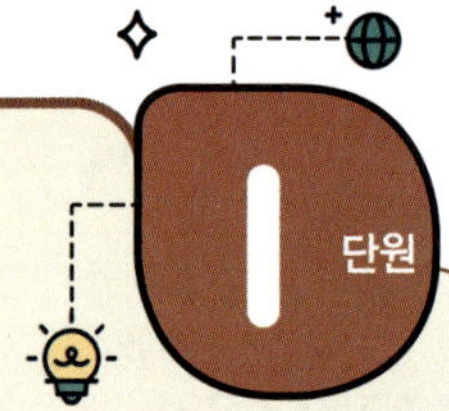

대단원 마무리 정리

단원

01 | 제국주의 질서와 일제의 식민 통치 정책

무단 통치	**❶**	민족 말살 통치
조선 총독부 설치, 헌병 경찰제 실시, 조선 태형령 제정, 제1차 조선 교육령 공포 등	보통 경찰제 시행, 치안 유지법 제정, 제2차 조선 교육령 공포, 친일파 육성 등	학교와 관공서에서 한국어 사용 금지, 황국 신민 서사 암송·신사 참배·창씨개명 강요 등

02 | 경제 구조의 변화와 경제생활

1910년대	1920년대	1930년대 이후
토지 조사 사업 실시, 삼림령 공포, 회사령 공포	산미 증식 계획 실시, **❷** 폐지, 식민지 공업화 추진	병참 기지화 정책, 군수 산업 위주로 재편, 미곡과 금속의 공출, 식량 배급제 실시 등

03 | 민족 운동의 전개와 분화

무장 투쟁
봉오동 전투 → 청산리 대첩, 간도 참변 → 자유시 참변 → **❸** 설립(참의부, 정의부, 신민부) → 3부 통합 운동

의열 투쟁
- **❹** : 김원봉 등 조직, 신채호의 「조선 혁명 선언」을 지침으로 삼음.
- **❺** : 김구 조직, 이봉창·윤봉길 의거

실력 양성 운동
- 물산 장려 운동, 민립 대학 설립 운동 전개
- **❻** 운동: 신문사 중심 전개

신간회
비타협적 민족주의자와 사회주의자 연대(정우회 선언) → 신간회 결성(최대 규모의 합법적 민족 협동 전선 단체)

학생 운동
- 6·10 만세 운동: 민족 유일당 운동에 영향
- 광주 학생 항일 운동: 3·1 운동 이후 최대 규모의 민족 운동

04 | 사회·문화의 변화와 대중 운동

농민·노동 운동
암태도 소작 쟁의, 원산 총파업 등

대중 운동
여성 운동(근우회 등), 소년 운동(천도교 소년회 등), 형평 운동(조선 형평사 등), 민족 문화 수호 운동(조선어 학회 등)

05 | 독립 국가 건설 노력

- 1930년대 전반 조선 혁명군, 한국 독립군 활약
- 민족 혁명당, 조선 의용대 결성
- 대한민국 임시 정부: 대한민국 건국 강령·대일 선전 성명서 발표, **❼** 의 국내 진공 작전 준비
- 조선 독립 동맹·조선 건국 동맹의 건국 강령 발표

정답 ❶ 문화 정치 ❷ 회사령 ❸ 3부 ❹ 의열단 ❺ 한인 애국단 ❻ 문맹 퇴치 ❼ 한국광복군

대단원 종합 문제

> 25580-0311

01 다음 기사가 작성된 시기에 볼 수 있는 모습으로 가장 적절한 것은?

> • 개성군에 사는 2명은 당시 사세국 출장소 건축 공사장에서 역부로 종사하였는데, 웃통을 벗어 버리고 노동하다가 순사에게 발견되어 조선 태형령에 따라 태형 십 대씩에 처하였다더라.
> • 경성 남대문 바깥 청파에 사는 이국보는 지나간 하룻날쯤 마차의 고삐를 잡지 않고 가다가 잡혀서 서대문 분서에서 장판에 올려쳐 볼기 다섯 대를 맞고 풀려났다.
>
> — 매일신보 —

① 제복을 입고 수업을 하는 교사
② 만민 공동회에 참여하는 시전 상인
③ 조선 형평사 창립식에 참여하는 백정
④ 대규모 민중 대회를 준비하는 신간회 회원
⑤ 아시아 · 태평양 전쟁에 강제로 동원되는 청년

> 25580-0312

02 (가), (나) 법령이 제정된 시기 사이의 사실로 옳은 것은?

> (가) 국체(國體) 변혁 또는 사유 재산 제도를 부인하는 것을 목적으로 결사를 조직하거나, 또는 사정을 알고 이에 가입한 사람은 10년 이하의 징역 또는 금고에 처한다.
> (나) 제4조 정부는 전시에 국가 총동원상 필요한 때에는 칙령이 정하는 바에 따라 제국 신민을 징용하여 총동원 업무에 종사하게 할 수 있다.

① 징병제를 실시하였다.
② 삼림령을 제정하였다.
③ 6 · 10 만세 운동이 일어났다.
④ 금속제 그릇을 강제 공출하였다.
⑤ 대한민국 임시 정부가 수립되었다.

> 25580-0313

03 (가) 사업의 결과로 옳은 것만을 〈보기〉에서 고른 것은?

> **보기**
> ㄱ. 지주의 권한이 강화되었다.
> ㄴ. 수리 조합이 전국에 확산되었다.
> ㄷ. 소작농의 경작 관행이 부정되었다.
> ㄹ. 만주에서의 잡곡 수입이 증가하였다.

① ㄱ, ㄴ   ② ㄱ, ㄷ   ③ ㄴ, ㄷ
④ ㄴ, ㄹ   ⑤ ㄷ, ㄹ

> 25580-0314

04 다음 자료를 활용한 탐구 활동으로 가장 적절한 것은?

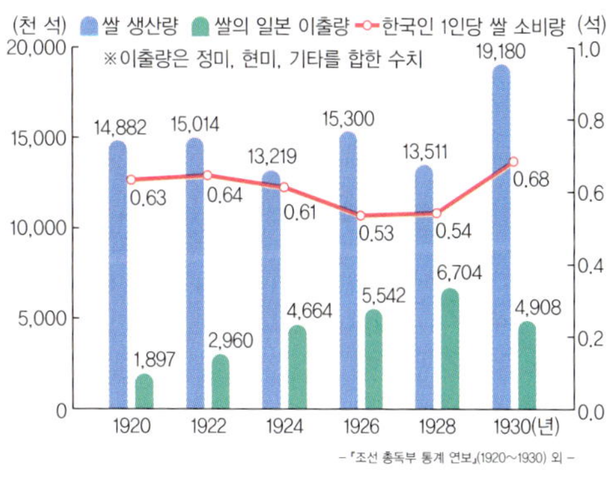

① 회사령을 제정한 목적을 파악한다.
② 남면북양 정책의 배경을 알아본다.
③ 산미 증식 계획의 영향을 조사한다.
④ 농촌 진흥 운동의 결과를 분석한다.
⑤ 물산 장려 운동의 원인을 찾아본다.

> 25580-0315

05 (가)에 들어갈 내용으로 적절한 것은?

① 민족 자치 기관인 경학사가 있었어요.
② 대종교의 주도로 중광단이 만들어졌어요.
③ 공화주의를 지향한 대한 광복회가 있었어요.
④ 안창호 등이 참여한 대한인 국민회가 있었어요.
⑤ 독립군 양성을 위해 신흥 강습소가 설립되었어요.

> 25580-0316

06 (가)에 대한 설명으로 옳지 <u>않은</u> 것은?

1. 상하이와 러시아령에서 설립한 정부들을 모두 없애고, 오직 국내에서 13도 대표가 창설한 한성 정부를 계승할 것이니 국내의 13도 대표가 민족 전체의 대표인 것을 인정함이다.
3. 상하이에서 설립한 정부의 제도와 인선을 없앤 후에 한성 정부의 집정관 총재 제도와 그 인선을 채용하되, 상하이에서 수립 이래 실시한 행정은 그대로 유효를 인정할 것이다.
4. 정부의 명칭은 ______(가)______ (이)라 할 것이니, 독립 선언 이후에 각지를 원만히 대표하여 설립된 정부의 역사적 사실을 살리기 위함이다.

① 독립 공채를 발행하였다.
② 구미 위원부를 설치하였다.
③ 연통제와 교통국을 운영하였다.
④ 군사 조직으로 한국광복군을 창설하였다.
⑤ 제1차 국공 합작의 영향을 받아 만들어졌다.

> 25580-0317

07 다음 통고문이 작성된 배경으로 가장 적절한 것은?

우리 독립군이 만주에서 중국 군경의 손에 살해된 수만도 1백여 명이 넘고, 일본에 인도되어 그들의 손에 살해된 수는 2백여 명이 넘고 있다. …… 우리 독립군을 총살하고 독립군을 체포해서 일본의 관헌에게 인도하고 양민의 재산을 약탈하는 등 악랄한 행동을 하면 우리는 부득이 자위상 만주에 있는 백만 동지들을 일치단결시켜 최후의 수단을 쓸 수밖에 다른 도리가 없다.

① 간도 참변이 발생하였다.
② 자유시 참변이 일어났다.
③ 미쓰야 협정이 체결되었다.
④ 조선 혁명군이 창설되었다.
⑤ 3부 통합 운동이 전개되었다.

> 25580-0318

서술형

08 다음 자료에 나타난 민족 운동이 시작된 배경을 서술하시오.

경제적 자립을 위해 조선인은 조선인 상점에서 물건을 사고 조선인 상인을 통하여 팔고, 조선인은 조선인이 만든 물품을 사용하며 조선인의 편익을 도모하자. 이같이 하여 경제적 자립을 목표로 하되 근면·검소·저축·협동을 하고, 경제적 지식을 획득하며, 과학적 경영 방법을 채택해야 한다.

09 (가) 단체가 활동한 시기에 있었던 사실로 옳은 것은?

> 25580-0319

① 정우회 선언이 발표되었다.

② 조선어 학회 사건이 일어났다.

③ 6 · 10 만세 운동이 전개되었다.

④ 광주 학생 항일 운동이 전개되었다.

⑤ 조선 학생 과학 연구회가 설립되었다.

10 다음과 같은 주장을 전개한 인물에 대한 학생들의 발표 내용으로 적절한 것은?

> 25580-0320

지금 한국의 형체는 허물어졌으나 오직 정신만은 남아 있을 수 없는 것일까. 이것이 『한국통사』를 저술하는 까닭이다. …… 오늘날 우리 민족은 모두 조상의 피로써 신체를 이루고, 조상의 혼으로써 정신을 삼고 있다. 우리 조상은 신성한 교화가 있고 신성한 학문과 무공을 가졌으니, 우리 민족이 어찌 다른 데에서 구해야만 하겠는가. 무릇 우리 형체는 늘 생각하고 잊지 말 것이며, 형체와 정신을 전멸시키지 말 것을 간절히 바라노라.

① 삼균주의에 기반해 건국 강령을 작성하였어요.

② 유물 사관을 바탕으로 한국사를 연구하였어요.

③ 대한민국 임시 정부의 대통령으로 추대되었어요.

④ 표준어 및 외래어 표기법 통일안을 제정하였어요.

⑤ 독사신론을 저술해 민족주의 사학의 방향을 제시하였어요.

11 다음과 같은 협의가 이루어진 배경과 ⊙ 부대의 활동을 서술하시오.

> 25580-0321

• ⊙한국 독립군과 중국군은 최악의 상황이 오는 경우에도 장기간 항전할 것을 맹세한다.

• 중동 철도를 경계선으로 서부 전선은 중국이 맡고, 동부 전선은 한국이 맡는다.

• 전시의 후방 전투 훈련은 한국 장교가 맡고, 한국군에 필요한 군수품 등은 중국군이 공급한다.

12 (가) 군사 조직에 대한 설명으로 옳은 것은?

> 25580-0322

한국 독립당의 군사 정책에 관한 제의

1단계: 중국 관내를 기지로 삼고 …… 미국과 제휴하여 작전을 준비한다.

2단계: (가) 의 일부 부대는 미군과 함께 상륙 작전을 전개하고, 주력 부대는 만주 지역에서 일본군과의 전투에 참여한다.

3단계: 압록강을 건너 국내로 진입한다. 그 직후 …… 전면적 혈전을 벌여 일본의 모든 침략 세력을 완전히 소탕한다.

① 청산리 대첩에 참여하였다.

② 이인영을 총대장으로 하였다.

③ 영릉가 전투에서 승리를 거두었다.

④ 미얀마 · 인도 전선에 대원을 파견하였다.

⑤ 일부 부대원이 조선 의용군으로 개편되었다.

> 25580-0323

01 다음 법령이 제정된 시기에 있었던 사실로 옳은 것은?

제1조 경찰서장 또는 그 직무를 취급하는 자는 그 관할 구역 안에서 일어난 다음 각호의 범죄를 즉결할 수 있다.
1. 구류 또는 과료형에 해당하는 죄
2. 3개월 이하의 징역 또는 100원 이하의 벌금이나 과료형에 처하여야 하는 도박죄 및 구류 또는 과료형에 처하여야 하는 형법 제208조의 죄
3. 3개월 이하의 징역·금고, 구류 또는 100원 이하의 벌금 또는 과료형에 처하여야 하는 행정 법규 위반의 죄

① 부·면 협의회가 설치되었다.
② 학도 지원병제가 마련되었다.
③ 헌병 경찰이 치안을 담당하였다.
④ 병참 기지화 정책이 시행되었다.
⑤ 제2차 조선 교육령이 발표되었다.

> 25580-0324

02 다음 상황이 나타나게 된 배경으로 적절한 것은?

대개 한국인은 쌀을 결코 자신이 충분히 소비하고 남는 것을 수출하는 것이 아니다. 생계가 곤란하여 먹을 것을 먹지 못하고 파는 것이다. …… 그러므로 조선 쌀의 수출이 증가하고 외국 쌀의 수입은 감소하는 반면, 속(만주산 잡곡)의 수입만이 증가하는 사실은 한국인의 생활난이 점점 심각해지고 있음을 실증하는 것이다.
– 동아일보 –

① 국가 총동원법이 제정되었다.
② 토지 조사 사업이 실시되었다.
③ 산미 증식 계획이 시행되었다.
④ 농촌 진흥 운동이 전개되었다.
⑤ 회사 설립이 신고제로 바뀌었다.

> 25580-0325

03 밑줄 친 '이 운동'의 전개 과정에서 있었던 사실로 옳은 것은?

[사료로 읽는 한국사]

19△△년 △월 △△일
저녁 8시 45분, '대한 독립 만세!' 거리의 군중들의 용감한 외침이 우리 집 창문을 통해 들려온다. 외침은 거의 30분이나 계속됐다. 여기저기의 침묵은 경찰, 헌병 그리고 일본 민간인들이 그들을 잡으러 나왔다는 뜻이다. 지도자가 총대에 맞거나 총검에 베어 쓰러진다. 날마다 이런 일이 생기고, 병원들은 시위에서 부상 당한 환자들로 완전히 엉망이 되고 있다.

[해설] 선교사의 부인인 매티 윌콕스 노블이 작성한 일지의 일부로, 이 운동에 관한 서술이다. 노블은 이 운동에 대하여 자신이 보고 들은 것을 상세히 기록하였다.

① 신간회가 창설되었다.
② 암태도 소작 쟁의가 일어났다.
③ 국민 대표 회의가 개최되었다.
④ 제암리 학살 사건이 자행되었다.
⑤ 조선 학생 과학 연구회가 조직되었다.

> 25580-0326

04 다음 주장이 제기된 회의가 개최된 시기를 연표에서 옳게 고른 것은?

• 3·1 운동에서 나타난 민족적 열망을 바탕으로 출범한 임시 정부는 민족의 대표 기관이다. 그러니 문제가 있다면 조직과 체제를 개선하여 독립운동 단체의 중심 역할을 하도록 만들어야 한다.
• 본 회의에서 실제 독립운동에 적합하도록 새로운 조직을 만들어야 한다. 국내외 여러 독립운동 기관 중에서 상하이의 임시 정부를 개조하여 그 계통을 이어 갈 이유는 없다.

(가)	(나)	(다)	(라)	(마)
국권 피탈	파리 강화 회의 개최	치안 유지법 제정	근우회 창립	광주 학생 항일 운동	만주 사변

① (가)　　② (나)　　③ (다)　　④ (라)　　⑤ (마)

> 25580-0327

05 (가), (나) 시기 사이에 있었던 사실로 옳은 것만을 〈보기〉에서 고른 것은?

(가) 북간도에 주둔한 아군이 봉오동을 향하여 행군할 때 불의에 같은 지점을 향하는 적군 300여 명을 발견한 지라. 군을 지휘하는 홍범도, 최진동 두 장군은 적에게 급히 사격을 가하여 다수의 사상자를 내게 하였다.

(나) 조선 혁명군 총사령 양세봉, 참모장 김학규 등은 일부 병력을 이끌고 중국 의용군 왕동헌·양석복 등이 이끄는 부대와 합세하였다. …… 일본군은 황급히 퇴각하였다. 아군은 승세를 몰아 적들을 추격하여 영릉가성을 점령하였다.

┌─ 보기 ─
ㄱ. 조선 의용대가 창설되었다.
ㄴ. 미쓰야 협정이 체결되었다.
ㄷ. 아시아·태평양 전쟁이 발발하였다.
ㄹ. 남만주 일대에 참의부가 성립되었다.
└─

① ㄱ, ㄴ   ② ㄱ, ㄷ   ③ ㄴ, ㄷ
④ ㄴ, ㄹ   ⑤ ㄷ, ㄹ

> 25580-0328

06 다음 자료를 활용한 탐구 활동으로 가장 적절한 것은?

왜 지금의 조선 민족에게는 정치적 생활이 없나. 그 대답은 간단하다. …… 이 두 가지 원인으로 지금까지의 정치적 운동은 모두 일본을 적대시하는 운동뿐이었다. 그러므로 이런 종류의 정치 운동은 해외에서나 (가능하며) 국내에서 한다 하면 비밀 결사적일 수밖에 없었다. …… 조선 내에서 허가된 범위 내에서 일대 정치적 결사를 조직하여야 한다는 것이 우리의 주장이다.

① 3·1 운동의 원인을 정리한다.
② 신간회의 결성 배경을 조사한다.
③ 신민회가 와해된 이유를 파악한다.
④ 조선어 학회 사건의 결과를 찾아본다.
⑤ 독립 협회 창립을 주도한 인물을 찾아본다.

> 25580-0329

07 (가) 단체에 대한 설명으로 옳은 것은?

• 3월 다나카 기이치 대장이 상하이에 도착하자 (가) 의 단원인 김익상이 폭탄을 던졌으나 다나카의 생명에는 지장이 없었다. …… 9월 일본에서 열린 재판에서 검사는 김익상에게 사형을 구형하였다.

• 내가 종로 경찰서에 들어섰을 때 "식산 은행에 폭탄을 던지고 동양 척식 주식회사에서 권총을 난사했다고?"라는 말이 들렸다. …… 체포된 범인의 정체를 알고자 일본 경찰이 "네가 (가) 의 일원인 나석주냐?"라고 물으니, 그는 "그렇다."라고 했다고 한다.

① 서울 진공 작전을 전개하였다.
② 고종의 밀명을 받아 조직하였다.
③ 대전자령 전투에서 승리를 거두었다.
④ 중국 국민당의 지원을 받아 결성하였다.
⑤ 조선 혁명 선언을 활동 지침으로 삼았다.

> 25580-0330

08 다음 강령이 발표된 해에 볼 수 있는 모습으로 가장 적절한 것은?

2. 삼균 제도를 골자로 한 헌법을 실시하여 정치·경제·교육의 민주적 시설로 실제상 균형을 도모하며, 전국의 토지와 대생산 기관의 국유가 완성되고 전국의 학령 아동 전체가 고급 교육의 무상 교육을 완성한다.

4. 보통 선거에는 만 18세 이상 남녀로 선거권을 행사하되 신앙, 교육, 거주 기간, 사회 출신, 재산과 과거 행동을 분별치 아니한다.

① 일본군과 싸우는 조선 의용대 화북 지대
② 난징에서 창립식을 거행하는 민족 혁명당
③ 쌍성보에서 전투를 벌이고 있는 한국 독립군
④ 건국 강령을 발표하는 조선 건국 동맹의 회원
⑤ 일왕의 마차에 폭탄을 투척하는 한인 애국단원

대한민국의 발전

이 단원에서 우리는

냉전 체제가 한반도 정세에 미친 영향을 파악하고 대한민국 정부 수립 과정과 6·25 전쟁의 전개 및 영향을 국내외 정세 변화와 연관하여 이해할 수 있다. 또한 4·19 혁명에서 6월 민주 항쟁에 이르는 민주화 과정을 탐구하고 경제 성장과 산업화가 사회 및 환경에 미친 영향을 파악할 수 있다. 아울러 이 과정에서 나타난 문화 변동과 일상생활의 변화 양상을 이해할 수 있다.

01 냉전 체제와 대한민국 정부 수립

▲ 8·15 광복을 기뻐하는
사람들

▲ 38도선을 넘으려는
사람들

▲ 남북 협상을 위해 38도선을
넘는 김구 일행

▲ 5·10 총선거 포스터

02 6·25 전쟁과 남북 분단의 고착화

▲ 6·25 전쟁(탱크와 아이들)

▲ 정전 협정

▲ 발췌 개헌

03 민주화를 위한 노력

▲ 4·19 혁명
(수송초등학교 학생 시위)

▲ 5·16 군사 정변

▲ 5·18 민주화 운동
(전남도청 앞 광장)

▲ 6월 민주 항쟁

04 산업화의 성과와 사회·환경 문제

▲ 수출 100억 달러 달성

▲ 장발 단속

▲ 낙동강 페놀 오염 사건

01 냉전 체제와 대한민국 정부 수립

◉ 조선 건국 준비 위원회 강령

- 우리는 완전한 독립 국가 건설을 목표로 함.
- 우리는 전 민족의 정치적·경제적·사회적 기본 요구를 실현할 수 있는 민주주의 정권 수립을 기함.
- 우리는 일시적 과도기에 있어서 국내 질서를 자주적으로 유지하며 대중 생활의 확보를 기함.

조선 건국 준비 위원회는 전국에 지부를 설치하고 치안대를 조직하였으며, 식량과 생활필수품을 확보하는 등 사회 안정에 힘썼다. 조선 인민 공화국을 선포한 후 각 지부는 인민 위원회로 전환되었다.

◉ 다양한 정치 세력의 형성

우익	한국 민주당(송진우, 김성수 등), 독립 촉성 중앙 협의회(이승만), 한국 독립당(김구)
중도	김규식, 여운형 등
좌익	조선 공산당(박헌영)

대한민국 임시 정부 요인들은 개인 자격으로 귀국한 후 한국 독립당을 중심으로 활동하였다.

◉ 신탁 통치
특정한 지역에 대해 국제 연합[UN]의 신탁(위임)을 받은 국가가 국제 연합의 감독하에 통치하는 제도를 말한다.

◉ 정읍 발언
제1차 미소 공동 위원회가 무기한 휴회되자, 이승만은 정읍에서 남한만의 임시 정부 혹은 위원회 등을 조직해야 한다며 사실상 남한만의 단독 정부 수립을 주장하였다.

1 8·15 광복과 분단

1. 8·15 광복: 우리 민족의 독립운동, 연합국의 승리 → 한국의 진로가 연합국의 결정에 영향을 받게 됨

2. 광복 직후의 정치 상황

(1) 조선 건국 준비 위원회

결성	여운형이 광복 직전 조선 총독부와 치안 유지 및 행정권 이양 교섭 → 조선 건국 동맹을 기반으로 안재홍 등과 함께 좌우 합작의 형태로 조직
활동	• 전국에 지부 설치, 치안대 조직(치안 유지) • 좌익 세력의 주도권 장악에 반발하여 안재홍 등 우익 세력 이탈 • 미군 주둔을 앞두고 조선 인민 공화국 수립 선포(1945. 9.)

(2) 38도선 설정과 남북 분단

과정	미국의 제안으로 미국과 소련이 38도선을 경계로 한반도 분할 결정
내용	38도선 이남은 미군이 직접 통치(미군정), 38도선 이북은 소련군이 간접 통치(김일성 등 좌익 세력 후원)

미군정은 대한민국 임시 정부, 조선 인민 공화국 등을 인정하지 않았다.

(3) **다양한 정치 세력의 형성**: 우익 세력, 중도 세력, 좌익 세력

(4) **모스크바 3국 외상 회의(1945. 12.)**

결정 사항 자료①	미국·영국·소련의 외무 장관이 한반도 문제 등 논의 → 민주주의 임시 정부 수립과 미소 공동 위원회 설치, 최대 5년 기한의 신탁 통치에 관한 협약 작성 등 결정
영향 자료②	• 우익: 김구, 이승만 등을 중심으로 신탁 통치 반대 운동 전개 • 좌익: 신탁 통치 반대에서 모스크바 3국 외상 회의 결정 지지로 변화

2 통일 정부 수립을 위한 노력

1. 제1차 미소 공동 위원회(1946. 3.~5.): 소련은 모스크바 3국 외상 회의의 결정 사항을 지지하는 세력만 민주주의 임시 정부 수립에 참여시키자고 주장, 미국은 신탁 통치 반대 세력도 포함시켜야 한다고 주장 → 무기한 휴회

2. 좌우 합작 운동

배경	제1차 미소 공동 위원회의 무기한 휴회, 이승만의 정읍 발언 등
활동	김규식, 여운형 등 중도 세력이 좌우 합작 위원회 결성 → 좌우 합작 7원칙 발표 자료③ → 좌우익의 비협조, 미군정의 지지 의사 약화, 여운형 암살 등으로 활동 중단

미군정은 중도 세력을 중심으로 정국을 개편하기 위해 좌우 합작 위원회를 지지하였으나, 냉전이 심화되면서 점차 좌우 합작 위원회를 외면하였다.

3. 한반도 문제의 유엔 상정

(1) **배경**: 제2차 미소 공동 위원회 성과 미흡 → 미국이 한반도 문제를 유엔에 상정

(2) **유엔 총회(1947. 11.)**: 인구 비례에 따른 총선거 결의, 유엔 한국 임시 위원단 파견 → 소련의 입북 거부

(3) **유엔 소총회(1948. 2.)**: 유엔 한국 임시 위원단의 접근이 가능한 남한만의 총선거 결의

자료① 모스크바 3국 외상 회의

1. 조선을 독립국으로 재건설하고, 민주주의 원칙 위에서 발전하게 하며, 일본이 남긴 잔재들을 청산하기 위해 조선 민주주의 임시 정부를 수립한다.
2. 조선 임시 정부를 수립하기 위해 …… 남조선 미군 사령부 대표들과 북조선 소련군 사령부 대표들로 (미소) 공동 위원회를 조직한다.
3. 공동 위원회는 …… 5년 이내를 기한으로 하는 조선에 대한 4개국 신탁 통치 협약을 작성하는 것이다. …… 미·소·영·중 정부의 공동 심의를 받아야 한다.

모스크바 3국 외상 회의 결과 한반도에 민주주의 임시 정부를 수립하고 미소 공동 위원회를 설치하여 이를 협의하며, 최대 5년간의 신탁 통치를 위한 협약을 작성한다는 것이 결정되었다.

⭕❌ 표시하기

❶ 안재홍 등은 조선 건국 준비 위원회에서 이탈하였다. (　　)

❷ 미군은 38도선 이남 지역을 간접 통치하였다. (　　)

❸ 제1차 미소 공동 위원회에서 소련은 모스크바 3국 외상 회의의 결정을 지지하는 세력만 민주주의 임시 정부 수립에 참여시키자고 주장하였다. (　　)

❹ 유엔 총회는 유엔 한국 임시 위원단의 접근이 가능한 지역에서의 총선거를 결의하였다. (　　)

자료② 모스크바 3국 외상 회의의 영향

- 카이로, 포츠담 선언과 국제 헌장으로 세계에 약속한 한국의 독립은 이번 모스크바에서 개최한 3상 회의의 신탁 관리 결의로 물거품이 되었다. 다시 우리 3천만은 영예로운 피로써 자주독립을 획득하지 아니하면 아니 될 단계에 들어섰다.
- 그것이 카이로, 포츠담 양 회담의 구체화라는 점에 역사적 의의가 있는 것이다. …… 즉, '적당한 시기'가 '최고 5년'으로 되었고, '적당한 순서'가 '신탁 통치를 거치게' 된 것이다. 따라서 그것은 소위 배신 행위나 기만이 아니요, 어떠한 국제법 위반도 아니다.

첫 번째 자료는 모스크바 3국 외상 회의의 신탁 통치에 반대하는 우익 세력의 주장이고, 두 번째 자료는 모스크바 3국 외상 회의를 총체적으로 지지하는 좌익 세력의 주장이다. 모스크바 3국 외상 회의의 결정 사항이 전해지자 이처럼 우익 세력과 좌익 세력의 대립이 심화되었다.

적절한 말 고르기

❺ 광복 직후 (김규식, 여운형)은 조선 건국 준비 위원회를 조직하였다.

❻ 소련은 38도선 (이남, 이북) 지역을 통치하였다.

❼ 1945년 12월 (카이로, 모스크바)에서 3국 외상 회의가 개최되었다.

❽ 신탁 통치 결정 소식이 전해지자 이승만 등 (우익, 좌익)은 신탁 통치 반대 운동을 전개하였다.

자료③ 좌우 합작 7원칙

1. 모스크바 3국 외상 회의의 결정에 따라 남북의 좌우 합작으로 민주주의 임시 정부를 수립할 것
2. 미소 공동 위원회의 속개를 요청하는 공동 성명을 발표할 것
3. 토지는 몰수, 유조건 몰수, 체감 매상 등으로 농민에게 무상으로 분배하고, 중요 산업을 국유화할 것 ┐ 토지 소유주의 소유 면적에 따라 토지 할인율 등급을 달리 적용해서 사들이는 것을 말한다.
4. 친일파, 민족 반역자를 처단할 조례를 제정할 것 ┐ 여기서의 조례는 법률을 의미한다.

미군정의 지원과 대중적 지지를 받으며 조직된 좌우 합작 위원회는 좌익 세력과 우익 세력의 합작 조건을 절충하여 7원칙을 발표하였다. 하지만 신탁 통치, 토지 개혁, 친일파 처벌 등에 대한 의견 차이로 좌우익으로부터 비판을 받았고, 김구, 이승만, 조선 공산당 등 좌우 대표 세력이 참여하지 않아 영향력을 발휘하기가 어려웠다.

빈칸 채우기

❾ 조선 건국 준비 위원회는 1945년 미군 주둔을 앞두고 조선 인민 (　　　) 수립을 선포하였다.

❿ 광복 후 귀국한 (　　　)은/는 독립 촉성 중앙 협의회를 이끌었다.

⓫ 제(　　)차 미소 공동 위원회의 성과가 미흡하자 미국은 한반도 문제를 유엔에 상정하였다.

⓬ 1948년 유엔 소총회는 유엔 한국 임시 위원단의 접근이 가능한 (　　　)만의 총선거 실시를 결의하였다.

○ 남북 협상 공동 성명서
평양을 방문한 김구와 김규식 등은 북한 지도자들과 회담을 갖고 외국 군대 철수, 남한 단독 선거 반대 등을 포함한 공동 성명서를 발표하였다.

○ 여수·순천 10·19 사건
이승만 정부는 제주 4·3 사건 진압을 위해 여수 주둔 군부대에 제주도 출동 명령을 내렸다. 하지만 부대 내의 일부 세력 등이 '제주도 출동 반대', '통일 정부 수립' 등을 내세우며 무장봉기하였다. 이들은 한때 여수와 순천 일대를 장악하였으나 정부군에 진압되었고, 이 과정에서 많은 민간인이 희생되었다.

○ 국회 프락치 사건
이승만 정부는 반민 특위 활동을 주도하던 국회 의원들을 간첩 혐의로 구속하였다.

○ 농지 개혁의 결과

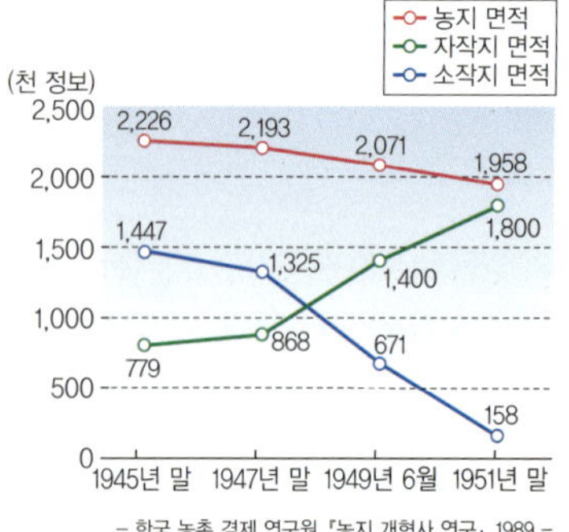

– 한국 농촌 경제 연구원, 『농지 개혁사 연구』, 1989 –

▲ 농지 개혁 전후의 자·소작지 면적

농지 개혁을 앞두고 일부 지주들이 미리 토지를 팔기도 하였으나, 농민 대부분은 농지 개혁으로 자기 토지를 소유하게 되었다.

4. 단독 정부 수립 반대 운동

남북 협상 (1948)	김구와 김규식 등이 평양 방문 → 공동 성명서 채택 → 남한 단독 선거와 북한의 독자적인 정권 수립 추진 등으로 실패
제주 4·3 사건(1948)	• 경과: 3·1절 기념식 후 군중과 경찰의 충돌(1947) → 제주도민의 시위를 경찰이 탄압 → 5·10 총선거를 앞두고 무장봉기 • 영향: 제주도 2곳 선거 무효, 무고한 제주도민 희생, 여수·순천 10·19 사건

└ 이로 인해 제헌 국회는 200명이 아닌 198명으로 구성되었다가 이듬해 2명을 보궐 선거로 선출하였다.

③ 대한민국 정부 수립(1948)

1. 5·10 총선거(1948): 우리 역사상 최초의 보통 선거 → 제헌 국회 의원 선출

2. 제헌 헌법 공포(1948. 7. 17.): 제헌 국회가 제정·공포 **자료 ①**

김구, 김규식 등 남북 협상에 참가한 세력은 선거에 불참하였다.

정통성	대한민국 임시 정부의 법통을 계승한 민주 공화국 표방
정부 형태	삼권 분립, 대통령 중심제, 국회에서 정·부통령 선출

3. 대한민국 정부 수립: 제헌 국회에서 대통령 이승만, 부통령 이시영 선출 → 유엔의 승인

└ 당시 유엔 총회는 대한민국 정부가 선거가 가능했던 지역에서의 유일한 합법 정부임을 승인하였다.

4. 북한 정권의 수립: 북조선 임시 인민 위원회(토지 개혁, 주요 산업 국유화 등 추진) → 북조선 인민 위원회(헌법 초안 마련, 조선 인민군 창설) → 최고 인민 회의(헌법 제정, 김일성을 수상으로 선출) → 북한 정권 수립 선포(1948. 9.)

④ 친일 반민족 행위자 청산과 경제 정책

1. 친일 반민족 행위자 청산을 위한 노력

활동	제헌 국회 주도로 반민족 행위 처벌법 제정(반민법, 1948. 9.) → 반민족 행위 특별 조사 위원회(반민 특위) 조직 → 노덕술, 김연수 등 친일 혐의자 체포·조사
이승만 정부의 대응	이승만이 반공을 우선시하는 담화문 발표, 경찰의 반민 특위 습격, 국회 프락치 사건 발생 **자료 ②**
결과	반민법 개정으로 활동 기한 축소 → 해체(친일파 청산 좌절)

실형을 선고받은 친일파의 대부분은 감형되거나 보석, 형 집행 정지 등으로 풀려났다.

2. 농지 개혁

배경	토지 개혁 요구 고조, 미군정이 일본인 소유 농지를 대상으로 유상 분배 실시
농지 개혁법	가구당 농지 소유 상한선을 3정보로 제한, 초과하는 농지를 대상으로 한 유상 매수·유상 분배 원칙 명시(지가 증권 지급) **자료 ③**
의의	지주·소작제가 사실상 소멸, 농민 중심의 농지 소유 확립에 기여

3. 귀속 재산 처리

귀속 재산	일본인이 남기고 간 토지, 건물 등 부동산과 기업, 유가 증권 등 → 미군정이 관리하다가 대한민국 정부에 이양
귀속 재산 처리	농지를 제외한 나머지를 민간에 불하 → 정부가 매긴 가격보다 낮게 불하, 특정 기업에 대한 특혜 발생

자료 ① 제헌 헌법

유구한 역사와 전통에 빛나는 우리들 대한국민은 기미 삼일 운동으로 대한 민국을 건립하여 세계에 선포한 위대한 독립 정신을 계승하여 ……

제1조 대한민국은 민주 공화국이다.

제2조 대한민국의 주권은 국민에게 있고 모든 권력은 국민으로부터 나온다.

제86조 농지는 농민에게 분배하며 그 분배의 방법, 소유의 한도, 소유권의 내용과 한계는 법률로써 정한다.

제101조 이 헌법을 제정한 국회는 단기 4278년(1945년) 8월 15일 이전의 악 질적인 반민족 행위를 처벌하는 특별법을 제정할 수 있다.
└ 고조선 건국을 기준으로 하는 연도 계산법이다.

제헌 헌법은 나라 이름을 대한민국으로 정하고 대한민국 임시 정부의 법통을 계승하 였음을 밝혔으며, 자유와 평등, 삼권 분립에 의한 견제와 균형 등을 명시하였다. 또한 반민족 행위 처벌법과 농지 개혁법 등을 제정할 수 있도록 하였다.

자료 ② 이승만의 담화문

- 이것(반민법)이 상당한 법이라 할지라도 전국 치안에 관계될 때에는 임시로 정지하는 것이 마땅한 일이다. 이미 법무부와 법제처에 지시해서 법안을 고 쳐 국회에 제출하게 하는 중이니 우선 (반민 특위) 조사 위원들의 과도한 행 동을 금지하기로 작정한 것이다.
- 반민법으로 …… 경찰 측에서 얼마나 동요되었는가는 …… 국회 의원들이 (경찰과 그 가족을) 살 수 없게 만들고 있으니 치안을 위해서 아무리 헌신하 고자 하더라도 어찌할 수 없다고 눈물을 흘리며 억울히 호소하는 중이다.

친일 고문 경찰로 악명 높았던 노덕술이 반민 특위에 검거되자, 이승만 대통령은 반 공과 치안을 앞세워 반민법 개정을 요구하는 등 반민 특위를 압박하였다. 이러한 와 중에 경찰이 반민 특위 사무실을 습격하는 사건과 국회 프락치 사건이 발생하였다.

자료 ③ 농지 개혁법(요약)

- 농가가 아닌 사람의 농지, 농지 1가구당 3정보 초과 농지는 정부가 사들인다.
- 분배받은 농지 상환액은 평년작 주생산물의 1.5배로 하고, 5년 동안 균등 상환한다.
- 농가의 희망과 정부가 인정하는 사유에 따라서 일시 상환 기간을 단축할 수 있다.

농지 개혁법은 1949년 6월에 공포되었고, 1950년 3월에 개정되었다. 이에 따라 정부 는 지주에게 지가 증권을 발행하여 3정보를 초과하는 농지를 매입하였고, 이를 농민 에게 분배하였다. 농지를 받은 농민들은 5년 동안 연평균 수확량의 30%를 5년 동안 상환해야 했다.

✅ 개념 체크 문제

• 정답 **63**쪽

⭕❌ 표시하기

❶ 1948년 5·10 총선거를 앞두고 여수·순천 10·19 사 건이 일어났다. ( )

❷ 제헌 헌법은 내각 책임제의 정부 형태를 채택하였다. ( )

❸ 북한은 정권 수립 선포 이후 조선 인민군을 창설하 였다. ( )

❹ 경찰은 반민 특위를 습격하였다. ( )

❺ 농지 개혁은 지주·소작제가 사실상 소멸하고, 농민 중심의 농지 소유 확립에 기여하였다. ( )

적절한 말 고르기

❻ 1948년 김구, 김규식 등은 38도선을 넘어 (평양, 서울) 을 방문하여 남북 협상을 벌였다.

❼ 제헌 국회는 초대 대통령에 (이시영, 이승만)을 선출 하였다.

❽ 1950년부터 1가구당 (3, 5)정보를 초과하는 농지를 대상으로 농지 개혁이 추진되었다.

빈칸 채우기

❾ ( ) 4·3 사건으로 두 곳에서 선거가 무효화되 었다.

❿ 친일파 청산을 위해 조직된 ( )은/는 이승만 정 부의 비협조와 방해 등으로 결국 해체되었다.

⓫ 제헌 국회는 1949년 ( ) 매수·유상 분배 방식의 농지 개혁법을 제정하였다.

⓬ 대한민국 정부는 일본이 남기고 간 ( ) 중 농지 를 제외한 나머지를 민간에 불하하였다.

> 25580-0331

01 (가)에 들어갈 내용으로 가장 적절한 것은?

> 2. ○○ ○○ ○○ ○○○
>
> (1) 결성: 여운형 주도로 결성
>
> (2) 특징: 좌우 합작 단체
>
> (3) 활동: [(가)]
>
> (4) 변천: 안재홍 등 우익 세력 이탈, 조선 인민 공화국 수립 선포

① 조선 의용대 창설
② 봉오동 전투에서 승리
③ 대한민국 건국 강령 발표
④ 치안대를 두고 질서 유지
⑤ 친일파 청산을 위한 위원회 조직

> 25580-0332

02 밑줄 친 '이번 회의'의 결정 사항으로 옳은 것만을 〈보기〉에서 고른 것은?

> • 카이로, 포츠담 선언과 국제 헌장으로 세계에 약속한 한국의 독립은 이번 회의의 신탁 관리 결의로 물거품이 되었다.
> • 카이로, 포츠담의 구체화라는 점에 이번 회의의 역사적 의의가 있는 것이다. …… 즉, '적당한 시기'가 최고 5년이 되었고, '적당한 순서'가 신탁 통치를 거치게 된 것이다.

┤ 보기 ├
ㄱ. 의무 교육을 실시한다.
ㄴ. 미소 공동 위원회를 조직한다.
ㄷ. 민주주의 임시 정부를 수립한다.
ㄹ. 친일파 청산을 위한 법안을 마련한다.

① ㄱ, ㄴ ② ㄱ, ㄷ ③ ㄴ, ㄷ
④ ㄴ, ㄹ ⑤ ㄷ, ㄹ

> 25580-0333

03 밑줄 친 '이 단체'에 대한 설명으로 옳은 것은?

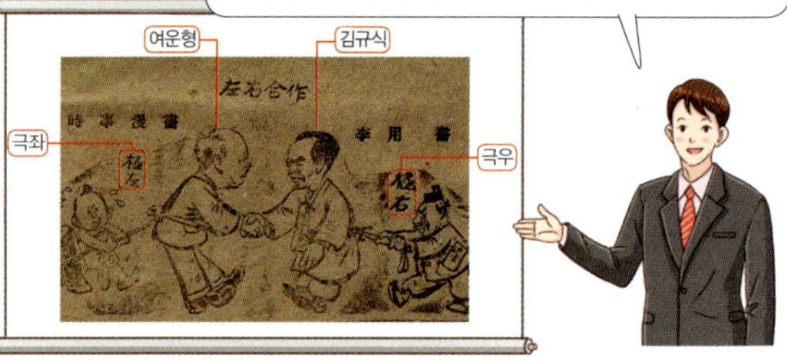

① 한인 애국단을 조직하였다.
② 국내 진공 작전을 추진하였다.
③ 좌우 합작 7원칙을 발표하였다.
④ 보천보에서 일본군과 교전하였다.
⑤ 조선 혁명 선언을 활동 지침으로 삼았다.

> 25580-0334

04 (가)에 들어갈 내용으로 적절한 것만을 〈보기〉에서 고른 것은?

> 김구와 김규식 등은 통일 정부 수립을 위해 김일성 등 북한 지도부에 회담을 제안하였고, 평양에서 남북 협상을 가졌다. 협상 결과 [(가)] 등의 내용을 담은 공동 성명이 채택되었으나, 큰 성과를 거두지 못하였다.

┤ 보기 ├
ㄱ. 토지 개혁 실시
ㄴ. 미군과 소련군 철수
ㄷ. 남한만의 단독 선거 반대
ㄹ. 미소 공동 위원회 속개 요청

① ㄱ, ㄴ ② ㄱ, ㄷ ③ ㄴ, ㄷ
④ ㄴ, ㄹ ⑤ ㄷ, ㄹ

05 (가)에 들어갈 내용으로 가장 적절한 것은?

> 25580-0335

〈선거의 특징과 의의〉
• 유엔 한국 임시 위원단 감시 아래 실시
• 만 21세 이상의 남녀가 참여
• 보통 · 평등 · 직접 · 비밀 선거
•   (가)

① 헌의 6조 건의
② 제헌 국회 구성
③ 대한국 국제 제정
④ 조선 건국 동맹 결성
⑤ 이승만을 대통령으로 선출

06 (가)에 들어갈 내용으로 옳은 것은?

> 25580-0336

유엔 소총회에서 선거 가능한 지역에서의
총선거 결의

↓

(가) .

↓

여수에 주둔하는 군부대가 제주도 출동 명령을
거부하며 무장봉기

① 포츠담 선언의 발표
② 대한민국 정부 수립식 거행
③ 미국과 소련이 38도선 설정
④ 모스크바 3국 외상 회의의 개최
⑤ 유엔 한국 임시 위원단의 입북 실패

07 다음 대화의 주제로 가장 적절한 것은?

> 25580-0337

① 인민 위원회의 개편
② 반민 특위의 활동과 실패
③ 좌우 합작 위원회의 활동
④ 재미 한족 연합 위원회의 목적
⑤ 조선 건국 준비 위원회의 결성

08 (가) 시기의 변화가 나타난 배경을 알아보기 위한 탐구
활동으로 가장 적절한 것은?

> 25580-0338

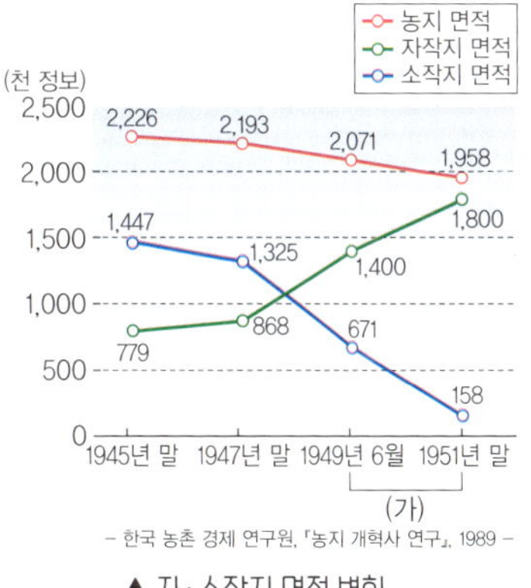

– 한국 농촌 경제 연구원, 「농지 개혁사 연구」, 1989 –

▲ 자 · 소작지 면적 변화

① 지가 증권의 발급량을 살펴본다.
② 토지 조사령의 내용을 분석한다.
③ 회사령이 폐지된 배경을 알아본다.
④ 농촌 진흥 운동의 특징을 찾아본다.
⑤ 산미 증식 계획에 따른 쌀 유출량을 조사한다.

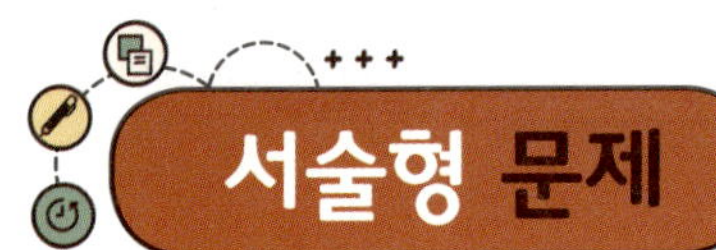

서술형 문제

| Step1 | 핵심 키워드 파악하기 |

> 25580-0339

01 밑줄 친 '의견 차이'의 내용을 서술하시오.

> 한국의 임시 민주 정부 수립을 논의하기 위한 제1차 미소 공동 위원회가 서울 덕수궁에서 열렸다. 그러나 자국에 유리한 임시 정부를 세우려는 미국과 소련의 <u>의견 차이</u>를 좁히기 어려웠다.

예시 답안 미국은 (   ) 통치 반대를 주장하는 세력을 포함시키려 한 반면, 소련은 (   ) 회의를 지지하는 세력만 참여시키자고 주장하였다.

> 25580-0340

02 다음 성명이 발표된 배경을 서술하시오.

> 한국이 있어야 한국 사람이 있고 한국 사람이 있고야 민주주의도 공산주의도 또 무슨 단체도 있을 수 있는 것이다. …… 나는 통일된 조국을 건설하려다 38선을 베고 쓰러질지언정, 일신의 구차한 안일을 위하여 단독 정부를 세우는 데는 협력하지 않겠다.
>
> — 1948. 2. 12 —

예시 답안 1948년 2월 유엔 (   )에서 유엔 한국 임시 위원단의 접근이 가능한 지역의 총선거를 결의하여 (   )만의 단독 선거가 결정되자, (   )이/가 이를 발표하며 북한 지도자와의 (   )을/를 추진하였다.

| Step2 | 스스로 답안 작성하기 |

> 25580-0341

03 다음 글을 읽고 물음에 답하시오.

> 국회의 정원은 300석으로 인구 비례로 38도선 이남 200석, 이북 100석이 배정되었다. ㉠선거 무효가 된 2곳을 제외한 선거구에서 198명의 국회 의원이 선출되었고, 38도선 이북 지역의 국회 의원은 선거가 가능해질 때 선출하기로 하였다. 이 국회가 헌법을 만들었기 때문에 　(가)　 국회라고 하였다.

(1) (가)에 들어갈 용어를 쓰시오.

(2) ㉠ 상황이 벌어진 배경을 서술하시오.

> 25580-0342

04 다음 글을 읽고 물음에 답하시오.

> 제5조　정부는 다음에 의하여 농지를 취득한다.
> (가) 농가 아닌 자의 농지
> (나) 직접 농사짓지 않는 자의 농지
> (다) 본 법 규정 한도를 초과하는 부분의 농지
> 제8조　정부는 피보상자 또는 그가 선정한 대표자에게 지가 증권을 발급한다.

(1) 위 법령의 명칭을 쓰시오.

(2) 위 법에 따라 추진된 사업의 방식과 성과를 서술하시오.

1등급 도전 문제

• 정답과 해설 65쪽

> 25580-0343

01 다음 강령을 내건 단체에 대한 설명으로 옳은 것은?

- 우리는 완전한 독립 국가 건설을 기함.
- 우리는 전 민족의 정치적·경제적·사회적 기본 요구를 실현할 수 있는 민주주의 정권 수립을 기함.
- 우리는 일시적 과도기에 있어서 국내 질서를 자주적으로 유지하며 대중 생활의 확보를 기함.

① 3·1 운동의 결과 조직되었다.
② 반민족 행위 처벌법을 제정하였다.
③ 신탁 통치 반대 운동을 주도하였다.
④ 조선 인민 공화국 수립을 선포하였다.
⑤ 남한만의 단독 정부 수립을 주장하였다.

> 25580-0344

02 다음이 결의된 시기를 연표에서 옳게 고른 것은?

A. 한국 국민 중에서 대표를 선출하고 한국 독립 문제 해결에 참여시키기 위하여 유엔 한국 임시 위원단을 설치한다.
B. 보통 선거와 비밀 투표에 의해 대표를 선출하되 각 투표 지구 또는 구역에서 선출되는 대표지 수는 인구에 비례하여야 하며 선거는 위원단의 감시 아래 시행되어야 한다.

(가)	(나)	(다)	(라)	(마)
카이로 회담 개최	미군정 시작	모스크바 3국 외상 회의 개최	제1차 미소 공동 위원회 개최	제2차 미소 공동 위원회 개최	대한민국 정부 수립

① (가)　② (나)　③ (다)　④ (라)　⑤ (마)

> 25580-0345

03 밑줄 친 '이 국회'에 대한 설명으로 옳은 것은?

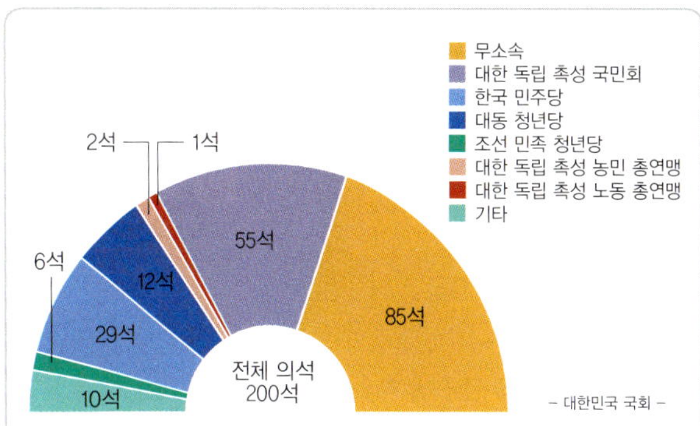

이것은 이 국회의 의석 비율을 나타낸 것이다. 이 국회는 우리 역사상 처음으로 보통·평등·비밀·직접의 원칙에 따라 치러진 선거 결과 구성되었다.

① 헌의 6조를 결의하였다.
② 김구를 주석으로 선출하였다.
③ 국민 대표 회의를 개최하였다.
④ 좌우 합작 7원칙을 발표하였다.
⑤ 반민 특위의 활동을 주도하였다.

> 25580-0346

04 (가), (나)에 들어갈 숫자가 옳게 짝지어진 것은?

- 농민이 아닌 사람의 농지, 농지 1가구당 　(가)　 정보 초과 농지는 정부가 사들인다.
- 분배받은 농지 상환액은 평년작 주생산물의 1.5배로 하고 　(나)　 년 동안 균등 상환한다.
- 농가의 희망과 정부가 인정하는 사유에 따라서 일시 상환 기간을 단축할 수 있다.

	(가)	(나)
①	3	3
②	3	5
③	4	5
④	5	3
⑤	5	4

02 6·25 전쟁과 남북 분단의 고착화

◉ 남북 군사력 강화
남한은 국방 경비대를 국군으로 확대·개편하였고, 한미 상호 방위 원조 협정을 맺었다. 또한 북한은 중국의 국공 내전에 참여했던 조선 의용군을 북한 인민군에 편입시켰다.

◉ 유엔군
유엔 안전 보장 이사회는 북한의 남침을 침략으로 규정하고 미국을 비롯한 16개국으로 구성된 유엔군을 파병하였다.

◉ 6·25 전쟁의 인명 피해

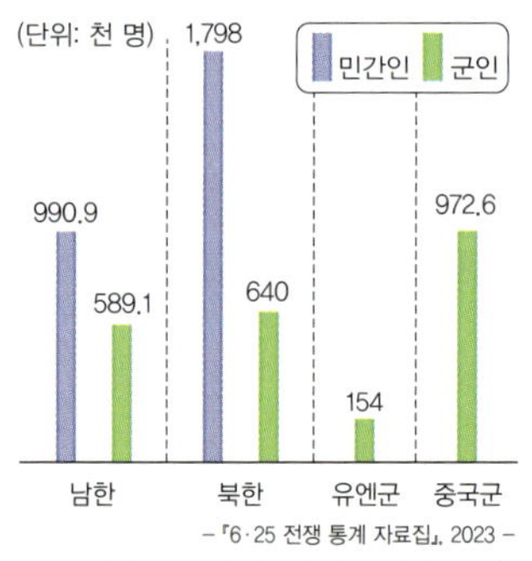

6·25 전쟁으로 남북한에서 수많은 민간인이 희생되었다.

◉ 국민 보도 연맹
이승만 정부가 좌익 전향자들을 보호·관리한다는 명분으로 조직한 단체이다. 하지만 가입 과정에서 할당량을 채우기 위해 상관없는 사람을 가입하게 하는 등 문제가 있었다. 이승만 정부는 6·25 전쟁이 벌어지자 북한에 협력할 가능성 있다는 구실로 이들을 법적 절차 없이 연행·구금하였으며 학살하기도 하였다.

1 6·25 전쟁의 전개

1. 배경

국내적	미·소 양국 군이 한반도에서 철수, 남북 군사력 강화 → 38도선 부근에서 남북의 군사적 충돌 발생
국외적	소련과 중국이 북한의 전쟁 준비 지원, 미국이 애치슨 선언 발표 **자료 ①**

└ 소련은 최신 무기를 제공하였고, 중국은 미국 개입 시 참전할 것을 약속하였다.

2. 전쟁의 전개

전쟁의 발발	북한군의 무력 남침(1950. 6. 25.) → 서울 함락(1950. 6. 28.) → 유엔군 파병 → 낙동강 방어선 구축
국군·유엔군의 반격	국군·유엔군의 인천 상륙 작전(1950. 9. 15.) → 서울 수복(1950. 9. 28.) → 38도선 돌파 → 평양 점령 → 압록강 유역까지 진출
중국군의 개입과 전선의 고착	중국이 대규모 병력 파병 → 국군과 유엔군이 북한 지역에서 철수 → 서울 재함락(1·4 후퇴, 1951. 1. 4.) → 국군·유엔군의 총공세 → 서울 수복(1951. 3.) → 38도선 부근에서 전선 고착

└ 정전 협상이 진행되는 동안 38도선 부근에서는 치열한 공방전이 이어졌다.

3. 정전 협정(1953. 7. 27.) **자료 ②**

시작	소련의 제안으로 정전 회담 시작(1951. 7.)
쟁점	• 군사 분계선: 중국·북한은 38도선을 주장, 유엔군은 전투가 벌어지던 전선을 주장 • 포로 송환: 중국·북한은 포로의 본국 송환을, 유엔군은 포로의 자유로운 선택 허용 주장
체결	이승만 정부가 북진 통일을 주장하며 정전 반대, 반공 포로 석방 → 정전 협정 준수 약속 → 정전 협정 조인(1953. 7. 27.)
내용	군사 분계선(휴전선) 확정, 비무장 지대 설치, 포로 의사에 따른 송환 등 결정

2 6·25 전쟁의 영향

1. 인명 피해: 수백만의 군인과 민간인 희생, 국민 보도 연맹 사건·거창 양민 학살 사건·북한군의 인민재판 등 민간인 학살 사건 발생, 전쟁고아와 이산가족 발생

2. 물적 피해: 공장, 항구, 도로 등 산업 시설과 사회 기반 시설 파괴

3. 국제 정세 변화

(1) **한국:** 한미 상호 방위 조약(1953. 10.)으로 미군 주둔 → 동북아시아에서 미국 영향력 강화 **자료 ③**

(2) **중국:** 북한에 대한 영향력 강화, 아시아 공산주의의 맹주로 성장

(3) **일본:** 6·25 전쟁 중 주권 회복, 6·25 전쟁 특수로 경제 회복 → 아시아 반공 거점 국가

└ 제2차 세계 대전에서 패배한 이후 미국의 지배를 받던 일본은 6·25 전쟁 중에 샌프란시스코 강화 조약을 통해 주권을 회복하였다.

자료 ① 애치슨 선언(1950. 1.)

이 방위선은 알류샨 열도에서 일본을 거쳐 오키나와, 필리핀 군도로 이어진다. …… 기타 태평양 지역은 …… 군사적 공격으로부터 안전을 보장할 수 없다는 점을 명백히 밝힌다.

미국의 국무 장관 애치슨은 1950년 1월 미국의 태평양 방위선을 발표하였다. 그런데 여기에서 한반도와 타이완이 배제되었고, 이는 미국이 한국에서 벌어지는 전쟁에 개입하지 않을 것이라고 해석될 여지가 있었다.

자료 ② 정전 협정(요약)

제1조 1항 한 개의 군사 분계선(휴전선)을 확정하고 쌍방이 이 선으로부터 각기 2km씩 후퇴하여 비무장 지대를 설정한다.
제3조 51항 쌍방은 송환을 원하는 전쟁 포로를 포로된 당시 그들이 속한 일방에 직접 송환한다. 나머지 전쟁 포로는 중립국 송환 위원회에 넘긴다.

정전 협정은 유엔군, 북한군, 중국군 사령관이 서명하였고, 남한은 협정 내용을 준수한다는 입장을 밝혔다. 정전 협정에 따라 양측 군대가 대치하고 있는 전선을 경계로 휴전선이 정해졌고, 이를 기준으로 비무장 지대가 설정되었다. 아울러 포로 송환은 자유의사를 존중하기로 하였다.

자료 ③ 한미 상호 방위 조약

3. 각 당사국은 …… 공통한 위험에 대처하기 위하여 각자의 헌법상의 수속에 따라 행동할 것을 선언한다. → 절차를 의미한다.
4. 상호적 합의에 의하여 미합중국의 육군, 해군과 공군을 대한민국의 영토 내와 그 부근에 배치하는 권리를 대한민국은 이를 허락하고 미합중국은 이를 수락한다.

6·25 전쟁 중 남한은 국군의 작전 지휘권을 유엔군 사령관에게 넘겼다. 전쟁 이후에도 한미 상호 방위 조약에 따라 미군이 계속 한국에 주둔하였고, 동아시아에서 미국의 영향력이 강화되었다.

✅ 개념 체크 문제

• 정답 **65**쪽

○✗ 표시하기

❶ 미국은 1950년 한국을 자국의 태평양 방위선에서 제외한다고 발표하였다. (   )

❷ 중국군의 개입으로 서울을 빼앗긴 국군과 유엔군은 인천 상륙 작전을 전개하였다. (   )

❸ 미국의 제안으로 1951년부터 정전 회담이 시작되었다. (   )

❹ 정전 회담 당시 유엔군은 포로의 본국 송환을 주장하였다. (   )

❺ 6·25 전쟁 이후 한국과 미국 사이에 한미 상호 방위 조약이 체결되었다. (   )

빈칸 채우기

❻ 6·25 전쟁이 일어나자 유엔군이 파병되었고, 국군과 유엔군은 (   ) 방어선을 구축하였다.

❼ 정전 회담 당시 중국과 (   )은/는 군사 분계선으로 38도선을 주장하였다.

❽ 정전 협정에 따라 군사 분계선을 기준으로 (   ) 지대가 설정되었다.

❾ 이승만 정부는 (   ) 통일을 주장하며 정전을 반대하였다.

❿ (   )은/는 6·25 전쟁 특수를 누려 경제를 재건시키고, 주권을 회복하였다.

순서대로 나열하기

⓫ 〈보기〉의 사건을 일어난 순서대로 나열하시오.
(   )

┤보기├
ㄱ. 중국군의 개입
ㄴ. 정전 협정 체결
ㄷ. 애치슨 선언 발표
ㄹ. 인천 상륙 작전 전개

한국사 **2**
Ⅱ단원

핵심 개념

☐ 발췌 개헌 ☐ 사사오입 개헌
☐ 진보당 사건 ☐ 삼백 산업

3 이승만 정부의 장기 집권 시도

1. 발췌 개헌(1952)

제헌 헌법에 따르면 대통령의 임기는 4년이었고, 대통령을 1회 더 할 수 있었으며(중임), 정·부통령은 국회에서 선출하도록 하였다.

배경	제2대 국회 의원 선거 결과 국회 내 이승만 지지 세력 축소(1950. 5.) → 국민 방위군 사건 폭로 → 국회 간선제 아래에서 이승만의 당선 가능성 희박
경과	임시 수도 부산에서 자유당 창당(1951), 대통령 직선제 개헌 추진 → 부산 일대에 계엄령을 선포하고 이승만에 비판적인 국회 의원들을 공산당 관련 혐의로 구속(부산 정치 파동, 1952) → 토론 없이 대통령 직선제 개헌안 통과 **자료 ①**
결과	대통령 직선제 → 이승만 대통령 당선

2. 사사오입 개헌(1954) **자료 ②**

목적	중임 제한을 없애 이승만의 장기 집권 도모
경과	자유당이 개헌 당시의 대통령(이승만)에 한해 중임 제한 조항을 적용하지 않는 개헌안 제출 → 국회 표결 결과 정족수에 1표 부족하여 부결 → 사사오입(반올림)의 논리를 적용해 개헌안 통과
영향	이승만 정부에 대한 불신과 불만 고조, 야당 주도로 민주당 창당

1954년 실시된 총선에서 자유당이 국회 다수당이 되었다.

3. 반공 체제 강화

배경	1956년 정·부통령 선거에서 진보 성향의 무소속 후보인 조봉암의 돌풍, 부통령에 민주당의 장면이 자유당의 이기붕을 누르고 당선
내용	• 진보당 사건: 조봉암이 평화 통일 등을 내세우며 진보당을 창당하자 이승만 정부가 간첩죄와 국가 보안법 위반 등의 혐의로 탄압 → 조봉암 사형 • 간첩 색출을 앞세워 국가 보안법 개정 • 정부에 비판적인 경향신문 폐간

조봉암은 1959년 사형당하였다. 대법원은 2011년 조봉암에 대해 무죄를 선고하였다.

4 전후 경제 복구와 사회 변화

1. 전후 경제 복구

(1) **배경**: 식량과 생필품 부족, 물가 폭등, 실업자 증가

(2) **전개**: 미국이 원조한 소비재·잉여 농산물 등을 가공하는 삼백 산업 발달 **자료 ③**

(3) **영향**: 식량 문제 다소 해결, 국내 곡물 가격 하락, 원조 물자 배정 과정에서 특정 기업에 혜택 편중, 정경 유착 등 발생

2. 사회 변화: 서울·부산 등 도시 인구 증가, 초등학교 의무 교육 실시, 반공 교육 강화, 가정·사회에서 여성의 역할 증대, 미국 문화 확산 등

6·25 전쟁 중 남성 사상자가 대거 발생하여 여성의 사회적 역할이 증대되었는데, 이를 두고 논쟁이 벌어지기도 하였다.

5 북한의 정치와 경제

1. 정치: 김일성의 반대파 숙청 → 1인 독재 체제 강화

2. 경제: 소련과 중국의 원조를 바탕으로 전후 복구 사업 추진 → 사회주의 경제 체제 확립(천리마 운동 추진, 협동조합이 농지와 생산 수단 소유)

○ 국민 방위군 사건

군 지휘관들이 군수품을 빼돌리고 착복하여 6·25 전쟁 중에 소집된 국민 방위군 중 많은 사람들이 추위와 굶주림으로 사망하였다.

○ 1956년 정·부통령 선거

자유당의 이승만, 민주당의 신익희, 진보 세력의 지원을 받은 조봉암이 출마하였는데, 선거 기간 중 신익희가 갑작스럽게 사망한 상황에서 이승만이 대통령에 당선되었지만, 조봉암도 유효표의 30% 가량을 얻었다. 또한 부통령 선거에서는 민주당의 장면이 당선되었다.

○ 국가 보안법(요약, 1959)

제6조	국헌을 위배하여 정부를 참칭하거나 국가를 변란할 목적으로 결사 또는 집단을 구성한 자를 처벌한다.
제22조	헌법상의 기관(대통령, 국회 의장, 대법원장)에 대한 명예를 훼손한 자는 10년 이하의 징역에 처한다.

이승만 정부는 국가 보안법을 개정하는 등 반공 태세를 강조하였다.

자료 ① 발췌 개헌(1952)

> 제31조 입법권은 국회가 행한다. 국회는 민의원과 참의원으로 구성한다.
> 제53조 대통령과 부통령은 국민의 보통·평등·직접·비밀 투표에 의하여
> 각각 선거한다. 국회 폐회 중에 대통령과 부통령을 선거할 때에는 그
> 선거 보고를 받기 위하여 양원의 의장은 국회의 집회를 공고하여야
> 한다.
>   └ 모여서 연다는 의미이다.

야당이 추진한 내각 책임제 개헌안과 자유당이 추진한 대통령 직선제 개헌안의 일부 요소들을 뽑았기 때문에 이 개헌을 발췌 개헌이라고 한다. 대통령 직선제는 바로 실시되었지만, 국회를 양원으로 구성하는 것은 오래도록 유보되다가 4·19 혁명 이후 이루어졌다.

자료 ② 사사오입 개헌(1954)

> 제55조 1항 대통령과 부통령의 임기는 4년으로 한다. 단, 재선에 의하여 1차
> 중임할 수 있다. 대통령이 궐위된 때에는 부통령이 대통령이 되고
> 잔임 기간 중 재임한다.
>   └ 자리가 빈다는 의미로, 어떤 사유로 인해 대통령 자리가
>   비었을 때 부통령이 대통령이 된다는 의미이다.
> 부칙 이 헌법 공포 당시의 대통령에 대하여는 제55조 1항 단서의 제한
> 을 적용하지 아니한다.

자유당은 개헌 당시의 대통령, 즉 이승만에 한해서만 중임 제한 조항을 적용하지 않는 개헌안을 제출하였다. 국회 의원 재적 203명 중 3분의 2가 135.333이어서 136명이 찬성해야 개헌안이 통과되는데, 찬성표가 135표여서 1표 차이로 부결되었다. 그러나 자유당은 사사오입(반올림)의 논리를 앞세워 개헌안을 억지로 번복하여 통과시켰다.

자료 ③ 미국의 경제 원조

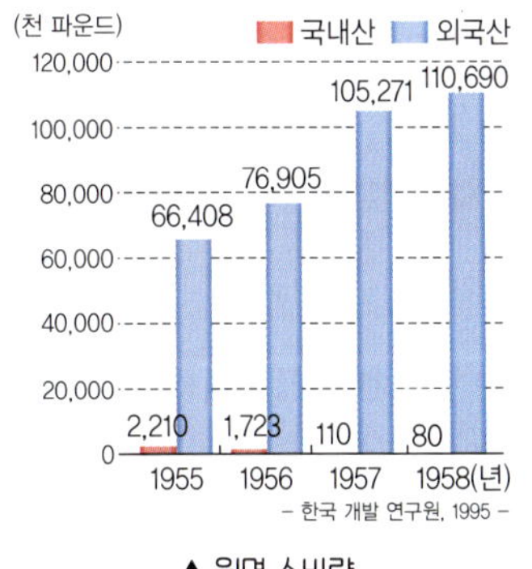

▲ 원면 소비량

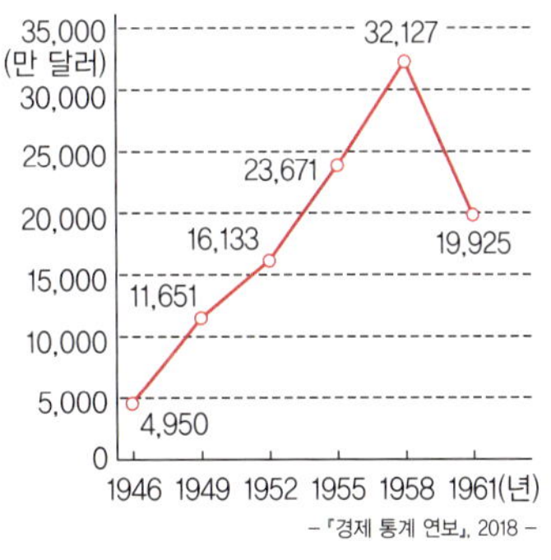

▲ 미국의 경제 원조 추이

미국은 한국의 경제를 재건하고 공산주의의 확산을 막기 위해 원조를 제공하였다. 미국은 주로 밀, 사탕수수, 면화 등 잉여 농산물을 원조하였고, 우리나라에서는 이를 가공하는 제분, 제당, 면방직 산업이 발달하였다. 그 생산물이 흰색이어서 이러한 산업을 삼백 산업이라고 하였다. 한편 미국의 경제 사정 악화로 1950년대 말부터 원조가 감소하고 무상 원조가 유상 차관으로 전환되면서 미국의 원조에 의존하던 한국 경제는 위기를 맞았다.

---

❶ 이승만 정부는 임시 수도 대전에서 자유당을 창당하였다.　(　)

❷ 자유당은 1952년 개헌 당시의 대통령에 한해 중임 제한을 적용하지 않는 개헌안을 제출하였다.　(　)

❸ 6·25 전쟁 이후 미국의 원조 물자를 기반으로 전후 복구가 추진되었다.　(　)

❹ 6·25 전쟁 이후 북한에서는 김일성의 1인 독재 체제가 강화되었다.　(　)

❺ 6·25 전쟁 이후 이승만 정부는 천리마 운동을 추진하였다.　(　)

❻ 1950년 치러진 제(1, 2)대 국회 의원 선거 결과 이승만 정부에 비판적인 후보들이 대거 당선되었다.

❼ 이승만 정부는 1952년 대통령 (간선, 직선)제 개헌안을 강압적으로 통과시켰다.

❽ (조봉암, 신익희)은/는 1956년 정·부통령 선거에서 돌풍을 일으켰으나 진보당 사건으로 사형당하였다.

❾ 1956년 정·부통령 선거에서 (자유당, 민주당)의 장면이 부통령에 당선되었다.

❿ 1952년 부산에서 (　) 개헌이 이루어졌다.

⓫ 사사오입 개헌 이후 야권 세력은 (　)을/를 창당하여 이승만 정부에 맞섰다.

⓬ 6·25 전쟁 이후 복구 과정에서 제분, 제당, 면방직의 (　) 산업이 성장하였다.

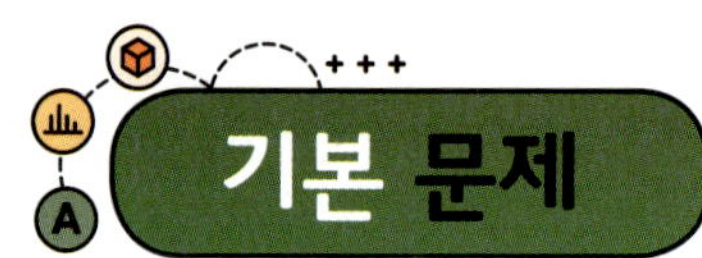

기본 문제

> 25580-0347

01 (가)에 들어갈 내용으로 가장 적절한 것은?

> ○○ 고등학교 한국사 형성평가
>
> 주제: 6 · 25 전쟁
>
> 1. 다음 국가에 맞는 설명을 옳게 연결하세요.
>
> 미국 •　　　　　　　• 북한에 무기 지원
>
> 소련 •　　　　　　　•　　(가)
>
> 중국 •　　　　　　　• 북한을 도와 군대 파병

① 만주 침략 감행

② 애치슨 선언 발표

③ 38도선 이북 간접 통치

④ 조선 의용대 결성 지원

⑤ 유엔 한국 임시 위원단 입북 거부

> 25580-0348

02 밑줄 친 '전쟁' 과정에서 볼 수 있는 모습으로 적절한 것만을 〈보기〉에서 고른 것은?

> 오늘 하루 호외(號外)가 두 번이나 돌고 신문은 큼직한 활자로 "괴뢰군의 38전선에 걸친 불법 남침"을 알리었다. …… '전쟁이 기어이 벌어지고 말았구나.'하는 생각에 뒤이어 '5년 동안 민족의 넋을 가위 누르던 동족상잔이 마침내 오고야 마는구나.'하는 순간, 갑자기 길이 팽팽 돌고 눈앞이 깜깜하여졌다.
>
> – 김성칠, 『역사 앞에서』 –

〔 보기 〕

ㄱ. 정전 협정에 서명하는 중국 대표

ㄴ. 영릉가 전투에 나서는 조선 혁명군

ㄷ. 유엔의 결의에 따라 파병되는 유엔군

ㄹ. 국내 진공 작전을 준비하는 한국광복군

① ㄱ, ㄴ　　　② ㄱ, ㄷ　　　③ ㄴ, ㄷ

④ ㄴ, ㄹ　　　⑤ ㄷ, ㄹ

> 25580-0349

03 다음 개헌안에 대한 학생들의 발표 내용으로 가장 적절한 것은?

> 제55조 1항　대통령과 부통령의 임기는 4년으로 한다. 단, 재선에 의하여 1차 중임할 수 있다. 대통령이 궐위된 때에는 부통령이 대통령이 되고 잔임 기간 중 재임한다.
>
> 부칙　　　이 헌법 공포 당시의 대통령에 대하여는 제55조 1항 단서의 제한을 적용하지 아니한다.

① 부산에서 통과되었어요.

② 6 · 25 전쟁 중에 통과되었어요.

③ 진보당 사건의 영향으로 통과되었어요.

④ 사사오입의 논리에 따라 통과되었어요.

⑤ 5 · 10 총선거 결과 구성된 국회에서 통과되었어요.

> 25580-0350

04 (가) 산업이 발달한 배경을 알아보기 위한 탐구 활동으로 가장 적절한 것은?

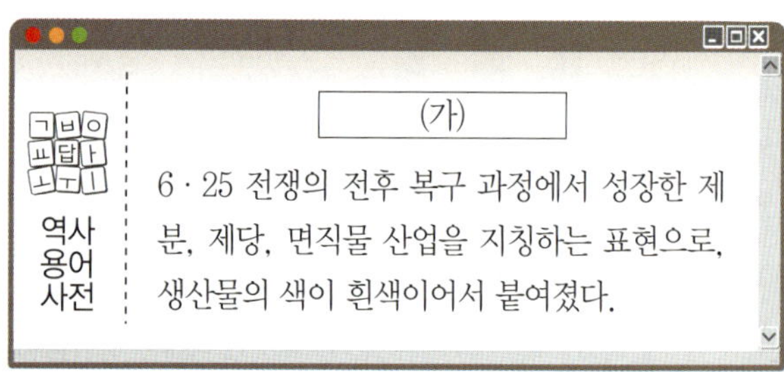

① 농지 개혁법의 내용을 분석한다.

② 회사령이 폐지된 배경을 살펴본다.

③ 토지 조사 사업의 결과를 알아본다.

④ 미국의 원조가 끼친 영향을 조사한다.

⑤ 국가 총동원법의 적용 사례를 파악한다.

서술형 문제

Step1 핵심 키워드 파악하기

> 25580-0351

01 다음 선언이 끼친 영향을 서술하시오.

이 방위선은 알류샨 열도에서 일본을 거쳐 오키나와, 필리핀 군도로 이어진다. …… 기타 태평양 지역은 …… 군사적 공격으로부터 안전을 보장할 수 없다는 점을 명백히 밝힌다.

예시 답안 자료는 미 국무 장관 (   )이/가 발표한 미국의 태평양 방위선이다. 여기에서 (   )와/과 타이완 등이 배제되었고, 이는 북한이 (   ) 전쟁을 감행하는 데 영향을 끼쳤다.

Step2 스스로 답안 작성하기

> 25580-0352

02 다음 글을 읽고 물음에 답하시오.

1956년 정·부통령 선거에서 이승만이 대통령에 당선되었으나 평화 통일을 내세운 무소속 후보인   (가)   이/가 돌풍을 일으켰고, 부통령에는 민주당의 장면이 당선되었다. 이후 이승만 정부는 ㉠북한과의 대치 상황을 내세워 반대 세력을 탄압하고 독재 체제를 강화하였다.

(1) (가)에 들어갈 인물을 쓰시오.

(2) 밑줄 친 ㉠에 해당하는 사례를 두 가지 서술하시오.

1등급 도전 문제

> 25580-0353

01 전선이 ㉠에서 ㉡으로 바뀐 배경을 알아보기 위한 탐구 활동으로 가장 적절한 것은?

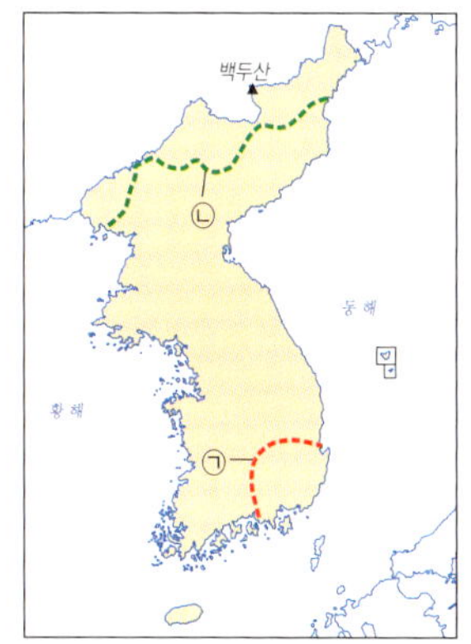

① 1·4 후퇴의 배경을 살펴본다.
② 중국군 개입의 결과를 알아본다.
③ 인천 상륙 작전의 성과를 조사한다.
④ 정전 회담 당시의 쟁점을 찾아본다.
⑤ 한미 상호 방위 조약의 체결 과정을 파악한다.

> 25580-0354

02 (가)에 들어갈 내용으로 가장 적절한 것은?

우리 동아리에서는   (가)   을/를 주제로 발표회를 개최합니다. 우리 역사에 관심을 가진 많은 분들의 참여를 기대합니다.

- 일시: 3월 26일 방과후
- 발표 순서
  - 초등학교 의무 교육 확대와 입학생 수 증가
  - 구술 자료로 본 여성의 사회 진출
  - 미국 문화의 유입 사례

① '문화 정치'의 실상
② 삼백 산업의 발달
③ 귀속 재산 처리의 영향
④ 미군정 시기의 사회 상황
⑤ 6·25 전쟁 이후의 사회 변화

03 민주화를 위한 노력

1 4·19 혁명(1960)

1. 배경: 반공을 앞세운 이승만 정부의 독재, 경기 침체에 따른 불만 고조

2. 3·15 부정 선거(1960) 자료①

목적	이승만과 더불어 고령인 이승만에게 건강상의 문제가 생길 경우 대통령직을 승계하는 부통령 자리에 자유당 이기붕을 당선시키기 위해 부정 선거 자행
내용	• 공무원과 경찰 등을 동원한 관권 선거와 금권 선거 • 4할 사전 투표, 3인조·9인조 공개 투표, 투표함 바꿔치기 등
결과	대통령에 이승만, 부통령에 이기붕 당선

3. 4·19 혁명

초기	• 선거 이전부터 대구 등지에서 이승만 정부 규탄 시위 전개(2. 28.) • 선거 당일 마산, 광주 등지에서 부정 선거 규탄 시위 전개 → 마산에서 경찰이 발포(3·15 의거)
확산	마산 시위 당시 실종된 김주열 시신 발견(4. 11.) → 시위 전국 확산 → 서울에서 시위대가 부정 선거와 독재 정치를 규탄하며 경무대 진출 시도(4. 19.)
정부의 대응	• 경찰이 시위대에 발포하여 수많은 희생자 발생 • 비상계엄을 선포하고 군대 동원
재점화	대학교수단이 이승만 대통령의 퇴진과 재선거를 요구하며 시위 자료②, 초등학생까지 시위에 참여(4. 25.)
결과	이승만 대통령 사임 성명 발표(4. 26.)
의의	• 학생뿐 아니라 다양한 계층의 시민이 참여한 민주 혁명 자료③ • 독재에 저항하는 민주화 운동의 토대

선거 이전인 1960년 2월 28일 대구의 고등학생들이 시위를 벌였다.

이승만 정부는 시위 배후에 공산주의자가 있다며 시위를 진정시키려 하였지만 막을 수 없었다.

이때 시위대를 마주한 계엄 사령관은 발포하지 말 것을 지시하였다.

2 장면 내각의 성립과 붕괴

1. 허정 과도 정부: 4·19 혁명의 결과 수립 → 3·15 부정 선거 무효화 → 내각 책임제와 양원제 국회 구성을 주요 내용으로 하는 개헌 단행

2. 장면 내각

성립	바뀐 헌법에 따른 총선에서 민주당 압승 → 국회가 윤보선을 대통령으로 선출 → 장면이 국무총리에 취임
정책	• 민주화: 지방 자치제 실시, 공무원 공개 채용 제도 등 도입 • 경제 정책: 경제 개발 5개년 계획 수립, 도로 건설 등 국토 개발 사업 적극 추진
한계	• 통일 운동과 민주화 운동 등 분출되는 시민들의 요구를 제대로 수용하지 못함 • 민간 차원의 통일 운동에 부정적, 부정 선거 책임자와 부정 축재자 처벌에 소극적 • 민주당 내 파벌 싸움으로 정치적 혼란 초래
붕괴	5·16 군사 정변으로 붕괴

장면 내각은 예산 등의 문제로 경제 개발 5개년 계획에 착수하지 못하였고, 이후 수립된 군사 정부에서 이를 일부 수정하여 추진하였다.

○ 경무대
이승만 정부 당시 대통령 집무실을 경무대라고 하였다. 4·19 혁명 이후 청와대로 바뀌었다.

○ 비상계엄
전쟁이나 이에 준하는 비상 사태가 발생했을 때 사회의 질서를 유지하기 위해 군대를 동원하는 것을 말한다.

○ 양원제 국회
입법부를 상원과 하원 등 독립적인 활동을 하는 두 개의 국회로 구성한 제도이다.

○ 장면 내각 시기의 통일 운동
북진 통일을 내세웠던 이승만 정부 붕괴 이후 여러 사회단체와 청년·학생들 중심으로 통일 운동이 전개되었다. 이들은 자주·평화적 통일, 남북 교류 등을 요구하였고, 중립화 통일과 남북 직접 협상을 주장하였다. 하지만 장면 내각은 이를 수용하는 데 소극적이었고, 5·16 군사 정변 이후 통일 운동에 대한 탄압이 거세졌다.

자료 ① 3·15 부정 선거

▲ 4할 사전 투표

▲ 3인조·9인조 공개 투표

▲ 투표함 바꿔치기

1960년 정·부통령 선거 전에 야당의 대통령 후보가 사망하여 이승만의 당선은 확실시되었다. 자유당은 이승만과 더불어 고령의 이승만에게 건강상 문제가 생길 경우 대통령직을 승계하는 부통령에 이기붕을 당선시키기 위해 갖은 불법을 저질렀다. 투표함의 4할을 이기붕 지지표로 채워 넣는가 하면 개표 전 투표함을 바꿔치기도 하였다. 그 결과 이기붕이 거의 100% 가까운 득표율로 부통령에 당선되자 득표율을 79%로 조정하였다.

❶ 1960년 3월 15일 정·부통령 선거에서 대대적인 부정이 자행되었다. ( )

❷ 대구 시위에서 실종된 김주열의 시신이 발견된 것을 계기로 이승만 정부를 규탄하는 시위가 확산되었다. ( )

❸ 4·19 혁명은 학생과 다양한 계층의 시민들이 참여한 민주 혁명이었다. ( )

❹ 4·19 혁명 이후 장면을 대통령으로 하는 새로운 정부가 들어섰다. ( )

자료 ② 대학교수단의 시국 선언문

> 1. 마산, 서울, 기타 각지의 학생 데모는 주권을 빼앗긴 국민의 울분을 대신하여 궐기한 학생들의 순진한 정의감의 발로이며, 부정과 불의에 항거하는 민족정기의 표현이다.
> 2. 이 데모를 공산당의 조종이나 야당의 사주로 보는 것은 고의의 왜곡이며 학생들 정의감의 모독이다.
> 5. 3·15 선거는 부정 선거이다. 공명선거에 의하여 정·부통령 선거를 다시 하라.

이승만 정부가 시위대에 맞서 비상계엄을 선포하였으나 국민들의 저항은 수그러들지 않았고, 대학교수단이 벌인 시위에 수많은 사람들이 함께하였다. 여기에 미국도 이승만에 대한 지지를 철회하였고, 결국 이승만이 대통령 자리에서 물러났다.

❺ 이승만 정부는 1960년 부통령에 (이시영, 이기붕)을 당선시키기 위해 부정 선거를 계획하였다.

❻ 허정 과도 정부는 내각 책임제와 (양원, 단원)제 국회 구성을 골자로 개헌을 단행하였다.

❼ 4·19 혁명 이후 치러진 총선에서 (자유당, 민주당)이 승리하였다.

자료 ③ 4·19 혁명 희생자 직업 분포

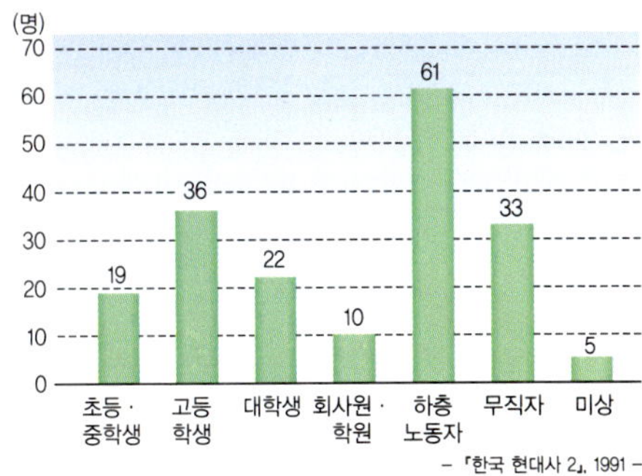

4·19 혁명은 학생뿐 아니라 전국의 다양한 계층이 참여하였다. 특히 구두닦이와 같은 하층 노동자와 무직자 등이 대거 참여하였다.

❽ 1960년 경찰은 대통령의 집무실이 있는 ( )에 진출하려는 시위대에 발포하였다.

❾ 4·19 혁명을 진압하기 위해 이승만 정부는 ( )을/를 선포하였다.

❿ 4·19 혁명 이후 새로 구성된 국회는 ( )을/를 대통령으로 선출하였다.

⓫ 장면 내각은 ( ) 군사 정변으로 무너지고 말았다.

● **중앙정보부**
1961년 국가 안전 보장을 목적으로 설치되어 박정희 정권의 권력 기반 강화에 활용되었다.

● **브라운 각서**
1966년 주한 미국 대사 브라운과 한국 외무 장관이 체결한 각서로, 베트남 추가 파병의 대가로 한국군의 현대화 지원, 군사 원조와 차관 제공 등이 담겨 있다.

● **라이따이한**
한국인과 베트남 여성 사이에서 태어난 자녀를 말한다.

● **닉슨 독트린**
미국 대통령 닉슨이 아시아 문제에 대해 미국의 군사적 개입을 축소하겠다고 발표하였다.

● **제2차 인민 혁명당 사건**
북한의 지령을 받아 인민 혁명당이라는 반국가 단체를 조직했다는 누명을 씌워 많은 사람들을 가혹하게 처벌한 사건이다. 특히 그중 8명에게는 대법원에서 형이 확정된 지 약 20시간 만에 사형을 집행하였다.

---

3 5·16 군사 정변(1961)과 박정희 정부

1. 발생: 박정희를 중심으로 한 일부 군부 세력이 군대를 동원하여 정권 장악 → 비상 계엄 선포, 헌법 정지, 반공·경제 개발·민정 이양을 골자로 하는 '혁명 공약' 발표

2. 군정 실시

주요 기구	국가 재건 최고 회의(입법·사법·행정권 장악), 중앙정보부 등
정치	• 정치인 활동 금지, 언론 탄압, 민주 공화당 창당 • 개헌: 대통령 중심제, 단원제 국회

3. 박정희 정부

(1) **성립**: 1963년 대통령 선거에서 민주 공화당의 박정희가 윤보선을 누르고 당선

(2) **주요 정책**
박정희는 민간인에게 정권을 넘기고 군대로 복귀하겠다는 공약을 어기고 민간인 신분으로 민주 공화당 후보로 나섰다.

한일 협정 **자료①**	• 배경: 미국의 한일 관계 개선 요구, 경제 개발 자금 확보 필요 • 과정: 김종필(중앙정보부장)과 오히라(일본 외무 장관)의 회담 전개 → 식민 지배에 사과와 배상 등이 외면되었다는 사실 폭로 → 한일 회담 반대 시위(6·3 시위) → 진압(비상계엄 선포) → 한일 협정 체결
베트남 파병	• 미국의 요청에 따라 베트남에 국군 파병(1964~1973) • 영향: 브라운 각서를 통해 미국이 기술과 차관 제공 및 한국군의 현대화 등 약속, 기업의 해외 진출과 수출 증대, 라이따이한·고엽제 피해자 문제 등 발생

(3) **3선 개헌(1969)**
박정희는 1967년 1회의 중임을 허용한 당시의 헌법 규정에 따라 대통령 선거에 출마해 다시 당선되었다. 그리고 대통령 연임을 위해 3선 개헌을 추진하였다.

명분	북한의 도발에 대응하고 경제 성장을 지속한다는 명분으로 3선 개헌 추진
과정	개헌 반대 운동 전개 → 편법으로 3선 개헌안 통과
결과	1971년 대통령 선거에서 김대중을 힘겹게 누르고 박정희 당선

이 무렵 북한이 특수 부대를 보내 청와대 습격을 시도하는 등 도발을 감행하였다.

4 유신 체제(1972)

1. 성립

배경	닉슨 독트린(1969) 발표 이후 냉전 체제 완화, 장기 집권과 경제 침체에 따른 불만 고조
과정	7·4 남북 공동 성명 발표 → 비상계엄 선포, 국회 해산(1972. 10.) → 비상 국무 회의에서 유신 헌법 제정 → 국민 투표로 확정 → 대통령에 박정희 선출
유신 헌법 **자료②**	• 통일 주체 국민 회의에서 간접 선거로 대통령 선출 • 대통령 임기 6년, 중임 제한 조항 삭제 → 종신 집권 가능 • 대통령이 국회 의원 3분의 1 추천권, 국회 해산권, 법관 임명권, 긴급 조치권 행사

2. 저항과 탄압
중앙정보부가 전국민주청년학생총연맹이라는 불법 단체가 불순 세력의 조종을 받아 정부 전복을 모의하였다고 발표하고 180명을 구속 기소하고 일부를 처벌하였다. 2009년 사법부는 이들에게 무죄를 선고하였다.

저항	개헌 청원 100만인 서명 운동(장준하 등 주도), 언론 자유 수호 운동, 3·1 민주 구국 선언 발표 **자료③**, 천주교 정의 구현 사제단 등 조직
탄압	긴급 조치 발표, 김대중 납치 사건, 민청학련 사건, 제2차 인민 혁명당 사건 등

자료 ① 한일 협정

> [한일 기본 조약]
> 제2조 1910년 8월 22일 및 그 이전에 대한 제국과 일본 제국 간에 체결된 모든 조약 및 협약이 이미 무효임을 확인한다.
> [재산 및 청구권과 경제 협력에 관한 협정]
> 제2조 1. 양국과 그 국민의 재산·권리 및 이익과 청구권에 관한 문제가 완전히 그리고 최종적으로 해결된 것을 확인한다.

한국은 한일 기본 조약 제2조를 두고 1910년 당시부터 무효라고 해석하는 반면, 일본은 체결 당시에는 합법적이었으나 1945년 일본의 항복으로 무효가 되었다고 해석하고 있다. 또한 재산 및 청구권과 경제 협력에 관한 협정 제2조를 두고서도 한국은 개인 청구권은 소멸되지 않았다고 보고 있으나, 일본은 개인 청구권도 해결되었다고 해석하고 있다.

자료 ② 유신 헌법

> 제39조 대통령은 통일 주체 국민 회의에서 토론 없이 무기명 투표로 선거한다.
> 제40조 통일 주체 국민 회의는 국회 의원 정수의 3분의 1에 해당하는 수의 국회 의원을 선거한다.
> 제53조 대통령은 천재지변 또는 중대한 재정·경제상의 위기에 처하거나, 국가의 안전 보장 또는 공공의 안녕질서가 중대한 위협을 받거나 받을 우려가 있어, 신속한 조치를 할 필요가 있다고 판단할 때에는 내정·외교·국방·경제·재정·사법 등 국정 전반에 걸쳐 필요한 긴급 조치를 할 수 있다.

유신 헌법은 삼권 분립을 무력화하고 대통령이 국민의 기본권마저 제한할 수 있게 하였다. 이로써 민주 정치의 기본 원리를 무시한 권위주의적 독재 체제가 성립되었다.

자료 ③ 3·1 민주 구국 선언

> 우리는 이를 보고만 있을 수 없어 …… 이 나라의 먼 앞길을 내다보면서 '민주 구국 선언'을 선포하는 바이다.
> 1. 이 나라는 민주주의 기반 위에 서야 한다.
> 2. 경제 입국의 구상과 자세가 근본적으로 재검토되어야 한다.
> 3. 민족 통일은 오늘 이 겨레가 짊어진 지상의 과업이다.

└ 국력을 길러 나라를 강하게 한다는 의미이다.

1976년 3월 1일 서울 명동 성당에서 개최된 3·1절 기념 미사에서 각계각층 인사들이 발표한 선언이다. 여기에는 경제 성장만 앞세운 유신 체제를 비판하고 민주주의와 민족 통일을 요구하는 내용이 담겨 있다.

✅ 개념 체크 문제

• 정답 67쪽

○✘ 표시하기

❶ 5·16 군사 정변을 일으킨 세력은 국가 재건 최고 회의를 설치하고 군정을 실시하였다.　(　　)

❷ 중앙정보부장 윤보선과 일본 외무 장관 오히라 사이에 비밀 회담이 전개되었다.　(　　)

❸ 유신 헌법은 대통령에게 긴급 조치권을 부여하였다.　(　　)

❹ 유신 체제에 맞서 3·1 민주 구국 선언이 발표되었다.　(　　)

적절한 말 고르기

❺ 5·16 군사 정변을 일으킨 세력은 (자유당, 민주 공화당)을 창당하였다.

❻ 박정희 정부는 (일본, 미국)의 요청에 따라 베트남에 국군을 파병하였다.

❼ 유신 헌법은 통일 주체 국민 회의에서 (직접, 간접) 선거로 대통령을 선출하도록 하였다.

❽ 1971년 대통령 선거에서 박정희는 (김대중, 김영삼)을 힘겹게 누르고 당선되었다.

빈칸 채우기

❾ 박정희 정부는 1969년 편법으로 (　　　) 개헌안을 통과시켰다.

❿ 유신 헌법은 대통령의 임기를 (　　　)년으로 규정하였다.

⓫ 1969년 미국 대통령 (　　　)이/가 발표한 선언은 냉전이 완화되는 계기가 되었다.

3. **붕괴(1979)**: 1978년 국회 의원 선거에서 야당인 신민당이 높은 득표율 기록, 제2차 석유 파동으로 경제 위기 → <u>YH 무역 사건</u> 발생 → 신민당 총재 김영삼의 정부 비판 → 김영삼을 국회 의원직에서 제명 → 부마 민주 항쟁 발생 → 박정희 대통령 피살(10·26 사태)

└ 회사 측의 일방적 폐업에 반발하던 노동자들이 신민당사에서 농성하던 중 경찰에 진압되었는데, 이 과정에서 여성 노동자 1명이 사망하였다.

⑤ 신군부 세력의 등장

1. 10·26 사태 직후의 정세

(1) 제주도를 제외한 전국에 비상계엄 선포

(2) 국무총리 최규하가 통일 주체 국민 회의에서 대통령으로 선출 → <u>민주화에 대한 기대 고조</u>

└ 최규하는 긴급 조치 해제, 정치인 복권, 해직 교수 복직, 제적 학생 복교 조치 등을 시행하여 민주화에 대한 기대가 높아졌다.

2. 12·12 사태(12·12 군사 반란, 1979): 전두환 등 일부 <u>군인</u>이 병력을 이끌고 반란을 일으켜 군사권 장악 → 주요 정부 기관과 언론 장악 등

└ 박정희 이후 다시 등장한 군부라는 의미에서 이들을 신군부라고 불렀다.

3. 서울의 봄

배경	신군부 세력의 등장으로 군사 독재가 이어질 것이라는 우려 고조 → 대학가를 중심으로 민주화 요구 분출
서울역 시위 **자료①**	• 서울역에 10만여 명의 학생과 시민 집결(1980. 5. 15.) → 비상계엄 해제 등 요구 • 신군부 개입의 빌미를 주지 않기 위해 해산
신군부의 대응	• 비상계엄 전국 확대(1980. 5. 17.) • 야당 정치인(김대중 등), 민주 인사, 학생 인사 등 체포 • 집회와 시위 등 정치 활동 금지, 언론과 출판에 대한 검열 강화, 휴교령 실시

⑥ 5·18 민주화 운동(1980)

1. 5·18 민주화 운동의 전개

계엄군 투입	• 광주의 학생과 시민들이 신군부 퇴진과 비상계엄 철폐 등을 요구하며 시위 전개 • 광주에 계엄군으로 투입된 공수 부대원들이 대학생들 구타(5. 18.)
시위 격화	• 학생과 시민들이 계엄군에 맞서 시위 → 계엄군의 무차별 진압, 발포(5. 21.) → 수많은 사상자 발생 • 시위가 광주 주변 지역으로 확산, 시민들이 시민군 조직 **자료②** • 계엄군의 대응: 시내에서 철수, 광주 외곽 봉쇄, <u>언론 통제</u>
시위 진압	• 시민들이 스스로 광주의 질서 유지(시민 공동체 형성), 시민 수습 대책 위원회 구성 → 협상 시도 • 계엄군이 헬기와 탱크를 앞세워 전남도청에서 저항하던 시민군 무력 진압(5. 27.)

└ 이 시기 언론은 광주 시민들을 폭도로 보도하였다.

2. 5·18 민주화 운동의 영향

(1) 6월 민주 항쟁 등 1980년대 민주화 운동의 토대

(2) 아시아 여러 나라의 민주화 운동에 영향

(3) 국군의 작전 통제권을 가진 미국이 5·18 민주화 운동 진압을 묵인했다고 판단한 일부 대학생들이 반미 운동 전개

(4) 5·18 민주화 운동 기록물들이 유네스코 세계 기록 유산으로 등재 **자료③**

자료 ① 서울역 시위 당시의 요구 사항

> • 비상계엄 해제하라!
> • 유신 잔당 물러나라!
> • 민주 회복! ── 남은 세력을 의미한다.
> • 정치군인 물러나라!

민주화를 열망하는 서울의 봄은 1980년 5월 15일 서울역 시위에서 절정에 달하였다. 서울역 앞에 모인 학생과 시민들은 신군부 등을 유신 잔당으로 규정하고 비상계엄 해제와 개헌을 통한 민주화를 요구하였다. 하지만 공수 부대가 투입된다는 소문이 돌면서 시위를 이끌던 지도부는 신군부가 정치에 개입할 빌미를 주지 않기 위해 해산을 결정하였다.

◯ ✖ 표시하기

❶ 1979년 박정희 등 일부 군인들이 쿠데타를 일으켜 정권을 장악하였다. ( )

❷ 1980년 서울역에 모인 학생과 시민들은 사사오입 개헌을 비판하였다. ( )

❸ 5·18 민주화 운동 이후 일부 대학생들이 반미 운동을 전개하였다. ( )

❹ 5·18 민주화 운동은 필리핀 등 여러 나라의 민주화 운동에 영향을 끼쳤다. ( )

자료 ② 광주 시민군의 궐기문(1980. 5. 25.)

> 우리는 왜 총을 들 수밖에 없었는가? 그 대답은 너무 간단합니다. 너무나 무자비한 만행을 더 이상 보고 있을 수만 없어서 너도나도 총을 들고 나섰던 것입니다. …… 계엄 당국은 발포 명령을 내려 무차별 발포를 시작했다는 것입니다. 이 고장을 지키고자 이 자리에 모이신 민주 시민 여러분! 그런 상황에 우리가 할 수 있는 일은 무엇이겠습니까?

자료는 5·18 민주화 운동 당시 시민군이 발표한 궐기문이다. 5월 21일 계엄군이 전남 도청 앞에 모인 시민들을 향해 무차별 발포하여 수많은 사상자가 발생하였다. 이에 시민들은 경찰서, 예비군 무기고 등에서 무기를 획득하여 시민군을 조직하였다.

적절한 말 고르기

❺ 10·26 사태 이후 민주화에 대한 기대가 높았던 시기를 (서울, 부산)의 봄이라고 한다.

❻ 신군부에 맞서 (광주, 마산) 시민들이 전개한 민주화 운동을 5·18 민주화 운동이라고 한다.

❼ 1979년 신민당 총재였던 (김대중, 김영삼)은 국회 의원직에서 제명되었다.

자료 ③ 유네스코 세계 기록 유산 등재

> 신문 내용은 일부를 제외한 모든 것은 사실이다. 그러나 사실 중에서도 쓰지 않은 사실이 더 많다. 우리 광주 시민은 여기에 울분한다. 왜 사실을 사실대로 보도하지 않는가? 왜 정부 측의 유리한 내용만을 발표하는가 말이다.
> – 광주여고 3학년 ◯◯◯의 일기 –

위 일기를 비롯하여 민주화를 요구하는 시민들의 일련의 활동뿐 아니라 당시 기록되고 생산된 문건, 사진, 영상 등의 자료가 2011년 유네스코 세계 기록 유산으로 등재되었다. 유네스코는 5·18 민주화 운동이 대한민국과 동남아시아 여러 나라의 민주화에 큰 영향을 주었다고 평가하였다.

빈칸 채우기

❽ 10·26 사태 직후 국무총리였던 ( )이/가 대통령으로 선출되었다.

❾ 전두환, 노태우 등 ( ) 세력은 12·12 사태를 일으켰다.

❿ 계엄군은 1980년 5월 27일 탱크 등을 앞세워 ( )에서 저항하던 시민군을 무력 진압하였다.

⓫ 5·18 민주화 운동 당시의 각종 기록물들은 ( ) 세계 기록 유산으로 등재되었다.

- 삼청 교육대
- 보도 지침
- 4·13 호헌 조치
- 박종철 고문치사 사건
- 6·10 국민 대회

7 전두환 정부

1. 성립

(1) **국가 보위 비상 대책 위원회**: 신군부가 입법·사법·행정부 장악

(2) **과정**: 통일 주체 국민 회의에서 전두환을 대통령으로 선출(1980) → 7년 단임의 대통령을 대통령 선거인단에서 간접 선거로 선출하는 내용의 개헌 → 전두환이 다시 대통령에 선출(1981)

2. 정책

강압책	삼청 교육대 운영, 언론 통폐합, 보도 지침으로 언론 통제, 고문 자행 등
유화책	야간 통행금지 폐지, 과외 금지, 중고생의 두발 및 교복 자율화, 해외여행 자율화, 프로 스포츠 육성

○ 삼청 교육대
1980년 8월 국가 보위 비상 대책 위원회가 설치한 군대식 기관으로, 사회악을 없앤다는 명분으로 무고한 시민까지 끌고 가 강제로 집단 수용하고 군대식 훈련을 실시하였다. 전두환 정부 시기의 대표적인 인권 유린 사례이다.

8 6월 민주 항쟁(1987)

1. 직선제 요구 고조

배경	권력형 부정과 비리 사건, 부천 경찰서 성 고문 사건 등 발생 **자료 ❶**
전개	김대중, 김영삼 등이 창당한 후 제1 야당으로 성장한 신한 민주당 주도로 대통령 직선제 개헌 요구 고조 └ 1985년 총선에서 제1 야당이 되었다.
정부의 대응	현행 헌법에 따라 간선제로 차기 대통령을 선출하겠다는 4·13 호헌 조치 발표 └ 당시 전국적으로 개헌 청원 1천만 명 서명 운동이 전개되었다. **자료 ❷**

○ 야간 통행금지
허가받지 않은 사람의 야간 통행을 금지한 조치이다. 시기에 따라 조금씩 차이가 있지만 대체로 0시부터 4시까지 운영되었다. 크리스마스나 12월 31일 등에 일시적으로 해제되기도 하였다.

2. 6월 민주 항쟁

계기	천주교 정의 구현 사제단이 박종철 고문치사 사건에 대한 은폐·조작 사실 폭로 → 시민들의 분노 폭발
전개	• 민주 헌법 쟁취 국민 운동 본부 결성 • 이한열이 경찰이 쏜 최루탄에 맞아 의식 불명 상태에 빠짐(6. 9.) → 학생·시민 결집 • 6·10 국민 대회: 박종철 고문치사 은폐·조작 규탄, 호헌 철폐 요구 → 서울 등 전국 주요 도시에서 시위 전개 같은 날 여당인 민주 정의당은 당 대표이자 신군부였던 노태우를 대통령 후보로 지명하였다.
결과	노태우가 6·29 민주화 선언 발표 → 개헌(5년 단임, 대통령 직선제) **자료 ❸**
의의	• 학생, 정치인, 농민, 노동자 등 다양한 계층이 참여한 민주화 운동 • 평화적 정권 교체의 토대 • 각 분야의 민주화 운동이 전개되는 원동력

○ 박종철 고문치사 사건
1987년 1월 대학생 박종철이 남영동 대공분실에서 경찰 조사를 받던 중 고문으로 인해 사망하였다. 하지만 전두환 정부는 "책상을 '탁'하고 치니, '억'하고 죽었다."라는 등의 해명을 내면서 사건의 진상을 숨기려 하였다. 현재 남영동 대공분실은 민주화 운동 기념관으로 활용되고 있다.

▲ 박종철 국민 추도회

▲ 6월 민주 항쟁

자료① **부천 경찰서 성 고문 사건 보도 지침(1986)**

> 1. 오늘 오후 4시 검찰이 발표한 조사 결과 내용만 보도할 것.
> 3. 검찰 발표 전문은 꼭 실어 줄 것.
> 5. 이 사건의 명칭을 '성추행'이라고 하지 말고 '성 모욕 행위'라고 할 것.

전두환 정부는 보도 지침을 통해 언론 보도에 대한 검열을 강화하였다. 1986년 경기도 부천 경찰서에서 경찰이 대학생을 성 고문하였는데, 전두환 정부는 이를 보도 지침으로 통제하려 하였다. 하지만 이후 이 사건에 대한 보도 지침이 폭로되어 전두환 정부의 언론 통제 실상이 드러났다.

◯✖ 표시하기

❶ 전두환 정부는 중앙정보부를 창설하고 권력 기반을 강화하였다. 　　　　　　　　　　　　　(　　)

❷ 전두환 정부는 야간 통행금지를 폐지하는 등 유화 정책을 추진하였다. 　　　　　　　　　　　(　　)

❸ 전두환은 비상계엄을 선포하고 10월 유신을 단행하였다. 　　　　　　　　　　　　　　　　(　　)

❹ 6월 민주 항쟁은 이후 각 분야에서 민주화 운동이 전개되는 원동력이 되었다. 　　　　　　　(　　)

자료② **4·13 호헌 조치**

> 　본인은 …… 임기 중 개헌이 불가능하다고 판단하고 현행 헌법에 따라 내년 2월 25일 본인의 임기 만료와 더불어 후임자에게 정부를 이양할 것을 천명하는 바입니다. …… 이와 함께 본인은 평화적인 정부 이양과 서울 올림픽이라는 양대 국가 대사를 성공적으로 치르기 위해 국론을 분열시키고 국력을 낭비하는 소모적인 개헌 논의를 지양할 것을 선언합니다. <u>다음 정부에 통치권을 넘겨준다는 의미이다.</u>

직선제 개헌 요구가 고조되는 가운데 전두환 정부는 대통령 직선제 개헌 의지가 있다고 발표하면서 야당과 협상을 벌였다. 하지만 전두환 정부는 박종철 고문치사 사건에 대한 의혹이 높아지는 상황에서 개헌 요구를 무시하고 서울 올림픽을 구실로 당시 헌법에 따라 간선제로 다음 대통령을 선출하겠다고 발표하였다.

적절한 말 고르기

❺ 전두환 정부는 (대통령 선거인단, 통일 주체 국민 회의)에서 대통령을 뽑도록 하는 개헌을 단행하였다.

❻ 김대중, 김영삼 등이 창당한 (신한 민주당, 민주 정의당)은 제1 야당이 되었다.

❼ 1987년 6월 9일 (김주열, 이한열)은 경찰이 쏜 최루탄에 맞아 의식 불명에 빠졌다.

❽ 6월 민주 항쟁의 결과 (노태우, 전두환)은/는 6·29 민주화 선언을 발표하였다.

자료③ **6·29 민주화 선언**

> 　첫째, 여야 합의하에 조속히 직선제 개헌을 하고 새 헌법에 의한 대통령 선거를 통해 1988년 2월 평화적 정부 이양을 실현토록 해야 하겠습니다. …… 넷째, 인간의 존엄성은 더욱 존중되어야 하며 국민 개개인의 기본적인 인권은 최대한 신장되어야 합니다. 다섯째, 언론 자유의 창달을 위해 관련 제도와 관행을 획기적으로 개선해야 합니다. <u>의견을 자유롭게 표현하고 전달하는 것을 말한다.</u>

전두환 정부는 6월 민주 항쟁을 강경 탄압하였으나 많은 시민이 참여하면서 시위가 확산되자 결국 민주화 요구에 굴복하였다. 여당이던 민주 정의당의 대표이자 대통령 후보였던 노태우는 직선제 개헌을 수용한다는 내용을 담은 6·29 민주화 선언을 발표하였다. 이에 따라 5년 단임의 대통령 직선제 개헌이 이루어졌다.

빈칸 채우기

❾ 전두환 정부는 (　　　) 지침을 통해 언론을 통제하였다.

❿ 전두환 정부는 1987년 (　　　) 호헌 조치를 발표하였다.

⓫ (　　　) 고문치사 사건의 은폐·조작 시도가 폭로되면서 6월 민주 항쟁이 본격화되었다.

25580-0355

01 (가)에 들어갈 내용으로 가장 적절한 것은?

> 1. 3·15 부정 선거
> • 목적: 이승만과 이기붕을 당선시키기 위해 자행
> • 주요 사례: 3·9인조 공개 투표, 4할 사전 투표 등
> • 영향: ⬛⬛⬛⬛⬛ (가) ⬛⬛⬛⬛⬛

① 진보당 탄압
② 경향신문 폐간
③ 제헌 국회 구성
④ 4·19 혁명 발생
⑤ 장면 내각의 붕괴

25580-0356

02 (가)에 들어갈 내용으로 가장 적절한 것은?

> 서울에서 학생과 시민 수만 명이 시위에 나섰다. 시위대가 경무대로 향하자, 경찰이 시위대에 발포하여 수많은 희생자가 발생하였다. 25일에는 대학교수들도 ⬛(가)⬛ 을/를 요구하는 시국 선언을 발표하고 시위에 나섰다.

① 신탁 통치 반대
② 통일 정부 수립
③ 이승만 대통령의 퇴진
④ 대통령 선거인단의 구성
⑤ 인구 비례에 따른 남북한 총선거 실시

25580-0357

중요

03 밑줄 친 '새 헌법'에 대한 학생들의 발표 내용으로 적절한 것만을 〈보기〉에서 고른 것은??

> 혁명의 결과 대통령이 사임한 후 과도 정부가 수립되었다. 과도 정부는 혁명의 도화선이 되었던 선거를 무효화하고, 개헌을 단행하였다. 밑줄 친 새 헌법에 따라 실시된 제5대 총선에서 민주당이 전체 의석의 3분의 2가 넘는 175석을 차지하였다.

┤ 보기 ├
ㄱ. 국회를 양원으로 구성하도록 하였어요.
ㄴ. 내각 책임제의 실시가 주요 내용이었어요.
ㄷ. 대통령을 국민이 직접 선출하도록 하였어요.
ㄹ. 대통령에게 국회 의원 3분의 1 추천권을 부여하였어요.

① ㄱ, ㄴ ② ㄱ, ㄷ ③ ㄴ, ㄷ
④ ㄴ, ㄹ ⑤ ㄷ, ㄹ

25580-0358

04 밑줄 친 '우리'에 해당하는 정치 세력에 대한 설명으로 옳은 것만을 〈보기〉에서 고른 것은?

> 1. 반공을 국시의 제일의(義)로 삼고, 반공 태세를 재정비한다.
> 4. 민생고를 시급히 해결하고, 국가 자주 경제 재건에 총력을 기울인다.
> 6. 이와 같은 우리의 과업이 성취되면 참신하고 양심적인 정치인들에게 정권을 이양하고, 우리들 본연의 임무로 복귀할 준비를 갖춘다.

┤ 보기 ├
ㄱ. 군정을 실시하였다.
ㄴ. 중앙정보부를 설치하였다.
ㄷ. 윤보선을 대통령에 선출하였다.
ㄹ. 5·18 민주화 운동을 진압하였다.

① ㄱ, ㄴ ② ㄱ, ㄷ ③ ㄴ, ㄷ
④ ㄴ, ㄹ ⑤ ㄷ, ㄹ

> 25580-0359

05 밑줄 친 '정부'에 대한 설명으로 옳은 것은?

김종필과 오히라가 벌인 회담에서 일본은 경제 협력 자금이라는 명목의 지원금과 유·무상 차관을 제공하기로 하였으나 식민지 지배에 대한 사죄와 배상 등은 이루어지지 않았다. 이에 수많은 학생과 시민은 굴욕적인 한일 회담에 반대하는 시위를 전개하였다. 시위가 확대되자 정부는 휴교령과 계엄령을 선포하고 이를 진압하였다.

① 농지 개혁에 착수하였다.
② 베트남 파병을 단행하였다.
③ 5·16 군사 정변으로 무너졌다.
④ 신탁 통치 반대 운동을 주도하였다.
⑤ 여수·순천 10·19 사건을 진압하였다.

> 25580-0360

06 다음 상황이 전개된 시기를 연표에서 옳게 고른 것은?

박정희 정부는 전국에 비상계엄을 선포하고 국회를 해산하였다. 이어 안보 위기와 평화 통일에 대비한다는 구실로 비상 국무 회의에서 제정한 헌법을 국민 투표로 확정하였다.

(가)	(나)	(다)	(라)	(마)
6·3 시위 진압	브라운 각서 체결	박정희 재선	닉슨 독트린 발표	7·4 남북 공동 성명 발표	제2차 인혁당 사건 발생

① (가) ② (나) ③ (다) ④ (라) ⑤ (마)

> 25580-0361

07 (가), (나)에 들어갈 내용을 옳게 연결한 것은?

YH 무역 노조는 회사 측의 일방적인 폐업에 대한 철회를 요구하며 농성하였다. 노조는 회사에서 쫓겨날 위기에 처하자 8월 9일 야당인 (가) 의 당사에 모여 농성을 이어 갔다. 8월 11일 새벽, 경찰은 정치인과 노동자들을 강경 진압하였고, 이 과정에서 여성 노동자가 사망하는 사건이 벌어졌다. 이를 계기로 (가) 의 총재 (나) 이/가 외신 인터뷰에서 박정희 정부를 강력히 비판하자, 여당은 (나) 을/를 국회 의원직에서 제명하였다.

	(가)	(나)
①	민주당	김대중
②	민주당	김영삼
③	신민당	김영삼
④	신민당	장준하
⑤	민주 공화당	김영삼

> 25580-0362

08 밑줄 친 '군부'에 대한 설명으로 옳은 것은?

10만여 명의 학생과 시민이 서울역 앞에서 민주화를 요구하는 집회를 열었다. 그러나 공수 부대가 투입된다는 소문이 돌면서 서울 소재 대학교 총학생회장들은 해산을 결정하였다. 군부가 정치에 개입할 빌미를 주지 않으며 군대와 충돌이 벌어질 경우 대규모의 유혈 사태가 발생할 것을 우려하였기 때문이다.

① 혁명 공약을 발표하였다.
② 삼청 교육대를 운영하였다.
③ 사사오입 개헌을 단행하였다.
④ 한미 상호 방위 조약을 맺었다.
⑤ 한일 회담 반대 시위를 진압하였다.

기본 문제

> 25580-0363

09 밑줄 친 '모습'에 해당하는 장면으로 가장 적절한 것은?

위르겐 힌츠페터라는 독일 기자는 광주 시민들과 계엄군이 충돌하고 있다는 소식을 듣고 광주로 향하였다. 택시를 타고 광주에 잠입한 힌츠페터는 광주에서 일어난 일들을 촬영하였다. 그가 카메라에 담은 모습은 독일의 공영 방송을 통해 전 세계에 알려졌고, 신군부의 폭력성을 폭로하였다.

① 대통령 선거에 출마하는 김대중
② 입국하는 유엔 한국 임시 위원단
③ 반민 특위 사무실을 습격하는 경찰
④ 여운형과 함께 합작 방안을 논의하는 김규식
⑤ 협상 방안을 논의하는 수습 대책 위원회의 시민

> 25580-0364

10 밑줄 친 '유화 정책'의 사례로 옳은 것만을 〈보기〉에서 고른 것은?

새로운 헌법에 따른 선거 결과 제12대 대통령이 선출되었다. 이렇게 수립된 정부는 유화 정책을 시행하였으나, 국민의 민주화 요구는 철저히 탄압하였다. 보도 지침을 통해 언론을 통제하였으며, 학생 운동과 노동 운동을 탄압하고 고문 수사도 서슴지 않았다. 여기에 각종 권력형 부정과 비리 사건이 연이어 일어나 정부에 대한 국민의 불신이 높아져 갔다.

┤ 보기 ├

ㄱ. 국가 보안법 개정
ㄴ. 야간 통행금지 폐지
ㄷ. 동아일보와 조선일보의 창간
ㄹ. 중고생의 두발 및 복장의 자율화

① ㄱ, ㄴ   ② ㄱ, ㄷ   ③ ㄴ, ㄷ
④ ㄴ, ㄹ   ⑤ ㄷ, ㄹ

> 25580-0365

11 다음을 발표한 인물에 대한 설명으로 옳은 것은?

① 반공 포로를 석방하였다.
② 긴급 조치 1호를 발표하였다.
③ 12·12 군사 반란을 일으켰다.
④ 국가 재건 최고 회의를 설치하였다.
⑤ 평양을 방문하여 남북 협상을 벌였다.

중요

> 25580-0366

12 다음이 발표된 민주화 운동에 대한 탐구 활동으로 적절한 것만을 〈보기〉에서 고른 것은?

오늘 우리는 전 세계 이목이 우리를 주시하는 가운데 …… 희망찬 민주 국가를 건설하기 위한 거보를 전 국민과 함께 내딛는다. …… 현 정권에게 국민의 분노가 무엇인지를 분명히 보여 주고, 국민적 여망인 개헌을 일방적으로 파기한 4·13 폭거를 철회시키기 위한 민주 장정을 시작한다.

┤ 보기 ├

ㄱ. 여운형 암살의 영향을 찾아본다.
ㄴ. 이한열이 중태에 빠진 이유를 조사한다.
ㄷ. 김주열 시신 발견에 대한 여론을 파악한다.
ㄹ. 박종철 고문치사 사건을 다룬 기사를 살펴본다.

① ㄱ, ㄴ   ② ㄱ, ㄷ   ③ ㄴ, ㄷ
④ ㄴ, ㄹ   ⑤ ㄷ, ㄹ

서술형 문제

Step1 핵심 키워드 파악하기

> 25580-0367

01 다음 민주화 운동 당시 제기된 구호를 쓰시오.

> 민주화를 요구하던 대학생들은 신군부에 의해 군사 정권이 들어설지 모른다는 위기를 느끼자 거리로 나왔다. 특히 5월 15일 학생과 시민 10만여 명이 서울역 광장에 모였다. 이는 4·19 혁명 이후 최대 인파가 모인 것이었다.

예시 답안 1980년 (   )의 봄을 대표하는 서울역 시위 당시 학생과 시민들은 (   ) 해제, (   ) 헌법 폐지 등을 요구하였다.

> 25580-0368

02 밑줄 친 '민주화 선언'의 내용을 서술하시오.

> '박종철 군 고문 살인 은폐 규탄 및 호헌 철폐 국민 대회'가 열렸다. 이후 '민주 헌법 쟁취를 위한 국민 평화 대행진' 때까지 전국에서 많은 국민이 참여하였다. 결국 정부와 여당은 <u>민주화 선언</u>을 발표하였다.

예시 답안 (   ) 민주 항쟁의 결과 정부와 여당은 6·29 민주화 선언을 발표하여 대통령 (   ) 개헌과 공명 정당한 선거 관리 등을 약속하였다.

Step2 스스로 답안 작성하기

> 25580-0369

03 다음 글을 읽고 물음에 답하시오.

> 이승만 정부가 무너진 후 허정이 이끄는 과도 정부가 들어섰다. 과도 정부는 새로운 <u>헌법</u>을 만들었고, 이에 따라 실시된 총선거에서 [(가)]이/가 크게 승리하여 다수당이 되었다.

(1) (가)에 들어갈 정당의 명칭을 쓰시오.

(2) 밑줄 친 '헌법'의 특징을 서술하시오.

> 25580-0370

04 다음 글을 읽고 물음에 답하시오.

> 제39조 대통령은 통일 주체 국민 회의에서 토론 없이 무기명 투표로 선거한다.
> 제40조 통일 주체 국민 회의는 국회 의원 정수의 3분의 1에 해당하는 수의 국회 의원을 선거한다.

(1) 위 헌법의 명칭을 쓰시오.

(2) 위 헌법에 따라 대통령에게 부여된 권한을 세 가지 서술하시오.

> 25580-0371

01 (가) 민주화 운동에 대한 학생들의 발표 내용으로 적절한 것만을 〈보기〉에서 고른 것은?

[(가)]에 참여한 사람들의 회고

- 3월 15일 오후 5시 30분 집을 나온 뒤 시위대에 합류해서 행렬에 참가했어요. 밤 9시에 경찰이 쏜 총에 맞아 다치고 말았습니다.
- 나보다 어린 김주열 학생이 참혹한 상태로 발견되었다는 소식에 격분해서 시위에 참가하였습니다.
- 경무대로 가려던 시민들에게 발포했다는 이야기를 듣고 가만히 있을 수 없어서 이후의 시위에 계속 함께했습니다.

〈보기〉

ㄱ. 5·10 총선거 실시를 규탄하였습니다.
ㄴ. 대한민국 임시 정부 수립으로 이어졌습니다.
ㄷ. 정부가 비상계엄을 내려 진압하려 하였습니다.
ㄹ. 이승만 대통령이 사임하는 결과를 가져왔습니다.

---

① ㄱ, ㄴ   ② ㄱ, ㄷ   ③ ㄴ, ㄷ
④ ㄴ, ㄹ   ⑤ ㄷ, ㄹ

> 25580-0372

02 (가)에 들어갈 내용으로 가장 적절한 것은?

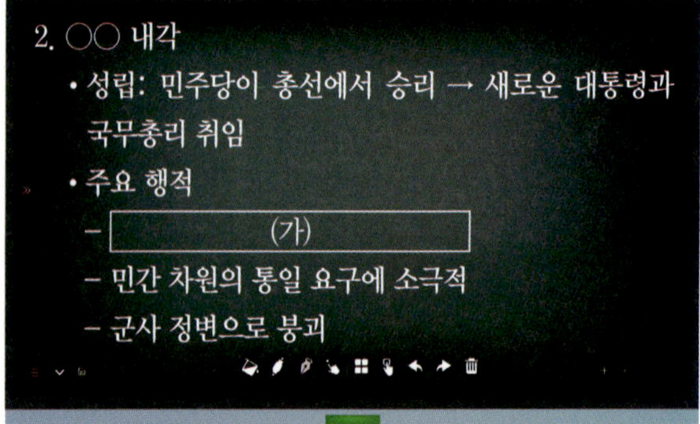

① 경향신문 폐간
② 발췌 개헌 단행
③ 중앙정보부 설치
④ 지방 자치제 실시
⑤ 농지 개혁법 제정

> 25580-0373

03 (가), (나) 시기 사이에 있었던 사실로 옳은 것은?

(가) 박정희를 중심으로 한 일부 군부 세력이 새벽에 사회 혼란 수습을 구실로 정변을 일으켜 권력을 장악하였다.
(나) 미국은 한국 정부에 브라운 각서를 전달하여 한국군의 현대화, 경제 발전을 위한 기술 원조 및 차관 제공 등을 약속하였다.

---

① 6·3 시위가 일어났다.
② 닉슨 독트린이 발표되었다.
③ 경찰이 시위대에 발포하였다.
④ 김대중이 일본에서 납치되었다.
⑤ 제2차 인혁당 사건이 발생하였다.

> 25580-0374

04 (가)에 들어갈 내용으로 적절한 것만을 〈보기〉에서 고른 것은?

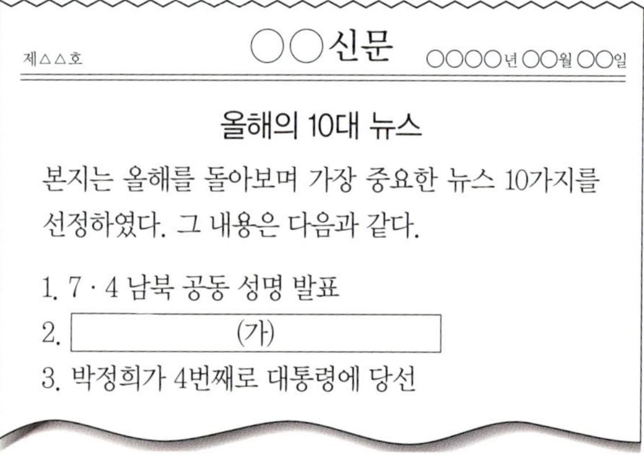

제△△호	○○신문	○○○○년 ○○월 ○○일

올해의 10대 뉴스

본지는 올해를 돌아보며 가장 중요한 뉴스 10가지를 선정하였다. 그 내용은 다음과 같다.

1. 7·4 남북 공동 성명 발표
2. (가)
3. 박정희가 4번째로 대통령에 당선

〈보기〉

ㄱ. 비상계엄 선포
ㄴ. 유신 헌법 제정
ㄷ. '혁명 공약' 발표
ㄹ. 국가 재건 최고 회의 설치

---

① ㄱ, ㄴ   ② ㄱ, ㄷ   ③ ㄴ, ㄷ
④ ㄴ, ㄹ   ⑤ ㄷ, ㄹ

05 다음 선언이 이루어진 당시에 볼 수 있는 모습으로 가장 적절한 것은?

> 25580-0375

우리는 이를 보고만 있을 수 없어 …… 이 나라의 먼 앞길을 내다보면서 '민주 구국 선언'을 선포하는 바이다.
1. 이 나라는 민주주의 기반 위에 서야 한다. …… 우리는 …… 허울만 남은 의회 정치가 회복되어야 한다고 주장한다. 우리는 사법권의 독립을 촉구한다.
2. 경제 입국의 구상과 자세가 근본적으로 재검토되어야 한다.
3. 민족 통일은 오늘 이 겨레가 짊어진 지상의 과업이다.

① YH 무역 사건을 진압하는 경찰
② 3선 개헌안을 통과시키는 국회 의원
③ 이한열과 함께 시위에 나서는 대학생
④ 긴급 조치 위반으로 구속되는 지식인
⑤ 윤보선의 대통령 당선 소식을 보도하는 기자

06 밑줄 친 '시위'에 대한 탐구 활동으로 가장 적절한 것은?

> 25580-0376

…… 비상계엄을 전국으로 확대하는 등 헌법 기관인 대통령, 국무 위원들에 대해 강압을 가하는 상태에서, 이에 항의하기 위하여 일어난 광주 시민들의 시위는 국헌을 문란하게 하는 내란 행위가 아니라 헌정 질서를 수호하려는 정당한 행위였음에도 이를 난폭하게 진압하여 …… 국헌 문란에 해당한다.

① 신한 민주당의 활동을 파악한다.
② 시민군이 결성된 배경을 조사한다.
③ 한일 협정의 체결 과정을 정리한다.
④ 남북 협상의 결과 발표된 선언문을 살펴본다.
⑤ 모스크바 3국 외상 회의의 결정 사항을 분석한다.

07 (가)에 들어갈 내용으로 옳은 것만을 〈보기〉에서 고른 것은?

> 25580-0377

2. ○○○ 정부의 출범과 정책
(1) 과정: 국가 보위 비상 대책 위원회 설치 → 통일 주체 국민 회의에서 대통령으로 선출 → 개헌 → 대통령 선출
(2) 주요 활동: (가)

〈 보기 〉
ㄱ. 언론사 통폐합
ㄴ. 민주 공화당 창당
ㄷ. 삼청 교육대 운영
ㄹ. 국민 보도 연맹 조직

① ㄱ, ㄴ ② ㄱ, ㄷ ③ ㄴ, ㄷ
④ ㄴ, ㄹ ⑤ ㄷ, ㄹ

08 (가) 민주화 운동의 결과로 옳은 것은?

> 25580-0378

○○ 고등학교 역사 동아리 답사 계획서

주제: (가) 의 흔적을 찾아서
일시: 6월 10일 동아리 활동 시간
장소
1. 대한 성공회 서울주교좌 성당: 박종철 고문 살인 은폐 규탄 및 호헌 철폐 국민 대회 개최
2. 옛 향린 교회: 민주 헌법 쟁취 국민 운동 본부의 결성식 개최
3. 명동 성당: 경찰에 쫓긴 시위대의 농성 전개

① 5·16 군사 정변이 일어났다.
② 제주 4·3 사건이 발생하였다.
③ 6·10 국민 대회가 개최되었다.
④ 4·13 호헌 조치가 발표되었다.
⑤ 6·29 민주화 선언이 이루어졌다.

04 산업화의 성과와 사회 · 환경 문제

1 산업화의 성과와 한계

1. 경제 성장

(1) 제1, 2차 경제 개발 5개년 계획(1962~1971)

추진	• 경공업 육성, 노동 집약적 산업 중심, 수출 주도형 산업화 • 서독에 광부와 간호사를 파견하는 등 자금 마련
성과	• 베트남 특수에 힘입어 고도성장 • 경부 고속 국도와 포항 종합 제철 공장 건설 → 경제 성장 기반 마련
한계	• 세계 경제 침체에 따른 수출 감소 → 기업의 채무 상환 부담 증가 • 대응: 8 · 3 조치(1972, 기업의 채무 상환 유예 등), 자유 무역 지역 설정(마산 등)

외국에서 빌려 온 자본을 토대로 신발, 의류, 가발 등 노동 집약적 산업을 육성하여 외국에 값싸게 수출하였다.

(2) 제3, 4차 경제 개발 5개년 계획(1972~1981)

추진	중화학 공업 육성 **자료 ①** → 경공업 추월
성과와 한계	제1차 석유 파동 → 중동 건설 사업 진출에 따른 오일 머니 획득으로 위기 극복 → 수출 100억 달러 달성 등 성과 → 제2차 석유 파동과 중화학 공업 중복 투자로 위기

(3) 1980년대의 경제 변화

위기 극복	중화학 공업의 중복 투자 조정, 부실기업 정리
성과	• 저달러 · 저유가 · 저금리의 3저 호황 → 무역 수지 흑자 달성 **자료 ②**, 물가 안정 • 반도체 · 자동차 등 기술 집약적 산업 육성

2. 한계: 열악한 노동 환경, 도시와 농촌 간의 소득 격차, 정경 유착 발생, 재벌 중심 산업 구조 형성, 외채 증가, 경제의 대외 의존도 심화

2 경제 성장에 따른 사회 변화

1. 도시화와 노동 문제

(1) **도시화**: 산업화에 따른 급속한 도시 인구 증가 → 빈민 · 주거 문제 발생(판자촌 · 달동네 형성, 광주 대단지 사건 등)

(2) **노동 문제**: 저임금과 장기간 노동 등 열악한 노동 환경 → 평화 시장 노동자 전태일이 근로 기준법 준수를 요구하며 분신 **자료 ③** → 노동 운동 활성화

2. 농촌의 변화

박정희 정부는 도시 노동자들의 저임금을 뒷받침하기 위해 곡물 가격을 낮게 유지하였다.

농촌의 문제	저곡가 정책 → 이농 인구 증가, 농촌 인구 고령화 등
새마을 운동 (1970)	• 박정희 정부가 '근면, 자조, 협동'을 구호로 내걸고 추진 • 주택 개량, 도로 확충 등 농촌의 생활 환경 개선 • 농가 소득 향상 미흡, 유신 체제 유지에 이용되었다는 비판 제기
농민 운동	• 함평 고구마 피해 보상 사건을 계기로 농민 운동 활성화 • 1980년대 외국 농산물 수입 개방 반대 운동 전개

1980년대 우리 경제가 성장하면서 농산물 시장을 개방하라는 국제 사회의 압력이 고조되었다.

베트남 특수
베트남과의 무역을 비롯해 미국이 제공한 차관 등 베트남 파병에 따라 생겨난 경제 효과를 말한다.

석유 파동
중동 지역의 정세 변화에 따라 국제 유가가 크게 폭등하는 상황을 말한다. 석유 등 원자재 의존도가 높은 우리 경제에 큰 영향을 끼쳤다.

3저 호황
환율 차이 덕분에 수출 경쟁에서 인접 국가보다 유리하였고, 국제 유가와 수입 원자재 가격 하락으로 외환을 절약할 수 있었으며, 국제 금리가 낮아져 외채 부담 이자가 줄고 투자 여력이 늘었다.

광주 대단지 사건
서울시가 판자촌 정리 사업을 추진하면서 경기도 광주에 철거민들을 집단 이주시켜 놓고 방치하는 등 많은 문제가 발생하였다. 이에 격분한 광주 대단지 주민 5만여 명이 대규모 시위를 벌였다.

함평 고구마 피해 보상 사건
1970년대 중반 농협이 고구마 전량을 사들이겠다는 약속을 어기자, 함평의 농민들이 3년간 투쟁하여 피해를 보상받았다.

자료 ① 중화학 공업 육성

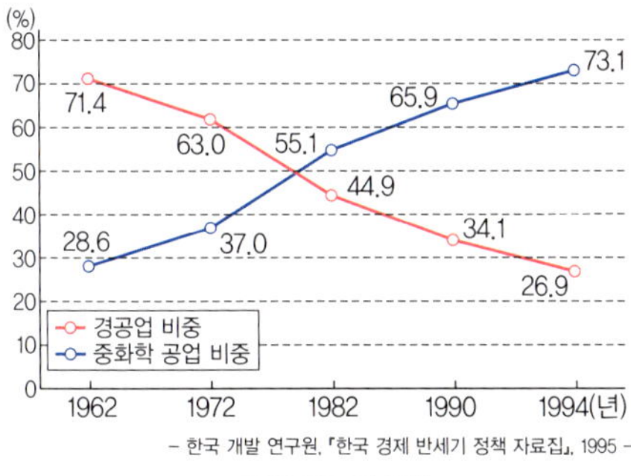

– 한국 개발 연구원, 「한국 경제 반세기 정책 자료집」, 1995 –

▲ 공업 구조의 변화

1970년대 박정희 정부는 노동 집약적인 경공업의 한계를 극복하고 경공업 중심의 경제 구조를 바꾸어 자립 경제를 건설하기 위해 중화학 공업을 적극 육성하였다. 1970년 포항 종합 제철 공장 착공은 이를 위한 첫걸음이었다.

자료 ② 3저 호황의 성과

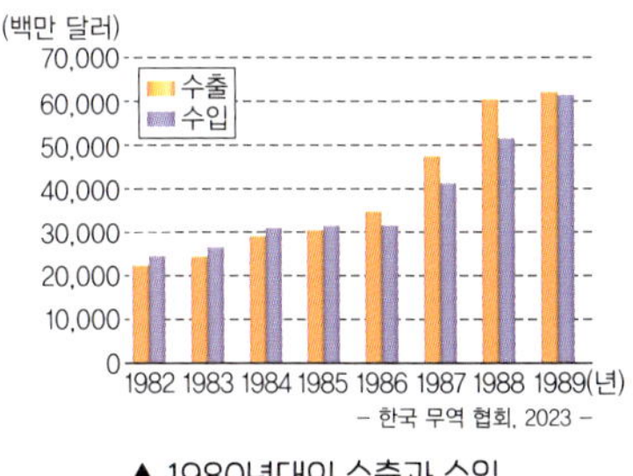

– 한국 무역 협회, 2023 –

▲ 1980년대의 수출과 수입

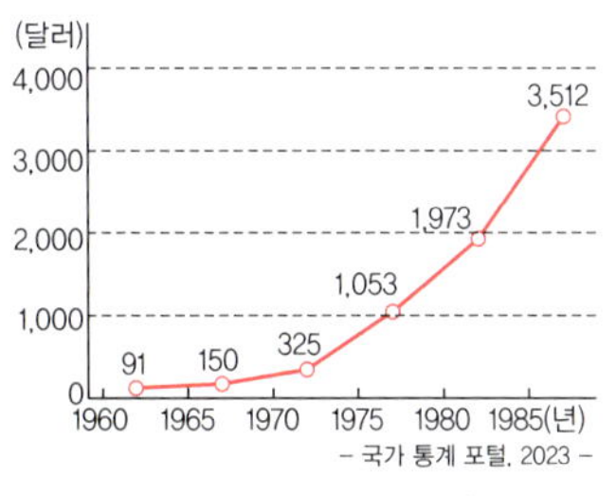

– 국가 통계 포털, 2023 –

▲ 1인당 국민 소득의 변화

1980년대 중반 세계적인 저유가, 저금리, 저달러의 3저 호황에 힘입어 수출 부진이 해소되었다. 그 결과 공식 무역 통계를 작성한 이래 처음으로 무역 수지 흑자를 달성하였고, 연평균 10%가 넘는 경제 성장률을 기록하면서 1인당 국민 소득도 크게 증가하였다.

자료 ③ 전태일이 고발한 노동 현실

> 보조 노동자를 말한다.
>
> 저희들은 근로 기준법의 혜택을 조금도 못 받으며 더구나 2만 명이 넘는 종업원의 90% 이상이 평균 연령 18세의 여성입니다. …… 15세의 어린 시다공들은 1주 98시간의 고된 작업에 시달립니다. …… 1일 15시간의 작업 시간을 1일 10~12시간으로 단축해 주십시오. 1개월 휴일 2일을 늘려서 일요일마다 쉬기를 원합니다. …… 절대로 무리한 요구가 아님을 맹세합니다. 인간으로서 최소한의 요구입니다.

10대에 평화 시장 노동자가 된 전태일은 노동자들의 열악한 노동 상황을 목격하였다. 이를 개선하고자 전태일은 근로 기준법을 연구하고 평화 시장의 노동 실태를 조사하였다. 이후 각계에 노동 현실을 알렸으나 개선될 기미가 없었고, 결국 전태일은 1970년 11월 13일 "근로 기준법을 준수하라.", "우리는 기계가 아니다."라고 외치며 분신하였다.

---

❶ 제2차 경제 개발 5개년 계획이 추진될 당시 경부 고속 국도가 완성되었다. ( )

❷ 제3, 4차 경제 개발 계획 당시 경공업이 집중 육성되었다. ( )

❸ 산업화에 따라 농촌 인구가 증가하면서 달동네, 판자촌이 들어섰다. ( )

❹ 새마을 운동은 유신 체제 유지에 이용되었다는 비판을 받기도 하였다. ( )

❺ 박정희 정부는 (미국, 서독)에 광부와 간호사를 파견하여 외화를 획득하였다.

❻ 우리 기업들이 중동 건설 사업에 진출하여 벌어들인 외화는 제1차 (석유, 반도체) 파동 극복의 원동력이 되었다.

❼ 우리 경제는 1960~1970년대 ( ) 파병에 따른 경제 특수를 누렸다.

❽ 1980년대 중반 ( ), 저유가, 저금리의 3저 호황을 누렸다.

❾ 박정희 정부는 근면, ( ), 협동을 내세워 새마을 운동을 추진하였다.

❿ 1970년 ( )은/는 근로 기준법 준수를 요구하며 분신하였다.

⓫ 1970년대 ( ) 고구마 피해 보상 사건을 계기로 농민 운동이 성장하였다.

● 온산병 사태
우리나라에서 발생한 대표적인 공해병이다. 온산은 1974년 비철 금속 공업 기지로 지정되었는데, 1980년대 초부터 주민들의 건강에 이상이 생겼고, 시민 단체가 이를 조사하여 피해 보상을 이끌어 냈다.

● 졸업 정원제
입시에 따른 치열한 경쟁을 완화하기 위해 대학 입학 정원을 늘리는 대신 정해진 인원만 졸업하도록 한 제도이다.

● 장발·미니스커트 단속
1960년대 미국에서는 사회를 비판하는 청년 문화가 유행하였고, 전 세계로 확산되었다. 우리나라에서도 장발, 청바지, 미니스커트 등이 유행하였다. 박정희 정부는 이를 정부에 대한 반항과 퇴폐 풍조로 규정하고 단속하였다.

❸ 환경 문제의 대두

1. 배경: 산업화·도시화에 따른 자원 고갈과 생태·환경 문제 발생

2. 내용

(1) 도시 인구와 차량 증가 → 대기 오염, 소음 공해, 하수도의 수질 오염 등 발생

(2) 공단이 밀집된 울산, 여수 등지에서 환경 오염 물질에 따른 피해 발생

(3) **대표적인 사건**: 온산병 사태, 낙동강 페놀 오염 사건(1991) 등 **자료❶**

3. 환경 보전을 위한 노력

정부	환경 보전법 제정(1977), 환경청 설치(1980) ─ 이후 환경부로 승격되었다.
시민 사회	한국 공해 문제 연구소(→ 환경 운동 연합)와 같은 시민 단체 결성

└ 정부는 처음에는 경제 개발을 우선시하며 환경 운동을 억압하였으나, 1970년대부터 본격적으로 대응하기 시작하였다.

❹ 사회·문화의 변화

1. 교육

이승만 정부	초등학교 의무 교육 실시
박정희 정부	• 입시 경쟁 과열 → 중학교 무시험 실시(1960년대), 고교 평준화(1970년대) • 국가주의 교육: 국민 교육 헌장 마련 등 **자료❷**
전두환 정부	과외 금지, 대학 졸업 정원제 등

2. 언론

이승만 정부	정부에 비판적인 경향신문 폐간
박정희 정부	정부에 비판적인 언론 통제 강화 → 동아일보 기자들의 자유 언론 실천 선언 발표 → 동아일보 백지 광고 사태 발생 **자료❸**
전두환 정부	언론 통폐합, 보도 지침 등을 통해 언론 통제 지속

3. 대중문화

─ 1970년대에 통기타와 청바지로 상징되는 청년 문화가 확산되었다.

(1) 텔레비전 보급 확산 → 음악·영화 등 대중문화와 청년 문화 확산

(2) **박정희 정부의 검열·통제**: 장발과 미니스커트 단속, 금지곡 지정, 영화 사전 검열, 건전 가요 제작 등 → 전두환 정부에서도 지속

(3) **스포츠 문화 확산**: 전두환 정부 시기 프로 야구 등 프로 스포츠 출범, 서울 올림픽 대회(1988) 등 대규모 국제 스포츠 행사 유치

─ 국민들이 정치에 관심을 갖지 못하도록 하기 위한 의도가 내포되어 있었다. 동시에 소득 증대에 따른 여가 문화의 확산 과정이기도 하였다.

4. 생활 양식의 변화

주거	• 아파트 등 공공 주택 확산 • 세탁기, 냉장고, 가스레인지 등 가전제품의 보급
의류	섬유 산업의 발전 → 기성복 생산 본격화
식생활	• 1960년대 이후 혼식과 분식 장려 → 밀가루 음식 소비 증대 • 외식 문화 확산 → 외식업 성장, 패스트푸드점 증가

자료 ① 낙동강 페놀 오염 사건

┌ 공장이나 광산 등지에서 쓰고 나서 버리는 물로 유해 물질이 함유된 경우가 많다.

1991년 3월 경북 구미의 한 공장에서 염료와 수지를 만들 때 사용하는 발암 물질인 페놀 원액 30톤이 유출되어 대구의 상수원에 유입되었다. 4월에도 페놀이 다시 유출되었고, 수돗물로 만든 두부, 김치, 콩나물 등은 전량 폐기되었다. 이 사건은 환경 문제가 전 국민의 관심을 받는 사회 문제로 보편화되는 계기가 되었다.

〇✖ 표시하기

❶ 1977년 우리 정부는 환경 보전법을 제정하였다.
（　　）

❷ 전두환 정부 시기 국가주의 교육의 일환으로 국민 교육 헌장이 제정되었다.
（　　）

❸ 텔레비전이 보급되면서 대중문화와 청년 문화가 확산되었다.
（　　）

❹ 1960년대 이후 혼식과 분식이 장려되면서 밀가루 소비량이 증가하였다.
（　　）

자료 ② 국민 교육 헌장

> 우리는 민족중흥의 역사적 사명을 띠고 이 땅에 태어났다. 조상의 빛난 얼을 오늘에 되살려, 안으로 자주독립의 자세를 확립하고, 밖으로 인류 공영에 이바지할 때다. …… 반공 민주 정신에 투철한 애국 애족이 우리의 삶의 길이며, 자유세계의 이상을 실현하는 기반이다. 길이 후손에 물려줄 영광된 통일 조국의 앞날을 내다보며, 신념과 긍지를 지닌 근면한 국민으로서, 민족의 슬기를 모아 줄기찬 노력으로, 새 역사를 창조하자.

박정희 정부는 1968년 국민의 교육 지표로 국민 교육 헌장을 마련하였다. 이는 교육을 통해 국가와 민족을 강조하는 국가주의 정책의 일환이었다. 박정희 정부는 국민 교육 헌장과 국기에 대한 맹세를 학생들에게 외우도록 강조하였다. 또한 교련 과목을 필수 과목으로 정하는 등 군사 교육과 반공 교육을 강화하였다.

적절한 말 고르기

❺ (한강, 낙동강) 페놀 오염 사건은 환경 문제에 대한 국민적 관심이 높아지는 계기가 되었다.

❻ (이승만, 박정희) 정부 때부터 초등학교 의무 교육이 시행되었다.

❼ (박정희, 전두환) 정부 시기 프로 야구 등 프로 스포츠가 출범하였다.

자료 ③ 동아일보 백지 광고 사태

> • 해마다 1년간 모은 돼지 저금통을 깨서 불우한 이에게 전해 왔으나 이번에는 광고 해약으로 어려움을 겪는 동아일보를 돕는 데 쓰기로 했습니다.
> • 동아일보를 보는 재미로 세상을 산다.
> • 배운 대로 실행하지 못한 부끄러움을 이렇게 광고하나이다.

유신 헌법 제정 이후 언론에 대한 통제가 강화되자 동아일보 기자들이 자유 언론 실천 선언을 발표하는 등 언론 자유 수호 운동이 전개되었다. 박정희 정부는 광고주들에게 압력을 넣어 동아일보에 광고를 하지 못하게 하였고, 결국 동아일보는 광고란을 백지로 인쇄할 수밖에 없었다. 이때 시민들의 격려 글이 한동안 동아일보 광고란을 채웠다. 하지만 경영 악화를 견디지 못한 동아일보 사주는 많은 기자를 해고하였다.

빈칸 채우기

❽ 이승만 정부 시기 정부에 비판적인 (　　　)이/가 폐간되었다.

❾ 박정희 정부는 (　　　)와/과 미니스커트를 단속하였고, 금지곡을 지정하는 등 청년·대중문화를 통제하였다.

❿ (　　　) 기자들이 자유 언론 실천 선언을 발표하자 중앙정보부의 압력으로 백지 광고 사태가 발생하였다.

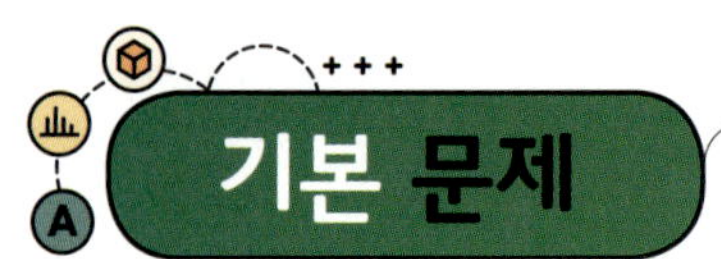

기본 문제

> 25580-0379

01 (가)에 들어갈 내용으로 가장 적절한 것은?

> 5·16 군사 정변 이후 자립 경제 구축을 목표로 국가 주
> 도의 경제 개발이 추진되었다. 하지만 통화 개혁에 실패
> 하는 등 자금 마련의 어려움으로 초반 성과가 부족하였
> 다. 이에 박정희 정부는 ____(가)____

① 회사령을 폐지하였다.
② 8·3 조치를 단행하였다.
③ 국가 총동원법을 제정하였다.
④ 수출 주도형 정책을 추진하였다.
⑤ 귀속 재산 처리법을 마련하였다.

> 25580-0380

02 (가) 시기의 경제 상황으로 옳은 것은?

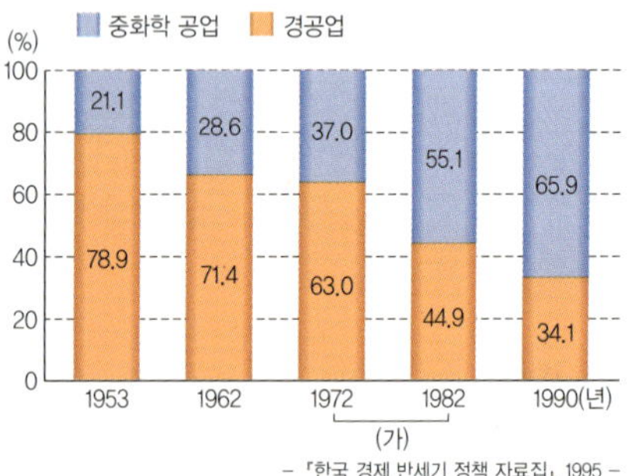

― 「한국 경제 반세기 정책 자료집」, 1995 ―

▲ 경제 구조의 변화

① 금속 공출이 이루어졌다.
② 무역 수지 흑자가 기록되었다.
③ 경부 고속 국도가 완공되었다.
④ 수출 100억 달러가 달성되었다.
⑤ 포항 종합 제철 공장 건설이 시작되었다.

> 25580-0381

03 (가) 운동에 대한 설명으로 옳은 것만을 〈보기〉에서 고
른 것은?

> 경제 성장 과정에서 농촌은 도시에 비해 상대적으로 소외
> 되었다. 도시와 농어촌의 소득과 문화 격차가 날로 커지
> 자 정부는 ____(가)____ 운동을 시작하였다. 이 운동은 주택
> 개량, 하천 정비 등 농어촌 환경 개선에 기여하였고, 이후
> 점차 도시와 직장으로 확대되었다.

┤ 보기 ├
ㄱ. 농지 개혁에 영향을 끼쳤다.
ㄴ. 평양에서 시작되어 확산되었다.
ㄷ. 근면, 자조, 협동을 구호로 내세웠다.
ㄹ. 유신 체제 유지에 이용되었다는 비판을 받는다.

① ㄱ, ㄴ   ② ㄱ, ㄷ   ③ ㄴ, ㄷ
④ ㄴ, ㄹ   ⑤ ㄷ, ㄹ

> 25580-0382

중요

04 다음 자료를 활용한 탐구 주제로 가장 적절한 것은?

> • 철거반원들이 우리의 시멘트 담을 쳐부수었다. 먼저 구
>   멍이 뚫리더니 담은 내려앉았다. 먼지가 올랐다.
> • 서울시가 판자촌 정리 사업을 추진하면서 경기도 광주
>   에 철거민들을 집단 이주시켜 놓고 방치하자 주민 5만
>   여 명이 대규모 시위를 벌였다.

① 환경 문제의 대두
② 전태일 분신의 배경
③ 도시화에 따른 문제
④ 광부와 간호사의 서독 파견
⑤ 재벌 중심 경제 구조의 형성

서술형 문제

Step1 핵심 키워드 파악하기

> 25580-0383

01 다음 문제를 해결하기 위한 노력을 서술하시오.

> 1960년대부터 본격화된 산업화와 도시화는 생태 · 환경에도 영향을 끼쳤다. 대규모 공단에서 배출하는 산업 폐수로 하천과 바다가 오염되었다. 또한 공장에서 내뿜는 매연 등으로 대기 오염도 심각해졌다.

예시 답안 정부는 1977년 (　　　　) 보전법을 제정하였고, 1980년에는 환경 문제 전담 기구인 (　　　　)을/를 설치하였다. 또한 한국 공해 문제 연구소와 같은 (　　　　) 단체도 설립되었다.

Step2 스스로 답안 작성하기

> 25580-0384

02 다음 글을 읽고 물음에 답하시오.

> 1980년대 초 경제 위기 극복을 위해 과잉 투자된 중화학 공업 중심으로 구조 조정이 실시되었고 부실 기업 정리가 이루어졌다. 1980년대 중반에는 저유가, 저달러, 저금리의 (가) 을/를 누리며 크게 성장하였다.

(1) (가)에 들어갈 용어를 쓰시오.

(2) 밑줄 친 '성장'의 내용을 구체적으로 서술하시오.

1등급 도전 문제

> 25580-0385

01 다음이 발표된 시기의 상황으로 옳은 것은?

> 우리 민족의 숙원이던 서울과 부산을 연결하는 고속 국도의 완전 개통을 보게 된 것을 국민 여러분들과 함께 경축하는 바입니다. 이 고속 국도야말로 우리 조국 근대화의 상징이며, 남북통일과 직결되는 도로입니다.

① 프로 야구가 출범하였다.
② 북촌에 화신 백화점이 세워졌다.
③ 낙동강 페놀 오염 사건이 발생하였다.
④ 제2차 경제 개발 5개년 계획이 실시되었다.
⑤ 반도체와 같은 기술 집약 산업이 성장되었다.

> 25580-0386

02 (가)와 같은 변화가 나타난 배경을 알아보기 위한 탐구 활동으로 가장 적절한 것은?

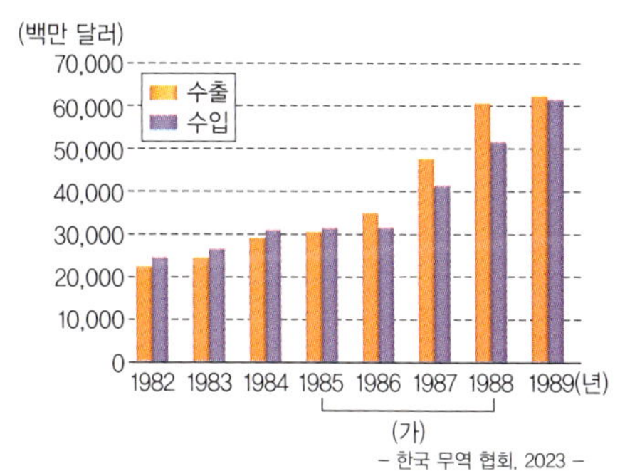

① 3저 호황의 성과를 조사한다.
② 경원선 부설의 영향을 알아본다.
③ 농촌 진흥 운동의 내용을 파악한다.
④ 원산 총파업의 전개 과정을 살펴본다.
⑤ 베트남 특수를 다룬 자료를 분석한다.

대단원 마무리 정리

01 | 냉전 체제와 대한민국 정부 수립

8·15 광복과 분단	8·15 광복 → 조선 건국 준비 위원회 결성 → 38도선 설정 → 미군과 소련군 주둔 → ❶ [ ] 3국 외상 회의
통일 정부 수립을 위한 노력	제1차 미소 공동 위원회 무기 휴회, 이승만의 정읍 발언(1946) → 좌우 합작 위원회(좌우 합작 7원칙 발표) → 제2차 미소 공동 위원회 결렬 → 유엔 총회 → 유엔 한국 임시 위원단 입북 거부 → 유엔 소총회(1948)에서 남한만의 총선거 결의 → ❷ [ ] 4·3 사건 발생, 남북 협상 개최
대한민국 정부 수립	5·10 총선거 → 제헌 국회 구성 → 제헌 헌법 제정 → 대한민국 정부 수립(1948. 8. 15.)
친일파 청산과 농지 개혁	• 반민 특위: 친일 혐의자 체포 → 이승만 정부의 방해, 경찰의 반민 특위 습격 → 해체 • 농지 개혁: 농지 개혁법 제정 → 3정보 초과 농지를 대상으로 ❸ [ ] 매수·유상 분배

02 | 6·25 전쟁과 남북 분단의 고착화

6·25 전쟁	과정	38도선 부근에서 남북 충돌, 미국의 ❹ [ ] 선언 → 북한의 남침(1950) → 서울 함락 → 유엔군 파병 → 인천 상륙 작전 → 서울 수복 → 압록강 진출 → 중국군 개입 → 서울 재함락 → 정전 회담 → 정전 협정(1953)
	영향	군인·민간인 희생, 민간인 학살, 물적 피해, 한미 상호 방위 조약 체결(미군 주둔)
이승만 정부의 장기 집권		• ❺ [ ] 개헌(1952) → 사사오입 개헌(1954) • 반공 체제: 진보당 사건(조봉암 사형), 국가 보안법 개정, 경향신문 폐간
전후 복구		미국의 원조 → ❻ [ ] 산업 발달, 식량 문제 해결에 기여, 국내 곡물 가격 하락, 정경 유착 발생

03 | 민주화를 위한 노력

4·19 혁명 (1960)	• 3·15 부정 선거(1960) → ❼ [ ] 시신 발견 → 시위 확대 → 이승만 대통령직 사임 • 허정 과도 정부 수립 → 개헌(내각 책임제, 양원제 국회) → 민주당 승리 → 장면 내각 성립
박정희 정부	• 5·16 군사 정변(1961): 국가 재건 최고 회의, 중앙정보부 설치 → 개헌(대통령 중심제) • 주요 정책: 한일 협정 체결(1965), ❽ [ ] 파병(1964~1973), 3선 개헌(1969)
유신 체제 (1972~1979)	• 유신 헌법: 대통령 임기 6년, 간선제(통일 주체 국민 회의), 중임 제한 철폐, 긴급 조치권 등 • 저항: 개헌 청원 천만인 서명 운동, 3·1 민주 구국 선언, 부마 민주 항쟁 → 10·26 사태(1979)
5·18 민주화 운동(1980)	12·12 사태 → 신군부 등장 → 서울의 봄 → ❾ [ ] 에 계엄군 투입 → 시민군 조직 → 진압
6월 민주 항쟁 (1987)	• 전두환 정부: 삼청 교육대 설치, 언론 통폐합, 보도 지침, 야간 통행금지 폐지, 해외여행 자유화 등 • 6월 민주 항쟁: 박종철 고문치사 사건 → 4·13 호헌 조치 → 6·10 국민 대회 → 6·29 민주화 선언 → 대통령 직선제 개헌

04 | 산업화의 성과와 사회·환경 문제

산업화의 성과	• 제1, 2차 경제 개발 5개년 계획(1962~1971): 노동 집약적 경공업 중심, 경부 고속 국도 건설 • 제3, 4차 경제 개발 5개년 계획(1972~1981): 중화학 공업 육성, 중동 진출, 수출 100억 달러 달성 • 1980년대 중반 3저 호황 → 무역 수지 ❿ [ ] 달성
사회 변화	도시 인구 증가(도시화), 노동 문제(⓫ [ ] 분신 사건), 농촌 문제(새마을 운동, 함평 고구마 사건 등)
환경 문제	산업화에 따른 환경 문제 발생(⓬ [ ] 페놀 오염 사건 등), 환경 보전법 제정, 환경청 설립
사회·문화의 변화	• 교육: 초등학교 의무 교육, 국민 교육 헌장 마련, 대학 졸업 정원제 등 • 언론: 경향신문 폐간, 동아일보 기자들의 자유 언론 실천 선언 등 • 텔레비전 보급 → 대중문화 확산, 박정희 정부의 검열·통제

정답 ❶ 모스크바 ❷ 제주 ❸ 유상 ❹ 애치슨 ❺ 발췌 ❻ 삼백 ❼ 김주열 ❽ 베트남 ❾ 광주 ❿ 흑자 ⓫ 전태일 ⓬ 낙동강

대단원 종합 문제

> 25580-0387

01 (가) 인물에 대한 설명으로 옳은 것만을 〈보기〉에서 고른 것은?

〈광복 직후 국내 주요 정치 세력〉

정치 단체	지도자
한국 민주당	송진우, 김성수
한국 독립당	김구
독립 촉성 중앙 협의회	(가)
조선 공산당	박헌영

〔 보기 〕
ㄱ. 반공 포로를 석방하였다.
ㄴ. 5·10 총선거에 참여하였다.
ㄷ. 좌우 합작 위원회를 결성하였다.
ㄹ. 조선 인민 공화국 수립을 선포하였다.

① ㄱ, ㄴ ② ㄱ, ㄷ ③ ㄴ, ㄷ
④ ㄴ, ㄹ ⑤ ㄷ, ㄹ

> 25580-0389

03 (가), (나)가 발표된 시기 사이에 있었던 사실로 옳은 것은?

(가)

(나)

① 여수·순천 10·19 사건이 일어났다.
② 대한민국 정부 수립식이 거행되었다.
③ 조선 건국 준비 위원회가 조직되었다.
④ 미국이 한반도 문제를 유엔에 상정하였다.
⑤ 일제가 연합국에 무조건 항복을 선언하였다.

> 25580-0388

02 다음 결정에 대한 국내 정치 세력의 반응과 그 영향을 서술하시오. (서술형)

1. 조선을 독립국으로 재건설하고, 민주주의 원칙 위에서 발전하게 하며, 일본이 남긴 잔재들을 청산하기 위해 조선 민주주의 임시 정부를 수립한다.
2. 조선 임시 정부를 수립하기 위해 …… 남조선 미군 사령부 대표들과 북조선 소련군 사령부 대표들로 (미소) 공동 위원회를 조직한다.
3. 공동 위원회는 …… 5년 이내를 기한으로 하는 조선에 대한 4개국 신탁 통치 협약을 작성하는 것이다. …… 미·소·영·중 정부의 공동 심의를 받아야 한다.

> 25580-0390

04 밑줄 친 '총선거'에 대한 설명으로 옳은 것만을 〈보기〉에서 고른 것은?

유엔 한국 임시 위원단이 총선거를 감시하고 협의할 수 있었던 남한 지역에서 효과적인 통제 및 관할권을 가진 합법 정부가 수립되었으며, …… 이 정부는 선거가 가능하였던 한반도 내에서 유일한 합법 정부임을 승인한다.

〔 보기 〕
ㄱ. 발췌 개헌이 이루어졌다.
ㄴ. 제헌 국회 의원을 선출하였다.
ㄷ. 이승만을 대통령으로 선출하였다.
ㄹ. 우리 역사상 최초의 민주적 선거였다.

① ㄱ, ㄴ ② ㄱ, ㄷ ③ ㄴ, ㄷ
④ ㄴ, ㄹ ⑤ ㄷ, ㄹ

한국사 2 Ⅱ 단원

> 25580-0391

05 밑줄 친 '전쟁'의 영향으로 가장 적절한 것은?

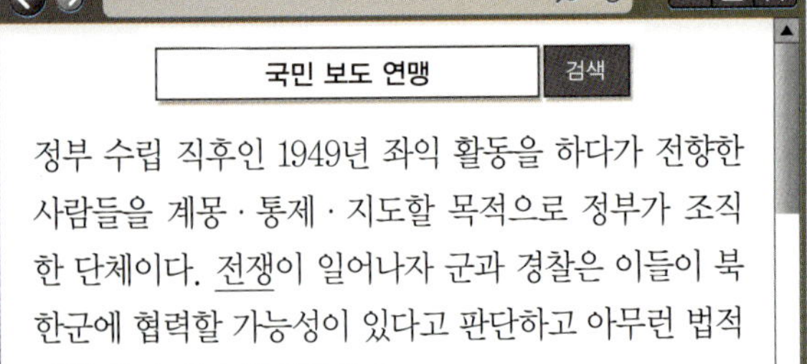

① 국가 총동원법이 제정되었다.
② 제주 4·3 사건이 발생하였다.
③ 반민 특위의 활동이 종료되었다.
④ 한미 상호 방위 조약이 체결되었다.
⑤ 모스크바 3국 외상 회의가 개최되었다.

> 25580-0392

06 (가), (나) 시기에 있었던 일로 옳은 것만을 〈보기〉에서 고른 것은?

〈헌법의 변화〉

| 대통령과 부통령은 국회에서 무기명 투표로 각각 선거한다. |

↓ (가)

| 대통령과 부통령은 국민의 보통, 평등, 직접, 비밀 투표에 의하여 각각 선거한다. |

↓ (나)

| 이 헌법 공포 당시의 대통령에 대하여는 제55조 제1항의 단서의 제한(1회 중임)을 적용하지 아니한다. |

보기
ㄱ. (가)-부산 정치 파동이 일어났다.
ㄴ. (가)-장면이 부통령에 당선되었다.
ㄷ. (나)-이승만이 대통령 재선에 성공하였다.
ㄹ. (나)-정부에 비판적인 경향신문이 폐간되었다.

① ㄱ, ㄴ ② ㄱ, ㄷ ③ ㄴ, ㄷ
④ ㄴ, ㄹ ⑤ ㄷ, ㄹ

> 25580-0393

07 (가), (나)에 들어갈 인명이 옳게 짝지어진 것은?

| • 부정 선거 당일 시위에서 경찰이 쏜 최루탄에 사망한 (가) 학생의 시신이 마산 앞바다에서 발견되자 시민의 분노가 폭발하였고, 시위가 확산하였다.
• 남영동 치안본부 대공분실에서 (나) 이/가 경찰의 고문으로 사망하였다. 이후 경찰은 사건의 진상을 은폐하려 하였으나 그 사실을 천주교 정의 구현 사제단이 폭로하였다. |

	(가)	(나)
①	김주열	이한열
②	김주열	박종철
③	이한열	박종철
④	박종철	김주열
⑤	박종철	이한열

> 25580-0394

08 밑줄 친 '당시 헌법'의 내용으로 옳은 것만을 〈보기〉에서 고른 것은?

| 10·26 사태 당시 국무총리였던 최규하는 비상계엄을 선포하고 그해 12월 당시 헌법에 따라 통일 주체 국민 회의에서 대통령으로 선출되었다. 이어 긴급 조치를 해제하고 정치인 복권 등을 시행하였다. 이에 국민들은 민주화가 이루어질 것으로 기대하였다. |

보기
ㄱ. 국회는 양원으로 구성한다.
ㄴ. 대통령의 임기는 6년으로 한다.
ㄷ. 대통령은 긴급 조치를 내릴 수 있다.
ㄹ. 대통령은 1회에 한하여 중임할 수 있다.

① ㄱ, ㄴ ② ㄱ, ㄷ ③ ㄴ, ㄷ
④ ㄴ, ㄹ ⑤ ㄷ, ㄹ

09 (가) 운동 당시 제시된 구호로 옳은 것만을 〈보기〉에서 고른 것은?

> 25580-0395

┤ 보기 ├

ㄱ. 신군부는 물러나라.

ㄴ. 비상계엄을 해제하라.

ㄷ. 사사오입 개헌을 철회하라.

ㄹ. 굴욕적인 한일 회담을 중지하라.

① ㄱ, ㄴ   ② ㄱ, ㄷ   ③ ㄴ, ㄷ

④ ㄴ, ㄹ   ⑤ ㄷ, ㄹ

> 25580-0396

10 (가), (나)가 발표된 시기 사이에 있었던 일로 옳은 것은?

> (가) 본인은 …… 임기 중 개헌이 불가능하다고 판단하고 현행 헌법에 따라 내년 2월 25일 본인의 임기 만료와 더불어 후임자에게 정부를 이양할 것을 천명하는 바입니다. …… 이와 함께 소모적인 개헌 논의를 지양할 것을 선언합니다.
>
> (나) 첫째, 여야 합의하에 조속히 직선제 개헌을 하고 새 헌법에 의한 대통령 선거를 통해 1988년 2월 평화적 정부 이양을 실현토록 해야 하겠습니다. …… 다섯째, 언론 자유의 창달을 위해 관련 제도와 관행을 획기적으로 개선해야 합니다.

① 여운형이 암살당하였다.

② 전두환이 대통령에 취임하였다.

③ 조봉암에 대한 사형이 집행되었다.

④ 김종필이 한일 회담을 전개하였다.

⑤ 박종철 고문치사 사건의 은폐 사실이 폭로되었다.

서술형

11 다음 자료에 나타난 위기를 어떻게 극복하였는지 서술하시오.

> 25580-0397

> 이집트와 시리아가 시나이반도 탈환을 목적으로 이스라엘을 공격하였다. 이를 계기로 아랍의 산유국들은 석유를 무기로 삼고 석유 가격을 크게 인상하였다. 석유 가격의 폭등은 전 세계 경제에 큰 타격을 입혔다. 원자재의 대부분을 수입에 의존하던 우리 경제도 예외는 아니었다.

> 25580-0398

12 다음 자료에 나타난 시기의 사회 상황으로 옳은 것은?

제△△호　　　　　　○○신문　　　○○○○년 ○○월 ○○일

수출 100억 달러 달성 확실시

한국 경제는 지난 15년 동안 매년 대략 10% 성장을 이루었고, 수출액도 지난 3년 사이에 2배가 되었다. …… 올해에는 수출 100억 달러를 처음 달성할 것이 확실시된다.

① 무역 수지 흑자가 달성되었다.

② 경부 고속 국도가 완공되었다.

③ 초등학교 의무 교육이 시작되었다.

④ 낙동강 페놀 오염 사건이 발생하였다.

⑤ 중화학 공업에 대한 투자가 증가하였다.

> 25580-0399

01 밑줄 친 '원칙'의 내용으로 옳은 것만을 〈보기〉에서 고른 것은?

이승만의 정읍 발언 등으로 남북 분단의 위기감이 고조되었다. 이에 여운형, 김규식을 중심으로 한 중도 세력은 통일 정부 수립을 위해 미군정의 지원 아래 합작하였다. 이들은 좌우 세력의 제안을 절충하여 7가지의 <u>원칙</u>을 발표하였다. 하지만 이에 대해 좌익을 대표하는 조선 공산당과 우익을 대표하는 이승만, 한국 민주당은 부정적인 태도를 보였다.

┤ 보기 ├
ㄱ. 남한만의 단독 선거를 추진한다.
ㄴ. 미소 공동 위원회 속개를 요청한다.
ㄷ. 친일파 처단을 위한 조례를 제정한다.
ㄹ. 최대 5년 기한의 신탁 통치를 실시한다.

① ㄱ, ㄴ   ② ㄱ, ㄷ   ③ ㄴ, ㄷ
④ ㄴ, ㄹ   ⑤ ㄷ, ㄹ

> 25580-0400

02 밑줄 친 '국회'에 대한 설명으로 옳은 것만을 〈보기〉에서 고른 것은?

…… 우리들 대한 국민은 기미 3·1 운동으로 대한민국을 건립하여 세계에 선포한 위대한 독립 정신을 계승하여 이제 민주 독립 국가를 재건함에 있어서 정의 인도와 동포애로서 민족의 단결을 공고히 하며, …… 우리들의 정당 또 자유로이 선거된 대표로써 구성된 <u>국회</u>에서 단기 4281년 7월 12일 이 헌법을 제정한다.
제1조 대한민국은 민주 공화국이다.

┤ 보기 ├
ㄱ. 양원으로 구성되었다.
ㄴ. 이승만을 대통령으로 선출하였다.
ㄷ. 반민족 행위 처벌 특별법을 제정하였다.
ㄹ. 신한 민주당이 제2당의 지위를 차지하였다.

① ㄱ, ㄴ   ② ㄱ, ㄷ   ③ ㄴ, ㄷ
④ ㄴ, ㄹ   ⑤ ㄷ, ㄹ

> 25580-0401

03 다음 조약이 체결된 시기를 연표에서 옳게 고른 것은?

3. 각 당사국은 …… 공통한 위험에 대처하기 위하여 각자의 헌법상의 수속에 따라 행동할 것을 선언한다.
4. 상호적 합의에 의하여 미합중국의 육군, 해군과 공군을 대한민국의 영토 내와 그 부근에 배치하는 권리를 대한민국은 이를 허락하고 미합중국은 이를 수락한다.

	(가)	(나)	(다)	(라)	(마)	
8·15 광복		대한민국 정부 수립	농지 개혁법 제정	인천 상륙 작전 단행	정전 협정 체결	사사오입 개헌

① (가)   ② (나)   ③ (다)   ④ (라)   ⑤ (마)

> 25580-0402

04 (가)에 들어갈 내용으로 가장 적절한 것은?

○○ 고등학교 한국사 학습지

[교과서 용어 풀이]
주제: ____(가)____
1. 원조: 물품이나 돈 따위로 도와줌
2. 제분: 밀을 밀가루로 만드는 것
3. 제당: 사탕수수 등을 가공하여 설탕을 만드는 것
4. 면방직: 목화를 원료로 뽑은 실로 천을 짜는 것

① 산미 증식 계획의 추진
② 전시 동원 체제의 확립
③ 전후 복구 사업의 전개
④ 물산 장려 운동의 확산
⑤ 경부 고속 국도의 개통

05 (가) 운동이 전개될 당시에 있었던 사실로 옳은 것은?

> 25580-0403

○○ 고등학교 교과 융합의 날 – 한국사 + 미술
• 주제: ☐ (가) ☐
• 방법
 – ☐ (가) ☐ 당시의 사진을 찾는다.
 – 찾은 사진을 소재로 그림을 그리되, 당시의 주요 요
  구 사항이 드러나게 한다.
• 제출 작품

① 경찰이 시위대에 발포하였다.
② 군부 세력이 정변을 일으켰다.
③ 국회 프락치 사건이 일어났다.
④ 시민군이 계엄군과 교전하였다.
⑤ 야당 대표가 국회 의원직에서 제명되었다.

06 (가) 체제에 맞선 저항으로 옳은 것만을 〈보기〉에서 고른 것은?

> 25580-0404

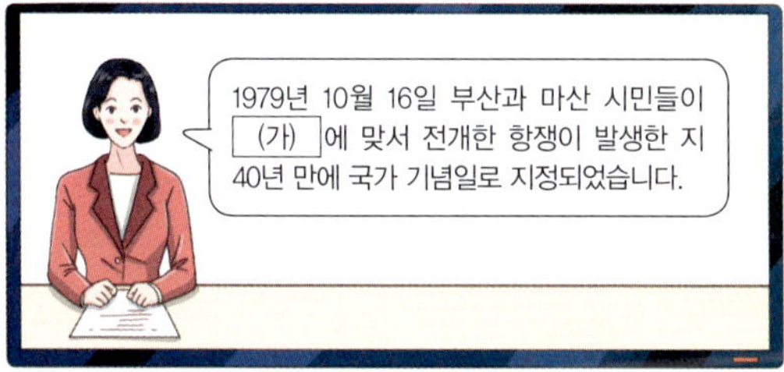

┤ 보기 ├
ㄱ. 3·1 민주 구국 선언이 발표되었다.
ㄴ. 개헌 청원 100만인 서명 운동이 전개되었다.
ㄷ. 여수 주둔 군대가 제주도 출동을 거부하였다.
ㄹ. 민주 헌법 쟁취 국민 운동 본부가 발족하였다.

① ㄱ, ㄴ ② ㄱ, ㄷ ③ ㄴ, ㄷ
④ ㄴ, ㄹ ⑤ ㄷ, ㄹ

07 다음 자료에 나타난 시기에 있었던 사실로 옳은 것은?

> 25580-0405

10월 16일 민주화 운동이 격화되는 상황에서 부산 지역에 비상계엄령이 내려졌다. 이후 비상계엄령의 적용 지역은 계속 확대되었다. 대통령이 피살되면서 제주도를 제외한 전국이 비상계엄의 적용 지역이 되었고, 이듬해 신군부는 전국으로 비상계엄을 확대하였다. 그 이듬해 1월 24일이 되어서야 비상계엄은 해제되었다.

① 6·3 시위가 전개되었다.
② 발췌 개헌이 이루어졌다.
③ 애치슨 선언이 이루어졌다.
④ 5·18 민주화 운동이 진압되었다.
⑤ 박종철 고문치사 사건이 일어났다.

08 (가) 정부 시기에 볼 수 있는 모습으로 적절한 것만을 〈보기〉에서 고른 것은?

> 25580-0406

• 청년 문화가 확산하면서 우리나라에서도 장발, 청바지, 미니스커트 등이 유행하였다. 하지만 ☐ (가) ☐ 정부는 이를 정부에 대한 반항과 퇴폐 풍조로 규정하고 장발과 미니스커트를 단속하기 시작하였다.
• ☐ (가) ☐ 정부는 국가 안보 우려, 비판적인 가사, 선정·퇴폐적인 분위기 등을 이유로 220여 곡을 금지곡으로 지정하였다. 동시에 대통령이 가사를 쓴 새마을 노래 등 건전 가요를 보급하였다.

┤ 보기 ├
ㄱ. 자유 언론 실천 선언을 발표하는 기자
ㄴ. 졸업 정원제 시행 소식에 놀라는 대학생
ㄷ. 영화 검열에 대한 불만을 토로하는 영화 배우
ㄹ. 경기장에서 프로 야구 경기를 관람하는 어린이

① ㄱ, ㄴ ② ㄱ, ㄷ ③ ㄴ, ㄷ
④ ㄴ, ㄹ ⑤ ㄷ, ㄹ

오늘날의 대한민국

이 단원에서 우리는

6월 민주 항쟁 이후 각 분야에서 전개된 민주화 과정을 이해하고, 외환 위기의 극복 과정과 이 시기 사회·문화 변동을 파악할 수 있다. 또한 한반도 분단과 동아시아의 갈등을 극복하고 평화를 실현하기 위한 방안을 모색할 수 있다.

6월 민주 항쟁 이후 민주화 과정과 사회·문화 변동

▲ 6·27 지방 선거
개표 모습

▲ 조선 총독부 건물
철거 현장

▲ 서울 G20 정상 회의

한반도 분단 극복과 동아시아 평화를 위한 노력

▲ 7·4 남북 공동 성명을
발표하는 중앙정보부장

▲ 제1차 남북 정상 회담

▲ 독도

1 6월 민주 항쟁 이후 민주화 과정

1. 민주주의의 진전

노태우 정부	• 성립: 야권의 분열로 여당 후보 노태우가 대통령에 당선 • 1988년 총선 결과 여소야대 국회 형성 → 전두환 정부의 비리와 5 · 18 민주화 운동의 진상 규명을 위한 청문회 개최 → 여소야대 정국 극복을 위한 3당 합당(민주 자유당 창당, 1990) **자료 ①** • 소련, 중국 등 공산권 국가와 수교하는 북방 외교 추진 • 서울 올림픽 대회 개최(1988)
김영삼 정부	• 고위 공직자 재산 공개 의무화, 금융 실명제 전면 실시, 지방 자치제 전면 시행 **자료 ②** • '역사 바로 세우기' 추진: 전두환 · 노태우 두 전직 대통령을 내란 및 반란 혐의로 구속, 조선 총독부 건물 철거 등 일제 잔재 청산

국회 의원을 선출하는 선거를 의미한다.

2. 평화적 정권 교체

(1) **김대중 정부**

① 선거를 통한 최초의 여야 간 평화적 정권 교체, 외환 위기 극복

② 최초의 남북 정상 회담 개최

③ 여성부 신설, 국가 인권 위원회 설치

(2) **노무현 정부**

① 과거사 정리 사업 추진, 호주제 폐지

② 수도권 소재 주요 공공 기관의 지방 이전 및 행정 수도 건설 추진

계획이 실현되지는 못하였지만, 행정 중심 복합 도시인 세종특별자치시가 설치되었다.

(3) **이명박 정부**

① 4대강 정비 사업 추진

한강, 낙동강, 금강, 영산강을 가리킨다.

② 자유 무역 협정[FTA] 체결의 확대, 서울 G20 정상 회의 개최

(4) **박근혜 정부**

① 대한민국 최초의 여성 대통령 당선

② 헌정 사상 최초로 파면(탄핵 인용)

(5) **문재인 정부**: 한반도 평화 정착을 위한 노력

(6) **윤석열 정부**: 제20대 대통령 선거로 출범

3. 시민 사회의 성장

(1) **시민운동의 성장**

① 1990년대: 환경 운동 연합, 참여 연대 등 활동

② 2000년대: 총선 시민 연대 출범, 낙선 운동 전개

(2) **시민의 정치 참여 확대**

① 촛불 집회: 평화적 시위를 통한 의견 표출 **자료 ③**

② 사회 관계망 서비스[SNS] 등을 활용한 시민들의 정치 참여 확대

○ **3당 합당**

1988년에 시행된 제13대 국회 의원 선거에서 여당인 민주 정의당보다 야당인 평화 민주당, 통일 민주당, 신민주 공화당의 의석 수가 더 많은 여소야대 상황이 만들어졌다. 이에 여당은 여소야대 정국을 극복하기 위해 1990년 민주 정의당, 통일 민주당, 신민주 공화당을 합당하여 민주 자유당을 창당하였다.

○ **북방 외교**

노태우 정부가 중국, 소련, 동유럽 등 사회주의 국가를 상대로 펼친 외교 정책을 말한다.

○ **역사 바로 세우기**

김영삼 정부는 '역사 바로 세우기'를 내세워 5 · 18 민주화 운동 등에 관한 특별법을 제정하고 전두환, 노태우 등 12 · 12 사태 및 5 · 18 민주화 운동 진압 관련자를 처벌하였다. 또한 일제 잔재 청산 작업을 실시하여 경복궁 안에 지어진 옛 조선 총독부 건물을 철거하였다. 또한 '국민학교'의 명칭을 초등학교로 바꾸었다.

일제 강점기에 사용되기 시작한 명칭이다.

○ **자유 무역 협정[FTA]**

국가 간의 자유로운 무역 활동을 위해 무역 장벽을 완화시키거나 제거하는 협정이다. 시장 확대로 비교 우위에 있는 상품의 경우 수출과 투자가 촉진될 수 있지만, 협정 대상국에 비해 경쟁력이 낮은 산업은 위축될 수밖에 없다는 한계가 있다.

자료① 제13대 국회 의원 선거 정당별 의석수

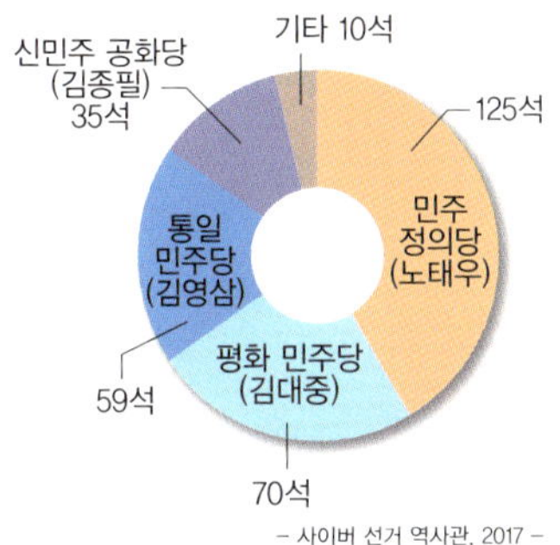

– 사이버 선거 역사관, 2017 –

자료는 1988년에 시행된 제13대 국회 의원 선거 결과 정당별 의석수를 나타낸 것이다. 당시 여당인 민주 정의당의 의석수보다 야당인 평화 민주당, 통일 민주당, 신민주 공화당의 의석수를 합한 것이 더 많았다. 이러한 상황을 여소야대 국회라고 한다.

자료② 김영삼 정부의 금융 실명제 전면 시행

> 금융 실명 거래 및 비밀 보장에 관한 긴급 재정 경제 명령
> 제1조 (목적) 이 명령은 실지명의에 의한 금융 거래를 실시하고 그 비밀을 보장하여 금융 거래의 정상화를 기함으로써 경제 정의를 실현하고 국민 경제의 건전한 발전을 도모함을 목적으로 한다.
> 제3조 (금융 실명 거래) ① 금융 기관은 거래자의 실지명의(이하 "실명"이라 한다)에 의하여 금융 거래를 하여야 한다.
> ② 금융 기관은 이 명령 시행 전에 금융 거래 계좌가 개설된 금융 자산(이하 "기존 금융 자산"이라 한다)의 명의인에 대하여는 이 명령 시행 후 최초의 금융 거래가 있는 때에 그 명의가 실명인지의 여부를 확인하여야 한다.
>
> – 국가법령정보센터 –

김영삼 정부는 1993년 대통령 긴급 재정 경제 명령 제16호를 통해 금융 실명제를 전면 실시하였다. 금융 실명제는 모든 금융 거래를 실제 거래자의 이름으로 해야 하는 제도이다. 금융 거래의 투명성을 확보하고 세금을 정확히 부과하는 동시에 불법 자금 추적이 가능해지며, 금융 자산 소득을 정확하게 파악할 수 있게 되었다.

자료③ 촛불 집회

촛불 집회는 주로 해가 진 뒤 옥외에서 촛불을 들어 대중의 의사를 표시하는 집회이다. 2000년대 이후 촛불 집회는 시민이 자발적으로 참여하는 대표적인 시민운동의 방식이 되었다.

◯ ✖ 표시하기

❶ 노태우 정부 시기에 3당 합당이 이루어졌다. (　　　)

❷ 김영삼 정부는 '역사 바로 세우기'를 추진하였다. (　　　)

❸ 이명박 정부의 출범으로 최초의 여야 간 평화적 정권 교체가 이루어졌다. (　　　)

❹ 1990년대에 참여 연대가 출범하였다. (　　　)

적절한 말 고르기

❺ 노태우 정부 시기에 여소야대 정국을 극복하기 위해 (민주 자유당, 한국 민주당)이 창당되었다.

❻ (노태우, 노무현) 정부 시기에 서울 올림픽 대회가 개최되었다.

❼ (김영삼, 노태우) 정부는 대통령 긴급 재정 경제 명령을 통해 금융 실명제를 전면 실시하였다.

❽ (김영삼, 김대중) 정부 시기에 국가 인권 위원회가 신설되었다.

빈칸 채우기

❾ 노태우 정부는 소련, 중국 등 공산권 국가와 수교하는 (　　　) 외교를 추진하였다.

❿ (　　　) 정부 시기에 최초의 남북 정상 회담이 개최되었다.

⓫ (　　　) 정부 시기에 호주제가 폐지되었다.

⓬ (　　　) 정부는 4대강 정비 사업을 추진하였다.

🔗 **핵심 개념**

- □ 세계 무역 기구[WTO]
- □ 외환 위기
- □ 국제 통화 기금[IMF]
- □ 다문화 사회

○ **신자유주의**
정부의 지나친 시장 개입을 줄이고, 시장의 기능을 중시하는 새로운 움직임을 말한다. 정부의 규제 완화, 복지 예산 감축, 노동 시장의 유연성 강화, 무역 규제의 완화 등을 특징으로 한다.

○ **경제 협력 개발 기구[OECD]**
경제 성장, 개발 도상국 원조, 통상 확대 등을 주요 목적으로 하여 1961년에 창설된 국제기구이다. 우리나라는 1996년에 29번째 회원국으로 가입하였다.

○ **사회 양극화**
소득, 자산 등 경제 불평등이 심해져 중간 계층이 줄어들면서 사회 계층이 양극단으로 쏠리는 현상을 말한다.

2 외환 위기 극복과 사회·문화 변동

1. 신자유주의 경제 정책의 확산

(1) 배경
① 선진 자본주의 국가들이 전면적 시장 개방에 합의
② 신자유주의 정책과 자유 무역 강조
③ 세계 무역 기구[WTO] 출범(1995)

(2) **신자유주의 정책 추진**
① 공기업 민영화
② 금융 규제 완화
③ 경제 협력 개발 기구[OECD] 가입(1996)

2. 외환 위기의 발생과 극복

(1) **발생**
① 외환 및 금융 불안으로 외국 투자자들의 자금 회수
② 외환 보유고 고갈, 기업들의 부도
③ 김영삼 정부가 국제 통화 기금[IMF]에 구제 금융 요청(1997)

└ 기업이나 국가 등이 파산하는 것을 막기 위해 금융 기관이 정책적으로 자금을 지원하는 것을 말한다.

(2) **극복**
① 김대중 정부의 강도 높은 구조 조정 실시 및 외국 자본 유치 노력
② 국민의 금 모으기 운동
③ 지원금 조기 상환을 통해 국제 통화 기금의 관리 체제 극복(2001) **자료①**

3. 외환 위기 이후 사회·문화 변동

(1) **2000년대 이후 경제 성장**
① 여러 나라와 자유 무역 협정[FTA] 체결
② 첨단 산업 발달

(2) **경제 성장에 따른 문제점**
① 수출 중심 경제 구조로 대외 무역 의존도 심화
② 사회 계층 간 격차 심화

(3) **한국 경제의 과제**
① 경제 성장의 결과가 고르게 분배될 수 있도록 경제 민주화 실현
② 제4차 산업 혁명을 준비하며 국가 경쟁력 강화

(4) **사회·문화 변동**

사회 분야	• 사회 양극화 심화 • 다문화 사회로의 변화 **자료②** 　　외국인 근로자, 국제결혼 이주민 등의 증가에 영향을 받았다. • 저출산·고령화 현상 심화
문화 분야	• 반도체 기술 발전, 정보화의 진전 • 영화, 음악, 드라마 등 한류 확산 **자료③**　케이팝(K-POP) 등이 유행하였다. • 한일 월드컵 축구 대회(2002), 평창 동계 올림픽 대회(2018) 등 국제 대회 개최 • 국제 사회에 대한 공헌 활동

└ 유엔 평화 유지 활동, 한국 국제 협력단 활동 등이 있다.

자료 ❶ 국제 통화 기금[IMF] 지원금 조기 상환

존경하고 사랑하는 국민 여러분. 참으로 기쁩니다. 제2의 6·25라는 외환 위기를 극복하고 IMF에 195억 달러의 지원 자금을 완전히 갚았습니다. 3년 앞당겨서 갚았습니다. 지금 우리는 외환 위기 당시 39억 달러밖에 없던 외환 보유액이 1천억 달러에 달하면서 세계 5대 외환 보유 국가에 들어갔다는 것을 여러분께 말씀드립니다. 누가 이것을 해냈습니까. 나라를 구하겠다고 어린이 돌반지까지 들고 나온 우리 국민이 해냈습니다. 기업가와 은행가와 노동자 모두가 나라를 살리겠다는 입장에서 자기 희생을 감수했던, 그러한 우리 국민의 위대한 힘이 이것을 해냈다는 것을 저는 여러분께 말씀드리고 싶습니다.

└ 금 모으기 운동을 지칭한다.

– 김대중 대통령 연설(2001), 대통령 기록관 –

1990년대 중반 이후 무역 수지 적자가 누적되는 가운데 1997년에 들어 대기업들이 부도를 맞고 이에 따라 금융 기관들이 부실해지면서 한국 경제는 크게 흔들리기 시작하였다. 이때 동남아시아에서 시작된 외환 및 금융 불안의 영향까지 받아 외국 투자자들이 우리나라에 투자한 자금을 대거 회수하였다. 결국 외환 보유고가 고갈되었고, 이에 따라 국제 통화 기금[IMF]의 구제 금융을 받게 되었다. 이러한 외환 위기 속에서 출범한 김대중 정부는 강도 높은 구조 조정, 외국 자본 유치 등에 힘써 2001년 국제 통화 기금의 지원금을 조기 상환하였다.

자료 ❷ 다문화 가족 지원법

제1조(목적) 이 법은 다문화 가족 구성원이 안정적인 가족생활을 영위하고 사회 구성원으로서의 역할과 책임을 다할 수 있도록 함으로써 이들의 삶의 질 향상과 사회 통합에 이바지함을 목적으로 한다.

제3조(국가와 지방 자치 단체의 책무) ① 국가와 지방 자치 단체는 다문화 가족 구성원이 안정적인 가족생활을 영위하고 경제·사회·문화 등 각 분야에서 사회 구성원으로서의 역할과 책임을 다할 수 있도록 필요한 제도와 여건을 조성하고 이를 위한 시책을 수립·시행하여야 한다.

– 국가법령정보센터 –

다문화 가족의 비율이 높아짐에 따라 다문화 가족을 지원하는 제도적 장치의 필요성이 커지면서 2008년 다문화 가족 지원법이 제정되었다. 이후 수차례 개정을 통해 현재까지 이어져 오고 있다.

자료 ❸ 한류의 확산

┌ 2012년 5월부터 8월까지 개최되었다.

이제 열흘 남짓 남은 여수 세계 박람회가 국민 여러분의 성원 속에 성황을 이루고 있습니다. …… 5000년 역사를 이어 온 대한민국은 고유한 정감과 높은 품격을 지닌 전통문화를 창조해 온 나라입니다. 그리고 최근에는 케이팝·드라마·음식 등의 한류가 세계인의 사랑을 받으면서 지구촌 문화를 더욱 풍성하게 하고 있습니다. …… 앞으로 한 주간 진행될 '한국의 날'에 보여 드릴 한국 전통 의식과 춤, 음악, 전시 활동 등이 많이 준비되어 있습니다. 한국의 멋과 향을 마음껏 즐기는 뜻깊은 시간 보내시기를 바랍니다.

– 이명박 대통령 연설(2012), 대통령 기록관 –

오늘날 우리나라의 대중문화 요소는 외국에서 크게 유행하고 있다. 이러한 현상을 한류라고 하며, 1990년대 후반 중국, 일본, 동남아시아에서부터 비롯되었다.

○✘ 표시하기

❶ 신자유주의 경제 정책이 확산되면서 1995년에 세계 무역 기구[WTO]가 출범하였다. ( )

❷ 이승만 정부는 국제 통화 기금[IMF]에 긴급 구제 금융을 요청하였다. ( )

❸ 김대중 정부 시기 외환 위기를 극복하기 위해 국민들은 금 모으기 운동에 동참하였다. ( )

❹ 우리나라는 박정희 정부 시기에 경제 협력 개발 기구[OECD]에 가입하였다. ( )

적절한 말 고르기

❺ (국제 통화 기금, 세계 무역 기구)의 지원금을 상환하기 위해 금 모으기 운동이 일어났다.

❻ 외국인 근로자, 국제결혼 이주민 등의 증가에 영향을 받아 한국 사회는 (정보화, 다문화) 사회로 변화하고 있다.

❼ 외환 위기 이후 나타난 사회 변화로 저출산·고령화 현상이 (약화, 심화)되었다.

빈칸 채우기

❽ 국제 통화 기금[IMF]의 지원금을 상환하기 위해 강도 높은 구조 조정을 실시한 (   ) 정부는 2001년 지원금을 모두 상환하였다.

❾ 소득, 자산 등 경제 불평등이 심해져 중간 계층이 줄어들면서 사회 계층이 양극단으로 쏠리는 현상을 (   )(이)라고 한다.

❿ 한국과 일본은 2002년에 공동으로 국제 대회인 (   )을/를 개최하였다.

기본 문제

> 25580-0407

01 다음 문서가 발표된 정부 시기에 있었던 사실로 옳은 것은?

> 대한민국과 소련은 양국 간 여러 분야에서 우호 관계와 협력을 발전시켜 나갈 것을 희망하며 19△△년 9월 30일부로 대사급 외교 관계를 수립하기로 결정하였다. 대한민국과 소련은 양국 관계가 유엔 헌장에 따라 주권 및 영토 보전의 상호 존중 원칙, 국내 문제 불간섭 원칙, 완전한 평등 및 호혜의 원칙에 기초할 것임을 선언한다.

① 3선 개헌이 단행되었다.
② 제헌 국회가 활동하였다.
③ 군국기무처가 설치되었다.
④ 민주 자유당이 창당되었다.
⑤ 교육입국 조서가 반포되었다.

> 25580-0408

02 다음 신년사를 발표한 정부에 대한 설명으로 옳은 것은?

> 새해를 맞아 국민 여러분 모두 소원 성취하시고, 큰 기쁨과 보람을 누리시기 바랍니다. …… 문민정부의 '변화와 개혁', '세계화' 그리고 '역사 바로 세우기'는 새로운 문명사적 변혁에 적극 대응하기 위한 우리의 자기 혁신 과정인 것입니다. …… '역사 바로 세우기'는 잘못된 과거를 바로 잡아 미래를 바로 세우려는 노력입니다. …… 우리가 광복 50주년을 맞아 일제 잔재인 옛 조선 총독부 건물을 철거하기 시작한 것도 역사를 바로잡아 민족정기를 확립하기 위한 것입니다.

① 홍범 14조를 반포하였다.
② 사사오입 개헌을 단행하였다.
③ 연통제와 교통국을 운영하였다.
④ 서울 올림픽 대회를 개최하였다.
⑤ 금융 실명제를 전면 실시하였다.

> 25580-0409

03 밑줄 친 '정부' 시기에 볼 수 있는 모습으로 가장 적절한 것은?

① 혁명 공약을 발표하는 군인
② 원산 총파업에 가담하는 노동자
③ 6·10 만세 운동에 참가하는 학생
④ 4대강 정비 사업을 홍보하는 공무원
⑤ 경인선 철도 개통식에서 취재하는 기자

중요

> 25580-0410

04 다음 기사를 활용한 탐구 활동으로 가장 적절한 것은?

> 제△△호　　○○신문　　○○○○년 ○○월 ○○일
>
> **국제 통화 기금[IMF] 차입금 조기 상환**
>
> 우리나라가 1997년 12월 이후 국제 통화 기금으로부터 빌린 195억 달러를 예정보다 3년 가까이 앞당겨 23일 모두 갚았다. 한국은행 총재는 23일 오전 국제 통화 기금 차입금 중 마지막 잔액인 1.4억 달러를 상환하는 서류에 결재하였다. 이로써 우리나라는 3년 8개월 만에 국제 통화 기금과 협의 없이 독자적으로 재정·통화 정책을 운용할 수 있는 여건을 만들게 되었다.

① 삼백 산업의 발달 배경을 분석한다.
② 화폐 정리 사업을 주도한 인물을 조사한다.
③ 제1차 석유 파동을 극복한 과정을 정리한다.
④ 외환 위기 극복을 위해 노력한 사례를 찾아본다.
⑤ 모스크바 3국 외상 회의의 결정 사항을 살펴본다.

서술형 문제

Step1 핵심 키워드 파악하기

> 25580-0411

01 다음 자료에 나타난 정치 상황에 대해 서술하시오.

> 제13대 국회가 5월 30일 개원되었다. 이날 대통령은 제13대 국회 개원을 축하하는 연설을 하였다. 대통령은 "수적 우위에 의한 집권당의 일방적 독주와 강행이 통용되던 시대도, 소수당의 무조건 반대와 투쟁의 정치가 합리화되던 시대도 지나갔다. …… 국민 모두가 바라는 지속적인 경제 발전, 서울 올림픽 대회의 성공적 개최, 선진국으로의 도약 등 모든 과제를 실현하기 위해서도 법과 질서를 확고하게 세워야 할 것"이라고 말하였다.

예시 답안 자료에 나타난 정치 상황은 (   ) 정부 시기 1988년 4월 실시한 국회 의원 선거에서 야당이 여당보다 많은 의석을 차지하여 (   ) 정국이 형성된 상황이다.

Step2 스스로 답안 작성하기

> 25580-0412

02 다음 글을 읽고 물음에 답하시오.

> 국제 통화 기금[IMF]의 관리 체제를 맞아 신(新) 국채 보상 운동의 성격으로 벌어진 (가) 운동을 통해 약 18억 2천만 달러의 외화를 거둔 것으로 나타났다. 3월 14일 행정 자치부에 따르면 6곳의 금융 기관을 통해 수집된 것 중 약 18억 2천만 달러 어치의 금이 수출된 것으로 집계되었다. (가) 운동에는 모두 3백 49만 명이 참여하였으며, 이를 세대별로 나누면 전국 1천 5백만 세대의 약 23%가 참여한 셈이다.

(1) (가) 운동의 명칭을 쓰시오.

(2) (가) 운동이 일어나게 된 배경과 이를 극복하기 위해 실시된 방안을 두 가지 서술하시오.

1등급 도전 문제

> 25580-0413

01 밑줄 친 '기소'가 있었던 정부 시기의 사회 모습으로 가장 적절한 것은?

> 서울 지방 검찰청 특별 수사 본부는 23일 5·18 민주화 운동과 관련하여 전두환, 노태우 두 전직 대통령을 내란 등 혐의로 서울 지방 법원에 기소하였다. 이로써 검찰은 전두환, 노태우 두 전직 대통령에게 법원의 심판을 받게 하였다.

① 신탁 통치 반대 운동이 전개되었다.
② 고위 공직자 재산 공개가 의무화되었다.
③ 제1차 경제 개발 5개년 계획이 추진되었다.
④ 반민족 행위 특별 조사 위원회가 활동하였다.
⑤ 국무총리가 수반인 내각 책임제가 실시되었다.

> 25580-0414

02 밑줄 친 ㉠, ㉡ 인물에 대한 설명으로 옳은 것은?

> 지난해인 1997년은 우리에게 커다란 시련을 안겨 준 한 해였습니다. 국제 통화 기금[IMF]의 지원을 받아야 할 만큼 우리 경제가 어려움에 처하였습니다. …… 제15대 대통령 선거를 통해 뽑힌 ㉠차기 대통령 당선자는 반드시 국민 여러분의 기대와 여망에 보답하리라 믿습니다. …… 지난 5년간 ㉡저를 성원해 주신 국민 여러분에게 충심으로 감사를 드리며, 남은 임기 동안 최선을 다해 국민을 위해 봉사하겠습니다.
> – 대통령 신년사 –

① ㉠-12·12 사태를 주도하였다.
② ㉠-조선 건국 준비 위원회를 조직하였다.
③ ㉡-5·16 군사 정변을 일으켰다.
④ ㉡-3당 합당 후 대통령에 당선되었다.
⑤ ㉠과 ㉡-4·13 호헌 조치를 발표하였다.

한국사 2
III 단원

02 한반도 분단 극복과 동아시아 평화를 위한 노력

1 북한 사회의 변화

1. 3대 권력 세습

(1) **김일성 체제**: 주체사상 강조, 사회주의 헌법 제정

(2) **김정일 체제**: 선군 사상 표방(선군 정치)

(3) **김정은 체제**: 남북 정상 회담, 북미 정상 회담, 핵무기 개발 강행

2. 경제 및 사회 모습

경제 모습	1980~1990년대 경제난 극복을 위해 부분적인 개방 정책 추진(합작 회사 경영법 제정) → 2000년대 이후 시장 경제 요소의 제한적 도입
사회 모습	집단주의에 기초한 사회주의적 생활 양식 유지, 장마당 등장

1984년에 북한에서 외국과의 경제 · 기술 교류 및 합작 투자를 목적으로 제정한 법으로, 합영법이라고도 불린다.

○ 선군 사상

김일성 사망 이후 김정일이 주체사상과 함께 강조한 통치 이념이다. 정치, 경제, 문화 등 모든 분야에서 군의 선도적인 역할을 강조하였다.

2 한반도 분단을 극복하기 위한 노력

박정희 정부	7 · 4 남북 공동 성명 발표(1972, 자주적 · 평화적 · 민족적 대단결의 통일 원칙 합의) **자료①**, 남북 조절 위원회 발족
전두환 정부	남북 이산가족 상봉, 예술 공연단 교환 방문
노태우 정부	남북한 유엔 동시 가입(1991), 남북 기본 합의서 채택(1991), 한반도 비핵화 공동 선언 채택(1991) **자료②**
김대중 정부	대북 화해 협력 정책(햇볕 정책) 추진, 기업가의 소 떼 방북, 금강산 관광 사업 시작(1998), 제1차 남북 정상 회담(2000, 6 · 15 남북 공동 선언 발표) → 이산가족 상봉, 개성 공단 건설 사업 추진 등
노무현 정부	제2차 남북 정상 회담(2007, 10 · 4 남북 공동 선언 채택)
문재인 정부	남북 정상 회담 → 한반도 평화와 번영, 통일을 위한 판문점 선언(2018)

남북 사이의 화해와 불가침 및 교류 · 협력에 관한 합의서

○ 장마당

북한은 시장 경제적 요소를 부분적으로 받아들이면서 북한 전역에 자생적으로 생긴 시장인 '장마당'을 인정하였다.

3 동아시아 평화를 위한 노력

1. 역사 왜곡과 영토 갈등

일본의 역사 왜곡	왜곡된 역사 교과서 발간, 일본군 '위안부'에 대한 정부의 공식 사과와 배상 거부, 독도 영유권 주장
중국의 역사 왜곡	동북공정을 통해 고조선, 고구려, 발해를 중국의 역사로 편입 시도
동아시아의 영토 갈등	쿠릴 열도 4개 섬, 센카쿠 열도, 남중국해 도서 지역 등

○ 6 · 15 남북 공동 선언

2000년 제1차 남북 정상 회담에서 통일 방안과 이산가족 문제 해결 방안, 남북 간 교류 활성화 방안 등을 합의해 발표하였다.

2. 갈등 해결을 위한 노력

(1) 한 · 중 · 일 공동 역사 교과서 발행, 청소년 캠프 개최 등

(2) **무라야마 담화(1995)**: 식민 지배에 대한 사과의 뜻 표현 **자료③**

3. 우리 고유의 영토, 독도

(1) 연합국 최고 사령관 각서 제677호 부속 지도, 인접 해양에 대한 주권에 관한 선언(1952)

(2) 독도 경비대 상주

이승만 정부가 한국과 일본의 수역 구분과 주권 보호를 목적으로 경계선을 긋고, 독도를 우리 영토에 포함하였다.

○ 동북공정

2002년부터 중국의 사회 과학원 산하 조직에서 추진한 동북 3성 지역의 역사 등에 관한 연구 프로젝트이다.

자료 ① 7·4 남북 공동 성명

최근 평양과 서울에서 남북 관계를 개선하며 갈라진 조국을 통일하는 문제를 협의하기 위한 회담이 있었다. 서울의 이후락 중앙정보부장이 1972년 5월 2일부터 5일까지 평양을 방문하여 평양의 김영주 조직지도부장과 회담을 진행하였으며, 김영주 부장을 대신한 박성철 제2 부수상이 1972년 5월 29일부터 6월 1일까지 서울을 방문하여 이후락 부장과 회담을 진행하였다. ……

4. 쌍방은 지금 온 민족의 거대한 기대 속에 진행되고 있는 남북 적십자 회담이 하루빨리 성사되도록 적극 협조하는 데 합의하였다.

5. 쌍방은 돌발적 군사 사고를 방지하고 남북 사이에 제기되는 문제들을 직접, 신속 정확히 처리하기 위하여 서울과 평양 사이에 상설 직통 전화를 놓기로 합의하였다.　　　　　– 통일부, 『남북대화』 제1호 –

닉슨 독트린 발표 이후 냉전 체제가 완화되는 국제 정세의 변화 속에서 1972년 당국자 간 비밀 회담을 통해 자주적·평화적·민족적 대단결의 평화 통일 3대 원칙에 합의한 7·4 남북 공동 성명이 발표되었다. 성명 발표 이후 8월에 남북 적십자 회담 본회담이, 11월에 남북 조절 위원회 본회담이 각각 개최되었다.

자료 ② 남북 기본 합의서

제1조　남과 북은 서로 상대방의 체제를 인정하고 존중한다.

제9조　남과 북은 상대방에 대하여 무력을 사용하지 않으며 상대방을 무력으로 침략하지 아니한다.
└ 7·4 남북 공동 성명의 평화 통일 3대 원칙이 계승되었다는 점을 알 수 있다.

제15조　남과 북은 민족 경제의 통일적이며 균형적인 발전과 민족 전체의 복리 향상을 도모하기 위하여 자원의 공동 개발, 민족 내부 교류로서의 물자 교류, 합작 투자 등 경제 교류와 협력을 실시한다.

남북 기본 합의서는 1980년대 말 소련 및 동유럽 사회주의권 국가가 붕괴되는 상황에서 남북 고위급 회담을 거쳐 채택되었다. 이 합의서는 남북한 정부 간에 공식 합의된 최초의 문서로, 남북 관계를 나라와 나라 사이의 관계가 아닌 잠정적 특수 관계로 규정하였다.

자료 ③ 무라야마 담화

┌ 제2차 세계 대전을 의미한다.
지난 대전이 종말을 고한지 50년의 세월이 흘렀습니다. 다시금 그 전쟁으로 인하여 희생되신 내외의 많은 분들을 상기하면 만감에 가슴이 저미는 바입니다. …… 우리 나라는 멀지 않은 과거의 한 시기, 국가 정책을 그르치고 전쟁으로의 길로 나아가 국민을 존망의 위기에 빠뜨렸으며 식민지 지배와 침략으로 많은 나라들 특히 아시아 여러 나라 사람들에게 다대한 손해와 고통을 주었습니다. 저는 미래에 잘못이 없도록 하기 위하여 의심할 여지도 없는 이와 같은 역사의 사실을 겸허하게 받아들이고 여기서 다시 한번 통절한 반성의 뜻을 표하며, 진심으로 사죄의 마음을 표명합니다.

일본의 전후 50주년 제2차 세계 대전 종전 기념일 당시 일본 총리였던 무라야마 도미이치는 일본의 식민 지배에 대해 공식적으로 사죄하는 뜻을 표명하는 담화를 발표하였다. 당시 총리의 이름을 따서 '무라야마 담화'라고 한다.

○✕ 표시하기

❶ 김정은 체제 시기에 북미 정상 회담이 개최되었다.　　　（　　）

❷ 1950년대 북한은 합작 회사 경영법을 제정하였다.　　　（　　）

❸ 박정희 정부 시기에 7·4 남북 공동 성명이 발표되었다.　　　（　　）

❹ 전두환 정부 시기에 한반도 비핵화 공동 선언이 채택되었다.　　　（　　）

적절한 말 고르기

❺ 1972년 자주적·평화적·민족적 대단결의 통일 원칙에 합의한 (7·4 남북 공동 성명, 남북 기본 합의서)이/가 발표되었다.

❻ (이승만, 노태우) 정부 시기에 남북한 유엔 동시 가입이 이루어졌다.

❼ 제1차 남북 정상 회담에서 (6·15, 10·4) 남북 공동 선언이 발표되었다.

❽ (일본, 중국)은 동북공정을 통해 고조선, 고구려, 발해를 자국의 역사로 편입하려 시도하였다.

빈칸 채우기

❾ (　　　) 정부 시기에 남북 기본 합의서가 채택되었다.

❿ (　　　) 정부 시기에 대북 화해 협력 정책 추진으로 금강산 관광 사업이 시작되었다.

⓫ 쿠릴 열도 4개 섬, 센카쿠 열도, 남중국해 도서 지역 등에서 동아시아 (　　　) 갈등이 발생하고 있다.

⓬ 1995년 일본에서는 식민 지배에 대한 사과의 뜻을 표현한 (　　　) 담화가 발표되었다.

01 밑줄 친 '공동 성명'에 대한 설명으로 옳은 것은?

> 25580-0415

> 우리나라의 평화 통일을 추구하는 7개항의 <u>공동 성명</u>이 7월 4일 서울과 평양에서 동시에 발표되었습니다. 이후락 중앙정보부장과 북한 조직지도부장 김영주가 같이 서명한 이 <u>공동 성명</u>에는 우리나라의 자율적인 평화 통일 원칙에 합의하였다고 밝혔습니다. 이후락 중앙정보부장은 이번 성명은 평화적 통일의 길을 오래전부터 모색해 온 대통령의 뜻에 따라 북한 측과 협의 끝에 이루어진 것이라고 말하였습니다.

① 4·19 혁명 전에 발표되었다.
② 의열단의 활동 지침이 되었다.
③ 장면 정부 수립에 영향을 미쳤다.
④ 대한민국 건국 강령의 기본 이념이 되었다.
⑤ 자주적·평화적·민족 대단결의 3대 원칙에 합의하였다.

02 다음 합의서가 발표된 시기를 연표에서 옳게 고른 것은?

> 25580-0416

> **남북 이산가족 고향 방문 및 예술 공연단**
> **교환 방문에 관한 합의서**
> 19△△년 8월 22일 개최된 제8차 남북 적십자 본회담의 제3차 실무 접촉에서 쌍방은 조국 광복 40주년을 계기로 이산가족 고향 방문 및 예술 공연단의 교환 방문을 다음과 같이 실시하기로 합의하였다.
> 1. 방문단의 명칭
> 방문단의 명칭은 각기 편리한 대로 부르되, 대한 적십자사 측은 '남북 이산가족 고향 방문 및 예술 공연단'으로 한다.
> 2. 방문단의 구성 및 규모
> 나. (1) 이산가족 고향 방문단은 서울과 평양을 고향으로 한 인원을 위주로 하여 50명으로 한다.

(가)	(나)	(다)	(라)	(마)
대한민국 정부 수립	6·25 전쟁 발발	5·16 군사 정변	한일 협정 체결	10·26 사태	서울 올림픽 대회 개최

① (가)　　② (나)　　③ (다)　　④ (라)　　⑤ (마)

03 밑줄 친 '수락 연설'이 발표된 정부 시기에 있었던 사실로 옳은 것은?

> 25580-0417

> 제46차 유엔 총회는 17일 오후 3시 30분(한국 시간 18일 오전 4시 30분) 115개국의 회원국이 서명한 남북한의 유엔 가입안을 만장일치로 승인·확정하였다. 외무 장관은 <u>수락 연설</u>에서 "남북한은 유엔에서 상호 대화와 협력을 통해 신뢰를 구축해 나감으로써 한반도에서의 평화 정착과 궁극적인 통일을 촉진할 수 있어야 한다. 남북한의 유엔 가입으로 분단 극복을 향한 노력에 있어 주요한 계기가 마련될 수 있을 것으로 확신한다."라고 강조하였다.

① 한국광복군이 창설되었다.
② 남북 기본 합의서가 채택되었다.
③ 반민족 행위 처벌법이 제정되었다.
④ 한미 상호 방위 조약이 체결되었다.
⑤ 제2차 남북 정상 회담이 개최되었다.

04 (가)에 들어갈 내용으로 가장 적절한 것은?

> 25580-0418

① 동북공정의 문제점
② 우리 고유의 영토인 독도
③ 센카쿠 열도를 둘러싼 분쟁
④ 북한의 3대 권력 세습 과정 분석
⑤ 일본군 '위안부' 문제의 해결을 위한 노력

서술형 문제

Step1 핵심 키워드 파악하기

> 25580-0419

01 다음 합의서가 채택된 시기의 국제 정세에 대해 서술하시오.

> 제1조　남과 북은 서로 상대방의 체제를 인정하고 존중한다.
>
> 제9조　남과 북은 상대방에 대하여 무력을 사용하지 않으며 상대방을 무력으로 침략하지 아니한다.
>
> 제15조　남과 북은 민족 경제의 통일적이며 균형적인 발전과 민족 전체의 복리 향상을 도모하기 위하여 자원의 공동 개발, 민족 내부 교류로서의 물자 교류, 합작 투자 등 경제 교류와 협력을 실시한다.

예시 답안 자료는 (　　　　) 정부 시기에 채택된 (　　　　)이다. (　　　　)이/가 완화되는 국제 정세 속에서 남북 대화가 이루어졌으며, 그 결과 (　　　　)이/가 채택되었다.

Step2 스스로 답안 작성하기

> 25580-0420

02 다음 글을 읽고 물음에 답하시오.

> 1. 남과 북은 나라의 통일 문제를 그 주인인 우리 민족끼리 서로 힘을 합쳐 자주적으로 해결해 나가기로 하였다.
>
> 4. 남과 북은 경제 협력을 통하여 민족 경제를 균형적으로 발전시키고, 사회, 문화, 체육, 보건, 환경 등 ㉠제반 분야의 협력과 교류를 활성화하여 서로의 신뢰를 다져 나가기로 하였다.

(1) 자료를 발표한 정부를 쓰시오.

(2) 밑줄 친 ㉠에 해당하는 사례를 두 가지 서술하시오.

1등급 도전 문제

> 25580-0421

01 밑줄 친 '이 정부' 시기에 있었던 사실로 옳은 것은?

> | 우표 정보 | 날짜 도장으로 보는 한국사 |
>
> 이것은 이 정부 시기에 시작된 금강산 관광 사업을 기념하기 위해 사용된 날짜 도장이다. 도장 그림에는 금강산 해금강이 표현되어 있다. 19△△년 11월 18일 금강산 관광을 위한 유람선 금강호가 강원도 동해항에서 첫 출항하였다. 이 날짜 도장은 첫 출항 날짜인 11월 18일부터 11월 27일까지 사용되었다.

① 정전 협정이 조인되었다.
② 남북한이 유엔에 동시 가입하였다.
③ 7·4 남북 공동 성명을 발표하였다.
④ 기업가의 소 떼 방북이 이루어졌다.
⑤ 미소 공동 위원회가 두 차례 열렸다.

> 25580-0422

02 밑줄 친 '대통령'의 재임 시기에 있었던 사실로 옳은 것은?

> [역사 속 오늘]
>
> **10월 4일**
>
> **남북 관계 발전과 평화 번영을 위한 선언이 발표되다**
>
> 10월 4일, 평양 백화원 영빈관에서 남북 관계 발전과 평화 번영을 위한 선언이 발표되었다. 2박 3일간의 대통령 평양 방문 기간 동안 남북 관계 발전과 한반도 평화, 민족 공동의 번영과 통일을 실현하는 데 따른 여러 문제들에 대해 허심탄회하게 협의하였다.

① 헤이그 특사가 파견되었다.
② 좌우 합작 7원칙이 발표되었다.
③ 제2차 남북 정상 회담이 개최되었다.
④ 한반도 비핵화 공동 선언이 채택되었다.
⑤ 평창 동계 올림픽 대회 개막식에 남북 선수단이 공동 입장하였다.

대단원 마무리 정리

Ⅲ단원

---

01 | 6월 민주 항쟁 이후 민주화 과정과 사회·문화 변동

6월 민주 항쟁 이후 민주화 과정

- 민주주의의 진전: 노태우 정부(전두환 정부의 비리와 5·18 민주화 운동의 진상 규명을 위한 청문회 개최, 북방 외교 추진), 김영삼 정부(❶) 전면 시행, '역사 바로 세우기' 추진)
- 평화적 정권 교체: 김대중 정부(선거를 통한 최초의 여야 간 평화적 정권 교체), 노무현 정부(과거사 정리 사업 추진), 이명박 정부(여야 정권 교체)
- 시민 사회의 성장: 시민운동 성장(참여 연대, 총선 시민 연대 등), 시민의 정치 참여 확대(촛불 집회 등)

외환 위기 극복과 사회·문화 변동

- 신자유주의 경제 정책의 확산: 세계 무역 기구 출범, 공기업 민영화, 경제 협력 개발 기구[OECD] 가입
- 외환 위기의 발생과 극복: 외환 보유고 고갈, 기업들의 부도 → ❷ 에 구제 금융 요청 → 강도 높은 구조 조정 및 외국 자본 유치 노력, ❸ 운동 → 지원금 조기 상환
- 외환 위기 이후 사회·문화 변동: 경제 성장(첨단 산업 발달), 경제 성장에 따른 문제점 발생(대외 무역 의존도 심화), 사회 변화(사회 양극화, 다문화 사회, 저출산·고령화 현상), 문화 변화(정보화, 한류 확산)

---

02 | 한반도 분단 극복과 동아시아 평화를 위한 노력

북한 사회의 변화

- 3대 권력 세습: 김일성(주체사상 강조) → 김정일(선군 정치) → 김정은
- 경제 및 사회 모습: 합작 회사 경영법 제정, 시장 경제 요소 제한적 도입, 장마당 등장

한반도 분단을 극복하기 위한 노력

- 박정희 정부: 7·4 남북 공동 성명 발표(1972)
- 노태우 정부: 남북한 ❹ 동시 가입(1991), 남북 기본 합의서 채택(1991)
- 김대중 정부: 제1차 남북 정상 회담(2000, 6·15 남북 공동 선언)
- 노무현 정부: 제2차 남북 정상 회담(2007, 10·4 남북 공동 선언)
- 문재인 정부: 한반도 평화와 번영, 통일을 위한 ❺ 선언(2018)

동아시아 평화를 위한 노력

- 일본과 중국의 역사 왜곡: 역사 교과서 왜곡, 일본군 '위안부' 문제, 동북공정
- 동아시아 영토 갈등
- 독도: 연합국 최고 사령관 각서 제677호 부속 지도, 인접 해양에 대한 주권에 관한 선언(1952)

정답 ❶ 금융 실명제 ❷ 국제 통화 기금[IMF] ❸ 금 모으기 ❹ 유엔 ❺ 판문점

대단원 종합 문제

> 25580-0423

01 밑줄 친 '합당'이 이루어진 배경으로 가장 적절한 것은?

> 민주 정의당, 통일 민주당, 신민주 공화당 3당은 어제 오전 3당의 전당 대회 수임 기구 합동 회의를 열어 민주 자유당으로의 합당을 의결함으로써 민주 자유당을 공식 출범시켰다. 1988년 총선 이후의 4당 체제는 민주 자유당과 평화 민주당의 양당 구조로 바뀌게 되었다.

① 한일 협정이 체결되었다.
② 3선 개헌안이 통과되었다.
③ 정우회 선언이 발표되었다.
④ 여소야대 정국이 형성되었다.
⑤ 이승만이 정읍 발언을 하였다.

> 25580-0424

02 밑줄 친 '출석'이 있었던 정부 시기에 있었던 사실로 옳은 것은?

> [오늘의 의정사]
>
> ### 12월 31일
>
> **전직 대통령 전두환, 국회 청문회에 출석하다**
>
> 12월 31일, 전두환은 5·18 민주화 운동 진상 조사와 전두환 정부 시기 권력 비리를 조사하는 국회 청문회에 출석하여 증언하였다. 전직 대통령이 증인으로 채택된 청문회였지만, 전두환은 변명성 발언으로 일관하여 비난을 받았다.

① 지계가 발급되었다.
② 헤이그 특사가 파견되었다.
③ 서울 올림픽 대회가 개최되었다.
④ 6·29 민주화 선언이 발표되었다.
⑤ 신탁 통치 반대 운동이 전개되었다.

> 25580-0425

03 (가) 인물이 대통령으로 재임하던 시기에 있었던 사실로 옳은 것은?

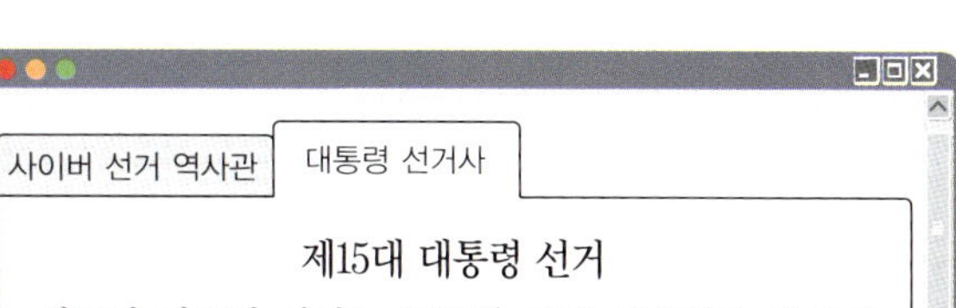

사이버 선거 역사관　대통령 선거사

제15대 대통령 선거

제15대 대통령 선거는 1987년 국민 직선제가 실시된 이후 세 번째 치러진 선거였다. 선거에 출마한 후보는 7명이었으나, 3자 대결의 구도를 보였다. 결국 선거 결과에서는 새정치 국민 회의의 　(가)　 후보가 유효 투표 총수의 약 40%를 얻어 제15대 대통령으로 당선되었다. 이 선거는 헌정 사상 처음으로 선거에 의한 여야 간 평화적 정권 교체가 이루어졌다는 점에서 큰 의미를 지닌다.

① 유신 헌법이 제정되었다.
② 인천 상륙 작전이 전개되었다.
③ 4·13 호헌 조치가 발표되었다.
④ 국가 인권 위원회가 설치되었다.
⑤ 동양 척식 주식회사가 설립되었다.

> 25580-0426

04 (가), (나) 시기 사이에 있었던 사실로 옳은 것은?

> (가) 5월 31일, 서울 월드컵 경기장에서 개막전인 프랑스와 세네갈의 경기가 열렸다. 국제 축구 연맹[FIFA] 사상 최초의 공동 개최로 열린 이번 월드컵 축구 대회는 한국에서 개막식과 개막전, 대회 공식 명칭 우선권 등을 가져온 대신 결승전은 일본에서 하는 것으로 합의되어 있었다.
>
> (나) 11월 11일, 서울 G20 정상 회의가 공식적으로 개막하였다. '위기를 넘어 다 함께 성장'을 슬로건으로 내세운 이번 정상 회의에서 주요 정상들은 그동안 합의된 의제를 행동으로 옮기기 위해 논의할 전망이다.

① 호주제가 폐지되었다.
② 여성 대통령이 선출되었다.
③ 진보당 사건이 발생하였다.
④ 교육입국 조서가 반포되었다.
⑤ 전태일 분신 사건이 일어났다.

대단원 종합 문제

> 25580-0427

05 밑줄 친 '우리 정부'에 대한 설명으로 옳은 것은?

절박한 외환 금융 위기를 벗어나기 위한 국제 통화 기금[IMF]의 실무 협상이 마무리되는 순간입니다. 우리 정부의 경제 부총리와 국제 통화 기금 총재는 오늘 밤 공동 발표를 하고 양해 각서에 서명하였습니다. 정부는 자금을 받는 대가로 국제 통화 기금이 요구한 이행 조건을 잘 지키겠다고 약속한 것이고, 국제 통화 기금은 필요한 자금을 충분히 지원하겠다고 한 것입니다.

① 당백전을 발행하였다.
② 지가 증권을 지급하였다.
③ 강화도 조약을 체결하였다.
④ 금융 실명제를 전면 실시하였다.
⑤ 제1차 경제 개발 5개년 계획을 추진하였다.

서술형

> 25580-0428

06 다음 자료에 나타난 사회 문제를 파악하고, 이를 해결하기 위한 방안을 두 가지 서술하시오.

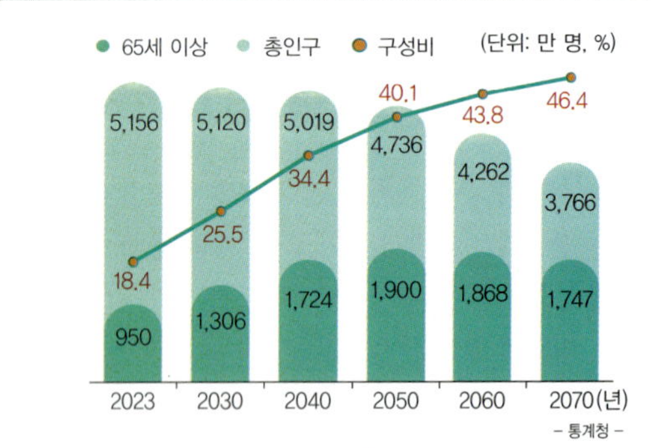

▲ 고령 인구(65세 이상) 및 비중

유엔에서는 고령 인구 비율이 7%를 넘으면 고령화 사회, 14%를 넘으면 고령 사회, 20% 이상이면 초고령 사회로 분류한다. 2023년 고령 인구 비율이 18.4%로, 우리나라는 초고령화 사회에 근접하였다는 것을 알 수 있다.

서술형

> 25580-0429

07 다음 자료의 명칭을 쓰고, 이 성명이 지니는 역사적 의미를 두 가지 서술하시오.

1. 쌍방은 다음과 같은 조국 통일 원칙들에 합의를 보았다.
첫째, 통일은 외세에 의존하거나 외세의 간섭을 받음이 없이 자주적으로 해결하여야 한다.
둘째, 통일은 서로 상대방을 반대하는 무력행사에 의거하지 않고 평화적 방법으로 실현하여야 한다.
셋째, 사상과 이념·제도의 차이를 초월하여 우선 하나의 민족으로서 민족적 대단결을 도모하여야 한다.

> 25580-0430

08 밑줄 친 '이 정부' 시기에 볼 수 있는 모습으로 가장 적절한 것은?

[자료로 살펴보는 한국사]

남과 북은 한반도를 비핵화함으로써 핵전쟁 위험을 제거하고 우리나라의 평화와 평화 통일에 유리한 조건과 환경을 조성하며 아시아와 세계의 평화와 안전에 이바지하기 위하여 다음과 같이 선언한다.
1. 남과 북은 핵무기의 시험, 제조, 생산, 접수, 보유, 저장, 배비(配備), 사용을 하지 아니한다.

[해설] 자료는 이 정부 시기에 채택된 한반도 비핵화 공동 선언의 일부이다. 냉전이 해체되는 국제 정세의 변화 속에서 이 정부는 남북 대화에 나섰으며, 한반도 평화 유지를 위한 비핵화 공동 선언에도 합의하였다.

① 조선 형평사에 가입하는 청년
② 6월 민주 항쟁에 참가하는 학생
③ 좌우 합작 7원칙을 발표하는 지도자
④ 남북 기본 합의서 채택 소식을 전하는 기자
⑤ 평창 동계 올림픽 대회에 참가하는 운동 선수

수능 유형 문제

> 25580-0431

01 (가)에 들어갈 내용으로 가장 적절한 것은?

① 북방 외교를 추진하였어요.
② 군국기무처를 설치하였어요.
③ 치안 유지법을 공포하였어요.
④ 병참 기지화 정책을 시행하였어요.
⑤ 베트남 전쟁에 군대를 파견하였어요.

> 25580-0432

02 밑줄 친 '가입'이 이루어진 시기를 연표에서 옳게 고른 것은?

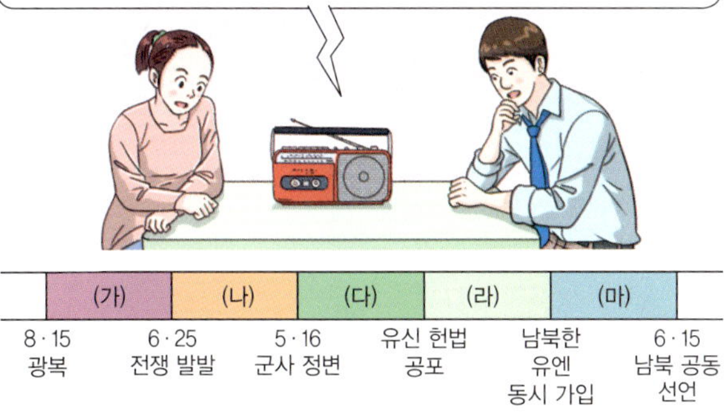

(가)	(나)	(다)	(라)	(마)
8·15 광복	6·25 전쟁 발발	5·16 군사 정변	유신 헌법 공포	남북한 유엔 동시 가입

6·15 남북 공동 선언

① (가)　② (나)　③ (다)　④ (라)　⑤ (마)

> 25580-0433

03 밑줄 친 '정부'에 대한 설명으로 옳은 것은?

① 지계를 발급하였다.
② 독립 공채를 발행하였다.
③ 새마을 운동을 시작하였다.
④ 미국에 구미 위원부를 설치하였다.
⑤ 제2차 남북 정상 회담을 개최하였다.

> 25580-0434

04 다음 기사가 보도된 정부 시기의 사실로 옳은 것은?

제△△호　　○○신문　　○○○○년 ○○월 ○○일

남북 조절 위원회 발족

7·4 남북 공동 성명의 발표 이후 4개월 26일 만에 남북 사이의 제반 문제를 개선·해결하며, 나라의 통일 문제를 다루는 조절 위원회가 정식 발족하였다. 남북 대화를 본궤도에 진입시켰다고 할 수 있는 남북 조절 위원회 구성은 그만큼 7·4 남북 공동 성명의 구현이라 할 수 있다.

① 원수부가 조직되었다.
② 유신 헌법이 제정되었다.
③ 헌병 경찰제가 시행되었다.
④ 5·10 총선거가 실시되었다.
⑤ 동양 척식 주식회사가 설립되었다.

사진 출처

ⓒ**강화역사박물관** 팔만대장경판(73쪽)

ⓒ**고려대학교 박물관** 「척경입비도」(49쪽, 81쪽)

ⓒ**국가유산청** 경복궁 근정전(7쪽) / 석굴암 본존불(49쪽, 79쪽) / 화순 쌍봉사 철감선사탑(70쪽, 76쪽) / 우정총국(87쪽) / 독립문(87쪽, 249쪽, 250쪽) / 덕수궁 중명전(87쪽, 250쪽)

ⓒ**국립경주박물관** 임신서기석(70쪽)

ⓒ**국립고궁박물관** 「공민왕과 노국 대장 공주 초상화」(7쪽) / 옥당(47쪽) / 측우기(76쪽)

ⓒ**국립공주박물관 소장(단국대학교 석주선기념박물관 제공)** 망이산성에서 출토된 기와(46쪽)

ⓒ**국립민속박물관** 상평통보(49쪽, 114쪽) / 공명첩(49쪽, 66쪽, 68쪽, 83쪽) / 지계(102쪽) / 백동화(110쪽, 114쪽) / 일본 제일 은행권(110쪽, 114쪽) / 5·10 총선거 포스터(185쪽)

ⓒ**국립부여박물관** 백제 금동 대향로(49쪽, 71쪽, 76쪽)

ⓒ**국립중앙도서관** 대한매일신보 태극 서관 광고(129쪽) / 일제의 신문 검열(136쪽) / 좌우 합작 풍자 만평(190쪽)

ⓒ**국립중앙박물관** 호우총 청동 그릇(7쪽) / 서울 북한산 신라 진흥왕 순수비(7쪽, 46쪽) / 『경국대전』(7쪽, 30쪽) / 반달 돌칼(8쪽) / 주먹도끼(9쪽) / 빗살무늬 토기(9쪽) / 수령 옹주 묘지명(21쪽) / 「평양성 탈환도」(31쪽) / 당백전(36쪽, 40쪽) / 흥선 대원군(45쪽) / 화성성역의궤 장안문도(47쪽) / 「담배썰기」(49쪽) / 「자리짜기」(49쪽) / 산수무늬 벽돌(71쪽) / 청자 참외 모양 병(73쪽) / 「호랑이와 까치」(77쪽) / 「씨름도」(77쪽)

ⓒ**뉴스뱅크** 고구려 무용총 「접객도」(49쪽) / 강서 고분 현무도(71쪽, 85쪽) / 수자기(87쪽, 88쪽, 92쪽) / 신미양요 당시 로저스 제독과 장교들(92쪽) / 공출(133쪽) / 강제 징용 노동자상(133쪽) / 브나로드 운동 포스터(133쪽, 152쪽) / 조선어 학회 회원들(164쪽) / 국내 진입 작전 회담을 마치고 나오는 김구와 도노반(175쪽) / 8·15 광복을 기뻐하는 사람들(185쪽) / 38도선을 넘으려는 사람들(185쪽) / 남북 협상을 위해 38도선을 넘는 김구 일행(185쪽) / 발췌 개헌(185쪽) / 4·19 혁명(185쪽) / 5·16 군사 정변(185쪽) / 5·18 민주화 운동(185쪽) / 6월 민주 항쟁(185쪽, 206쪽) / 수출 100억 달러 달성(185쪽) / 장발 단속(185쪽) / 낙동강 페놀 오염 사건(185쪽, 217쪽) / 박종철 국민 추도회(206쪽) / 6·27 지방 선거 개표(227쪽) / 조선 총독부 건물 철거 현장(227쪽) / 7·4 남북 공동 성명을 발표하는 중앙정보부장(227쪽) / 제1차 남북 정상 회담(227쪽, 255쪽, 256쪽) / 촛불 집회(229쪽) / 국제 통화 기금[IMF] 양해 각서 체결(240쪽)

ⓒ**대한민국 역사박물관 근현대사 아카이브** 광주 학생 항일 운동 기념탑(133쪽)

ⓒ**독립기념관** 대성 학교(87쪽, 123쪽) / 베델(115쪽) / 칼을 찬 교사(133쪽) / 임시 정부 및 임시 의정원 신년 축하식(133쪽) / 윤봉길 선서(133쪽) / 어린이날 포스터(133쪽) / 『우리말(조선말) 큰사전』(133쪽) / 조선 의용대 창립 기념(133쪽) / 한국광복군 인민전구 공작대(133쪽) / 독립 공채(160쪽) / 박은식(167쪽) / 조선 혁명군 기(174쪽) / 조선 의용군 열사 기념관(177쪽)

ⓒ**동아일보** 광주 학생 항일 운동 관련 신문 기사(161쪽)

ⓒ**미국 의회 도서관** 보빙사가 묵었던 워싱턴 호텔(104쪽)

ⓒ**서울대학교 규장각한국학연구원** 을사늑약(87쪽, 122쪽)

ⓒ**서울역사박물관** 황궁우와 환구단(87쪽, 103쪽) / 동양 척식 주식회사(87쪽) / 독립문(102쪽) / 조선 총독부(133쪽, 134쪽) / 토지 조사 사업(133쪽, 179쪽) / 경성혼마치(133쪽)

ⓒ**숭실대 한국기독교박물관** 「연행도」(84쪽)

ⓒ**실학박물관** 「곤여만국전도」(52쪽)

ⓒ**양산시** 척화비(87쪽, 89쪽, 92쪽)

ⓒ**연합뉴스** 남북한 유엔 동시 가입(255쪽, 256쪽)

ⓒ**우정사업본부** 금강산 관광 기념 날짜 도장(237쪽)

ⓒ**위키** 「조선 통신사 내조도」(49쪽, 53쪽, 55쪽) / 군국기무처(100쪽, 130쪽)

ⓒ**재단법인 현담문고** 모던 걸과 모던 보이(133쪽)

ⓒ**제54회정창원전목록_나라국립박물관** 신라촌락문서(49쪽, 59쪽, 62쪽)

ⓒ**천안박물관** 호패(24쪽, 32쪽)

ⓒ**프랑스 국립도서관·국립중앙박물관** 영조정순왕후가례도감의궤(하) 반차도(88쪽, 93쪽)

ⓒ**한국관광공사 포토코리아** 수원 화성(39쪽, 김지호) / 철원 충렬사지(47쪽, 박성근) / 논산 관촉사 석조 미륵보살입상(73쪽, 김지호) / 정족산성(127쪽, 천준교) / 독도(227쪽, 안지뉴필름)

수행평가 활동지

과목	단원	수행평가 주제	활동 유형	활동 개요
한국사 1	I 근대 이전 한국사의 이해	조선의 성립과 정치 운영의 변화 이해	• 개인 활동 • 논술	• 조선의 성립과 유교적 통치 체제의 정비 과정을 이해함. • 조선 전기 지배 세력의 변화를 맥락적으로 파악함.
			• 모둠 활동 • 역사 신문 제작	• 조선의 성립과 정치 운영의 변화를 이해할 수 있는 자료를 수집함. • 조선 전기 지배 세력의 변화를 바탕으로 중요 사건, 제도 등을 중심으로 역사 신문을 제작함.
	II 근대 이전 한국사의 탐구	근대 이전 한국사의 흐름 파악	• 개인 활동 • 구술	• 근대 이전 한국사의 흐름을 주요한 역사 개념을 중심으로 파악함. • 각 시대별 국제 관계, 대외 교류, 외교, 경제, 사회, 문화의 특징 중 하나를 골라 조사하여 구술함.
			• 모둠 활동 • 진로 박람회 기획	• 근대 이전 시기에서 진로(관심 분야)와 관련된 주제를 선정하여 자료를 수집함. • 자료를 정하여 박람회장 게시 형식의 포스터를 작성함.
	III 근대 국가 수립의 노력	서구 문물의 도입으로 인한 문화 변동 탐구	• 개인 활동 • 포트폴리오	• 서구 문물의 수용과 확산이 문화 변동을 초래하였음을 파악함. • 신뢰할 수 있는 자료를 증거로 선택하여 수집함.
			• 모둠 활동 • 답사 자료집 제작	• 서구 문물의 도입이 문화에 끼친 영향을 탐구함. • 근대 시설과 서양 건축물 등으로 변화한 지역의 모습이 담긴 답사 자료집을 제작함.
한국사 2	I 일제 식민 통치와 민족 운동	민족 운동의 특징 파악	• 개인 활동 • 구술	• 일제의 보고서와 국내외 신문 기사를 바탕으로 국내외 정세 변동과 연관하여 국내외에서 전개된 민족 운동을 파악함. • 민족 운동의 전개 과정을 확인하고 그 특징을 구술로 표현함.
			• 모둠 활동 • 인물 사전 제작	• 국내외에서 전개된 민족 운동을 알 수 있는 자료를 조사함. • 일제의 식민 지배에 저항한 독립운동가를 선정하여 인물 사전을 제작함.
	II 대한민국의 발전	4·19 혁명에서 6월 민주 항쟁에 이르는 민주화 과정 탐구	• 개인 활동 • 논술	• 4·19 혁명에서 6월 민주 항쟁에 이르는 과정을 독재 정치에 대응한 국민적 저항과 관련된 민주주의의 시련과 발전이라는 관점에서 분석함. • 민주화 운동이 사회 변화에 끼친 영향을 맥락적으로 파악함.
			• 모둠 활동 • 카드 뉴스 제작	• 4·19 혁명에서 6월 민주 항쟁에 이르는 민주화 과정을 이해하고 자료를 조사함. • 민주화 과정에서 있었던 역사적 사건을 소개하는 카드 뉴스를 제작함.
	III 오늘날의 대한민국	6월 민주 항쟁 이후 정치, 경제, 사회, 문화 변동 이해	• 개인 활동 • 포트폴리오	• 6월 민주 항쟁 이후의 민주화 과정 및 외환 위기의 발생과 극복 과정 등의 사회 변화를 이해함. • 6월 민주 항쟁 이후 정치, 경제, 사회, 문화 변동 중 한 분야를 골라 변화 사례를 조사하고 그 자료를 수집함.
			• 모둠 활동 • 사진전 기획	• 6월 민주 항쟁 이후 정치, 경제, 사회, 문화와 관련된 역사적 사건을 조사함. • 관심 있는 역사적 사건과 관련된 사진 자료를 수집하여 사진전을 기획함.

 **1-1**

역사 신문 제작하기

>>> 조선 전기의 지배 세력 변화 이해하기

◈ 다음 자료를 읽고 조선 전기 지배 세력의 변화를 정리해 보자.

자료 1

"재행(才行)이 있어 임용할 만한 사람을 천거하여, …… 친히 대책(對策)하게 한다면 인물을 많이 얻을 수 있을 것입니다. 이는 …… 중국 한(漢)에서 실시한 현량과의 뜻을 이은 것입니다. 덕행은 여러 사람이 천거하는 바이므로 반드시 헛되거나 그릇되는 것이 없을 것입니다."라고 하였다.   ─『중종실록』─

자료는 조광조 등이 주장한 현량과 실시와 관련된 것이다. 중종은 ⬚(가)⬚ 을/를 견제하기 위해 조광조를 비롯한 ⬚(나)⬚ 을/를 적극 등용하였다. 조광조 등은 현량과를 실시하는 등 개혁을 추진하였다. 또한 중종반정의 공신을 조사하여 과대평가된 ⬚(가)⬚ 의 공훈을 삭제하려고 하였으나, 공신들의 반발로 ⬚(나)⬚ 이/가 화를 입는 사화가 일어났다.

자료 2

김효원이 과거에 장원으로 합격하여 (이조) 전랑의 물망에 올랐으나, 그가 (당시 외척 중 한 명인) 윤원형의 문객이었다 하여 심의겸이 반대하였다. 그후에 (심의겸의 동생) 심충겸이 장원 급제를 하여 이조 전랑으로 천거되었으나, 외척이라 하여 김효원이 반대하였다. …… 동인, 서인이라는 말이 여기에서 비롯하였다.   ─『연려실기술』─

자료는 ⬚(나)⬚ 이/가 붕당을 형성하는 것과 관련된 것이다. 선조 시기 척신 정치의 청산과 이조 전랑의 임명 문제를 놓고 ⬚(나)⬚ 이/가 동인과 서인으로 나뉘면서 붕당이 형성되었다. 각 붕당은 지방 사족의 의견을 모아 공론이라 내세우며 서로 경쟁하였다.

1 (가), (나)에 들어갈 조선 시대 지배 세력의 명칭을 쓰시오.

2 (가), (나) 세력의 특징을 서술하시오.

구분	특징
(가) 세력	
(나) 세력	

3 제시된 자료를 참고하여 모둠별로 조사한 내용을 바탕으로 조선 시대 지배 세력의 변화를 보여 주는 역사 신문을 제작해 보자.

제△△호   ○○신문   ○○○○년○○월○○일

평가 항목	자료를 분석하여 1번 질문에 대한 적절한 답변을 서술하였는가?	상 ☐ 중 ☐ 하 ☐
	조선 시대 지배 세력의 특징을 바르게 서술하였는가?	상 ☐ 중 ☐ 하 ☐
	역사적 사실에 맞게 기사를 작성하였는가?	상 ☐ 중 ☐ 하 ☐
	다양한 종류의 기사를 적절하게 배치하고 표현하였는가?	상 ☐ 중 ☐ 하 ☐
	모둠 활동에 적극적으로 참여하였는가?	상 ☐ 중 ☐ 하 ☐

예시 답안 

>>> 조선 전기의 지배 세력 변화 이해하기

◆ 다음 자료를 읽고 조선 전기 지배 세력의 변화를 정리해 보자.

자료 1

"재행(才行)이 있어 임용할 만한 사람을 천거하여, …… 친히 대책(對策)하게 한다면 인물을 많이 얻을 수 있을 것입니다. 이는 …… 중국 한(漢)에서 실시한 현량과의 뜻을 이은 것입니다. 덕행은 여러 사람이 천거하는 바이므로 반드시 헛되거나 그릇되는 것이 없을 것입니다."라고 하였다. —『중종실록』—

자료는 조광조 등이 주장한 현량과 실시와 관련된 것이다. 중종은 ⬚ (가) ⬚ 을/를 견제하기 위해 조광조를 비롯한 ⬚ (나) ⬚ 을/를 적극 등용하였다. 조광조 등은 현량과를 실시하는 등 개혁을 추진하였다. 또한 중종반정의 공신을 조사하여 과대평가된 ⬚ (가) ⬚ 의 공훈을 삭제하려고 하였으나, 공신들의 반발로 ⬚ (나) ⬚ 이/가 화를 입는 사화가 일어났다.

자료 2

김효원이 과거에 장원으로 합격하여 (이조) 전랑의 물망에 올랐으나, 그가 (당시 외척 중 한 명인) 윤원형의 문객이었다 하여 심의겸이 반대하였다. 그후에 (심의겸의 동생) 심충겸이 장원 급제를 하여 이조 전랑으로 천거되었으나, 외척이라 하여 김효원이 반대하였다. …… 동인, 서인이라는 말이 여기에서 비롯하였다. —『연려실기술』—

자료는 ⬚ (나) ⬚ 이/가 붕당을 형성하는 것과 관련된 것이다. 선조 시기 척신 정치의 청산과 이조 전랑의 임명 문제를 놓고 ⬚ (나) ⬚ 이/가 동인과 서인으로 나뉘면서 붕당이 형성되었다. 각 붕당은 지방 사족의 의견을 모아 공론이라 내세우며 서로 경쟁하였다.

1 (가), (나)에 들어갈 조선 시대 지배 세력의 명칭을 쓰시오. (가) – 훈구 세력, (나) – 사림 세력

2 (가), (나) 세력의 특징을 서술하시오.

구분	특징
(가) 세력	훈구 세력은 세조의 즉위를 도운 공신 세력으로 고위 관직을 차지하고 대토지를 소유하였다. 연산군을 몰아내고 중종을 즉위시키면서(중종반정) 훈구 세력의 영향력이 확대되었다.
(나) 세력	사림 세력은 정몽주 등의 학통을 계승하여 지방에서 학문 연구와 교육에 힘쓰고 있었다. 성종이 훈구 세력을 견제하기 위해 사림을 등용하면서 주로 3사에 임명되어 훈구의 비리와 부정을 비판하였다.

3 제시된 자료를 참고하여 모둠별로 조사한 내용을 바탕으로 조선 시대 지배 세력의 변화를 보여 주는 역사 신문을 제작해 보자.

제△△호　　○○신문　　○○○○년 ○○월 ○○일

특집: 조선 시대 지배 세력의 변화

평가 항목		상	중	하
	자료를 분석하여 1번 질문에 대한 적절한 답변을 서술하였는가?	☐	☐	☐
	조선 시대 지배 세력의 특징을 바르게 서술하였는가?	☐	☐	☐
	역사적 사실에 맞게 기사를 작성하였는가?	☐	☐	☐
	다양한 종류의 기사를 적절하게 배치하고 표현하였는가?	☐	☐	☐
	모둠 활동에 적극적으로 참여하였는가?	☐	☐	☐

1-2 근대 이전 한국사의 흐름 구술하기

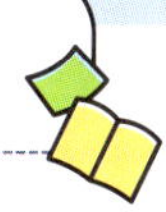

>>> 근대 이전 한국사의 흐름 파악하기

◆ 다음 자료를 읽고 고려의 사상과 문화에 대해 정리해 보자.

자료 1

1조 우리나라의 대업(大業)은 반드시 모든 부처가 보호하고 지켜 주는 힘에 의지하였다. 선종과 교종의 사원을 창건하고 주지 스님을 파견하라.

6조 짐이 지극히 원하는 바는 연등과 팔관에 있으니, 연등은 부처를 섬기는 것이며 …… 후세에 간사한 신하가 더하고 줄일 것을 권하는 자가 있다면 필히 그것을 금지하라.

– 『고려사』 –

자료는 고려 [(가)]이/가 후손들에게 남긴 훈요 10조이다. 그는 훈요 10조를 통해 고려 왕조의 나아갈 방향을 제시하였으며, 불교 숭상을 강조하였다. 고려는 건국 초부터 불교를 적극적으로 장려하였다. 국가 차원에서 팔관회와 연등회 등 불교 행사가 열렸으며, 광종 시기부터 승과를 실시하여 승려에게 승계를 주었다.

자료 2

• 교리를 배우는 이는 내적인 것(마음)을 버리고 외적인 것을 구하는 일이 많고, 참선하는 사람은 밖의 인연을 잊고 내적으로 밝히기를 좋아한다. 이는 다 편벽된 집착이고 양극단에 치우친 것이다.   – 『대각 국사 문집』 –

• 정(定)은 본체이고 혜(慧)는 작용이다. 작용은 본체를 바탕으로 해서 있게 되므로 혜가 정을 떠나지 않고 본체는 작용을 가져오게 하므로 정은 혜를 떠나지 않는다.

– 『보조 국사 법어』 –

자료는 의천과 [(나)]의 사상에 대한 것이다. 의천은 교종과 선종의 대립을 극복하기 위한 방법으로 교관겸수를 제시하였다. [(나)]은/는 불교 개혁을 위해 수선사 결사 운동을 벌이면서 수행 방법으로 정혜쌍수를 제시하였다.

1 (가)에 해당하는 국왕과 (나)에 해당하는 인물을 쓰시오.

2 자료 1, 2를 참고하여 고려 시대 불교의 변화에 대해 서술하시오.

구분	시기 및 특징
숭불 정책	
불교 통합 운동	

3 근대 이전 한국사의 흐름과 관련하여 특정 시대의 국제 관계, 대외 교류, 외교, 경제, 사회, 문화의 특징 중 하나를 골라 조사하여 구술 내용을 작성해 보자.

주제	시대: ________________, 분야: ________________
구술 내용 (핵심 요약)	

평가 항목		
자료를 분석하여 1번 질문에 대한 적절한 답변을 서술하였는가?	상 ☐ 중 ☐ 하 ☐
주제에 적합한 자료를 수집하였는가?	상 ☐ 중 ☐ 하 ☐
주제와 관련된 내용을 역사적 사실에 맞게 핵심 내용을 요약하였는가?	상 ☐ 중 ☐ 하 ☐
[구술] 내용을 잘 알고 적절한 근거를 들어 말하였는가?	상 ☐ 중 ☐ 하 ☐
[구술] 내용을 이해하기 쉽게 표현하였는가?	상 ☐ 중 ☐ 하 ☐

>>> 근대 이전 한국사의 흐름 파악하기

◆ 다음 자료를 읽고 고려의 사상과 문화에 대해 정리해 보자.

자료 1

> 1조 우리나라의 대업(大業)은 반드시 모든 부처가 보호하고 지켜 주는 힘에 의지하였다. 선종과 교종의 사원을 창건하고 주지 스님을 파견하라.
> 6조 짐이 지극히 원하는 바는 연등과 팔관에 있으니. 연등은 부처를 섬기는 것이며 …… 후세에 간사한 신하가 더하고 줄일 것을 권하는 자가 있다면 필히 그것을 금지하라.
> — 『고려사』 —

자료는 고려 ▢(가)▢ 이/가 후손들에게 남긴 훈요 10조이다. 그는 훈요 10조를 통해 고려 왕조의 나아갈 방향을 제시하였으며, 불교 숭상을 강조하였다. 고려는 건국 초부터 불교를 적극적으로 장려하였다. 국가 차원에서 팔관회와 연등회 등 불교 행사가 열렸으며, 광종 시기부터 승과를 실시하여 승려에게 승계를 주었다.

자료 2

> • 교리를 배우는 이는 내적인 것(마음)을 버리고 외적인 것을 구하는 일이 많고, 참선하는 사람은 밖의 인연을 잊고 내적으로 밝히기를 좋아한다. 이는 다 편벽된 집착이고 양극단에 치우친 것이다.
> — 『대각 국사 문집』 —
> • 정(定)은 본체이고 혜(慧)는 작용이다. 작용은 본체를 바탕으로 해서 있게 되므로 혜가 정을 떠나지 않고 본체는 작용을 가져오게 하므로 정은 혜를 떠나지 않는다.
> — 『보조 국사 법어』 —

자료는 의천과 ▢(나)▢ 의 사상에 대한 것이다. 의천은 교종과 선종의 대립을 극복하기 위한 방법으로 교관겸수를 제시하였다. ▢(나)▢ 은/는 불교 개혁을 위해 수선사 결사 운동을 벌이면서 수행 방법으로 정혜쌍수를 제시하였다.

1 (가)에 해당하는 국왕과 (나)에 해당하는 인물을 쓰시오. (가) - 태조 왕건, (나) - 지눌

2 자료 1, 2를 참고하여 고려 시대 불교의 변화에 대해 서술하시오.

구분	시기 및 특징
숭불 정책	고려 건국 초기부터 국가의 적극적인 지원을 받으며 불교가 융성하였다. 여러 지역에 사찰이 건립되었으며, 연등회와 팔관회가 열리고, 왕사와 국사 제도가 있었다.
불교 통합 운동	교종과 선종의 분열이 심해져 의천은 교종의 입장에서 선종을 통합하려 하였다. 무신 집권기에 지눌은 불교의 세속화를 비판하며 결사 운동을 일으키고 선종을 중심으로 교종을 포용하고자 하였다.

3 근대 이전 한국사의 흐름과 관련하여 특정 시대의 국제 관계, 대외 교류, 외교, 경제, 사회, 문화의 특징 중 하나를 골라 조사하여 구술 내용을 작성해 보자.

주제	시대: 고려 , 분야: 문화
구술 내용 (핵심 요약)	유교가 정치 이념으로 자리 잡음(과거제 실시), 국가의 지원을 받으며 불교가 융성함(불교 통합 운동도 전개됨), 도교와 풍수지리설도 유행함(묘청의 서경 천도 운동은 풍수지리설에 기반함), 다양한 사상을 기반으로 역사서와 대장경이 간행됨.

평가 항목		상	중	하
	자료를 분석하여 1번 질문에 대한 적절한 답변을 서술하였는가?	☐	☐	☐
	주제에 적합한 자료를 수집하였는가?	☐	☐	☐
	주제와 관련된 내용을 역사적 사실에 맞게 핵심 내용을 요약하였는가?	☐	☐	☐
	[구술] 내용을 잘 알고 적절한 근거를 들어 말하였는가?	☐	☐	☐
	[구술] 내용을 이해하기 쉽게 표현하였는가?	☐	☐	☐

1-3 답사 자료집 제작하기

>>> 서구 문물의 도입으로 인한 문화 변동 탐구하기

◈ 다음 자료를 읽고 근대 문물 수용으로 변화한 도시 모습을 정리해 보자.

자료 1	자료 2

자료 1

자료는 ☐ (가) ☐ 이/가 건립한 독립문이다. 독립문은 청 사신을 맞이하던 영은문이 헐린 자리 앞에 세워졌으며, 조선의 자주와 독립을 상징한다. 독립문 건립을 위한 모금에 참여하면 ☐ (가) ☐ 의 회원이 될 수 있어 다양한 계층이 참여하였다.

자료 2

자료는 ☐ (나) ☐ 시기 덕수궁에 세워진 서양식 건물이다. 덕수궁은 원래 경운궁이라 불렸으며, 고종이 ☐ (나) ☐ 을/를 선포한 후 황궁으로 사용되었다. 석조전은 근대화 정책의 일환으로 고종의 침전 겸 편전으로 사용하기 위해 지어졌다.

1 (가)에 해당하는 단체와 (나)에 해당하는 국가의 명칭을 쓰시오.

2 개항 이후 세워진 근대 건축물을 지역별로 조사하여 정리하시오.

지역	조사 내용
서울	
우리 지역 또는 타 지역 ( )	

3 조사한 내용을 바탕으로 근대 건축물 답사 자료집을 작성해 보자.

주제(또는 제목)		

평가 항목	자료를 분석하여 1번 질문에 대한 적절한 답변을 서술하였는가?	상 ☐ 중 ☐ 하 ☐
	주제에 적합한 자료를 수집하였는가?	상 ☐ 중 ☐ 하 ☐
	역사적 사실에 맞는 내용을 작성하였는가?	상 ☐ 중 ☐ 하 ☐
	근대 건축물의 사진 자료를 적절히 사용하였는가?	상 ☐ 중 ☐ 하 ☐
	모둠 활동에 적극적으로 참여하였는가?	상 ☐ 중 ☐ 하 ☐

>>> 서구 문물의 도입으로 인한 문화 변동 탐구하기

◆ 다음 자료를 읽고 근대 문물 수용으로 변화한 도시 모습을 정리해 보자.

자료 1

자료는 [(가)]이/가 건립한 독립문이다. 독립문은 청 사신을 맞이하던 영은문이 헐린 자리 앞에 세워졌으며, 조선의 자주와 독립을 상징한다. 독립문 건립을 위한 모금에 참여하면 [(가)]의 회원이 될 수 있어 다양한 계층이 참여하였다.

자료 2

자료는 [(나)] 시기 덕수궁에 세워진 서양식 건물이다. 덕수궁은 원래 경운궁이라 불렸으며, 고종이 [(나)]을/를 선포한 후 황궁으로 사용되었다. 석조전은 근대화 정책의 일환으로 고종의 침전 겸 편전으로 사용하기 위해 지어졌다.

1 (가)에 해당하는 단체와 (나)에 해당하는 국가의 명칭을 쓰시오. (가) – 독립 협회, (나) – 대한 제국

2 개항 이후 세워진 근대 건축물을 지역별로 조사하여 정리하시오.

지역	조사 내용
서울	[황궁우] 고종이 환구단을 건립하여 황제 즉위식 장소로 사용하였다. 환구단 북쪽에 황궁우를 지어 태조와 천지신명의 위패를 모셨다. 환구단은 일제 강점기에 헐리고, 현재에는 황궁우만 남아 있다.
우리 지역 또는 타 지역 (인천)	[제물포구락부] 제물포구락부는 청과 일본을 비롯해 인천에 거주하던 외국인들의 사교 클럽으로 조직되었다. 현재 자유 공원 기슭에 지어져 있는 건물은 지상 2층의 벽돌집으로 되어 있으며, 당시에 당구장 등 사교 활동에 필요한 편의 시설을 갖춘 호화스러운 건물이었다.

3 조사한 내용을 바탕으로 근대 건축물 답사 자료집을 작성해 보자.

근대 건축물을 찾아서(서울)

[황궁우] 고종이 환구단을 건립하여 황제 즉위식 장소로 사용하였다. 환구단 북쪽에 황궁우를 지어 태조와 천지신명의 위패를 모셨다.

[중명전] 대한 제국 황실의 도서관으로 지어졌다. 을사늑약이 체결된 아픔이 있는 장소이기도 하다.

[독립문] 청 사신을 맞이하던 영은문이 헐린 자리 앞에 세워졌으며, 조선의 자주와 독립을 상징한다. 다양한 계층이 참여하여 모금한 돈으로 지어졌다.

평가 항목		
자료를 분석하여 1번 질문에 대한 적절한 답변을 서술하였는가?		상 ☐ 중 ☐ 하 ☐
주제에 적합한 자료를 수집하였는가?		상 ☐ 중 ☐ 하 ☐
역사적 사실에 맞는 내용을 작성하였는가?		상 ☐ 중 ☐ 하 ☐
근대 건축물의 사진 자료를 적절히 사용하였는가?		상 ☐ 중 ☐ 하 ☐
모둠 활동에 적극적으로 참여하였는가?		상 ☐ 중 ☐ 하 ☐

 **2-1 인물 사전 제작하기**

>>> 민족 운동의 특징 파악하기

◆ 다음 자료를 읽고 독립운동가들의 활동을 정리해 보자.

자료 1

나석주는 이날 식산 은행 대부계실에 폭탄 1개를 투척하였으나 불발하자 곧 동양 척식 주식회사로 침입, 권총을 난사하여 일본인 3명을 사살하고 4명에게 중상을 입힌 뒤 폭탄 1개를 던졌다. 하지만 이 또한 불발하여 도피하던 중 …… 자결하였다.

– 동아일보, 1927. 1. –

자료는 ▢(가)▢의 단원 나석주의 의열 활동에 대한 것이다. 만주에서 김원봉을 중심으로 결성된 ▢(가)▢은/는 친일파를 처단하고 일제의 수탈 기관을 파괴하는 등의 활동을 하였다. 나석주는 조선 식산 은행과 동양 척식 주식회사에 폭탄을 투척하였다.

자료 2

나는 목숨을 걸고 탈출하여 …… 충칭으로 가는 6,000리 장정의 길에 나섰고 …… 이범석 장군의 부관이 되어 시안에 있는 제2 지대로 찾아가서 미국 전략 정보국[OSS] 특별 훈련을 받았다. 국내 지하 공작원으로 진입하려고 하던 때에 일제의 패망을 맞이하였다.

– 김준엽, 『장정』 –

자료는 ▢(나)▢의 대원으로 활동했던 인물의 회고록 내용 중 일부이다. 대한민국 임시 정부 산하 부대로 창설된 ▢(나)▢은/는 아시아·태평양 전쟁이 일어나자 연합군의 일원으로 참전하여 독립을 위해 다양한 활동을 전개하였다.

1 (가)에 해당하는 단체와 (나)에 해당하는 군사 조직의 명칭을 쓰시오.

2 자료를 참고하여 관심 있는 독립운동가를 선정한 후, 공훈 전자 사료관 등을 활용하여 인물의 활동을 조사하여 서술하시오.

인물					
운동 계열		포상년도		훈격	
주요 활동					

3 조사한 내용을 바탕으로 독립운동가 인물 사전을 제작해 보자.

인물 사전 / **독립운동가**

사진
(또는 인물 그림)

• 이름:
• 생몰년:
• 주요 활동:

• 참고 자료:

평가 항목	자료를 분석하여 1번 질문에 대한 적절한 답변을 서술하였는가?	상 ☐ 중 ☐ 하 ☐
	주제에 적합한 자료를 수집하였는가?	상 ☐ 중 ☐ 하 ☐
	역사적 사실에 맞게 독립운동가의 활동을 정리하였는가?	상 ☐ 중 ☐ 하 ☐
	독립운동가의 활동을 인물 사전의 양식에 맞게 표현하였는가?	상 ☐ 중 ☐ 하 ☐
	모둠 활동에 적극적으로 참여하였는가?	상 ☐ 중 ☐ 하 ☐

절취선

>>> 민족 운동의 특징 파악하기

◆ 다음 자료를 읽고 독립운동가들의 활동을 정리해 보자.

자료 1

> 나석주는 이날 식산 은행 대부계실에 폭탄 1개를 투척하였으나 불발하자 곧 동양 척식 주식회사로 침입, 권총을 난사하여 일본인 3명을 사살하고 4명에게 중상을 입힌 뒤 폭탄 1개를 던졌다. 하지만 이 또한 불발하여 도피하던 중 …… 자결하였다.
>
> – 동아일보, 1927. 1. –

자료는 ☐(가)☐ 의 단원 나석주의 의열 활동에 대한 것이다. 만주에서 김원봉을 중심으로 결성된 ☐(가)☐ 은/는 친일파를 처단하고 일제의 수탈 기관을 파괴하는 등의 활동을 하였다. 나석주는 조선 식산 은행과 동양 척식 주식회사에 폭탄을 투척하였다.

자료 2

> 나는 목숨을 걸고 탈출하여 …… 충칭으로 가는 6,000리 장정의 길에 나섰고 …… 이범석 장군의 부관이 되어 시안에 있는 제2 지대로 찾아가서 미국 전략 정보국[OSS] 특별 훈련을 받았다. 국내 지하 공작원으로 진입하려고 하던 때에 일제의 패망을 맞이하였다.
>
> – 김준엽, 『장정』 –

자료는 ☐(나)☐ 의 대원으로 활동했던 인물의 회고록 내용 중 일부이다. 대한민국 임시 정부 산하 부대로 창설된 ☐(나)☐ 은/는 아시아·태평양 전쟁이 일어나자 연합군의 일원으로 참전하여 독립을 위해 다양한 활동을 전개하였다.

1 (가)에 해당하는 단체와 (나)에 해당하는 군사 조직의 명칭을 쓰시오. (가) – 의열단, (나) – 한국광복군

2 자료를 참고하여 관심 있는 독립운동가를 선정한 후, 공훈 전자 사료관 등을 활용하여 인물의 활동을 조사하여 서술하시오.

인물	지청천				
운동 계열	광복군	포상년도	1962	훈격	대통령장
주요 활동	만주에서 독립운동을 함, 한국 독립군 총사령관, 대전자령 전투에서 승리, 한국광복군 총사령관				

3 조사한 내용을 바탕으로 독립운동가 인물 사전을 제작해 보자.

인물 사전 **독립운동가**

- 이름: 지청천
- 생몰년: 1888~1957년
- 주요 활동: 일본 육군 사관 학교를 졸업하고 만주로 넘어가 독립운동에 투신하였다. 만주에서 한국 독립당의 군대인 한국 독립군을 이끌며 만주 사변 이후 대전자령 전투를 비롯한 무장 투쟁을 전개하였다. 이후 한국광복군의 총사령관으로 활동하였다.
- 참고 자료: 공훈 전자 사료관

평가 항목		상 중 하
	자료를 분석하여 1번 질문에 대한 적절한 답변을 서술하였는가?	상 ☐ 중 ☐ 하 ☐
	주제에 적합한 자료를 수집하였는가?	상 ☐ 중 ☐ 하 ☐
	역사적 사실에 맞게 독립운동가의 활동을 정리하였는가?	상 ☐ 중 ☐ 하 ☐
	독립운동가의 활동을 인물 사전의 양식에 맞게 표현하였는가?	상 ☐ 중 ☐ 하 ☐
	모둠 활동에 적극적으로 참여하였는가?	상 ☐ 중 ☐ 하 ☐

 **2-2 민주화 운동의 영향 논술하기** 

>>> 민주화 운동이 사회 변화에 끼친 영향 파악하기

◈ 다음 자료를 읽고 민주화 운동이 사회 변화에 끼친 영향을 정리해 보자.

<table>
<tr><td>

자료 1

1. 마산, 서울 기타 각지의 학생 데모는, 주권을 빼앗긴 국민의 울분을 대신하여 궐기한 학생들의 순진한 정의감의 발로이며 부정과 불의에 항거하는 민족정기의 표현이다.
2. 이 데모를 공산당의 조종이나 야당의 사주로 보는 것은 고의의 곡해이며 학생들의 정의감의 모독이다.
5. 3·15 선거는 불법 선거다. 공명선거에 의하여 정·부통령 선거를 실시하라.   – 「대학교수단 선언문」, 1960. 4. 25. –

자료는 4·19 혁명과 관련된 것이다. 3·15 부정 선거에 강력히 맞선 시민들은 4월 19일 시위에 나섰고, 전국으로 퍼졌다. 4월 25일에는 대학교수들도 시국 선언을 발표하였고, 결국 ⬚(가)⬚ 대통령이 대통령직에서 물러났다.

</td><td>

자료 2

첫째, 여야 합의하에 조속히 대통령 직선제 개헌을 하고 새 헌법에 의한 대통령 선거를 통해 88년 2월 평화적 정부 이양을 실현토록 해야 하겠습니다. ……
둘째, 직선제 개헌이라는 제도의 변경뿐만 아니라 이의 민주적 실천을 위하여는 자유로운 출마와 공정한 경쟁이 보장되어 국민의 올바른 심판을 받을 수 있는 내용으로 대통령 선거법을 개정하여야 한다고 봅니다. – 노태우, 「노태우 대표 특별 선언」 –

자료는 6월 민주 항쟁과 관련된 것이다. 4·13 호헌 조치에 대한 시민들의 저항이 확산되는 가운데 박종철 고문치사 사건이 폭로되면서 대규모 국민 대회가 열렸다. 결국 여당 대통령 후보인 노태우는 직선제 개헌 등을 보장하는 ⬚(나)⬚ 을/를 발표하였다.

</td></tr>
</table>

1 (가)에 해당하는 인물과 (나)에 해당하는 선언의 명칭을 쓰시오.

2 자료 1, 2와 관련된 민주화 운동의 전개 과정과 그 영향을 간략하게 정리하시오.

구분	전개 과정 및 영향
자료 1 – 4·19 혁명	• 전개 과정: • 영향:
자료 2 – 6월 민주 항쟁	• 전개 과정: • 영향:

3 조사한 내용을 바탕으로 〈보기〉의 민주화 운동 중 하나를 골라 사회 변화에 끼친 영향을 서술해 보자.

보기
4·19 혁명   5·18 민주화 운동   6월 민주 항쟁

평가 항목		상	중	하
	자료를 분석하여 1번 질문에 대한 적절한 답변을 서술하였는가?	☐	☐	☐
	자료를 조사하여 2번 질문에 대한 적절한 답변을 서술하였는가?	☐	☐	☐
	선정한 민주화 운동과 관련된 역사적 사건을 알맞게 파악하였는가?	☐	☐	☐
	선정한 민주화 운동의 특징을 적절하게 서술하였는가?	☐	☐	☐
	선정한 민주화 운동이 사회 변화에 끼친 영향을 바르게 서술하였는가?	☐	☐	☐

>>> 민주화 운동이 사회 변화에 끼친 영향 파악하기

◆ 다음 자료를 읽고 민주화 운동이 사회 변화에 끼친 영향을 정리해 보자.

자료 1

1. 마산, 서울 기타 각지의 학생 데모는, 주권을 빼앗긴 국민의 울분을 대신하여 궐기한 학생들의 순진한 정의감의 발로이며 부정과 불의에 항거하는 민족정기의 표현이다.
2. 이 데모를 공산당의 조종이나 야당의 사주로 보는 것은 고의의 곡해이며 학생들의 정의감의 모독이다.
5. 3·15 선거는 불법 선거다. 공명선거에 의하여 정·부통령 선거를 실시하라. — 「대학교수단 선언문」, 1960. 4. 25. –

자료는 4·19 혁명과 관련된 것이다. 3·15 부정 선거에 강력히 맞선 시민들은 4월 19일 시위에 나섰고, 전국으로 퍼졌다. 4월 25일에는 대학교수들도 시국 선언을 발표하였고, 결국 [(가)] 대통령이 대통령직에서 물러났다.

자료 2

첫째, 여야 합의하에 조속히 대통령 직선제 개헌을 하고 새 헌법에 의한 대통령 선거를 통해 88년 2월 평화적 정부 이양을 실현토록 해야 하겠습니다. ……
둘째, 직선제 개헌이라는 제도의 변경뿐만 아니라 이의 민주적 실천을 위하여는 자유로운 출마와 공정한 경쟁이 보장되어 국민의 올바른 심판을 받을 수 있는 내용으로 대통령 선거법을 개정하여야 한다고 봅니다. — 노태우, 「노태우 대표 특별 선언」 –

자료는 6월 민주 항쟁과 관련된 것이다. 4·13 호헌 조치에 대한 시민들의 저항이 확산되는 가운데 박종철 고문치사 사건이 폭로되면서 대규모 국민 대회가 열렸다. 결국 여당 대통령 후보인 노태우는 직선제 개헌 등을 보장하는 [(나)]을/를 발표하였다.

1 (가)에 해당하는 인물과 (나)에 해당하는 선언의 명칭을 쓰시오. (가) - 이승만, (나) - 6·29 민주화 선언

2 자료 1, 2와 관련된 민주화 운동의 전개 과정과 그 영향을 간략하게 정리하시오.

구분	전개 과정 및 영향
자료 1 – 4·19 혁명	• 전개 과정: 3·15 부정 선거 규탄 시위 → 김주열 학생의 시신 발견 → 전국으로 시위 확산 → 대학교수단 시국 선언 → 이승만의 대통령직 사임 발표 • 영향: 내각 책임제를 주요 내용으로 하는 개헌
자료 2 – 6월 민주 항쟁	• 전개 과정: 박종철 고문치사 사건 → 4·13 호헌 조치 → 호헌 반대 시위 전개 → 6·10 국민 대회 → 6·29 민주화 선언 발표 • 영향: 5년 단임의 대통령 직선제를 주요 내용으로 하는 개헌

3 조사한 내용을 바탕으로 〈보기〉의 민주화 운동 중 하나를 골라 사회 변화에 끼친 영향을 서술해 보자.

┤ 보기 ├

4·19 혁명   5·18 민주화 운동   ⬭ 6월 민주 항쟁

6월 민주 항쟁으로 개헌이 이루어졌고, 그 헌법이 현재까지 지속되고 있다. 헌법이 보장하는 제도적인 민주주의가 우리 사회에 어느 정도 자리 잡았으며, 다양한 분야에서 시민운동이 활발하게 일어나는 원동력이 되었다.

평가 항목		상	중	하
	자료를 분석하여 1번 질문에 대한 적절한 답변을 서술하였는가?	☐	☐	☐
	자료를 조사하여 2번 질문에 대한 적절한 답변을 서술하였는가?	☐	☐	☐
	선정한 민주화 운동과 관련된 역사적 사건을 알맞게 파악하였는가?	☐	☐	☐
	선정한 민주화 운동의 특징을 적절하게 서술하였는가?	☐	☐	☐
	선정한 민주화 운동이 사회 변화에 끼친 영향을 바르게 서술하였는가?	☐	☐	☐

현대사 사진전 기획하기

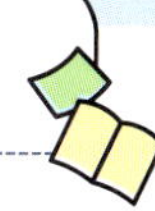

>>> 6월 민주 항쟁 이후 역사 주제 사진전 기획하기

◈ 다음 자료를 읽고 6월 민주 항쟁 이후 한반도의 분단 극복을 위한 사건을 정리해 보자.

자료 1

자료는 남북한 유엔 동시 가입과 관련된 것이다. ☐(나)☐ 은/는 북방 외교를 통해 공산권 국가들과 수교를 맺었고, 남북 대화가 진행되어 1991년 남북한은 유엔에 동시 가입하였다.

자료 2

자료는 제1차 남북 정상 회담과 관련된 것이다. ☐(나)☐ 은/는 대북 화해 협력 정책(햇볕 정책)을 추진하여 2000년에 평양에서 분단 이후 최초로 남북 정상 회담이 열렸다.

1 (가), (나)에 해당하는 정부의 명칭을 각각 쓰시오.

2 자료 1, 2를 참고하여 6월 민주 항쟁 이후 정치, 경제, 사회, 문화와 관련된 주제를 정하고, 주제와 관련 있는 역사적 사건을 조사하여 정리하시오.

주제	
역사적 사건	

3 조사한 내용을 바탕으로 사진전을 기획해 보자.

사진	사진	사진
사건: 설명:	사건: 설명:	사건: 설명:

평가 항목	자료를 분석하여 1번 질문에 대한 적절한 답변을 서술하였는가?	상 ☐ 중 ☐ 하 ☐
	6월 민주 항쟁 이후 시기의 주제를 정하였는가?	상 ☐ 중 ☐ 하 ☐
	주제에 적합한 역사적 사건을 조사하여 정리하였는가?	상 ☐ 중 ☐ 하 ☐
	주제와 관련 있는 사진을 선정하였는가?	상 ☐ 중 ☐ 하 ☐
	사진에 대한 설명을 적절히 서술하였는가?	상 ☐ 중 ☐ 하 ☐

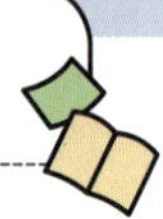

>>> 6월 민주 항쟁 이후 역사 주제 사진전 기획하기

◈ 다음 자료를 읽고 6월 민주 항쟁 이후 한반도의 분단 극복을 위한 사건을 정리해 보자.

자료 1

자료는 남북한 유엔 동시 가입과 관련된 것이다. (나) 은/는 북방 외교를 통해 공산권 국가들과 수교를 맺었고, 남북 대화가 진행되어 1991년 남북한은 유엔에 동시 가입하였다.

자료 2

자료는 제1차 남북 정상 회담과 관련된 것이다. (나) 은/는 대북 화해 협력 정책(햇볕 정책)을 추진하여 2000년에 평양에서 분단 이후 최초로 남북 정상 회담이 열렸다.

1 (가), (나)에 해당하는 정부의 명칭을 각각 쓰시오. (가) - 노태우 정부, (나) - 김대중 정부

2 자료 1, 2를 참고하여 6월 민주 항쟁 이후 정치, 경제, 사회, 문화와 관련된 주제를 정하고, 주제와 관련 있는 역사적 사건을 조사하여 정리하시오.

주제	한반도의 분단 극복을 위한 노력
역사적 사건	남북한 유엔 동시 가입, 제1차 남북 정상 회담, 10 · 4 남북 공동 선언, 평창 동계 올림픽 대회 남북 선수단 공동 입장

3 조사한 내용을 바탕으로 사진전을 기획해 보자.

사건: 남북한 유엔 동시 가입(1991)
설명: 유엔 동시 가입이 승인되는 순간 남북한이 함께 기뻐하고 있다.

사건: 제1차 남북 정상 회담(2000)
설명: 평양에서 개최된 남북 정상 회담에서 남북한 두 정상이 만나 악수하고 있다.

사건: 평창 동계 올림픽 대회(2018)
설명: 평창 동계 올림픽 대회에 남북 선수단이 공동 입장을 하고 있다.

평가 항목		상	중	하
	자료를 분석하여 1번 질문에 대한 적절한 답변을 서술하였는가?	☐	☐	☐
	6월 민주 항쟁 이후 시기의 주제를 정하였는가?	☐	☐	☐
	주제에 적합한 역사적 사건을 조사하여 정리하였는가?	☐	☐	☐
	주제와 관련 있는 사진을 선정하였는가?	☐	☐	☐
	사진에 대한 설명을 적절히 서술하였는가?	☐	☐	☐

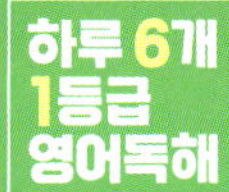

내신과
수능을
모두
책임지는

하루 6개 1등급 영어독해

✓ 규칙적인 일일 학습으로
영어 1등급 5주 완성

✓ 최신 기출문제 + 실전 같은
문제 풀이 연습으로
내신과 학력평가, 수능 등급 UP!

✓ 대학별 최저 등급 기준 충족을 위한
변별력 높은 문항 집중 학습

내신도 수능도
기본서는 역시, EBS

BEST

NEW

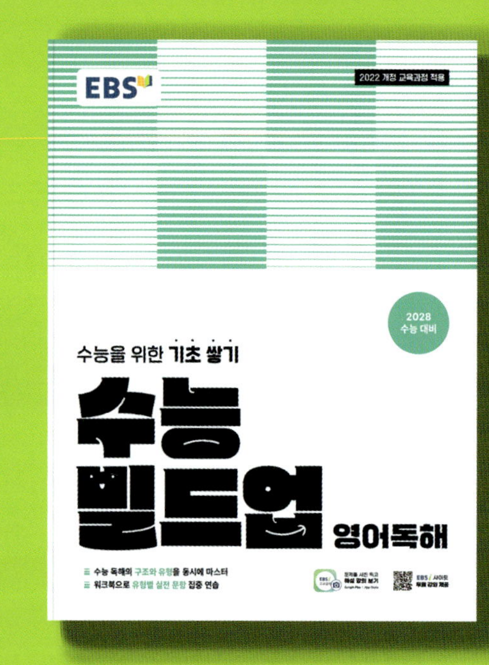

올림포스

선생님 선택 1위!
수행평가까지 한 권으로

내신 ——— 수능

공통국어1, 공통국어2, 문학1 현대문학,
문학2 고전문학, 영어독해 기본1, 영어독해 기본2,
영어독해 9대 변별 유형, 공통수학1,
공통수학2, 대수, 미적분I, 확률과 통계

수능 빌드업

메인북과 워크북으로
탄탄한 수능 기초 쌓기

내신 ——— 수능

독서,
대수, 미적분I, 확률과 통계,
영어독해

한국사

정답과 해설

개념완성

내신과 수능을 동시에 완성하는
EBS 대표 기본서

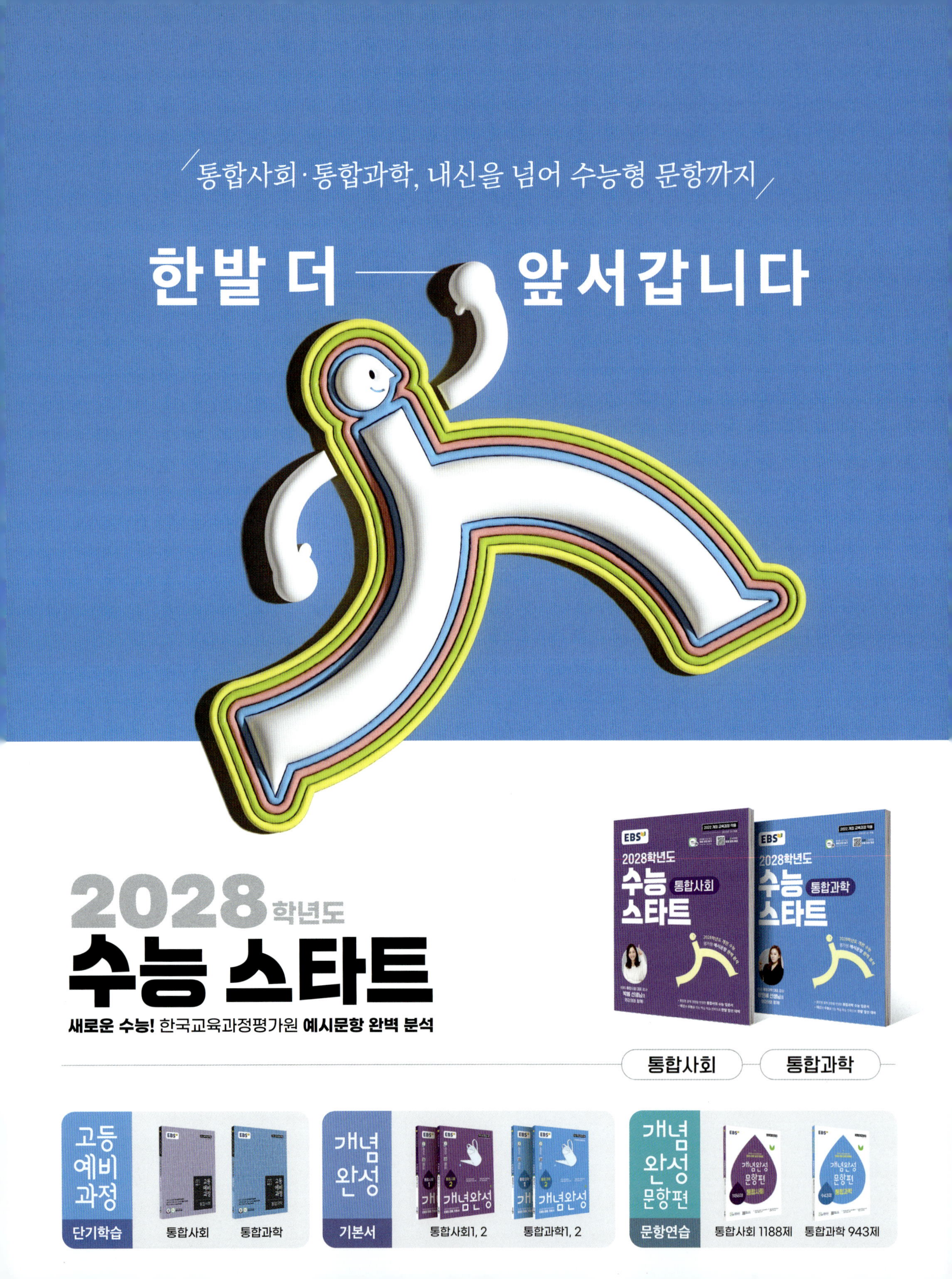

2028 학년도
수능 스타트

새로운 수능! 한국교육과정평가원 **예시문항 완벽 분석**

통합사회 〉 통합과학

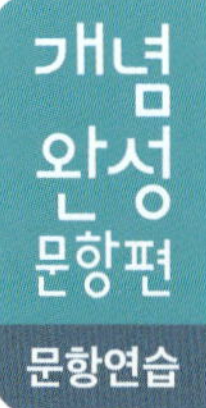

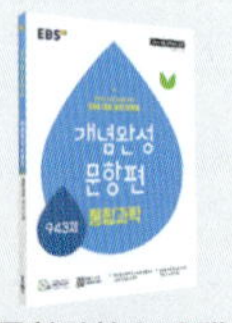

통합사회   통합과학

개념완성

정답과 해설

한국사 1

I 근대 이전 한국사의 이해

01 고대 국가의 성장

개념 체크 문제
본문 9쪽

❶ ○ ❷ ○ ❸ × ❹ ○ ❺ × ❻ ○ ❼ 신석기 ❽ 철기 ❾ 한 ❿ 천군 ⓫ 가락바퀴 ⓬ 고인돌 ⓭ 위만 ⓮ 사출도

본문 11쪽

❶ ○ ❷ ○ ❸ × ❹ 평양 ❺ 법흥왕 ❻ 금관가야 ❼ 신문왕 ❽ ㄷ ❾ ㄹ ❿ 사비 ⓫ 신라 ⓬ 해동성국

기본 문제
본문 12~13쪽

01 ⑤ 02 ③ 03 ① 04 ③ 05 ②
06 ③ 07 ② 08 ②

01
신석기 시대의 특징 이해

(정답 찾기) 밑줄 친 '이 시대'는 신석기 시대이다. ⑤ 농경과 목축이 시작된 신석기 시대에는 사람들이 강가나 바닷가에 움집을 짓고 살았다.

(오답 피하기) ① 고인돌은 청동기 시대의 대표적인 문화유산이다.
② 철제 농기구는 철기 시대에 등장하였다.
③ 청동기 시대에 지배자들은 청동 무기와 제기를 사용하였다.
④ 주먹도끼는 구석기 시대의 대표적인 뗀석기이다.

02
고조선의 특징 이해

(정답 찾기) 자료에서 청동기 문화를 바탕으로 건국된 우리나라 최초의 국가이고, 왕 아래 상, 대부, 장군 등의 관직이 있었다는 점을 통해 (가) 국가가 고조선임을 알 수 있다. ③ 고조선은 8조법으로 사회 질서를 유지하였다.

(오답 피하기) ① 백제는 고구려의 공격으로 한성이 함락된 후 웅진으로 천도하였다.

② 신라는 내물왕 때부터 마립간을 왕의 칭호로 사용하였다.
④ 고구려는 제가 회의를 통해 국가의 중대사를 결정하였다.
⑤ 신라 진흥왕은 화랑도를 국가적인 조직으로 개편하였다.

03
부여의 특징 이해

(정답 찾기) 마가 · 우가 · 저가 · 구가 등의 관직과 사출도가 제시된 점을 통해 밑줄 친 '이 나라'가 부여임을 알 수 있다. ① 부여는 만주 쑹화강 유역에 위치하였다.

(오답 피하기) ② (나)는 압록강 유역에 건국된 고구려에 해당한다.
③ (다)는 한반도 북부 동해안 지역에 위치했던 옥저에 해당한다.
④ (라)는 강원도 동해안 지역에 위치했던 동예에 해당한다.
⑤ (마)는 한반도 남부에 위치했던 삼한 중 변한에 해당한다.

04
고구려 장수왕의 업적 이해

(정답 찾기) 자료에서 백제를 침공하여 수도인 한성을 함락시켰다는 점을 통해 (가) 국왕이 고구려 장수왕임을 알 수 있다. ③ 장수왕은 국내성에서 평양으로 천도하며 남진 정책을 본격적으로 추진하였다.

(오답 피하기) ① 신라는 지증왕 때 우산국을 정복하였다.
② 백제 성왕은 신라와의 관산성 전투에서 전사하였다.
④ 고구려 소수림왕은 태학을 설립하여 인재를 양성하고자 하였다.
⑤ 고구려 소수림왕 등은 사상 통합을 위해 불교를 수용하였다.

05
금관가야의 쇠퇴 원인 이해

(정답 찾기) 자료에서 신라는 고구려 광개토 대왕에게 신라에 침입한 왜구를 격퇴하는 데 도움을 요청하고 있다. ② 고구려는 신라에 침입한 왜구를 격퇴하기 위해 군대를 파병하였고, 그 과정에서 금관가야가 공격받아 쇠퇴하게 되었다.

(오답 피하기) ① 신라 진흥왕은 한강 유역을 차지하였고, 북쪽으로는 함경도 유역까지 영토를 확장하였다.
③ 백제 무령왕은 지방 통제 강화를 위해 22담로에 왕족을 파견하였다.
④ 발해는 당이 말갈을 이용하여 발해를 압박하자 산둥반도를 공격하였다.
⑤ 신라 법흥왕은 이차돈의 순교를 계기로 불교를 공인하였다.

06
신라의 삼국 통일 과정 이해

(정답 찾기) 7세기 신라는 당과 동맹을 맺은 이후 백제와 고구려를 차례로 멸망시켰다. ③ 고구려 멸망 이후 당이 한반도 전

체를 차지하려는 야욕을 보이자 나당 전쟁이 일어났고, 신라는 매소성 전투와 기벌포 전투에서 승리하며 삼국 통일을 완성하였다.

[오답 피하기] ① 백제 성왕의 사비 천도는 6세기의 사실이다.
② 김헌창의 난은 신라 말인 9세기에 일어났다.
④ 견훤이 후백제를 건국한 것은 900년의 사실이다.
⑤ 신라 진흥왕이 대가야를 정복한 것은 6세기의 사실이다.

07
신라 신문왕의 업적 이해

[정답 찾기] 국학을 설립하고, 녹읍을 폐지하였다는 점을 통해 밑줄 친 '이 국왕'이 신라 신문왕임을 알 수 있다. ② 신문왕은 김흠돌의 난을 진압하는 등 반대 세력을 숙청하였다.

[오답 피하기] ① 고구려는 태조왕 대에 옥저를 복속하였다.
③ 백제 근초고왕 등이 고구려의 평양성을 공격하였다.
④ 신라 지증왕은 군주의 호칭을 '국왕'으로 바꾸었다.
⑤ 신라 내물왕은 김씨의 왕위 세습권을 확립하였다.

08
발해의 특징 이해

[정답 찾기] 신라의 북쪽에 위치하고 있으며, 상경, 중경 등 5경이 위치한 점을 통해 (가) 국가가 발해임을 알 수 있다. ② 발해는 중국으로부터 해동성국이라 불리기도 하였다.

[오답 피하기] ① 백제는 마한의 여러 소국을 복속시켰다.
③ 신라는 통일 이후 전국을 9주로 나누고, 5소경을 설치하였다.
④ 신라는 집사부를 중심으로 정치를 운영하였다.
⑤ 옥저와 동예는 읍군, 삼로라 불리는 군장이 통치하였다.

서술형 문제

본문 14쪽

Step1　핵심 키워드 파악하기

01
고조선의 8조법 이해

[예시 답안] 자료는 (고조선)의 8조법이다. 이 법령에서 사람을 죽이거나 다치게 한 자를 처벌한다는 내용을 통해 이 사회가 (노동력)을/를 중시했음을 알 수 있다. 또한 남의 물건을 훔친 자를 노비로 삼는다는 점과 속죄하려면 50만 전을 내야 한다는 내용을 통해 (노비)이/가 존재한 계급 사회였다는 것과 (화폐)을/를 사용하였음을 알 수 있다.

02
발해의 고구려 계승 근거 이해

[예시 답안] 발해의 국왕은 일본에 보낸 국서에서 스스로 (고(구)려)의 국왕임을 자처하였고, (고(구)려)의 옛 땅을 회복하였다고 하였다. 또한 일본에서도 발해에 보낸 사절단을 (고려)에 보냈다고 하여, 발해가 고구려를 계승하였다는 사실을 인정하고 있다.

Step2　스스로 답안 작성하기

03
삼한의 정치적 특징 파악

[문제 접근] 자료는 삼한의 특징에 대한 것이다. 삼한은 신지, 읍차라 불리는 군장이 다스렸고, 별도로 제사를 주관하는 천군이 존재하였다. 또한 신성 구역인 소도가 있었다.

(1) (가)-천군, (나)-소도
(2) [예시 답안] 삼한은 정치적 지배자와 제사를 담당하는 제사장이 별도로 존재하는 제정 분리의 사회였다.

평가 기준	
상	(가), (나)의 용어를 모두 정확하게 쓰고, 제정 분리 사회였다는 특징을 정확하게 서술한 경우
중	(가), (나)의 용어를 모두 정확하게 썼으나, 제정 분리 사회였다는 특징을 다소 미흡하게 서술한 경우
하	(가), (나)의 용어만 정확하게 서술한 경우

04
신라 신문왕의 주요 업적 파악

[문제 접근] 신라 신문왕은 김흠돌의 난을 진압하며 반대 세력을 숙청하였고, 국학을 설치하여 인재를 양성하고자 하였다.

(1) 신라 신문왕
(2) [예시 답안] 신라 신문왕은 김흠돌의 반란을 진압하였고, 관료전을 지급하고 녹읍을 폐지하는 등 국왕 중심의 통치 체제 확립을 시도하였다.

평가 기준	
상	국왕의 이름을 정확하게 쓰고, 해당 국왕의 주요 업적을 두 가지 이상 서술한 경우
중	국왕의 이름을 정확하게 쓰고, 해당 국왕의 주요 업적을 한 가지만 서술한 경우
하	국왕의 이름만 정확하게 쓴 경우

1등급 도전 문제

01 ② 02 ③ 03 ② 04 ①

01
고조선의 특징 이해

정답 찾기 첫 번째 자료에서 단군왕검이 나라를 열었다는 점, 두 번째 자료에서 위만이 준왕을 공격했다는 점 등을 통해 (가) 국가가 고조선임을 알 수 있다. ㄱ. 고조선은 한의 공격으로 멸망하였다. ㄷ. 고조선은 8조법으로 사회 질서를 유지하였다.

오답 피하기 ㄴ. 백제는 5세기에 고구려의 공격을 받은 이후 한성에서 웅진으로 천도하였다.
ㄹ. 옥저와 동예는 읍군, 삼로라 불리는 군장이 다스렸다.

02
6세기 삼국의 상황 이해

정답 찾기 자료에서 백제왕이 관산성을 공격하였으나 죽었다는 점을 통해 6세기 성왕이 전사한 사건에 대한 것임을 알 수 있다. 백제 성왕은 웅진에서 사비로 천도하며 백제의 중흥을 시도하였다. 이후 신라의 침입으로 한강 유역을 빼앗기자 신라를 침입하였다가 관산성 전투에서 전사하였다. 신라는 당을 물리치고 676년에 삼국을 통일하였다.

03
신라의 삼국 통일 과정 이해

정답 찾기 (가) 자료에서 당나라 군사와 신라의 김유신이 함께 참전하고 있고, 의자왕 등이 항복했다는 점을 통해 660년에 있었던 백제의 멸망에 대한 자료임을 알 수 있다. (나) 자료는 당의 군대와 신라의 군대가 매소성에서 싸우고 있는 점을 통해 나당 전쟁 중인 675년의 사실임을 알 수 있다. ② 신라는 백제를 멸망시킨 후 당과 함께 고구려의 평양성을 함락하여 고구려를 멸망시켰다.

오답 피하기 ① 고구려 태조왕이 옥저를 복속한 것은 1세기의 사실이다.
③ 고구려 장수왕이 평양성으로 천도한 것은 5세기의 사실이다.
④ 고구려가 수의 침입을 격퇴한 것은 6세기 말~7세기 초의 사실이다.
⑤ 신라 진흥왕이 한강 유역을 차지한 것은 6세기의 사실이다.

04
신라 말의 상황 파악

정답 찾기 김헌창의 난에 대한 자료가 제시되었고, 혜공왕이 피살된 이후 약 150여 년 동안 전개된 시기라고 한 점 등을 통해 밑줄 친 '이 시기'가 신라 말임을 알 수 있다. ① 신라 말에는 신분 차별에 불만을 품은 6두품 등이 호족과 함께 반신라적인 경향을 보이며 후삼국을 성립하는 데 기여하였다.

오답 피하기 ② 김흠돌의 난은 신라 신문왕 대인 7세기에 일어났다.
③ 단양 신라 적성비는 6세기 신라의 영토 확장을 보여 주는 비석이다.
④ 백제는 나당 연합군의 공격을 받아 660년에 멸망하였다.
⑤ 신라는 4세기 내물왕 때 고구려에 사신을 파견하여 왜의 격퇴를 요청하였다.

02 고려의 통치 체제와 정치 변동

개념 체크 문제

❶ ○ ❷ × ❸ ○ ❹ ○ ❺ 훈요 10조 ❻ 광종 ❼ 안찰사 ❽ ㄴ ❾ ㄷ ❿ 기인 ⓫ 노비안검법 ⓬ 음서

❶ ○ ❷ × ❸ ○ ❹ ○ ❺ 김부식 ❻ 권문세족 ❼ 강화도 ❽ 쌍성총관부 ❾ 서경 ❿ 교정도감 ⓫ 전민변정도감 ⓬ 신진 사대부

기본 문제

01 ① 02 ③ 03 ① 04 ⑤ 05 ④
06 ③ 07 ③ 08 ①

01
고려 태조의 업적 이해

정답 찾기 자료에서 개성 만월대를 제시하고 있으며, 해당 국왕이 고려를 건국한 인물이라 한 점 등을 통해 (가) 국왕이 고려 태조임을 알 수 있다. ① 고려 태조는 후대 왕들에게 고려가 나아가야 할 길을 담아 훈요 10조를 남겼다.

오답 피하기 ② 대가야를 정복한 인물은 신라 진흥왕이다.
③ 김흠돌의 난을 진압한 인물은 신라 신문왕이다.
④ 고려 성종은 최승로의 시무 28조를 수용하여 체제를 정비하였다.
⑤ 백제 무령왕은 지방 통제 강화를 위해 22담로에 왕족을 파견하였다.

02
고려 광종의 업적 이해

정답 찾기 자료에서 쌍기의 의견을 받아들여 과거로 인재를 뽑았다는 점을 통해 밑줄 친 '왕'이 고려 광종임을 알 수 있다. ③ 고려 광종은 노비안검법을 실시하여 공신과 호족 세력을 약화시키고 국가 재정을 강화하고자 하였다.

오답 피하기 ① 우산국은 신라 지증왕 때 정복되었다.
② 고구려 장수왕은 국내성에서 평양으로 천도하였다.
④ 발해 무왕은 당의 산둥반도를 공격하여 당의 위협에 맞서고자 하였다.
⑤ 신라 진흥왕은 화랑도를 국가적인 조직으로 개편하였다.

03
도병마사의 특징 파악

정답 찾기 자료에서 재신과 추밀이 모여 협의하는 고려만의 독자적인 귀족 합의 기구라는 점, 국방이나 외교 문제를 논의한다는 점을 통해 해당 기구가 도병마사임을 알 수 있다.

오답 피하기 ② 식목도감은 법제와 격식에 대한 논의를 담당하였다.
③ 중서문하성은 고려의 최고 관서로 국정을 총괄하였다.
④ 중추원은 국왕의 비서 기관으로 왕명 전달 및 군사 기밀을 담당하였다.
⑤ 어사대는 고려 시대 관리의 감찰을 담당한 기구이다.

04
고려의 지방 행정 제도 이해

정답 찾기 지도에서 북계와 동계 등 양계가 제시되었고, 전라도, 경상도 등 5도가 제시된 점을 통해 5도 양계의 조직을 갖춘 고려의 지방 행정 조직임을 알 수 있다. 고려는 일반 행정 구역으로 5도를 두고 안찰사를 파견하였으며, 국경 지역에 군사 행정 구역으로 양계를 두고 병마사를 파견하였다. 고려는 지방의 주요 도시에 목을 설치하고 지방관을 파견하였으며, 특수 행정 구역으로 향·부곡·소를 두었다. 고려에는 지방관이 파견된 주현과 지방관이 파견되지 않은 속현이 존재하였으며, 주현보다 속현의 수가 더 많았다.

05
무신 정권기의 집권 기구 파악

정답 찾기 (가)는 최충헌이 자신의 반대파를 제거하기 위해 설치하고, 국정을 장악하는 데 이용하였다는 점을 통해 교정도감임을 알 수 있고, (나)는 최우가 자신의 집에 인사 행정

업무를 관할하기 위해 설치하였다는 점을 통해 정방임을 알 수 있다. 삼별초는 최씨 무신 정권의 군사적 기반이 되었던 기구로 좌별초와 우별초, 몽골에 포로로 잡혀갔다가 돌아온 군인들로 구성된 신의군을 함께 부른 명칭이다.

06
원 간섭기의 상황 이해

정답 찾기 자료에서 수령 옹주가 딸을 원나라에 공녀로 보내는 상황이라는 점을 통해 밑줄 친 '당시'가 원 간섭기임을 알 수 있다. 고려는 원 간섭기에 금, 은, 매 등의 공물과 함께 공녀 등을 원에 바쳐야 했다. ③ 원 간섭기에는 권문세족이 도평의사사를 장악하여 권력을 차지하였다.

오답 피하기 ① 무신들은 1170년 무신 정변을 일으켜 권력을 차지하였다.
② 신라 말 진골 귀족들은 왕위 쟁탈전을 벌였다.
④ 고려 전기 이자겸이 외척으로 권력을 행사하였고, 인종이 이자겸을 제거하려 하자 이자겸은 척준경과 함께 반란을 일으켰다(이자겸의 난).
⑤ 신라 말 6두품 지식인들이 사회 개혁을 요구하였다.

07
고려 공민왕의 업적 이해

정답 찾기 자료에서 신돈이 전민변정도감의 설치를 청하고, 권세가들이 빼앗은 토지를 돌려주었다는 내용 등을 통해 밑줄 친 '왕'이 고려 공민왕임을 알 수 있다. ③ 공민왕은 쌍성총관부를 공격하여 철령 이북의 땅을 수복하였다.

오답 피하기 ① 후삼국을 통일한 국왕은 고려 태조이다.
② 금관가야를 복속한 국왕은 신라 법흥왕이다.
④ 이자겸의 난을 진압한 국왕은 고려 인종이다.
⑤ 웅진에서 사비로 천도한 국왕은 백제 성왕이다.

08
신진 사대부의 특징 이해

정답 찾기 자료에서 권문세족의 부정부패를 비판하고 있으며, 성리학을 기반으로 한 개혁을 요구하고 있는 점을 통해 해당 세력이 고려 말의 신진 사대부임을 알 수 있다. ① 신진 사대부는 성리학을 기반으로 하여 불교의 폐단을 비판하였다.

오답 피하기 ② 신라 말의 호족은 스스로 성주 또는 장군을 칭하였다.
③ 고려 무신들은 문신과의 차별에 불만을 가져 무신 정변을 일으켰다.
④ 고려 말 홍건적과 왜구를 격퇴하며 신흥 무인 세력이 성장하였다.
⑤ 권문세족은 원과의 관계를 바탕으로 지배 세력이 되었다.

본문 22쪽

Step1 핵심 키워드 파악하기

01
기인 제도의 목적 파악

예시 답안 (가)에 들어갈 제도는 (기인) 제도이다. 고려 태조는 호족 세력을 견제하고, 지방 통치를 위한 자문에 활용하기 위해 (호족)의 자제를 수도에 머물게 하였다.

02
서경 세력의 주장 파악

예시 답안 자료와 같은 주장을 펼친 세력은 묘청 등의 (서경) 세력이다. 이들은 사상적으로 (풍수지리설)에 기반을 두고 서경 천도를 추진하였고, 대외적으로 (금국) 정벌을 주장하였다.

Step2 스스로 답안 작성하기

03
최승로의 시무 28조 내용 이해

문제 접근 자료는 고려 성종 때 최승로가 올린 시무 28조의 내용 중 일부이다. 성종은 최승로의 건의 내용을 받아들여 체제를 정비하고, 유교를 통치 이념으로 삼았다.

(1) 최승로

(2) 예시 답안 고려 성종은 최승로의 시무 28조를 수용하여 주요 지방에 12목을 설치하고 지방관을 파견하였으며, 유학 교육 기관인 국자감을 설치하였다.

평가 기준	
상	해당 글의 작성 인물을 정확하게 쓰고, 국왕의 주요 정책을 두 가지 모두 서술한 경우
중	해당 글의 작성 인물을 정확하게 쓰고, 국왕의 주요 정책을 한 가지만 서술한 경우
하	해당 글의 작성 인물만 쓴 경우

04
고려 공민왕의 주요 업적 파악

문제 접근 자료는 고려 공민왕이 압록강 유역과 함께 쌍성총관부를 공격하는 내용이다. 공민왕은 쌍성총관부를 공격하여 철령 이북의 땅을 되찾았다.

(1) 고려 공민왕

(2) 예시 답안 고려 공민왕은 기철 등 친원 세력을 제거하였으며 몽골풍과 정동행성이문소를 폐지하였다. 또한 전민변정도감을 설치하여 권문세족의 경제적 기반을 약화시키고, 성균관을 정비하여 신진 사대부를 등용하였다.

평가 기준	
상	국왕의 이름을 정확하게 쓰고, 해당 국왕의 주요 업적을 두 가지 이상 서술한 경우
중	국왕의 이름을 정확하게 쓰고, 해당 국왕의 주요 업적을 한 가지만 서술한 경우
하	국왕의 이름만 정확하게 쓴 경우

본문 23쪽

1등급 도전 문제

01 ①　　02 ②　　03 ⑤　　04 ④

01
고려 태조의 호족 통합 정책 파악

정답 찾기 신라 왕 김부를 경주 지역의 사심관으로 삼았다는 내용을 통해 자료가 사심관 제도에 대한 것임을 알 수 있다. ① 고려 태조는 호족 통합을 위해 호족과 혼인을 하거나 왕씨 성을 하사하였으며, 사심관 제도와 기인 제도를 시행하였다.

오답 피하기 ② 훈요 10조는 고려 태조가 후대 왕들에게 나라가 나아가야 할 방향을 제시한 것이다.
③ 백제 부흥 운동은 백제 멸망 이후에 전개되었다.
④ 무신 정권기의 최고 권력 기구는 교정도감, 정방 등에 해당한다.
⑤ 원은 일본 원정을 위해 고려에 정동행성을 설치하였다.

02
묘청의 서경 천도 운동의 전개 시기 파악

정답 찾기 자료에서 서경 대화궁에 벼락이 떨어진 점을 들어 서경이 명당이 아니라고 한 사실을 통해 서경 천도에 반대하는 주장임을 알 수 있다. 고려 인종은 이자겸의 난 이후 묘청 등 서경 세력을 등용하여 개혁을 추진하였다. 서경 세력은 풍수지리설을 근거로 하여 서경 천도를 추진하였으나 개경 세력의 반대로 실패하였다. 이에 묘청 등이 난을 일으켰으나(묘청의 난), 김부식이 이끄는 관군에 진압되었다.

03
11~12세기 고려의 정치 상황 이해

정답 찾기 (가)는 이자겸이 왕위를 찬탈하려고 독약을 떡에 넣어 왕에게 드렸다는 점을 통해 이자겸의 난이 일어나기 전의 상황임을 알 수 있고, (나)는 왕이 보현원에 들어섰을 때 무신들이 문관 등을 죽였다는 점을 통해 1170년에 일어난 무신 정변에 대한 자료임을 알 수 있다. ⑤ 이자겸의 난 이후 인종은 묘청 등 서경 세력을 등용하여 개혁을 추진하고자 하였다. 하지만 묘청 등은 서경 천도가 실패하자 난을 일으켰다가 진압되었다. 이 과정에서 문벌 사회가 동요하게 되었고, 이후 문신과의 차별에 불만을 가진 무신들이 정변을 일으켰다.

오답 피하기 ① 원 간섭기에 제주에 탐라총관부가 설치되었다.
② 삼별초는 개경 환도에 맞서 근거지를 옮겨 가며 저항하였다.
③ 918년 왕건은 궁예를 몰아내고 왕위를 차지하였다.
④ 14세기 후반 명은 고려에 철령 이북 영토의 반환을 요구하였다. 고려의 우왕과 최영은 이에 맞서 요동 정벌을 계획하였다.

04
고려 공민왕의 업적 이해

정답 찾기 기철 등이 반역을 도모하다가 처단되었다는 내용을 통해 밑줄 친 '왕'이 고려 공민왕임을 알 수 있다. ④ 공민왕은 반원 개혁 정책을 펼치며 정동행성이문소를 폐지하였다.

오답 피하기 ① 최충헌은 권력 기구로 교정도감을 설치하였다.
② 고려 성종은 최승로의 시무 28조를 수용하여 개혁을 추진하였다.
③ 고려 광종은 광덕, 준풍 등의 독자적인 연호를 사용하였다.
⑤ 이자겸은 금의 군신 관계 요구를 받아들였다.

03 조선의 성립과 발전

개념 체크 문제 ──────── 본문 25쪽

❶ ○ ❷ × ❸ × ❹ ○ ❺ 급진파 ❻ 성종 ❼ 의정부
❽ 관찰사 ❾ 위화도 ❿ 호패 ⓫ 홍문관 ⓬ 사헌부

본문 27쪽
❶ × ❷ ○ ❸ ○ ❹ × ❺ 훈구 ❻ 무오 ❼ 동인
❽ 사림 ❾ 현량과 ❿ 향약 ⓫ 이조 전랑

본문 29쪽
❶ ○ ❷ × ❸ ○ ❹ × ❺ 서인 ❻ 정묘 ❼ 형제
❽ 3포 왜란 ❾ 삼전도 ❿ 북벌론 ⓫ ㄱ ⓬ ㄹ

기본 문제

01 ② 02 ① 03 ② 04 ④ 05 ②
06 ③ 07 ③ 08 ③

01
조선 태종의 업적 파악

정답 찾기 조선의 제3대 국왕이라고 하였고, 양전 사업과 호패법을 실시하였다는 점을 통해 해당 국왕이 조선 태종임을 알 수 있다. 따라서 밑줄 친 '노력'은 태종의 국왕 중심 통치 체제 마련을 위한 노력에 해당한다. ② 조선 태종은 6조 직계제를 실시하여 국왕 중심의 통치를 강화하고자 하였다.

오답 피하기 ① 조선 세종은 집현전을 설치하여 자신을 도울 관리 집단을 양성하고자 하였다.
③ 이성계는 위화도 회군을 단행하여 권력을 장악하였다.
④ 조선 성종은 훈구 세력 견제를 위해 사림 세력을 3사에 등용하였다.
⑤ 고려 공민왕은 기철 등 친원 세력을 제거하였다.

02
조선 성종의 업적 이해

정답 찾기 자료에서 조선의 기본 법전인 『경국대전』이 완성·반포되었다는 점을 통해 (가) 국왕이 조선 성종임을 알 수 있다. ① 성종은 집현전을 계승한 홍문관을 설치하였다.

오답 피하기 ② 조선 태조는 조선을 건국한 후 한양으로 천도하였다.
③ 고려 광종은 노비안검법을 실시하여 공신과 호족 세력을 견제하고자 하였다.
④ 고려 공민왕은 전민변정도감을 설치하여 권문세족의 부당한 폐해를 바로잡고자 하였다.
⑤ 조선 세조는 단종을 몰아내고 왕위에 올랐다.

03
조선의 중앙 정치 기구 이해

정답 찾기 (가)는 관리를 감찰하고, 풍속을 바로잡는다는 점을 통해 3사 중 하나인 사헌부임을 알 수 있고, (나)는 책을 관리하고 임금의 물음에 응한다는 내용을 통해 3사 중 하나인 홍문관임을 알 수 있다. 사간원은 국왕의 잘못된 결정 등을 비판하는 간쟁을 담당하였다.

04
유향소의 역할 파악

정답 찾기 조선 시대 지방 사족의 향촌 자치 기구라는 점을

통해 (가) 기구가 유향소임을 알 수 있다. ㄴ. 유향소는 수령을 보좌하고 향리의 부정을 감시하는 역할을 담당하였으며, ㄹ. 향촌의 풍속 교화를 담당하였다.

[오답 피하기] ㄱ. 조선 시대 3사에는 사헌부, 사간원, 홍문관이 속한다. ㄷ. 승정원은 국왕의 비서 역할을 담당한 중앙 정치 기구이다.

05
조광조의 개혁 정치 파악

[정답 찾기] 훈구 세력 견제를 위해 중종이 등용하였고, 현량과 실시, 소격서 폐지 등을 주장하다가 기묘사화 때 죽임을 당하였다는 점을 통해 (가) 인물이 조광조임을 알 수 있다. ② 조광조의 위훈 삭제 주장은 훈구 세력의 반발을 가져왔다.

[오답 피하기] ① 김종직이 쓴 「조의제문」은 무오사화의 배경이 되었다. ③ 시무 28조는 고려 성종 때 최승로가 작성한 글이다. ④ 묘청 등 서경 세력은 서경 천도와 금 정벌을 주장하였다. ⑤ 곽재우, 조헌 등이 임진왜란 당시 의병장으로 활약하였다.

06
붕당의 형성 배경 파악

[정답 찾기] 자료에서 김효원과 심의겸이 이조 전랑의 임명 문제를 둘러싸고 대립하고 있으며, 동인, 서인이라는 말이 여기에서 비롯되었다는 내용 등을 통해 동·서 붕당의 형성과 관련된 자료임을 알 수 있다.

[오답 피하기] ① 권문세족은 원 간섭기에 성장한 친원적인 성향을 가진 지배층이다. ② 신라 말 중앙 정부의 지방 통제력이 약화되며 지방 호족이 성장하였다. ④ 고려 전기에 일어난 이자겸의 난과 묘청의 서경 천도 운동 등이 문벌 사회의 동요를 보여 주는 대표적인 사건이다. ⑤ 훈구와 사림의 대립으로 사화가 발생하였다.

07
임진왜란 중의 사실 이해

[정답 찾기] 조명 연합군이 평양성을 탈환하였고, 명나라 군대가 참전하면서 국제 전쟁으로 더욱 확대되었다는 점을 통해 밑줄 친 '이 전쟁'이 임진왜란임을 알 수 있다. ③ 임진왜란 중 이순신이 이끄는 수군이 한산도에서 승리하였다.

[오답 피하기] ① 3포 왜란은 임진왜란 발발 전인 1510년에 일어났다. ② 최우가 강화도로 천도한 것은 고려 무신 정권기의 사실이다. ④ 백제 성왕이 관산성 전투에서 전사한 것은 6세기의 사실이다. ⑤ 이성계가 위화도 회군을 단행한 것은 1388년의 사실이다.

08
병자호란의 영향 파악

[정답 찾기] 지도에서 적군이 남한산성을 공격하고 있는 점 등을 통해 (가) 전쟁이 병자호란(1636~1637)임을 알 수 있다. ③ 병자호란 이후 조선에서는 청에 당한 치욕을 씻고 명에 대한 의리를 지키자는 북벌론이 제기되었다.

[오답 피하기] ① 쌍성총관부는 원 간섭기에 설치되었다. ② 임진왜란 이후 세력을 키운 여진이 후금을 건국하였다. 후금이 국호를 청으로 바꾸고 조선에 군신 관계를 요구하였으나 조선이 거절하자 병자호란이 일어났다. ④ 임진왜란의 영향으로 일본에서 도자기 기술이 발달하였다. ⑤ 인조반정으로 광해군이 축출되고 인조가 즉위하였다.

서술형 문제 본문 32쪽

[Step1] 핵심 키워드 파악하기

01
호패법의 목적 이해

[예시 답안] (가)는 (호패)이다. 조선 태종 때 처음 실시한 (호패법)은/는 성인 남성의 수를 파악하여 (조세)의 징수와 (군역)의 부과에 활용하기 위해 실시하였다.

02
조선 광해군의 중립 외교 이해

[예시 답안] 광해군은 명이 후금과 전투를 벌이던 중 조선에 지원군을 요청하자, (강홍립)이/가 이끄는 군대를 파견하면서 상황에 유연하게 대처하도록 하였다. (서인) 세력은 이러한 광해군의 외교 정책을 비판하며 광해군을 몰아내고 (인조)을/를 왕으로 세웠다.

[Step2] 스스로 답안 작성하기

03
6조 직계제와 의정부 서사제의 특징 이해

[문제 접근] (가)는 6조가 국왕에게 직접 보고하는 것으로 보아 6조 직계제임을 알 수 있고, (나)는 6조가 의정부에 보고하고, 의정부가 국왕에게 건의하는 것으로 보아 의정부 서사제를 나타낸 것임을 알 수 있다.

(1) (가)-6조 직계제, (나)-의정부 서사제

(2) [예시 답안] 6조 직계제를 실시한 국왕은 조선 태종과 세조이다. 태종

과 세조는 의정부의 권한을 약화시켜 국왕이 국정을 장악하는 국왕 중심의 운영 체제를 수립하고자 6조 직계제를 실시하였다.

상	(가), (나) 제도의 명칭과 두 명의 국왕을 쓰고, 제도의 실시 목적을 정확하게 서술한 경우
중	(가), (나) 제도의 명칭과 두 명의 국왕을 썼으나, 제도의 실시 목적을 다소 미흡하게 서술한 경우
하	(가), (나) 제도의 명칭과 두 명의 국왕만 쓴 경우

04
무오사화의 배경 파악

(문제 접근) 사림이 3사에 등용되어 훈구 세력을 비판하자 훈구 세력과 사림 세력이 대립하였고, 그 과정에서 사화가 발생하게 되었다. 김종직이 쓴 「조의제문」은 연산군 때 무오사화가 발생하는 배경이 되었다.

(1) 「조의제문」

(2) (예시 답안) 「조의제문」은 항우가 폐위시킨 초나라의 어린 황제인 의제를 기리는 글이지만, 세조가 나이 어린 임금인 단종을 내쫓고 왕위에 오른 것을 비난하는 것으로 인식되었다. 연산군이 이를 빌미로 사림 세력을 크게 탄압하였다.

상	글의 제목을 정확하게 쓰고, 이 글이 사화의 배경이 된 이유를 정확하게 서술한 경우
중	글의 제목을 정확하게 썼으나, 이 글이 사화의 배경이 된 이유를 다소 미흡하게 서술한 경우
하	글의 제목만 정확하게 쓴 경우

본문 33쪽

1등급 도전 문제

01 ②   02 ④   03 ④   04 ③

01
조선의 건국 과정 이해

(정답 찾기) (가)는 명의 철령 이북 지역 요구에 맞서 고려가 요동 정벌을 추진하는 과정에서 이성계가 위화도 회군을 단행한 내용이고, (나)는 이성계가 왕위에 오르는 내용이다. ② 위화도 회군 이후 권력을 장악한 이성계와 신진 사대부 세력은 과전법을 실시하는 등 개혁을 추진하였다.

(오답 피하기) ① 중종반정은 연산군을 몰아내고 중종이 즉위한 사건이다.
③ 집현전이 폐지된 것은 조선 세조 때의 사실이다.
④ 교정도감은 무신 정권기 최충헌이 설치한 최고 권력 기구이다.
⑤ 이성계(태조)는 조선을 건국한 후 수도를 한양으로 천도하였다.

02
조선 태종의 업적 이해

(정답 찾기) 조선 건국에 큰 공헌을 하였고, 정도전 세력을 공격하였다는 점, 조선의 제3대 국왕으로 즉위하였다는 점 등을 통해 (가) 인물이 조선 태종(이방원)임을 알 수 있다. ④ 태종은 6조 직계제를 실시하여 국왕 중심의 정치 운영을 추진하였다.

(오답 피하기) ① 조선 세종은 집현전을 설치하여 자신을 도울 관리 집단을 양성하였다.
② 『경국대전』은 조선 세조 때 편찬을 시작하여 성종 때 완성되었다.
③ 조선 광해군은 인조반정으로 축출되었다.
⑤ 조선 인조는 병자호란 당시 남한산성에서 항전하였다.

03
명량 대첩의 발생 시기 파악

(정답 찾기) 이순신이 수군을 거느리고 명량으로 들어가는 울돌목에서 일본군을 크게 쳐부수었다는 내용을 통해 해당 사건이 정유재란 당시에 발생한 명량 대첩임을 알 수 있다. 일본의 조선 침략으로 시작된 임진왜란의 과정에서 조명 연합군이 평양성을 탈환한 이후 명과 일본의 휴전 협상이 전개되었으나 결렬되어 정유재란이 일어났다. 명량 대첩은 정유재란 중에 일어난 사건이며, 광해군의 즉위는 임진왜란이 끝난 이후에 이루어졌다.

04
병자호란의 배경 파악

(정답 찾기) 후금은 국호를 청으로 바꾼 이후 황제를 칭하며 조선에 군신 관계를 요구하였다. 자료는 이 당시 청의 군신 관계 요구를 받아들이지 말 것을 주장하는 척화론(주전론)이다. ③ 조선 내에서 척화론의 주장이 더 우세하여 청의 군신 관계 요구를 거부하였고, 이에 병자호란이 발생하였다.

(오답 피하기) ① 병자호란 이후 조선에서 북벌론이 대두되었다.
② 명과 일본의 휴전 협상은 임진왜란 중에 있었던 사실이다.
④ 일본군의 공격으로 한성이 점령된 것은 임진왜란 초기의 사실이다.
⑤ 병자호란의 결과 인조가 삼전도에서 패배 의식을 치렀다.

04 조선 후기의 새로운 흐름

개념 체크 문제
본문 35쪽

❶ ○ ❷ ○ ❸ × ❹ ○ ❺ 속오군 ❻ 서인 ❼ 영조
❽ 규장각 ❾ 비변사 ❿ 예송 ⓫ 환국 ⓬ 초계문신제

본문 37쪽

❶ ○ ❷ × ❸ ○ ❹ ○ ❺ 백낙신 ❻ 호포제 ❼ 당
백전 ❽ 삼정이정청 ❾ 흥선 대원군 ❿ 서원

기본 문제
본문 38~39쪽

01 ② 02 ① 03 ④ 04 ④ 05 ④
06 ① 07 ④ 08 ①

01
비변사의 특징 이해

정답 찾기 일시적인 전쟁 때문에 설치한 것이고, 변방의 방비를 담당하는 것이 명칭이라는 점 등을 통해 밑줄 친 '이 기구'가 비변사임을 알 수 있다. ② 양 난을 거치며 비변사의 권한이 강화되면서 의정부의 권한이 약화되었다.

오답 피하기 ① 조선의 최고 교육 기관은 성균관이었다.
③ 한성부는 수도의 행정과 치안을 담당하였다.
④ 6조는 이조, 호조, 예조, 병조, 형조, 공조로 이루어졌다.
⑤ 조선의 3사는 권력의 독점과 부정을 방지하는 역할을 하였다.

02
훈련도감의 특징 이해

정답 찾기 임진왜란 중에 설치되었고, 삼수병으로 구성되었다는 점 등을 통해 밑줄 친 '이 부대'는 훈련도감임을 알 수 있다. ① 훈련도감은 조선 후기의 중앙군인 5군영의 하나였다.

오답 피하기 ② 개경 환도에 반대하며 항전한 부대는 삼별초이다.
③ 매소성·기벌포 전투는 나당 전쟁 중에 있었던 전투이다.
④ 조선 후기 지방 향촌 사회의 방어는 속오군이 담당하였다.
⑤ 도방, 삼별초 등은 최씨 무신 정권의 권력 기반이 되었다.

03
서인의 특징 파악

정답 찾기 동인과 경쟁하였고, 인조반정을 주도하였다는 점

을 통해 (가) 붕당이 서인임을 알 수 있다. ㄴ. 서인은 환국의 과정에서 숙종 때 노론과 소론으로 분화되었다. ㄹ. 서인은 현종 때 남인과 예송으로 대립하였다.

오답 피하기 ㄱ. 훈구는 세조의 즉위를 도운 공신 세력이다.
ㄷ. 후금과 명 사이의 중립 외교는 북인이 주도권을 장악한 광해군 때 추진되었다. 서인은 이에 반발하여 인조반정을 일으켰다.

04
조선 영조의 업적 이해

정답 찾기 성균관에 탕평비를 건립하였다는 점을 통해 (가) 국왕이 조선 영조임을 알 수 있다. ④ 영조는 붕당 간 갈등의 원인이 되는 이조 전랑의 권한을 약화시켰다.

오답 피하기 ① 조선 성종은 집현전을 계승한 홍문관을 설치하였다.
② 흥선 대원군은 경복궁 중건 비용 마련을 위해 당백전을 발행하였다.
③ 고려 공민왕은 반원 개혁 정책을 추진하며 정동행성이문소를 폐지하였다.
⑤ 조선 정조는 서얼 출신을 규장각 검서관으로 등용하여 서얼에 대한 차별을 철폐하고자 하였다.

05
조선 정조의 업적 이해

정답 찾기 수원 화성을 건설한 국왕이라는 점을 통해 (가) 국왕이 조선 정조임을 알 수 있다. ④ 정조는 규장각을 설치하여 자신의 개혁 정책을 추진하는 기관으로 삼고자 하였다.

오답 피하기 ① 흥선 대원군은 전국의 40여 개소의 서원을 남기고 다른 서원을 철폐하도록 하였다.
② 고려 태조는 후대 왕들에게 훈요 10조를 남겼다.
③ 조선 세조는 집현전과 경연을 폐지하였다.
⑤ 조선 성종은 조선의 기본 법전인 『경국대전』을 반포하였다.

06
임술 농민 봉기의 결과 이해

정답 찾기 진주의 난민들이 소동을 일으켰고, 백낙신의 탐욕 때문이라는 점 등을 통해 밑줄 친 '소동'이 임술 농민 봉기임을 알 수 있다. 진주에서 시작된 농민 봉기가 전국으로 확산되며 임술 농민 봉기가 일어났다. ① 조선은 임술 농민 봉기에 대한 대책으로 암행어사와 안핵사를 파견하고, 삼정이정청을 설치하였으나 큰 성과를 거두지 못하였다.

오답 피하기 ② 조선 시대에는 향·부곡·소가 일반 군현으로 승격되거나 통합되어 사라졌다.
③ 신라 신문왕은 귀족의 경제적 기반을 약화시키기 위해 관료전을 지

급하고 녹읍을 폐지하였다.
④ 고려 성종은 지방에 12목을 설치하고 관리를 파견하였다.
⑤ 고려 시대에는 호족 세력을 견제하기 위해 기인 제도와 사심관 제도를 실시하였다.

07
흥선 대원군의 주요 업적 이해

(정답 찾기) 고종의 아버지라고 한 점, 안동 김씨 등 세도 가문을 축출하는 개혁 정치를 추진하였다는 점 등을 통해 (가) 인물이 흥선 대원군임을 알 수 있다. ④ 흥선 대원군은 왕실의 권위 회복을 위해 경복궁 중건 사업을 추진하였다.

(오답 피하기) ① 장용영은 조선 정조가 설치한 국왕 친위 부대이다.
② 조선 정조는 통치 체제 정비를 위해 법전인 『대전통편』을 편찬하였다.
③ 조선 중종 때 조광조는 사림 세력의 등용을 위해 현량과 실시를 주장하였다.
⑤ 조선 정조는 육의전을 제외한 시전 상인들의 금난전권을 폐지하였다.

08
호포제의 영향 이해

(정답 찾기) 양반 호가 노비의 이름으로 포를 내게 하였고, 죽은 사람과 어린아이에게도 군포를 징수하는 원성이 없다는 점을 통해 밑줄 친 '분부'가 호포제의 실시임을 알 수 있다. ① 호포제는 가호를 기준으로 군포를 납부하게 하여 양반에게도 군포를 부과함으로써 양반층의 반발을 가져왔다.

(오답 피하기) ② 흥선 대원군 집권 시기에 시행된 사창제에 대한 내용이다.
③ 흥선 대원군은 전정의 폐단을 시정하기 위해 양전 사업을 실시해 토지 대장에 누락된 토지를 찾게 하였다.
④ 환곡의 폐단을 시정하기 위해 흥선 대원군은 사창제를 실시하였다.
⑤ 영조 때부터 실시한 균역법을 통해 군포의 부담을 1년에 1필로 줄였다.

서술형 문제

본문 40쪽

Step1 핵심 키워드 파악하기

01
홍경래의 난 배경 이해

(예시 답안) 자료는 (홍경래의 난) 당시에 발표된 격문으로 (평안도) 지역에 대한 차별 대우와 (세도 정치) 시기에 이루어진 지배층의 수탈에 반발하여 일어났다.

02
당백전의 발행 목적 이해

(예시 답안) 자료에 나타난 화폐는 (당백전)(으)로 흥선 대원군이 왕실의 권위 회복을 위해 (경복궁 중건) 사업을 추진하는 과정에서 필요한 자금을 마련하기 위해 발행하였다.

Step2 스스로 답안 작성하기

03
조선 정조의 주요 업적 이해

(문제 접근) 자료는 조선 정조가 국왕의 친위 부대로 설치한 장용영에 대한 것이다. 정조는 노론, 소론, 남인을 고루 등용하는 적극적인 탕평 정책을 추진하였다.

(1) 조선 정조

(2) (예시 답안) 정조는 적극적인 탕평 정책을 추진하였고, 자신의 정책을 뒷받침할 학문 연구 기관으로 규장각을 설치하였으며, 초계문신제를 실시하여 개혁 세력을 육성하고자 하였다. 또한 수원에 화성을 건설하여 개혁 정치의 기반으로 삼고자 하였다.

평가 기준	
상	국왕을 정확하게 쓰고, 해당 국왕의 주요 정책 두 가지를 작성한 경우
중	국왕을 정확하게 쓰고, 해당 국왕의 주요 정책을 한 가지만 작성한 경우
하	국왕의 이름만 정확하게 쓴 경우

04
흥선 대원군의 서원 철폐 배경 파악

(문제 접근) 대원군이 제시되었고, 선현께 제사하는 곳이라는 점 등을 통해 흥선 대원군의 서원 철폐에 대한 자료임을 알 수 있다.

(1) 서원

(2) (예시 답안) 서원은 본래 선현에 대한 제사와 성리학 교육을 위한 곳이었지만, 당시에는 면세와 면역 특권을 누리고, 제사 비용 등을 명목으로 백성을 수탈하는 기관이 되어 비판하고 있다.

평가 기준	
상	(가)의 용어를 정확하게 쓰고, ㉠과 같이 말한 이유를 정확하게 서술한 경우
중	(가)의 용어를 정확하게 썼으나, ㉠과 같이 말한 이유를 다소 미흡하게 서술한 경우
하	(가)의 용어만 정확하게 쓴 경우

본문 41쪽

1등급 도전 문제

01 ①　　02 ③　　03 ①　　04 ③

01

붕당 정치의 전개 과정 이해

정답 찾기 (가)는 조선 선조 때 동인이 서인과 대립하는 과정에서 북인과 남인으로 분화된 사실에 대한 것이며, (나)는 조선 숙종 때 환국의 과정에서 서인이 노론과 소론으로 분화된 사실에 대한 것이다. ① 선조 이후 광해군 때에는 북인이 정국을 주도하였으나 인조반정으로 몰락하였고, 이후 서인이 정국을 주도하며 남인이 참여하는 붕당 정치가 전개되었다.

오답 피하기 ② 무오사화는 연산군 때의 사실이다.
③ 흥선 대원군의 집권은 고종 재위 때의 사실이다.
④ 성균관에 탕평비가 건립된 것은 조선 영조 때의 사실이다.
⑤ 조광조가 개혁 정치를 추진한 것은 조선 중종 때의 사실이다.

02

예송의 시기 파악

정답 찾기 상복을 입는 기간을 둘러싼 이야기를 하고 있는 것으로 보아 조선 현종 때 일어난 예송에 대한 자료임을 알 수 있다. 효종과 효종의 비 사후 자의 대비의 상복 입는 기간을 둘러싸고 예송이 발생하였다. 이 과정에서 서인과 남인의 대립이 치열해졌고, 숙종 즉위 이후 환국이 발생하였다.

03

삼정의 문란 파악

정답 찾기 자료에서 세도 정치의 폐단과 농민 봉기라는 단원명이 제시되었고, 빌려주고 빌리는 것에 대한 폐단 등이 언급된 것으로 보아 환곡 등 삼정의 문란에 대한 것임을 알 수 있다.

오답 피하기 ② 신라 신문왕은 귀족의 경제적 기반을 약화시키기 위해 녹읍을 폐지하였다.
③ 흥선 대원군의 주도로 호포제가 시행되어 양반도 군포를 납부하게 되었다.
④ 군역의 폐단을 극복하고자 조선 영조 때 균역법이 시행되었다.
⑤ 고려 광종은 호족의 군사적·경제적 기반을 약화시키기 위해 노비안검법을 시행하였다.

04

흥선 대원군 집권기의 사실 이해

정답 찾기 자료에서 원납전을 징수하고 있는 것으로 보아 경

복궁 중건 사업이 추진되는 시기임을 알 수 있다. ③ 흥선 대원군은 경복궁 중건 비용을 마련하기 위해 원납전을 징수하고 당백전을 발행하는 한편, 서울의 사대문에 통행세를 부과하였다.

오답 피하기 ① 수원 화성은 조선 정조 때 축성되었다.
② 백낙신의 횡포에 분노하여 1862년에 진주 농민 봉기가 일어났다.
④ 홍경래의 난 때 정주성의 봉기 세력을 관군이 진압하였다.
⑤ 집현전은 조선 세종 때 설치되어 세조 때 폐지되었다.

본문 43~45쪽

대단원 종합 문제

01 ②　　02 ①　　03 ④　　04 해설 참조
05 ③　　06 ④　　07 ⑤　　08 ①　　09 ④
10 해설 참조　　11 ②　　12 ④

01

청동기 시대의 특징 이해

정답 찾기 고인돌이 제시되었고, 사유 재산과 계급이 발생한 시대라는 점을 통해 밑줄 친 '이 시대'가 청동기 시대임을 알 수 있다. ② 비파형 동검은 청동기 시대의 대표적인 유물이다.

오답 피하기 ① 불교는 삼국 시대에 각국이 수용하였다.
③ 농경과 목축은 신석기 시대에 시작하였다.
④ 철제 농기구는 철기 시대부터 사용하였다.
⑤ 구석기 시대에 인류는 주로 동굴과 막집에 거주하였다.

02

6세기 한반도의 정세 파악

정답 찾기 지도에서 한강 유역을 신라가 차지하고 있는 점을 통해 6세기 신라 진흥왕 대의 사실임을 알 수 있다. ① 진흥왕은 한강 유역을 차지하고, 함경도 유역 및 낙동강 유역까지 진출하였다. 또한 북한산 등지에 순수비를 건립하였다.

오답 피하기 ② 고구려 장수왕의 평양 천도는 5세기의 사실이다.
③ 고구려 미천왕이 낙랑군을 축출한 것은 4세기의 사실이다.
④ 백제 근초고왕이 마한 지역을 정복한 것은 4세기의 사실이다.
⑤ 신라에서 마립간의 칭호는 4세기 내물왕 때부터 사용하였으며, 6세기 지증왕 때부터는 '국왕' 칭호를 사용하였다.

03

신라 신문왕의 업적 이해

정답 찾기 자료에서 김흠돌의 난을 진압한 내용이 제시된 점으로 보아 밑줄 친 '과인'이 신라 신문왕임을 알 수 있다. ④ 신문왕은 귀족의 경제적 기반을 약화시키기 위해 관료전을 지

급하고 녹읍을 폐지하였다.

오답 피하기 ① 신라 법흥왕은 금관가야를 복속시켰다.
② 백제 성왕은 관산성 전투에서 전사하였다.
③ 백제 근초고왕은 고구려의 평양성을 공격하였다.
⑤ 신라 진흥왕은 화랑도를 개편하여 국가 조직으로 만들었다.

04
발해의 중앙 정치 조직 이해

문제 접근 자료는 발해의 중앙 정치 조직을 나타낸 것이다. 발해는 문왕 때 당과의 교류를 통해 제도를 받아들여 3성 6부를 중심으로 중앙 정치 제도를 정비하였다. 하지만 각 부서의 명칭과 실질적인 운영에 있어서 발해의 실정에 맞게 당과는 다른 측면을 보여 주었다.

예시 답안 정당성을 중심으로 좌사정과 우사정의 이원적인 체제로 운영하였고, 6부의 명칭에 충·인·의·지·예·신의 유교적 명칭을 사용하였다.

평가 기준	
상	발해의 중앙 정치 조직이 가지는 독자성을 두 가지 서술한 경우
중	발해의 중앙 정치 조직이 가지는 독자성을 한 가지만 서술한 경우
하	발해의 중앙 정치 조직이 독자적이었다는 단순한 내용만 서술한 경우

05
고려 태조의 업적 이해

정답 찾기 후세에 불교와 서경을 중시할 것 등을 담은 10개조를 남긴다는 점을 통해 고려 태조임을 알 수 있다. ③ 고려 태조는 호족 세력 통합을 위해 사심관 제도를 실시하였다.

오답 피하기 ① 과거제는 고려 광종 때부터 시행되었다.
② 고려 공민왕은 쌍성총관부를 공격하여 영토를 회복하였다.
④ 고려 말 이성계가 위화도 회군을 단행하여 권력을 장악하였다.
⑤ 고려 성종은 지방에 12목을 설치하고 지방관을 파견하였다.

06
만적의 봉기 모의 시기 파악

정답 찾기 만적 등의 노비가 천한 신분에서 벗어나기 위해 모의하고 있는 점으로 보아 무신 정권기에 있었던 만적의 봉기 모의에 대한 것임을 알 수 있다. 만적은 무신 정변 이후인 무신 정권기에 신분 해방 운동의 성격을 가진 모의를 계획하였으나 발각되어 실패하였다. 이후 1270년 개경 환도가 이루어졌다.

07
조선의 지방 행정 제도 이해

정답 찾기 자료에서 전국을 8도로 나누고 있는 것으로 보아 조선의 지방 행정 제도임을 알 수 있다. ⑤ 조선의 지방관인 수령은 행정권·군사권·사법권을 행사하였다.

오답 피하기 ① 고려의 5도에는 안찰사가 파견되었다.
② 백제 무령왕은 22담로에 왕족을 파견하였다.
③ 삼한에는 소도라는 신성 구역이 존재하였다.
④ 신라는 지방의 요충지에 5소경을 설치하였다.

08
사림의 특징 이해

정답 찾기 조선 건국에 협력하지 않았던 온건파 사대부들의 학문을 이어받은 인사로 왕도 정치를 주장하고, 훈구 세력과 대립한다는 점 등을 통해 (가) 세력이 사림임을 알 수 있다. ㄱ. 사림은 성종 때 훈구 세력 견제를 위해 주로 3사에 등용되었다. ㄴ. 사림은 이조 전랑 임명 문제와 척신 정치의 청산 문제를 둘러싸고 선조 때 동인과 서인으로 나뉘었다.

오답 피하기 ㄷ. 조선 세조의 즉위를 도운 공신 세력은 훈구이다.
ㄹ. 고려의 권문세족은 친원적인 성향을 가진 지배층이었다.

09
임진왜란 중의 사실 이해

정답 찾기 자료에서 고경명, 김천일, 곽재우, 정인홍 등의 의병이 일어난 점, 권율이 행주에서 적을 물리친 점 등을 통해 자료의 전쟁이 임진왜란임을 알 수 있다. ④ 임진왜란 당시 조명 연합군이 평양성을 탈환하였다.

오답 피하기 ① 고려 무신 정권기 최우는 몽골의 침입에 맞서 강화도로 천도하였다.
② 후금이 청으로 국호를 바꾸고 군신 관계를 요구하여 오자 최명길은 나라를 보전하기 위해 주화론을 주장하였다.
③ 병자호란 당시 인조는 남한산성으로 피란하여 항전하였다.
⑤ 고려 무신 정권기에 망이·망소이가 공주 명학소에서 봉기하였다.

10
조선 광해군의 정책 이해

문제 접근 국왕이 강홍립에게 지시하기를 명군 장수의 명령을 따르지 말고 신중하게 처신하라고 하고 있는 점으로 보아 광해군이 명의 원군 요청에 대해 지시하고 있음을 알 수 있다.

예시 답안 밑줄 친 '국왕'은 조선 광해군이다. 광해군은 후금이 세력을 키우는 과정에서 명의 지원군 요청이 있자, 강홍립을 통해 지원군을 보내되 후금과 적대적인 관계를 만들지 않기 위해 중립적인 자세를 취하도록 하였다.

상	국왕의 명칭을 정확히 쓰고, 해당 지시를 내린 이유를 명확하게 서술한 경우
중	국왕의 명칭을 정확히 썼으나, 해당 지시를 내린 이유를 다소 미흡하게 서술한 경우
하	국왕의 명칭만 정확하게 쓴 경우

11
임술 농민 봉기 당시의 상황 이해

정답 찾기 자료에서 임술년에 진주 사람 수만 명이 봉기하였다는 사실을 통해 1862년에 일어난 임술 농민 봉기 당시의 상황임을 알 수 있다. ② 임술 농민 봉기가 일어난 세도 정치기에는 정치 기강이 문란해지며 뇌물을 주고 관직을 사고파는 일이 많아졌다.

오답 피하기 ① 정묘호란 당시 조선은 후금에 맞서 싸웠다.
③ 무오사화는 조선 연산군 때의 사건이다.
④ 수원 화성은 조선 정조 때 건설되었다.
⑤ 양반이 군포를 납부하게 된 것은 흥선 대원군 집권기의 사실이다.

12
흥선 대원군의 정책 이해

정답 찾기 고종의 아버지라는 점, 고종이 즉위한 후 서원 철폐 등의 각종 정책을 추진하였다는 점 등을 통해 (가) 인물이 흥선 대원군임을 알 수 있다. ④ 흥선 대원군은 왕실의 권위 회복을 위해 경복궁 중건을 추진하였다.

오답 피하기 ① 균역법은 조선 영조 때 제정되었다.
② 장용영은 조선 정조가 설치하였다.
③ 인조반정으로 광해군이 축출되었다.
⑤ 조선 중종 때 조광조는 현량과 실시를 주장하였다.

본문 46~47쪽

수능 유형 문제

01 ③　　02 ⑤　　03 ⑤　　04 ③　　05 ①
06 ①　　07 ①　　08 ⑤

01
신석기 시대의 특징 이해

정답 찾기 서울 암사동 유적이 제시된 점, 빗살무늬 토기가 대표적인 유물이고, 정착 생활이 시작되었다는 점 등을 통해 밑줄 친 '이 시대'가 신석기 시대임을 알 수 있다. ③ 신석기 시대에는 농경과 목축이 시작되었다.

오답 피하기 ① 고인돌은 청동기 시대의 대표적인 문화유산이다.
② 비파형 동검은 청동기 시대에 등장하였다.
④ 철제 농기구는 철기 시대부터 사용되었다.
⑤ 구석기 시대에는 주로 동굴과 막집에 거주하였다.

02
신라 진흥왕의 정책 이해

정답 찾기 자료에서 서울 북한산 신라 진흥왕 순수비가 제시되었고, 대가야를 정복하였다는 점 등을 통해 밑줄 친 '이 왕'이 신라 진흥왕임을 알 수 있다. ⑤ 신라 진흥왕은 화랑도를 국가적인 조직으로 개편하여 활용하였다.

오답 피하기 ① 신라 신문왕은 귀족의 경제적 기반 약화를 위해 관료전을 지급하고 녹읍을 폐지하였다.
② 신라 문무왕은 나당 전쟁에서 승리하고 삼국 통일을 완성하였다.
③ 고구려 장수왕은 국내성에서 평양으로 천도하였다.
④ 백제 무령왕은 22담로에 왕족을 파견하였다.

03
발해의 특징 이해

정답 찾기 자료에서 고구려와 백제가 멸망한 이후 등장했다는 점, 신라와 함께 남북국을 이루었다는 점, 대조영이 세웠다는 점 등을 통해 (가) 국가가 발해임을 알 수 있다. ⑤ 발해는 중국으로부터 해동성국으로 불리기도 하였다.

오답 피하기 ① 백제는 한성, 웅진에 이어 사비를 수도로 삼았다.
② 고조선은 한의 공격을 받아 멸망하였다.
③ 신라는 당과 함께 고구려를 공격하여 정복하였다.
④ 부여에서는 여러 가들이 사출도를 다스렸다.

04
고려 광종의 정책 이해

정답 찾기 준풍이라는 연호를 사용하였다는 점을 통해 (가) 국왕이 고려 광종임을 알 수 있다. ③ 광종은 노비안검법을 시행하여 공신과 호족 세력을 견제하고자 하였다.

오답 피하기 ① 고려 태조는 후삼국을 통일하였다.
② 고려 성종은 최승로의 시무 28조를 수용하였다.
④ 고려 말 이성계는 위화도 회군을 단행하고 권력을 장악하였다.
⑤ 전민변정도감은 권세가들이 부당하게 빼앗은 토지를 본래 소유주에게 돌려주고, 불법적으로 노비가 된 자를 양인으로 풀어 주기 위해 고려 후기에 여러 차례 설치되었다.

05

홍문관의 특징 이해

(정답 찾기) 자료에서 국왕에 대한 자문과 경연을 주관하였다는 점 등을 통해 밑줄 친 '이 기구'가 홍문관임을 알 수 있다. ① 홍문관은 사헌부, 사간원과 함께 조선의 3사를 구성하는 기구 중 하나이다.

(오답 피하기) ② 도병마사와 식목도감은 고려의 독자적인 행정 기구였다.
③ 발해의 정당성은 선조성, 중대성과 함께 3성을 이루었다.
④ 교정도감과 정방은 최씨 무신 정권 시기 국가의 중요 정책을 결정하는 최고 권력 기구였다.
⑤ 비변사는 본래 외적의 침입에 대비하여 임시로 설치되었다.

06

병자호란의 영향 이해

(정답 찾기) 청군이 남한산성을 포위하였다는 소식을 들었다는 점, 청군과 싸우다가 전사하였다는 점 등을 통해 밑줄 친 '이 전쟁'이 병자호란(1636~1637)임을 알 수 있다. ① 병자호란 이후 조선에서는 북벌론이 대두되었다.

(오답 피하기) ② 쌍성총관부는 원 간섭기에 설치되었다.
③ 고려는 몽골(원)과 강화한 이후 1270년에 개경으로 환도하였다.
④ 임진왜란의 결과 일본에서는 도자기 기술이 발달하였다.
⑤ 정묘호란의 결과 조선은 후금과 형제 관계의 화의를 맺었다.

07

조선 정조의 정책 이해

(정답 찾기) 자료에서 화성을 축성한 과정이 기록된 책이 제시되었다는 점을 통해 (가) 국왕이 조선 정조임을 알 수 있다. ① 정조는 국왕의 친위 부대로 장용영을 설치하였다.

(오답 피하기) ② 조선 중종 때 기묘사화가 발생하였다.
③ 홍경래의 난은 세도 정치기인 1811년에 일어났다.
④ 조선 영조는 탕평 의지를 밝히기 위해 성균관에 탕평비를 건립하였다.
⑤ 흥선 대원군은 왕실 권위 회복을 위해 경복궁 중건을 추진하였다.

08

흥선 대원군의 정책 이해

(정답 찾기) 세도 정치기의 폐단을 개혁하고자 추진된 정책이라는 점, 소외된 정치 세력과 종친을 등용하고, 사창제를 실시한다는 점 등을 통해 해당 인물이 흥선 대원군임을 알 수 있다. 따라서 (가)에는 흥선 대원군이 추진한 개혁책이 제시되어야 한다. ⑤ 흥선 대원군은 비변사를 사실상 폐지하고, 의정부와 삼군부의 기능을 부활시켜 권력을 강화하였다.

(오답 피하기) ① 균역법은 조선 영조 때 제정되었다.
② 훈련도감은 임진왜란 중인 조선 선조 때 설치되었다.
③ 조선 광해군은 명과 후금 사이에서 중립 외교를 추진하였다.
④ 조선 정조는 개혁 정책의 추진을 위해 규장각을 육성하였다.

Ⅱ 근대 이전 한국사의 탐구

01 국제 관계와 대외 교류

개념 체크 문제 ──── 본문 51쪽

❶ ○ ❷ ○ ❸ × ❹ ○ ❺ 살수 ❻ 당 ❼ 서희 ❽ 몽골풍 ❾ 청해진 ❿ 발해관 ⓫ 천리장성 ⓬ 삼별초

──── 본문 53쪽

❶ ○ ❷ × ❸ ○ ❹ ○ ❺ 무역소 ❻ 계해약조 ❼ 통신사 ❽ 청 ❾ 4군 6진, 사민 ❿ 명, 청 ⓫ 백두산정계비 ⓬ 곤여만국전도

기본 문제 ──── 본문 54~55쪽

01 ② 　 02 ① 　 03 ③ 　 04 ④ 　 05 ③
06 ① 　 07 ⑤ 　 08 ④

01

고구려의 대외 관계 이해

(정답 찾기) 수의 군대를 을지문덕이 살수에서 격퇴하였다는 내용 등을 통해 (가) 국가가 고구려임을 알 수 있다. ② 고구려는 당의 침략을 받았으나 안시성에서 이를 격퇴하였다.

(오답 피하기) ① 고조선은 한의 침략으로 멸망하였다.
③ 고려는 이성계 등의 활약으로 홍건적과 왜구의 침략을 격퇴하였다.
④ 신라와 발해는 신라도를 이용해 교류하였다.
⑤ 고려는 이자겸 등의 주장에 따라 여진의 군신 관계 요구를 수용하였다.

02

장보고의 활동 파악

(정답 찾기) 자료는 신라 흥덕왕 때 현재의 전라남도 완도에 설치된 청해진에 대한 것이다. ① 청해진은 통일 신라의 장보고가 군사·무역 기지로 설치하였다.

오답 피하기 ② 가야는 왜에 토기 제작 기술 등을 전해주었다.
③ 천리장성은 고구려 말기에는 당의 침략에 대비하여, 고려 전기에는 거란과 여진의 침략에 대비하여 각각 축조되었다.
④ 당이 한반도 전체를 지배하려 하자 신라는 당과 전쟁을 벌여 당을 몰아내고 삼국 통일을 완성하였다.
⑤ 거란의 1차 침입 때 고려의 서희는 적장과 담판을 벌여 강동 6주 지역을 확보하였다.

03
발해의 대외 관계 이해

정답 찾기 대조영이 건국하였다는 점, 문왕 때 당과 친선 관계를 맺었다는 점, 해동성국으로 불렸다는 점 등을 통해 자료는 발해의 대외 관계에 대한 것임을 알 수 있다. 따라서 (가)에는 발해 무왕 때의 사실이 들어가야 한다. ③ 발해는 무왕 때 당과 대립하며 적극적인 영토 확장에 나섰고, 장문휴가 당의 산둥반도를 공격하기도 하였다.

오답 피하기 ① 당은 신라와 동맹을 체결하여 백제, 고구려를 멸망시켰다.
② 고려는 송과 조공·책봉 관계를 맺고 교류하였다.
④ 고구려는 장수왕 때 한성을 점령하고 한강 유역을 장악하였다.
⑤ 신라는 초기에 백제, 고구려의 도움을 받아 중국에 사신을 파견하였다.

04
고려 전기의 대외 관계 파악

정답 찾기 서희가 적장과 외교 담판을 벌였다는 내용을 통해 (가)는 993년 거란의 1차 침입에 대한 사실이고, 윤관이 별무반을 이끌고 여진을 정벌하였다는 내용을 통해 (나)는 1107년의 사실임을 알 수 있다. ④ 1019년 거란의 3차 침입 당시 강감찬이 귀주에서 거란군을 크게 격파하였다.

오답 피하기 ① 무신 정변은 1170년에 일어났다.
② 고려는 몽골의 침략에 대비하기 위해 강화도로 천도하였다.
③ 고려는 명이 원을 만리장성 이북으로 몰아내고 중국을 차지하자, 명과 외교 관계를 맺었다.
⑤ 12세기 전반 이자겸 등이 금의 군신 관계 요구를 수용하였다.

05
몽골과의 전쟁 중에 있었던 사실 파악

정답 찾기 몽골병이 충주로 쳐들어오자 노비군과 잡류 별초가 이를 격퇴하였다는 점 등을 통해 자료는 몽골의 침략 당시에 있었던 충주성 전투에 대한 것임을 알 수 있다. ③ 고려 시대에 몽골의 침입을 받아 황룡사 9층 목탑 등이 소실되었다.

오답 피하기 ① 조선 세종은 일본과 계해약조를 체결하였다.
② 조선 시대에 발발한 임진왜란 등에서 조명 연합군이 활약하였다.
④ 8세기 후반 이후 발해가 당과 활발하게 교류하면서 당의 산둥반도에 발해관이 설치되기도 하였다.
⑤ 병자호란 당시 조선 인조는 남한산성으로 피란하여 항쟁하였다.

06
15세기의 모습 파악

정답 찾기 지도의 (가)는 4군, (나)는 6진으로, 모두 조선 세종 때 개척되었다. ① 조선 세종은 왜구 문제를 해결하기 위해 이종무로 하여금 쓰시마섬을 토벌하게 하였다.

오답 피하기 ② 대동법은 조선 광해군 때 경기도에 처음 실시되었다.
③ 주자감은 발해의 중앙 교육 기관이다.
④ 고려 말 요동 정벌에 반대했던 이성계는 위화도 회군을 단행하여 권력을 장악하였다.
⑤ 고려 공민왕은 몽골풍을 금지하였다.

07
조선 통신사의 이해

정답 찾기 자료에 제시된 그림과 조선이 일본에 파견한 대규모 사절단이라는 점 등을 통해 밑줄 친 '사절단'이 조선 통신사임을 알 수 있다. ⑤ 임진왜란 이후 에도 막부의 요청에 따라 조선 통신사가 파견되었다.

오답 피하기 ① 조선은 병자호란 이후 청과 군신 관계를 맺고 연행사를 파견하였다.
② 조선 후기 일부 실학자들이 청의 발전된 문물을 수용하자는 북학론을 제기하였다.
③ 조선과 청은 대표를 파견해 백두산 일대를 답사하고 국경을 확정하여 백두산정계비를 세웠다.
④ 백제는 불교와 유교 경전 등을 일본에 전해주었다.

08
북벌론의 배경 파악

정답 찾기 정예한 포병 10만을 길러 곧장 산하이관으로 쳐들어갈 계획이라는 점 등을 통해 자료의 주장이 북벌론임을 알 수 있다. ④ 병자호란 이후 조선에서는 오랑캐에 당한 치욕을 씻고 명에 대한 의리를 지키자는 북벌론이 제기되었다.

오답 피하기 ① 1811년 평안도 지역민에 대한 차별과 지배층의 수탈 등에 반발하여 홍경래의 난이 일어났다.
② 임진왜란 이후 일본과 국교를 재개한 조선은 기유약조를 맺어 제한된 범위 내에서의 무역을 허용하였다.

③ 고려 말 명이 철령위 설치를 통고하였다.
⑤ 고려 중엽에 묘청 등이 풍수지리설을 내세워 서경 천도 운동을 전개하였다.

서술형 문제

본문 56쪽

Step1 핵심 키워드 파악하기

01
발해와 당의 관계 이해

예시 답안 자료의 (가)는 (발해)이고, (나)는 (당)이다. 대조영이 건국한 (발해)은/는 8세기 전반 무왕 때 (당)와/과 대립하였으나 8세기 후반 문왕 때부터 친선 관계를 유지하였다.

02
조선과 여진의 관계 이해

예시 답안 조선은 (여진)에 대해 회유책과 강경책을 함께 사용하는 (교린) 정책을 폈다. 국경 지역에 무역소를 설치하여 제한된 교류를 허용하였지만, 세종 때에는 (여진)을/를 정벌하고 (4군 6진) 지역을 개척하기도 하였다.

Step2 스스로 답안 작성하기

03
고려와 거란의 전쟁 이해

문제 접근 강감찬이 귀주에서 싸웠다는 사실을 통해 (가)가 거란(요)임을 알 수 있다.

(1) 거란(요)
(2) 예시 답안 거란(요)의 1차 침입 당시 서희가 외교 담판을 벌여 고려가 강동 6주 지역을 확보할 수 있었다. 그리고 2차 침입 때는 양규가 활약하여 퇴각하는 거란군에 큰 타격을 주었다. 3차 침입 때 강감찬이 군대를 직접 지휘하여 귀주에서 거란군을 크게 물리쳤다.

평가 기준	
상	거란(요)을 정확히 쓰고, 거란의 1차·2차·3차 침입 격퇴 과정을 모두 정확하게 서술한 경우
중	거란(요)을 정확히 쓰고, 거란의 1차·2차·3차 침입 격퇴 과정 중 두 가지만 정확하게 서술한 경우
하	거란(요)을 정확히 쓰고, 거란의 1차·2차·3차 침입 격퇴 과정 중 한 가지만 정확하게 서술한 경우

04
북학론이 제기된 배경 이해

문제 접근 진실로 법이 훌륭하고 제도가 아름답다면 오랑캐에게라도 나아가 배워야 하는 법이라고 한 점 등을 통해 제시된 자료가 북학론에 대한 것임을 알 수 있다.

(1) 청
(2) 예시 답안 병자호란 이후 조선에서는 오랑캐에 당한 치욕을 씻고 명에 대한 의리를 지키자는 분위기가 고조되어 북벌 운동이 추진되었다. 그러나 청이 정치적 안정을 이루고 중국의 전통문화를 계승하면서 서양 문물도 수용하여 문화를 크게 발전시키자. 일부 실학자가 청의 앞선 문물을 적극적으로 수용해 국가 발전을 이루어야 한다는 북학론을 제기하였다.

평가 기준	
상	청을 정확히 쓰고, 병자호란 이후 북벌 운동 추진. 청이 정치적 안정을 이루고 서양 문물을 수용해 문물의 발전을 이룬 사실 등을 모두 서술한 경우
중	청을 정확히 쓰고, 청의 정치적 안정과 서양 문물 수용 등을 통한 문물 발전을 서술한 경우
하	청을 정확히 쓰고, 청의 문물 발전만을 서술한 경우

1등급 도전 문제

본문 57쪽

01 ①　　02 ②　　03 ③　　04 ④

01
남북국 시대의 국제 관계 이해

정답 찾기 지도의 (가)는 당, (나)는 발해, (다)는 신라, (라)는 일본이다. 갑. 발해는 당의 3성 6부제를 수용하였다. 을. 발해는 신라도를 통해 신라와 교류하였다.

오답 피하기 병. 당의 등주를 선제공격한 것은 발해이다.
정. 벽란도는 고려 시대의 국제 무역항이다.

02
윤관의 동북 9성 개척 시기 파악

정답 찾기 윤관이 도원수로 대군을 이끌고 여진족을 소탕하였다는 점, 점령한 지역에 9성을 쌓았다는 점 등을 통해 자료가 윤관이 여진을 정벌하고 동북 9성을 개척한 것임을 알 수 있다. 윤관은 12세기 초에 별무반을 이끌고 여진을 정벌한 후 동북 9성을 축조하였다. ② 강동 6주 확보는 10세기 말, 무신

정변은 1170년의 사실이다.

03
조선 세종 때의 국제 정세 파악

(정답 찾기) 이종무가 이끄는 군대를 파견하여 왜구의 본거지인 쓰시마섬을 토벌하였다는 점 등을 통해 밑줄 친 '국왕'이 조선 세종임을 알 수 있다. ③ 조선 세종 때 압록강과 두만강 유역의 여진을 몰아내고 4군 6진 지역을 개척하였다.

(오답 피하기) ① 조선이 일본과의 교역에 대한 통제를 강화하자, 이에 반발한 일본인들이 1555년에 을묘왜변을 일으켰다.
② 고려 말 명이 철령위 설치를 고려에 통고하였다.
④ 고려 성종 때 거란의 1차 침입 당시 서희가 외교 담판을 벌여 강동 6주 지역을 확보하였다.
⑤ 17세기 정묘호란 이후 청은 조선에 군신 관계를 강요하였다.

04
백두산정계비 건립 배경 파악

(정답 찾기) 국경을 조사하였다는 점, 서쪽은 압록이며, 동쪽은 토문이라고 한 점, 분수령 위에다 돌에 새겨 기록했다는 점 등을 통해 자료가 백두산정계비 건립에 대한 것임을 알 수 있다. ④ 조선 후기에 국경 분쟁이 일어나자, 조선과 청은 대표를 파견해 국경을 확정하고 백두산정계비를 세웠다.

(오답 피하기) ① 독도는 삼국 시대 이후 우리의 고유 영토였으나 일제가 러일 전쟁 중 불법으로 자국 영토에 편입시켰다.
② 통일 신라 시대에 장보고는 완도에 청해진을 설치하였다.
③ 고려 초 거란의 1차 침입 당시 서희는 적장과 담판을 벌여 강동 6주 지역을 확보하였다.
⑤ 고구려는 당의 침략에 대비하여 천리장성을 축조하였다.

02 수취 체제와 경제생활

개념 체크 문제 ——— 본문 59쪽

❶ ○ ❷ × ❸ × ❹ ○ ❺ 역 ❻ 신문왕 ❼ 경정 전시과 ❽ 관영 수공업 ❾ 진대법 ❿ 신라촌락문서 ⓫ 역 ⓬ 조운

——— 본문 61쪽

❶ ○ ❷ ○ ❸ × ❹ ○ ❺ 직전법 ❻ 대동법 ❼ 통공 ❽ 개시 무역 ❾ 농사직설 ❿ 광작 ⓫ 선대제 ⓬ 상평통보

기본 문제 ——— 본문 62쪽

01 ④   02 ⑤   03 ⑤   04 ②

01
통일 신라의 토지 제도 이해

(정답 찾기) 일본 쇼소인에서 발견되었다는 점, 서원경에 속한 촌을 비롯한 4개 촌락의 경제 상황을 기록하였다는 점 등을 통해 밑줄 친 '이 문서'가 통일 신라가 작성한 신라촌락문서임을 알 수 있다. ④ 통일 신라 신문왕은 문무 관료에게 관료전을 지급하고 녹읍을 혁파하였다.

(오답 피하기) ① 조선 정조는 육의전을 제외한 시전 상인의 금난전권을 폐지하는 통공 정책을 실시하였다.
② 고려 시대에는 도읍인 개경에 시전이 설치되었다.
③ 고려 시대에는 활구(은병) 등 다양한 화폐가 제작되었다.
⑤ 고구려 고국천왕은 빈민 구제를 위해 진대법을 실시하였다.

02
고려 전시과 제도의 이해

(정답 찾기) 고려 시대에 실시되었다는 점, 지급받은 토지의 세습이 원칙적으로 불가능하였다는 점, 전지와 시지가 지급되었다는 점 등을 통해 (가)에는 고려 전시과 제도에 대한 내용이 들어가야 함을 알 수 있다. ⑤ 시정 전시과에서는 인품과 관품 등을 기준으로 전현직 관리에게 수조권이 지급되었다.

(오답 피하기) ① 통일 신라 성덕왕은 백성에게 정전을 지급하였다.
② 고려 말 신진 사대부에 의해 과전법이 실시되었다.
③ 고려 말부터 조선 초에 시행된 과전법에 해당한다.
④ 삼국 시대에 지급된 녹읍이나 식읍에 해당한다.

03
모내기법의 영향 파악

(정답 찾기) 김매기의 노력을 덜 수 있다는 점, 두 땅의 힘으로 하나의 모를 기른다는 점 등을 통해 (가)의 농법이 모내기법임을 알 수 있다. ⑤ 조선 후기에 모내기법이 확대 보급되면서 벼와 보리의 이모작이 확대되었다.

(오답 피하기) ① 삼국 시대에는 소를 이용하여 땅을 가는 우경이 장려되었다.
② 고려 후기에 문익점이 원에서 목화를 들여왔다.
③ 고려 시대에 특별 행정 구역인 소에서 금, 은, 종이 등을 생산하는 수공업이 발달하였다.
④ 조선 성종은 지방 관청이 수확량을 조사하여 조세를 거둔 후 관리에

게 지급하는 관수 관급제를 시행하였다.

04
대동법의 이해

(정답 찾기) 방납의 폐단을 시정하기 위해 실시되었다는 점, 경기도에 처음 시행된 후 전국으로 확대되었다는 점, 각 가호마다 토산물을 징수하던 공납을 전세화하였다는 점 등을 통해 밑줄 친 '이 법'이 대동법임을 알 수 있다. ② 토지 결수에 따라 쌀, 무명이나 베, 동전 등을 징수하는 대동법이 시행되자 부담이 크게 늘어난 지주들이 반발하였다.

(오답 피하기) ① 조선 영조는 농민의 군포 부담을 줄여 주기 위해 균역법을 시행하였다.
③ 대동법 시행으로 토지가 없거나 적은 농민의 세금 부담이 감소하였다.
④ 조선 인조는 풍흉과 관계없이 토지 1결당 쌀 4~6두를 징수하는 영정법을 시행하였다.
⑤ 조선에서는 16세 이상 양인 남자에게 역이 부과되었다.

본문 63쪽

Step1   핵심 키워드 파악하기

01
통일 신라의 토지 제도 이해

(예시 답안) 통일 신라 (신문왕)은/는 귀족의 경제적 기반을 약화시키고 국가의 지배력을 강화하기 위해 관료들에게 조세만을 거둘 수 있는 (관료전)을/를 지급하고 노동력 징발이 가능한 토지인 녹읍을 혁파하였다.

Step2   스스로 답안 작성하기

02
관수 관급제의 이해

(문제 접근) 자료는 조선 시대 토지 제도와 관련된 것이다. 조선 세조는 세습되는 토지가 늘어나자 현직 관리에게만 토지를 지급하는 직전법을 실시하였다. 하지만 직전법 실시 이후 수조권을 남용하여 조세를 과다하게 거두는 문제가 발생하였다.
(1) 수신전
(2) (예시 답안) 직전법 실시 이후 수조권을 남용하는 문제를 해결하기 위해 조선 성종은 관수 관급제를 시행하였다. 관수 관급제는 지방 관청이 수확량을 조사하여 조세를 거둔 후 관리에게 지급하는 방법으로 토지를 받은 관리들의 수조권 남용을 방지하였다.

평가 기준	
상	수신전과 제도의 명칭을 정확히 쓰고, 제도의 내용을 명확하게 서술한 경우
중	수신전과 제도의 명칭을 정확히 썼으나, 제도의 내용을 다소 미흡하게 서술한 경우
하	수신전과 제도의 명칭만 정확히 쓴 경우

본문 63쪽

01 ④   02 ⑤

01
개정 전시과 시행 시기의 모습 파악

(정답 찾기) 문무 양반과 군인들의 전시과를 개정하였다는 점 등을 통해 자료가 고려 목종 때 시행된 개정 전시과의 시행에 대한 것임을 알 수 있다. ④ 고려 전기에는 중앙과 지방의 관청에서 소속 기술자에게 물품을 생산하게 하는 관영 수공업이 발달하였다.

(오답 피하기) ① 목화는 고려 후기에 문익점이 원에서 들여온 후 재배가 확대되었다.
② 조선 세종은 우리 실정에 맞는 농사법을 정리하여 『농사직설』을 편찬하였다.
③ 통일 신라 성덕왕은 백성에게 정전을 지급하였다.
⑤ 조선 세종은 공법을 제정하여 토지의 비옥도와 풍흉에 따라 전세를 차등 징수하는 전분6등법, 연분9등법을 실시하였다.

02
균역법의 이해

(정답 찾기) 양역을 절반으로 줄이라고 명하였다는 점, 이제는 1필로 줄이는 것으로 온전히 돌아갈 것이라고 명령한 점 등을 통해 자료가 조선 영조 때 시행된 균역법에 대한 것임을 알 수 있다. 영조는 균역법의 시행으로 줄어든 재정 수입을 보충하기 위해 ㄷ. 일부 부유한 상민에게 선무군관이라는 칭호를 주고 선무군관포 1필을 징수하였고, ㄹ. 지주에게 토지 1결당 쌀 2두씩을 결작으로 징수하였다.

(오답 피하기) ㄱ. 고려 태조는 후삼국 통일 과정에서 공을 세운 사람에게 역분전을 지급하였다.
ㄴ. 조선 정조는 육의전을 제외한 시전 상인의 금난전권을 폐지하는 통공 정책을 실시하였다.

03 신분제와 사회 구조

개념 체크 문제
본문 65쪽

❶ ○ ❷ ○ ❸ ○ ❹ ○ ❺ × ❻ 6두품 ❼ 중간 계층 ❽ 양인 ❾ 공노비 ❿ 청동기 ⓫ 신라 ⓬ 양천제 ⓭ 문벌

본문 67쪽

❶ × ❷ ○ ❸ × ❹ ○ ❺ 반상제 ❻ 중인 ❼ 잔반 ❽ 신량역천 ❾ 공명첩 ❿ 노비종모법 ⓫ 향전

기본 문제
본문 68쪽

01 ④   02 ⑤   03 ④   04 ①

01
골품제의 특징 파악

정답 찾기 자료는 신라의 골품제에 대한 것으로, (가)에는 골품제와 관련된 내용이 들어가야 함을 알 수 있다. ④ 골품제는 관등제에 밀접하게 연관되어 있어서 골품에 따라 관등 승진에 제한을 두는 등 개인의 정치 활동 범위를 제한하였다.

오답 피하기 ① 골품제는 신라의 지배층에 적용되는 신분제였다. ② 고려 시대 향, 부곡, 소의 거주민은 거주지 이전에 제한을 받았다. ③ 혈연보다 개인의 능력을 중시하는 제도로는 과거제가 대표적이다. 골품제는 개인의 능력보다 혈연을 중시하는 제도였다. ⑤ 골품제는 신분 간의 이동을 엄격히 제한하였다.

02
고려 시대 백정의 특징 파악

정답 찾기 고려 시대에 법적으로 양인에 속하였다는 점, 대부분 농업에 종사하였다는 점, 국가에 대한 직역이 없었다는 점 등을 통해 (가)에는 고려 시대 백정에 대한 내용이 들어가야 함을 알 수 있다. ⑤ 고려 시대 백정은 직역이 없는 양인 농민으로 대부분 일반 군현에 거주하였다.

오답 피하기 ① 공노비 중 외거 노비에 해당한다. ② 조선 후기에 전통적인 양반인 구향이 신분을 상승시켜 향촌 지배권에 도전하는 신향과 향전을 벌였다. ③ 고려 시대 백정은 법적으로 과거에 응시할 수 있었다. ④ 고려 시대 공신이나 5품 이상 관리의 자손에 해당한다.

03
조선 시대 서얼의 지위 파악

정답 찾기 높은 관직을 가진 자의 아들이지만 외가가 하찮아서 대대로 벼슬길이 막혀 있다는 점, 비록 뛰어난 재주와 쓸 만한 그릇을 가지고 있어도 향리나 수군만도 못하다는 점 등을 통해 밑줄 친 '이들'이 조선 시대 서얼임을 알 수 있다. ㄴ. 조선 시대 서얼은 중인과 비슷한 대우를 받았다. ㄹ. 조선 후기에 서얼은 여러 차례 집단 상소를 올려 주요 관직 등용을 요구하였다.

오답 피하기 ㄱ. 향·부곡·소의 거주민은 고려 시대에 양인 피지배층의 구성원 중 하나였다. ㄷ. 조선 시대 신량역천에 해당한다.

04
조선 후기의 모습 파악

정답 찾기 이름 적는 곳이 비어 있는 관직 임명장이라는 내용 등을 통해 자료의 문서가 조선 후기에 발행된 공명첩임을 알 수 있다. ① 조선 후기에는 도시 인구가 증가하면서 상품 작물 재배가 확대되었다.

오답 피하기 ② 국자감은 고려 시대 중앙에 설치된 최고 교육 기관이다. ③ 고려 시대 최충헌이 설치한 교정도감은 최씨 무신 정권 시기 국정을 총괄하는 역할을 담당하였다. ④ 신라 말 일부 6두품 출신 유학자들은 골품제를 비판하며 반신라적 태도를 보였다. ⑤ 활구(은병)는 고려 시대에 발행된 화폐이다.

서술형 문제
본문 69쪽

Step1   핵심 키워드 파악하기

01
신라 골품제의 이해

예시 답안 자료에 나타난 신분 제도는 (골품제)이다. 이 제도는 (신라)의 지배층을 세분하기 위해 만들어진 것으로, 관등과 관직 승진 등의 정치 활동은 물론 집이나 수레, 의복 등 일상생활까지 제한하였다.

Step2   스스로 답안 작성하기

02
조선 후기 신분 변동 이해

문제 접근 양 난 이후 하층민이 신분을 상승시키면서 양반

인구가 크게 증가하고 상민과 노비가 감소하였다.

(1) 양반

(2) 예시 답안 조선 후기에는 노비들이 군공과 납속 등을 통해 신분을 상승시켰고, 영조는 부족해진 군역 대상자를 늘리기 위해 노비종모법을 시행해 노비의 신분 상승 기회를 확대시켜 주었다. 또한 순조 때 중앙 관서에 소속되어 있는 공노비의 대부분을 해방시키면서 노비의 수가 크게 줄었다.

평가 기준	
상	(가) 신분을 정확하게 쓰고, 노비 인구가 급격히 감소하게 된 이유 세 가지를 명확하게 서술한 경우
중	(가) 신분을 정확하게 쓰고, 노비 인구가 급격히 감소하게 된 이유 두 가지를 명확하게 서술한 경우
하	(가) 신분을 정확하게 쓰고, 노비 인구가 급격히 감소하게 된 이유를 한 가지만 서술한 경우

본문 69쪽

1등급 도전 문제

01 ⑤   02 ⑤

01

고려 시대 소 거주민의 특징 파악

정답 찾기 자료는 고려 무신 정권 시기에 일어난 망이·망소이의 봉기에 대한 것으로, 밑줄 친 '명학소'는 고려 시대 특수 행정 구역인 향·부곡·소의 하나임을 알 수 있다. ⑤ 고려 시대 향·부곡·소의 거주민은 법적으로는 양인이지만 일반 군현민보다 더 많은 세금을 부담하였고 거주지 이전도 원칙적으로 금지되었다.

오답 피하기 ① 고려 시대 향·부곡·소의 거주민은 법적으로는 양인에 해당한다.
② 신라 말 일부 6두품과 지방 호족 등에 해당한다.
③ 고려와 조선 시대 노비 중 외거 노비에 해당한다.
④ 공명첩은 조선 후기에 정부가 발급하였다.

02

서얼의 지위 이해

정답 찾기 아비를 아비라 부르지 못하고 형을 형이라 부르지 못하여 상하노복이 다 천하게 본다는 점, 재상의 천비 소생이라는 점 등을 통해 밑줄 친 '길동'의 신분이 서얼임을 알 수 있다. ⑤ 조선 시대에 서얼은 재산 상속과 관직 진출에 차별을 받았으나 점차 그 차별이 완화되어 조선 정조 때에는 규장각 검서관에 등용되기도 하였다.

오답 피하기 ① 신량역천은 양인 신분이지만 천한 일을 하는 계층으로 수군, 조례 등이 해당한다.
② 신라의 진골 등 귀족층이 해당한다.
③ 고려 시대 속현의 향리 등이 해당한다.
④ 고려 시대에는 공신이나 5품 이상 관리의 자손이 음서로 관직에 진출하였고, 조선 시대에는 고려에 비해 그 대상이 더 축소되었다.

04 다양한 사상과 문화 교류

개념 체크 문제

본문 71쪽

❶ 소수림왕 ❷ 원효 ❸ 도교 ❹ 하쿠호 ❺ 이차돈
❻ 선종 ❼ 독서삼품과 ❽ 풍수지리설 ❾ ㄱ ❿ ㄹ
⓫ ㄷ ⓬ ㄴ

본문 73쪽

❶ ○ ❷ × ❸ ○ ❹ × ❺ 성리학 ❻ 9재 학당 ❼ 지눌 ❽ 직지심체요절 ❾ ㄴ ❿ ㄱ ⓫ ㄷ ⓬ ㄹ

본문 75쪽

❶ ○ ❷ × ❸ × ❹ ○ ❺ 측우기 ❻ 여전론 ❼ 동사강목 ❽ 동학 ❾ 삼강행실도 ❿ 향약 ⓫ 북학파 ⓬ 김정호 ⓭ 풍속화

본문 76~77쪽

기본 문제

01 ③   02 ①   03 ④   04 ④   05 ④
06 ⑤   07 ①   08 ①

01

불교의 특징 파악

정답 찾기 고구려는 소수림왕 때 전진으로부터 수용하였다는 점, 신라는 법흥왕 때 이차돈의 순교로 공인하였다는 점, 왕실을 중심으로 수용되었다는 점 등을 통해 (가) 사상이 불교임을 알 수 있다. ③ 불교는 통일 신라 시대에 원효 등의 활동으로 대중화되었다.

오답 피하기 ① 성리학을 중시한 조선 시대의 양반들은 주희가 편찬한 예법서인 『주자가례』의 보급을 강조하였다.
② 통일 신라 신문왕은 유학 교육을 위해 국학을 설치하였다.
④ 고려 말 신진 사대부는 성리학을 사상적 기반으로 삼아 사회 모순을 개혁하고자 하였다.
⑤ 향교는 유교 교육을 위해 설립되었다.

02
도교 사상의 영향 파악

정답 찾기) 불로장생과 신선이 되기를 추구하였다는 점, 귀족 중심으로 유행하였다는 점, 고려 시대에는 국가 차원에서 초제 등의 행사를 자주 열었다는 점 등을 통해 자료의 사상이 도교임을 알 수 있다. ① 도교의 이상 세계가 표현되어 있는 백제 금동 대향로이다.

오답 피하기) ② 선종이 유행하면서 제작된 승탑이다.
③ 조선 전기에 강우량 측정을 위해 제작된 측우기이다.
④ 발해의 불교 문화유산인 이불병좌상이다.
⑤ 조선 시대에 제작된 해시계인 앙부일구이다.

03
고려 전기의 모습 파악

정답 찾기) 김부식이 아뢴다는 점, 성상 폐하께서 일관된 역사를 완성하여 후대에 물려주어야 하겠다고 말한 점 등을 통해 자료는 김부식이 고려 인종의 명을 받아 『삼국사기』를 편찬하여 국왕에게 올리면서 작성한 글임을 알 수 있다. ④ 고려 전기에는 대를 이어 고위 관리를 배출한 몇몇 가문이 문벌을 형성하였다.

오답 피하기) ① 측우기는 조선 세종 때 처음 제작되었다.
② 고려는 무신 정변 이후 여러 차례 몽골의 침략을 받았다.
③ 『국조오례의』는 조선 성종 때 처음 편찬되었다.
⑤ 고려 후기에 국자감을 개편하면서 성균관이라는 이름이 사용되기 시작하였다.

04
지눌의 활동 파악

정답 찾기) 정혜쌍수와 돈오점수를 강조하고 있는 것을 통해 자료의 승려가 고려 후기에 활동했던 보조 국사 지눌임을 알 수 있다. ④ 지눌은 수선사 결사를 중심으로 노동과 수행을 강조하는 불교 개혁 운동을 전개하였다.

오답 피하기) ① 신라의 두 사람이 유교 경전을 공부하기로 맹세한 임신서기석을 남겼다.
② 조선 세종은 최초로 한성을 기준으로 천체 운동을 정확하게 계산한 역법서인 『칠정산』을 편찬하였다.
③ 고려 전기의 대표적 유학자인 최충은 관직에서 물러난 후 9재 학당을 설립하여 제자를 양성하였다.
⑤ 고려 전기에 활동했던 의천은 해동 천태종을 창시하였다.

05
풍수지리설의 이해

정답 찾기) 서경 임원역의 땅이 음양가들이 말하는 대화세라는 점 등을 통해 자료가 묘청 등이 서경 천도를 주장하며 내세운 주장임을 알 수 있다. 묘청 등은 풍수지리설을 내세워 서경 천도를 주장하였다. ④ 풍수지리설의 영향으로 신라 말 지방의 중요성이 부각되면서 경주 중심의 국토관에 변화를 가져왔다.

오답 피하기) ① 통일 신라의 의상이 화엄 사상을 정립하였다.
② 이황의 사상은 임진왜란 전후 일본에 전해져 일본 성리학 발달에 영향을 주었다.
③ 고려 성종은 최승로의 시무 28조를 받아들여 유교를 통치 이념으로 확립하였다.
⑤ 천주교는 18세기 후반 남인 계열의 일부 실학자에 의해 신앙으로 받아들여졌다.

06
서원 보급의 목적 파악

정답 찾기) 지방 사림이 세웠다는 점, 선현의 위패를 모시고 제사를 지내는 사당이 있다는 점 등을 통해 (가) 시설이 서원임을 알 수 있다. ⑤ 조선 시대의 서원은 선현에 대한 제사와 성리학의 연구 및 교육을 담당하였다.

오답 피하기) ① 천주교는 청의 수도 베이징을 왕래하던 사신들에 의해 서학으로 소개되었다.
② 조선 전기에는 부국강병과 민생 안정을 위해 실용적 학문이 중시되면서 과학 기술이 발달하였다.
③ 통일 신라의 혜초는 인도와 중앙아시아를 순례하고 『왕오천축국전』을 저술하였다.
④ 연등회와 팔관회는 신라와 고려 시대에 개최된 국가적 행사로 불교 등과 관련이 있다.

07
동학의 특징 파악

정답 찾기) 사람이 곧 하늘이라고 한 점 등을 통해 자료에 나타난 종교가 동학임을 알 수 있다. ① 동학은 1860년 경주에서 최제우에 의해 창시되었다.

오답 피하기) ② 고려 시대에 부처의 힘으로 몽골의 침략을 물리치려는 염원을 담아 팔만대장경이 조판되었다.
③ 고려 시대 무신 정권은 불교 등을 후원하였다.
④ 조선 후기에 전래된 천주교(서학)는 유교의 제사 의식을 거부하여 조선 정부의 탄압을 받았다.
⑤ 삼국과 가야의 문화가 일본에 전해져 아스카 문화 발전에 기여하였다.

08
조선 후기의 문화 이해

(정답 찾기) 서민의 소박한 소망과 기원을 표현한 민화와 당시 사람들의 일상생활 모습을 그린 김홍도의 풍속화 등을 통해 자료의 그림들이 조선 후기에 그려진 것임을 알 수 있다. ① 조선 후기에 사회 모순의 해결책을 구상하는 과정에서 사회 개혁론인 실학이 발달하였다.

(오답 피하기) ② 훈민정음은 조선 세종이 창제하였다.
③ 고려 후기에 요세는 천태종을 중심으로 백련결사를 조직하여 참회와 수행을 강조하였다.
④ 통일 신라 원성왕 때 독서삼품과를 실시하여 관리 선발에 참고하였다.
⑤ 통일 신라 시대에 경주 불국사가 건립되었다.

서술형 문제

본문 78쪽

Step1 핵심 키워드 파악하기

01
독서삼품과 제도의 의미 파악

(예시 답안) 자료에 나타난 제도는 (독서삼품과)(으)로, 통일 신라 원성왕이 (골품제)(이)라는 엄격한 신분제 안에서 실력 있는 인물을 등용하려 했다는 점에서 의미가 있다.

02
삼강행실도의 편찬 목적 이해

(예시 답안) (가) 서적은 (삼강행실도)(으)로, 세종이 백성에게 (유교) 윤리를 보급하기 위해 편찬하였다.

Step2 스스로 답안 작성하기

03
의천의 활동 파악

(문제 접근) 자료는 교관겸수를 강조했던 대각 국사 의천의 주장이다. 의천은 교종의 입장에서 선종을 통합하였다.

(1) 의천
(2) (예시 답안) 의천은 해동 천태종을 창시하여 교종의 입장에서 선종을 통합하려 하였고, 이를 위한 수행 방법으로 교관겸수를 주장하였다.

평가 기준	
상	의천을 정확히 쓰고, 해동 천태종 창시, 교종 입장에서 선종 통합, 교관겸수 주장 등을 정확하게 서술한 경우
중	의천을 정확히 쓰고, 해동 천태종 창시, 교종 입장에서 선종 통합만을 서술한 경우
하	의천을 정확히 쓰고, 교관겸수 주장만을 서술한 경우

04
정약용의 토지 개혁론 이해

(문제 접근) 자료는 정약용이 제기한 여전론의 일부이다. 정약용은 토지 제도 개혁론으로 공동 소유 및 공동 경작 후 노동량에 따라 생산물을 분배하는 여전론을 주장하였다.

(1) 정약용
(2) (예시 답안) 조선 후기에 활동했던 실학자 정약용은 농민의 어려운 생활이 토지 소유의 불균형에서 비롯되었다고 보고, 자영농을 육성하기 위한 토지 제도 개혁론으로 여전론을 제기하였다.

평가 기준	
상	정약용을 정확히 쓰고, 토지 소유의 불균형, 자영농 육성 등 배경과 목적을 모두 정확하게 서술한 경우
중	정약용을 정확히 쓰고, 자영농 육성이라는 목적만을 정확하게 서술한 경우
하	정약용을 정확히 쓰고, 토지 소유 불균형에 대한 개혁이라고만 서술한 경우

1등급 도전 문제

본문 79쪽

01 ④   02 ③   03 ③   04 ④

01
통일 신라 시대에 있었던 사실 파악

(정답 찾기) 자료의 석굴암 본존불을 남긴 국가는 통일 신라이다. ④ 통일 신라 원성왕 때 관리 선발에 참고하기 위해 독서삼품과가 실시되었다.

(오답 피하기) ① 조선 시대 지방 사림에 의해 향약이 보급되었다.
② 조선 세종이 훈민정음을 창제하였다.
③ 고려 후기에 일연이 『삼국유사』를 편찬하였다.
⑤ 고려 시대에 부처의 힘으로 몽골의 침략을 물리치려는 염원을 담아 팔만대장경이 조판되었다.

02
불교와 유교의 특징 파악

(정답 찾기) 자료는 고려 성종 때 최승로가 올린 시무 28조의 일부이다. 최승로가 (가)는 몸을 닦는 근본이며 (나)는 나라를 다스리는 근원이라고 한 점을 통해 (가) 사상이 불교, (나) 사상이 유교임을 알 수 있다. ③ 고려 인종 때 김부식이 왕명을 받아 편찬한 『삼국사기』는 유교적 합리주의 사관에 입각하여 기전체로 편찬되었다.

(오답 피하기) ① 고려 시대 국자감에서는 유학 교육과 기술 교육이 이루어졌다.
② 고려 후기 안향에 의해 성리학이 본격적으로 소개되었다.
④ 고려 시대에는 신망이 높은 승려를 국사나 왕사로 삼는 제도가 시행되었다.
⑤ 고조선은 8조법으로 사회 질서를 유지하였다.

03
박제가의 활동 파악

(정답 찾기) 북학파 실학자였다는 점, 『북학의』를 저술하였다는 점 등을 통해 (가)에는 박제가와 관련된 내용이 들어가야 함을 알 수 있다. ③ 박제가는 상품 화폐 경제의 발전 등 변화하는 현실에 주목하고, 상공업 진흥 등을 강조하였다.

(오답 피하기) ① 고려 전기 대표적 유학자인 최충이 관직에서 물러난 후 9재 학당을 설립하여 인재를 양성하였다.
② 고려 후기에 활동했던 지눌은 수선사 결사를 조직하여 불교 개혁 운동을 전개하였다.
④ 조선 시대에 주세붕이 백운동 서원을 건립하였다.
⑤ 조선 후기 실학자였던 정약용은 토지 소유의 불균형 문제를 해결하기 위한 방안으로 여전론을 제시하였다.

04
천주교(서학)의 특징 파악

(정답 찾기) 죽은 사람 앞에 술과 음식을 차려 놓는 것을 금한다는 점 등을 통해 (가) 종교가 천주교(서학)임을 알 수 있다. ㄴ. 천주교는 모든 인간이 천주 앞에 평등하다는 인간 평등을 내세워 민간에 확산되었다. ㄹ. 천주교는 17세기경 청의 수도 베이징을 왕래하던 사신에 의해 서학으로 소개되었다.

(오답 피하기) ㄱ. 최제우는 1860년 경주 지방에서 동학을 창시하였다.
ㄷ. 동학은 서양 세력의 침략에 비판적 태도를 보였다.

본문 81~83쪽

대단원 종합 문제

01 ④	02 ④	03 ⑤	04 ②	05 ④
06 ④	07 ③	08 해설 참조		09 ⑤
10 해설 참조		11 ④	12 ⑤	13 ③
14 ③				

01
통일 신라의 특징 파악

(정답 찾기) 발해 무왕이 장문휴를 보내 등주를 공격하자 당의 황제가 발해의 남쪽 경계를 공격하도록 요구하였다는 점, 당의 황제가 조칙을 내려 패강 이남의 땅을 내려 주었다는 점 등을 통해 (가) 국가가 통일 신라임을 알 수 있다. ④ 통일 신라의 장보고가 지금의 완도에 청해진을 설치하여 황해와 남해의 해상 무역권을 장악하였다.

(오답 피하기) ① 몽골과 강화를 맺은 고려에 해당한다.
② 고구려의 을지문덕은 살수에서 수의 군대를 크게 격퇴하였다.
③ 조선은 국경 지역에 무역소를 설치하여 여진과 교류하였다.
⑤ 거란의 1차 침입 당시 고려의 서희는 적장과 외교 담판을 벌여 강동 6주 지역을 확보하였다.

02
고려와 여진의 관계 파악

(정답 찾기) 고려 시대 윤관이 별무반을 이끌고 몰아냈다는 점 등을 통해 (가)가 여진임을 알 수 있다. ④ 윤관의 정벌 이후 세력을 키운 여진은 금을 건국하고 고려에 군신 관계를 요구하였고, 고려는 이를 받아들였다.

(오답 피하기) ① 거란(요)이 발해를 멸망시켰다.
② 고려가 몽골과 강화한 후 개경 환도를 결정하자 이에 반발해 삼별초가 봉기하였다.
③ 조선은 일본에 3포를 개방하고 계해약조를 체결하였다.
⑤ 명이 고려에 철령위 설치를 통고하였다.

03
박지원의 활동 파악

(정답 찾기) 지금의 중국을 차지하고 있는 주인은 오랑캐들이라는 점, 진실로 법이 훌륭하고 제도가 아름답다면 오랑캐에게라도 나아가 배워야 한다는 점 등을 통해 자료가 북학론임을 알 수 있다. 자료는 박지원이 박제가가 지은 『북학의』의 서문으로 작성한 글이다. ⑤ 박지원과 박제가 등의 실학자들은 상공업 중심의 개혁론을 주장하였다.

오답 피하기 ① 고려 후기 일연이 『삼국유사』를 편찬하였다.
② 조선 시대에 주세붕이 백운동 서원을 건립하였다.
③ 고려의 강감찬이 귀주에서 거란군을 크게 격파하였다.
④ 녹읍은 삼국 시대 관료 귀족 등에게 지급되었다.

04
고려 전기의 사실 파악

정답 찾기 역분전을 차등 있게 주었다는 점 등을 통해 (가)는 고려 태조 때의 사실임을 알 수 있고, 문무 양반과 군인들의 전시과를 개정하였다는 점 등을 통해 (나)는 개정 전시과를 마련한 고려 목종 때의 사실임을 알 수 있다. ② 고려 광종 때 과거제가 도입되었다.

오답 피하기 ① 진대법은 고구려가 빈민 구휼을 위해 실시하였다.
③ 조선은 일본에 외교 사절인 통신사를 파견하였다.
④ 조선 영조 때 노비종모법이 시행되었다.
⑤ 고려 말부터 조선 전기에 걸쳐 왜구의 노략질로 피해가 극심하자, 왜구의 소굴로 알려진 쓰시마섬을 여러 차례 토벌하였다.

05
고려 시대의 경제 이해

정답 찾기 문익점이 목화씨를 들여왔다는 점, 활구(은병) 등의 화폐가 발행되었다는 점 등을 통해 (가)에는 고려 시대 경제생활에 대한 내용이 들어가야 함을 알 수 있다. ④ 고려 시대에는 중앙과 지방 관청에서 소속 기술자에게 물품을 생산하게 하는 관영 수공업과 특별 행정 구역인 소에서 물품을 생산하여 공물로 납부하게 하는 소 수공업이 발달하였다.

오답 피하기 ① 조선 후기에 선대제 수공업이 발달하였다.
② 조선 후기에는 국가가 공식 허용한 개시 무역과 상인들이 사적으로 전개하는 후시 무역이 이루어졌다.
③ 조선 후기 일부 사상은 독점적 도매상인인 도고로 성장하였다.
⑤ 조선 후기 일부 농민은 시장에 판매할 목적으로 인삼, 면화, 담배, 채소 등의 상품 작물을 재배하였다.

06
조선 시대 토지 제도의 이해

정답 찾기 직전법이 시행되었지만 수조권 남용 문제가 계속되었다는 점 등을 통해 (가)에는 관수 관급제에 대한 내용이 들어가야 함을 알 수 있다. ④ 조선 성종은 수조권 남용 문제를 해결하기 위해 지방 관청이 수확량을 조사하여 조세를 거둔 후 관리에게 지급하는 관수 관급제를 시행하였다.

오답 피하기 ① 통일 신라 신문왕은 귀족의 경제 기반을 약화시키기

위해 관료전을 지급하고 녹읍을 폐지하였다.
② 고려 말 이성계와 신진 사대부는 경기 지역에 한해 전현직 관리에게 토지 수조권을 지급하는 과전법을 제정하였다.
③ 조선 정조는 육의전을 제외한 시전 상인의 금난전권을 폐지하는 통공 정책을 실시하였다.
⑤ 조선 영조는 균역법을 실시하여 농민의 군포 부담을 경감하였다.

07
조선 후기의 모습 파악

정답 찾기 공물을 쌀과 베, 동전으로 거두게 되어 여러 가지 토산물을 부과하지 않아도 된다는 점, 백성들이 모두 편리하다고 여긴다는 점 등을 통해 밑줄 친 '이 법'이 조선 후기에 시행된 대동법임을 알 수 있다. ③ 대동법의 시행으로 국가의 필요 물품을 납품하는 공인이 성장하였다.

오답 피하기 ① 고려 전기 전시과 제도나 조선 전기 과전법 제도가 시행되던 시기에 볼 수 있는 모습이다.
② 통일 신라 성덕왕이 백성에게 정전을 지급하였다.
④ 조선 성종은 『경국대전』을 완성해 반포하였다.
⑤ 조선 세종은 쓰시마섬을 토벌한 이후 일본이 평화적 교역을 요청해 오자 부산포, 제포, 염포 등 3포를 개방하였다.

08
신라 골품제의 이해

문제 접근 신라에서는 사람을 등용하는 데 신분제인 이것을 따진다는 점, 큰 재주와 뛰어난 공이 있어도 신분을 넘을 수가 없다는 점 등을 통해 밑줄 친 '이것'이 골품제임을 알 수 있다.

예시 답안 신라는 엄격한 신분 제도인 골품제를 운영하였다. 골품제는 개인의 정치 활동 범위는 물론 일상생활까지 제한하였다.

평가 기준	
상	제도의 명칭을 정확히 쓰고, 특징 두 가지를 모두 명확하게 서술한 경우
중	제도의 명칭을 정확히 쓰고, 특징 한 가지만을 명확하게 서술한 경우
하	제도의 명칭만 정확히 쓴 경우

09
고려 시대 중간 계층의 특징 파악

정답 찾기 고려 시대에 중앙 관청 실무를 맡은 서리, 지방 행정 실무를 맡은 향리, 하급 장교 등으로 구성되었다는 점 등을 통해 밑줄 친 '이들'이 고려 시대 중간 계층임을 알 수 있다.

⑤ 지배층의 하위에 있는 중간 계층은 직역의 대가로 국가로부터 토지를 받았고 그 직역을 자손에게 세습하였다.

오답 피하기 ① 백정은 고려 시대에는 직역이 없는 양인 농민을 가리키고, 조선 시대에는 도축 등을 담당하는 천민을 가리킨다.

② 조선 시대 신분은 양인이지만 천역을 담당하던 계층을 말한다.

③ 고려 시대 향·부곡·소의 거주민 등에 해당한다.

④ 고려 시대에는 공신이나 5품 이상 고위 관리의 자제들이 음서로 관직에 진출하기도 하였다.

10
공명첩의 특징과 영향 파악

문제 접근 이름을 적는 곳이 비어 있는 것을 통해 제시된 문서가 조선 시대에 발행된 공명첩임을 알 수 있다.

예시 답안 제시된 문서는 조선 정부가 임진왜란 이후 재정 부족 문제를 해결하기 위해 곡식 등을 바친 사람에게 발급한 공명첩이다. 부유한 상민 등이 공명첩을 활용하여 신분 상승을 추구하면서 조선 후기에는 신분제가 크게 동요하였다.

평가 기준	
상	공명첩의 발행 목적과 공명첩의 영향을 정확하게 서술한 경우
중	공명첩의 발행 목적만 정확하게 서술한 경우
하	공명첩이라는 문서 이름만 쓴 경우

11
제왕운기 편찬 시기 파악

정답 찾기 이승휴가 쓴 역사서라는 점, 단군을 우리 민족의 시조로 내세웠다는 점 등을 통해 (가) 역사서가 『제왕운기』임을 알 수 있다. 이승휴의 『제왕운기』는 원 간섭기인 고려 충렬왕 때 편찬되었다. ④ 몽골의 침략에 맞서 최우가 강화도 천도를 단행하였고, 고려 말 위화도 회군으로 정권을 잡은 이성계는 신진 사대부와 함께 조선을 건국하였다.

12
풍수지리설의 이해

정답 찾기 통일 신라 말부터 유행하였다는 점, 주택의 입지뿐만 아니라 수도와 궁궐의 입지를 정하는 데에도 영향을 주었다는 점 등을 통해 밑줄 친 '이 사상'이 풍수지리설임을 알 수 있다. ⑤ 고려 전기 묘청을 비롯한 서경 세력은 풍수지리설을 내세워 서경 천도 운동을 전개하였다.

오답 피하기 ① 조선 시대 사림은 백성을 유교적으로 교화하기 위해

향약을 보급하였다.

② 고구려 소수림왕은 유교 교육 등을 위해 태학을 설립하였다.

③ 고려 전기 의천은 해동 천태종을 창시하고 교관겸수를 강조하였다.

④ 통일 신라 시대의 대표적 승려인 의상이 화엄종 사상을 정립하였다.

13
조선 시대 유교 문화 이해

정답 찾기 주세붕이 안향을 기리기 위해 백운동 서원을 세웠다는 점 등을 통해 제시된 자료가 조선 왕조의 유교 문화에 대한 것임을 알 수 있다. ③ 16세기에 활동했던 대표적 성리학자 이황의 사상은 일본 성리학 발전에 영향을 끼쳤다.

오답 피하기 ① 최충은 고려 전기를 대표하는 유학자이다.

② 지눌은 고려 후기에 불교 개혁 운동을 전개하였다.

④ 임신서기석은 신라 청년들의 맹세를 새긴 비석이다.

⑤ 고려는 부처의 힘으로 몽골의 침략을 물리치려는 염원을 담아 팔만대장경을 조판하였다.

14
천주교의 이해

정답 찾기 청을 왕래하던 사신에 의해 소개되었다는 점, 남인 계열의 일부 실학자가 신앙으로 수용하였다는 점 등을 통해 (가)에는 천주교에 대한 내용이 들어가야 함을 알 수 있다. ③ 천주교는 유교의 제사 의식을 거부하여 조선 정부의 탄압을 받았다.

오답 피하기 ① 1860년에 최제우가 경주에서 동학을 창시하였다.

② 통일 신라 시대에 원효의 활약으로 불교가 대중화되었다.

④ 고려 말 신진 사대부는 성리학을 사상적 기반으로 삼았다.

⑤ 국가에서 하늘에 제사를 지내는 초제는 도교와 관련이 있다.

본문 84~85쪽

수능 유형 문제

01 ② 02 ① 03 ⑤ 04 ③ 05 ③
06 ⑤ 07 ⑤ 08 ③

01
고려와 거란의 관계 이해

정답 찾기 지도의 (가) 지역은 압록강 동쪽에 위치한 강동 6주 지역에 해당한다. ② 거란의 1차 침입 당시 고려의 서희는 적장과 외교 담판을 벌여 강동 6주 지역을 확보하였다.

오답 피하기 ① 조선 세종 때 압록강과 두만강 유역의 여진을 몰아내고 4군 6진 지역을 개척하였다.
③ 고려 정부가 몽골과 강화하고 개경 환도를 결정하자 이에 반발하여 삼별초가 봉기해 대몽 항쟁을 이어 갔다.
④ 수의 침략에 맞서 고구려의 을지문덕이 살수에서 수의 군대를 크게 격파하였다(살수 대첩).
⑤ 고려 전기에 윤관은 별무반을 이끌고 여진을 정벌하였다.

02
연행사 파견 시기의 모습 파악

정답 찾기 연경(베이징)의 조양문에 도착하는 조선의 외교 사절을 그린 그림이라는 점, 수도가 심양(선양)이었을 때에도 조선이 정기적으로 외교 사절을 파견하였다는 점 등을 통해 자료의 외교 사절이 연행사임을 알 수 있다. 연행사는 병자호란 이후 조선이 청에 파견한 외교 사절이다. ① 조선 후기에는 모내기법이 널리 확대 보급되었다.

오답 피하기 ② 신라는 관료 귀족에게 녹읍을 지급하였다.
③ 통일 신라 시대에 장보고는 군사·무역 기지인 청해진을 설치하였다.
④ 조선 세종 때 일본에 대한 회유책으로 부산포, 제포, 염포가 개방되어 제한적인 교역이 허용되었다.
⑤ 석굴암 본존불은 통일 신라 시기를 대표하는 불상이다.

03
시정 전시과와 과전법의 이해

정답 찾기 (가)는 고려 시대의 토지 제도인 시정 전시과에 대한 것이고, (나)는 고려 말 신진 사대부가 개혁을 추진하면서 시행된 과전법에 대한 것이다. ⑤ 전시과와 과전법은 모두 관리에게 조세를 거둘 수 있는 수조권을 지급하였다.

오답 피하기 ① 시정 전시과는 인품과 관품 등을 기준으로 토지를 지급하였다.
② 노동력 징발이 가능한 토지로는 녹읍과 식읍 등이 있다.
③ 과전법 체제에서는 땔감을 얻을 수 있는 시지가 지급되지 않았다.
④ 과전법은 신진 사대부의 경제적 기반을 마련하기 위해 실시되었다.

04
조선 세종 재위 시기의 사실 파악

정답 찾기 여러 도의 감사에게 각 지역의 나이 든 농부를 방문하여 그 지역에 알맞은 농업 기술을 묻고 보고하게 하였다는 점, 그중 중요한 것을 엮어 『농사직설』이라고 하였다는 점 등을 통해 밑줄 친 '국왕'이 조선 세종임을 알 수 있다. ③ 세종 때 이종무가 왜구의 소굴인 쓰시마섬을 토벌하였다.

오답 피하기 ① 거란의 3차 침입 당시 고려의 강감찬이 귀주에서 거란군을 크게 격파하였다.
② 고려 전기에 최충이 유학 교육을 위해 9재 학당을 설립하였다.
④ 조선 후기에 안정복이 『동사강목』을 저술하였다.
⑤ 주세붕은 16세기에 최초의 서원인 백운동 서원을 건립하였다.

05
신라 골품제의 이해

정답 찾기 대아찬으로 승진했다는 점, 능력 있는 인재가 이 제도 때문에 승진이 안 된다는 점 등을 통해 밑줄 친 '이 제도'가 신라 골품제임을 알 수 있다. 을. 일부 6두품 세력은 골품제에 불만을 품고 반신라적 성향을 보였다. 병. 골품제는 개인의 정치 활동 범위는 물론 일상생활까지 규제하였다.

오답 피하기 갑. 골품제는 지배층에 적용되는 신분제였다.
정. 조선 영조 때 실시된 노비종모법 등이 이에 해당한다.

06
조선 시대 중인의 지위 파악

정답 찾기 혹은 의(醫)에 들어가고 혹은 역(譯)에 들어가 7, 8대 또는 10여 대를 대대로 세습하였다는 점, 우리와 서얼을 가로막는 것은 우리나라의 편벽된 일로 이제 몇백 년이 되었다는 점 등을 통해 밑줄 친 '우리'가 중인임을 알 수 있다. ⑤ 19세기 기술직 중인은 관직 진출의 제한을 없애 달라는 대규모 소청 운동을 전개하였으나 실패하였다.

오답 피하기 ① 조선 시대 서얼에 해당한다.
② 조선 시대 수군, 조례 등 신량역천에 해당한다.
③ 조선 후기에 일부 양반은 경제적으로 몰락하여 잔반으로 전락하기도 하였다.
④ 조선 정조 때 일부 서얼이 규장각 검서관으로 등용되었다.

07
고구려의 특징 파악

정답 찾기 강서 고분 사신도를 통해 (가) 국가가 고구려임을 알 수 있다. ⑤ 고구려는 소수림왕 때 유학 교육을 위해 태학을 설립하였다.

오답 피하기 ① 조선 후기에 상업이 발달하면서 상평통보가 전국적으로 유통되었다.
② 조선 영조 때 노비종모법이 시행되었다.
③ 통일 신라 원성왕 때 독서삼품과가 실시되었다.
④ 발해가 당의 등주를 선제공격하였다.

08

조선 후기 문화의 특징 파악

정답 찾기 재물은 우물과 같아서 버려두면 말라 버린다고 한점, 출전이 박제가의 『북학의』인 점 등을 통해 자료의 주장이 제기된 시기가 조선 후기임을 알 수 있다. ③ 조선 후기에는 서민의 경제력이 향상되면서 서민 문화가 발달하였다.

오답 피하기 ① 통일 신라 시대에 원효와 의상의 활동으로 불교가 대중화되었다.

② 신라 말 선종이 유행하면서 승탑이 건립되기 시작하였다.

④ 고려 시대에는 숭불 정책이 추진되면서 신망이 높은 승려를 국사와 왕사로 삼았다.

⑤ 삼국과 가야 문화가 고대 일본의 아스카 문화 발전에 영향을 끼쳤다.

Ⅲ 근대 국가 수립의 노력

01 국제 질서의 변동과 개항

개념 체크 문제

본문 89쪽

❶ × ❷ ○ ❸ × ❹ 양헌수 ❺ 프랑스군 ❻ 제너럴 셔먼호 사건 ❼ 병인박해 ❽ 어재연 ❾ 척화비 ❿ ㄷ ⓫ ㄱ ⓬ ㄴ

본문 91쪽

❶ ○ ❷ × ❸ × ❹ × ❺ 박규수 ❻ 강화도 조약 ❼ 조일 무역 규칙 ❽ 최혜국 대우 ❾ 운요호 ❿ 부산 ⓫ 조선책략 ⓬ 조미 수호 통상 조약

기본 문제

본문 92쪽

01 ⑤   02 ④   03 ①   04 ④

01

병인양요의 전개 과정 파악

정답 찾기 자료는 주중 프랑스 공사 벨로네가 병인박해를 구실로 강화도를 침범할 것을 경고한 편지로 밑줄 친 '전쟁'은 병인양요이다. ⑤ 병인양요 당시 한성근 부대가 문수산성에서, 양헌수 부대가 정족산성(삼랑성)에서 프랑스군에 맞서 싸웠다.

오답 피하기 ① 1871년 신미양요 당시 미군은 광성보 전투에서 승리하고 어재연 장군의 수자기를 가져갔다.

② 임진왜란 당시 곽재우는 의령 지역에서 의병을 일으켜 활약하였다.

③ 1636년에 일어난 병자호란 당시 인조는 남한산성으로 피란하여 청에 항전하였으나 이듬해 청에 굴복하였다.

④ 고려 후기 공민왕은 쌍성총관부를 공격하여 원에 빼앗겼던 영토를 되찾았다.

02

신미양요의 배경 이해

정답 찾기 자료에서 미국이 강화도를 침략했다는 점, 어재연 장군이 미군과 전투를 벌였다는 점 등을 통해 (가) 사건은 신미양요임을 알 수 있다. ④ 1866년 미국인 소유 상선 제너럴 셔먼호가 대동강을 거슬러 평양에 와서 통상을 요구하며 횡포를 부렸다. 이에 분노한 평양 관민은 제너럴 셔먼호를 불태웠다. 이 사건을 구실로 미국이 신미양요를 일으켰다.

오답 피하기 ① 병인박해는 1866년에 흥선 대원군이 천주교를 탄압한 사건으로 프랑스 신부와 천주교도들이 처형당하였다.

② 서인은 광해군의 중립적인 외교 정책 등을 이유로 1623년 인조반정을 일으켜 광해군을 몰아내고 인조를 즉위시켰다.

③ 병자호란 이후 청에 당한 수모를 씻고 명에 대한 의리를 지키기 위해 청을 정벌하자는 북벌 운동이 추진되었다.

⑤ 독일 상인 오페르트는 조선 정부가 통상 요구를 거절하자 1868년 흥선 대원군의 아버지인 남연군의 묘를 도굴하려다 실패하였다.

03

척화비 건립의 배경 이해

정답 찾기 자료에서 서양과의 화친은 나라를 팔아먹는 것이라고 하는 비문의 내용을 통해 척화비에 해당하는 내용임을 알 수 있다. ① 흥선 대원군은 1871년 신미양요 이후 통상 수교 거부 의지를 널리 알리기 위해 전국에 척화비를 건립하였다.

오답 피하기 ② 13세기에 몽골이 고려를 침략하자 당시의 실권자였던 최우의 주장에 따라 고려 정부가 강화도로 천도하였다.

③ 세도 정치 시기 삼정의 문란 등으로 인해 임술 농민 봉기가 일어났다.

④ 6세기 신라 진흥왕은 한강 유역을 장악하여 영토를 확장하였다.

⑤ 조미 수호 통상 조약은 『조선책략』의 유포와 청의 알선 등을 배경으로 1882년에 체결되었다.

04

강화도 조약의 내용 파악

정답 찾기 자료에서 운요호 사건을 계기로 조선이 일본과 체결한 최초의 근대적 조약이라는 내용을 통해 (가) 조약이 강화

도 조약임을 알 수 있다. ④ 강화도 조약은 운요호 사건을 계기로 1876년에 체결되었다. 이 조약을 통해 조선은 부산 외 2개 항구의 개항, 해안 측량권, 영사 재판권 등을 인정하였다.

오답 피하기 ① 조미 수호 통상 조약(1882), 조일 통상 장정(1883) 등에 최혜국 대우 내용이 포함되어 있다.
② 병인양요는 흥선 대원군이 프랑스 신부를 비롯해 천주교도를 처형한 병인박해를 구실로 1866년 프랑스가 강화도를 침략한 사건이다.
③ 조선 정조는 육의전 외의 시전 상인들이 가지고 있는 금난전권을 폐지하는 통공 정책을 시행하였다.
⑤ 조미 수호 통상 조약은 『조선책략』의 유포와 청의 알선 등을 배경으로 1882년에 체결되었다.

서술형 문제
본문 93쪽

Step1 핵심 키워드 파악하기

01
병인양요의 배경 파악

예시 답안 1866년 흥선 대원군이 (프랑스) 신부를 비롯해 천주교도를 처형한 (병인박해)이/가 발생하였다.

Step2 스스로 답안 작성하기

02
강화도 조약의 내용 이해

문제 접근 제시된 조약에는 조선이 부산 등 3개 항구를 개항하고 일본에 조선의 해안 측량권과 영사 재판권(치외 법권)을 인정하는 내용을 담고 있다.

(1) 강화도 조약
(2) 예시 답안 해안 측량권을 허용하였고, 영사 재판권(치외 법권)을 인정하였다.

평가 기준	
상	강화도 조약의 명칭을 정확히 쓰고, 불평등 조약이라고 평가받는 이유 두 가지를 명확하게 서술한 경우
중	세 가지 내용 중 두 가지만 서술한 경우
하	세 가지 내용 중 한 가지만 서술한 경우

본문 93쪽

1등급 도전 문제

01 ⑤   02 ④

01
조선의 통상 수교 거부 정책 파악

정답 찾기 (가)는 프랑스군이 강화도의 주요 시설을 파괴하고 외규장각의 의궤 등 각종 문화유산을 약탈했다는 내용을 통해 병인양요(1866) 때의 상황임을 알 수 있고, (나)는 미국이 제너럴 셔먼호 사건을 구실로 강화도를 공격하여 초지진과 덕진진을 점령하고 광성보를 공격하였다는 내용을 통해 신미양요(1871) 때의 상황임을 알 수 있다. ⑤ 독일 상인 오페르트가 이끄는 일행은 1868년 흥선 대원군의 아버지인 남연군의 묘를 도굴하려다 실패하였다.

오답 피하기 ① 1863년 조선 철종이 죽고 고종이 어린 나이로 즉위하였는데, 당시 고종의 아버지인 흥선 대원군이 실권을 장악하였다.
② 삼정이정청은 1862년에 일어난 임술 농민 봉기의 원인 중 하나인 삼정의 문란을 해결하기 위해 설치되었다.
③ 홍경래의 난은 1811년에 발생하였다.
④ 1876년 체결된 조일 수호 조규 부록은 강화도 조약의 부속 조약으로, 일본인 거류지 설정과 개항장에서의 일본 화폐 사용 등을 규정하였다.

02
조미 수호 통상 조약의 체결 배경 이해

정답 찾기 자료에서 조선과 미국의 거중 조정, 미국 화물에 대한 조선의 관세 부과, 미국에 대한 최혜국 대우 규정 등을 통해 조미 수호 통상 조약임을 알 수 있다. ④ 『조선책략』은 러시아를 방어하기 위해 조선이 중국, 일본, 미국과 우호적 관계를 맺을 것을 주장하는 내용으로, 조미 수호 통상 조약 체결에 영향을 끼쳤다.

오답 피하기 ① 흥선 대원군이 프랑스를 이용해 러시아를 견제하려 하였으나 실패하였고, 이를 구실로 병인박해(1866)를 일으켰다.
② 운요호 사건은 1875년에 발생하였다.
③ 고려 시대에 몽골의 침입을 받자 부처의 힘으로 이를 막겠다는 염원을 담아 팔만대장경판을 제작하였다.
⑤ 조선 후기 광해군은 명과 후금 사이에서 중립 외교를 펼쳤다.

02 근대 국가 수립을 위한 노력

개념 체크 문제
본문 95쪽

❶ ○ ❷ × ❸ ○ ❹ ○ ❺ 별기군 ❻ 미국 ❼ 흥선 대원군 ❽ 일본 ❾ ㄴ ❿ ㄹ ⓫ ㄷ ⓬ ㄱ

본문 97쪽

❶ × ❷ ○ ❸ × ❹ ○ ❺ 양무운동 ❻ 갑신정변 ❼ 한성 조약 ❽ 유길준 ❾ 일본 ❿ 텐진 조약 ⓫ 부들러

본문 99쪽

❶ ○ ❷ × ❸ ○ ❹ × ❺ 고부 ❻ 이용태 ❼ 전주 화약 ❽ 논산 ❾ 집강소 ❿ 경복궁 ⓫ 우금치

본문 101쪽

❶ ○ ❷ × ❸ ○ ❹ × ❺ 탁지아문 ❻ 홍범 14조 ❼ 건양 ❽ 아관 파천 ❾ ㄷ, ㄹ ❿ ㅁ, ㅂ ⓫ ㄱ, ㄴ

본문 103쪽

❶ ○ ❷ × ❸ ○ ❹ × ❺ 관민 공동회 ❻ 러시아 ❼ 공화정 ❽ 구본신참 ❾ 황국 협회 ❿ 대한국 국제 ⓫ 원수부 ⓬ 지계

기본 문제

본문 104~106쪽

01 ①	02 ①	03 ①	04 ②	05 ⑤
06 ①	07 ②	08 ②	09 ①	10 ④
11 ④	12 ①			

01

보빙사의 활동 이해

정답 찾기 자료에서 서양과 최초로 맺은 조약의 결과 미국 공사의 조선 부임에 대한 답례로 미국에 파견되었다는 점 등을 통해 밑줄 친 '이들'은 보빙사임을 알 수 있다. ① 보빙사는 1882년 조미 수호 통상 조약 체결 후 미국 공사의 조선부임에 대한 답례로 1883년에 파견된 사절단이다.

오답 피하기 ② 영남 만인소는 『조선책략』의 내용에 반발한 이만손 등의 주도로 1881년에 작성되었다.
③ 사림은 16세기를 전후로 중앙 정계에 본격적으로 진출하여 훈구와 대립하였으며, 여러 차례의 사화로 큰 피해를 입었다.
④ 1894년 제1차 봉기를 일으킨 동학 농민군은 전주성을 점령한 후 조선 정부와 전주 화약을 체결하였다.
⑤ 1907년 고종은 을사늑약의 부당함을 국제 사회에 알리기 위해 네덜란드 헤이그에서 열린 만국 평화 회의에 이상설 등을 특사로 파견하였다.

02

영남 만인소의 작성 배경 이해

정답 찾기 자료에서 미국을 끌어들이는 것을 염려하는 점, 러시아에 대해 남의 말을 들어 틈이 생기게 하는 것을 반대하는 점 등을 통해 영남 만인소의 내용임을 추론할 수 있다. ① 1880년에 『조선책략』이 국내에 소개되면서 미국과 수교하려는 움직임이 나타났다. 이에 영남 지방의 유생들은 이만손을 중심으로 만인소를 올려 서양 열강과의 수교 반대를 주장하였다.

오답 피하기 ② 아관 파천은 1896년 고종이 러시아 공사관으로 피신한 사건이다.
③ 최익현은 강화도 조약 체결을 전후하여 일본도 서양 세력과 같다는 왜양일체론을 주장하며 개항 반대 운동을 전개하였다.
④ 1885년 고종은 청의 지나친 내정 간섭에서 벗어나고자 러시아와 우호적인 관계를 강화하기 위한 비밀 협약을 추진하였다.
⑤ 갑신정변의 영향으로 청과 일본은 1885년 텐진 조약을 체결하였다.

03

임오군란의 전개 과정 이해

정답 찾기 자료에서 구식 군인에 대한 차별이 원인이 되었다는 점, 흥선 대원군이 일시적으로 재집권하였다는 점 등을 통해 (가)에는 임오군란과 관련된 내용이 들어가야 한다는 것을 알 수 있다. ① 민씨 세력의 요청으로 군대를 파견한 청은 임오군란을 진압하였다.

오답 피하기 ② 흥선 대원군은 신미양요 이후 전국 각지에 척화비를 세워 서양과의 통상 수교 거부 의지를 널리 밝혔다.
③ 교정도감은 고려 무신 정권기에 최충헌이 설치한 최고 권력 기구이다.
④ 고려 인종 때 묘청과 정지상 등은 풍수지리설을 내세워 서경 천도를 추진하고, 금과 군신 관계를 맺은 것에 반발하여 금 정벌을 주장하였다.
⑤ 고려 정부의 개경 환도 결정에 반발하여 봉기한 삼별초는 결국 고려와 몽골 연합군에 의해 진압되었다.

04

제물포 조약의 체결 배경 이해

정답 찾기 자료에서 조선국이 흉도를 체포하여 중죄에 처한다는 점, 일본 공사관에 군인을 두어 경비하고 그 비용을 조선이 부담한다는 점 등을 통해 제물포 조약의 내용임을 알 수 있다. ② 임오군란 이후 조선과 일본은 제물포 조약을 체결하였다(1882). 제물포 조약에는 일본에 대한 배상금 지불과 공사관 경비를 위한 일본군의 주둔 허용이 규정되었다.

오답 피하기 ① 1895년 삼국 간섭 이후 친러 세력이 대두하는 상황에서 일본이 명성 황후를 시해하는 을미사변이 일어났다.
③ 1875년에 일어난 운요호 사건을 계기로 이듬해 조일 수호 조규(강화도 조약)가 체결되었다.
④ 1894년 제1차 갑오개혁이 추진되어 공·사노비제 폐지, 과거제 폐

지, 조혼 금지, 과부의 재가 허용 등이 이루어졌다.
⑤ 영국은 1885년 러시아를 견제한다는 구실로 조선의 거문도를 불법 점령하였다가 청의 중재로 1887년에 철수하였다.

05
급진 개화파와 온건 개화파의 특징 이해

（정답 찾기） 자료에서 김옥균, 박영효, 홍영식 등을 통해 (가) 세력은 급진 개화파임을 알 수 있고, 김윤식, 김홍집, 어윤중 등을 통해 (나) 세력은 온건 개화파임을 알 수 있다. 임오군란을 전후한 시기 개화의 방법과 속도, 외교 정책 등을 둘러싸고 개화파가 급진 개화파와 온건 개화파로 분화되었다. 김옥균, 박영효, 홍영식, 서광범 등 급진 개화파는 문명개화론을 내세운 일본의 메이지 유신을 본받아 서양의 기술뿐만 아니라 사상·제도까지도 받아들이자는 입장을 취하였다. 이들은 임오군란 이후 청의 내정 간섭으로 개화 정책이 후퇴하는 상황에 반발하여 1884년 갑신정변을 일으켰다. 반면 김윤식, 김홍집, 어윤중 등 온건 개화파는 청과의 전통적 관계를 중시하였고, 양무운동을 모델로 동도서기론의 입장에서 점진적 개혁을 주장하였다. ⑤ 19세기 후반 천주교의 확산, 서양 열강의 통상 요구 등의 상황에서 보수적인 양반 유생들은 성리학적 사회 질서를 지켜야 한다는 위정척사 운동을 전개하였다.

06
갑신정변의 전개 과정 파악

（정답 찾기） 지도에서 우정총국에서 정변 발발, 고종을 경우궁으로 옮김, 개화당 정부 수립, 개혁 정강 발표, 청군 출동, 일본군 후퇴, 김옥균, 박영효, 서광범 등의 일본 망명 등을 통해 갑신정변과 관련된 자료임을 알 수 있다. ① 1884년 우정총국 개국 축하연을 이용하여 김옥균, 박영효 등 급진 개화파가 갑신정변을 일으켰다. 이들은 개화당 정부를 수립하고 개혁 정강을 발표하였으나 청군에 의해 진압당하였다.

（오답 피하기） ② 1897년 고종은 러시아 공사관에서 경운궁으로 돌아온 이후 환구단에서 황제 즉위식을 거행하고 대한 제국 수립을 선포하였다.
③ 임술 농민 봉기는 세도 정치의 폐단으로 정치 기강이 문란해지고 삼정의 문란 등 지배층의 수탈이 심화되는 상황에서 1862년에 일어났다.
④ 조선 효종은 송시열 등을 중용해 병자호란 때 청에 당한 치욕을 씻겠다는 북벌 운동을 추진하였다.
⑤ 조선 전기에 사림과 훈구 세력의 대립 과정에서 여러 차례 사화가 발생하였다.

07
한성 조약의 체결 배경 이해

（정답 찾기） 자료에서 일본이 조선 정부로부터 배상금과 공사관 신축비를 받아 냈다는 점, 이어서 일본이 청과 톈진 조약을 체결하여 군대를 철수하기로 했다는 점 등을 통해 밑줄 친 '이 조약'은 한성 조약(1884)임을 알 수 있다. ② 1884년 급진 개화파가 일으킨 갑신정변의 결과 조선은 일본과 한성 조약을 체결하였다. 이 조약은 조선이 일본에 배상금을 지불하고 일본 공사관의 신축 비용을 부담한다는 내용 등을 담고 있다.

（오답 피하기） ① 1890년대 초반 동학교도들이 최제우의 억울함을 풀어 줄 것을 요구하며 교조 신원 운동을 전개하였다.
③ 신식 군대인 별기군은 1880년대 초 통리기무아문 주도의 개화 정책에 따라 설치되었다.
④ 1894년 조선에 출병한 일본의 도발로 청일 전쟁이 일어났고, 이듬해 일본의 승리로 종결되었다.
⑤ 고종은 1895년에 국가의 부강은 국민의 교육에 있다는 내용의 교육 입국 조서를 반포하였다.

08
동학 농민 운동의 전개 과정 파악

（정답 찾기） 자료에서 전주 고부, 처형당한 전봉준, 일본군, 전봉준이 이끄는 농민군 등을 통해 (가) 운동은 동학 농민 운동임을 알 수 있다. ② 제1차 봉기 때 전주성을 점령한 동학 농민군은 정부와 전주 화약을 체결한 이후 철수하고 전라도 각지에 자치 기구로 집강소를 설치하였다.

（오답 피하기） ① 1871년 미국이 제너럴 셔먼호 사건을 빌미로 강화도를 침공하면서 신미양요가 일어났다.
③ 조선 영조는 탕평의 의지를 알리기 위해 성균관 입구에 탕평비를 건립하였다.
④ 일본은 1875년 운요호를 강화도에 파견하여 초지진과 영종도를 공격한 운요호 사건을 일으켰다.
⑤ 조선 정부는 1880년에 통리기무아문을 설치하여 개화 정책을 추진하였다.

09
제1차 갑오개혁의 내용 파악

（정답 찾기） 자료에서 국정 전반에 걸쳐 개혁을 수행하는 기구, 반상의 신분 차별 제도를 철폐, 귀천에 구별 없이 인재를 등용할 것을 의결, 과부의 재가는 귀천을 논하지 말고 자유에 맡길 것, 공·사노비 제도를 일체 혁파 등을 통해 밑줄 친 '이

기구'가 군국기무처임을 알 수 있다. 군국기무처는 1894년 제1차 갑오개혁을 주도하였다. ① 과거제는 제1차 갑오개혁 때 폐지되었다.

오답 피하기 ② 고려 초 거란의 1차 침입 당시 서희가 거란 장수와 외교 담판을 벌였다.
③ 660년 백제는 나당 연합군의 공격을 받아 멸망하였다.
④ 1592년에 일어난 임진왜란 당시 곽재우 등 유생들이 의병을 일으켜 저항하였다.
⑤ 고려 숙종은 윤관의 건의를 받아들여 여진 정벌을 위한 특수 부대인 별무반을 편성하였다.

10
을미사변 발생 시기 파악

정답 찾기 자료에서 조선 공사로 파견된 일본의 미우라 고로가 일본 수비대와 일본인 낭인, 해산당한 훈련대 무관 등을 경복궁에 침입시켜 명성 황후를 살해하였다는 것 등을 통해 을미사변과 관련된 내용임을 알 수 있다. 1895년 러시아가 주도한 삼국 간섭 이후 조선에서 친러 세력이 대두하였고, 이에 일본은 을미사변을 일으켰다. ④ 1895년 삼국 간섭으로 위기감을 느낀 일본은 을미사변을 일으켰고, 이를 계기로 구성된 조선의 친일 내각은 을미개혁을 추진하였다.

11
독립 협회의 활동 파악

정답 찾기 자료에서 만민 공동회 개최, 의회 설립 운동 전개, 고종이 군대를 동원하여 해산 등을 통해 (가) 단체는 독립 협회임을 알 수 있다. ④ 독립 협회는 만민 공동회를 개최하여 러시아의 절영도 조차 요구를 저지하는 등 이권 수호 운동을 전개하였다.

오답 피하기 ① 1899년 대한국 국제 반포를 통해 대한 제국은 자주독립 국가임을 천명하고, 황제의 전제권을 규정하였다.
② 동학 농민 운동의 전개 과정에서 체결된 전주 화약에 따라 농민군이 집강소를 설치하여 개혁을 추진하였다.
③ 조미 수호 통상 조약 체결 이후 미국 공사가 부임하자 이에 대한 답례로 조선 정부는 1883년 보빙사를 미국에 파견하였다.
⑤ 1894년 조선의 김홍집 내각은 군국기무처를 설치하고 제1차 갑오개혁을 추진하였다.

12
대한 제국 정책 파악

정답 찾기 자료에서 대한 제국의 첫 번째 황제, 광무개혁 추진, 대한국 국제 반포, 원수부 설치 등을 통해 (가)에는 대한 제국의 고종 황제가 추진한 광무개혁의 내용이 들어가야 한다는 것을 알 수 있다. ① 대한 제국은 광무개혁을 추진하면서 양전 사업을 실시하고 근대적 토지 소유 증명 문서인 지계를 발급하였다.

오답 피하기 ② 조선 정조는 관리를 재교육하는 제도인 초계문신제를 실시하였다.
③ 조선 숙종 때 조선과 청은 대표를 파견해 백두산 일대를 답사하고 국경을 확정해 백두산정계비를 건립하였다.
④ 고려 말에 공민왕은 반원 정책을 추진하면서 원의 내정 간섭 기구인 정동행성이문소를 폐지하였다.
⑤ 통일 신라는 전국을 9주 5소경 체제로 정비하였다.

서술형 문제

본문 107쪽

Step1 핵심 키워드 파악하기

01
영남 만인소의 작성 배경 파악

예시 답안 1880년대에 정부가 개화 정책을 추진하였고, (조선책략)이/가 유포되고 있었다.

02
임오군란의 원인 파악

예시 답안 조선 정부가 (신식) 군대인 별기군에 비해 (구식) 군인들을 차별 대우하였다.

Step2 스스로 답안 작성하기

03
갑신정변 이해

문제 접근 자료에서 흥선 대원군을 가까운 시일 안에 돌아오게 하라고 한 점, 청에 대한 조공의 허례를 폐지한다는 점, 문벌 폐지 및 인민 평등의 권리를 제정한다는 점, 대신과 참찬이 정령을 의결하고 반포하며 정책을 결정한다는 점 등을 통해 갑신정변 때 발표된 개혁 정강임을 알 수 있다.

(1) 갑신정변
(2) 예시 답안 자주적 근대 국가 건설을 목표로 한 최초의 정치 개혁 운동이었다.

한국사 1

III
단원

평가 기준	
상	갑신정변을 정확히 쓰고, 갑신정변의 역사적 의의를 명확하게 서술한 경우
중	갑신정변의 역사적 의의만 명확하게 서술한 경우
하	갑신정변의 명칭만 정확히 쓴 경우

04
독립 협회의 활동 파악

문제 접근 자료에서 외국과의 이권 계약과 조약 등에 있어 중추원 의장이 합동 날인한다는 점, 칙임관 임명시 황제가 정부에 자문한다는 점 등을 통해 독립 협회가 주도한 관민 공동회에서 결의된 헌의 6조임을 알 수 있다.

(1) 관민 공동회

(2) 예시 답안 의회 운영을 바탕으로 입헌 군주제를 추구하였다.

평가 기준	
상	관민 공동회의 명칭을 정확히 쓰고, 독립 협회가 추구한 정치 형태를 명확하게 서술한 경우
중	독립 협회가 추구한 정치 형태만 명확하게 서술한 경우
하	관민 공동회의 명칭만 정확히 쓴 경우

본문 108~109쪽

1등급 도전 문제

01 ②   02 ⑤   03 ①   04 ⑤   05 ③

06 ③   07 ⑤   08 ②

01
위정척사 운동의 흐름 이해

정답 찾기 자료에서 서양 열강의 통상 요구에 반대, 최익현이 주장한 왜양일체론, 유생들이 항일 의병 운동을 전개 등을 통해 (가)에는 위정척사 운동과 관련된 내용이 들어가야 한다는 것을 알 수 있다. ②『조선책략』이 유포되자 이만손 등은 영남 만인소를 올려 이를 비판하면서 미국과의 수교와 개화 정책을 반대하였다.

오답 피하기 ① 고려 시대에 몽골의 침입을 받자 부처의 힘으로 이를 막겠다는 염원을 담아 팔만대장경판을 제작하였다.
③ 홍경래의 난은 평안도 지역에 대한 차별과 지배층의 수탈에 반발하여 세도 정치 시기인 1811년에 평안도 가산에서 일어났다.
④ 조선 중종 때 조광조의 건의로 일종의 천거제인 현량과가 도입되었다.
⑤ 고려 말 이성계와 신진 사대부는 전현직 관리에게 토지 수조권을 지급하는 과전법을 마련하였다.

02
조선책략의 영향 이해

정답 찾기 자료에서 중국과 친하고, 일본과 맺고, 미국과 이어짐으로써 자강을 도모, 황준헌이 조선이 당면한 외교 방책을 제시한 것, 1880년 김홍집이 일본에 수신사로 다녀오면서 가져온 것 등을 통해 밑줄 친 '영향'은『조선책략』의 유포가 끼친 내용임을 알 수 있다. ⑤ 조미 수호 통상 조약은『조선책략』의 국내 유포와 청의 알선 등을 배경으로 1882년에 체결되었다.

오답 피하기 ① 최제우는 조선 후기인 1860년 경주에서 동학을 창시하였다.
② 고려 무신 정권기에 노비 만적이 신분 해방을 주장하며 봉기를 모의하였다.
③ 흥선 대원군은 1871년 신미양요 이후 통상 수교 거부 의지를 널리 알리기 위해 전국에 척화비를 건립하였다.
④ 1876년에 체결된 강화도 조약에는 부산 외 2개 항구의 개항, 일본에 해안 측량권과 영사 재판권을 허용한다는 내용 등이 담겨 있다.

03
임오군란의 전개 과정 이해

정답 찾기 자료에서 선혜청, 민겸호 집, 일본 공사관, 구식 군인 진로, 명성 황후 피신로 등을 통해 (가) 사건이 임오군란임을 알 수 있다. 1882년 구식 군인들은 별기군과의 차별 대우와 개화 정책에 반발하여 일본 공사관과 궁궐을 습격하는 등 봉기를 일으켰다(임오군란). ① 임오군란은 청군의 개입으로 진압되었고, 이후 조선에 대한 청의 내정 간섭이 본격화되었다.

오답 피하기 ② 1884년 김옥균, 박영효 등 급진 개화파의 주도로 갑신정변이 일어났다.
③ 1862년 임술 농민 봉기가 일어나자 정부는 삼정의 문란을 개선하기 위해 삼정이정청을 설치하였다.
④ 1875년 일본이 일으킨 운요호 사건을 계기로 이듬해인 1876년 조선은 일본과 조일 수호 조규(강화도 조약)를 체결하였다.
⑤ 1866년 미국인 소유 상선 제너럴 셔먼호가 대동강을 거슬러 올라가 통상을 요구하며 횡포를 부리자 평양 관민이 제너럴 셔먼호를 불태웠다.

04
갑신정변의 전개 과정 파악

정답 찾기 자료에서 우정총국 개국 축하연, 개화당 정부의 개혁 정강 발표, 청군의 개입과 일본군의 철수, 한성 조약 등을 통해 (가)에는 갑신정변 관련 내용이 들어가야 한다는 것을 알 수 있다. ⑤ 김옥균, 박영효 등의 급진 개화파는 1884년 갑신정변을 일으켜 개화당 정부를 수립하고 인민 평등권의 제정을 주장하였다.

오답 피하기 ① 대한 제국 수립 후 고종은 1899년 황제의 권한을 강화하는 대한국 국제를 반포하였다.

② 조선 후기에 박제가는 『북학의』에서 청의 문물을 적극 수용, 상공업 진흥 등을 주장하였다.

③ 19세기 후반 흥선 대원군은 경복궁을 중건하여 왕실의 권위를 회복하고자 하였다.

④ 고려 말 요동 정벌이 추진될 당시 이성계는 위화도에서 회군을 단행하였다.

05
동학 농민 운동의 전개 과정 파악

정답 찾기 자료에서 농민군이 관아로 쳐들어갔을 때 조병갑이 이미 도망쳤다는 점, 전봉준이 조병갑의 악정에 조력한 자들을 소환했다는 점 등을 통해 (가)가 동학 농민 운동의 고부 봉기 때의 상황임을 알 수 있고, 농민군의 전주성 점령, 전봉준의 전주성 질서 유지 등을 통해 (나)가 동학 농민 운동 중 전주성 점령 때의 상황임을 알 수 있다. ③ 조선 후기인 1894년 무장에서 봉기한 동학 농민군은 황토현 전투와 황룡촌 전투에서 승리한 뒤 전주성을 점령하였다.

오답 피하기 ① 일본은 1875년 운요호를 강화도에 파견하여 초지진과 영종도를 공격한 운요호 사건을 일으켰다.

② 교육입국 조서는 제2차 갑오개혁 시기인 1895년에 반포되었다.

④ 독립 협회는 1898년 관민 공동회를 개최하고 헌의 6조 결의를 주도하였다.

⑤ 을미의병은 1895년의 을미사변과 단발령을 배경으로 일어났다.

06
제1차 갑오개혁의 내용 파악

정답 찾기 자료에서 1894년에 존속, 총재가 영의정 김홍집이라는 점, 과거제 폐지, 조혼 금지 등 약 210건의 의안을 심의하여 통과시켰다는 내용을 통해 (가) 기구가 제1차 갑오개혁 당시 설치된 군국기무처임을 알 수 있다. ③ 1894년에 제1차 갑오개혁이 실시될 당시 문벌과 공·사노비제가 폐지되어 신분제가 혁파되었다.

오답 피하기 ① 조선 정조는 국왕의 친위 부대인 장용영을 설치하였다.

② 1895년 을미사변 이후 성립된 김홍집 내각에서 태양력 도입과 단발령 시행 등의 을미개혁을 추진하였다.

④ 조선 정부는 개화 정책을 추진하면서 박문국을 세우고 1883년 한성순보를 발행하였다.

⑤ 전민변정도감은 고려 후기 권세가들이 부당하게 빼앗은 토지를 본래 소유주에게 돌려주고, 불법적으로 노비가 된 자를 양인으로 해방시키기 위해 설치되었다.

07
중추원 관제 반포 배경 이해

정답 찾기 자료에서 의관의 반수는 정부가 추천한다는 점, 나머지 반수는 인민 협회에서 투표로 선거한다는 점 등을 통해 헌의 6조를 고종이 승인하면서 반포된 중추원 관제임을 알 수 있다. ⑤ 독립 협회는 1898년 관민 공동회를 열고 헌의 6조 결의를 주도하였다. 헌의 6조는 관민이 협의하여 국정을 운영하자는 내용을 담고 있었고, 고종의 재가를 받게 되었다. 이후 중추원을 의회식으로 개편한 중추원 관제가 반포되었다.

오답 피하기 ① 1894년 동학 농민 운동의 전개 과정에서 체결된 전주 화약에 따라 농민군이 집강소를 설치하여 개혁을 추진하였다.

② 1894년 전주 화약 체결 이후 조선 정부는 교정청을 설치하여 개혁을 추진하였다.

③ 조사 시찰단은 1881년에 조선 정부가 일본의 근대 문물을 시찰하기 위해 파견하였다.

④ 임오군란이 진압된 이후 조선과 일본은 1882년에 제물포 조약을 체결하였다.

08
대한 제국의 개혁 정책 파악

정답 찾기 자료의 지계아문 직원 급 처무 규정은 1897년 수립된 대한 제국이 토지 소유자에게 소유권 증명서에 해당하는 지계를 발급하기 위해 설치한 지계아문과 관련된 내용을 담고 있다. ② 대한 제국 시기 황제의 군 통수권을 강화하기 위해 원수부가 설치되었다.

오답 피하기 ① 조선 영조는 탕평의 의지를 알리기 위해 성균관 입구에 탕평비를 건립하였다.

③ 영정법은 조선 인조 때 처음 마련되었으며, 풍흉에 관계없이 전세를 1결당 쌀 4~6두로 고정하여 징수하는 제도였다.

④ 1895년 을미사변 이후 성립된 김홍집 내각에서 태양력 도입과 단발령 시행 등의 을미개혁을 추진하였다. 을미개혁은 고종이 1896년 아관파천을 단행하면서 중단되었다.

⑤ 고려 광종은 본래 양인이었으나 불법으로 노비가 된 사람들을 조사하여 양인 신분을 회복시켜 주는 노비안검법을 실시하였다.

03 개항 이후 사회 · 경제의 변화와 문화 변동

❶ ○ ❷ × ❸ ○ ❹ × ❺ 최혜국 대우 ❻ 메가타
❼ 상회사 ❽ 황국 중앙 총상회 ❾ 조청 상민 수륙 무역
장정 ❿ 방곡령 ⓫ 조일 통상 장정

❶ ○ ❷ × ❸ × ❹ ○ ❺ 박은식 ❻ 대종교 ❼ 원
산 학사 ❽ 신채호 ❾ ㄷ ❿ ㄴ ⓫ ㄹ ⓬ ㄱ

기본 문제

01 ③ 02 ⑤ 03 ① 04 ② 05 ②
06 ② 07 ⑤ 08 ⑤

01
거류지 무역 시기의 경제 상황 파악

(정답 찾기) 자료에서 부산항에서 일본인이 통행할 수 있는 도로의 거리는 부두에서 동서남북 각 직경 10리 등의 내용을 통해 1876년 체결된 조일 수호 조규 부록의 내용임을 알 수 있다. 조일 수호 조규 부록에 따라 일본 상인의 활동 범위는 개항장 10리로 제한되어 있었고, 이에 따라 거류지 무역이 이루어졌다. 이후 1883년에 조일 통상 장정이 체결되면서 일본에 최혜국 대우의 혜택을 주자 이 조항을 내세워 일본 상인이 내지로 진출하기 시작하였다. ㄴ. 조일 수호 조규 부록에는 개항장에서의 일본 화폐 사용과 일본인 거류지 설정 등을 규정하고 있다. ㄷ. 거류지 무역 시기 일본 상인은 주로 영국산 면제품을 싸게 사서 조선에 들여와 비싼 가격에 판매하였다.

(오답 피하기) ㄱ. 화폐 정리 사업은 제1차 한일 협약(1904)으로 파견된 재정 고문 메가타의 주도로 시행되었다.
ㄹ. 1883년 체결된 조일 통상 장정을 통해 일본 상품에 대한 관세 부과와 함께 방곡령 선포의 근거가 마련되었다.

02
조청 상민 수륙 무역 장정이 끼친 영향 파악

(정답 찾기) 자료에서 경복궁, 청 상인 거류지, 일본 상인 거류지 등을 통해 서울에 청 상인과 일본 상인이 활동하고 있는 상황임을 알 수 있다. ⑤ 임오군란(1882)의 결과로 조선은 청과

조청 상민 수륙 무역 장정을 체결하였는데, 이 장정에 따라 청 상인은 허가를 받으면 개항장을 벗어나 내지 통상을 할 수 있게 되었다. 이러한 권리는 최혜국 대우를 받은 다른 나라 상인들도 내지 통상을 할 수 있게 되었다. 이후 서울 등 조선 내지에서 청과 일본의 상권 경쟁이 치열하게 전개되었다.

(오답 피하기) ① 9세기 전반 통일 신라의 장보고는 지금의 완도에 군사 · 무역 기지인 청해진을 설치하였다.
② 청일 전쟁은 1894년에 발발하였다가 1895년에 일본의 승리로 종결되었다.
③ 조선 정조는 육의전을 제외한 시전 상인의 금난전권을 폐지하는 통공 정책을 단행하였다.
④ 고려 시대에 예성강 하류의 벽란도가 국제 무역항으로 번성하였다.

03
황국 중앙 총상회의 활동 파악

(정답 찾기) 자료에서 1898년 설립, 한성부의 시전 상인들을 회원으로 설립, 독립 협회와 연대하여 철시 운동 전개 등을 통해 (가) 단체는 황국 중앙 총상회임을 알 수 있다. ① 대한 제국 시기에 서울의 시전 상인들은 황국 중앙 총상회를 결성하여 상권 수호 운동을 전개하였다.

(오답 피하기) ② 1907년 대구에서 시작된 국채 보상 운동은 서울에서 국채 보상 기성회 등이 조직되고 각종 단체, 대한매일신보 등의 언론 기관이 호응하여 전국으로 확산되었다.
③ 조선 후기에 대동법이 시행되면서 국가의 필요 물품을 관청에 납품하는 공인이 성장하였다.
④ 동학 농민 운동의 전개 과정에서 체결된 전주 화약에 따라 농민군이 집강소를 설치하여 폐정 개혁을 추진하였다.
⑤ 독립 협회가 자주독립 국가의 위상을 높이고자 독립문 건립을 위한 모금 운동을 전개하였다.

04
화폐 정리 사업의 전개 과정 파악

(정답 찾기) 자료에서 일본이 대한 제국에서 사용되던 상평통보와 백동화를 일본 제일 은행권으로 교환하는 사업을 추진했다는 점, 교환 과정에서 백동화 가치를 제대로 인정받지 못해 농민, 상인, 자본가가 피해를 입었다는 점 등을 통해 밑줄 친 '이 사업'이 화폐 정리 사업임을 알 수 있다. ② 제1차 한일 협약(1904)으로 대한 제국의 재정 고문이 된 메가타는 화폐 정리 사업을 추진하였다.

(오답 피하기) ① 고종이 러시아 공사관으로 거처를 옮긴 아관 파천은 1896년에 단행되었고, 약 1년 만에 고종은 경운궁으로 환궁하였다.

③ 1884년에 일어난 갑신정변은 청군의 개입과 일본군의 후퇴로 3일 만에 실패하였다.

④ 1883년에 체결된 조일 통상 장정에는 일본 상품에 대한 관세 부과, 방곡령 규정 등이 주요 내용으로 포함되었다.

⑤ 19세기 후반 흥선 대원군은 경복궁 중건 비용 마련을 위해 원납전을 징수하고 당백전을 발행하는 등의 조치를 취하였다.

05

대종교의 활동 이해

정답 찾기) 자료에서 1909년에 나철 등이 창시했다는 점, 국권 피탈 이후 만주로 활동 무대를 옮겼다는 점, 중광단을 결성하여 무장 독립 전쟁에 앞장섰다는 점 등을 통해 밑줄 친 '이 종교'는 대종교임을 알 수 있다. ② 대종교는 단군 숭배를 내세워 민족의식을 고취하였다.

오답 피하기) ① 손병희는 1905년 동학을 천도교로 개칭하였다.
③ 풍수지리설은 고려 시대 서경 길지설의 근거가 되었다.
④ 신진 사대부는 성리학을 사상적 기반으로 삼아 불교의 폐단을 비판하고 고려 말의 사회 모순을 개혁하고자 하였다.
⑤ 천주교는 유교의 제사 의식을 거부하여 조선 정부의 탄압을 받았다.

06

원산 학사의 설립 과정 이해

정답 찾기) 자료에서 덕원 부사가 장계를 올린 점, 개항지가 되었다는 점, 학교를 설립하여 연소하고 총명한 자를 교육하고자 한 점 등을 통해 원산 학사 설립과 관련된 내용임을 알 수 있다. ② 1883년 함경도 덕원에서는 개화파 관료와 주민들이 원산 학사를 세워 외국어와 근대 학문을 가르쳤다.

오답 피하기) ① 1883년 조선 정부는 외국어 교육 기관인 동문학을 설립하였다.
③ 제2차 갑오개혁 시기인 1895년에 교육입국 조서가 반포되었다. 그 결과 소학교, 한성 사범 학교, 외국어 학교 등이 설립되었다.
④ 배재 학당은 1885년에 선교사 아펜젤러가 세운 우리나라 최초의 근대식 사립 학교이다.
⑤ 고종은 1886년 양반 자제와 관리를 대상으로 근대 학문을 교육하고자 육영 공원을 설립하였다.

07

갑오개혁의 이해

정답 찾기) 자료에서 평등 사회로의 이행, 문벌 폐지, 인민 평등권 확립, 양반 중심의 신분 질서 개혁, 신분 대신 직업 기재, 민중 계몽 운동 등을 통해 (가)에는 갑오개혁 시기의 평등 사회 노력 관련 내용이 들어가야 한다는 것을 알 수 있다. ⑤

제1차 갑오개혁 때 군국기무처는 과거제를 폐지하고, 공·사 노비 제도를 폐지하는 등의 개혁을 추진하였다.

오답 피하기) ① 동학 농민군은 제1차 봉기 때 정부와 전주 화약을 맺고 폐정 개혁을 추진하기 위한 자치 기구로 전라도 각지에 집강소를 설치하였다.
② 1898년에 한성의 부인들은 「여권통문」을 발표하여 여성들의 교육받을 권리를 주장하였다.
③ 독립 협회는 1898년 관민 공동회를 열고 헌의 6조의 결의를 주도하였다.
④ 대한 제국은 1899년 황제권을 강화하기 위해 대한국 국제를 반포하였다.

08

대한매일신보의 특징 이해

정답 찾기) 자료에서 베델, 1904~1908년에 한국으로 건너와 양기탁 등과 함께 창간 등을 통해 (가)에 해당하는 신문은 대한매일신보임을 알 수 있다. ⑤ 대한매일신보는 영국인 베델이 발행인으로 참여하였기 때문에 일제의 탄압 속에서도 우리 민족의 의사를 대변할 수 있었다.

오답 피하기) ① 1896년 서재필 등이 정부의 지원을 받아 독립신문을 발행하였다. 또한 1919년 수립된 대한민국 임시 정부가 기관지로 독립신문을 발행하였다.
② 1898년 창간한 제국신문은 순 한글로 간행하여 법률 지식과 풍속 개량으로 하층민과 부녀자를 계몽하고자 하였다.
③ 황성신문은 국한문 혼용체로 1898년부터 발행되었으며, 외국의 독립과 망국의 역사 등을 다룸으로써 민족의식을 높이려고 하였다.
④ 조선 정부는 개화 정책을 추진하면서 박문국을 세우고 1883년 한성순보를 발간하였다.

서술형 문제

본문 116쪽

Step1 핵심 키워드 파악하기

01

조청 상민 수륙 무역 장정이 끼친 영향 파악

예시 답안) (청) 상인이 허가를 받으면 조선의 개항장 밖의 (내지)에서 통상하는 것이 가능해졌다.

02

아관 파천 이후 열강의 이권 침탈 과정 파악

예시 답안) (아관 파천) 이후 러시아를 비롯한 열강들은 (최혜국 대우) 규정을 내세우며 대한 제국의 이권을 침탈하였다.

03
화폐 정리 사업의 영향 파악

문제 접근 자료에서 구 백동화를 갑종, 을종, 병종으로 구분하여 정부에서 매수한다는 내용 등을 통해 화폐 정리 사업과 관련된 내용임을 알 수 있다. 제1차 한일 협약(1904)으로 파견된 재정 고문 메가타의 주도로 백동화 등을 일본 제일 은행권으로 교환하도록 한 화폐 정리 사업이 시행되었다.

(1) 화폐 정리 사업

(2) 예시 답안 백동화 등 대한 제국의 화폐를 일본 제일 은행권으로 교환하게 하였다. 한국인이 설립한 은행과 한국인 상공업자들이 큰 피해를 입었다.

평가 기준	
상	화폐 정리 사업의 명칭을 정확히 쓰고, 화폐 정리 사업의 내용과 영향을 모두 서술한 경우
중	화폐 정리 사업의 명칭, 내용, 영향 중 두 가지만 서술한 경우
하	화폐 정리 사업의 명칭, 내용, 영향 중 한 가지만 서술한 경우

04
교육입국 조서의 영향 파악

문제 접근 자료에서 백성을 가르쳐 국가를 굳건히 하고자 하는 의지, 교육이 국가를 보존하는 근본이라는 내용 등을 통해 제2차 갑오개혁 때 고종이 반포한 교육입국 조서의 내용임을 알 수 있다.

(1) 교육입국 조서

(2) 예시 답안 한성 사범 학교, 소학교, 외국어 학교 등 각종 관립 학교가 설립되었다.

평가 기준	
상	교육입국 조서를 정확히 쓰고, 교육입국 조서에 따라 한성 사범 학교, 소학교, 외국어 학교 등 각종 관립 학교가 설립되었다는 내용을 명확하게 서술한 경우
중	교육입국 조서에 따라 한성 사범 학교, 소학교, 외국어 학교 등 각종 관립 학교가 설립되었다는 내용만 서술한 경우
하	교육입국 조서의 명칭만 쓴 경우

1등급 도전 문제

01 ④   02 ①   03 ③   04 ④

01
조청 상민 수륙 무역 장정의 영향 파악

정답 찾기 자료에서 1882년 조선과 청 사이에 체결되었다는 점, 조선을 청의 속국으로 규정하였다는 점, 청 상인의 특권이 보장되었다는 점, 지방관의 서명을 받은 허가증을 갖추면 청 상인의 내륙 진출이 가능해졌다는 점 등을 통해 (가) 장정은 조청 상민 수륙 무역 장정임을 알 수 있다. ④ 1882년 임오군란을 진압한 청의 영향력이 큰 상황에서 체결된 조청 상민 수륙 무역 장정을 통해 청 상인은 허가를 받으면 개항장을 벗어나 내지 통상을 할 수 있게 되었다.

오답 피하기 ① 러일 전쟁은 1904년에 발발하여 1905년에 일본의 승리로 종결되었다.
② 최혜국 대우 규정이 처음 포함된 조약은 1882년에 체결된 조미 수호 통상 조약이다.
③ 1875년 일본이 일으킨 운요호 사건을 계기로 이듬해인 1876년 조선은 일본과 강화도 조약을 체결하였다.
⑤ 강화도 조약의 부속 조약에는 조일 수호 조규 부록, 조일 무역 규칙 등이 있다.

02
조일 통상 장정의 내용 이해

정답 찾기 자료에서 관세를 납부한다는 점, 쌀 수출을 금지하려고 할 때에는 1개월 전에 지방관이 일본 영사관에 통지해야 한다는 점, 최혜국 대우 규정이 포함된 점 등을 통해 1883년에 체결된 조일 통상 장정임을 알 수 있다. ① 일본은 1889년과 1890년에 함경도, 황해도에서 내려진 방곡령에 대해 조일 통상 장정의 조항을 어겼다고 항의하며 배상금 지불을 요구하였다. 이를 방곡령 사건이라고 하는데, 결국 방곡령은 일본의 요구로 인해 철회되었다.

오답 피하기 ② 조선 정부는 1876년 일본과 부산 외 2개 항구 개항 등의 내용을 담은 강화도 조약을 체결하였다. 이후 부산, 원산, 인천이 개항하였다.
③ 조미 수호 통상 조약 체결 이후 조선은 미국 공사 부임에 대한 답례로 1883년 미국에 보빙사를 파견하였다.
④ 1882년에 체결된 조청 상민 수륙 무역 장정에 따라 허가를 받은 청 상인에게 내지에서 통상할 수 있는 권한이 주어졌다.
⑤ 1894년에 발발한 청일 전쟁에서 승리한 일본이 시모노세키 조약으로 랴오둥반도 등을 차지하자 러시아의 주도로 삼국 간섭이 일어났다(1895). 결국 일본은 랴오둥반도를 청에 반환하였다.

03
신채호의 활동 파악

정답 찾기 자료에서 역사 서술의 주체를 민족으로 설정한 점, 출처가 「독사신론」인 점 등을 통해 신채호의 「독사신론」의 내용임을 알 수 있다. ③ 신채호는 역사가 애국심의 원천이라 하면서 『이순신전』, 『을지문덕전』 등의 전기를 저술하였다.

오답 피하기 ① 최제우는 조선 후기인 1860년 동학을 창시하였다.
② 고종은 1886년 양반 자제와 관리를 대상으로 근대 학문을 교육하고자 육영 공원을 설립하였다.
④ 한용운은 한국 불교를 일본에 예속시키려는 움직임에 맞서 『조선불교유신론』을 집필하여 불교의 개혁을 주장하였다.
⑤ 민족주의 역사학자인 박은식은 「유교 구신론」을 통해 유교가 가진 문제점을 지적하며 유교의 개혁을 주장하였다.

04
대한매일신보의 특징 이해

정답 찾기 자료에서 러일 전쟁 당시 대한 제국에 왔다는 것, 양기탁과 함께 창간했다는 것, 을사늑약의 무효를 주장하고 고종의 친서를 게재했다는 내용을 통해 밑줄 친 '이 신문'이 대한매일신보임을 알 수 있다. ④ 대한매일신보는 1907년에 전개된 국채 보상 운동을 후원하여 이 운동이 전국적으로 확산되는 데 기여하였다.

오답 피하기 ① 1883년부터 1884년까지 박문국에서 발간된 한성순보는 조선 정부의 개화 정책을 홍보하였다.
② 최초의 순 한글 신문은 1896년 서재필 등이 정부의 지원을 받아 발행한 독립신문이다.
③ 1862년에 일어난 임술 농민 봉기에 대한 대책으로 삼정이정청이 설치되었으나 큰 성과를 거두지는 못하였다.
⑤ 독립 협회는 자주독립의 의지를 알리기 위해 모금 활동 등을 통해 독립문을 건립하였다.

04 국권 침탈과 국권 수호 운동

개념 체크 문제
본문 119쪽

❶ ○ ❷ ○ ❸ × ❹ × ❺ 포츠머스 조약 ❻ 이토 히로부미 ❼ 을사늑약 ❽ 간도 ❾ 통감부 ❿ 고종 ⓫ 군대 ⓬ 제41호

본문 121쪽

❶ × ❷ ○ ❸ × ❹ × ❺ 신돌석 ❻ 고종 강제 퇴위 ❼ 스티븐스 ❽ 보안회 ❾ 13도 창의군 ❿ 안중근 ⓫ 신민회 ⓬ 국채 보상

기본 문제
본문 122~123쪽

01 ④　**02** ①　**03** ②　**04** ②　**05** ①
06 ②　**07** ④　**08** ⑤

01
한일 의정서 체결 시기의 상황 파악

정답 찾기 자료에서 우리 정부(일본)가 군사 전략상 필요한 지점을 점유할 수 있다는 내용을 포함하기 바란다는 내용을 통해 밑줄 친 '협정'이 1904년 체결된 한일 의정서임을 알 수 있다. ④ 일제는 1904년 러일 전쟁을 일으킨 직후 대한 제국과 한일 의정서를 강제로 체결하였다. 러일 전쟁은 1905년 일본의 승리로 종결되었다.

오답 피하기 ① 영국은 러시아 견제를 구실로 1885년부터 1887년까지 조선의 거문도를 불법 점령하였다.
② 프랑스는 병인박해를 구실로 1866년 강화도를 침략하였다(병인양요).
③ 독일 상인 오페르트는 조선 정부에 통상을 요구하면서, 흥선 대원군의 아버지인 남연군의 묘를 도굴하려다 실패하였다(1868).
⑤ 고종은 명성 황후가 시해된 후 신변에 불안을 느끼고 1896년 러시아 공사관으로 피신하였다(아관 파천).

02
일제의 국권 침탈 과정 파악

정답 찾기 자료에서 한국 정부가 일본국 정부의 중개를 거치지 않고서는 국제적 성질을 가진 어떤 조약을 맺지 않는다는 내용을 통해 (가) 조약이 을사늑약(1905)임을 알 수 있고, 한국 황제 폐하가 통치권을 일본 황제 폐하에게 양여한다는 내용을 통해 (나) 조약이 한국 병합 조약(1910)임을 알 수 있다. ① 일제는 1907년 헤이그 특사 사건을 구실로 고종을 강제 퇴위시켰다. 이에 따라 순종이 즉위하게 되었다.

오답 피하기 ② 1623년 일어난 인조반정으로 광해군이 폐위되고 북인이 정치적으로 몰락하였다.
③ 대한 제국은 1899년 황제권을 강화하기 위해 대한국 국제를 반포하였다.
④ 삼별초는 13세기에 고려 정부의 개경 환도 결정에 반발해 강화도에서 봉기하여 대몽 항쟁을 전개하였다.
⑤ 1866년 미국인 소유 상선 제너럴 셔먼호가 대동강을 거슬러 평양에 와서 통상을 요구하며 횡포를 부렸다. 이에 분노한 평양 관민은 제너럴 셔먼호를 불태웠다.

03

을사늑약이 끼친 영향 파악

(정답 찾기) 자료에서 이토 히로부미의 강요를 받은 외부대신 박제순이 찍은 도장, 박제순은 고종의 위임을 받지 않았다는 점, 고종은 비준을 끝까지 거부하였다는 점 등을 통해 (가)가 을사늑약임을 알 수 있다. ② 일제는 1905년 을사늑약 체결을 강요하여 대한 제국의 외교권을 빼앗고, 이듬해 통감부를 설치하였다.

(오답 피하기) ① 조선은 1876년 일본과 부산 외 2개 항구 개항 등의 내용을 담은 강화도 조약을 체결하였다.

③ 조선은 1880년에 제2차 수신사로 김홍집을 일본에 파견하였다.

④ 독립 협회는 1898년에 대한 제국 정부 대신들과 민중이 함께 참석한 관민 공동회를 열고 헌의 6조 결의를 주도하였다.

⑤ 1884년 갑신정변의 결과 조선은 일본과 한성 조약을 체결하였다. 이 조약은 조선이 일본에 배상금을 지불하고 일본 공사관의 신축 비용을 부담한다는 내용 등을 담고 있다.

04

헤이그 특사 파견이 끼친 영향 파악

(정답 찾기) 자료에서 고종이 헤이그에서 열린 만국 평화 회의에 특사를 파견하였다는 점, 이준·이상설·이위종, 헤이그 특사 파견은 일본 등의 방해로 성과를 거두지 못하였다는 점 등을 통해 (가)에는 헤이그 특사 파견을 구실로 일본이 대한 제국에 강요한 내용이 들어가야 함을 알 수 있다. ② 일제는 1907년 헤이그 특사 파견을 구실로 고종을 강제 퇴위시켰다.

(오답 피하기) ① 1895년 삼국 간섭 이후 친러 세력이 대두하는 상황에서 일본은 명성 황후를 시해하는 을미사변을 일으켰다.

③ 조일 통상 장정은 임오군란 이후 조선에서 청의 영향력이 커진 상황에서 1883년에 체결되었다.

④ 일제는 러일 전쟁 중 대한 제국과 한일 의정서를 체결하여 한반도에서 군사적 요충지의 사용권을 확보하였다.

⑤ 1904년 제1차 한일 협약에 따라 일제가 메가타와 스티븐스를 각각 재정 고문과 외교 고문으로 파견하였다.

05

국권 침탈기 항일 의병 운동의 내용 이해

(정답 찾기) 자료에서 고종이 머리를 깎고 신민에게 명하여 모두 머리를 깎도록 하였다는 점 등을 통해 (가)가 1895년 을미개혁 때의 상황임을 알 수 있고, 황제 자리까지 빼앗아 선위라 거짓으로 말했다는 점 등을 통해 (나) 격문이 1907년의 상황임을 알 수 있다. ① 통감부는 을사늑약에 따라 1906년에 설

치된 기관이다.

(오답 피하기) ② 홍경래의 난은 1811년 평안도 지역민에 대한 차별과 세도 정치에 대한 반발로 일어났다.

③ 통리기무아문은 조선이 개화 정책을 추진하기 위해 1880년에 설치한 기구이다.

④ 고려 시대 묘청 등은 서경 천도를 추진하였으며, 황제라 칭하고 연호를 세울 것(칭제건원)과 금 정벌을 주장하였다.

⑤ 1908년 서울 진공 작전 실패 이후에도 호남 지역에서 의병의 항쟁이 활발히 이어졌으나 1909년 일제의 이른바 남한 대토벌 작전으로 위축되었다.

06

을사의병의 배경 이해

(정답 찾기) 자료에서 억압으로 한 조각의 종이에 조인, 나라를 들어 적국에 넘겨준 이지용, 다른 나라 임금까지 침범한 이토 히로부미, 『면암집』 등을 통해 을사의병 때 발표된 격문임을 알 수 있다. ② 1905년 일본의 강요로 대한 제국의 외교권 박탈을 규정하고 통감부 설치의 근거가 된 을사늑약이 체결되었다.

(오답 피하기) ① 『조선책략』은 1880년에 수신사로 일본을 다녀온 김홍집이 국내에 들여왔다.

③ 1882년 임오군란이 일어나자 조선 정부는 청에 군대 파견을 요청하였고, 청군은 임오군란을 진압하였다.

④ 1907년 한일 신협약(정미 7조약)의 비밀 각서에 따라 대한 제국의 군대가 해산되었다.

⑤ 흥선 대원군은 1871년 신미양요 이후 통상 수교 거부 의지를 널리 알리기 위해 전국에 척화비를 건립하였다.

07

신민회의 활동 파악

(정답 찾기) 자료에서 평양에 대성 학교를 세웠다는 점, 오산 학교를 설립했다는 점, 태극 서관과 자기 회사를 운영했다는 점 등을 통해 밑줄 친 '이 단체'가 신민회임을 알 수 있다. ④ 신민회는 남만주 지역의 삼원보에 신흥 강습소를 세워 민족 교육과 군사 훈련을 실시하여 독립군을 양성하였다.

(오답 피하기) ① 독립 협회는 자주독립 국가의 위상을 높이기 위해 독립문을 건립하였다.

② 1880년대 국내에 유입된 『조선책략』의 내용에 반발하여 이만손 등을 중심으로 영남 지방의 유생들이 만인소를 올렸다.

③ 1895년 을미사변과 단발령을 배경으로 을미의병이 일어났다.

⑤ 1904년에 결성된 보안회는 일제의 황무지 개간권 요구를 저지하는 운동을 벌였다.

08
국채 보상 운동의 전개 과정 파악

(정답 찾기) 자료에서 나라의 빚을 갚기 위해 대구에서 시작되었다는 점, 남자들은 담배를 끊고 음주를 절제하였다는 점, 여자들은 생활비를 절약하고 비녀와 반지 등을 팔아 성금을 냈다는 점 등을 통해 (가)에 들어갈 내용은 국채 보상 운동임을 알 수 있다. ⑤ 국채 보상 운동은 일본의 강요로 도입한 차관을 갚아 일본의 경제적 예속에서 벗어나기 위해 일어난 운동으로 1907년 대구에서 시작되어 전국으로 확산되었다.

(오답 피하기) ① 1811년 평안도 지역에 대한 차별과 세도 정권의 수탈에 맞서 홍경래의 난이 일어났다.

② 1890년대 초반 동학교도는 최제우의 억울함을 풀어 줄 것과 포교의 자유를 허용할 것을 요구하며 교조 신원 운동을 전개하였다.

③ 임술 농민 봉기는 세도 정치의 폐단으로 정치 기강이 문란해지고 지배층의 수탈이 심화되는 상황에서 1862년에 일어났다.

④ 1894년 반봉건, 반외세 성격의 동학 농민 운동이 전개되었다.

서술형 문제
본문 124쪽

Step1 핵심 키워드 파악하기

01
을미의병의 배경 파악

(예시 답안) 일본이 명성 황후를 시해하는 (을미사변)을/를 일으켰다. 친일 내각이 을미개혁을 통해 (단발령)을/를 실시하였다.

02
헤이그 특사 파견의 배경 파악

(예시 답안) 고종은 일제의 강요로 체결된 (을사늑약)의 부당함을 국제 사회에 알리기 위해 이상설, 이준, 이위종을 네덜란드 헤이그에서 개최된 만국 평화 회의에 특사로 파견하였다.

Step2 스스로 답안 작성하기

03
정미의병의 활동 파악

(문제 접근) 자료에서 1908년에 참가 의병 수가 급격히 증가한 것을 통해 13도 창의군이 1908년에 서울 진공 작전을 전개했다는 것을 알 수 있다. 1909년 이후 참가 의병 수가 급격히 감소한 것을 통해 일본의 대대적인 탄압이 있었음을 알 수 있다.

(1) 13도 창의군이 서울 진공 작전을 전개하였다.

(2) (예시 답안) 일제의 이른바 남한 대토벌 작전으로 의병이 큰 피해를 입었다.

평가 기준	
상	13도 창의군이 서울 진공 작전을 전개하였다는 것과 일제의 이른바 남한 대토벌 작전으로 의병이 큰 피해를 입었다는 것을 모두 명확히 서술한 경우
하	13도 창의군이 서울 진공 작전을 전개하였다는 것과 일제의 이른바 남한 대토벌 작전이 있었다는 것 중 한 가지만 서술한 경우

04
신민회의 활동 파악

(문제 접근) 자료에서 처음에 애국 단체로 교육 및 실업을 발달시키는 것을 목적으로 하였다는 점, 서간도에 무관 학교를 설립하여 청년 자제를 교양하고 한국의 독립 전쟁을 일으키기 위해 다수의 이주민을 보냈다는 점, 국권 회복을 추구했다는 점, 105인 사건 판결문 등을 통해 신민회와 관련된 내용임을 알 수 있다.

(1) 신민회

(2) (예시 답안) 신민회는 서간도의 삼원보에 신흥 강습소를 설립하였다.

평가 기준	
상	신민회를 정확히 쓰고, 서간도의 삼원보에 신흥 강습소를 설립하였다는 내용을 명확하게 서술한 경우
중	서간도의 삼원보에 신흥 강습소를 설립하였다는 내용만 명확하게 서술한 경우
하	신민회의 명칭만 정확히 쓴 경우

본문 125쪽

1등급 도전 문제

01 ⑤ 02 ④ 03 ① 04 ③

01
을사늑약의 내용 파악

(정답 찾기) 자료에서 일제의 강요로 체결, 민영환이 자결로 저항, 최익현과 신돌석 등이 의병을 일으켰다는 점 등을 통해

(가)는 을사늑약임을 알 수 있다. ⑤ 대한 제국은 1905년 체결된 을사늑약에 따라 일본에 외교권을 빼앗겼다.

오답 피하기 ① 통신사는 개항 이전 조선 국왕이 일본에 보낸 공식 외교 사절단으로 쇼군의 즉위를 축하하는 등 정치적인 목적으로 파견되었다.
② 이만손 등을 중심으로 한 영남 유생들은 1880년 국내에 유포된 『조선책략』의 내용에 반발하여 이듬해 만인소를 올렸다.
③ 1876년에 체결된 강화도 조약에는 부산 외 2개 항구의 개항, 일본에 해안 측량권과 영사 재판권을 허용한다는 내용 등이 담겨 있다.
④ 1904년 제1차 한일 협약에 따라 일제가 메가타를 재정 고문으로 파견하였다.

02
일제의 국권 침탈 과정 파악

정답 찾기 자료에서 대한 제국 정부가 일본 정부의 행동이 용이하도록 충분히 편의를 제공한다는 내용을 통해 1904년 체결된 한일 의정서임을 알 수 있고, 한국 정부가 통감이 추천하는 일본인을 관리로 임명한다는 내용을 통해 1907년 체결된 한일 신협약(정미 7조약)임을 알 수 있다. ④ 1907년 고종은 을사늑약의 부당함을 국제 사회에 알리기 위해 네덜란드 헤이그에서 열리는 만국 평화 회의에 이상설 등을 특사로 파견하였다. 그러나 일본은 이를 구실로 고종을 강제 퇴위시키고 한일 신협약의 체결을 강요하였다.

오답 피하기 ① 독립 협회는 모금 활동을 통해 비용을 마련하여 독립문을 건립하였다.
② 병인양요(1866)는 흥선 대원군이 천주교 신부와 천주교도를 처형한 병인박해를 구실로 프랑스가 강화도를 침략한 사건이다.
③ 1894년 김홍집 내각은 군국기무처를 설치하고 제1차 갑오개혁을 추진하였다.
⑤ 안중근은 1909년 하얼빈역에서 을사늑약 체결을 주도한 이토 히로부미를 처단하였다.

03
간도 협약 체결의 배경 파악

정답 찾기 자료에서 청과 일본 정부가 토문강을 청과 한국의 국경으로 한다는 점, 정계비를 기점으로 하여 석을수를 두 나라의 경계로 한다는 점 등을 통해 간도 협약의 내용임을 알 수 있다. ① 을사늑약으로 대한 제국의 외교권을 강탈한 일제는 1909년 청과 간도 협약을 맺어 남만주 철도 부설권과 탄광 채굴권 등의 이권을 얻는 대신 간도를 청의 영토로 인정하였다.

오답 피하기 ② 제너럴 셔먼호 사건을 빌미로 조선을 공격해 온 미국

은 강화도를 침략하였다(신미양요, 1871).
③ 영국은 러시아 견제를 구실로 1885년부터 1887년까지 조선의 거문도를 불법 점령하였다.
④ 1876년 체결된 강화도 조약으로 부산, 원산, 인천이 개항되었다.
⑤ 조선 숙종 때 안용복은 일본에 건너가 울릉도와 독도를 조선의 영토임을 주장하고 확인을 받았다.

04
신민회의 활동 파악

정답 찾기 자료에서 안창호, 양기탁 등을 중심으로 비밀 결사 형태로 조직되었다는 점, 실력 양성과 공화 정체의 근대 국민 국가 건설을 지향했다는 점, 공화 정체의 독립국으로 함에 목적이 있다는 점 등을 통해 밑줄 친 '이 단체'는 신민회임을 알 수 있다. ③ 신민회는 태극 서관과 자기 회사를 운영하는 등 민족 산업 육성을 위해서도 노력하였다.

오답 피하기 ① 독립 협회는 1898년 관민 공동회를 열고 헌의 6조 결의를 주도하였다.
② 1894년 동학 농민군의 제1차 봉기 결과 전주 화약이 체결되었고, 농민군은 전라도 각 지역에 집강소를 설치하였다.
④ 1907년 대한 자강회는 고종 강제 퇴위 반대 운동을 벌이다 일제에 의해 강제로 해산되었다.
⑤ 1904년에 결성된 보안회는 일제의 황무지 개간권 요구를 저지하는 운동을 벌여 철회시켰다.

본문 127~129쪽

대단원 종합 문제

01 ③　　02 ②　　03 ②　　04 ③
05 해설 참조　　06 ②　　07 ①　　08 ②
09 ③　　10 ④　　11 ②　　12 해설 참조

01
병인양요의 영향 파악

정답 찾기 자료에서 병인박해를 구실로 프랑스군이 침략했다는 점, 양헌수 부대가 정족산성에서 프랑스군을 물리쳤다는 점 등에서 밑줄 친 '침략'은 병인양요임을 알 수 있다. ③ 1866년 병인양요를 일으킨 프랑스군은 강화도에서 철수하면서 외규장각 도서를 약탈해 갔다.

오답 피하기 ① 일제는 1907년 헤이그 특사 사건을 구실로 고종을 강제 퇴위시켰다.

② 고려는 몽골의 침입을 받자 수도를 강화도로 옮겨 저항하였다.
④ 1871년 미국이 제너럴 셔먼호 사건을 빌미로 강화도를 침공하면서 신미양요가 일어났다.
⑤ 조선 효종은 송시열 등을 중용해 병자호란 때 청에 당한 치욕을 씻겠다는 북벌 운동을 추진하였다.

02

강화도 조약의 배경 파악

정답 찾기 자료에서 해안 측량권을 인정하고 영사 재판권(치외 법권)을 허용한다는 내용을 통해 1876년에 체결된 강화도 조약임을 알 수 있다. ② 일본은 1875년에 운요호 사건을 일으키고, 이를 빌미로 조선의 개항을 강요하였다. 이후 1876년 강화도 조약이 체결되었다.

오답 피하기 ① 고종은 제2차 갑오개혁 당시 국정 개혁의 기본 강령이라 할 수 있는 홍범 14조를 반포하였다.
③ 1880년 국내에 유포된 『조선책략』의 내용에 반발하여 이만손 등을 중심으로 영남 지방 유생들이 만인소를 올렸다. 한편 『조선책략』이 유포되면서 미국과 수교하려는 움직임도 있었다.
④ 1894년에 발발한 청일 전쟁은 1895년 시모노세키 조약의 체결로 종결되었다.
⑤ 영국은 러시아 견제를 구실로 1885년부터 1887년까지 조선의 거문도를 불법으로 점령하였다.

03

임오군란의 결과 파악

정답 찾기 자료에서 구식 군인이 난을 일으켰다는 점, 별기군 창설로 구식 군인들이 실직했다는 점, 겨와 모래가 섞인 쌀을 받고 폭동을 일으켰다는 점, 일본인 교관을 살해하고 일본 공사관을 습격했다는 점 등을 통해 (가) 사건은 임오군란임을 알 수 있다. ② 1882년 구식 군인은 신식 군대인 별기군과의 차별 대우 등에 반발하여 임오군란을 일으켰으나 청군의 진압으로 실패하였다.

오답 피하기 ① 1862년 임술 농민 봉기가 일어나자 정부는 삼정의 문란을 개선하기 위해 삼정이정청을 설치하였다.
③ 1895년 삼국 간섭 이후 조선에서 친러 세력이 대두하였고, 이에 일본은 명성 황후를 시해하는 을미사변을 일으켰다.
④ 고려 말인 1388년에 요동 정벌에 나선 이성계가 위화도 회군을 단행하여 권력을 장악하였다.
⑤ 1907년 의병 지도자들은 이인영을 총대장, 허위를 군사장으로 추대하여 13도 창의군을 결성하였다.

04

갑신정변의 개혁안 이해

정답 찾기 자료에서 김옥균 등 급진 개화파가 정변을 일으켰다는 점, 개화당 정부를 수립했다는 점, 청군에 의해 진압당했다는 점 등을 통해 밑줄 친 '개혁 정강'은 갑신정변 당시 급진 개화파가 발표한 개혁안임을 알 수 있다. ③ 김옥균, 박영효 등의 급진 개화파는 1884년 갑신정변을 일으켜 개화당 정부를 수립하고 인민 평등권의 제정을 주장하였다.

오답 피하기 ① 1907년 일제의 강요로 체결된 한일 신협약의 비밀 각서에 따라 대한 제국의 군대가 강제 해산당하였다.
② 1899년에 반포된 대한국 국제에는 대한 제국 황제의 군 통수권이 규정되어 있다.
④ 1907년 일본의 강요로 체결된 한일 신협약에는 대한 제국 고등 관리의 임면에 일본 통감의 동의를 받는 내용이 담겨 있다.
⑤ 탁지아문은 제1차 갑오개혁 과정에서 6조를 8아문으로 개편하면서 만들어진 기구로 국가 재정을 총괄하였다.

05

조선책략의 내용 이해

문제 접근 조선에 대한 공격을 우려하는 점, 중국과 친하고 일본과 맺고 미국과 연합함으로써 자강을 도모하는 것을 권하는 내용을 통해 자료는 『조선책략』에 대한 내용임을 알 수 있다.

(1) 러시아

(2) 예시 답안 일부 개화파 관리들을 중심으로 미국과 수교하려는 움직임이 있었다. 위정척사 사상을 가진 이만손 등 영남 유생들이 만인소를 올렸다.

평가 기준	
상	러시아를 정확히 쓰고, 미국과의 수교 움직임과 영남 만인소 내용을 명확하게 서술한 경우
중	미국과의 수교 움직임과 영남 만인소 내용만 명확하게 서술한 경우
하	러시아만 정확히 쓴 경우

06

동학 농민 운동의 영향 파악

정답 찾기 자료에서 농민군이 황토현 전투에서 승리했다는 점, 반봉건과 반외세를 외쳤다는 점 등을 통해 (가) 운동은 동학 농민 운동임을 알 수 있다. ② 동학 농민 운동 당시 제기된 농민군의 요구 중 일부가 갑오개혁에 반영되었다.

오답 피하기 ① 고려 인종 때 묘청과 정지상 등은 풍수지리설을 내세워 서경 천도를 주장하였다.

③ 통감부는 을사늑약에 따라 1906년에 설치된 기관이다. 1910년 국권 피탈 이후에는 조선 총독부가 식민 통치를 담당하였다.

④ 1882년 구식 군인들은 신식 군대인 별기군과의 차별 대우 및 개화 정책 추진에 반발하여 임오군란을 일으켰다.

⑤ 1884년 우정총국 개국 축하연을 이용하여 김옥균, 홍영식 등 급진 개화파가 갑신정변을 일으켰다.

07
갑오개혁과 을미개혁의 전개 과정 파악

정답 찾기 자료에서 김홍집·박영효 연립 내각이 8아문을 7부로 개편하였다는 점, 전국의 8도를 23부로 재편하였다는 점, 재판권을 재판소로 단일화하였다는 점 등을 통해 (가)는 제2차 갑오개혁 때의 상황임을 알 수 있고, 김홍집, 유길준 등의 내각이 태양력을 비롯해 단발령을 시행하고, 종두법을 전국에 확대 실시했다는 내용 등을 통해 을미개혁 때의 상황임을 알 수 있다. ① 1895년 명성 황후 시해 사건(을미사변) 이후 성립된 김홍집 내각은 단발령 등의 개혁을 단행하였다(을미개혁).

오답 피하기 ② 김옥균, 박영효 등의 급진 개화파는 1884년 갑신정변을 일으켰다.

③ 신민회는 1911년 일제가 조작한 105인 사건으로 와해되었다.

④ 대한매일신보는 1904년부터 국권 피탈 때까지 발행되었다.

⑤ 통리기무아문은 조선이 개화 정책을 추진하기 위해 1880년에 설치한 기구이다.

08
위정척사 운동의 내용 이해

정답 찾기 자료에서 저들이 비록 왜인이라고 하나 실은 서양의 도적이라는 점, 강화를 하면 사학의 서적과 천주의 초상화가 들어올 것을 염려하는 점 등을 통해 강화도 조약 체결을 전후하여 왜양일체론을 주장한 최익현의 글임을 알 수 있다. ② 강화도 조약은 운요호 사건을 계기로 1876년에 체결되었다.

오답 피하기 ① 영선사는 1881년 조선이 서양 무기 제조술을 배울 유학생들을 청에 파견할 때 이들을 인솔한 사신이다.

③ 일제는 러일 전쟁 중 대한 제국과 한일 의정서를 체결하여 한반도에서 군사적 요충지의 사용권을 확보하였다.

④ 조선 숙종 때 조선과 청은 양국의 국경을 명확히 하고자 백두산정계비를 세웠다.

⑤ 갑신정변(1884) 직후 한반도를 둘러싼 열강의 대립이 심화되자, 부들러와 유길준 등을 중심으로 조선을 중립국으로 만들어야 한다는 주장인 중립화론이 제기되었다.

09
헤이그 특사 파견이 끼친 영향 파악

정답 찾기 자료에서 이상설, 이준, 이위종으로 구성된 대한 제국 대표 사절단, 만국 평화 회의에서는 연설할 수 없었다는 점, 일본이 대한 제국의 주권을 파괴했다고 주장한 점 등을 통해 1907년 헤이그에 특사로 파견된 인물들의 활동과 관련된 내용임을 알 수 있다. ③ 일제는 1907년 헤이그 특사 사건을 구실로 고종을 강제 퇴위시켰다.

오답 피하기 ① 1871년 신미양요 이후 흥선 대원군은 통상 수교 거부 의지를 담아 전국에 척화비를 건립하도록 하였다.

② 1896년 서재필과 정부 관료 등이 독립 협회를 창립하였다.

④ 교육입국 조서는 제2차 갑오개혁 시기인 1895년에 고종이 반포하였다.

⑤ 세도 정치 시기 삼정의 문란 등으로 인해 1862년 임술 농민 봉기가 일어났다.

10
신민회의 활동 이해

정답 찾기 자료에서 태극 서관의 광고, 비밀 결사로 운영, 자기 회사를 세웠다는 점, 민족 산업 육성에 힘썼다는 점 등을 통해 (가) 단체가 신민회임을 알 수 있다. ④ 신민회는 민족 교육 실시를 위해 오산 학교와 대성 학교를 설립하였다.

오답 피하기 ① 1894년 동학 농민군의 제1차 봉기 결과 전주 화약이 체결되었고, 농민군은 전라도 각 지역에 집강소를 설치하였다.

② 독립 협회는 1898년에 만민 공동회를 개최하여 이권 수호 운동 등을 전개하였다.

③ 1890년대 초반 동학교도는 최제우의 억울함을 풀어 줄 것과 포교의 자유를 허용할 것을 요구하며 교조 신원 운동을 전개하였다.

⑤ 일제가 황무지 개간권을 요구하자 1904년 결성된 보안회가 반대 운동을 전개하여 이를 철회시켰다.

11
독립신문의 특징 이해

정답 찾기 자료에서 한글로 써서 남녀 상하 귀천이 모두 보게 했다는 점, 조선 정부와 조선 인민을 위한다는 점, 한쪽에 영문으로 기록한다는 점 등을 통해 독립신문임을 알 수 있다. ② 1896년 서재필 등이 정부의 지원을 받아 순 한글과 영문으로 간행한 독립신문이 최초의 한글 신문이다. 이후 독립신문은 1899년 폐간되었다.

오답 피하기 ① 1883년부터 1884년까지 박문국에서 발간된 한성순보는 조선 정부의 개화 정책을 홍보하였다.

③ 신문지법은 일제가 항일 논조를 억압하고자 1907년에 공포하였다.

④ 을사늑약은 1905년 일제의 강요로 체결되었는데, 황성신문 등은 이를 비판하는 글을 실었다.

⑤ 대한매일신보는 영국인 베델을 발행인으로 내세워 일제의 탄압에도 불구하고 민족의식을 고취하는 기사를 많이 실을 수 있었다.

12
국채 보상 운동의 특징 이해

문제 접근) 자료에서 나랏빚 갚을 길을 연구한다는 점, 나랏빚 1,300만 원을 갚을 방침이 우리 동포들 마음속에 있다는 점, 1천만 명이 손가락을 속박한 것을 벗음으로 외국의 수모를 씻어 내고 자유 국권을 되찾겠다는 점 등을 통해 국채 보상 운동과 관련된 내용임을 알 수 있다.

(1) 국채 보상 운동

(2) 예시 답안) 일본의 차관 도입 강요 등으로 인해 국채가 증가하여 일본에 대한 경제적 예속이 심화되었다.

평가 기준	
상	국채 보상 운동을 정확히 쓰고, 일본의 차관 도입 강요 등으로 인해 국채가 증가하여 일본에 대한 경제적 예속이 심화되었다는 내용을 명확하게 서술한 경우
중	일본의 차관 도입 강요 등으로 인해 국채가 증가하여 일본에 대한 경제적 예속이 심화되었다는 내용만 명확하게 서술한 경우
하	국채 보상 운동의 명칭만 정확히 쓴 경우

수능 유형 문제
본문 130~131쪽

01 ⑤   02 ②   03 ⑤   04 ③   05 ①
06 ②   07 ①   08 ④

01
조선의 통상 수교 거부 정책과 개항 과정 파악

정답 찾기) 자료에서 독일 상인 오페르트가 충남 덕산에 있는 남연군의 묘를 도굴하려다 실패했다는 내용을 통해 (가)는 1868년의 상황임을 알 수 있고, 조선 정부가 운요호 사건의 영향으로 조일 수호 조규(강화도 조약)를 체결했다는 내용을 통해 1876년의 상황임을 알 수 있다. ⑤ 제너럴 셔먼호 사건을 빌미로 1871년 미국이 강화도를 침략하자 어재연이 이끄는 조선군이 광성보에서 항전하였다(신미양요).

오답 피하기) ① 강화도 조약 체결 후 개혁의 필요성을 느낀 고종은 1880년에 통리기무아문을 설치하였다.

② 세도 정치 시기 삼정의 문란 등으로 인해 1862년 임술 농민 봉기가 일어났다.

③ 정미의병 때 의병 연합 부대인 13도 창의군이 결성되어 1908년에 서울 진공 작전을 추진하였다.

④ 1866년 미국인 소유 상선 제너럴 셔먼호가 대동강을 거슬러 올라가 통상을 요구하며 횡포를 부리자 평양 관민이 제너럴 셔먼호를 불태웠다(제너럴 셔먼호 사건).

02
제1차 갑오개혁의 전개 과정 파악

정답 찾기) 자료에서 공·사노비제 혁파, 조혼 금지, 과부의 재가 허용, 연좌제 폐지, 국왕의 권한 약화 등 약 210건의 개혁안을 처리하였다는 내용을 통해 밑줄 친 '이 기구'가 군국기무처임을 알 수 있다. ② 제1차 갑오개혁 시기에 궁내부를 설치하여 왕실 사무와 정부 사무를 분리하고자 하였다.

오답 피하기) ① 고려 광종 때 쌍기의 건의로 과거제를 도입한 이후 조선 시대까지 과거제를 실시하여 인재를 선발하였다.

③ 제2차 갑오개혁 시기에 지방 8도를 23부로 개편하였다.

④ 고려 공민왕은 친원 세력을 제거하고 고려의 내정을 간섭하던 정동행성이문소를 철폐하는 등 반원 개혁 정치를 실시하였다.

⑤ 을미사변 이후 성립된 김홍집 내각에서 태양력 사용, '건양' 연호 사용, 단발령 시행 등을 주요 내용으로 하는 을미개혁을 추진하였다.

03
전봉준의 활동 파악

정답 찾기) 자료에서 농민군의 지도자, 고부 군수 조병갑의 학정에 저항하여 고부 농민 봉기를 일으켰다는 점, 농민군을 이끌고 우금치 전투에서 패배하였다는 점 등을 통해 (가) 인물은 전봉준임을 알 수 있다. ⑤ 1894년 동학 농민군은 제1차 봉기 당시 황토현 전투에서 승리하였다.

오답 피하기) ① 고려 숙종은 윤관의 건의에 따라 여진 정벌을 위한 군사 조직인 별무반을 편성하였다.

② 고려 최씨 무신 정권 시기에 최충헌이 교정도감을 설치하였다. 교정도감은 최고 권력 기구로 최씨 무신 정권 유지에 기여하였다.

③ 조선 후기 정조는 관리를 재교육하는 초계문신제를 마련하였다.

④ 1907년 대구에서 서상돈 등을 중심으로 국채 보상 운동을 시작하였다.

04
독립 협회의 활동 파악

정답 찾기) 자료에서 독립문의 건립, 러시아의 절영도 조차를 철회시켰다는 점, 황국 협회의 만민 공동회 습격 등을 통해 (가) 단체가 독립 협회임을 알 수 있다. ③ 독립 협회는 의회 설립을 추진하였고, 그 결과 중추원을 의회식으로 개편한 중추원 관제가 마련되는 데 기여하였다.

(오답 피하기) ① 1884년 김옥균, 박영효 등 급진 개화파가 갑신정변을 일으켰다.
② 신민회는 남만주 지역의 삼원보에 신흥 강습소를 세워 민족 교육과 군사 훈련을 실시하여 독립군을 양성하였다.
④ 홍경래의 난은 1811년 평안도 지역에 대한 차별과 세도 정치의 폐단에 반발하여 일어났다.
⑤ 1904년 결성된 보안회는 일본의 황무지 개간권 요구를 반대하는 운동을 전개하여 이를 철회시켰다.

05
대한 제국의 정책 파악

(정답 찾기) 자료에서 광무개혁 추진, 청일 전쟁 이후, 황제의 장수를 기원한다는 점 등을 통해 (가) 황제는 대한 제국의 고종임을 알 수 있다. ① 1897년에 수립된 대한 제국은 광무개혁을 추진하면서 황제권 강화를 위해 원수부를 설치하였다.

(오답 피하기) ② 조선 영조는 탕평의 의지를 알리기 위해 성균관 입구에 탕평비를 세웠다.
③ 조선 정조는 육의전을 제외한 시전 상인의 금난전권을 폐지하여 사상들의 상업 활동을 보장하는 통공 정책을 시행하였다.
④ 조선 정부는 1862년 임술 농민 봉기의 배경으로 지목된 삼정의 문란을 해결하기 위해 삼정이정청을 설치하였다.
⑤ 고려 후기 공민왕은 쌍성총관부를 공격하여 영토를 수복하였다.

06
영남 만인소의 내용 파악

(정답 찾기) 자료에서 미국에 대해 잘 모르던 나라라고 한 점, 남의 말만 듣고 틈이 생기게 했을 때 침략해 올 것을 염려하는 점, 미국, 일본과 같은 오랑캐라고 생각한 점, 누구는 후하게 대하고 누구는 박하게 대하는 것이 어렵다고 한 점 등을 통해 (가) 국가는 러시아임을 알 수 있다. ② 1895년 삼국 간섭 이후 친러 세력이 대두하는 상황에서 일본은 명성 황후를 시해하는 을미사변을 일으켰다. 이에 신변의 위협을 느낀 고종은 1896년 러시아 공사관으로 피신하였는데, 이를 아관 파천이라고 한다.

(오답 피하기) ① 1882년 구식 군인들이 일으킨 임오군란은 청의 진압으로 실패하였다.

③ 프랑스 신부를 비롯해 천주교도를 처형한 병인박해를 구실로 1866년 프랑스가 병인양요를 일으켰다.
④ 조선 효종은 병자호란 때 청에 당한 치욕을 씻겠다는 북벌 운동을 추진하였다.
⑤ 1882년 체결된 조미 수호 통상 조약은 최혜국 대우를 처음 인정한 불평등 조약이었다.

07
항일 의병 운동의 흐름 파악

(정답 찾기) 자료에서 명성 황후 시해와 단발령 실시로 인해 전국 각지에서 일어난 의병 등을 통해 (가)는 을미의병과 관련된 내용임을 알 수 있고, 고종 강제 퇴위와 대한 제국의 군대 해산을 계기로 해산 군인이 의병에 합류하면서 전투력이 크게 강화되었다는 내용을 통해 (나)는 정미의병과 관련된 내용임을 알 수 있다. ① 일제는 1905년 을사늑약 체결을 강요하여 대한 제국의 외교권을 빼앗고, 이듬해 통감부를 설치하였다.

(오답 피하기) ② 1876년 강화도 조약 체결을 전후하여 최익현이 왜양일체론을 주장하며 개항을 반대하였다.
③ 1884년 갑신정변의 결과 조선은 일본과 한성 조약을 체결하였다.
④ 1908년 서울 진공 작전 실패 이후에도 호남 지역 의병의 항쟁이 활발히 이어졌으나 1909년 일제의 이른바 남한 대토벌 작전으로 위축되었다.
⑤ 안중근은 1909년 하얼빈역에서 을사늑약 체결을 주도한 이토 히로부미를 처단하였다.

08
국채 보상 운동의 특징 이해

(정답 찾기) 자료에서 1907년부터 시작되었다는 점, 남성은 술과 담배를 끊고, 여성은 반지와 비녀를 내어놓았다는 점, 국가가 진 빚을 갚고자 했다는 점 등을 통해 (가) 운동은 국채 보상 운동임을 알 수 있다. ④ 대한매일신보는 국채 보상 운동을 지원하여 이를 전국적으로 확산시키는 데 기여하였다.

(오답 피하기) ① 1908년 13도 창의군이 서울 진공 작전을 전개하였다.
② 고종은 1886년 양반 자제와 관리를 대상으로 근대 학문을 교육하고자 육영 공원을 설립하였다.
③ 1894년 김홍집 내각은 군국기무처를 설치하고 제1차 갑오개혁을 추진하였다.
⑤ 대한 제국 수립 후 고종은 1899년 황제의 권한을 강화하는 대한국 국제를 반포하였다.

한국사 2

I 일제 식민 통치와 민족 운동

01 제국주의 질서와 일제의 식민 통치 정책

개념 체크 문제
본문 135쪽

❶ × ❷ ○ ❸ ○ ❹ ○ ❺ 협상국 ❻ 미국 ❼ 조선 총독부 ❽ 제1차 조선 교육령 ❾ 베르사유 ❿ 중추원 ⓫ 범죄 즉결례 ⓬ 보통학교

본문 137쪽

❶ × ❷ × ❸ ○ ❹ ○ ❺ 문관 ❻ 치안 유지법 ❼ 보통 경찰제 ❽ 제2차 조선 교육령 ❾ 하와이 ❿ 창씨개명

기본 문제
본문 138쪽

01 ③ 02 ③ 03 ② 04 ③

01
무단 통치기 일제의 통치 방식 이해

정답 찾기 자료는 1912년에 제정된 조선 태형령이다. ③ 조선 총독부는 1910년대에 무단 통치를 자행하여 한국인을 억압하였다. 이 시기 교사는 제복과 칼을 착용하였다.

오답 피하기 ① 부·면 협의회 설치는 1920년대 '문화 정치' 시기의 사실이다.
② 동양 척식 주식회사는 1908년에 설립되었다.
④ 조선 사상범 예방 구금령은 민족 말살 통치기인 1941년에 제정되었다.
⑤ 일제는 '문화 정치' 시기인 1922년에 제2차 조선 교육령을 공포해 보통학교의 수업 연한을 4년에서 6년으로 늘렸다.

02
'문화 정치'의 시행 배경 파악

정답 찾기 자료는 조선 총독 사이토 마코토가 밝힌 관제 개정의 취지와 내용이다. ③ 3·1 운동 이후 일제는 우리 민족의 문화와 관습을 존중하겠다고 선전하며 '문화 정치'를 표방하였다.

오답 피하기 ① 일제는 1905년 을사늑약 체결을 강요하여 대한 제국의 외교권을 빼앗고, 이듬해 통감부를 설치하였다.
② 일제의 '문화 정치'로 언론의 자유가 일부 허용되면서 조선일보가 창간되었다.
④ 중일 전쟁은 1937년에 발발하였다.
⑤ 아관 파천은 을미사변 이후 신변에 위기를 느낀 고종이 1896년에 러시아 공사관(아관)으로 피신한 사건이다.

03
'문화 정치'의 기만성 파악

정답 찾기 자료는 일제가 시행한 '문화 정치'의 기만성을 보여 준다. ② 일제는 '문화 정치'를 표방하며 헌병 경찰제를 폐지하고 보통 경찰제를 시행하였으나 경찰 인원과 경찰 기관의 수 및 예산은 오히려 늘어났고, 한국인에 대한 감시와 탄압도 더욱 강화하였다.

오답 피하기 ① 한국을 강점한 일본은 조선 총독의 형식적인 자문 기관으로 중추원을 두었다.
③ 헌병 경찰은 한국인의 일상을 통제하였으며, 범죄 즉결례와 경찰범 처벌 규칙 등을 통해 정식 재판을 거치지 않고 한국인에게 벌금이나 구류 등의 처벌을 내릴 수 있었다.
④ 일제는 침략 전쟁을 확대하면서 한국인의 민족의식을 억누르고 한국인을 전쟁에 원활하게 동원하기 위해 민족 말살 통치를 시행하였다.
⑤ 중일 전쟁 이후 일제는 전쟁 수행에 필요한 인적·물적 자원을 동원할 수 있다는 국가 총동원법을 공포하였다.

04
민족 말살 통치기의 사실 파악

정답 찾기 자료의 내용은 민족 말살 통치기에 볼 수 있는 모습이다. ③ 일제는 황국 신민을 양성한다면서 황국 신민 서사를 만들어 암송하게 하였다. 또 일왕이 있는 일본 도쿄의 궁성을 향해 머리 숙여 절을 하게 하는 궁성 요배를 강요하였다.

오답 피하기 ① 대공황으로 어려움을 겪던 일제는 대외 침략을 본격화하여 만주를 침략하고(만주 사변, 1931), 이듬해에 만주국을 세웠다.
② 육영 공원은 1886년 세워진 관립 학교로 관료 및 양반 자제 등을 대상으로 근대 학문을 교육하였다. 육영 공원은 1894년에 폐교되었다.
④ 대한매일신보는 대한 제국 시기인 1904년에 창간되어 의병 관련 기사 등 민족의식을 고취하는 기사를 많이 실었다.
⑤ 일제는 1925년 치안 유지법을 제정하여 사회주의 운동을 대대적으로 탄압하였다.

서술형 문제

Step1　핵심 키워드 파악하기

01
헌병 경찰의 권한 파악

예시 답안　자료에 나타난 법령은 무단 통치기 제정된 (범죄 즉결례)이다. 헌병 경찰은 이 법과 (경찰범 처벌 규칙)에 따라 정식 재판도 없이 한국인에게 벌금, 구류 처분을 내릴 수 있었다.

Step2　스스로 답안 작성하기

02
민족 말살 통치의 실상 파악

문제 접근　자료는 일제의 민족 말살 통치에 관한 것이다. 일제는 한국인의 민족의식을 억누르고 한국인을 전쟁에 원활하게 동원하기 위해 민족 말살 통치를 시행하였다.

(1) 민족 말살 통치
(2) **예시 답안**　일제는 황국 신민 서사를 한국인에게 강제로 외우게 했고, 신사 참배를 의무화했으며, 매일 아침 일왕이 있는 도쿄의 궁성을 향해 허리 숙여 절을 하는 궁성 요배를 하게 했다. 그리고 성과 이름을 일본식으로 바꾸는 창씨개명을 강요하였다.

평가 기준	
상	민족 말살 통치를 정확히 쓰고, 일제의 민족 말살 통치 내용 두 가지를 구체적으로 서술한 경우
중	민족 말살 통치를 정확히 쓰고, 일제의 민족 말살 통치 내용 한 가지를 구체적으로 서술한 경우
하	민족 말살 통치만 정확하게 쓴 경우

1등급 도전 문제

01 ⑤　　02 ①

01
무단 통치기 일제의 통치 방식 이해

정답 찾기　밑줄 친 '이 시기'는 조선 태형령이 제정되었던 무단 통치기에 해당한다. ⑤ 무단 통치기에 일제는 헌병 경찰제를 시행하여 헌병이 경찰 업무를 담당하도록 하였다. 또 관리와 교사들에게 제복을 입게 하고 칼을 차게 하는 등 강압적인

분위기를 조성하기도 하였다.

오답 피하기　① 일제는 1938년에 지역 사회의 공장, 회사 등에 애국반을 조직하고, 이를 통해 한국인의 생활을 감시하고 통제하려 하였다.
② 민족 말살 통치 시기에 일제는 매월 1일을 애국일로 지정하여 전국 각지에 세워진 신사에 참배하도록 강요하였다.
③ '문화 정치' 시기에 일제는 도 평의회와 부·면 협의회 등을 설치하고, 한국인이 이를 통해 지방 행정에 참여할 수 있게 하겠다고 선전하였다.
④ 일제는 '문화 정치' 시기인 1925년에 치안 유지법을 시행하여 항일 민족 운동을 탄압하였다.

02
중일 전쟁 이후 일제의 통치 정책 파악

정답 찾기　자료는 일제의 강제 징용과 관련된 것이다. 일제는 전쟁에 필요한 노동력을 확보하기 위해 국민 징용령(1939)을 시행해 대규모로 노동력을 동원하였다. 국민 징용령에 따라 1940년대 하시마의 탄광에 많은 한국인이 강제 징용되었다. ① 일제는 전쟁에 한국인을 원활하게 동원하기 위해 민족 말살 통치를 시행하여 황국 신민 서사를 한국인에게 강제로 외우게 하였다.

오답 피하기　② 일제는 1905년 을사늑약 체결을 강요하여 대한 제국의 외교권을 빼앗고, 이듬해 통감부를 설치하였다.
③ 고종은 러시아 공사관에서 경운궁으로 돌아온 이후 환구단에서 황제 즉위식을 거행하고 대한 제국 수립을 선포하였다(1897).
④ 국채 보상 운동은 일본의 강요로 도입한 차관을 갚아 일본의 경제적 예속에서 벗어나기 위해 1907년에 일어난 운동이다.
⑤ 1920년 일제는 '문화 정치'를 표방하여 한글 신문의 발행을 허용하였다. 그 결과 동아일보 등이 창간되었다.

02 경제 구조의 변화와 경제생활

개념 체크 문제

❶ ○　❷ ×　❸ ×　❹ ×　❺ 소작농　❻ 토지 조사령　❼ 관세　❽ 임시 토지 조사국　❾ 조선 광업령　❿ 수리 조합　⓫ 산미 증식

❶ ×　❷ ○　❸ ○　❹ ○　❺ 남부　❻ 공출　❼ 징병제　❽ 신한촌　❾ 병참 기지화　❿ 농촌 진흥 운동　⓫ 국가 총동원법　⓬ 관동

기본 문제

본문 144쪽

01 ① 02 ③ 03 ③ 04 ①

01
토지 조사 사업의 내용 이해

(정답 찾기) (가) 정책은 일제가 시행한 토지 조사 사업이다. 일제는 식민 통치에 필요한 경비를 조달하기 위해 1910년대에 토지 조사 사업을 전개하였다. 토지 조사 사업은 식민지 통치 자금 마련을 위해 시행하였으며, 토지 조사령에 따라 기한부 신고제로 운영되었다. 한편 토지 조사 사업으로 소유권만 인정되면서 지주의 권한이 강화된 반면, 농민이 경작을 이어 갈 수 있었던 관행이 부정되었다. ① 산미 증식 계획은 중일 전쟁 이후 재개되었다.

02
1910년대 일제의 경제 정책 파악

(정답 찾기) 자료는 삼림령과 어업령이다. 1910년대 일제는 삼림 자원을 장악하기 위해 삼림령을 공포하였고, 수산물을 통제하기 위해 어업령을 제정하였다. ③ 일제는 회사령을 시행하여 회사 설립 시 조선 총독의 허가를 받도록 하였다.

(오답 피하기) ① 3·1 운동 이후 일제가 '문화 정치'를 내세우면서 한국인의 신문 발행이 허용되었고 동아일보 등이 창간되었다.
② '문화 정치' 시기인 1924년에 경성 제국 대학이 설립되었다.
④ 일제는 대공황 이후 공업 원료를 확보하고자 한반도 남부 지역에서 면화를 재배하고, 북부 지역에서 양을 사육하도록 하는 남면북양 정책을 실시하였다.
⑤ 일제는 1908년 동양 척식 주식회사를 설립하여 조선에 대한 경제적 침략을 강화하였다.

03
'문화 정치'의 기만성 파악

(정답 찾기) 자료는 회사령 폐지 이후 한국인 회사와 일본인 회사의 자본금을 비교한 그래프이다. ③ 회사령 폐지 이후 일본인 회사의 자본금이 급증한 것을 알 수 있다. 이는 회사령이 폐지되고 일본 기업의 진출이 확대되면서 나타난 결과였다.

(오답 피하기) ① 1904년 조직된 보안회는 일제의 황무지 개간권 요구에 맞서 반대 운동을 전개하였다.
② 일제는 1905년 을사늑약 체결을 강요하여 대한 제국의 외교권을 빼앗고, 이듬해 통감부를 설치하였다. 통감부는 한국을 식민지로 삼기 위

해 금융과 재정을 장악하는 경제 정책을 추진하였다.
④ 1930년대에 쌀값이 폭락하고 농민의 생활이 어려워지자, 일제는 농민들의 불만을 무마하기 위해 농촌 진흥 운동을 벌였다.
⑤ 임시 토지 조사국에서는 토지 조사 사업을 전개하였다.

04
국가 총동원법 적용 시기의 사실 파악

(정답 찾기) 자료는 일제가 1938년에 제정한 국가 총동원법이다. 중일 전쟁을 일으킨 일제는 전쟁에 필요한 자원을 효율적으로 조달하고자 국가 총동원법을 제정하였다. 이 법에 따라 일제는 전쟁 수행에 필요하다고 여겨지는 물자와 인적 자원을 마음대로 동원할 수 있게 되었다. ① 군량미를 조달하고자 미곡 공출 제도를 시행하고 식량 배급제를 단행하였다.

(오답 피하기) ② 1904년 제1차 한일 협약으로 파견된 재정 고문 메가타의 주도로 백동화 등을 일본 제일 은행권으로 교환하도록 한 화폐 정리 사업이 시행되었다.
③ 대한 제국은 광무개혁을 추진하면서 양전 사업을 실시하고 근대적 토지 소유 증명 문서인 지계를 발급하였다.
④ 1899년 서대문과 청량리를 잇는 전차가 개통되었다.
⑤ 대한 제국 시기에 서울의 시전 상인들은 황국 중앙 총상회를 조직하여 상권 수호 운동을 전개하였다.

서술형 문제

본문 145쪽

Step1 핵심 키워드 파악하기

01
회사령의 제정 목적 이해

(예시 답안) 일제는 (한국)인의 기업 활동을 제한하고 (일본) 기업의 한국 진출을 선별적으로 지원하기 위해 1910년 (회사령)을/를 제정하였다.

Step2 스스로 답안 작성하기

02
일제의 병참 기지화 정책 파악

(문제 접근) 자료는 일제의 병참 기지화 정책과 관련된 것이다. 조선 총독부는 중일 전쟁 이후 조선을 침략 전쟁에 필요한 군수 물자를 생산하는 곳으로 만드는 병참 기지화 정책을 추진하였다.

(1) 병참 기지화 정책

(2) 예시 답안 군수 산업 육성에 집중하는 병참 기지화 정책에 따라 소비재 생산은 크게 위축되었다. 또 한반도 북부 지역에 군수 산업과 관련된 금속·기계·화학 공업의 생산 설비가 집중되면서 지역 간 산업 불균형이 심화되었다.

평가 기준

상	병참 기지화 정책을 정확히 쓰고, 병참 기지화 정책에 따른 산업 구조의 변화를 두 가지 모두 서술한 경우
중	병참 기지화 정책을 정확히 쓰고, 병참 기지화 정책에 따른 산업 구조의 변화를 한 가지만 서술한 경우
하	병참 기지화 정책만 정확하게 쓴 경우

본문 145쪽

1등급 도전 문제

01 ③   02 ③

01
토지 조사 사업의 결과 파악

정답 찾기 자료는 1912년 제정한 토지 조사령이다. 토지 조사령에 따라 시행된 토지 조사 사업은 일제 식민 통치의 경제적 기반을 마련하고 일본인의 토지 소유를 쉽게 하기 위한 목적으로 시행되었다. ㄱ. 일제가 지주의 소유권만을 인정하고, 농민들이 일정한 지대를 납부하고 안정적으로 땅을 경작하던 관행을 부정하여 소작인들이 큰 피해를 입었다. ㄹ. 토지 조사 사업으로 세금을 부과할 토지 면적이 늘어나면서 조선 총독부의 지세 수입은 증가하였다.

오답 피하기 ㄴ. 제1차 세계 대전 이후 일본에서 급속한 산업화로 도시 인구가 증가하여 쌀의 수요가 급증하였다. 이로 인해 쌀값이 크게 오르자 이에 불만을 품은 시민들이 항의하는 쌀 소동이 벌어졌다. ㄷ. 산미 증식 계획으로 쌀의 반출이 크게 늘어 한반도 내의 곡식이 부족해지자, 조선 총독부는 만주에서 잡곡을 들여와 부족한 식량을 보충하려 하였다.

02
남면북양 정책의 시행 배경 파악

정답 찾기 자료는 대공황에 따른 서구 열강의 보호 무역으로 어려움을 겪던 일본의 상황을 묘사한 것이다. ③ 일제는 방직 자본가에게 값싼 원료를 공급하기 위해 한반도 남부 지방에서 면화를 재배하고 북부 지방에서 양을 기르도록 하는 남면북양 정책을 실시하였다.

오답 피하기 ① 일제는 1908년 동양 척식 주식회사를 설립하여 조선에 대한 경제적 침략을 강화하였다.

② 일제는 한국의 국권을 강탈한 이후 조선 총독부의 자문 기관으로 중추원을 만들어 한국인의 정치 참여를 선전하였다.

④ 일제는 중일 전쟁을 일으킨 후 전쟁 물자를 확보하기 위해 미곡 및 금속을 강제 공출하였다.

⑤ 일제는 '문화 정치'를 시행하며 도 평의회와 부·면 협의회 등을 설치하고, 한국인이 이를 통해 지방 행정에 참여할 수 있게 하겠다고 선전하였다.

03 민족 운동의 전개와 분화

개념 체크 문제

본문 147쪽

❶ × ❷ ○ ❸ × ❹ ○ ❺ 대종교 ❻ 대조선 국민 군단 ❼ 고종 ❽ 복벽주의 ❾ 신흥 강습소 ❿ 제암리 ⓫ 5·4

본문 149쪽

❶ ○ ❷ ○ ❸ ○ ❹ × ❺ 한성 정부 ❻ 상하이 ❼ 구미 위원부 ❽ 박은식 ❾ 임시 의정원 ❿ 위임 통치 청원서 ⓫ 국민 대표 회의

본문 151쪽

❶ ○ ❷ ○ ❸ × ❹ × ❺ 대한 독립군 ❻ 김좌진 ❼ 한국 독립당 ❽ 김익상 ❾ 훈춘 사건 ❿ 간도 참변 ⓫ 자유시 참변

본문 153쪽

❶ × ❷ × ❸ × ❹ ○ ❺ 조만식 ❻ 동아일보 ❼ 민족주의 ❽ 조선 교육령 ❾ 이상재 ❿ 경성 제국 ⓫ 조선일보

본문 155쪽

❶ × ❷ × ❸ ○ ❹ ○ ❺ 타협적 민족주의 ❻ 제1차 ❼ 이상재 ❽ 정우회 선언 ❾ 광주 학생 항일 운동 ❿ 해소

본문 156~158쪽

기본 문제

01 ③   02 ③   03 ①   04 ⑤   05 ①
06 ①   07 ⑤   08 ②   09 ①   10 ④
11 ⑤   12 ④

01
1910년대 민족 운동의 특징 파악

정답 찾기) 자료는 1910년대 민족 운동과 관련이 있다. 이 시기 일제의 탄압으로 활동이 어려워진 국내의 독립운동 세력은 일제의 무단 통치에 맞서 국권 회복을 목표로 비밀 결사를 결성하였다. ㄴ. 1915년에 박상진을 총사령으로 하여 결성된 대한 광복회는 국권 회복 이후 공화 정부 수립을 목표로 활동하였다. ㄷ. 복벽주의를 추구한 의병장 출신 임병찬은 1912년에 고종의 밀지를 받아 독립 의군부 결성을 주도하였다.

오답 피하기) ㄱ. 대종교는 북간도에서 중광단을 결성하여 무장 투쟁을 준비하였다.
ㄹ. 안창호 등의 주도로 미주 지역에서 결성된 대한인 국민회는 자금을 모아 만주와 연해주 등의 독립운동을 지원하였다.

02
1910년대 국외 독립운동 기지 건설 이해

정답 찾기) 지도에 표시된 지역은 삼원보이다. ③ 신민회 회원이었던 이회영, 이상룡 등은 삼원보에 정착하여 자치 기관인 경학사를 조직하는 한편 신흥 강습소를 설립하여 독립군을 양성하였다.

오답 피하기) ① 신한청년당은 상하이에서 조직된 단체로 무장 투쟁과 외교 활동 등 다양한 독립운동을 펼쳤다.
② 대한 광복군 정부는 연해주에서 수립된 단체이다.
④ 명동 학교는 룽징(용정)에 세워진 교육 기관으로 민족 교육을 실시하였다.
⑤ 대조선 국민 군단은 하와이에서 결성된 조직으로 군사 훈련을 실시하였다.

03
3·1 운동의 배경 파악

정답 찾기) (가)는 제암리 학살 사건이 있었던 3·1 운동이다. 일제는 3·1 운동을 폭력적으로 진압하였고 화성 제암리 등에서 무자비한 학살을 저지르기도 하였다. ① 3·1 운동은 도쿄의 유학생들이 발표한 2·8 독립 선언의 영향을 받았다.

오답 피하기) ② 제2차 세계 대전은 1939년에 발발하였다.
③ 정미의병 시기에 의병 연합 부대인 13도 창의군이 조직되어 1908년 서울 진공 작전을 전개하였다.
④ 임병찬 등이 조직한 독립 의군부는 고종의 황제 복위를 목표로 하였다.
⑤ 1925년 설립된 조선 학생 과학 연구회는 1926년 6·10 만세 운동을 이끌기도 하였다.

04
대한민국 임시 정부의 활동 파악

정답 찾기) 자료는 대한민국 임시 정부에서 제정한 대한민국 임시 헌법이다. 대한민국 임시 정부는 국내외를 연결하고 독립운동 자금을 모으기 위해 비밀 행정 조직인 연통제를 운영하였으며, 독립운동 자금을 마련하기 위해 독립 공채를 발행하였다. 또 기관지로 독립신문을 발간해 독립운동 소식을 전하였으며, 임시 사료 편찬회를 두어 일제 침략의 부당함과 한국 독립의 정당성을 알리고자 『한일 관계 사료집』을 발간하였다. ⑤ 일제는 '문화 정치' 시기에 한국인이 지방 행정에 참여할 길을 연다며 지방 자문 기구인 도 평의회를 설치하였다.

05
이승만의 위임 통치 청원서 제출 시기 파악

정답 찾기) 자료는 1919년 이승만이 미국 대통령에게 보낸 국제 연맹의 위임 통치 청원서이다. 신채호, 박용만 등 무장 투쟁 세력은 이를 문제 삼았고, 여러 민족 운동가는 독립운동의 새로운 방향을 모색하려고 1923년 1월 국민 대표 회의를 개최하였다. ① 제1차 세계 대전은 1914년에 발발하였다.

06
간도 참변과 참의부 성립 시기 사이의 사실 파악

정답 찾기) (가)는 간도 참변, (나)는 참의부 성립에 관한 내용이다. 간도 참변은 1920~1921년 동안 진행되었으며, 참의부는 1924년에 조직되었다. ① 청산리 대첩을 전후하여 간도 참변이 자행되었고, 만주의 독립군 부대들은 일본군의 공세에 밀려 북만주의 밀산으로 이동하였다. 이후 이들 대부분 자유시로 이동하였는데, 그곳에서 여러 독립군이 세력을 통합하는 과정에서 일어난 지휘권 분쟁과 러시아 적군의 독립군 무장 해제 강요 과정에서 많은 독립군이 희생되었다(자유시 참변, 1921). 자유시 참변 이후 만주로 돌아온 독립군은 전열을 재정비하여 참의부를 비롯한 3부를 결성하였다.

오답 피하기) ② 1920년대 후반 전개된 3부 통합 운동의 결과 남만주에 국민부가 결성되었다. 국민부는 조선 혁명당과 조선 혁명군을 결성하여 항일 무장 투쟁을 계속하였다.
③ 일제는 만주 지역에서 활동하는 독립군을 탄압하려고 1925년 만주 군벌과 미쓰야 협정을 맺었다.
④ 1920년대 후반 3부 통합 운동의 결과 북만주 일대에 혁신 의회가 설립되었다.
⑤ 홍범도의 대한 독립군 등 독립군 연합 부대는 1920년 일본군을 봉오동으로 유인하여 큰 승리를 거두었다.

07

의열단의 활동 이해

 자료는 신채호가 작성한 「조선 혁명 선언」이다. ⑤ 1919년 김원봉 등이 만주에서 결성한 의열단은 신채호의 「조선 혁명 선언」을 활동 지침으로 삼아 폭력 투쟁을 통한 민중의 직접 혁명을 추구하였다.

 ① 이봉창은 김구의 주도로 결성된 한인 애국단의 단원으로 1932년 일본 도쿄에서 일왕에게 폭탄을 투척하였다.
② 안중근은 1909년 만주 하얼빈역에서 이토 히로부미를 사살하였다.
③ 신민회는 실력 양성 운동의 일환으로 평양에 대성 학교를 설립하였다.
④ 나철과 오기호는 자신회를 조직하여 을사오적을 처단하기 위한 활동을 하였다.

08

민립 대학 설립 운동의 내용 이해

 자료는 조선 민립 대학 기성회 발기 취지서이다. ② 일제가 '문화 정치'를 표방하였지만 학교 수는 여전히 부족하고 고등 교육의 기회도 주어지지 않았다. 이에 이상재 등을 중심으로 한국인 본위 교육을 위한 민립 대학 설립 운동을 전개하였다.

 ① 일제는 1905년 을사늑약 체결을 강요하여 대한 제국의 외교권을 빼앗고, 이듬해 통감부를 설치하였다.
③ 1907년 대구에서 시작된 국채 보상 운동은 대한매일신보 등 언론의 지원으로 전국으로 확산되었다.
④ 고종은 제2차 갑오개혁 시기에 교육입국 조서를 반포하여 근대 교육의 중요성을 강조하였다.
⑤ 일제는 교육을 통해 식민 통치에 순응하는 한국인을 육성하고자 1911년 제1차 조선 교육령을 공포하였다.

09

물산 장려 운동의 이해

 자료는 물산 장려 운동에 관한 것이다. 조만식 등 민족주의 세력이 주도하였던 물산 장려 운동은 '내 살림 내 것으로'라는 구호를 내세웠으며 평양에서 시작되어 전국으로 확산되었다. ① 사회주의 세력은 물산 장려 운동이 자본가의 이익을 위한 것이라며 비판하기도 하였다.

 ② 조선일보는 1929년부터 '아는 것이 힘, 배워야 산다.'라는 구호 아래 한글 교재인 『한글 원본』을 보급하고 강연회를 개최하면서 문자 보급 운동을 펼쳤다.

③ 민립 대학 설립 운동은 대학 설립에 필요한 자금을 전국적인 모금 운동의 방법으로 마련하고자 하였다.
④ 동아일보가 주도한 브나로드 운동은 농촌 주민을 대상으로 한 계몽 운동의 성격을 띠었다.
⑤ 1925년 설립된 조선 학생 과학 연구회는 사회주의 계열의 학생 단체로 1926년 6·10 만세 운동을 이끌기도 하였다.

10

정우회 선언의 영향 이해

 자료는 1926년 발표된 정우회 선언이다. 6·10 만세 운동으로 민족적 연대를 경험한 사회주의 세력은 정우회 선언을 발표해 비타협적 민족주의 세력과의 연합을 주장하였다. ④ 정우회 선언은 신간회 결성의 중요한 계기가 되었다.

 ① 1923년 개최된 국민 대표 회의에서 임시 정부를 해산하고 새로 세우자는 창조파와 임시 정부를 존속시키되 개조하자는 개조파 등이 대립하였다.
② 급진 개화파는 갑신정변을 일으켰을 당시 개혁 정강을 발표하여 청과의 사대 관계를 청산하고 국가 체제를 개혁하려고 하였다.
③ 3·1 운동 당시 민족 대표 33인이 서명한 독립 선언서가 발표되었다.
⑤ 대한민국 임시 정부는 우리 역사상 최초의 민주 공화제 정부로, 삼권 분립의 원칙에 입각해 임시 의정원, 국무원, 법원으로 구성되었다.

11

신간회의 활동 이해

 (가) 단체는 신간회이다. ⑤ 신간회는 1929년 광주 학생 항일 운동이 일어나자 진상 조사단을 파견하고 민중 대회를 개최하려다 집행부가 구속되었다. 이후 새로 구성된 집행부가 일제에 타협적인 모습을 보이자 전국의 각 지회는 이에 반발하였다. 또한 사회주의 세력은 코민테른이 계급 투쟁을 강조하고 민족주의와의 연대를 부정하는 노선으로 변화함에 따라 신간회 해소를 주장하였다. 결국 전체 대회에서 해소가 결정되면서 신간회는 사실상 해체되었다.

 ① 1896년 서재필은 정부의 지원을 받아 독립신문을 창간하였다. 또 대한민국 임시 정부도 기관지로 독립신문을 발간하였다.
② 동아일보사의 주도로 브나로드 운동이 전개되었다.
③ 학생들의 주도로 1926년 순종의 장례일에 6·10 만세 운동이 전개되었다.
④ 임병찬 등이 1912년에 조직한 독립 의군부는 일본 정부의 내각 총리대신과 조선 총독에게 국권 반환 요구서를 보내려고 계획하였다.

12
광주 학생 항일 운동의 파악

(정답 찾기) 자료는 광주 학생 항일 운동 당시 등장한 격문이다. ④ 광주 학생 항일 운동은 광주에서 시작되어 전국으로 확산되었으며, 3·1 운동 이후 학생들이 주도한 최대 규모의 항일 민족 운동으로 평가받는다.

(오답 피하기) ① 전국적인 모금 운동의 방법으로 전개된 민립 대학 설립 운동은 수해와 가뭄이 계속되면서 기부가 위축되었다.
② 실력 양성 운동의 일환으로 물산 장려 운동과 민립 대학 설립 운동 및 문맹 퇴치 운동 등이 전개되었다.
③ 동아일보사가 주도한 브나로드 운동은 농촌 계몽과 문맹 퇴치를 목표로 하였다.
⑤ 3·1 운동의 결과 상하이에 대한민국 임시 정부가 수립되었다.

서술형 문제
본문 159쪽

Step1 핵심 키워드 파악하기

01
물산 장려 운동의 한계 이해

(예시 답안) 토산품의 수요에 비해 공급이 부족하여 상품 가격이 폭등하는 문제가 나타났고, (사회주의) 계열에서는 (자본가) 계급의 이익만을 도모하는 이기적인 운동이라고 비판하였다.

02
신간회의 해소 이유 파악

(예시 답안) (가)에 들어갈 단체는 (신간회)이다. 국제 사회주의 조직인 (코민테른)의 노선 변화와 제1차 국공 합작의 결렬 등의 영향을 받아 사회주의 세력에서 단체의 해소를 제기하였다.

Step2 스스로 답안 작성하기

03
미쓰야 협정의 영향 이해

(문제 접근) 자료는 일본이 만주 지역의 군벌과 체결한 미쓰야 협정이다. 이 협정에 따라 만주 군벌은 독립군을 일본 경찰에 인도하는 조건으로 보상금을 받았다.

(1) 미쓰야 협정
(2) (예시 답안) 자유시 참변 이후 독립군은 참의부, 정의부, 신민부의 3부를 편성하는 등 조직을 재정비하였다. 이에 일제는 만주 지역의 독립군을 탄압하기 위해 만주 군벌과 미쓰야 협정을 체결하였다. 미쓰야 협정 체결 이후 3부의 활동이 어려워진 가운데 민족 유일당 운동 등의 영향을 받아 3부 통합 운동이 전개되었다.

평가 기준	
상	미쓰야 협정을 정확하게 쓰고, 미쓰야 협정 체결의 배경과 영향 두 가지를 모두 서술한 경우
중	미쓰야 협정을 정확하게 쓰고, 미쓰야 협정 체결의 배경과 영향 중 한 가지만 서술한 경우
하	미쓰야 협정 명칭만 정확하게 쓴 경우

04
6·10 만세 운동의 의의 이해

(문제 접근) 자료는 6·10 만세 운동에 참여한 학생이 재판을 받은 기록이다. 순종의 장례일에 학생을 중심으로 6·10 만세 운동이 전개되었다.

(1) 6·10 만세 운동
(2) (예시 답안) 6·10 만세 운동은 학생들의 항일 운동이 더욱 활발해지는 계기가 되었다. 또한 민족주의 계열과 사회주의 계열이 함께 만세 시위를 준비하면서 연대의 필요성을 공감하였고, 이는 이후 신간회 결성에 영향을 주었다.

평가 기준	
상	6·10 만세 운동의 명칭을 정확하게 쓰고, 6·10 만세 운동의 의의 두 가지를 모두 서술한 경우
중	6·10 만세 운동의 명칭을 정확하게 쓰고, 6·10 만세 운동의 의의를 한 가지만 서술한 경우
하	6·10 만세 운동의 명칭만 정확하게 쓴 경우

본문 160~161쪽

1등급 도전 문제

| 01 ③ | 02 ⑤ | 03 ⑤ | 04 ④ | 05 ② |
| 06 ② | 07 ① | 08 ④ | | |

01
대한 광복회의 이해

(정답 찾기) 밑줄 친 '이 단체'는 대한 광복회이다. 박상진이 국내에서 비밀리에 결성한 대한 광복회는 부호들로부터 의연금을 거두어 독립군을 양성하려고 하였다. ③ 대한 광복회는 독립 전

쟁으로 국권을 회복한 뒤 공화제 정부를 세우려고 하였다.

오답 피하기 ① 서재필과 정부 관료 등이 독립 협회를 창립하여 독립문 건립을 주도하였다.
② 연해주 지역에는 권업회, 대한 광복군 정부 등이 결성되었다.
④ 신한청년당은 1919년 파리 강화 회의에 김규식을 대표로 파견하였다.
⑤ 대한 자강회 등은 고종의 강제 퇴위 반대 운동을 전개하였다.

02
3·1 운동의 배경 이해

정답 찾기 자료에 나타난 민족 운동은 3·1 운동이다. ⑤ 3·1 운동은 일본 유학생들의 주도로 발표된 2·8 독립 선언의 영향을 받았다.

오답 피하기 ① 순종의 장례일을 기해 6·10 만세 운동이 일어났다.
② 3·1 운동 이후 사회주의가 본격적으로 국내에 유입되었다.
③ 장인환·전명운 의거를 계기로 미주 지역에 대한인 국민회가 결성되었다.
④ 대한 제국 시기에 전개된 국채 보상 운동은 대한매일신보 등의 지원을 받아 전국으로 확산되었다.

03
대한민국 임시 정부의 특징 이해

정답 찾기 (가)는 대한민국 임시 정부이다. 대한민국 임시 정부는 항일 활동에 필요한 독립운동 자금을 마련하기 위해 독립 공채를 발행하였다. ⑤ 대한민국 임시 정부는 민주 공화제 정부로 삼권 분립의 원칙에 입각해 구성되었다.

오답 피하기 ① 일제는 만주 군벌과 미쓰야 협정을 체결하여 만주 지역의 독립군을 탄압하였다.
② 독립 협회는 1898년 만민 공동회를 개최하여 열강의 이권 침탈 등을 규탄하였다.
③ 김원봉 등이 결성한 의열단은 신채호가 작성한 「조선 혁명 선언」을 활동 지침으로 삼았다.
④ 코민테른의 민족 통일 전선 지지, 제1차 국공 합작 등의 영향을 받아 민족 유일당 운동이 전개되었다.

04
국민 대표 회의의 개최 배경 파악

정답 찾기 자료의 논의가 있었던 회의는 1923년 개최된 국민 대표 회의이다. 국민 대표 회의에서 대한민국 임시 정부를 해산하고 새로 세우자는 창조파와 임시 정부를 존속시키되 개조하자는 개조파 등이 대립하였다. ④ 대한민국 임시 정부가 외교 활동에서 뚜렷한 성과를 거두지 못하고 이승만이 미국

대통령에게 보낸 위임 통치 청원서 등이 문제가 되어 국민 대표 회의가 소집되었다.

오답 피하기 ① 3·1 운동을 전후해 독립운동의 구심점이 필요하다는 주장이 제기되면서 연해주 블라디보스토크에서는 대한 국민 의회가 결성되었다.
② 3·1 운동 당시 민족 대표는 태화관에서 독립 선언식을 거행한 뒤 체포되었다.
③ 국민 대표 회의 결렬 이후 박은식이 대한민국 임시 정부의 대통령으로 추대되었다.
⑤ 상하이의 신한청년당은 한국의 독립을 청원하기 위해 파리 강화 회의에 김규식을 대표로 파견하였다.

05
간도 참변의 시기 파악

정답 찾기 자료는 간도 참변에 관한 내용이다. 청산리 대첩을 전후해 일본군은 독립군에 대한 보복으로 간도 지역의 한인 마을을 습격해 한인들을 학살하고 건물을 파괴하는 만행을 저질렀다(간도 참변). ② 봉오동 전투는 1920년에 발발하였고, 일본군의 공세를 피해 자유시로 이동한 독립군은 자유시 참변을 겪었다.

06
물산 장려 운동의 이해

정답 찾기 자료는 물산 장려 운동을 비판했던 사회주의 세력의 주장이다. ② 조만식 등 민족주의 세력이 주도한 물산 장려 운동은 기업가의 이익만을 대변한다는 사회주의 세력의 비판을 받았다.

오답 피하기 ① 민립 대학 설립 운동은 전국적인 모금의 방식으로 전개되었다.
③ 국채 보상 운동은 국민의 성금을 모아 나라의 빚을 갚고 국권을 지키자는 운동이었다.
④ 신민회는 실력 양성 운동의 하나로 대성 학교와 오산 학교를 세웠다.
⑤ 동아일보가 주도한 브나로드 운동은 농민들을 대상으로 한 계몽 운동의 성격을 띠었다.

07
광주 학생 항일 운동의 이해

정답 찾기 (가)는 광주 학생 항일 운동이다. 나주역에서 일어난 한·일 학생 간의 충돌에 일본 경찰이 한국인 학생만 탄압하면서 운동이 본격화되었다. ① 광주 학생 항일 운동이 일어나자 신간회가 진상 조사단을 파견하였다.

 ② 천도교 등 종교 지도자들이 3·1 운동에 참여하였다.
③ 1920년대 국내에서는 일제가 실시한 '문화 정치'의 영향으로 타협적 민족주의자들의 자치 운동이 대두하였다.
④ 1925년 사회주의 계열의 학생들을 중심으로 조선 학생 과학 연구회가 결성되었다.
⑤ 3·1 운동의 영향으로 일본이 '문화 정치'를 실시하였다.

08

문자 보급 운동의 내용 이해

정답 찾기 자료는 조선일보가 주도한 문자 보급 운동에 관한 내용이다. ④ 조선일보는 1929년에 '아는 것이 힘, 배워야 산다.'라는 구호를 내걸고 문자 보급 운동을 전개하였다.

오답 피하기 ① 조선 정부는 1886년 근대 학문과 외국어를 배울 수 있는 육영 공원을 설립하였다.
② 일제는 교육을 통해 식민 통치에 순응하는 한국인을 육성하고자 1911년 제1차 조선 교육령을 공포하였다.
③ 고종은 제2차 갑오개혁 시기에 교육입국 조서를 반포하여 근대 교육의 중요성을 강조하였다.
⑤ 일제는 1941년에 초등 교육 기관의 명칭을 소학교에서 국민학교로 변경하였다.

04 사회·문화의 변화와 대중 운동

개념 체크 문제
본문 163쪽

❶ ○ ❷ ○ ❸ ○ ❹ × ❺ 산미 증식 계획 ❻ 항일 ❼ 조선 노동 총동맹 ❽ 근우회 ❾ 남촌, 북촌 ❿ 암태도 ⓫ 천도교

본문 165쪽

❶ × ❷ × ❸ ○ ❹ ○ ❺ 조선어 연구회 ❻ 정체성론 ❼ 백남운 ❽ 우리말(조선말) 큰사전 ❾ 조선학 ❿ 대종교

기본 문제
본문 166~167쪽

01 ③　02 ①　03 ⑤　04 ④　05 ①
06 ②　07 ⑤　08 ④

01

일제 강점기 도시의 특징 이해

정답 찾기 (가) 도시는 서울이다. 일제 강점기 청계천을 중심으로 북쪽의 한국인 거리를 북촌, 남쪽의 일본인 거리를 남촌이라 불렀다. ③ 남촌은 도로 시설과 은행, 백화점, 상가 등 근대적 도시의 모습을 갖추었다.

오답 피하기 ① 강화도 조약으로 개항한 도시는 부산 외 2개 항구이다.
② 물산 장려 운동은 평양에서 시작되어 전국으로 확산되었다.
④ 군산과 목포 등이 일본으로 쌀을 실어 나르는 항만으로 이용되면서 성장하였다.
⑤ 식민지 공업화에 따라 청진, 흥남 등이 새로운 공업 도시로 성장하였다.

02

일제 강점기 농민의 삶 이해

정답 찾기 토지 조사 사업과 산미 증식 계획 등의 영향으로 지주의 권한이 강화됨에 따라 농민들은 고율의 소작료와 농가 부채 등으로 어려움을 겪었다. 경제적 처지가 어려워진 농민들은 화전민이 되거나 농촌을 떠나 도시로 이주해 저임금 노동자가 되었다. 이들은 도시 빈민이 되어 도시 외곽의 토막에 거주하였다. 또 일부는 농지를 찾아 만주로 건너가 소작을 하였다. ① 형평 운동은 백정의 사회적 차별 철폐를 위한 대중 운동이었다.

03

일제 강점기 농촌 사회의 변화 배경 파악

정답 찾기 자료는 일제 강점기 피폐한 농민의 삶을 보여 준다. 농촌에서는 일제가 시행한 토지 조사 사업과 산미 증식 계획 등의 영향으로 토지가 점차 일본 토지 회사나 소수의 대지주에게 집중되었고 지주의 권한이 강화되었다. 이에 따라 농민들은 고율의 소작료와 늘어나는 농가 부채 등으로 어려움을 겪었다.

오답 피하기 ㄱ. 대한 제국은 광무개혁을 추진하면서 양전 사업을 실시하고 근대적 토지 소유 증명 문서인 지계를 발급하였다.
ㄴ. 러일 전쟁 중 일제는 대한 제국에 황무지 개간권을 요구하였다.

04

일제 강점기 노동 운동의 배경 파악

정답 찾기 자료는 한국인과 일본인의 임금과 노동 시간 차이를 나타낸 것이다. 일제 강점기 한국인 노동자들은 장시간 노동에 시달렸으며, 일본인 노동자의 절반에도 미치지 못하는

임금을 받았다. 이에 1920년대 접어 들어 노동조합을 중심으로 임금 인상, 노동 시간 단축 등을 요구하는 노동 쟁의가 전개되었다. ④ 노동자들의 열악한 처우와 민족 차별에 대항해 1929년 원산 총파업이 일어났다.

오답 피하기 ① 6·10 만세 운동은 순종의 국장일을 기해 일어났다.
② 1923년 암태도의 소작 농민들은 고율의 소작료에 대항하여 소작 쟁의를 일으켰다.
③ '조선 사람 조선 것'은 물산 장려 운동의 구호이다.
⑤ 1927년에 전국적 농민 운동 단체인 조선 농민 총동맹이 결성되었다.

05
일제 강점기 여성 운동 단체의 이해

정답 찾기 일제 강점기 여성들은 조선 여자 교육회 등 각종 여성 단체를 만들어 여성의 권리 신장을 위한 활동을 하였다. ① 1927년 신간회가 결성되자 여성 운동 진영도 민족주의 계열과 사회주의 계열을 통합하여 근우회를 결성하였다.

오답 피하기 ② 1898년 「여권통문」의 발표를 계기로 최초의 근대적 여성 단체인 찬양회가 조직되었다.
③ 1886년에 서양 개신교 선교사가 선교와 계몽을 목적으로 이화 학당을 세웠다.
④ 1898년 서울 북촌의 여성들은 「여권통문」을 발표해 여성 교육의 필요성과 정치 참여 권리 등을 주장하였다.
⑤ 신민회는 실력 양성 운동의 하나로 대성 학교를 설립하였다.

06
일제 강점기 소년 운동의 특징 파악

정답 찾기 자료에 나타난 대중 운동은 일제 강점기에 전개되었던 소년 운동이다. ② 일제 강점기 어린이 대부분은 열악한 환경에 처해 있었다. 이에 방정환 등이 천도교 소년회를 조직하고 어린이날을 제정하는 등 어린이 인권 향상을 위한 활동을 펼쳤다.

오답 피하기 ① 원불교는 허례허식 폐지와 남녀평등을 주장하였고, 새 생활 운동을 펼쳤다.
③ 백정의 사회적 차별에 맞서 경상남도 진주의 백정 등은 1923년 조선 형평사를 조직하고 형평 운동을 전개하였다.
④ 기독교는 1930년대 후반 신사 참배 거부 운동을 벌였다.
⑤ 주시경의 제자들이 한글 연구를 목적으로 조선어 연구회를 결성하였다.

07
조선어 학회의 활동 파악

정답 찾기 (가) 단체는 조선어 학회이다. ⑤ 조선어 학회는 한글 맞춤법 통일안과 표준어 및 외래어 표기법 통일안을 제정해 이를 기반으로 『우리말(조선말) 큰사전』 편찬을 시작하였다.

오답 피하기 ① 조선어 연구회는 한글날의 시초가 된 가갸날을 제정하였다.
② 동아일보사는 브나로드 운동을 주도하였다.
③ 조선어 연구회는 잡지 『한글』을 처음 발행해 한글의 대중화에 힘썼다.
④ 주시경과 지석영은 1907년 대한 제국 정부가 세운 국문 연구소에서 활동하였다.

08
박은식의 활동 파악

정답 찾기 자료의 인물은 박은식이다. 박은식은 정신을 중요하게 여기고 우리 역사를 연구하는 이유가 형체는 허물어졌더라도 정신이 살아남아야 하기 때문이라고 보았다. ④ 박은식은 『한국통사』, 『한국독립운동지혈사』를 저술해 일제의 침략 과정과 한국 독립운동의 역사를 정리하였다.

오답 피하기 ① 신채호는 대한매일신보에 「독사신론」을 게재해 역사 서술의 주체를 민족으로 설정하고 민족주의 사학 연구의 토대를 마련하였다.
② 이병도 등은 진단 학회를 조직하고 『진단 학보』를 발행하였다.
③ 정인보, 안재홍 등은 한국의 역사와 문화를 연구하고 지키려는 조선학 운동을 전개하였다.
⑤ 백남운 등 사회 경제 사학자들은 유물 사관에 입각해 한국사를 연구하였다.

서술형 문제 본문 168쪽

Step1 핵심 키워드 파악하기

01
형평 운동의 전개 과정 이해

예시 답안 (갑오개혁)(으)로 신분제는 폐지되었으나 백정에 대한 사회적 차별이 여전하였다. 이에 경상남도 진주의 백정 등은 (조선 형평사)을/를 조직해 (형평) 운동을 전개하였다.

02
백남운의 역사 연구 이해

예시 답안 일본이 한국은 발전 없이 고대 사회에 머물러 있었다는 (정체성론)을/를 주장하자, (백남운)은/는 『조선사회경제사』를 저술하여 한국사 역시 세계사의 보편적인 발전 법칙을 따라 발전해 왔다고 주장하였다.

03
일제 강점기 노동 운동 이해

(문제 접근) 자료는 1929년에 있었던 원산 총파업에 관한 내용이다. 원산 총파업은 일제 강점기에 일어난 최대 규모의 노동 운동이었다. 파업 당시 노동자들은 감독 파면과 근무 조건 개선을 요구하며 장기간 파업하였다.

(1) 원산 총파업

(2) (예시 답안) 1930년대 들어 대공황의 영향으로 노동 쟁의가 격화되었다. 노동자는 사회주의 세력과 연대하고 혁명적 노동조합을 결성하여 일제에 저항하였다. 이에 따라 쟁의는 반제국주의 항일 투쟁의 양상을 띠었고, 그 형태도 비합법적인 폭력 투쟁으로 변화하였다.

평가 기준	
상	원산 총파업을 정확하게 쓰고, 1930년대 상황과 항일 투쟁, 혁명적 노동조합, 비합법적인 폭력 투쟁을 모두 서술한 경우
중	원산 총파업을 정확하게 쓰고, 1930년대 상황과 항일 투쟁, 혁명적 노동조합, 비합법적인 폭력 투쟁 중 두 가지만 서술한 경우
하	원산 총파업을 정확하게 쓰고, 1930년대 상황과 항일 투쟁, 혁명적 노동조합, 비합법적인 폭력 투쟁 중 한 가지만 서술한 경우

04
일제 강점기 한글 연구 단체의 활동 이해

(문제 접근) 자료는 조선어 연구회와 조선어 학회에 관한 것이다. 일제 강점기 조선어 연구회와 이를 계승한 조선어 학회는 한글 연구와 보급에 앞장섰다.

(1) 조선어 연구회

(2) (예시 답안) 일제는 1942년 치안 유지법 위반 혐의로 조선어 학회 회원들을 대대적으로 검거하고 투옥하는 조선어 학회 사건을 일으켰다.

평가 기준	
상	조선어 연구회를 정확하게 쓰고, 조선어 학회 사건의 구체적인 시기와 내용 모두 명확하게 서술한 경우
중	조선어 연구회를 정확하게 쓰고, 조선어 학회 사건의 구체적인 시기와 내용 중 한 가지만 서술한 경우
하	조선어 연구회 명칭만 정확하게 쓴 경우

본문 169쪽

1등급 도전 문제

01 ④   02 ②   03 ⑤   04 ③

01
일제 강점기 근대 도시의 이해

(정답 찾기) 일제 식민지 시기 전국적으로 근대 도시가 성장하였다. 일제는 한반도에 ×자형 간선 철도망을 구축하였고, 철도 교통의 중심지에는 새로운 도시가 성장하였다. 이외에도 군산과 목포 등이 항구 도시로 성장하였다. 한편 경성의 경우 청계천을 기준으로 일본인이 주로 거주하는 남촌과 한국인이 주로 거주하는 북촌으로 생활 공간이 나뉘었다. 지금의 충무로를 중심으로 한 남촌에는 백화점 등이 들어섰다. 근대 도시가 성장하며 사람들은 도시로 몰려들었고, 도시의 변두리에는 수많은 빈민이 토막집을 짓고 살기도 하였다. ④ 서대문과 청량리를 잇는 전차는 대한 제국 시기인 1899년에 도입되었다.

02
산미 증식 계획의 영향 이해

(정답 찾기) 자료는 일제 식민지 시기 소작 쟁의의 추이를 보여 주고 있다. ② 조선 총독부의 토지 조사 사업과 산미 증식 계획으로 지주의 권한이 강화되었고, 높은 소작료와 수리 조합비 부담으로 농민들의 어려움이 가중되었다. 이에 농민들은 소작료 인하 등을 요구하며 소작 쟁의를 벌였다.

(오답 피하기) ① 3·1 운동 이후 일제는 '문화 정치'를 내세워 식민 지배에 대한 한국인의 저항을 무마하고자 하였다. 하지만 실제로는 탄압과 통제를 강화하였다.
③ 일제는 1938년 국가 총동원법을 제정하였고, 침략 전쟁에 필요한 물자를 강제로 동원하기 위해 미곡 공출제를 시행하였다.
④ 보안회는 러일 전쟁 중 일제의 황무지 개간권 요구 저지 운동을 전개하였다.
⑤ 대한 제국은 광무개혁을 추진하면서 양전 사업을 실시하고 근대적 토지 소유 증명 문서인 지계를 발급하였다.

03
형평 운동의 영향 이해

(정답 찾기) 밑줄 친 '운동'은 형평 운동이다. 1923년 경상남도 진주에서 조선 형평사가 조직되어 백정에 대한 사회적 차별을 없애고, 저울처럼 평등한 사회를 만들겠다는 형평 운동이 전개되었다. ⑤ 형평 운동의 결과 호적에서 백정의 신분 표시가

삭제되는 등 백정에 대한 제도적 차별이 완화되기도 하였다.

[오답 피하기] ① 암태도 소작 쟁의의 결과 고율의 소작료가 인하되었다.
② 1929년 원산 인근의 한 석유 회사에서 일본인 감독이 한국인 노동자를 구타한 사건을 계기로 원산 총파업이 시작되었다.
③ 사회주의가 확산되는 상황에서 1924년 조선 노농 총동맹이 결성되었다.
④ 1920년대 후반 전개된 민족 유일당 운동의 결과 신간회가 결성되었다.

04

일제 강점기 소년 운동의 내용 파악

[정답 찾기] 일제 강점기 어린이의 지위는 매우 열악하였고, 이에 방정환 등이 조직한 천도교 소년회가 본격적으로 소년 운동을 전개하였다. 천도교 소년회는 잡지 『어린이』를 발간하였으며 아이의 높임말인 '어린이'라는 용어를 보급하였다. 또 5월 1일을 어린이날로 제정하였다. ③ 문자 보급 운동은 조선일보가 전개한 문맹 퇴치 운동에 해당한다.

05 독립 국가 건설 노력

개념 체크 문제
본문 171쪽

❶ × ❷ ○ ❸ × ❹ ○ ❺ 양세봉 ❻ 김구 ❼ 한국 광복군 ❽ 김구 ❾ 만주 사변 ❿ 한국 독립군 ⓫ 한국 광복 운동 단체 연합회 ⓬ 조선 의용대 ⓭ 대일 선전 성명서

본문 173쪽

❶ ○ ❷ × ❸ ○ ❹ × ❺ 충칭 ❻ 한국광복군 ❼ 여운형 ❽ 대한인 국민회 ❾ 얄타 ❿ 한국광복군 ⓫ 조선 건국 동맹 ⓬ 한인 국방 경위대 ⓭ 포츠담

기본 문제
본문 174~175쪽

01 ② 02 ④ 03 ⑤ 04 ⑤ 05 ①
06 ⑤ 07 ④ 08 ②

01

한국 독립군의 활동 이해

[정답 찾기] (가) 군사 조직은 한국 독립군이다. 일제가 만주 사변을 일으키고 만주국을 수립한 이후, 중국 내 항일 감정이 고조되면서 중국인과 한국인의 항일 연합 전선이 형성되었다. ② 북만주에서 지청천이 이끄는 한국 독립군은 한중 연합 작전을 전개하여 쌍성보 전투, 대전자령 전투 등에서 승리하였다.

[오답 피하기] ① 안중근은 1909년 하얼빈에서 이토 히로부미를 처단하였다.
③ 정미의병 시기에 의병 연합 부대인 13도 창의군이 조직되어 1908년 서울 진공 작전을 전개하였다.
④ 천도교에서는 기관지로 『만세보』를 편찬하였다.
⑤ 한인 애국단 소속의 윤봉길이 1932년에 상하이 훙커우 공원 의거를 일으켰다.

02

조선 혁명군의 활동 파악

[정답 찾기] (가)에는 조선 혁명군의 활동 내용이 들어가는 것이 적절하다. ④ 1930년대 남만주에서 양세봉이 이끈 조선 혁명군은 영릉가 전투, 흥경성 전투 등에서 일본군에 승리하였다.

[오답 피하기] ① 1907년 일본이 고종을 강제 퇴위시키고 대한 제국 군대를 강제로 해산시키자, 해산 군인이 정미의병에 가담하였다.
② 병인양요 때 한성근 부대가 문수산성에서, 양헌수 부대가 정족산성(삼랑성)에서 프랑스 군대에 맞서 싸웠다.
③ 신민회는 국외 독립운동 기지 건설에 힘써, 남만주(서간도) 지역의 삼원보에 신흥 강습소(신흥 무관 학교의 전신)를 세우고 민족 교육과 군사 훈련을 실시하여 독립군을 양성하였다.
⑤ 독립 의군부는 일제에 국권 반환 요구서를 보내려고 하였다.

03

조선 의용대 창설 시기 파악

[정답 찾기] (가) 군사 조직은 조선 의용대이다. 중일 전쟁이 발발한 이듬해인 1938년에 중국 국민당 정부의 지원을 받아 한커우에서 조선 의용대가 창설되었다. ⑤ 중일 전쟁 발발은 1937년, 8·15 광복은 1945년에 해당한다.

04

1930년대 이후 대한민국 임시 정부의 활동 이해

[정답 찾기] 밑줄 친 '우리 정부'는 대한민국 임시 정부이다. (가)는 1932년 상하이 훙커우 공원 의거 이후부터 1937년 중일 전쟁 발발 이전까지이고, (나)는 대한민국 임시 정부가 대일 선전 성명서를 발표한 1941년이다. ⑤ 대한민국 임시 정부는 1940년 주석 중심제로 체제를 개편하고 김구를 주석으로 선출하였다.

오답 피하기 ① 대한국 국제는 1899년 대한 제국에서 공포하였다.
② 김구 등은 대한민국 임시 정부의 침체를 극복하기 위해 1931년 한인 애국단을 조직하였다.
③ 교조 신원 운동은 1890년대 초반 동학교도들이 동학을 창시한 최제우의 억울함을 풀어 줄 것과 포교의 자유를 허용할 것을 요구하며 전개하였다.
④ 제1차 봉기 때 전주성을 점령한 동학 농민군은 정부와 전주 화약을 체결한 이후 철수하고 전라도 각지에 자치 기구로 집강소를 설치하였다.

05
한국광복군의 활동 이해

정답 찾기 밑줄 친 '이 부대'는 한국광복군이다. 한국광복군은 1940년 충칭에서 대한민국 임시 정부의 산하 부대로 창설되었으며 시안 등에 지대를 편성하였다. ① 한국광복군은 영국군의 요청으로 미얀마·인도 전선에 투입되어 활동하였다.

오답 피하기 ② 동학 농민군은 황토현 전투와 황룡촌 전투에서 관군에 승리하였다.
③ 조선 의용군은 조선 독립 동맹의 군사 기반이었다.
④ 의열단은 1923년 신채호가 작성한 「조선 혁명 선언」을 활동 지침으로 삼았다.
⑤ 홍범도가 지휘한 대한 독립군을 비롯한 여러 독립군 부대가 봉오동 전투를 승리로 이끌었다.

06
한국광복군의 활동 파악

정답 찾기 대한민국 임시 정부 산하 부대와 미국 전략 정보국[OSS]의 합동 훈련이 완료되었다는 점 등을 통해 한국광복군과 관련된 탐구 활동이 적절하다는 것을 알 수 있다. ⑤ 한국광복군은 미국의 지원을 받아 국내 정진군을 편성하고 중국에서 활동하고 있던 미국 전략 정보국[OSS]과 연합하여 국내 진공 작전을 계획하였으나, 일제의 패망으로 실현하지는 못하였다.

오답 피하기 ① 미국은 제너럴 셔먼호 사건을 구실로 1871년 신미양요를 일으켰다.
② 훈련도감은 조선 후기 5군영 중 하나로 임진왜란 중에 설치되었다.
③ 1907년 고종이 강제 퇴위당하고 대한 제국의 군대가 해산된 이후 의병 연합 부대인 13도 창의군이 결성되었다.
④ 별무반은 고려 숙종 때 윤관의 건의로 여진의 침입에 대응하기 위해 편성된 특수 부대이다.

07
조선 건국 동맹의 활동 파악

정답 찾기 밑줄 친 '이 동맹'은 조선 건국 동맹이다. ④ 여운형은 1944년 일본의 패망을 예상하고 광복 이후 건국을 준비하기 위해 국내에서 비밀리에 조선 건국 동맹을 결성하였다.

오답 피하기 ① 연해주에서는 신한촌이 건설되고 권업신문이 발행되었다.
② 대한민국 임시 정부는 외교 활동을 위해 미국에 구미 위원부를 설치하였다.
③ 신한청년당은 1919년 파리 강화 회의에 김규식을 대표로 파견하였다.
⑤ 독립 협회는 독립문 건립을 위한 모금 운동을 주도하였다.

08
재미 한족 연합 위원회의 활동 이해

정답 찾기 밑줄 친 '이 단체'는 재미 한족 연합 위원회이다. ② 미주 지역의 한국인들은 1941년 재미 한족 연합 위원회를 결성하였고, 한인 국방 경위대를 조직하여 대일 항전의 의지를 다졌다.

오답 피하기 ① 독립 협회는 관민 공동회를 개최하여 개혁의 기본 방향인 헌의 6조 결의를 주도하였다.
③ 신간회는 1929년 광주 학생 항일 운동이 일어나자 진상 조사단을 파견하였다.
④ 대한 자강회는 고종 강제 퇴위 반대 운동을 전개하다가 일본의 탄압으로 해산되었다.
⑤ 신민회는 민족 교육을 위해 오산 학교와 대성 학교를 설립하였다.

서술형 문제
본문 **176쪽**

Step1 핵심 키워드 파악하기

01
한국 독립군의 활동 이해

예시 답안 (가) 군사 조직은 (한국 독립군)(으)로 중국군과 연합하여 (쌍성보 전투, 대전자령 전투) 등에서 일본군에 승리하였다.

02
조선 독립 동맹의 건국 강령 이해

예시 답안 자료의 강령을 발표한 단체는 (조선 독립 동맹)(으)로 (민주 공화국 건설, 의무 교육) 등의 내용이 담긴 강령을 발표하여 일제의 패망 이후 새로운 국가의 모습을 밝혔다.

03
대한민국 임시 정부의 건국 준비 활동 파악

(문제 접근) 자료는 대한민국 임시 정부가 발표한 대일 선전 성명서이다. 1940년 충칭에 정착한 대한민국 임시 정부는 적극적인 대일 항전 활동 및 독립 이후 새로운 국가 건설을 위한 준비 활동을 전개하였다.

(1) 대한민국 임시 정부

(2) (예시 답안) 대한민국 임시 정부는 충칭에 정착한 이후 건국을 준비하는 다양한 활동을 전개하였다. 첫째, 대일 항전을 적극적으로 주도하기 위해 한국광복군을 창설하였다. 둘째, 대일 선전 성명서를 발표하여 연합국의 일원으로 항전하였다. 셋째, 건국 강령을 발표하여 독립 이후 국가의 모습을 구상하였다.

평가 기준	
상	대한민국 임시 정부를 정확하게 쓰고, 대한민국 임시 정부의 1940년대 활동을 세 가지 서술한 경우
중	대한민국 임시 정부를 정확하게 쓰고, 대한민국 임시 정부의 1940년대 활동을 두 가지만 서술한 경우
하	대한민국 임시 정부를 정확하게 쓰고, 대한민국 임시 정부의 1940년대 활동을 한 가지만 서술한 경우

04
한국광복군의 활동 이해

(문제 접근) 대한민국 임시 정부는 1940년 충칭에서 한국광복군을 창설하였다. 한국광복군은 아시아·태평양 전쟁에 참전하여 다양한 대일 항전 활동을 전개하였다.

(1) 한국광복군

(2) (예시 답안) 한국광복군은 첫째, 중국 내에서 일본군의 사기를 저하시키는 선전 활동을 하였다. 둘째, 영국군의 요청에 따라 미얀마·인도 전선에 파견되어 일본군 포로 심문과 선전 활동 등을 담당하였다. 셋째, 미국 전략 정보국[OSS]과 협력하여 국내 정진군을 편성하는 등 국내 진공 작전을 계획하였다.

평가 기준	
상	(가) 군사 조직을 정확하게 쓰고, (가)의 활동을 세 가지 서술한 경우
중	(가) 군사 조직을 정확하게 쓰고, (가)의 활동을 두 가지만 서술한 경우
하	(가) 군사 조직을 정확하게 쓰고, (가)의 활동을 한 가지만 서술한 경우

1등급 도전 문제

01 ⑤　　02 ⑤　　03 ③　　04 ⑤

01
조선 혁명군의 활동 이해

(정답 찾기) 밑줄 친 '이 부대'는 조선 혁명군이다. ⑤ 1930년대 남만주에서 양세봉이 이끈 조선 혁명군은 흥경성 전투 등에서 일본군에 승리하였다.

(오답 피하기) ① 임진왜란 전개 과정에서 조명 연합군이 평양성을 탈환하였다.

② 병인양요 때 한성근 부대가 문수산성에서, 양헌수 부대가 정족산성(삼랑성)에서 프랑스 군대에 맞서 싸웠다.

③ 위화도 회군은 1388년 요동 정벌에 나섰던 이성계가 주도하여 군대를 되돌린 사건으로, 이를 통해 이성계는 권력을 장악할 수 있었다.

④ 동학 농민군은 황토현 전투와 황룡촌 전투에서 관군에 승리하였다.

02
지청천의 활동 이해

(정답 찾기) 한국 독립군을 이끌었다는 점, 한국광복군의 총사령관을 역임했다는 점 등을 통해 자료의 이 인물이 지청천임을 알 수 있다. ⑤ 지청천을 중심으로 한 한국 독립군은 한중 연합 작전을 전개하였고, 쌍성보 전투, 대전자령 전투 등에서 일본군에 승리하였다.

(오답 피하기) ① 신민회는 1911년 남만주 삼원보에 신흥 강습소를 설립하였다.

② 조선 의용대는 김원봉 등이 중심이 되어 중국 관내에서 창설된 한인 무장 부대이다.

③ 하와이에서 박용만을 중심으로 대조선 국민 군단이 결성되었다.

④ 제2차 수신사로 파견된 김홍집이 들여온 『조선책략』에 반발하여 1881년 이만손 등이 영남 만인소를 제출하였다.

03
1940년대 대일 항전 이해

(정답 찾기) 자료에는 중국 국민당 정부가 충칭으로 수도를 옮긴 후 장제스가 김구와 김원봉에게 합작을 권했던 내용이 담겨 있다. ③ 1940년대 화북 지역으로 이동하지 않은 조선 의용대 세력은 김원봉의 지휘 아래 대한민국 임시 정부 산하 군대인 한국광복군에 합류하였다. 이를 통해 한국광복군의 전력이 강화되었다.

(오답 피하기) ① 일본군의 경복궁 기습 점령 등을 규탄하며 재봉기한

동학 농민군은 서울로 북상하던 중 우금치 전투에서 일본군 및 관군에 맞서 싸웠으나 패하였다.

② 양헌수는 1866년 병인양요 당시 정족산성에서 프랑스군을 물리쳤다.

④ 1907년 대한 제국 군대가 강제 해산되자 일부 해산 군인들이 정미의병에 가담하여 의병 투쟁의 규모가 확대되었다.

⑤ 구식 군인들은 별기군과의 차별 대우와 정부의 개화 정책에 반발하여 일본 공사관과 궁궐을 습격하는 등 봉기를 일으켰고, 여기에 도시 하층민도 동참하였다.

04
조선 독립 동맹의 활동 이해

정답 찾기 (가) 단체는 조선 독립 동맹이다. ⑤ 김두봉 등 사회주의자들이 중심이 되어 결성된 조선 독립 동맹은 일제의 패망에 대비하여 민주 공화국 수립을 목표로 한 강령을 발표하는 등 건국을 준비하였다.

오답 피하기 ① 독립 협회는 1898년에 만민 공동회를 개최하여 이권 수호 운동 등을 전개하였다.

② 국내외 노동 단체들은 1929년에 일어난 원산 총파업을 지원하였다.

③ 대한민국 임시 정부는 외교 활동을 위해 미국에 구미 위원부를 설치하였다.

④ 1920년대 초반에 조직된 조선 민립 대학 기성회를 중심으로 민립 대학 설립 운동이 전개되었다.

본문 179~181쪽

대단원 종합 문제

01 ①　02 ③　03 ②　04 ③　05 ③
06 ⑤　07 ③　08 해설 참조　09 ④
10 ③　11 해설 참조　12 ④

01
무단 통치기의 사실 파악

정답 찾기 자료는 일제 무단 통치기에 있었던 사실이다. 일제는 1912년 조선 태형령을 제정하여 한국인에게만 태형을 가하였다. ① 무단 통치 시기에 일제는 일반 관리와 교사들에게 제복을 입게 하고 칼을 차게 하여 강압적인 분위기를 만들었다.

오답 피하기 ② 독립 협회는 1898년 만민 공동회를 개최하여 열강의 이권 침탈 등을 규탄하였다.

③ 조선 형평사는 1923년에 조직되어 백정에 대한 사회적 차별 철폐를 목적으로 형평 운동을 전개하였다.

④ 1920년대 후반 전개된 민족 유일당 운동의 결과 신간회가 결성되었다.

⑤ 1941년 일본의 하와이 진주만 기습으로 아시아·태평양 전쟁이 본격화되었다.

02
치안 유지법과 국가 총동원법 제정 시기 사이의 사실 파악

정답 찾기 (가)는 1925년에 제정된 치안 유지법, (나)는 1938년에 제정된 국가 총동원법이다. ③ 6·10 만세 운동은 1926년에 일어났다.

오답 피하기 ① 일제는 1944년에 징병제를 실시해 한국인을 전쟁터로 끌고 갔다.

② 무단 통치 시기인 1910년대에 삼림령이 제정되었다.

④ 국가 총동원법 제정 이후 일제는 놋그릇 등 금속 제품을 강제로 공출하였다.

⑤ 1919년 상하이에 대한민국 임시 정부가 수립되었다.

03
토지 조사 사업의 결과 파악

정답 찾기 (가)는 토지 조사 사업이다. 토지 소유자가 자신의 토지를 신고하면 임시 토지 조사국에서 그 내용을 확인하고 소유권을 인정해 주었다. ㄱ. 토지 조사 사업으로 지주의 권한이 강화되었다. ㄷ. 토지 조사 사업 당시 토지의 소유권만을 확정하였고, 소작농의 경작 관행은 부정되었다.

오답 피하기 ㄴ. 산미 증식 계획 과정에서 일제의 정책에 따라 전국에 수리 조합이 확산되었다.

ㄹ. 산미 증식 계획 과정에서 일본으로의 쌀 이출량이 늘어나면서 국내 쌀 부족 현상이 일어났다. 이에 조선 총독부는 만주에서 잡곡을 수입하여 이를 해결하려고 하였다.

04
산미 증식 계획의 영향 이해

정답 찾기 자료는 산미 증식 계획 과정에서 나타난 쌀 생산량과 쌀의 일본 이출량 추이를 나타낸 것이다. ③ 산미 증식 계획으로 쌀 생산량은 증가하였으나 미곡 상인들이 일본으로 이출하는 쌀의 양은 점차 증가하였다.

오답 피하기 ① 1910년에 일제는 민족 자본의 성장을 억제하기 위해 회사령을 제정하였다.

② 경제 대공황으로 보호 무역이 강화되는 상황에서 일제는 방직 산업의 원료를 안정적으로 확보하기 위해 한반도에서 남면북양 정책을 실시하였다.

④ 대공황의 영향으로 농민 생활이 어려워지자 일제는 1932년부터 농촌 진흥 운동을 전개하였다.

⑤ 회사령 폐지 이후 일제의 경제 침탈에 맞서 민족 산업을 육성하기 위해 물산 장려 운동이 전개되었다.

05
1910년대 국내 민족 운동 이해

(정답 찾기) 1910년대 국내의 독립운동 세력은 일제의 무단 통치에 맞서 국권 회복을 목표로 비밀 결사를 결성하였다. ③ 임병찬 등이 참여한 독립 의군부와 박상진 등이 결성한 대한 광복회가 이 시기 대표적인 단체이다.

(오답 피하기) ① 경학사는 삼원보에서 만들어진 자치 기구이다.
② 만주에서 대종교의 주도로 중광단이 만들어졌다.
④ 미주 지역에서는 안창호 등이 대한인 국민회를 조직하였다.
⑤ 삼원보에서는 독립군 양성을 위해 신흥 강습소가 설립되었다.

06
대한민국 임시 정부의 활동 이해

(정답 찾기) (가)는 임시 정부 통합의 결과 상하이에서 만들어진 대한민국 임시 정부이다. 대한민국 임시 정부는 비밀 행정 조직인 연통제를 운영하고 통신 기관인 교통국을 설치하였으며, 독립운동 자금 마련을 위해 독립 공채를 발행하였다. 또한 외교 활동에도 주력하여 미국에 구미 위원부를 설치해 미국, 유럽 등을 상대로 외교를 담당하게 하였다. 1940년에는 충칭에 정착하고 중국 국민당의 지원을 받아 한국광복군을 창설하였다. ⑤ 제1차 국공 합작의 영향으로 민족 유일당 운동이 전개되었다.

07
미쓰야 협정의 이해

(정답 찾기) 자료는 미쓰야 협정 체결 이후 독립군이 만주 군벌에 의해 어려움을 겪는 상황을 나타낸 것이다. ③ 미쓰야 협정에 따라 만주 군벌들은 독립군을 일본 경찰에 인도하는 조건으로 보상금을 받았다. 미쓰야 협정 체결 이후 만주에서 활동하던 독립군은 크게 위축되었다.

(오답 피하기) ① 청산리 대첩을 전후하여 일본군은 독립군의 근거지를 없애기 위해 간도 참변을 저질렀다.
② 일본군을 피해 자유시로 이동한 독립군 세력은 내부의 지휘권 분쟁과 러시아 적군의 무장 해제 요구 등이 원인이 되어 자유시 참변을 겪었다.
④ 3부 통합 운동의 결과 남만주에 국민부가, 북만주에 혁신 의회가 만들어졌다. 국민부는 군사 조직으로 조선 혁명군을 창설하였다.
⑤ 미쓰야 협정으로 타격을 받은 독립군은 3부 통합 운동을 전개하였다.

08
물산 장려 운동의 배경 이해

(문제 접근) 자료는 물산 장려 운동에 관한 것이다. 조선 물산 장려회는 '내 살림 내 것으로', '조선 사람 조선 것' 등의 구호를 내세우며 토산품 애용 등을 주장하였다.

(예시 답안) 1920년 회사령 폐지를 전후하여 한국인의 회사 설립이 활발해졌으나, 일본 기업의 진출이 늘어나면서 한국 기업은 어려움을 겪게 되었다. 또 일부 상품을 제외하고 일본 상품의 관세를 없애려 하자 민족 산업과 자본을 보호하기 위해 물산 장려 운동이 전개되었다.

평가 기준	
상	회사령 폐지 이후 경제 상황과 관세 철폐 움직임을 명확히 쓴 경우
중	회사령 폐지 이후 경제 상황과 관세 철폐 움직임을 서술하였으나 내용이 다소 미흡한 경우
하	회사령 폐지와 관세 철폐 움직임 중 하나만 쓴 경우

09
신간회의 활동 이해

(정답 찾기) (가) 단체는 신간회이다. ④ 신간회는 광주 학생 항일 운동에 진상 조사단을 파견하고 민중 대회를 준비하던 중 지도부 대부분이 구속되었다. 이후 새로 들어선 지도부가 일제에 타협적인 모습을 보이자 일부 사회주의자를 중심으로 신간회를 해소하자는 주장이 제기되었다.

(오답 피하기) ① 정우회 선언의 영향으로 1927년 신간회가 창설되었다.
② 1942년 일어난 조선어 학회 사건으로 조선어 학회가 사실상 해산되었다.
③ 6·10 만세 운동은 1926년에 일어났다. 6·10 만세 운동의 영향을 받아 신간회가 창설되었다.
⑤ 1925년 사회주의 계열 학생들이 주도하여 조선 학생 과학 연구회가 설립되었다.

10
박은식의 활동 이해

(정답 찾기) 자료는 박은식이 작성한 글이다. ③ 박은식은 『한국통사』, 『한국독립운동지혈사』 등의 책을 저술하였고 민족혼을 강조하였다. 국민 대표 회의 결렬 이후 대한민국 임시 정부의 제2대 대통령으로 추대되었다.

(오답 피하기) ① 조소앙의 삼균주의에 기반해 대한민국 임시 정부의 건국 강령이 작성되었다.
② 백남운은 유물 사관을 바탕으로 일본의 정체성론을 비판하였다.
④ 조선어 학회는 표준어 및 외래어 표기법 통일안을 제정하였다.
⑤ 신채호는 「독사신론」을 저술해 민족주의 사학의 방향을 제시하였다.

11

만주 사변 이후 한중 연합 작전 이해

문제 접근 자료는 만주 사변 이후 한중 연합 작전에 관한 것이다. 만주 사변 이후 한국 독립군 등은 중국인과 함께 무장 투쟁을 전개하였다.

예시 답안 1931년 일제가 만주 사변을 일으키자 만주에서 활동하고 있던 독립군은 항일 중국군과 연합하여 무장 투쟁을 전개하였다. 북만주에서는 지청천이 이끄는 한국 독립군이 중국군과 함께 쌍성보 전투와 대전자령 전투 등에서 승리를 거두었다.

평가 기준	
상	만주 사변 이후 한중 연합 작전을 설명하고, 전투의 명칭을 정확히 서술한 경우
중	만주 사변 이후 한중 연합 작전을 설명하고, 전투의 명칭을 서술하였지만 내용이 다소 미흡한 경우
하	만주 사변과 쌍성보·대전자령 전투의 명칭만 서술한 경우

12

한국광복군의 활동 파악

정답 찾기 (가) 군사 조직은 한국광복군이다. ④ 한국광복군은 미국 전략 정보국[OSS]의 도움을 받아 국내 진공 작전을 준비하였다. 또 미얀마·인도 전선에 일부 부대원을 파견하여 일본군 포로에 대한 심문, 정보 수집 등의 활동을 펼쳤다.

오답 피하기 ① 김좌진의 북로 군정서 등이 1920년 청산리 대첩에 참여하였다.
② 정미의병 시기에 이인영을 총대장으로 하는 13도 창의군이 결성되었다.
③ 만주 사변 이후 조선 혁명군은 중국군과 함께 영릉가 전투에서 승리를 거두었다.
⑤ 조선 의용대의 일부 부대원이 화북 지방으로 이동해 조선 의용대 화북 지대로 편성되었다가 이후 조선 의용군으로 개편되었다.

본문 182~183쪽

수능 유형 문제

01 ③	02 ③	03 ④	04 ②	05 ④
06 ②	07 ⑤	08 ①		

01

무단 통치 시기의 사실 이해

정답 찾기 자료는 일제의 무단 통치기에 제정된 범죄 즉결례이다. ③ 이 시기 헌병 경찰이 치안을 담당하였다.

오답 피하기 ① '문화 정치' 시기에 부·면 협의회가 설치되었다.
② 1943년 일제는 전쟁에 학생들을 동원하기 위하여 학도 지원병제를 마련하였다.
④ 중일 전쟁 이후 일제는 한반도에 병참 기지화 정책을 본격화하였다.
⑤ '문화 정치' 시기에 제2차 조선 교육령이 발표되었다.

02

산미 증식 계획의 영향 이해

정답 찾기 자료는 산미 증식 계획의 영향으로 국내의 쌀이 부족해지는 상황에서 이를 해결하고자 만주산 잡곡의 수입이 증가하는 상황을 나타내고 있다. ③ 일제는 일본 내 쌀값이 폭등하고 심각한 쌀 부족 현상이 나타나자 한국에서 산미 증식 계획을 실시하였다.

오답 피하기 ① 중일 전쟁을 일으킨 일제는 전쟁에 필요한 인적·물적 자원을 수탈하기 위해 1938년에 국가 총동원법을 제정하였다.
② 일제는 식민 통치에 필요한 자금을 안정적으로 확보하기 위해 1910년대에 토지 조사 사업을 실시하였다.
④ 대공황의 영향으로 농민 생활이 어려워지자, 1932년부터 일제는 농촌 진흥 운동을 전개하였다.
⑤ 1920년 회사령이 폐지되면서 회사 설립이 신고제로 바뀌었다.

03

3·1 운동 시기의 사실 파악

정답 찾기 밑줄 친 '이 운동'은 1919년에 전개된 3·1 운동이다. ④ 3·1 운동 과정에서 일제는 화성 제암리 등에서 무자비한 학살을 저지르기도 하였다.

오답 피하기 ① 신간회는 1927년에 창설되었다.
② 암태도의 농민들은 고율의 소작료에 맞서 1923년 소작 쟁의를 일으켰다.
③ 1923년 대한민국 임시 정부의 방향성을 놓고 국민 대표 회의가 개최되었다.
⑤ 1925년 사회주의 계열의 학생들을 중심으로 조선 학생 과학 연구회가 조직되었다.

04

국민 대표 회의 개최 시기 파악

정답 찾기 자료는 1923년 개최된 국민 대표 회의 당시 각 진

영에서 제기한 주장이다. 국민 대표 회의는 개조파와 창조파의 대립으로 성과를 거두지 못하고 결렬되었다. ② 파리 강화 회의 개최는 1919년, 치안 유지법 제정은 1925년의 사실이다.

05

봉오동 전투와 영릉가 전투 시기 사이의 사실 파악

정답 찾기 (가)는 1920년 봉오동 전투, (나)는 1932년 조선 혁명군의 영릉가 전투이다. ㄴ. 미쓰야 협정은 1925년에 체결되었고, ㄹ. 참의부는 1924년에 성립되었다.

오답 피하기 ㄱ. 조선 의용대는 김원봉의 주도로 1938년 창설되었다. ㄷ. 1941년 일본군의 하와이 진주만 기습으로 아시아·태평양 전쟁이 발발하였다.

06

신간회 창설의 배경 파악

정답 찾기 자료는 3·1 운동 이후 제기된 자치론이다. ② 자치론의 등장에 위기의식을 느낀 비타협적 민족주의 세력은 정우회 선언을 계기로 사회주의 세력과 연대해 신간회를 창설하였다.

오답 피하기 ① 미국 대통령 윌슨의 민족 자결주의, 일본 유학생의 2·8 독립 선언 등의 영향을 받아 3·1 운동이 일어났다. ③ 일제가 조작한 105인 사건으로 신민회가 와해되었다. ④ 1942년 조선어 학회 사건의 결과 조선어 학회가 사실상 해산하였다. ⑤ 서재필 등이 정부 관료와 함께 독립 협회를 창립하였다.

07

의열단의 활동 이해

정답 찾기 (가) 단체는 의열단이다. 김익상은 조선 총독부에, 나석주는 동양 척식 주식회사에 폭탄을 투척하였다. ⑤ 의열단은 신채호가 작성한 「조선 혁명 선언」을 활동 지침으로 삼아 의열 투쟁을 전개하였다.

오답 피하기 ① 정미의병 시기에 결성된 13도 창의군은 서울 진공 작전을 전개하였다. ② 고종의 밀명을 받아 임병찬 등이 참여한 독립 의군부가 조직되었다. ③ 만주 사변 이후 한국 독립군은 중국군과 함께 대전자령 전투에서 승리를 거두었다. ④ 중국 국민당의 지원을 받아 조선 의용대와 한국광복군이 창설되었다.

08

1941년의 사실 파악

정답 찾기 자료는 1941년 대한민국 임시 정부가 발표한 건국

강령이다. 조소앙의 삼균주의를 바탕으로 한 건국 강령에는 보통 선거에 기초한 민주 공화국의 건설, 토지와 주요 산업의 국유화 등의 내용이 담겼다. ① 1941년 조선 의용대 화북 지대가 조직되어 일본군에 맞섰다.

오답 피하기 ② 1935년 난징에서 민족 혁명당이 창립되었다. ③ 1932년 한국 독립군은 중국군과 함께 쌍성보 전투에서 승리를 거두었다. ④ 1944년 조선 건국 동맹은 건국 강령을 발표하였다. ⑤ 1932년 한인 애국단원 이봉창은 일왕의 마차에 폭탄을 투척하였다.

Ⅱ 대한민국의 발전

01 냉전 체제와 대한민국 정부 수립

개념 체크 문제 ——————— 본문 187쪽

❶ ○ ❷ × ❸ ○ ❹ × ❺ 여운형 ❻ 이북 ❼ 모스크바 ❽ 우익 ❾ 공화국 ❿ 이승만 ⓫ 2 ⓬ 남한

——————— 본문 189쪽

❶ × ❷ × ❸ × ❹ ○ ❺ ○ ❻ 평양 ❼ 이승만 ❽ 3 ❾ 제주 ❿ 반민족 행위 특별 조사 위원회(반민 특위) ⓫ 유상 ⓬ 귀속 재산

본문 190~191쪽

기본 문제

01 ④ 02 ③ 03 ③ 04 ③ 05 ②
06 ② 07 ② 08 ①

01

조선 건국 준비 위원회의 활동 파악

정답 찾기 자료는 조선 건국 준비 위원회에 대한 것이다. ④ 여운형이 광복 직후 결성한 조선 건국 준비 위원회는 치안대를 두고 질서를 유지하였다.

오답 피하기 ① 조선 의용대는 1938년 김원봉 주도로 창설되었다. ② 1920년 독립군 연합 부대가 봉오동 전투에서 승리하였다. ③ 1941년 대한민국 임시 정부는 삼균주의를 바탕으로 대한민국 건국 강령을 발표하였다. ⑤ 제헌 국회는 친일파 청산을 위해 반민족 행위 특별 조사 위원회를 조직하였다.

02
모스크바 3국 외상 회의의 결정 사항 파악

(정답 찾기) 밑줄 친 '이번 회의'는 1945년에 열린 모스크바 3국 외상 회의이다. 여기에서 민주주의 임시 정부의 수립과 이를 위한 미소 공동 위원회의 설치, 신탁 통치에 관한 협약 작성 등이 결정되었다.

(오답 피하기) ㄱ. 대한민국 건국 강령 등에 해당한다.
ㄹ. 좌우 합작 7원칙의 내용이다.

03
좌우 합작 위원회의 활동 파악

(정답 찾기) 밑줄 친 '이 단체'는 좌우 합작 위원회이다. ③ 여운형, 김규식 등 중도 세력이 주도하여 결성한 좌우 합작 위원회는 좌우 합작 7원칙을 발표하였다.

(오답 피하기) ① 한인 애국단은 대한민국 임시 정부의 침체를 극복하기 위해 조직되었다.
② 한국광복군이 미국 전략 정보국[OSS]과 연합하여 국내 진공 작전을 추진하였다.
④ 동북 항일 연군의 한국인 부대가 1937년 국경을 넘어 보천보를 공격하였다.
⑤ 의열단은 신채호의 「조선 혁명 선언」을 활동 지침으로 삼아 활동하였다.

04
남북 협상의 결과 이해

(정답 찾기) 자료는 1948년의 남북 협상에 대한 것이다. 남북 협상의 결과 외국 군대의 즉시 철수, 남북 간 내전 금지, 남한만의 단독 선거 반대, 선거를 통한 통일 정부 수립 등을 담은 공동 성명서가 발표되었다.

(오답 피하기) ㄱ. 토지 개혁은 북한에서 실시되었다.
ㄹ. 좌우 합작 7원칙에 해당한다.

05
5·10 총선거의 특징과 의의 이해

(정답 찾기) 자료는 1948년에 실시된 5·10 총선거에 대한 것이다. ② 5·10 총선거 결과 제헌 국회가 구성되었다.

(오답 피하기) ① 헌의 6조는 관민 공동회에서 채택되었다.
③ 대한국 국제는 1899년에 제정되었다.
④ 조선 건국 동맹은 1944년 여운형 등이 결성하였다.
⑤ 제헌 국회에서 이승만을 대통령으로 선출하였다.

06
1948년의 정세 파악

(정답 찾기) 1948년 2월 유엔 소총회에서 선거가 가능한 지

역, 즉 남한만의 총선거를 결의하였다. 이에 따라 5·10 총선거가 실시되었고 대한민국 정부가 수립되었다. 이후 1948년 10월 여수·순천 10·19 사건이 일어났다.

(오답 피하기) ① 1945년에 포츠담 선언이 발표되었다.
③ 1945년 미국과 소련이 38도선을 설정하였다.
④ 1945년 12월에 모스크바 3국 외상 회의가 열렸다.
⑤ 소련이 유엔 한국 임시 위원단의 입북을 거부한 후 유엔 소총회에서 남한만의 총선거를 결의하였다.

07
반민 특위의 활동 파악

(정답 찾기) ② 대한민국 정부 수립 이후 경찰이 반민 특위를 습격하는 등 이승만 정부는 반민 특위의 활동에 비협조적이었다. 그 결과 반민 특위의 활동이 조기 종료되었다.

(오답 피하기) ① 조선 인민 공화국 수립 선포 이후 조선 건국 준비 위원회의 지부가 인민 위원회로 개편되었다.
③ 좌우 합작 위원회는 정부 수립 이전에 조직되었다.
④ 재미 한족 연합 위원회는 1941년에 결성되었다.
⑤ 조선 건국 준비 위원회는 광복 직후에 결성되었다.

08
농지 개혁의 내용 이해

(정답 찾기) 유상 매수·유상 분배 원칙에 따른 농지 개혁의 결과 소작지가 줄고 자작지가 늘어났다. ① 정부는 지가 증권을 발급하여 농지를 매입하였고 농민에게 유상 분배하였다.

(오답 피하기) ② 토지 조사령은 1912년에 제정되었다.
③ 일제는 1920년 회사령을 폐지하였다.
④ 농촌 진흥 운동은 일제가 추진하였다.
⑤ 산미 증식 계획은 일제가 자국의 쌀 부족 문제를 해결하기 위해 실시하였다.

서술형 문제
본문 192쪽

Step1 핵심 키워드 파악하기

01
제1차 미소 공동 위원회의 미소 대립 양상 이해

(예시 답안) 미국은 (신탁) 통치 반대를 주장하는 세력을 포함시키려 한 반면, 소련은 (모스크바 3국 외상) 회의를 지지하는 세력만 참여시키자고 주장하였다.

02

남북 협상의 배경 파악

<예시 답안> 1948년 2월 유엔 (소총회)에서 유엔 한국 임시 위원단의 접근이 가능한 지역의 총선거를 결의하여 (남한)만의 단독 선거가 결정되자, (김구)이/가 이를 발표하며 북한 지도자와의 (남북 협상)을/를 추진하였다.

Step2   스스로 답안 작성하기

03

5·10 총선거의 특징 파악

<문제 접근> 자료는 5·10 총선거에 대한 것이다.

(1) 제헌

(2) <예시 답안> 5·10 총선거를 앞두고 제주 4·3 사건의 여파로 제주도 3곳 선거구 중 2곳의 선거가 무효화되었다.

평가 기준	
상	제헌을 정확히 쓰고, 5·10 총선거와 제주 4·3 사건의 영향을 명확하게 서술한 경우
중	제헌을 정확히 쓰고, 제주 4·3 사건의 영향만 서술한 경우
하	제헌을 정확히 쓰고, 5·10 총선거만 서술한 경우

04

농지 개혁의 방식과 성과 이해

<문제 접근> 자료는 제헌 국회가 제정한 농지 개혁법이다.

(1) 농지 개혁법

(2) <예시 답안> 유상 매수·유상 분배의 방식으로 진행된 농지 개혁의 결과 농민 중심의 농지 소유가 확립되었다.

평가 기준	
상	농지 개혁법을 정확히 쓰고, 농지 개혁의 방식과 성과를 모두 서술한 경우
중	농지 개혁법을 정확히 쓰고, 농민 중심의 농지 소유만 서술한 경우
하	농지 개혁법을 정확히 쓰고, 유상 매수·유상 분배의 방식만 서술한 경우

본문 193쪽

1등급 도전 문제

01 ④   02 ⑤   03 ⑤   04 ②

01

조선 건국 준비 위원회의 활동 파악

<정답 찾기> 자료는 조선 건국 준비 위원회의 강령이다. ④ 조선 건국 준비 위원회는 미군 주둔을 앞두고 조선 인민 공화국 수립을 선포하였다.

<오답 피하기> ① 대한민국 임시 정부에 해당한다.

② 제헌 국회에 해당한다.

③ 김구, 이승만 등 우익에 해당한다.

⑤ 이승만의 정읍 발언 등에 해당한다.

02

유엔 총회의 결의 시기 파악

<정답 찾기> ⑤ 제2차 미소 공동 위원회 결렬 이후 유엔 총회에서 인구 비례에 의한 총선거와 유엔 한국 임시 위원단의 설치를 결의하였다. 하지만 소련이 유엔 한국 임시 위원단의 입북을 거부하였고, 유엔 소총회에서 남한만의 총선거가 결의되었다. 이에 따라 1948년 5·10 총선거가 실시되어 헌법이 제정되었고, 대한민국 정부가 수립되었다.

03

제헌 국회의 활동 이해

<정답 찾기> 밑줄 친 '이 국회'는 제헌 국회이다. ⑤ 제헌 국회는 반민족 행위 처벌법을 제정하고 반민 특위의 활동을 주도하였다.

<오답 피하기> ① 독립 협회가 주도한 관민 공동회에 해당한다.

② 대한민국 임시 정부에 해당한다.

③ 대한민국 임시 정부가 1923년 국민 대표 회의를 개최하였다.

④ 좌우 합작 위원회에 해당한다.

04

농지 개혁법 이해

<정답 찾기> 자료는 농지 개혁법이다. ② 농지 개혁법은 3정보 초과 농지를 대상으로 정부가 지가 증권을 발행하여 매입하고, 이를 농민에게 분배하였다. 그리고 농지를 분배받은 농민은 평년작의 1.5배를 5년간 나누어 상환하도록 하였다.

02 6·25 전쟁과 남북 분단의 고착화

개념 체크 문제

본문 195쪽

❶ ○ ❷ × ❸ × ❹ × ❺ ○ ❻ 낙동강 ❼ 북한

❽ 비무장 ❾ 북진 ❿ 일본 ⓫ ㄷ-ㄹ-ㄱ-ㄴ

본문 197쪽

❶ × ❷ × ❸ ○ ❹ ○ ❺ × ❻ 2 ❼ 직선 ❽ 조봉암 ❾ 민주당 ❿ 발췌 ⓫ 민주당 ⓬ 삼백

기본 문제

본문 198쪽

01 ② 02 ② 03 ④ 04 ④

01
6·25 전쟁 전의 국제 정세 파악

정답 찾기 (가)에는 미국에 대한 내용이 들어가야 한다. ② 1950년 1월 미국 국무 장관 애치슨은 한반도와 타이완을 미국의 태평양 방위선에서 제외한다고 발표하였다(애치슨 선언).

오답 피하기 ① 일제는 만주 침략을 감행하였다.
③ 소련은 광복 후 38도선 이북을 간접 통치하였다.
④ 중국 국민당이 조선 의용대 결성을 지원하였다.
⑤ 소련이 유엔 한국 임시 위원단의 입북을 거부하였다.

02
6·25 전쟁 당시의 상황 파악

정답 찾기 밑줄 친 '전쟁'은 1950년에 일어난 6·25 전쟁이다. 북한군의 남침으로 6·25 전쟁이 일어나자 유엔은 유엔군의 파병을 결의하였다. 1953년 유엔군 사령관, 중국과 북한군 대표가 정전 협정을 체결하였다.

오답 피하기 ㄴ. 영릉가 전투는 1930년대 초반에 일어났다.
ㄹ. 1940년대 한국광복군이 미국 전략 정보국[OSS]과 연합하여 국내 진공 작전을 준비하였다.

03
사사오입 개헌의 이해

정답 찾기 자료는 1954년의 사사오입 개헌이다. ④ 본래 개헌안이 부결되었으나 자유당은 이를 사사오입의 논리를 앞세워 통과시켰다.

오답 피하기 ① 임시 수도인 부산에서 발췌 개헌안이 통과되었다(발췌 개헌).
② 6·25 전쟁 중인 1952년에 발췌 개헌이 이루어졌다.
③ 진보당 사건은 1950년대 후반에 일어났다.
⑤ 5·10 총선거 결과 1948년 제헌 국회가 구성되었다.

04
삼백 산업의 발달 배경 이해

정답 찾기 (가)는 삼백 산업이다. ④ 6·25 전쟁 이후 미국의 원조 물자를 가공하는 삼백 산업이 발달하였다.

오답 피하기 ① 농지 개혁법은 1949년에 제정되었다.
② 회사령은 1920년 일제가 폐지하였다.
③ 일제는 1910년대에 토지 조사 사업을 실시하였다.
⑤ 국가 총동원법은 일제가 1938년에 제정하였다.

서술형 문제

본문 199쪽

Step1 핵심 키워드 파악하기

01
애치슨 선언의 영향 이해

예시 답안 자료는 미 국무 장관 (애치슨)이/가 발표한 미국의 태평양 방위선이다. 여기에서 (한반도)와/과 타이완 등이 배제되었고, 이는 북한이 (6·25) 전쟁을 감행하는 데 영향을 끼쳤다.

Step2 스스로 답안 작성하기

02
이승만 정부의 장기 집권 이해

문제 접근 6·25 전쟁 이후 이승만 정부는 반공주의를 앞세워 독재 체제를 강화하였다.

(1) 조봉암
(2) 예시 답안 이승만 정부는 국가 보안법을 개정하고, 정부에 비판적인 경향신문을 폐간하며 독재 체제를 강화하였다.

평가 기준	
상	조봉암을 정확히 쓰고, 국가 보안법 개정과 경향신문 폐간 등 두 가지를 서술한 경우
중	조봉암을 정확히 쓰고, 사례를 한 가지만 서술한 경우
하	조봉암만 정확히 쓴 경우

1등급 도전 문제

본문 199쪽

01 ③ 02 ⑤

01
6·25 전쟁의 전개 과정 이해

정답 찾기 자료는 6·25 전쟁 당시의 전선 변화를 나타낸 것이다. ③ 6·25 전쟁 초기 국군과 유엔군은 낙동강 방어선을 구축하였다(㉠). 이후 인천 상륙 작전에 성공한 국군과 유엔군은 38도선을 돌파하여 압록강까지 진출하였다(㉡).

오답 피하기 ① ㉡ 이후 중국군의 개입으로 서울을 다시 빼앗겼다. ② 국군과 유엔군이 38도선을 넘어 북진하자 중국군이 개입하였다. ④ 정전 회담은 ㉡ 이후부터 시작되었다. ⑤ 정전 협정 체결 이후 한미 상호 방위 조약이 맺어졌다.

02
6·25 전쟁 이후 사회 변화 파악

정답 찾기 ⑤ 6·25 전쟁 이후 서울, 부산 등 도시 인구가 증가하였으며, 초등학교 의무 교육이 본격적으로 실시되고 입학생 수가 증가하는 등 교육열이 고조되었다. 또한 여성의 사회적 역할이 증대되었으며, 미국 문화가 확산되었다.

오답 피하기 ① 3·1 운동 이후 일제가 '문화 정치'를 표방하였다. ② 전후 복구 과정에서 삼백 산업이 발달하였다. ③ 1949년 귀속 재산 처리법이 제정되어 일본인이 남기고 간 재산이 민간에 매각되었다. ④ 미군정 시기에는 초등학교 의무 교육이 실시되지 않았다.

03 민주화를 위한 노력

개념 체크 문제
본문 201쪽

❶ ○ ❷ × ❸ ○ ❹ × ❺ 이기붕 ❻ 양원 ❼ 민주당 ❽ 경무대 ❾ 비상계엄 ❿ 윤보선 ⓫ 5·16

본문 203쪽

❶ ○ ❷ × ❸ ○ ❹ ○ ❺ 민주 공화당 ❻ 미국 ❼ 간접 ❽ 김대중 ❾ 3선 ❿ 6 ⓫ 닉슨

본문 205쪽

❶ × ❷ × ❸ ○ ❹ ○ ❺ 서울 ❻ 광주 ❼ 김영삼 ❽ 최규하 ❾ 신군부 ❿ 전남도청 ⓫ 유네스코

본문 207쪽

❶ × ❷ ○ ❸ × ❹ ○ ❺ 대통령 선거인단 ❻ 신한 민주당 ❼ 이한열 ❽ 노태우 ❾ 보도 ❿ 4·13 ⓫ 박종철

기본 문제

01 ④	02 ③	03 ①	04 ①	05 ②
06 ⑤	07 ③	08 ②	09 ⑤	10 ④
11 ③	12 ④			

01
3·15 부정 선거의 영향 이해

정답 찾기 ④ 1960년에 자행된 3·15 부정 선거는 4·19 혁명이 일어나는 도화선이 되었다.

오답 피하기 ① 진보당 사건은 1950년대 후반에 일어났다. ② 경향신문은 1959년에 폐간되었다. ③ 제헌 국회는 1948년에 구성되었다. ⑤ 장면 내각은 1961년 5·16 군사 정변으로 무너졌다.

02
4·19 혁명의 전개 이해

정답 찾기 자료는 4·19 혁명 당시의 상황이다. ③ 1960년 4월 25일 대학교수들이 이승만 대통령 퇴진 등을 요구하며 시위에 나섰고, 이튿날 이승만이 대통령직에서 사임하였다.

오답 피하기 ① 1945년 모스크바 3국 외상 회의의 결정 사항에 대한 반응에 해당한다. ② 남북 협상 당시 발표된 공동 성명서 등에 해당한다. ④ 대통령 선거인단은 1980년의 개헌으로 구성되었다. ⑤ 1947년에 열린 유엔 총회의 결의 사항이다.

03
4·19 혁명의 결과 이해

정답 찾기 밑줄 친 '새 헌법'은 4·19 혁명 결과 단행된 것이다. 4·19 혁명의 결과 수립된 허정 과도 정부는 내각 책임제와 양원제 국회 구성을 주요 내용으로 하는 개헌을 단행하였다.

오답 피하기 ㄷ. 발췌 개헌 등에 해당한다. 4·19 혁명 결과 마련된 헌법은 대통령을 국회에서 선출하도록 규정하였다. ㄹ. 유신 헌법에 해당한다.

04
5·16 군사 정변 이후의 군정 이해

정답 찾기 밑줄 친 '우리'는 1961년 5·16 군사 정변을 일으킨 박정희 등 일부 군부 세력으로, 제시된 자료는 이들이 발표한 '혁명 공약'이다. 5·16 군사 정변을 일으킨 세력은 국가

재건 최고 회의를 설치하여 군정을 실시하였고, 중앙정보부를 설치하였다.

오답 피하기 ㄷ. 4·19 혁명 결과 치러진 총선에서 승리한 민주당이 윤보선을 대통령에 선출하였다.

ㄹ. 전두환 등 신군부가 5·18 민주화 운동을 진압하였다.

05
박정희 정부의 정책 파악

정답 찾기 밑줄 친 '정부'는 한일 협정을 체결한 박정희 정부이다. ② 박정희 정부는 미국의 요청을 받아들여 베트남에 국군을 파병하였다.

오답 피하기 ① 이승만 정부에 해당한다.

③ 장면 내각에 해당한다.

④ 모스크바 3국 외상 회의에 대한 우익의 반응에 해당한다.

⑤ 이승만 정부에 해당한다.

06
유신 체제의 성립 시기 파악

정답 찾기 ⑤ 1972년 7·4 남북 공동 성명의 발표로 통일에 대한 기대감이 고조되었다. 이런 상황에서 박정희 정부는 비상 계엄을 선포하고 유신 헌법을 제정하였다. 이후 제2차 인민 혁명당 사건(제2차 인혁당 사건) 등을 통해 유신 체제에 맞선 민주화 운동을 탄압하였다.

07
YH 무역 사건의 영향 이해

정답 찾기 ③ 회사의 일방적 폐업에 맞서 YH 무역의 노동자들은 신민당사에서 농성하였다. 하지만 경찰은 신민당사에 진입하여 이를 진압하였다. 이후 신민당 총재였던 김영삼이 정부를 강력히 비판하였고, 여당은 김영삼을 국회 의원직에서 제명하였다.

08
신군부의 활동 파악

정답 찾기 자료는 신군부의 퇴진을 요구하며 1980년 5월 15일에 열린 서울역 시위와 관련된 내용이다. 따라서 밑줄 친 '군부'는 신군부이다. ② 신군부는 삼청 교육대를 운영하였다.

오답 피하기 ① 박정희 등 5·16 군사 정변을 일으킨 세력은 '혁명 공약'을 발표하였다.

③ 사사오입 개헌은 이승만 정부 시기인 1954년에 이루어졌다.

④ 한미 상호 방위 조약은 6·25 전쟁 이후인 이승만 정부 시기에 체결되었다.

⑤ 박정희 정부가 한일 회담 반대 시위를 진압하고 한일 협정을 체결하였다.

09
5·18 민주화 운동 당시의 상황 파악

정답 찾기 자료는 1980년에 일어난 5·18 민주화 운동에 대한 것이다. ⑤ 5·18 민주화 운동 당시 광주 시민들은 시민 수습 대책 위원회를 조직하여 계엄군과 협상하였다.

오답 피하기 ① 1971년 등에 해당한다.

② 1947년 유엔 총회의 결의에 따라 유엔 한국 임시 위원단이 입국하였다.

③ 1949년 경찰이 반민 특위 사무실을 습격하였다.

④ 여운형과 김규식은 1946년 좌우 합작 위원회를 결성하였다.

10
전두환 정부의 유화 정책 파악

정답 찾기 자료는 전두환 정부의 수립과 정책에 대한 것이다. 전두환 정부는 야간 통행금지 폐지, 중고생의 두발 및 복장 자율화 등 유화 정책을 추진하였다.

오답 피하기 ㄱ. 이승만 정부가 반공을 앞세워 1950년대 후반 국가 보안법을 개정하여 반공 체제를 강화하였다.

ㄷ. 3·1 운동 이후 일제가 '문화 정치'를 표방하면서 동아일보와 조선일보가 창간되었다.

11
전두환의 활동 파악

정답 찾기 자료는 1987년 전두환이 발표한 4·13 호헌 조치이다. ③ 전두환은 1979년 12·12 군사 반란(12·12 사태)을 통해 권력을 장악하였고, 이후 대통령의 자리에 올랐다.

오답 피하기 ① 이승만은 정전 회담이 진행되던 당시에 반공 포로를 석방하였다.

② 유신을 단행한 박정희가 긴급 조치 1호를 발표하였다.

④ 5·16 군사 정변을 일으킨 박정희 등 군부 세력이 국가 재건 최고 회의를 설치하였다.

⑤ 김구와 김규식이 1948년 평양을 방문하여 남북 협상을 벌였다.

12
6월 민주 항쟁 이해

정답 찾기 자료는 1987년 6월 민주 항쟁 당시 발표된 것이다. 정부가 박종철 고문치사 사건의 진상을 은폐하려 하였다는 폭로는 6월 민주 항쟁의 도화선이 되었다. 또한 6월 민주 항쟁 과정에서 이한열이 경찰이 쏜 최루탄에 맞아 중태에 빠졌다.

오답 피하기 ㄱ. 여운형 암살 이후 좌우 합작 위원회의 활동이 위축되었다.

ㄷ. 김주열 시신의 발견은 4·19 혁명이 확산되는 계기가 되었다.

서술형 문제

Step1 핵심 키워드 파악하기

01
서울의 봄 당시의 민주화 요구 이해

예시 답안 1980년 (서울)의 봄을 대표하는 서울역 시위 당시 학생과 시민들은 (비상계엄) 해제, (유신) 헌법 폐지 등을 요구하였다.

02
6·29 민주화 선언의 배경과 내용 파악

예시 답안 (6월) 민주 항쟁의 결과 정부와 여당은 6·29 민주화 선언을 발표하여 대통령 (직선제) 개헌과 공명 정당한 선거 관리 등을 약속하였다.

Step2 스스로 답안 작성하기

03
장면 내각의 수립 파악

문제 접근 자료는 4·19 혁명 이후 장면 내각이 수립되는 과정에 대한 것이다.

(1) 민주당

(2) 예시 답안 허정 과도 정부는 내각 책임제와 양원제 국회 구성을 주요 내용으로 하는 개헌을 단행하였다.

평가 기준	
상	민주당을 정확히 쓰고, 내각 책임제와 양원제 국회를 모두 서술한 경우
중	민주당을 정확히 쓰고, 내각 책임제만 서술한 경우
하	민주당을 정확히 쓰고, 양원제 국회만 서술한 경우

04
유신 헌법의 특징 이해

문제 접근 자료는 1972년에 제정된 유신 헌법이다.

(1) 유신 헌법

(2) 예시 답안 유신 헌법에 따라 대통령에게 국회 의원 3분의 1 추천권, 국회 해산권, 법관 임명권, 긴급 조치권 등이 부여되었다.

평가 기준	
상	유신 헌법을 쓰고, 위 권한 중 세 가지를 서술한 경우
중	유신 헌법을 쓰고, 위 권한 중 두 가지만 서술한 경우
하	유신 헌법을 쓰고, 위 권한 중 한 가지만 서술한 경우

1등급 도전 문제

01 ⑤   02 ④   03 ①   04 ①   05 ④
06 ②   07 ②   08 ⑤

01
4·19 혁명의 특징 파악

정답 찾기 (가) 민주화 운동은 3·15 부정 선거에 맞서 전개된 1960년 4·19 혁명이다. 4·19 혁명 당시 이승만 정부는 비상 계엄을 선포하였지만 학생과 시민의 저항, 대학교수들의 퇴진 요구에 결국 이승만은 대통령직을 사임하였다.

오답 피하기 ㄱ. 5·10 총선거는 1948년에 실시되었다.
ㄴ. 1919년 3·1 운동의 결과 대한민국 임시 정부가 수립되었다.

02
장면 내각의 정책 이해

정답 찾기 자료는 4·19 혁명의 결과 1960년 수립된 장면 내각에 대한 것이다. ④ 장면 내각은 지방 자치제를 실시하였다.

오답 피하기 ① 이승만 정부에 의해 경향신문이 폐간되었다.
② 1952년 발췌 개헌이 단행되었다.
③ 1961년 5·16 군사 정변 이후 중앙정보부가 설치되었다.
⑤ 농지 개혁법은 1949년에 제정되었다.

03
박정희 정부 시기의 상황 파악

정답 찾기 (가)는 1961년의 5·16 군사 정변, (나)는 1966년의 브라운 각서 체결에 대한 것이다. ① 1964년 한일 회담을 규탄하며 6·3 시위가 일어났다.

오답 피하기 ② 닉슨 독트린은 1969년에 발표되었다.
③ 1960년 4·19 혁명 당시 경찰이 시위대에 발포하였다.
④ 1972년 유신 헌법 제정 이후 김대중이 일본에서 납치되는 사건이 발생하였다.
⑤ 유신 헌법 제정 이후 제2차 인혁당 사건 등으로 민주화 운동이 탄압받았다.

04
1972년의 상황 파악

정답 찾기 자료는 1972년의 상황을 다루고 있다. 1972년 7·4 남북 공동 성명이 발표된 이후 박정희 정부는 비상계엄을 선포하고 국회를 해산하였으며, 유신 헌법을 제정하였다.

오답 피하기 ㄷ. 1961년 5·16 군사 정변 세력이 '혁명 공약'을 발표하였다.

ㄹ. 5·16 군사 정변을 일으킨 세력이 1961년 국가 재건 최고 회의를 설치하고 군정을 실시하였다.

05
유신 체제 시기의 사회 상황 파악

정답 찾기 자료는 유신 체제에 맞서 1976년에 발표된 3·1 민주 구국 선언이다. ④ 유신 체제 시기에는 유신 헌법에 따라 대통령이 발표한 긴급 조치 위반으로 많은 시민들이 구속되는 등 고초를 겪었다.

오답 피하기 ① YH 무역 사건은 1979년에 일어났다.
② 3선 개헌은 1969년에 이루어졌다.
③ 전두환 정부 시기에 해당한다.
⑤ 윤보선은 1961년 대통령에 당선되었다.

06
5·18 민주화 운동 이해

정답 찾기 밑줄 친 '시위'는 5·18 민주화 운동이다. ② 계엄군의 무자비한 시위 진압에 격분한 광주 시민들은 시민군을 조직하여 맞섰으나 결국 진압당하였다.

오답 피하기 ① 신한 민주당은 1985년 창당되었다.
③ 한일 협정은 1965년에 체결되었다.
④ 남북 협상은 1948년에 전개되었다.
⑤ 모스크바 3국 외상 회의는 1945년에 개최되었다.

07
전두환 정부의 활동 파악

정답 찾기 자료는 전두환 정부에 대한 것이다. 전두환 정부는 언론사를 통폐합하고 삼청 교육대를 운영하는 등 강압적으로 통치하였다.

오답 피하기 ㄴ. 민주 공화당은 박정희 등이 창당하였다.
ㄹ. 국민 보도 연맹은 이승만 정부 시기에 조직되었다.

08
6월 민주 항쟁의 결과 이해

정답 찾기 자료는 1987년에 전개된 6월 민주 항쟁에 대한 것이다. ⑤ 6월 민주 항쟁의 결과 6·29 민주화 선언이 발표되었고, 대통령 직선제 개헌이 이루어졌다.

오답 피하기 ① 5·16 군사 정변은 1961년에 일어났다.
② 제주 4·3 사건은 1948년에 본격화되었다.
③ 6·10 국민 대회는 6월 민주 항쟁 시기에 개최되었다.
④ 4·13 호헌 조치를 비판하며 6월 민주 항쟁이 전개되었다.

04 산업화의 성과와 사회·환경 문제

개념 체크 문제
본문 215쪽

❶ ○ ❷ × ❸ × ❹ ○ ❺ 서독 ❻ 석유 ❼ 베트남 (베트남 전쟁) ❽ 저달러 ❾ 자조 ❿ 전태일 ⓫ 함평

본문 217쪽

❶ ○ ❷ × ❸ ○ ❹ ○ ❺ 낙동강 ❻ 이승만 ❼ 전두환 ❽ 경향신문 ❾ 장발 ❿ 동아일보

기본 문제
본문 218쪽

01 ④ **02** ④ **03** ⑤ **04** ③

01
박정희 정부의 경제 정책 파악

정답 찾기 ④ 박정희 정부는 1960년대 수출 주도형 경제 개발 계획을 추진하면서 노동 집약적인 산업을 육성하였다.

오답 피하기 ① 일제는 1920년 회사령을 폐지하였다.
② 8·3 조치는 1972년에 단행되었다.
③ 일제는 1938년 국가 총동원법을 제정하고 인적·물적 자원을 수탈하였다.
⑤ 귀속 재산 처리법은 이승만 정부 시기에 제정되었다.

02
제3, 4차 경제 개발 5개년 계획의 성과 파악

정답 찾기 ④ 박정희 정부는 1972년부터 제3, 4차 경제 개발 5개년 계획을 추진하면서 중화학 공업을 집중 육성하였고, 1977년 수출 100억 달러를 달성하였다.

오답 피하기 ① 일제가 미곡과 금속을 공출하였다.
② 1980년대 중반 무역 수지 흑자를 기록하였다.
③ 1970년 경부 고속 국도가 완공되었다.
⑤ 포항 종합 제철 공장은 제2차 경제 개발 5개년 계획 때부터 건설되기 시작하였다.

03
새마을 운동의 특징 이해

정답 찾기 (가) 운동은 1970년부터 시작된 새마을 운동이다. 근면, 자조, 협동을 구호로 한 새마을 운동은 도시와 직장으로

확대되었으나, 유신 체제 유지에 이용되었다는 비판을 받는다.

오답 피하기 ㄱ. 농지 개혁은 이승만 정부 시기부터 시작되었다.
ㄴ. 물산 장려 운동 등에 해당한다.

04
산업화에 따른 도시화의 문제 파악

정답 찾기 ③ 산업화가 진행되면서 도시 인구가 증가하였고, 이는 달동네, 판자촌이라 불리는 빈민촌의 형성을 가져왔다. 이에 따라 주택 문제가 대두하였는데, 광주 대단지 사건이 대표적이다.

오답 피하기 ① 대기 오염 등이 대표적이다.
② 전태일은 열악한 노동 환경을 비판하며 분신하였다.
④ 박정희 정부 시기 서독에 파견한 광부와 간호사들이 송금한 외화는 경제 개발 계획에 활용되었다.
⑤ 경제 성장 과정에서 재벌이 성장하였다.

서술형 문제
본문 219쪽

Step1 핵심 키워드 파악하기

01
환경 문제 극복 노력

예시 답안 정부는 1977년 (환경) 보전법을 제정하였고, 1980년에는 환경 문제 전담 기구인 (환경청)을/를 설치하였다. 또한 한국 공해 문제 연구소와 같은 (시민) 단체도 설립되었다.

Step2 스스로 답안 작성하기

02
3저 호황의 성과 파악

문제 접근 1980년대 한국 경제는 3저 호황을 누렸다.

(1) 3저 호황
(2) 예시 답안 3저 호황에 따라 수출이 증가하여 공식 무역 통계를 작성한 이래 처음으로 무역 수지 흑자를 달성하였다.

평가 기준	
상	3저 호황을 정확히 쓰고, 수출 증가와 무역 수지 흑자를 모두 서술한 경우
중	3저 호황을 정확히 쓰고, 무역 수지 흑자만 서술한 경우
하	3저 호황을 정확히 쓰고, 수출 증가만 서술한 경우

1등급 도전 문제
본문 219쪽

01 ④   02 ①

01
1970년 경제 상황의 파악

정답 찾기 자료는 1970년 경부 고속 국도 완공에 대한 것이다. ④ 경부 고속 국도는 제2차 경제 개발 5개년 계획이 추진되던 시기에 완공되었다.

오답 피하기 ① 프로 야구는 전두환 정부 시기인 1980년대 초반에 출범하였다.
② 일제 강점기에 화신 백화점이 세워졌다.
③ 낙동강 페놀 오염 사건은 1991년에 본격화되었다.
⑤ 반도체 등 기술 집약 산업은 1980년부터 본격적으로 성장하였다.

02
3저 호황의 성과 이해

정답 찾기 ① 1980년대 중반 우리 경제는 저유가, 저달러, 저금리의 3저 호황을 누리며 무역 수지 흑자를 달성하였다.

오답 피하기 ② 경원선은 일제 강점기인 1910년대에 부설되었다.
③ 농촌 진흥 운동은 일제가 추진하였다.
④ 원산 총파업은 1929년에 일어났다.
⑤ 한국 경제는 1960년대 중후반~1970년대 전반에 걸쳐 베트남 특수를 누렸다.

대단원 종합 문제
본문 221~223쪽

01 ①	02 해설 참조	03 ④	04 ④
05 ④	06 ② 07 ②	08 ③	09 ①
10 ⑤	11 해설 참조	12 ⑤	

01
이승만의 활동 파악

정답 찾기 광복 이후 귀국한 이승만은 독립 촉성 중앙 협의회를 이끌었다. 이승만은 1948년 5·10 총선거에 참여하였고 대통령에 당선되었으며, 6·25 전쟁 당시 반공 포로를 석방하였다.

오답 피하기 ㄷ. 여운형, 김규식 등에 해당한다.
ㄹ. 여운형이 이끄는 조선 건국 준비 위원회가 조선 인민 공화국 수립을 선포하였다.

02
모스크바 3국 외상 회의의 영향

문제 접근 모스크바 3국 외상 회의는 좌우 대립이 격화되는 계기가 되었다.

예시 답안 모스크바 3국 외상 회의의 결정 사항이 전해진 후 우익은 반탁 운동을 전개하였고, 좌익은 처음에는 반탁의 입장을 밝혔다가 모스크바 3국 외상 회의의 결정을 총체적으로 지지하였다. 그 결과 좌우 대립이 격화되었다.

평가 기준	
상	모스크바 3국 외상 회의와 좌우익의 반응, 좌우 대립 격화를 모두 서술한 경우
중	모스크바 3국 외상 회의와 좌우익의 반응만 서술한 경우
하	모스크바 3국 외상 회의만 쓴 경우

03
1946~1948년 사이의 사실 파악

정답 찾기 (가)는 1946년 이승만이 발표한 정읍 발언이고, (나)는 1948년 2월 김구가 발표한 것이다. ④ 1947년 제2차 미소 공동 위원회가 결렬된 후 미국은 한국 문제를 유엔에 상정하였고, 1948년 유엔 소총회에서 남한만의 선거가 최종적으로 결정되었다.

오답 피하기 ① 대한민국 정부 수립 이후 여수·순천 10·19 사건이 일어났다.
② 1948년 8월 15일 대한민국 정부 수립식이 거행되었다.
③ 광복 직후 조선 건국 준비 위원회가 조직되었다.
⑤ 일제는 1945년 8월 15일 연합국에 무조건 항복을 선언하였다.

04
5·10 총선거의 특징 파악

정답 찾기 밑줄 친 '총선거'는 유엔 한국 임시 위원회의 감독 아래 1948년 실시된 5·10 총선거이다. 우리 역사상 최초의 민주적 선거였던 5·10 총선거 결과 제헌 국회 의원이 선출되었다.

오답 피하기 ㄱ. 발췌 개헌은 1952년에 이루어졌다.
ㄷ. 이승만은 제헌 국회에서 대통령으로 선출되었다.

05
6·25 전쟁의 영향 파악

정답 찾기 밑줄 친 '전쟁'은 1950년에 일어난 6·25 전쟁이다. ④ 6·25 전쟁의 결과 한미 상호 방위 조약이 체결되었다.

오답 피하기 ① 국가 총동원법은 1938년에 제정되었다.
② 제주 4·3 사건은 1947년 3·1절 기념행사를 기점으로 시작되어 1948년에 본격화되었다.
③ 반민 특위 활동은 6·25 전쟁 이전에 종료되었다.
⑤ 모스크바 3국 외상 회의는 1945년 12월에 개최되었다.

06
1948~1954년의 상황 파악

정답 찾기 첫 번째 자료는 1948년의 제헌 헌법, 두 번째 자료는 1952년의 발췌 개헌, 세 번째 자료는 1954년의 사사오입 개헌이다. 1952년 부산 정치 파동 이후 발췌 개헌이 이루어졌고, 이에 따라 이승만이 대통령 재선에 성공하였다. 이후 이승만 정부는 사사오입 개헌을 통해 장기 집권을 시도하였다.

오답 피하기 ㄴ. 사사오입 개헌 이후 치러진 정·부통령 선거에서 장면이 부통령에 당선되었다.
ㄹ. 경향신문은 1959년에 폐간되었다.

07
김주열과 박종철 사망의 영향 이해

정답 찾기 1960년 자행된 3·15 부정 선거에 맞선 시위 도중 김주열이 실종되었다. 그의 시신이 발견된 것을 계기로 4·19 혁명이 확산되었다. 또 1987년 박종철 고문치사 사건의 은폐 시도가 폭로된 이후 6월 민주 항쟁이 본격화되었다.

08
유신 헌법의 내용 파악

정답 찾기 1979년 10·26 사태로 박정희가 피살된 이후 국무총리였던 최규하가 유신 헌법에 따라 통일 주체 국민 회의에서 대통령에 선출되었다. 유신 헌법은 대통령의 임기를 6년으로 규정하였고, 대통령에게 긴급 조치권을 부여하였다.

오답 피하기 ㄱ. 4·19 혁명의 결과 허정 과도 정부에서 단행한 개헌이 대표적이다.
ㄹ. 유신 헌법은 대통령의 중임에 제한을 두지 않았다.

09
5·18 민주화 운동의 내용 파악

정답 찾기 (가) 운동은 1980년에 일어난 5·18 민주화 운동이다. 5·18 민주화 운동 당시 시민들은 신군부의 퇴진, 비상계엄의 해제, 유신 헌법의 폐지 등을 요구하였다.

 ㄷ. 사사오입 개헌은 1954년에 이루어졌다.

ㄹ. 1964년에 전개된 6·3 시위에 해당한다.

10
6월 민주 항쟁의 전개 과정 파악

 (가)는 1987년 발표된 4·13 호헌 조치이다. (나)는 1987년 6월 민주 항쟁의 결과 발표된 6·29 민주화 선언이다. ⑤ 4·13 호헌 조치 후 박종철 고문치사 사건에 대한 은폐·조작 시도가 폭로되었고, 이는 이후 6월 민주 항쟁이 전개되는 데 영향을 끼쳤다.

 ① 여운형은 1947년에 암살당하였다.

② 전두환은 1980년과 1981년에 걸쳐 대통령에 취임하였다.

③ 조봉암에 대한 사형은 1959년에 집행되었다.

④ 김종필은 1960년대 초부터 한일 회담을 전개하였다.

11
제1차 석유 파동의 극복 이해

 자료는 1970년대 전반 발생한 제1차 석유 파동에 대한 것이다.

 우리 기업과 노동자들이 중동의 건설 사업에서 벌어들인 외화는 제1차 석유 파동을 극복하는 원동력이 되었다.

평가 기준	
상	제1차 석유 파동, 기업과 노동자의 중동 진출, 외화 획득을 모두 서술한 경우
중	제1차 석유 파동과 기업과 노동자의 중동 진출만 서술한 경우
하	제1차 석유 파동만 쓴 경우

12
1977년의 사회 상황 파악

 한국은 1977년 수출 100억 달러를 달성하였다. ⑤ 박정희 정부는 제3, 4차 경제 개발 5개년 계획(1972~1981)을 통해 중화학 공업을 집중 육성하였다.

 ① 1980년대 중반에 해당한다.

② 1970년에 해당한다.

③ 이승만 정부 시기에 해당한다.

④ 1991년에 해당한다.

수능 유형 문제

01 ③	02 ③	03 ⑤	04 ③	05 ①
06 ①	07 ④	08 ②		

01
좌우 합작 7원칙 파악

 밑줄 친 '원칙'은 1946년 결성된 좌우 합작 위원회가 발표한 좌우 합작 7원칙이다. 좌우 합작 7원칙에는 미소 공동 위원회 속개 요청, 친일파 처단을 위한 조례 제정, 토지 개혁 등이 포함되었다.

 ㄱ. 이승만의 정읍 발언, 유엔 소총회의 결의 내용 등에 해당한다.

ㄹ. 모스크바 3국 외상 회의의 결정 사항에 해당한다.

02
제헌 국회의 활동 파악

 밑줄 친 '국회'는 제헌 국회이다. 제헌 국회는 이승만을 대통령으로 선출하였고, 반민족 행위 처벌법을 제정하였다.

 ㄱ. 4·19 혁명 이후 국회가 양원으로 구성되었다.

ㄹ. 신한 민주당은 1985년에 창당되었다.

03
한미 상호 방위 조약 체결 시기 파악

 자료는 6·25 전쟁 이후인 1953년 체결된 한미 상호 방위 조약이다. ⑤ 정전 협정의 체결로 6·25 전쟁이 중단되었고, 1954년 사사오입 개헌이 이루어졌다.

04
전후 복구 사업의 이해

 ③ 6·25 전쟁 이후 미국의 원조 물자를 가공하는 제분, 제당, 면방직 산업이 발달하였다. 이를 삼백 산업이라고 한다. 미국의 원조는 전후 복구에 큰 도움이 되었다.

 ① 일제가 자국의 쌀 부족 문제를 해결하기 위해 산미 증식 계획을 추진하였다.

② 일제는 중일 전쟁을 일으킨 이후 전시 동원 체제를 확립해 나갔다.

④ 물산 장려 운동은 1920년대에 시작되었다.

⑤ 경부 고속 국도는 1970년에 개통되었다.

05
4·19 혁명 당시의 상황 파악

(정답 찾기) (가) 운동은 4·19 혁명이다. ① 4·19 혁명 당시 시위대를 향한 경찰의 발포로 많은 시민들이 목숨을 잃었다.

(오답 피하기) ② 5·16 군사 정변과 12·12 사태(12·12 군사 반란)에 해당한다.

③ 이승만 정부 시기인 1949년에 국회 프락치 사건이 발생하였다.

④ 1980년 시민군과 계엄군이 교전한 5·18 민주화 운동이 일어났다.

⑤ 1979년 신민당 대표 김영삼이 국회 의원직에서 제명되었다.

06
유신 체제에 맞선 저항 이해

(정답 찾기) 자료는 1979년 유신 체제에 맞서 일어난 부마 민주 항쟁에 대한 것이다. 유신 체제에 맞서 장준하 등은 개헌 청원 100만인 서명 운동을 전개하였고, 3·1 민주 구국 선언이 발표되었다.

(오답 피하기) ㄷ. 1948년에 일어난 여수·순천 10·19 사건에 해당한다.

ㄹ. 6월 민주 항쟁에 해당한다.

07
1979~1981년의 상황 파악

(정답 찾기) 자료는 1979년에 내려진 비상계엄이 전국으로 확대되고 1981년에 해제되었음을 보여 준다. ④ 1980년 계엄군은 광주를 중심으로 일어난 5·18 민주화 운동을 무력으로 진압하였다.

(오답 피하기) ① 6·3 시위는 1964년에 전개되었다.

② 발췌 개헌은 1952년에 이루어졌다.

③ 애치슨 선언은 1950년에 발표되었다.

⑤ 박종철 고문치사 사건은 1987년에 일어났다.

08
박정희 정부 시기의 사회 상황 파악

(정답 찾기) 박정희 정부는 장발과 미니스커트를 단속하고 새마을 노래와 같은 건전 가요를 보급하였으며 대중가요와 영화에 대한 검열을 강화하였다. 한편 박정희 정부의 유신 선포 이후 동아일보 기자들이 자유 언론 실천 선언을 발표하였다.

(오답 피하기) ㄴ. 졸업 정원제는 전두환 정부 시기에 실시되었다.

ㄹ. 프로 야구는 전두환 정부 시기인 1980년대 초에 출범하였다.

Ⅲ 오늘날의 대한민국

01 6월 민주 항쟁 이후 민주화 과정과 사회·문화 변동

개념 체크 문제
본문 229쪽

❶ ○ ❷ ○ ❸ × ❹ ○ ❺ 민주 자유당 ❻ 노태우
❼ 김영삼 ❽ 김대중 ❾ 북방 ❿ 김대중 ⓫ 노무현
⓬ 이명박

본문 231쪽

❶ ○ ❷ × ❸ ○ ❹ × ❺ 국제 통화 기금 ❻ 다문화 ❼ 심화 ❽ 김대중 ❾ 사회 양극화 ❿ 한일 월드컵 축구 대회

기본 문제
본문 232쪽

01 ④   02 ⑤   03 ④   04 ④

01
노태우 정부 시기의 상황 파악

(정답 찾기) 노태우 정부 시기에 소련, 중국 및 동유럽의 공산권 국가와 외교 관계를 수립하였다. ④ 노태우 정부 시기에는 여소야대 정국을 극복하기 위해 3당 합당이 이루어져 민주 자유당이 창당되었다(1990).

(오답 피하기) ① 박정희 정부 시기에 대통령의 3회 연임을 허용하는 내용의 3선 개헌이 단행되었다.

② 1948년 5·10 총선거 이후 구성된 제헌 국회는 임기 2년 동안 활동하였다.

③ 군국기무처는 1894년 설치된 기구로, 제1차 갑오개혁을 주도하였다.

⑤ 교육입국 조서는 갑오개혁 시기인 1895년에 반포되었다.

02
김영삼 정부 시기의 상황 파악

(정답 찾기) 김영삼 정부는 '역사 바로 세우기' 정책을 추진하면서 옛 조선 총독부 건물을 철거하였다. ⑤ 김영삼 정부에서 금융 실명제를 전면 실시하였다.

 ① 홍범 14조는 제2차 갑오개혁 시기에 반포되었으며, 이를 통해 고종은 근대적 개혁으로 국가를 발전시키겠다는 의지를 밝혔다.
② 이승만 정부는 정권 연장을 위해 개헌 당시 대통령에 한하여 중임 제한을 적용하지 않는다는 내용을 담은 개헌안을 사사오입의 논리를 내세워 통과시켰다.
③ 연통제와 교통국은 대한민국 임시 정부가 1919년부터 운영하였다.
④ 서울 올림픽 대회는 노태우 정부 시기인 1988년에 개최되었다.

03
이명박 정부 시기의 상황 이해

정답 찾기) 밑줄 친 '정부'는 이명박 정부이다. 이명박 정부 시기에 서울 G20 정상 회의가 개최되었다. ④ 이명박 정부는 4대강 정비 사업을 추진하였다.

오답 피하기 ① 1961년 5·16 군사 정변을 일으킨 박정희를 비롯한 군부 세력이 '혁명 공약'을 발표하였다.
② 라이징 선이라는 석유 회사에서 일본인 현장 감독이 한국인 노동자를 구타한 사건을 계기로 1929년 원산 총파업이 일어났다.
③ 1926년 순종의 장례일을 기해 6·10 만세 운동이 전개되었다.
⑤ 경인선은 1899년 노량진에서 제물포 구간이 개통되었다.

04
외환 위기 극복을 위한 노력 파악

정답 찾기) ④ 김영삼 정부 말기에 외환 위기가 발생하자, 국제 통화 기금[IMF]에 구제 금융 요청이 이루어졌다. 이후 국민들은 자발적으로 금 모으기 운동에 동참하여 외환 위기 극복에 힘을 보태었다.

오답 피하기 ① 6·25 전쟁 후 미국의 경제 원조를 바탕으로 밀가루(제분), 설탕(제당), 면직물(면방직)을 생산하는 삼백 산업이 발달하였다.
② 제1차 한일 협약(1904)으로 파견된 재정 고문 메가타의 주도로 백동화 등을 일본 제일 은행권으로 교환하도록 한 화폐 정리 사업이 시행되었다.
③ 1973년 제4차 아랍·이스라엘 전쟁이 일어나자, 석유 수출국 기구[OPEC]는 두 차례에 걸쳐 원유 가격을 크게 올렸다. 이를 제1차 석유 파동이라고 한다. 제1차 석유 파동이 일어나자 여러 기업이 서아시아 건설 사업에 진출해 오일 달러를 벌어들여 위기를 극복하였다.
⑤ 광복 직후 한반도 문제 등을 논의하기 위해 모스크바 3국 외상 회의가 개최되었다. 모스크바 3국 외상 회의의 결과 한반도에 민주주의 임시 정부 수립과 미소 공동 위원회 설치, 최고 5년 기한 4개국에 의한 한반도 신탁 통치에 관한 협약 작성 등이 결정되었다.

서술형 문제
본문 233쪽

Step1 핵심 키워드 파악하기

01
노태우 정부 시기의 상황 파악

예시 답안 자료에 나타난 정치 상황은 (노태우) 정부 시기 1988년 4월 실시한 국회 의원 선거에서 야당이 여당보다 많은 의석을 차지하여 (여소야대) 정국이 형성된 상황이다.

Step2 스스로 답안 작성하기

02
외환 위기의 극복 노력 이해

문제 접근) 김영삼 정부 말기에 외환 위기가 발생하여 국제 통화 기금[IMF]에 긴급 구제 금융을 요청하였다. 이후 국민들은 외환 위기를 극복하기 위해 자발적으로 금 모으기 운동을 전개하였다.

(1) 금 모으기 운동
(2) 예시 답안 금 모으기 운동이 일어난 배경은 외환 위기가 발생했기 때문이다. 이를 극복하기 위해 첫째, 강도 높은 구조 조정을 실시하였고 둘째, 외국 자본을 유치하기 위해 노력하였다.

평가 기준	
상	(가) 운동의 명칭을 정확히 쓰고, (가) 운동이 일어난 배경과 이를 극복하기 위한 방안을 두 가지 서술한 경우
중	(가) 운동의 명칭을 정확히 쓰고, (가) 운동이 일어난 배경과 이를 극복하기 위한 방안을 한 가지만 서술한 경우
하	(가) 운동의 명칭을 정확히 쓰고, (가) 운동이 일어난 배경과 이를 극복하기 위한 방안 중 한 가지만 서술한 경우

본문 233쪽

1등급 도전 문제

01 ②   02 ④

01
김영삼 정부 시기의 상황 이해

정답 찾기) 밑줄 친 '기소'는 김영삼 정부 시기에 제정된 5·18 민주화 운동 등에 관한 특별법을 바탕으로 1996년에 이루어졌다. ② 김영삼 정부 시기에는 공직자 윤리법을 개정하여 고위 공직자의 재산 공개가 의무화되었다.

 ① 1945년 모스크바 3국 외상 회의의 결정 내용이 국내에 전해지자 신탁 통치 반대 운동이 전개되었다.

③ 제1차 경제 개발 5개년 계획은 1962년부터 추진되었다.

④ 반민족 행위 특별 조사 위원회(반민 특위)는 1948년 설치되어 1949년까지 활동하였다.

⑤ 1960년 4·19 혁명으로 이승만 정부가 붕괴되고 내각 책임제를 골자로 하는 헌법 개정이 이루어졌으며, 이후 치러진 총선에서 민주당이 승리하면서 장면 정부가 성립되었다.

02

외환 위기의 발생과 극복 과정 이해

정답 찾기 밑줄 친 ㉠은 김대중, ㉡은 김영삼이다. 김영삼 정부 말기에 일부 대기업이 부도를 내면서 국가 신용도가 하락하고 외국 투자자들이 한꺼번에 많은 자금을 회수하면서 외환 보유고가 고갈되어 1997년 외환 위기가 발생하였다. 이에 김영삼 정부는 국제 통화 기금[IMF]에 구제 금융을 요청하였다. 1998년 출범한 김대중 정부는 국제 통화 기금[IMF]의 지원금을 2001년 조기에 상환하였다. ④ 노태우 정부 시기에 3당 합당이 이루어져 민주 자유당이 창당되었고(1990), 1992년 실시된 제14대 대통령 선거에서 민주 자유당의 김영삼이 대통령에 당선되었다.

오답 피하기 ① 전두환 등 신군부 세력은 12·12 사태를 일으켜 군사권을 장악하였다.

② 여운형과 안재홍 등은 1945년에 조선 건국 동맹을 기반으로 조선 건국 준비 위원회를 결성하였다.

③ 박정희와 일부 군인 세력은 5·16 군사 정변을 일으켰다.

⑤ 전두환 정부는 국민의 대통령 직선제 개헌 요구를 거부하고 기존 헌법에 따라 간선제로 대통령을 선출하겠다는 4·13 호헌 조치를 발표하였다.

02 한반도 분단 극복과 동아시아 평화를 위한 노력

개념 체크 문제 ──── 본문 235쪽

❶ ○ ❷ × ❸ ○ ❹ × ❺ 7·4 남북 공동 성명 ❻ 노태우 ❼ 6·15 ❽ 중국 ❾ 노태우 ❿ 김대중 ⓫ 영토 ⓬ 무라야마

기본 문제 ──── 본문 236쪽

01 ⑤ 02 ⑤ 03 ② 04 ②

01

7·4 남북 공동 성명 이해

정답 찾기 박정희 정부는 냉전 체제가 완화되는 국제 정세의 변화 속에서 1972년 북한과 비밀 회담을 통해 서울과 평양에서 동시에 7·4 남북 공동 성명을 발표하였다. ⑤ 7·4 남북 공동 성명에는 자주적·평화적·민족적 대단결 등 통일의 3대 원칙이 포함되어 있다.

오답 피하기 ① 4·19 혁명은 1960년에 일어났다.

② 「조선 혁명 선언」은 1923년 신채호가 작성하였으며, 의열단의 활동 지침이 되었다.

③ 장면 정부는 4·19 혁명 직후인 1960년에 수립되었다.

④ 대한민국 임시 정부는 1941년 삼균주의를 반영한 대한민국 건국 강령을 발표하였다.

02

전두환 정부 시기 남북 관계 파악

정답 찾기 전두환 정부 시기인 1985년 이산가족 상봉과 예술 공연단 교환 방문이 이루어졌다. ⑤ 1979년에 박정희 대통령이 피살되는 10·26 사태가 일어났으며, 노태우 정부 시기인 1988년에 서울 올림픽 대회가 개최되었다.

03

노태우 정부 시기 남북 관계 파악

정답 찾기 밑줄 친 '수락 연설'은 노태우 정부 시기에 발표되었다. ② 노태우 정부 시기인 1991년에 남북한 유엔 동시 가입이 이루어졌으며, 남북 기본 합의서가 채택되었다.

오답 피하기 ① 한국광복군은 1940년 충칭에서 창설되었다.

③ 1948년 제헌 국회에서 반민족 행위자를 처벌하기 위해 반민족 행위 처벌법을 제정하였다.

④ 한미 상호 방위 조약은 정전 협정이 체결된 직후인 1953년 10월에 체결되었다.

⑤ 노무현 정부 시기인 2007년에 제2차 남북 정상 회담이 개최되었다.

04

독도 이해

정답 찾기 ② (가)에는 독도에 대한 내용이 들어가는 것이 적

절하다. 대한 제국은 1900년 칙령 제41호를 공포하여 독도가
우리의 영토임을 규정하였다. 광복 이후 연합국 최고 사령관
각서[SCAPIN] 제677호에서 독도가 우리의 영토임을 분명히
하였다. 인접 해양에 대한 주권에 관한 선언에는 독도를 우리
영토로 포함시키고 있다.

오답 피하기 ① 중국은 동북공정을 통해 고조선, 고구려, 발해를 자국
의 역사로 편입하려고 하고 있다.
③ 동아시아에서는 센카쿠 열도(댜오위다오)를 둘러싼 영토 갈등이 일
어나고 있다.
④ 북한에서는 김일성, 김정일, 김정은 3대에 걸친 권력 세습이 이루어
졌다.
⑤ 일본이 일본군 '위안부'에 대한 사과 및 배상을 거부하고 있어서 동
아시아 평화를 위해서는 이를 해결하기 위한 노력이 필요하다.

서술형 문제

본문 237쪽

Step1 핵심 키워드 파악하기

01
노태우 정부 시기의 상황 파악

예시 답안 자료는 (노태우) 정부 시기에 채택된 (남북 기본 합의서)이
다. (냉전)이/가 완화되는 국제 정세 속에서 남북 대화가 이루어졌으며, 그
결과 (남북 기본 합의서)이/가 채택되었다.

Step2 스스로 답안 작성하기

02
6·15 남북 공동 선언 이해

문제 접근 김대중 정부 시기인 2000년 제1차 남북 정상 회
담이 열렸고, 그 결과 6·15 남북 공동 선언이 발표되었다.

(1) 김대중 정부
(2) **예시 답안** 6·15 남북 공동 선언을 통해 다양한 분야의 협력과 교류 활
성화를 약속하였고, 이에 이산가족 상봉, 개성 공단 건설 등이 추진되었다.

평가 기준	
상	김대중 정부를 정확히 쓰고, 이산가족 상봉, 개성 공단 건설 등 사례 두 가지를 서술한 경우
중	김대중 정부를 정확히 쓰고, 사례를 한 가지만 서술한 경우
하	김대중 정부만 정확히 쓴 경우

1등급 도전 문제

본문 237쪽

01 ④   02 ③

01
김대중 정부 시기 남북 관계 이해

정답 찾기 김대중 정부는 적극적인 대북 화해 협력 정책인
'햇볕 정책'을 추진하였다. ④ 기업인이 소 떼를 이끌고 방북
하였고, 1998년부터 금강산 관광 사업이 시작되었다.

오답 피하기 ① 이승만 정부 시기인 1953년 정전 협정이 조인되었다.
② 노태우 정부 시기인 1991년에 남북한 유엔 동시 가입이 이루어졌다.
③ 7·4 남북 공동 성명은 박정희 정부 시기 자주적·평화적·민족적
대단결 등 통일의 3대 원칙에 남북이 합의하며 서울과 평양에서 동시
에 발표된 합의 문서이다.
⑤ 1946년에 제1차 미소 공동 위원회, 1947년에 제2차 미소 공동 위원
회가 개최되었다.

02
10·4 남북 공동 선언 파악

정답 찾기 밑줄 친 '대통령'은 노무현이다. ③ 노무현 정부
시기인 2007년에 개최된 제2차 남북 정상 회담에서 10·4 남
북 공동 선언이 발표되었다.

오답 피하기 ① 고종은 을사늑약의 부당함을 국제 사회에 알리기 위해
1907년 네덜란드 헤이그에서 개최된 만국 평화 회의에 이상설, 이준,
이위종을 특사로 파견하였다.
② 좌우 합작 위원회는 1946년에 민주주의 임시 정부 수립, 토지 개혁,
반민족 행위자 처벌 등의 내용을 담은 좌우 합작 7원칙을 발표하였다.
④ 노태우 정부 시기인 1991년 한반도 비핵화 공동 선언이 발표되었다.
⑤ 문재인 정부 시기인 2018년 평창 동계 올림픽 대회 개막식에 남북
선수단이 공동 입장하였다.

대단원 종합 문제

본문 239~240쪽

01 ④   02 ③   03 ④   04 ①   05 ④
06 해설 참조   07 해설 참조   08 ④

01
3당 합당의 배경 파악

정답 찾기 밑줄 친 '합당'은 3당 합당이다. ④ 노태우 정부는

여소야대 상황으로 국정 운영이 어렵게 되자 이를 타개하기 위해 3당 합당을 단행하였다.

오답 피하기 ① 박정희 정부는 1965년에 경제 개발에 필요한 자금 마련 등을 위해 한일 협정을 체결하였다.

② 3선 개헌안은 박정희 정부 시기인 1969년에 통과되었다.

③ 정우회 선언은 1926년 사회주의 계열에서 발표한 선언으로, 비타협적인 민족주의 세력과의 제휴를 주장하였다. 이는 1927년 신간회 창립의 배경이 되었다.

⑤ 이승만의 정읍 발언은 제1차 미소 공동 위원회가 휴회에 들어간 직후인 1946년 6월에 발표되었으며, 남한만의 단독 정부 수립 주장을 담고 있다.

02
노태우 정부 시기 민주주의의 진전 파악

정답 찾기 밑줄 친 '출석'은 노태우 정부 시기인 1989년에 있었던 사실이다. 노태우 정부 시기 여소야대 정국이 형성되면서 국회는 청문회를 열어 전두환 정부의 비리와 5·18 민주화 운동에 대한 진상 규명을 시도하였다. ③ 노태우 정부 시기인 1988년에는 서울 올림픽 대회가 개최되었다.

오답 피하기 ① 대한 제국은 광무개혁의 일환으로 지계아문을 설치하고 토지 소유자에게 지계를 발급하였다.

② 을사늑약 이후 고종은 을사늑약의 부당함을 알리기 위해 1907년 헤이그에서 열린 만국 평화 회의에 특사를 파견하였다.

④ 1987년 6월 민주 항쟁으로 6·29 민주화 선언이 발표되었고, 이에 따라 대통령 직선제 개헌이 이루어졌다.

⑤ 1945년 12월 개최된 모스크바 3국 외상 회의에서 한반도에 민주의 임시 정부 수립, 미소 공동 위원회 설치, 최고 5년 기한 4개국에 의한 한반도 신탁 통치 협약 작성 등이 결의되었다. 이 내용이 국내에 알려진 이후 신탁 통치 반대 운동이 전개되었다.

03
김대중 정부 시기 상황 이해

정답 찾기 제15대 대통령 선거에서 야당 후보 김대중이 당선됨으로써 정부 수립 이후 최초로 선거에 의한 평화적 여야 정권 교체가 이루어졌다. ④ 김대중 정부 시기에 국가 인권 위원회가 설치되었다.

오답 피하기 ① 박정희 정부 시기인 1972년에 단행된 10월 유신에 따라 유신 헌법이 제정되었다.

② 6·25 전쟁 당시 국군과 유엔군은 인천 상륙 작전을 성공시켜 전세를 바꾸었다.

③ 전두환 정부는 간선제로 차기 대통령을 선출하겠다는 4·13 호헌 조치를 발표하였다.

⑤ 일제는 대한 제국에 대한 경제적 침략을 강화하기 위해 1908년 동양 척식 주식회사를 설립하였다.

04
2000년대 이후 시민 사회의 모습 파악

정답 찾기 (가)는 한일 월드컵 축구 대회가 열린 2002년이고, (나)는 서울 G20 정상 회의가 개최된 2010년이다. ① 시민운동이 다양한 영역으로 확대되면서 2008년 호주제가 폐지되었다.

오답 피하기 ② 2013년에 박근혜가 대한민국 최초로 여성 대통령이 되었다.

③ 진보당 사건은 이승만 정부 시기인 1958년에 일어났다.

④ 교육입국 조서는 제2차 갑오개혁 시기에 반포되었다.

⑤ 1960년대 급속한 산업화 과정에서 노동자의 수가 크게 증가하였으나, 노동자들은 저임금과 장시간 노동 환경 속에서 근무하였다. 이러한 상황에서 1970년 전태일은 근로 기준법에 명시된 노동자의 권리를 요구하며 분신하였다.

05
김영삼 정부 경제 상황 파악

정답 찾기 김영삼 정부 말기에 외환 위기가 발생하자 국제 통화 기금[IMF]에 구제 금융 요청이 이루어졌다. ④ 김영삼 정부는 출범 후에 금융 실명제를 실시하였다.

오답 피하기 ① 고종 때 흥선 대원군은 경복궁 중건에 필요한 재원을 마련하기 위해 당백전을 발행하였다.

② 이승만 정부 시기에 농지 개혁이 추진되면서 3정보를 초과하는 농지를 정부가 매입하였고, 그 대가로 지주에게 지가 증권을 지급하였다.

③ 일본은 1875년 운요호를 강화도에 파견하여 초지진과 영종도를 공격한 운요호 사건을 일으켰다. 운요호 사건을 구실로 1876년 강화도 조약이 체결되었다.

⑤ 제1차 경제 개발 5개년 계획은 1962~1966년에 추진되었다.

06
고령화 현상 이해

문제 접근 우리나라는 출산율이 낮은 상황에서 고령화 현상이 빠르게 진행되고 있다. 2023년 기준으로 이미 고령 사회에 진입하였다.

 자료에 나타난 사회 문제는 인구 고령화 현상이다. 이를 해결하기 위해서는 첫째, 출산율을 높일 수 있는 정책을 실시해야 하며 둘째, 사회 보장 제도 정비 또는 복지 시설 확충 등의 정책을 강구해야 한다.

평가 기준	
상	인구 고령화 현상을 언급하고, 해결 방안을 두 가지 서술한 경우
중	인구 고령화 현상을 언급하고, 해결 방안을 한 가지만 서술한 경우
하	인구 고령화 현상만 서술하였거나, 해결 방안만 한 가지 서술한 경우

07
7·4 남북 공동 성명의 의미 이해

문제 접근 박정희 정부 시기인 1972년 남과 북은 자주적·평화적·민족적 대단결이라는 통일의 3대 원칙에 합의하여 7·4 남북 공동 성명을 발표하였다.

예시 답안 자료는 7·4 남북 공동 성명이다. 7·4 남북 공동 성명이 지니는 역사적 의미는 첫째, 분단 이후 남북한 당국이 최초로 통일과 관련하여 합의하였다는 점이다. 둘째, 자주적·평화적·민족적 대단결이라는 3대 통일 원칙이 이후 남북 관계의 기본 기침이 되었다는 점이다.

평가 기준	
상	성명의 명칭을 언급하고, 역사적 의미를 두 가지 서술한 경우
중	성명의 명칭을 언급하고, 역사적 의미를 한 가지만 서술한 경우
하	성명의 명칭만을 언급했거나, 역사적 의미만 한 가지 서술한 경우

08
노태우 정부 시기 남북 관계 파악

정답 찾기 밑줄 친 '이 정부'는 노태우 정부이다. 노태우 정부는 한반도 평화 유지를 위해 한반도 비핵화 공동 선언을 발표하였다. ④ 노태우 정부 시기에 남북 기본 합의서가 채택되었다.

오답 피하기 ① 1923년 백정들은 백정에 대한 사회적 차별 철폐를 주장하며 진주에서 조선 형평사를 조직하였다.
② 전두환 정부 시기인 1987년에 6월 민주 항쟁이 일어나 4·13 호헌

조치 철폐와 대통령 직선제 개헌을 요구하였다.
③ 좌우 합작 위원회는 1946년에 민주주의 임시 정부 수립, 미소 공동 위원회의 속개 등의 내용을 담은 좌우 합작 7원칙을 발표하였다.
⑤ 문재인 정부 시기인 2018년에 평창 동계 올림픽 대회가 개최되었다.

수능 유형 문제

01 ①   **02** ⑤   **03** ⑤   **04** ②

01
노태우 정부의 활동 이해

정답 찾기 6월 민주 항쟁으로 직선제 개헌이 이루어진 후 처음 치러진 대통령 선거에서 여당 후보 노태우가 당선되었다. ① 노태우 정부는 소련, 중국 등 공산권 국가와 외교 관계를 수립하는 등 북방 외교를 추진하였다.

오답 피하기 ② 군국기무처는 1894년 설치된 관청으로, 제1차 갑오개혁을 주도하였다.
③ 조선 총독부는 1925년에 제정된 치안 유지법을 시행하여 민족 운동을 탄압하였다.
④ 일제는 1930년대에 병참 기지화 정책을 추진하였다.
⑤ 박정희 정부 시기 베트남 전쟁에 국군을 파병하였다.

02
김영삼 정부의 경제 상황 이해

정답 찾기 밑줄 친 '가입'은 김영삼 정부 시기에 이루어졌다. ⑤ 김영삼 정부 시기인 1996년에 경제 협력 개발 기구[OECD]에 가입하였다. 노태우 정부 시기인 1991년에 남북한이 동시에 유엔에 가입하였고, 김대중 정부 시기인 2000년에 6·15 남북 공동 선언이 발표되었다.

03
노무현 정부 시기의 상황 이해

정답 찾기 밑줄 친 '정부'는 노무현 정부이다. 노무현 정부 시기인 2005년 호주제 폐지를 주요 내용으로 하는 민법 개정안이 발표되었고, 2008년 1월 1일부터 효력이 발생하였다. ⑤ 노무현 정부는 2007년 평양에서 제2차 남북 정상 회담을 개최하였다.

오답 피하기 ① 대한 제국은 광무개혁을 추진하면서 양전 사업을 실시하고 근대적 토지 소유 증명 문서인 지계를 발급하였다.

② 대한민국 임시 정부는 독립운동 자금을 마련하기 위해 독립 공채를 발행하였다.

③ 박정희 정부는 1970년부터 농촌 환경 개선과 소득 증대를 목표로 새마을 운동을 추진하였다.

④ 대한민국 임시 정부는 외교 활동을 위해 미국에 구미 위원부를 설치하였다.

04
박정희 정부 시기 남북 관계 파악

정답 찾기 박정희 정부 시기인 1972년에 남북은 7·4 남북 공동 성명을 통해 통일의 3대 원칙(자주적·평화적·민족적 대단결)을 공식화하였고, 남북 조절 위원회를 설치하였다. ② 박정희 정부는 1972년 유신 헌법을 제정하고 이에 근거하여 통일 주체 국민 회의를 설치하였다.

오답 피하기 ① 대한 제국 시기 황제의 군 통수권을 강화하기 위해 원수부가 조직되었다.

③ 일제는 1910년대에 헌병 경찰제를 실시하였다.

④ 1948년 2월 유엔 소총회의 결의에 따라 5월에 남한만의 단독 선거인 5·10 총선거가 치러졌고, 제헌 국회가 구성되었다.

⑤ 동양 척식 주식회사는 일제가 대한 제국에 대한 경제적 침략을 강화하기 위해 1908년 설립하였다.

개념완성 한국사

정답과 해설

EBS
수학의 왕도
수학 공부의 핵심은
암기도, 양치기도 아닌
개|념|이|해
수학의 왕도
한눈에 쏙 들어오는 시각화 요소로
누구나 개념을 쉽게 이해하는
EBS 수학 기본서
공통수학1
공통수학2
대수
미적분 I
확률과 통계
고교 수학은
EBS 수학의 왕도로
한 번에 완성!
2022 개정 교육과정 완벽 적용 기본서
개념 이해가 쉬운 시각화 장치로 친절한 개념서
기초 문제부터 실력 문제까지 모두 포함된 종합서

고1~2, 내신 중점

구분	고교 입문	>	기초	>	기본	>	특화	+	단기
국어	고등예비 과정	내 등급은?	윤혜정의 개념의 나비효과 입문 편 + 워크북 어휘가 독해다! 수능 국어 어휘		**기본서** 올림포스 올림포스 전국연합 학력평가 기출문제집 **유형서** 올림포스 유형편		**국어 특화** 국어 독해의 원리 / 국어 문법의 원리		단기 특강
영어			정승익의 수능 개념 잡는 대박구문 주혜연의 해석공식 논리 구조편				**영어 특화** Grammar POWER / Listening POWER Reading POWER / Voca POWER **영어 특화** 올림포스 고급영어독해		
수학			**기초** 50일 수학 + 기출 워크북 매쓰 디렉터의 고1 수학 개념 끝장내기				**고급** 올림포스 고난도 **수학 특화** 수학의 왕도		
한국사 사회					**기본서** 개념완성		고등학생을 위한 多담은 한국사 연표		
과학			50일 통합과학		개념완성 문항편		**인공지능** 수학과 함께하는 고교 AI 입문 수학과 함께하는 AI 기초		

과목	시리즈명	특징	난이도	권장 학년
전 과목	고등예비과정	예비 고등학생을 위한 과목별 단기 완성		예비 고1
국/영/수	내 등급은?	고1 첫 학력평가 + 반 배치고사 대비 모의고사		예비 고1
	올림포스	내신과 수능 대비 EBS 대표 국어·수학·영어 기본서		고1~2
	올림포스 전국연합학력평가 기출문제집	전국연합학력평가 문제 + 개념 기본서		고1~2
	단기 특강	단기간에 끝내는 유형별 문항 연습		고1~2
한/사/과	개념완성&개념완성 문항편	개념 한 권 + 문항 한 권으로 끝내는 한국사·탐구 기본서		고1~2
국어	윤혜정의 개념의 나비효과 입문 편 + 워크북	윤혜정 선생님과 함께 시작하는 국어 공부의 첫걸음		예비 고1~고2
	어휘가 독해다! 수능 국어 어휘	학평·모평·수능 출제 필수 어휘 학습		예비 고1~고2
	국어 독해의 원리	내신과 수능 대비 문학·독서(비문학) 특화서		고1~2
	국어 문법의 원리	필수 개념과 필수 문항의 언어(문법) 특화서		고1~2
영어	정승익의 수능 개념 잡는 대박구문	정승익 선생님과 CODE로 이해하는 영어 구문		예비 고1~고2
	주혜연의 해석공식 논리 구조편	주혜연 선생님과 함께하는 유형별 지문 독해		예비 고1~고2
	Grammar POWER	구문 분석 트리로 이해하는 영어 문법 특화서		고1~2
	Reading POWER	수준과 학습 목적에 따라 선택하는 영어 독해 특화서		고1~2
	Listening POWER	유형 연습과 모의고사·수행평가 대비 올인원 듣기 특화서		고1~2
	Voca POWER	영어 교육과정 필수 어휘와 어원별 어휘 학습		고1~2
	올림포스 고급영어독해	영어 독해력을 높이는 영미 문학/비문학 읽기		고2~3
수학	50일 수학 + 기출 워크북	50일 만에 완성하는 초·중·고 수학의 맥		예비 고1~고2
	매쓰 디렉터의 고1 수학 개념 끝장내기	스타강사 강의, 손글씨 풀이와 함께 고1 수학 개념 정복		예비 고1~고1
	올림포스 유형편	유형별 반복 학습을 통해 실력 잡는 수학 유형서		고1~2
	올림포스 고난도	1등급을 위한 고난도 유형 집중 연습		고1~2
	수학의 왕도	직관적 개념 설명과 세분화된 문항 수록 수학 특화서		고1~2
한국사	고등학생을 위한 多담은 한국사 연표	연표로 흐름을 잡는 한국사 학습		예비 고1~고2
과학	50일 통합과학	50일 만에 통합과학의 핵심 개념 완벽 이해		예비 고1~고1
기타	수학과 함께하는 고교 AI 입문/AI 기초	파이선 프로그래밍, AI 알고리즘에 필요한 수학 개념 학습		예비 고1~고2